Maximilians Ruhmeswerk

Frühe Neuzeit

Studien und Dokumente zur deutschen Literatur
und Kultur im europäischen Kontext

Herausgegeben von
Achim Aurnhammer, Wilhelm Kühlmann,
Jan-Dirk Müller, Martin Mulsow und Friedrich Vollhardt

Band 190

Maximilians Ruhmeswerk

Künste und Wissenschaften
im Umkreis Kaiser Maximilians I.

Herausgegeben von
Jan-Dirk Müller und Hans-Joachim Ziegeler

DE GRUYTER

ISBN 978-3-11-076469-7
e-ISBN (PDF) 978-3-11-035102-6
e-ISBN (EPUB) 978-3-11-038754-4
ISSN 0934-5531

Library of Congress Cataloging-in-Publication Data
A CIP catalog record for this book has been applied for at the Library of Congress.

Bibliografische Information der Deutschen Nationalbibliothek
Die Deutsche Nationalbibliothek verzeichnet diese Publikation in der Deutschen Nationalbibliografie; detaillierte bibliografische Daten sind im Internet über http://dnb.dnb.de abrufbar.

© 2021 Walter de Gruyter GmbH, Berlin/Boston
Dieser Band ist text- und seitenidentisch mit der 2015 erschienenen gebundenen Ausgabe.
Druck und Bindung: CPI books GmbH, Leck
♾Gedruckt auf säurefreiem Papier
Printed in Germany

www.degruyter.com

Vorwort

Wenn es je ein Buch gegeben haben dürfte, auf das die etwas verbrauchte Phrase, dass Bücher ihre etwas eigenen Schicksale haben, noch einmal angewendet werden dürfte, dann ist es dieses. Mittlerweile sind bis zu seiner endlichen Fertigstellung wohl annähernd so viel oder gar mehr Jahre vergangen, als für das eine oder andere der Ruhmeswerke Maximilians I. selbst gebraucht worden sein dürften. Dass es schließlich doch erscheint, ist vielen zu danken: Zuvörderst denjenigen, die ihre Beiträge ursprünglich im Rahmen einer von Jan-Dirk Müller initiierten Tagung in der Herzog-August Bibliothek in Wolfenbüttel vorgetragen, dann für die Dokumentation dieser Tagung für den Druck eingerichtet und, als dieser Plan gescheitert war, Jahre später ihre Beiträge überarbeitet und erneut zur Verfügung gestellt haben, sodann denjenigen, die im Laufe dieser Zeit zusätzliche Beiträge verfasst haben und auch, wie die ersten, auf deren Publikation haben warten müssen. Zu danken ist ferner den Herausgebern der ‚Frühen Neuzeit' und dem Verlag, dass sie den Band in ihr Programm aufgenommen haben, und zu danken ist schließlich in ganz besonderer Weise Lars Hoffmann, der auch nach dem Examen und dem Ausscheiden aus den Diensten der Universität zu Köln selbständig und allein den Satz nach den Vorgaben des Verlags eingerichtet und nie die Geduld verloren hat. Dass Mühe und Ausdauer aller Beteiligten endlich der Erforschung des Werkes zugute kommen, in dem der vor nunmehr fast 500 Jahren verstorbene Kaiser seinen Ruhm gespiegelt wissen wollte, bleibt zu hoffen.

Jan-Dirk Müller   Hans-Joachim Ziegeler

Inhaltsverzeichnis

Vorwort —— V

Jan-Dirk Müller
Einleitung —— 1

Reinhard Stauber
Maximilian I. als ‚politischer Virtuose' —— 7

Thomas A. Brady, Jr.
Maximilian I and the Imperial Reform at the Diet of Worms, 1495 —— 31

Jan-Dirk Müller
Johannes Cuspinians ‚Diarium' über den Pressburg-Wiener Fürstentag 1515.
    Ein Beitrag zum politischen Humanismus in Deutschland —— 57

Jörg Jochen Berns
Gedächtnis und Arbeitsteiligkeit.
    Zum *gedechtnus*-Konzept Maximilians im Kontext mnemonischer
    Programme und enzyklopädischer Modelle seiner Zeit —— 69

Thomas Schauerte
Pour éternelle mémoire...
    Burgundische Wurzeln der *Ehrenpforte* —— 107

Christopher S. Wood
Maximilian als Archäologe —— 131

Jochen Brüning
Mathematik und Mathematiker im Umkreis Maximilians I. —— 185

Hans-Joachim Ziegeler
Beobachtungen zur Entstehungsgeschichte von Kaiser
    Maximilians *Theuerdank* —— 211

Rabea Kohnen
Das mer gehoert zuo eim Ritter auserkorn.
    Überlegungen zum *Theuerdank* —— 255

Bianca Häberlein
Die Konzeption des Abenteuers im ‚Wilhelm von Österreich' Johanns von Würzburg und im *Theuerdank* Maximilians I. —— 281

Elaine C. Tennant
Productive Reception: *Theuerdank* in the Sixteenth Century —— 295

Elke Anna Werner
Kaiser Maximilians *Weißkunig*.
   Einige Beobachtungen zur Werkgenese der Illustrationen —— 349

Eva Michel
zu ainer gedächtnüß hie auf Erden.
   Albrecht Altdorfers *Triumphzug* für Kaiser Maximilian —— 381

Heike Sahm
Der Körper des Kaisers und der Tod.
   Zur Frage der Kontinuität von Maximilians Selbstentwürfen —— 395

Abbildungsverzeichnis —— 413

Register —— 423
1. Maximilian I., Entwürfe, Werke, Auftragsarbeiten —— **423**
2. Personen, Orte, Sachen —— **425**

Jan-Dirk Müller
Einleitung

Es gibt wohl kaum einen Herrscher um 1500, der so intensiv dafür Sorge trug, dass sein Bild allenthalben und in möglichst vielen Stilisierungen präsent war, wie Kaiser Maximilian I. In vielem glich seine Regierungszeit noch dem mittelalterlichen Reisekönigtum. Es gab keine feste Residenz, allenfalls einige bevorzugte Orte wie Innsbruck, Wien, Wiener Neustadt oder Augsburg, wo die Fäden der Reichspolitik zusammenliefen und Maximilians Vertrauter, der Augsburger Stadtschreiber Konrad Peutinger, der das kaiserliche Siegel führen durfte, so etwas wie ein ruhender Pol der kaiserlichen Politik war. Es gab den Regierungsapparat in Maximilians Umgebung, an der Spitze der Kardinal Lang und Cyprian von Northeim, der Sernteiner. Es gab das stark fluktuierende kaiserliche Gefolge mit fremden Gesandten, Fürsten, Adligen und Stadtbürgern aus dem Reich, Untertanen aus den Erblanden, die Schar der Sekretäre und Amanuenses, von denen einige humanistisch Gebildete ihre administrativen Tätigkeiten durch literarische Propaganda für den Herrscher aufzuwerten trachteten. Es gab neben dem Regierungsapparat des Königs, später Kaisers die Kanzlei des Erzbischofs von Mainz, der Reichskanzler war. Es gab die Landesbehörden der Erblande: Insgesamt ein polyzentrisches und im Ganzen nicht allzu effektives Regierungssystem. Der kaiserliche Hof zog bis zuletzt unermüdlich von Ort zu Ort; auf einem dieser Wege starb Maximilian in Wels. Zusammen mit den Fürsten hatte er das Reich vor allem auf den großen Reichsversammlungen in Worms, Freiburg, Nürnberg, Konstanz, Köln, Augsburg repräsentiert oder auf dem Fürstenkongress zu Wien 1515, wo durch Heiratsbündnisse mit der ungarischen Dynastie der Grund für die vierhundertjährige Herrschaft der Habsburger über das östliche Mitteleuropa gelegt wurde. Finanziell war diese Regierungsform ein Desaster; immer mehr musste sich Maximilian verschulden, nicht nur um seine zahlreichen Kriege zu finanzieren, sondern auch, um bei festlichen Gelegenheiten standesgemäß auftreten zu können.

Doch eine Konstante gibt es in der oft sprunghaften, selten dauerhaft erfolgreichen Regierung Maximilians: die Sorge um sein Bild vor Mit- und Nachwelt. Diese Sorge ließ er sich etwas kosten, und wie ein nüchterner Kaufmann, der er doch sonst in seinem Verhältnis zu seinen Finanziers, den Fuggern, Thurzos *e tutti quanti* nicht war, hat er das Verhältnis von Aufwand und Nutzen dieser Investition kühl berechnet:

> [A]ls er zu seinen jarn kam, sparet er kainen kosten, sonder er schicket aus gelert leut, die nichts anders teten, dann das sy sich [...] erkundigeten alle geschlecht der kunig und fursten, und ließ solichs alles in schrift bringen, zu er und lob denen kuniglichn und

> furstlichn geschlechten. [...] Auf ain zeit was ain mechtiger herr bey dem jungen weisen kunig, der sprach zu ime, das gelt, das er auf die sachen der gedächtnuss leget, were verloren. Darauf gab ime der kunig die antwurt: „wayst du nit, das got und der prophet Davit in dem psalter sagen von der gedächtnuss und nit von dem gelt, dann wo ainer seinen schatz hat, da ist sein herz." Weiter sprach der kunig zu demselben herrn: „sag mir ains: was beleibt dem menschen lenger, das guet oder die gedächtnus?" Darauf gab der herr die antwurt: „wann ain mensch stirbt, so volgen ime nichts nach dann seine werk." Auf sölichs redet der kunig: „du redest recht; wer ime in seinem leben kain gedachtnus macht, der hat nach seinem tod kain gedachtnus und desselben menschen wird mit dem glockendon vergessen, und darumb so wird das gelt, so ich auf die gedechtnus ausgib, nit verloren, aber das gelt, das erspart wird in meiner gedächtnus, das ist ain undertruckung meiner kunftigen gedächtnus, und was ich in meinem leben in meiner gedächtnus nit volbring, das wird nach meinem tod weder durch dich oder ander nit erstat."[1]

Zum Zweck seiner *Gedechtnus* setzte er virtuos alle Medien ein, die herrscherlicher Repräsentation zu Verfügung standen: religiöse Rituale, Herrscheradventus, Ritterspiele, Maskenfeste, prunkvolle Gelage, Huldigungspiele und -adressen, Theateraufführungen, Porträts, Grablege, Triumphzug und Triumphbogen, Sammlung von Heldenbüchern, Ritterroman, Holzschnittchronik, Flugblätter usw. usw. Stand zunächst die wirkungsvolle Inszenierung von Herrschaft selbst im Vordergrund, so schob sich in seinem letzten Jahrzehnt immer mehr der Gedanke, für die eigene *Memoria* und die seiner erlauchten Vorfahren zu sorgen, in den Vordergrund.[2]

Gelegentlich fehlte für beides das Geld wie im Fall eines Reiterstandbildes, der Vollendung seiner Grablege mit monumentalen Statuen herausragender Vorgänger oder des Baus einer Grabkirche bei Monsee mit der Einrichtung eines ewigen Gebetgedenkens. Manche Projekte blieben im Planungsstadium stecken, oft aber begnügte man sich mit der bloßen Darstellung des projektierten Werks auf Papier oder Pergament. So feierte Maximilian nie einen Triumphzug, und ihm wurde nie ein steinerner Triumphbogen errichtet, aber er ließ sich von Albrecht Altdorfer und seiner Werkstatt einen Triumphzug malen und beschäftigte die besten Holzschneider mit Albrecht Dürer an der Spitze für dessen Umsetzung in den Holzschnitt. Ähnlich verfuhr man bei der Gestaltung seiner monumentalen Ehrenpforte, einem Triumphbogen, auf dem u.a. Höhepunkte seiner Regierungszeit dargestellt waren.

---

[1] Kaiser Maximilians I. Weisskunig. Hg. v. H. Th. Musper in Verbindung mit Rudolf Buchner, Heinz-Otto Burger und Erwin Petermann. Bd. 1 Textband, Bd. 2 Tafelband. Stuttgart 1956. Bd. 1, S. 225f.
[2] Jan-Dirk Müller: Gedechtnus. Literatur und Hofgesellschaft um Maximilian I. München 1982.

Der Übergang vom gemalten zum qua Holzschnitt vervielfältigten Triumph zeigt, wie Maximilian sich seit dem ersten Jahrzehnt des 16. Jahrhunderts zunehmend der Möglichkeiten des Buchdrucks und der reproduzierbaren Medien bewusst wurde. Der mittelalterliche Herrscher verkörperte legitime Herrschaft durch seine Anwesenheit. Indem er im Reich herumzog, konnte er diese Herrschaft überall zur Anschauung bringen. Wort und Bild konnten auch, wenn der Herrscher abwesend war, seine Herrschaft präsent machen. So wiederholte etwa Walthers von der Vogelweide Spruch über eine weihnachtliche Festkrönung König Philipps (1198) vor dem Reich, was die verhältnismäßig wenigen Anwesenden gesehen hatten. Doch blieben solche Auftritte, selbst wo ihre Ortsgebundenheit derart überschritten wurde, in ihrer Wirkung begrenzt. Das qua Druck reproduzierbare Bild dagegen machte den Herrscher ubiquitär verfügbar. Maximilian scheint, möglicherweise angeregt durch seine humanistischen Berater, diese Chance früh erkannt zu haben. Schon 1502 bzw. 1504 macht der kaiserliche *poeta* Konrad Celtis die Maximilian gewidmeten Huldigungsspiele *Ludus Diane* bzw. *Rhapsodia*, das eine vor Maximilian aufgeführt, das andere nur vor einem gespielten Hofstaat, im Druck bekannt und wiederholte sie damit gewissermaßen vor der literarischen Öffentlichkeit des Reichs. Die vielen lateinisch schreibenden Panegyriker, die an den Hof Maximilians drängten, taten es ihm nach, indem sie ihre Festreden und panegyrischen Dichtungen, von denen nicht einmal sicher ist, dass sie tatsächlich vorgetragen wurden, drucken ließen.[3]

Maximilian übertrug dieses Verfahren auf die Volkssprache. Er ließ Lieder, die seine Siege feierten, drucken, Bilder von sich verbreiten, in denen er als Herrscher, als *Hercules germanicus* oder Heiliger Georg auftrat. Seine Physiognomie mit der charakteristischen Nase sollte omnipräsent sein. Er benutzte die technische Vervielfältigungsmöglichkeit sogar als Regierungsinstrument, indem er Reichstagsausschreiben – oft mit ausführlicher Beschreibung und Rechtfertigung seiner politisch-militärischen Taten und Vorhaben – im Druck ausgehen ließ.[4] Seine Publizistik hatte noch nicht den Wirkungsradius des Kriegs der reformatorischen Flugschriften, der kurz nach seinem Tod ausbricht, weitet aber in der Tendenz den Kreis der Adressaten über die Herrschaftsstände hinaus auf das ganze Reich aus.

---

3 Jan-Dirk Müller: Maximilian und die Hybridisierung der frühneuzeitlichen Hofkultur. Zum *Ludus Diane* und der *Rhapsodie* des Konrad Celtis. In: Maximilian I. (1459–1519) und die Hofkultur seiner Zeit. Hg. v. Sieglinde Hartmann u. Freimut Löser. Wiesbaden 2009 (Jahrbuch der Oswald von Wolkenstein-Gesellschaft 17 [2008/2009]), S. 3–21.
4 Jan-Dirk Müller: Publizistik unter Maximilian I. Zwischen Buchdruck und mündlicher Verkündigung. In: Sprachen des Politischen. Medien und Medialität in der Geschichte. Hg. v. Ute Frevert u. Wolfgang Braungart. Göttingen 2004, S. 95–122.

Doch setzte Maximilian den Druck nicht nur für aktuelle Ziele, sondern auch für seine repräsentativen Vorhaben im Dienste seiner *Gedechtnus* ein. Er beschäftigte den Augsburger Johann Schönsperger als seinen Hofdrucker (und bewahrte ihn damit eine Zeit lang vor dem Ruin) und gab bei ihm Drucke seines Gebetbuchs und seiner autobiographischen Romane in Auftrag (*Theuerdank* bzw. *Weißkunig*), Werke, die wie eine kalligraphisch gestaltete Handschrift aussehen sollten und mit Holzschnitten der besten Künstler ausgestattet waren. Er betrieb neben dem Druck seiner beiden Triumphe denjenigen von Porträts von Vorfahren aus seiner Genealogie und von Heiligen aus seinem Haus.

Es wäre falsch, schon anzunehmen, dass er damit eine Öffentlichkeit im modernen Sinn erreichen wollte. Der Adressatenkreis war überwiegend auf die traditionellen Oberschichten beschränkt. Die kostbaren Bücher und Holzschnitte waren wohl vor allem zur Verteilung bestimmt: unter den Reichsfürsten oder besonders verdienten Mitgliedern des Hofs. Darauf lassen auch Dispositionen seines Enkels König Ferdinand schließen. Weil vieles nicht fertig wurde, kam es manchmal nicht einmal dazu. Trotzdem war damit ein Schritt über die Exklusivität des Hofes hinaus getan. So wurde der 1517 auf teurem Pergament gedruckte *Theuerdank* von Schönsperger 1519 noch einmal auf Papier gedruckt. Der *Theuerdank* wurde nie ein ‚Volksbuch', war aber immerhin – auch in den späteren Bearbeitungen des Burkhard Waldis und Matthäus Schultes – einem kapitalkräftigen literarischen Publikum zugänglich.

Das Bild des ‚letzten Ritters', das nahezu reflexhaft mit Maximilian assoziiert wurde, ist in den letzten Jahren um das Bild eines Renaissancefürsten ergänzt worden, der sich von seinen humanistischen Literaten mit *divus* betiteln und im Wettkampf mit antiken Göttern und Heroen feiern ließ und der als ein *uomo universale* alle Wissenschaften und Künste beherrschte. Zwar bleibt sein Bild um einiges hinter dem italienischer Renaissancefürsten des 15. Jahrhunderts, den Gonzaga, Sforza oder Medici zurück, aber das Prinzip der Stilisierung der eigenen Gestalt zum Heros und zugleich *rex litteratus* stellt Maximilian ihnen an die Seite.

Stephen Greenblatt hat „Self fashioning" als Epochensignatur der Renaissance herausgearbeitet.[5] Seine Beispiele stammen aus England, doch lässt sich Ähnliches in anderen Ländern ebenso beobachten. Eines der frühesten Beispiele ist Petrarca im 14. Jahrhundert, der in seinen Schriften seine Rolle als Liebender und als bußfertiger Christ, als Poet und als Philosoph ausgestaltet und reflektiert. In diese Reihe gehört auch Maximilian. Mit Self-fashioning ist nicht die bewusste Formung

---

5 Stephen Greenblatt: Renaissance Self-fashioning. From More to Shakespeare, Chicago/London 1980.

des Selbst gemeint, wie sie das Ziel von Erziehung ist oder wie sie der Bildungsroman der Weimarer Klassik und die moderne Autobiographik entwirft, sondern die Stilisierung des Selbst zu „functions without regard for a sharp distinction between literature and social life".[6] Es impliziert ein gewisses Maß an Realitätsferne – was die historische Forschung dem sprunghaften, kaum je seine Ziele konsequent verfolgenden oder gar zu Ende bringenden Herrscher vorgeworfen hat. Self-fashioning ist nicht fiktional, denn es referiert auf ein wirkliches Selbst und will als Aussage über dieses Selbst rezipiert werden. Es will dieses Selbst aber auch nicht einfach wiedergeben, wie es ist,[7] sondern es in etwas anderes, Besseres transformieren, ein literarisches oder sonst kulturell akzeptiertes Muster: den reuigen Sünder, den perfekten Staatsmann oder eben auch den unermüdlich um Ehre ringenden Ritter.

In Maximilians literarischen Werken zeichnet sich der Weg zum Self-fashioning ab. Am Anfang steht die lateinische Autobiographie, auch sie nicht ohne strukturierendes literarisches Vorbild (Julius Caesar), doch mit dem Ziel, Maximilians Lebensgeschichte authentisch wiederzugeben. Dann aber werden immer wieder andere Teile des Stoffs dieser Lebensgeschichte Gegenstand literarischer Stilisierungen: des Ritterromans *Theuerdank*, der allegorisierenden Prosachronik *Weißkunig* oder des vergilisierenden Epos (*Austrias, Magnanimus*). Keiner dieser Texte ist fiktional, keiner aber ist auch bloß faktualer Bericht. Jeder stilisiert Maximilian nach einem literarischen Muster: dem Ritter auf der *queste* nach Ehre, zum alles wissenden, mit seiner weißen Turniergesellschaft alle anderen als Turniergesellschaften agierenden politischen Mächte besiegenden *Weis-* bzw. *Weißkunig*, zum antikischen Heros, dem *Hercules germanicus*, dem römischen Triumphator, dem Sieger über die Fortuna, dem Mitglied der Heiligen Familie, dem vornehmen Bürger einer Reichsstadt – es ist kaum möglich, die Vielfalt der Bilder aufzuzählen, die Maximilian von sich anfertigen und verbreiten ließ. In keinem dieser Bilder soll Realität einfach abgebildet werden, doch in jedem verschlüsselnd, allegorisierend, literarische oder bildnerische Muster adaptierend überhöht.

Die kunst- und literaturwissenschaftliche Forschung der letzten Jahrzehnte hat vieles neu erschlossen und durch Ausstellungen, Bücher und wissenschaftliche

---

6 Greenblatt (Anm. 5), S. 3

7 Seit Hayden White (z.B. Tropics of Discourse. Essays in Cultural Criticism. Baltimore 1987, dt.: Auch Clio dichtet oder die Fiktion des Faktischen. Studien zur Tropologie des historischen Diskurses. Stuttgart 1991) weiß man, dass es diese bloße Wiedergabe nicht gibt, sondern dass jede historiographische Darstellung (und die Darstellung eines Menschen fällt in diese Kategorie) konventionalisierte Muster der Darstellung (nicht unbedingt nur literarische) adaptiert. Self-fashioning geht darüber hinaus. Es stilisiert das Darzustellende in einer verfremdenden Form, fingiert es als literarische Gestalt, um auf diese Weise den Kern seines Wesens herauszubringen. Die Übergänge zwischen beiden Typen sind fließend.

Abhandlungen ins Bewusstsein einer größeren Öffentlichkeit gehoben. Der vorliegende Band will nicht mehr, als dem immer differenzierteren Bild einige Aspekte hinzufügen.

Reinhard Stauber
Maximilian I. als ‚politischer Virtuose'

1

Mit der Figur des habsburgischen Herrschers Maximilian I. ist die Geschichtsforschung des 19. und 20. Jahrhunderts in ihren Urteilen recht unnachsichtig umgegangen. Die Kritik hängt zum ersten sicher zusammen mit dem Bild überlebensgroßer Selbststilisierung, an dem Maximilian gezielt schon zu seinen Lebzeiten arbeiten ließ. Durch das ‚Österreichische Ehrenwerk', das der Augsburger Ratsdiener Clemens Jäger um 1550 im Auftrag Johann Jakob Fuggers abfasste und das der Nürnberger Poet Sigmund von Birken 1668 in einer neuen Überarbeitung wieder vorlegte, hatte dieses Bild im 16. und 17. Jahrhundert große Verbreitung gefunden.[1] Zum anderen zeugt diese Kritik auch von der Politisierung der Historiographie im 19. Jahrhundert, etwa von der in Form eines Streits um die Bewertung der kaiserlichen Italienpolitik im Mittelalter ausgetragenen Konkurrenz groß- und kleindeutscher Geschichtsentwürfe.

Eine bis heute populäre Formel, die vom ‚Letzten Ritter', hatte schon im Vormärz der unter dem Pseudonym Anastasius Grün schreibende österreichische Literat Alexander Graf Auersperg geprägt – nicht als Titel eines fachhistorischen Werks freilich, sondern eines ‚Romanzenkranzes'.[2] Leopold von Ranke urteilte

---

[1] Zum Werk, seiner Überlieferung und seinem Quellenwert vgl. Leopold von Ranke: Deutsche Geschichte im Zeitalter der Reformation. Hg. v. Paul Joachimsen. Bd 1. München 1925, S. 377–388 („Beilage: Ueber eine ungedruckte Lebensbeschreibung Maximilians I. von Hans Jakob Fugger"); Franz Schnabel: Deutschlands geschichtliche Quellen und Darstellungen in der Neuzeit. Teil 1: Das Zeitalter der Reformation 1500–1550. Leipzig, Berlin 1931, S. 121–124, sowie Inge Friedhuber: Der „Fuggerische Ehrenspiegel" als Quelle zur Geschichte Maximilians I., Mitteilungen des Instituts für Österreichische Geschichtsforschung 81 (1973), S. 101–138. Fuggers reich ausgeschmücktes Originalexemplar in zwei Bänden, von denen sich der zweite ausschließlich mit der Epoche Maximilians beschäftigt, kam noch im 16. Jahrhundert zusammen mit seinen anderen Büchern in die Münchener Hofbibliothek (heute Bayerische Staatsbibliothek cgm 895/896). Die Bearbeitung des 17. Jahrhunderts: Johann Jakob Fugger / Sigmund von Birken: Spiegel der Ehren des Höchstlöblichsten Kayser- und Königlichen Erzhauses Oesterreich [...]. Nürnberg 1668; vgl. dazu Markus Völkel: Im Spiegel des Hauses Österreich. Zur Stiftung historiographischer Einheit zwischen den habsburgischen Ländern im 17. Jahrhundert. In: Identità territoriali e cultura politica nella prima età moderna – Territoriale Identität und politische Kultur in der Frühen Neuzeit. Hg. v. Marco Bellabarba u. Reinhard Stauber. Bologna, Berlin 1998, S. 187–213.

[2] Anastasius Grün [Pseud. für: Alexander Graf Auersperg]: Der Letzte Ritter. Romanzenkranz. München 1830.

um 1840 noch eher nachsichtig: Maximilian sei ein Mann der Entwürfe, nicht der Ausführung gewesen. Seine rege Phantasie habe ihn zu übertriebenen Hoffnungen beflügelt, weswegen er die reale Sachlage, vor allem in außenpolitischen Fragen, oft verkannt habe.³ Deutlich eingetrübt ist demgegenüber das Bild, das der aus der Waitz-Schule kommende Greifswalder Historiker Heinrich Ulmann um 1890 in der ersten großen wissenschaftlichen Maximilian-Biographie entwarf.⁴ Unruhe und Hektik, Sprunghaftigkeit und Wankelmut in Entscheidungssituationen und vor allem das völlige Versagen beim Umgang mit Geld, eigenem wie fremdem – das sind Züge in der Persönlichkeit Maximilians, die Ulmann hervorhebt und die in kaum einer der folgenden Darstellungen des Habsburgers, von welchem wissenschaftlichen Anspruch auch immer, fehlen werden.

Ein „unpraktischer Schwärmer" sei er sein Leben lang gewesen, urteilt Viktor von Kraus,⁵ einen Träumer nennt ihn eine englische Biographie von 1913⁶ – „Im Großen klein, im Kleinen groß" (so das populäre Lebensbild Will Winkers von 1950⁷). Gewohnt wortgewaltig schleudert Karl Lamprecht in seiner ‚Deutschen Geschichte' Maximilian das Verdikt entgegen: „So war [...] seine Vielseitigkeit sein Unglück; sie gab ihm eine Beweglichkeit des Geistes, die, von den Zeitgenossen bewundert, den nachgeborenen Betrachter seiner Politik in Schrecken versetzen muss"⁸. Isoliert blieb der aus den Quellen kaum zu belegende Interpretationsansatz von Diederichs, Maximilian als Machtmenschen zu beschreiben, der große, zielstrebig verfolgte Pläne durch seine scheinbare Sprunghaftigkeit geschickt vor seiner Umwelt verborgen habe.⁹ Den Blick auf die Reichspolitik gerichtet, zitiert Eduard Ziehen zustimmend das Urteil vom „Erzstiefvater" des Reiches,¹⁰ hält Johannes Haller Maximilian egoistisches Hausmachtstreben auf

---

3 Ranke (Anm. 1), S. 90. Vgl. ebda., S. 257: „In Maximilian lebte ein höchst lebendiges Vorgefühl der kommenden Dinge, von denen sein Tun und Lassen beherrscht ward und alle das Scheinbar-Unstäte, Geheimnisvolle, Persönlich-Einseitige seiner Politik herrührt. Er hat nichts zu vollbringen, zu stiften: er hat nur das Zukünftige vorzubereiten".
4 Heinrich Ulmann: Kaiser Maximilian I. Auf urkundlicher Grundlage dargestellt. Bd. 1. Stuttgart 1884, v. a. S. 188–205, 265f.
5 Maximilians vertraulicher Briefwechsel mit Sigmund Prüschenk, Freiherr von Stettenberg. Hg. v. Viktor von Kraus. Innsbruck 1875, S. 20.
6 Christopher Hare [Pseud. für: Marian Andrews]: Maximilian the Dreamer. Holy Roman Emperor 1459–1519. London 1913.
7 Will Winker: Kaiser Maximilian I. Zwischen Wirklichkeit und Traum. München 1950, S. 176.
8 Karl Lamprecht: Deutsche Geschichte. Bd. 5/1. Freiburg ³1904, S. 28.
9 Peter Diederichs: Kaiser Maximilian I. als politischer Publizist. Jena 1933, S. 99–102.
10 Eduard Ziehen: Mittelrhein und Reich im Zeitalter der Reichsreform 1356–1504. Bd. 2. Frankfurt 1937, S. 786.

Kosten des Reichs vor,[11] attestiert Willy Andreas seinem politischen Handeln „eine gewisse Zerfahrenheit und etwas Torsohaftes"[12]. Demgegenüber haben Bernhard Schmeidler und Rudolf Buchner auf die dynastische Politik Maximilians als ein Aktionsfeld hingewiesen, auf dem er trotz aller Fehler und Rückschläge große Ziele für den Aufstieg seines Hauses zur europäischen Macht erreicht habe.[13] Und Hermann Wiesflecker, der, wie man sagen können wird, dem Habsburger sein Lebenswerk gewidmet hat, hat auf den über 3000 Druckseiten seiner fünfbändigen Biographie und auch in der Kompaktfassung von 1991 ein nicht kritikloses, aber doch sehr positiv gestimmtes Bild vom Schöpfer des christlich-europäischen Universaldominats des Hauses Österreich gezeichnet, der, gestützt auf seine Überzeugung von der Kraft der imperialen Idee, dem Großreich seines Enkels Karl V. den Weg bereitet habe.[14]

Noch neuere Gesamtdarstellungen haben Maximilian als typischen Repräsentanten einer Übergangsepoche gesehen, „in der Sinn für das Mögliche noch gering entwickelt war, in der im Denken der Staatsmänner zielbewusstes Planen und phantastische Wunschbilder oft dicht beieinander lagen."[15] Für Heinrich Lutz hat Maximilians Neigung zum Zug ins Große trotz der unzureichenden Mittel zu ihrer Realisierung auf eine nicht exakt prognostizierbare, aber doch nicht unbeabsichtigte Weise Erfolg gezeitigt.[16] Und Bernd Moellers

---

11 Johannes Haller: Von den Staufern zu den Habsburgern. Auflösung des Reichs und Emporkommen der Landesstaaten (1250–1519). Berlin 1935, S. 99f.
12 Willy Andreas: Deutschland vor der Reformation. Eine Zeitenwende. Stuttgart/Berlin 1932, S. 232.
13 Bernhard Schmeidler: Das spätere Mittelalter von der Mitte des 13. Jahrhunderts bis zur Reformation. Wien 1937, S. 393; Rudolf Buchner: Maximilian I. Kaiser an der Zeitenwende. Göttingen ²1970, S. 102–108.
14 Hermann Wiesflecker: Kaiser Maximilian I. Das Reich, Österreich und Europa an der Wende zur Neuzeit. 5 Bände. Wien/München 1971–1986, v.a. Bd. 1, S. 11–43 mit einem Überblick zum „Maximilianbild im Wandel der Geschichtsanschauung" (der in den Grundzügen unverändert übernommen wird in: Hermann Wiesflecker: Maximilian I. Gesamtbild und Forschungsstand. In: Hispania-Austria. Die Katholischen Könige, Maximilian I. und die Anfänge der Casa de Austria in Spanien. Hg. v. Alfred Kohler u. Friedrich Edelmayer. Wien/München 1993, S. 15–28) sowie Bd. 5, S. 612–643; Hermann Wiesflecker: Maximilian I. Die Fundamente des habsburgischen Weltreiches. Wien, München 1991. Neu jetzt eine Zusammenfassung hinsichtlich der Bedeutung Maximilians für die Staatswerdung Österreichs: Hermann Wiesflecker: Österreich im Zeitalter Maximilians I. Die Vereinigung der Länder zum frühmodernen Staat. Der Aufstieg zur Weltmacht. München 1999 (die Wertung als „erster Vertreter der österreichischen Gesamtstaatsidee" schon bei Ulmann, Maximilian I. [Anm. 4], S. 204).
15 Stephan Skalweit: Reich und Reformation. Frankfurt, Berlin 1967, S. 11. Ähnlich Wiesflecker: Maximilian I. Gesamtbild und Forschungsstand (Anm. 14), S. 16.
16 Heinrich Lutz: Das Ringen um deutsche Einheit und kirchliche Erneuerung. Von

etwas harscher gestimmte Beurteilung Maximilians hat dem vorliegenden Versuch ein wichtiges Stichwort geliefert: „Dieser merkwürdige und nicht unbedeutende Herrscher, vielleicht der zu seiner Zeit volkstümlichste, den die deutsche Geschichte kennt, war ein Meister der politischen Phantasie und Virtuose in nutzlosen Taten"[17].

2

Virtuosen und Politik, politische Virtuosen, Virtuosen in der Politik – wie geht das zusammen? Helmut Koenigsberger hat beide Aktionsbegriffe im Titel eines wichtigen Aufsatzbandes wohl nebeneinandergestellt, aber auch darauf hingewiesen, dass ‚virtuoso' anscheinend kaum je auf eine Tätigkeit im politischen Bereich im engeren Sinn bezogen wurde.[18] Und der entsprechende Artikel des Grimmschen Wörterbuches sekundiert: „‚Un virtuoso', ein tugendbegabter, wird in Italien von sprach- und exercitienmeistern, poeten, operateurs, alchimisten, musicanten, mahlern, bildhauern und dergleichen gesagt."[19]

Von der lateinisch-italienischen Wortwurzel her ist ‚virtuoso' natürlich eng auf den Begriff der ‚virtus'/,virtù' bezogen. Gleichwohl taucht das Adjektiv ursprünglich als quasi technisch-neutraler Begriff auf, im Sinne der Eignung zu einem gewissen Zweck oder von ‚passend'. In diesem Sinn konnte Dante das Adjektiv gleichermaßen auf einen seinen Veranlagungen gemäß lebenden Menschen, auf ein schnelles Pferd oder ein scharfes Schwert anwenden.[20] Erst im *Vocabolario* der führenden italienischen Sprachakademie, der Accademia della Crusca in Florenz, steht 1612 gleichberechtigt daneben der Bezug auf die

---

Maximilian I. bis zum Westfälischen Frieden 1490 bis 1648. Frankfurt, Berlin 1983, S. 157: „Die immer wieder erstaunliche Fähigkeit und Sprunghaftigkeit der maximilianeischen Politik darf keineswegs darüber hinwegtäuschen, wie sehr dieser oft phantastisch und unernst wirkende politische Stil von einer improvisierenden Wahrnehmung langfristig höchst bedeutsamer europäischer Perspektiven bestimmt war."

17 Bernd Moeller: Deutschland im Zeitalter der Reformation. Göttingen ²1981, S. 13.
18 Helmut G. Koenigsberger: Politicians and Virtuosi. Essays in early modern history. London, Ronceverte 1986, S. IX, XIII.
19 Jacob und Wilhelm Grimm: Deutsches Wörterbuch. Bd. 12/2. Leipzig 1951, Sp. 372.
20 Dante Alighieri: Il Convivio. A cura di G. Busnelli e G. Vandelli. Firenze 1964, I, 5,11: *Ciascuna cosa è virtuosa in sua natura che fa quello a che è ordinata; e quanto meglio lo fa, tanto più è virtuosa. Onde dicemo uomo virtuoso che vive in vita contemplativa o attiva, a le quali è ordinato naturalmente; dicemo del cavallo virtuoso che corre forte e molto, a la qual cosa è ordinato; dicemo una spada virtuosa che ben taglia le dure cose, a che cosa è ordinata.*

virtù; ‚eccellente' wird als italienisches, ‚praestans' als lateinisches Synonym angeführt.[21] ‚Tugendhaft', ‚tüchtig', aber auch immer noch ‚wirksam' lauten die Übersetzungsvorschläge der neuesten Auflage des *Großen Wörterbuchs* von Sansoni.[22] Und nach Ausweis eines der neuesten Thesauren kann man im Italienischen immer noch sagen „Ha condotto una vita virtuosa" im Sinne von „Er/Sie hat ein tugendhaftes Leben geführt".[23]

Mit dem substantivischen Gebrauch von ‚virtuoso' sieht es etwas anders aus; er ist im heutigen Umgangsitalienisch eingeschränkt auf die exzellente Beherrschung einer Materie oder eines Gegenstandes. Als historischen Sprachgebrauch verzeichnet das neue *Vocabolario della lingua italiana* die Bezeichnung einer Person von umfassender kultureller Bildung und gutem Geschmack.[24] Im 17. Jahrhundert ist ‚virtuoso' als substantivisches Lehnwort in den meisten europäischen Sprachen etabliert. Walter Houghton hat in einem klassischen Aufsatz von 1942 die Grundcharakteristika des „gentleman-scholar", wie er die Figur des *virtuoso* im England des 17. Jahrhunderts umschreibt, benannt: Interesse an ganz verschiedenen Bereichen wie Malerei, Altertumskunde und Naturwissenschaften; Ernsthaftigkeit der Studien, die freilich nicht dem Lebensunterhalt, sondern einem gehobenen Zeitvertreib dienen; Zweckfreiheit des erstrebten Wissens; hoher Rang des Sammelns in Galerien und Kabinetten.[25] Im Lauf des 17. Jahrhunderts ist dann eine doppelte Verschiebung im Gebrauch des Terminus zu beobachten: vom Bereich der Kunst zunehmend in jenen der Naturwissenschaften (ab der Jahrhundertmitte werden zunehmend etwa auch die Anatomen unter die *virtuosi* gerechnet), außerdem wird der Beiklang von ‚Dilettantentum' (im Sinn etwa des Zurschaustellens technisch brillanten, künstlerisch aber nicht zureichend durchgebildeten musikalischen Könnens) immer deutlicher.[26]

Vielseitigkeit, ernsthaftes Bemühen, aber auch eine gewisse Oberflächlichkeit also machen den *virtuoso* aus. Anliegen des vorliegenden Beitrags ist es,

---

21 Vocabolario degli Accademici della Crusca. Venezia 1612, S. 941.
22 I grandi dizionari Sansoni: Dizionario delle lingue italiana e tedesca. Parte I: Italiano-Tedesco. Firenze/Roma 1984, Sp. 1452f.
23 Vittorio Sgarbi: Lo Sgarbino. Dizionario della lingua italiana. Bergamo 1993, Sp. 1369.
24 Vocabolario della lingua italiana (Treccani). Bd. 4. Roma 1994, Sp. 1196.
25 Walter Houghton: The English virtuoso in the seventeenth century, Journal of the History of Ideas 3 (1942), S. 51–73, 190–219, hier v. a. S. 52–58.
26 Ebda., S. 73; Barbara Shapiro, Robert G. Frank: English scientific virtuosi in the 16th and 17th centuries. Los Angeles 1979, S. 99f.; Barbara Shapiro: Probability and certainty in seventeenth-century England. A study of the relationships between natural science, religion, history, law, and literature. Princeton 1983, S. 273 Anm. 7. Ich danke Markus Friedrich, München, für den Hinweis auf diese Titel.

am Beispiel der Person des Habsburgers Maximilian von Österreich, geboren 1459 als Sohn Kaiser Friedrichs III., Herzog von Burgund 1477, Römischer König 1486, Alleinherrscher im Reich nach dem Tod des Vaters 1493, Erwählter Römischer Kaiser 1508, gestorben 1519, Züge ‚virtuosen' politischen Handelns an der Wende vom Mittelalter zur Neuzeit vorzuführen, Begrenzungen des königlichen Handlungsspielraums zu umreißen, aber auch Aktionsräume aufzuzeigen, die sich aufgrund der Legitimationskompetenz des Reichsoberhaupts in günstigen Konstellationen eröffnen konnten. Dies geschieht an zwei Beispielen, die Maximilian sozusagen bei der konkreten politischen Arbeit zeigen: bei der Ausstellung einer zur Gänze von ihm selbst mit der Hand geschriebenen Urkunde 1497 und bei der Selbstverleihung des römischen Kaisertitels 1508 in einem Moment, als sein zweiter Romzugsversuch schon in den Alpen zu scheitern drohte. Weiterhin geht es um die Projektemacherei als Grundzug des maximilianeischen Politikverständnisses und schließlich um einige Hinweise darauf, welche Rolle ‚virtuose Politik' in der zeitgenössischen politischen Theorie spielte und welchen Stellenwert die Gedächtnisfunktion der Geschichte dabei einnahm.

3

Das Frühjahr 1497 verbrachte König Maximilian bei der Jagd in den Vorbergen des Allgäus. Die vergangenen Monate hatten für ihn wenig Erfolg gezeitigt: Das Italienunternehmen des Herbstes 1496 war gescheitert, die langen Beratungen des Lindauer Reichstags ohne greifbaren Erfolg zu Ende gegangen.[27] Mit einer kleinen Schar vertrauter Reichsfürsten, an der Spitze Kurfürst Friedrich von Sachsen, wollte der König nun neben der Jagd die politischen Optionen der nächsten Zukunft durchsprechen. Anfang Mai kam Königin Bianca Maria in Füssen an, geleitet vom niederbayerischen Herzog Georg, der für den König die Schulden des Frauenhofstaats in Worms beglichen hatte. Kaum hatten sich Georg und Maximilian wieder getrennt, kam ein weiterer wittelsbachischer Fürst angereist, Herzog Albrecht IV. von Oberbayern. Er traf mit dem König in der Reichsstadt Kaufbeuren zusammen, und auf sein Drängen hin stellte ihm Maximilian am 23. Mai 1497 eine zur Gänze mit der eigenen Hand geschriebene Urkunde aus.[28]

---

[27] Vgl. Wiesflecker: Kaiser Maximilian I. (Anm. 14), Bd. 2, S. 256–279.
[28] Bayerisches Hauptstaatsarchiv [BayHStA], Geheimes Hausarchiv [GHA] Hausurkunden 831 (mit dem ausdrücklichen Vermerk *den wier mit unser aign handt geschriben*); Druck: Franz von Krenner: Baierische Landtags-Handlungen in den Jahren 1429 bis 1513. Bd. 9. München 1804,

Eigenhändige Schreiben von Kaisern, Königen und Fürsten, kurze Briefe oder Beglaubigungsschreiben etwa, sind um 1500 keine Besonderheit mehr. Eine den formalen Vorschriften des spätmittelalterlichen Königsdiploms folgende und entsprechend besiegelte, dabei vom Herrscher zur Gänze selbstgeschriebene Urkunde nimmt aber doch einen Ausnahmerang ein. Das Faktum deutet hin auf die bewusste Umgehung sämtlicher Verfahrensschritte in der Kanzlei, auf den Ausschluss bürokratischer Routineprozesse und der damit verbundenen Schar von Mitwissern – also auf die Intention und Erforderung höchster Geheimhaltung. Was war der Hintergrund dafür?

Die politischen Interessen der über die selbständigen Herzogtümer Ober- bzw. Niederbayern regierenden wittelsbachischen Vettern Albrecht und Georg hatten sich nach einer Zeit enger Kooperation gegen das Kaiserhaus in den 80er Jahren des 15. Jahrhunderts in unterschiedliche Richtungen entwickelt.[29] Zwar hatten beide im Jahr 1492 politisch wie persönlich ihre Differenzen mit Kaiser Friedrich III. und König Maximilian I. beigelegt, doch während Albrecht in der Folgezeit ganz auf Kooperation mit dem Reichsoberhaupt setzte, ließ Georg sich in die weitausgreifenden Hegemonialpläne des pfälzischen Kurfürsten Philipp einspannen. Im September 1496 unterzeichnete er in Lampertheim ein Testament, dessen Text ihm kurpfälzische Räte aufgesetzt hatten. Darin wurde das Herzogtum Niederbayern für den Fall von Georgs Tod ohne männliche Erben auf seine Tochter Elisabeth und deren Verlobten, einen pfälzischen Prinzen, übertragen.[30] Eine Realisierung dieser Pläne hätte einen enormen Machtzuwachs für die Kurpfalz mit sich gebracht und auch Maximilian als Reichsoberhaupt wie als Territorialherrn in den Vorlanden und in Tirol existentiell herausgefordert.

In den nun einsetzenden Wettlauf der Bayernherzöge um die Unterstützung des Königs gehören die eben beschriebenen Szenen des Frühjahrs 1497. Albrecht gelang es während seiner Reise nach Kaufbeuren – und das ist der Inhalt der handgeschriebenen Urkunde Maximilians – seine Ansprüche und Anrechte auf das Herzogtum Niederbayern formell bestätigt zu bekommen. Einen solchen

---

S. 382–384.
29 Ausführlich und mit Einzelnachweisen dazu Reinhard Stauber: Herzog Georg von Bayern-Landshut und seine Reichspolitik. Möglichkeiten und Grenzen reichsfürstlicher Politik im wittelsbachisch-habsburgischen Spannungsfeld zwischen 1470 und 1505. Kallmünz 1993, S. 601–661, knappe Zusammenfassung (aus der Perspektive Georgs) bei Reinhard Stauber: Territorium, Dynastie und Reich. Grundzüge der auswärtigen Politik Herzog Georgs des Reichen von Niederbayern (1479–1503). In: Bayern-Ingolstadt, Bayern-Landshut 1392–1506. Glanz und Elend einer Teilung. Ingolstadt 1992, S. 100–107.
30 BayHStA GHA Hausurkunden 2130; detailliert dazu Stauber: Herzog Georg (Anm. 29), S. 695–712.

Erfolg konnte Georg – trotz intensiver Bemühungen, Übernahme des Hofmeisteramts, Kriegsfolge in die Niederlande und Bereitstellung hoher Darlehenssummen – nicht für sich verbuchen. Noch in einer weiteren Hinsicht taktierte Albrecht geschickter als sein Landshuter Verwandter: Während das niederbayerische Testament nicht geheimgehalten werden konnte – wie sonst auch wäre Albrechts rasche Reaktion zu erklären –, blieb die Kaufbeurer Urkunde vom Mai 1497 Vertrauenssache zwischen Albrecht und Maximilian, bis der Wittelsbacher sie im Februar 1504 erstmals öffentlich vorlegte. Genau jetzt aber sollte sich zeigen – und damit kommen wir zum ‚virtuosen' politischen Handeln Maximilians –, dass der König alles andere als gesonnen war, seine damalige Zusage rasch in die Realität umzusetzen.

Nach dem Tod Herzog Georgs im Dezember 1503 erhoben seine pfälzischen Verwandten, gestützt auf das Testament, Anspruch auf Niederbayern. Albrecht hatte dagegen ein mächtiges Militärbündnis zustandegebracht, zu dem auch der Schwäbische Bund gehörte, und zählte auf rückhaltlose Unterstützung durch das Reichsoberhaupt. Maximilian, der aufgrund seiner königlichen Legitimationskompetenz als einziger die Argumente, Rechtsstandpunkte und taktischen Winkelzüge beider Anspruchsparteien kannte, war freilich fest entschlossen, die Möglichkeiten, die sich durch das Eingreifen in die inneren Angelegenheiten einer der mächtigsten Fürstenfamilien des Reiches eröffneten, weidlich auszunutzen. Nach den Rückschlägen der Jahre um 1500 mit der Niederlage gegen die Eidgenossen, dem Verlust Mailands und der Einsetzung des ersten Reichsregiments war seine persönliche Prioritätenskala in diesem Streitfall klar:[31] Zuvörderst ging es um eine machtpolitische Lösung, die seine führende Rolle im Reich neu befestigte, in zweiter Linie um die Sicherung eines gehörigen Anteils der strittigen Gebiete für sich selbst (er sprach von seinem legitimen ‚Interesse') und erst danach um den Ausgleich der Streitparteien. Um insbesondere den Ansprüchen Albrechts den Wind aus den Segeln zu nehmen, bediente der König sich im weiteren Verfahrensverlauf einer lehensrechtlichen Denkfigur, wonach durch das illegitime Verhalten Georgs das Herzogtum Niederbayern als Reichslehen an den König zurückgefallen sei und ihm allein eine neue Vergabe zustehe.[32] Zwar

---

31 Vgl. Ranke (Anm. 2), S. 111f.
32 In den Text des *Weißkunig* ließ Maximilian 1512/14 auch die Angelegenheit um das Testament Herzog Georgs einarbeiten: [...] *und soliche verschreibung thet er* [Georg] *an des weisen kunigs* [Maximilians] *wissen und willen; darzu so waren zwen fursten im leben, genannt Bairen, die waren naturlich lehen- und swerterben, dardurch der vorgenannt furst sein land dem weisen kunig fellig machet.* (Der Weisskunig. Nach den Dictaten und eigenhändigen Aufzeichnungen Kaiser Maximilians I. zusammengestellt von Marx Treitzsauerwein von Ehrentreitz. Hg. v. Alwin Schultz, Jahrbuch der kunsthistorischen Sammlungen des Allerhöchsten Kaiserhauses

belehnte er Albrecht IV. und dessen Bruder Wolfgang noch Ende 1503 mit Niederbayern, doch nur in vorläufiger Form und unter ausdrücklichem Vorbehalt seines *mercklichen interesse und ansprache*[33]. Und tatsächlich ging seine Taktik, stets mehrgleisig zwischen den Streitparteien zu operieren, auf. Der König übernahm einen Vermittlungsauftrag der bayerischen Landstände, räumte den Pfälzern die Möglichkeit zum Widerspruch gegen die oberbayerischen Forderungen ein, legte beiden Seiten immer wieder neue, auch einander widersprechende Teilungspläne vor. In endlosen Verhandlungsrunden hörte er im Februar 1504 die rechtlichen Argumente der Streitparteien an – und konstatierte im selben Augenblick gegenüber einem der oberbayerischen Räte vergnügt: ‚Siehst Du, alles liegt bei mir; ich soll einen Herrn zu Bayern machen'.[34]

Erst nach Kriegsausbruch Mitte April 1504 legte Maximilian sich ganz auf die Ansprüche Albrechts fest und erklärte dessen wichtigsten Gegenspieler, den Pfälzer Kurfürsten Philipp, in die Reichsacht (4. Mai 1504).[35] Den Krieg nutzte er hauptsächlich, um sich die wichtigsten seiner Beutestücke vorab zu sichern.[36] Mit dem Kölner Schiedsspruch, den der König als „rechter Herr und ordentlicher Richter" aller Reichsstände am 30. Juli 1505 schließlich fällte, wurde für die Enkel Herzog Georgs nördlich der Donau das neue Fürstentum Pfalz-Neuburg geschaffen.[37] Alle schwäbischen Eroberungen, österreichischen Besitzungen

---

6 (1888), S. 323 [Kap. 191: *Wie sich ain krieg in des weißen kunigs kunigreich under seinen fursten, genant die Bairen, erhueb, und wie der weyß kunig die ungehorsamen fursten strafet.*]).
33 So in einer am 9.12.1503 zusätzlich zur vom gleichen Tag datierenden Belehnungsurkunde (BayHStA Kurbayern Urkunden 22540, 22541; nur Abschriften, keine kanzleimäßigen Originale!) abgefassten und von Albrecht IV. unterzeichneten Erklärung (Haus-, Hof- und Staatsarchiv [HHStA] Wien, Allgemeine Urkundenreihe 1503 XII 9).
34 *Sichstu, eß stat allß an mir, ich sol ein heren zu Bayren machen* (aus einem Bericht des oberbayerischen Rats Ulrich von Westerstetten an Albrecht IV.; BayHStA Kurbayern Äußeres Archiv 3136, fol. 92 1/2). Überblick über die Ereignisse im Winter und Frühjahr 1503/04: Ludwig Simmet: Der Landshuter Erbfolgestreit in den Jahren 1503–1505. Augsburg 1881, S. 1–52; Wiesflecker: Kaiser Maximilian I. (Anm. 14), Bd. 3, S. 164–174; Stauber: Herzog Georg (Anm. 29), S. 761–778.
35 HHStA Reichsakten in genere 1, Fasz. 2, fol. 54f.
36 Ausführliche Darstellung der Kriegsereignisse bei Joseph Würdinger: Kriegsgeschichte von Bayern, Franken, Pfalz und Schwaben von 1347 bis 1506. Bd. 2: Kriegsgeschichte und Kriegswesen von 1458–1506. München 1868, S. 190–274; Waltraut Hruschka: König Maximilian I. und die bayerisch-pfälzischen Erbfolgehändel von 1503–1507. Diss. phil. masch. Graz 1961, S. 136–309; Wiesflecker: Kaiser Maximilian I. (Anm. 14), Bd. 3, S. 173–198.
37 Abdruck des Kölner Spruchs bei Krenner (Anm. 28), Bd. 15, S. 111–130. Vgl. auch Der Weisskunig (Anm. 32), S. 329 [Kap. 195: *Wie der weyß kunig zwischen den fursten frid machet und das land teilet*], wo von einer Dreiteilung des georgianischen Erbes die Rede ist. Zur Gründung Pfalz-Neuburgs jetzt zusammenfassend Michael Cramer-Fürtig: Landesherr und Landstände

und das Tiroler Inntal wurden den Wittelsbachern abgenommen, der Rest der bayerischen Teilherzogtümer in der Hand Albrechts und Wolfgangs von München wieder vereinigt.

Immer wieder hatte Maximilian bei der Begründung seines ‚Interesses' 1504 auf die ‚große Arbeit und Mühe' verwiesen,[38] die er in früheren Jahren zugunsten der bayerischen Herzöge aufgewandt habe, um Frieden im Reich zu halten. Er bezog sich dabei auf die territorialpolitischen Irrungen, die sich in den 80er Jahren im gesamten süddeutschen Raum zwischen den Wittelsbachern einerseits und Kaiser Friedrich III. und dem Schwäbischen Bund andererseits entwickelt und bis an den Rand eines Reichskriegs zugespitzt hatten. Zweimal, 1489 und 1492, war Maximilian eigens aus den Niederlanden gekommen, um die festgefahrenen Schlichtungsverhandlungen zu übernehmen. Aufgrund seiner umgänglichen Art, seiner Flexibilität in politischen Detailfragen und seiner realistischen Einschätzung von Konfliktpotentialen genoss er bei den jüngeren Fürsten, den Grafen und Herren und den Städten größeres Ansehen als sein Vater, der Kaiser.[39] Obwohl Maximilian in der Regel die Schlichtungsvorschläge der kaiserlichen Räte unverändert übernahm, gelang es ihm so beide Male, ein ebenso flexibles wie tragfähiges Rahmenwerk für einen Ausgleich zwischen Bayern und dem Schwäbischen Bund zu konstruieren. 1503–1505 dann konnte er in klug berechnender Verbindung von Rechtswahrung und Eigeninteresse mehrere wichtige politische Ziele gleichzeitig erreichen: Verhinderung einer wittelsbachischen Hegemonie im süddeutschen Raum, Redimensionierung der Kurpfalz, Abriegelung der bayerischen Expansionsvorstöße Richtung Schwaben und Sicherung des tirolischen und vorländischen Besitzes des Hauses Österreich.

---

im Fürstentum Pfalz-Neuburg. Staatsbildung und Ständeorganisation in der ersten Hälfte des 16. Jahrhunderts. München 1995, S. 19–34.
38 Z. B. bei der nochmaligen Erweiterung des Interesses im Februar 1506 mit dem Verweis auf angeblich zusätzliche Aufwendungen im Erbfolgekrieg *auf unnser land und lewt cossten [...], scheden, darlegen, müe, arbait, wagknuß und sorgfelltigkait*, die seine Position v. a. gegenüber Frankreich geschwächt hätten (BayHStA Kurbayern Urkunden 4298).
39 Ernst Bock: Die Doppelregierung Kaiser Friedrichs III. und König Maximilians in den Jahren 1486–1493. Ein politisch-historisches Generationsproblem. In: Aus Reichstagen des 15. und 16. Jahrhunderts. Göttingen 1958, S. 283–340.

4

Diesem diplomatischen Realismus Maximilians beim beharrlichen Bohren dicker Bretter in der politischen Alltagsarbeit steht – und auch dafür findet sich in den Ereignissen von 1504 ein Anknüpfungspunkt – die politische Projektemacherei in großem Maßstab als Leidenschaft des Königs gegenüber. Die Gunst des politischen Augenblicks, des mühsam errungenen oder auch nur intendierten Erfolges übersetzte sich bei Maximilian regelmäßig in gewaltig dimensionierte Pläne und kühne politische Utopien, deren Scheitern der souveränen Nichtachtung der realen Verhältnisse wegen nahezu durchgehend vorprogrammiert war. Vier Beispiele dafür mögen genügen.

Die Ächtung des pfälzischen Kurfürsten Philipp durch Maximilian im Sommer 1504 wurde bereits erwähnt. Wie drei Jahrzehnte zuvor, als Friedrich III. den damaligen Kurfürsten Friedrich reichsrechtlich verurteilt hatte, blieb diese Achterklärung ohne konkrete Folgen, schmälerte allerdings die Legitimitätsbasis, auf der der Kurfürst im Reich operieren konnte, beträchtlich.[40] Maximilian nun beließ es nicht bei diesem Schritt, sondern plante, den Wittelsbachern die Kurwürde überhaupt zu entziehen und sie samt dem neu zu schaffenden Erzamt eines Reichshofmeisters (und dem Primat unter den weltlichen Königswählern) seinem Sohn Erzherzog Philipp, der eben zum König von Kastilien gekrönt worden war, zu übertragen. Nicht mehr die Kurpfalz am Rhein, sondern das ‚Land im Gebirge', die Grafschaft Tirol, sollte künftig Territorialbasis für die Kurwürde sein – und auf diese Weise dem Erzhaus Österreich eine ständige Kurstimme sichern.[41]

Eine Rangerhöhung wurde auch geplant für die österreichischen Erzherzogtümer (diese Bezeichnung selber ist ja nicht historisch, sondern erwuchs aus den großangelegten Fälschungsaktionen älterer Reichsdokumente, die Herzog Rudolf IV. um 1360 veranlasst hatte), und zwar im Zusammenhang mit Maximilians Heiratsabrede von 1515 mit den Jagiellonen, den Königen von Polen und Ungarn. Der Augsburger Humanist Konrad Peutinger entwarf im Auftrag des Kaisers eine Urkunde, mit der dieser kraft der Machtvollkommenheit seines imperialen Amtes Österreich samt Steiermark, Kärnten und Krain zum

---

40 Karl-Friedrich Krieger: Der Prozeß gegen Pfalzgraf Friedrich den Siegreichen auf dem Augsburger Reichstag vom Jahre 1474, Zeitschrift für historische Forschung 12 (1985), S. 257–286.
41 HHStA Niederländische Urkunden 1504 VIII 19; BayHStA Kurbayern Äußeres Archiv 1173, fol. 185, 187f; Fürstensachen 199 1/2, fol. 1–3; Krenner (Anm. 28), Bd. 14, S. 725–728; Karl August Muffat: Geschichte der bayerischen und pfälzischen Kur seit der Mitte des 13. Jahrhunderts. München 1871, S. 285–288.

Königreich erhob und dem spanischen Infanten Ferdinand (später König Ferdinand I.) erblich übertrug, der damit, als ‚König von Österreich', seinem Bruder Karl (spanischer König seit 1516, Römischer König seit 1519) rangmäßig gleichgestellt worden wäre.[42]

Das größte Aufsehen unter allen kühnen Plänen Maximilians erregte sicher das Vorhaben, Papst zu werden. 1511, als Julius II. (Giuliano della Rovere, 1503-1513) auf den Tod erkrankt war, schrieb Maximilian halb ernst, halb scherzend an seine Tochter Margarethe:

> Wir werden morgen den Bischof von Gurk [Matthäus Lang] zum Papst nach Rom schicken, um eine Möglichkeit zu finden, mit ihm übereinzukommen, uns als Koadjutor anzunehmen, damit wir nach seinem Tod des Papsttums sicher sein, Priester und danach auch ein Heiliger werden können. Sodann wird es notwendig sein, daß Ihr mich nach meinem Tod als einen Heiligen verehrt, worüber ich mich sehr glorreich fühlen werde.[43]

Bei aller – zwischen den Zeilen auch eingestandenen – Phantastik dieser Sätze darf der Hintergrund der realpolitischen Konstellation der Jahre um 1510 nicht übersehen werden: Jedwede die italienischen Interessen des Rovere konterkarierende Politik konnte damals auf besondere Unterstützung durch den französischen König Ludwig XII. rechnen, der sonst Hauptkontrahent Maximilians war. Auf Ludwigs Einwirken ging auch die Berufung eines antipäpstlichen Konzils nach Pisa 1511 zurück, das gegebenenfalls als Wahlforum hätte dienen können. Außerdem war die persönliche Kandidatur des (eben verwitweten) Kaisers nur eine von mehreren von den Zeitgenossen diskutierten Optionen, einen Gegenpapst zu bestimmen oder zumindest auf die Nachfolge Julius' Einfluss zu nehmen. Dem Kaiser schien es vor allem darauf anzukommen, die Hand auf die Einkünfte der Reichskirche legen zu können, doch wären diese ohnehin sofort wieder an die Fugger verpfändet worden, die für die Aufgabe vorgesehen waren, die nötigen Wahl- und Bestechungsgelder aufzubringen. Auf 300.000 Gulden veranschlagten Maximilian und sein Finanzexperte Paul von Liechtenstein die entsprechende Summe – ein gutes Drittel dessen, was ein Jahrzehnt später für die Königswahl des Kaiserenkels Karl aufgewandt werden musste.

Schließlich griff Maximilian in seinen letzten Jahren nochmals ein großes Projekt auf, das ihn Zeit seines Lebens immer wieder umgetrieben hatte. Anknüpfend an Planungen Leos X. ließ er seine Räte Ende 1517 letztmals einen großen

---

42 Quellen zur Geschichte Maximilians I. und seiner Zeit. Hg. v. Inge Wiesflecker-Friedhuber. Darmstadt 1996, Nr. 73, S. 253–259.
43 Ebda. Nr. 56, S. 193 (Zitat), Nr. 55, S. 191; Wiesflecker: Kaiser Maximilian I. (Anm. 14), Bd. 4, S. 90–96.

Kreuzzugsplan ausarbeiten.⁴⁴ Drei Jahre lang sollten drei von allen christlichen Mächten Europas zu stellende Heere über Nordafrika, das Mittelmeer und den Balkan vorrücken, um Jerusalem zu befreien. Der Augsburger Reichstag von 1518 allerdings lehnte sofort jegliche Finanzhilfe in diese Richtung ab.

Züge der Projektemacherei trägt gelegentlich auch die Heiratspolitik.⁴⁵ Die Forschung hat hier von jeher die großen Erfolge Maximilians hervorgehoben, wenngleich der erste (von Horaz stammende) Teil des bekannten Spruchs *Bella gerant alii, tu felix Austria nube* für seine Epoche alles andere als zutreffend ist, denn Maximilian hat viele Kriege geführt. Das Festzurren bestehender Mächtekonstellationen und das Ausstellen teils fragwürdiger Wechsel auf eine ungewisse Zukunft generieren im Aktionsfeld der alteuropäisch-dynastischen Politik ein kaum zu trennendes Konglomerat. Bei keiner der beiden großen heiratspolitischen Doppelverbindungen der Kinder bzw. Enkel Maximilians – mit Spanien 1495, mit Ungarn 1515 – war von Anfang an absehbar, dass sie dem Haus Österreich zur Herrschaft in diesen Reichen verhelfen würde. Umgekehrt können Heiratsprojekte und -abreden gut als Indikatoren für den jeweils aktuellen Stand politisch-diplomatischer Verhältnisse dienen, etwa im Fall der Beziehungen Maximilians zu den französischen Valois – von der (von den burgundischen Ständen vermittelten) Ehe der Habsburgerin Margarethe mit dem Dauphin Karl (VIII.) über die Fernheirat Maximilians mit Anne, der Erbin der Bretagne, die eben Karl VIII. dann durchkreuzte, bis zu den Plänen im Zug der Annäherung beider Mächte nach 1500, Maximilians eben in Gent geborenen Enkel Karl (V.) mit der gerade einjährigen französischen Prinzessin Claudia zu verloben. Anders als in seiner eigenen Generation (seine Schwester Kunigunde hatte 1487 Herzog Albrecht IV. von Oberbayern geheiratet) spielten Verbindungen innerhalb des Reichs in Maximilians familienpolitischen Projekten keine Rolle mehr – er dachte hier stets in europäischen Kategorien. Ihm selbst brachte die erste Ehe mit der Tochter Karls des Kühnen, Maria, 1477 das burgundische Erbe ein; die zweite Ehe mit der Mailänder Herzogstochter Bianca Maria Sforza 1493 verweist auf Maximilians großes Interesse an den Verhältnissen in Italien, das an einem weiteren Beispiel noch etwas eingehender zu behandeln ist.

---

44 Wiesflecker-Friedhuber (Anm. 42), Nr. 77, S. 268–277.
45 Wiesflecker: Kaiser Maximilian I. (Anm. 14), Bd. 5, S. 466–480.

5

Für Maximilian standen zunächst Burgund und das Verhältnis zu Frankreich im Mittelpunkt seines politischen Agierens. Dies änderte sich 1493/94 mit dem Antritt der Alleinregierung im Reich und dem Zug des französischen Königs Karls VIII. nach Neapel. Erst die Klärung der wichtigsten offenen Fragen der inneren Reichspolitik auf dem Wormser Tag 1495 eröffnete Maximilian die Möglichkeit zum ersten Italienunternehmen, das von Genua aus gegen Livorno, den Seehafen der traditionell frankreichfreundlichen Republik Florenz, geführt wurde. Ungenügend vorbereitet, scheiterte diese viermonatige Expedition im November 1496. Erst nach dem vorläufigen Ausgleich mit Frankreich (dem 1500 Mailand zugefallen war) im Vertragswerk von Blois 1504 konnte Maximilian wieder an Romfahrt und Kaiserkrönung denken, verbunden mit Plänen für einen gewaltigen gesamteuropäischen Türkenzug. In einer großen Ansprache auf dem Konstanzer Reichstag 1507, die auch im Druck verbreitet wurde, legte der König umfassende Rechenschaft über seine bisherigen Leistungen im Dienst des Reiches ab und verlangte nun tatkräftige Unterstützung, damit *die kaiserliche Kron uns allen zu gemeinem Nutz, Ehren und Lob erlangt, auch das Babstthum zu unserm Willen behalten und des Königs zu Frankreich Fürnehmen deshalben abgestellt und gewendt* werde.[46] 120.000 Gulden Reichshilfe wurden dem König für den Romzug zugesagt; nur ein Drittel davon kam tatsächlich ein. Maximilian griff daraufhin in den eigenen Erblanden, aber auch gegenüber den Reichsstädten, zu drakonischen Maßnahmen; eine Zwangsanleihe in Augsburg erbrachte allein 150.000 Gulden.[47]

Anfang 1508 kam Maximilian über den Brenner ins südliche Tirol. Dort waren im Etschtal zwischen Bozen und Trient Truppen in einer Stärke von 7.000 Mann zusammengezogen worden (die Reichsbesoldung hatte nur für etwa 1.000 ausgereicht). Doch ein wichtiges Problem war ungelöst geblieben: Die Republik Venedig verweigerte dem König und seinen Soldaten den Durchzug – unbewaffnet möge er kommen, ließ man ihn wissen, wie ein Pilger auf dem Weg nach Rom, dann werde man ihm Geleit geben.[48] Maximilian war klar, dass er mit seinem kleinen Heer gegen die stark befestigten Stellungen der Serenissima

---

46 Wiesflecker-Friedhuber (Anm. 42), Nr. 44, S. 160.
47 Christoph Böhm: Die Reichsstadt Augsburg und Kaiser Maximilian I. Untersuchungen zum Beziehungsgeflecht zwischen Reichsstadt und Herrscher an der Wende zur Neuzeit. Sigmaringen 1998, S. 46–49.
48 Vgl. Wiesflecker: Maximilian I. Die Fundamente des habsburgischen Weltreiches (Anm. 14), S. 153–161.

am Südausgang der Alpen nicht ankommen würde und entwickelte deshalb, nachdem der Versuch gescheitert war, sich die Kaiserkrone aus Rom ins Heerlager überbringen zu lassen, einen für ihn typischen Plan: Kaiser zu werden ohne Romzug, ohne Kaiserkrone und ohne Kaiserkrönung. Als Ort für die entsprechende Zeremonie, für die es keinerlei Vorbild gab, wählte er die südlichste Stadt auf Reichsboden, Trient/Trento, Residenz des Fürstbischofs Georg von Neudegg (1506-1514), der zu seinen vertrauten Ratgebern gehörte. An die Stelle des Romzugs trat also eine Ersatzhandlung, eine symbolische Aktion, mit der Maximilian vor allem demonstrieren wollte, dass er nicht zu warten gewillt war, bis günstigere machtpolitische Konstellationen ihm die Erwerbung eines Titels gestatten würden, auf den er ein natürliches Anrecht zu haben glaubte. Eine „fast manische Hingabe an die Kaiseridee"[49] mag mitentscheidend gewesen sein, dass Maximilians Geduld nun am Ende war, aber eine wichtige Rolle spielte auch die Notwendigkeit einer klaren Antwort an Frankreich (das die venezianische Blockadepolitik unterstützte): Seit den Zügen Karls VIII. nach Neapel und Ludwigs XII. nach Mailand nährte Maximilian den Verdacht, die französischen Könige wollten (eventuell über Ansprüche auf das christlich-byzantinische Erbe) Ansprüche auf den Kaisertitel erheben.[50]

Am Abend des 3. Februar 1508 betrat Maximilian durch das Adlertor unter der Burg die Stadt.[51] In einem späteren Holzschnitt von Hans Burgkmair hat er das *Fürnemen des Zugs gen Rom* so darstellen lassen, als ob er den venezianischen Forderungen entsprochen hätte: gekleidet als Pilger, von gerüsteten Soldaten der Republik misstrauisch beäugt, ziehen der König und sein Gefolge in ein romähnlich stilisiertes Trient ein.[52]

Bereits am Morgen des nächsten Tages bewegte sich eine feierliche Prozession vom Schloss Buonconsiglio zum Dom San Vigilio. Zahlreiche Reliquien wurden mitgeführt, ein Herold trug dem König das entblößte Reichsschwert voran. Die Reichsstände waren nur durch einige wenige Fürsten, an ihrer Spitze

---

49 So formuliert Wiesflecker: Maximilian I. Gesamtbild und Forschungsstand (Anm. 14), S. 24.
50 Matthew S. Anderson: The origins of the modern European state system 1494-1618. London, New York 1998, S. 77, 83.
51 Zur Kaiserproklamation in Trient und ihrem Umfeld liegen eine ältere und eine neuere Spezialstudie vor: Hermann Wiesflecker: Maximilians I. Kaiserproklamation zu Trient (4. Februar 1508). Das Ereignis und seine Bedeutung. In: Österreich und Europa. Festgabe für Hugo Hantsch zum 70. Geburtstag. Graz u. a. 1965, S. 15–38 (hierauf beruht fast unverändert die Darstellung in Wiesflecker: Kaiser Maximilian I. (Anm. 14), Bd. 4, S. 1–20) sowie Reinhard Elze: Una „Coronatio Caesaris" a Trento, Annali dell'Istituto storico italo-germanico in Trento 21 (1995), S. 363–374.
52 Erich Egg, Wolfgang Pfaundler: Kaiser Maximilian I. und Tirol. Innsbruck 1992, S. 40.

Herzog Ulrich von Württemberg und Markgraf Friedrich von Brandenburg-Ansbach, und einige städtische Botschaften vertreten; die Kurfürsten fehlten völlig. Der den Medici eng verbundene Florentiner Patrizier Francesco Guicciardini beschreibt in seiner *Storia d'Italia* den Zug Maximilians zum Dom, wo sein Rat Matthäus Lang, Bischof von Gurk, öffentlich verkündete, der König sei entschlossen, in feindlicher Absicht nach Italien zu ziehen und wolle deshalb nach alter Gewohnheit der Könige auf dem Krönungszug nicht mehr Römischer König, sondern ‚Erwählter Kaiser' genannt werden.[53] Die entsprechende, auf den 8. Februar 1508 datierte Proklamation Maximilians über die Annahme *des Titels eines Erwehlten Römischen Kaysers*[54] verwies vor allem auf den *grossen Wiederstand [...], dergleichen noch keinem Römischen König nie begegnet ist*, auf die Gefahr, dass das römische Kaisertum den *löblichen Teutschen* verlorengehen würde, und wies bei der Regelung der künftigen schriftlichen und mündlichen Anrede des Monarchen (*aber in Reden und mit Mund wollet Uns nennen gestracks: Römischen Kayser*) in einer eleganten Wendung darauf hin, dass Maximilian im lateinischen und italienischen Wortgebrauch schon längst als Kaiser bezeichnet werde. Auf das päpstliche Approbationsrecht, das bei der Königskrönung 1486 völlig übergangen worden war,[55] wurde durch den Zusatz ‚Erwählter' vor der Bezeichnung ‚Römischer Kaiser' Rücksicht genommen; gleichzeitig betrachtete Maximilian das Adjektiv als mahnende Erinnerung daran, sich um die päpstliche Krönung in Rom zu bemühen – wenn nicht dieses, so ein nächstes Mal.

Das war alles: eine öffentliche Erklärung eines der engsten Ratgeber Maximilians im Trienter Dom, dass der König gewillt sei, den Krönungszug nach Rom anzutreten und in Zukunft als ‚Kaiser' anzusprechen sei, umrahmt von feierlichen Zeremonien und einigen besonderen kirchlichen Segensgebeten. In Trient gab es weder eine Krönung noch eine Salbung, kein päpstlicher Legat wohnte der

---

53 Über Maximilian nach der Ankunft in Trient: [...] *venuto a Trento per dare principio alla guerra, fece fare il terzo dí di febbraio [sic] una solenne processione, dove andò in persona, avendo innanzi a sé gli araldi imperiali e la spada imperiale nuda; nel progresso della quale Matteo Lango suo segretario, che fu poi vescovo Gurgense, salito in su uno eminente tribunale, publicò in nome di Cesare la deliberazione di passare ostilmente in Italia, nominandolo non piú re de' romani ma eletto imperadore, secondo hanno consuetudine di nominarsi i re de' romani quando vengono per la corona* [...] (Francesco Guicciardini: Storia d'Italia VII, 12. A cura di Costantino Panigada. Vol. II, Libri V–VIII. Bari 1929, S. 233f.).
54 Karl Zeumer: Quellensammlung zur Geschichte der deutschen Reichsverfassung in Mittelalter und Neuzeit. Teil 2. Tübingen ²1913, Nr. 178, S. 307; Abdruck eines ungekürzten und mit dem Ausstellungsort Bozen versehenen Exemplars dieses Ausschreibens (an die Stadt Frankfurt) bei Wiesflecker-Friedhuber (Anm. 42), Nr. 47, S. 165–170.
55 Heinz Angermeier (Bearb.): Deutsche Reichstagsakten. Mittlere Reihe (Deutsche Reichstagsakten unter Maximilian I.). Bd. 1: Reichstag zu Frankfurt 1486. Göttingen 1989, S. 41–43.

Messe bei, die der Trienter Weihbischof hielt. Es handelte sich tatsächlich lediglich um eine ‚Proklamation' – das Wort ist in einem Nürnberger Bericht von 1508 bezeugt.[56] Der Frankfurter Gesandte schrieb bündig nach Hause, Maximilian habe den Bischof von Gurk verkünden lassen, *daß ere maiestät daß keyserthum anneme und angenommen habe; wil sich auch hinvore Römischer keyser schreiben, Römischer keyser sin und werden*[57]. Dagegen beschrieb Machiavelli, Augenzeuge der Vorgänge in Trient, in einem Bericht an den Rat der Zehn in Florenz lediglich die feierliche Prozession und die Rüstungsmaßnahmen Maximilians und spielte auf die Proklamation nur mit einem kryptischen Halbsatz an: [...] *el Lango parlò al popolo; dove significò questa impresa d'Italia, ec.*[58]

Die Trienter Proklamation beinhaltete nach der Interpretation Hermann Wiesfleckers[59] nichts anderes als die traditionellen Formen folgende, öffentliche Ankündigung des Romzugs samt dem Appell an Papst und Reichsstände, ihren damit zusammenhängenden Verpflichtungen nachzukommen. Neu waren allenfalls die Inszenierung und der Propagandaaufwand, den Maximilian um diese Proklamation machen ließ, um sein begrenztes Italienunternehmen wenigstens mit dem Anschein von Erfolg zu umgeben. Schaumünzen wurden geprägt und die Annahme des Titels allen Reichsständen in dem erwähnten Ausschreiben mitgeteilt. In den autobiographischen Werken Maximilians dagegen sollte die Trienter Proklamation auffälligerweise dann völlig fehlen.[60]

Von einer Kaiser-‚Krönung' kann also keine Rede sein. Maximilian kleidete sich in einen eigenen Ornat und trug wahrscheinlich eine jener Mitrenkronen, die er stets mit sich führte.[61] Wenn der Trentiner Bischof Georg von Neudegg noch 1508 den Veroneser Maler Giovanni Maria Falconetto auf einem für die Orgeltüren des Doms bestimmten Marienbild den Schriftzug „Choronatio Caesaris" anbringen ließ, so handelte es sich dabei um reines Prestigedenken.[62] Dass Julius II. den Titel ‚Imperator electus' unter Erneuerung der Mahnung zum baldi-

---

56 Wiesflecker: Kaiserproklamation (Anm. 51), S. 33 Anm. 1.
57 Wiesflecker-Friedhuber (Anm. 42), Nr. 46, S. 164.
58 Niccolò Machiavelli: Opere. A cura di Sergio Bertelli. Bd. 4: Legazioni e commissarie II. Milano 1964, Nr. 12, S. 1096 (gemeinsam mit Francesco Vettori abgefasster, auf den 8.2.1508 datierter Bericht). Guicciardini stützte sich in seiner erwähnten Darstellung (Anm. 53) für die Darstellung der Prozession wörtlich auf diesen Bericht, musste Tatsache und Tenor der Proklamation aber aus anderen Quellen nachtragen.
59 Wiesflecker: Kaiser Maximilian I. (Anm. 14), Bd. 4, S. 12f.
60 Wiesflecker: Kaiserproklamation (Anm. 51), S. 26f.
61 Zu sehen etwa auf dem 1507 entstandenen Königsporträt Maximilians von Bernhard Strigel (Hispania – Austria [Anm. 14], S. 261).
62 Elze (Anm. 51), S. 363f., 370f.

gen Romzug sofort bestätigte, war aus der Sicht des Papsttums weder neu noch in irgendeiner Weise verpflichtend,[63] und an der militärisch-politischen Sachlage änderte sich ohnehin nichts.

Noch am Abend des 4. Februar brach Maximilian mit zwei Heeresabteilungen gegen die venezianischen Stellungen auf. Der Augsburger Hauptmann Ulrich Gasser hatte an das südliche Stadttor den Spruch geschrieben: *Wann Trient fuor Rom ist erlesen, so bin ich schon zu Rom gewesen.*[64] Der neue Kaiser von eigenen Gnaden soll darüber gelacht haben, seine Truppen aber wurden innerhalb weniger Monate im Cadore und vor Görz von den Venezianern völlig aufgerieben. Bis Ende 1516 dauerten, in wechselnden politischen Konstellationen und mit wechselnden militärischen Erfolgen, die Kriegszüge gegen die Venezianer an. Am Ende behauptete Maximilian nur Ampezzo und Rovereto als neuen Besitz für sein Haus; nach Rom gelangte er nicht.

6

Es wurde bereits kurz angedeutet, dass Francesco Guicciardini, mit einem Abstand von etwa dreißig Jahren zu den Vorgängen von 1508 schreibend, seine Schilderung in wesentlichen Teilen auf jene Berichte stützte, die dem Rat der Zehn in Florenz von den Gesandten der Republik am Hoflager Maximilians erstattet wurden. Diese Gesandten waren der Berufsdiplomat Francesco Vettori, der für die Signoria den Reichstag von 1507 beobachtet hatte, und Niccolò Machiavelli, der Anfang 1508 zur Unterstützung Vettoris abgeordnet worden war, um mit Maximilian über Höhe und Auszahlungsmodalitäten der dem neuen Kaiser von der Republik Florenz zugesagten Romzugshilfe zu verhandeln.[65] Machiavelli bekleidete im republikanischen Florenz zwischen der ersten Vertreibung der Medici 1494 und ihrer Restauration 1512 das wichtige Amt des Vorstehers der für Außen- und Militärpolitik zuständigen Seconda Cancelleria im Rang eines Segretario della Repubblica. Zuerst war er vor allem mit militärischen Aufgaben

---

[63] Wiesflecker: Kaiserproklamation (Anm. 51), S. 28f. Mit Druck und Versand wenigstens einiger Exemplare des bereits besprochenen Ausschreibens vom 8.2.1508 wurde so lange gewartet, dass ein Nachsatz über die bereits am 12.2. erfolgte päpstliche Billigung des Kaisertitels angehängt werden konnte (Wiesflecker-Friedhuber [Anm. 42], Nr. 47, S. 169f).
[64] Zitiert bei Böhm (Anm. 47), S. 124.
[65] Zum ereignisgeschichtlichen Hintergrund: Rosemary Devonshire Jones: Francesco Vettori. Florentine citizen and Medici servant. London 1972, S. 10–22.

betraut gewesen; ab 1500 waren ihm zunehmend auch diplomatische Gesandtschaften übertragen worden, vor allem nach Frankreich.

Auf seiner ersten (und einzigen) Gesandtschaft ins Reich, im ersten Halbjahr 1508, hatte Machiavelli ausgiebig Gelegenheit, König/Kaiser Maximilian zu beobachten und mit ihm zu sprechen.[66] Sein 1509 abgefasster *Discorso sopra le cose della Magna e sopra l'Imperatore* ist nichts anderes als ein knappes Charakterbild des Herrschers:[67] Maximilian sei der größte Verschwender aller Zeiten. Stets brauche er irgendetwas; nie sei er zufrieden oder imstande, mit dem Vorhandenen auszukommen. Geist wie Körper seien ständig in Bewegung, um das herbeizuschaffen, was er nicht habe. Leutselig und wankelmütig, sei er einerseits leicht zu hintergehen, andererseits für niemanden in seiner Umgebung zu berechnen und für alle Diplomaten ein unbequemer Verhandlungspartner. Im unmittelbar nach der Rückkehr von der Legation geschriebenen *Rapporto delle cose della Magna*[68] zitiert Machiavelli die Einschätzung eines italienischen Geistlichen aus der Entourage, Luca Rinaldi, der die Problematik und Zerrissenheit der Person auf den Punkt bringt: Der Kaiser frage niemanden um Rat, werde aber von allen beraten. Er wolle alles selber machen, mache aber nichts auf seine eigene Weise. Seine Großzügigkeit und Leichtfertigkeit machten ihn zu einer anziehenden Persönlichkeit, ruinierten ihn aber gleichzeitig.[69]

Die ständige Konfusion um Maximilian, so fährt Machiavelli fort, vor allem seine dauernde Geldnot, führe dazu, dass der Kaiser immerzu irgendjemanden um irgendetwas bitte. Ihm, Machiavelli, gegenüber habe er etwa im März 1508 behauptet, der Kaisertitel allein schon gebe ihm das Recht, in Italien höhere Darlehenssummen einzufordern.[70] Der Florentiner Politiker urteilt schließlich, ähnlich wie der venezianische Gesandte Vincenzo Quirini ein Jahr zuvor,[71] am schlimmsten seien die Sprunghaftigkeit und Entscheidungsschwäche des

---

66 Machiavelli Bd. 4 (Anm. 58), S. 1059–1153: Legazione ventiquattresima: All'imperatore Massimiliano in Germania [1507/08].
67 Niccolò Machiavelli: Opere. A cura di Sergio Bertelli. Bd 2: Arte della guerra e scritti politici minori. Milano 1961, S. 207f.
68 Ebda., S. 195–206.
69 Ebda., S. 200: *L'imperatore non chiede consiglio a persona, ed è consigliato da ciascuno; vuol fare ogni cosa da sé, e nulla fa a suo modo [...] E queste due parti, la liberalità e la facilità, che lo fanno laudare a molti, sono quelle che lo ruinano.* Machiavelli verwertet diese Information auch im 23. Kapitel des *Principe* (Niccolò Machiavelli: Der Fürst (Il Principe). Übs. u. hg. v. Rudolf Zorn. Stuttgart ⁶1978, S. 99).
70 Machiavelli Bd. 2 (Anm. 67), S. 201.
71 Relazioni degli ambasciatori Veneti al Senato durante il secolo decimosesto, raccolte ed illustrate da Eugenio Alberi. Bd. I/6. Firenze 1862, S. 27: *Così come abbonda d'invenzioni, manca di esecuzione [...] salta d'una deliberazione in un'altra.*

Kaisers; er sprudle über vor Einfällen, sorge aber nie für ihre Realisierung. Andererseits spart Machiavelli aber auch nicht mit Lob für Maximilian: Er sei mutig und fähig, große Mühen zu ertragen (*Ego possum ferre labores, volo etiam honores*, zitiert er einen der Lieblingsaussprüche des Habsburgers[72]), vor allem ein fähiger Kriegsmann und Heerführer und verwalte seine Länder gut. Wenn er nicht so großzügig und so leichtsinnig wäre, wäre er der vollkommenste Herrscher, denn, so Machiavelli, Maximilian verfüge über viele und hohe Tugenden – *ha infinite virtù*.[73]

In der politischen Philosophie Machiavellis spielt das Konzept der *virtù* bekanntlich eine ganz wesentliche, weit über die Bedeutung ‚Tugend' hinausgehende Rolle. In der Tradition der republikanischen Umwertung ursprünglich christlich bezogener Tugendbegriffe durch den Florentiner Bürgerhumanismus des 15. Jahrhunderts entkoppelt es politische Verhaltensnormen von den Wertmaßstäben öffentlicher oder privater Tugendkodizes, vom absoluten Verpflichtungswert der Gerechtigkeit, von inhaltlichen Zielvorgaben überhaupt. In ihrer Form als politische Tüchtigkeit weist die *virtù* Machiavellis drei auf ihren Träger bezogene Komponenten auf: Willensenergie und Durchsetzungsvermögen, Klugheit und rationales Handlungswissen und schließlich Führungsqualität und Charisma.[74] Ein wichtiger Zug des Trägers der *virtù* ist auch das Gespür für die Gunst der Stunde, die *occasione*, die passende Gelegenheit also, die nur einmal kommt.[75]

Auch unserem Leitbegriff ‚virtuoso' kommt bei Machiavelli große Bedeutung zu, etwa im letzten Kapitel des *Principe*, der berühmten Ermahnung, „Italien von den Barbaren zu befreien". Dies sei eine Aufgabe par excellence für einen „neuen" Fürsten (*uno nuovo principe*), einen – im Sinn der politischen Handlungslehre – tüchtigen und klugen Mann (*uno prudente e virtuoso*).[76]

---

72 Machiavelli Bd. 2 (Anm. 67), S. 195.
73 Ebda., S. 202: *Ha infinite virtù, e se temperasse quelle due parti sopraddette, sarebbe un uomo perfettissimo, perché egli è perfetto capitano, tiene il suo paese con giustizia, facile nelle udienze e grato, e molte altre parti da ottimo principe.*
74 Wolfgang Kersting: Niccolò Machiavelli. München ²1998, S. 112–125.
75 In einem Gedicht hat Machiavelli die occasione als allegorische Frauengestalt beschrieben, die die Haare nach vorne trägt, Gesicht und Brust bedeckend, so dass man nicht erkennt, mit wem man es zu tun hat. Am Hinterkopf aber ist sie kahl, so dass man nicht mehr zupacken kann, wenn die Gelegenheit vorübergegangen ist: *Io son l'Occasione, a pochi nota [...] Li sparsi mia capei dinanti io tengo: / con essi mi ricuopro il petto e 'l volto / perch'un non mi conosca quando io vengo. / Drieto dal capo ogni capel m'è tolto, / onde invan s'affatica un, se gli avviene / ch'i' l'abbi trapassato o s'i' mi vòlto.* (Niccolò Machiavelli: Opere. A cura di Mario Bonfantini. Milano/Napoli 1954, S. 1073).
76 Machiavelli: Der Fürst (Anm. 69), Kap. 26 („Aufruf, in Italien die Macht zu ergreifen und es

War Maximilian, dem Machiavelli *virtù* bescheinigte, in der Sicht des Florentiners auch ein *uomo virtuoso*? Wohl kaum. Denn dem ‚Virtuosen' kommt in der zyklischen Geschichtssicht Machiavellis eine ganz bestimmte Aufgabe zu: Sein Aktionsfeld sind politisch-institutionelle Krisensituationen von Staaten und Gesellschaften, und seine Aufgabe als charismatische Führungspersönlichkeit und exzellenter Träger der *virtù* liegt darin, als Innovator, Ordnungsstifter, Gesetzgeber und politischer Erzieher im Sinne des ganzen Volkes zu wirken. Für ihn als *principe nuovo*, als Begründer oder Erneuerer eines politischen Gemeinwesens, ist die pragmatische Handlungslehre des *Principe* geschrieben. Für eine bestimmte Phase des Neuanfangs benötigt er, wie Machiavelli in den *Discorsi* ausführt, absolute und uneingeschränkte Gestaltungsmacht für die Etablierung eines neuen, wohlgeordneten Gemeinwesens. Nicht gebunden an Tugendlehre und Moralvorschriften, aber immer im Sinne des Gemeinwohls handelnd, agiere dieser seltene, weil gut und böse zugleich seiende Herrscher als *prudente ordinatore d'una republica* und baue eine Staatsordnung auf, die ihn selber schließlich überflüssig mache.[77]

Der *uomo virtuoso*, den Machiavelli hier zeichnet, trägt Züge einer überlebensgroß-theoretischen, fast schon mythischen Figur. Als legitime Motivation seines Einsatzes gesteht Machiavelli ihm freilich einen ganz handfesten Beweggrund zu, das Streben nach Ruhm und einem großen Namen vor der

---

von den Barbaren zu befreien"), S. 106: „Wenn ich alles, was ich bisher gesagt habe, betrachte und mir Gedanken darüber mache, ob gegenwärtig in Italien die Zeiten einem neuen Herrscher [*uno nuovo principe*] günstig sind und ob ein kluger und tüchtiger Mann [*uno prudente e virtuoso*] Gelegenheit hat, den derzeitigen Zuständen Form zu geben zum eigenen Ruhm und zum Wohl des ganzen italienischen Volkes, scheint mir so vieles zugunsten eines neuen Herrschers zu sprechen, daß ich keine Zeit wüßte, die für ihn geeigneter wäre."

77 Niccolò Machiavelli: Discorsi. Gedanken über Politik und Staatsführung. Übs., eingel. u. erl. v. Rudolf Zorn. Stuttgart ²1977, I, 9 (S. 36f): „Man muß es wohl als eine allgemeine Regel annehmen, daß niemals oder nur selten ein Freistaat oder ein Königreich von Anfang an eine gute Verfassung oder eine ganz neue [...] Form erhält, außer es geschieht durch einen einzelnen Mann. Dieser muß allein die Macht ausüben, und sein Geist muß alle Einrichtungen des Staats bestimmen. Deshalb muß ein weiser Gesetzgeber [*uno prudente ordinatore d'una republica*], der die Absicht hat, nicht sich, sondern dem Gemeinwohl [*al bene comune*], nicht seiner Nachkommenschaft, sondern dem gemeinsamen Vaterland [*alla comune patria*] zu dienen, danach streben, die uneingeschränkte Macht zu bekommen. Nie wird ein kluger Kopf einen Mann wegen einer außergewöhnlichen Handlung tadeln, die er begangen hat, um ein Reich zu gründen oder einen Freistaat zu konstituieren [...] Er muß jedoch so klug und charaktervoll sein, daß er die unumschränkte Macht, die er an sich gerissen hat, nicht auf einen anderen vererbt [*Debbe bene intanto essere prudente e virtuoso, che quella autorità che si ha presa non la lasci ereditaria a un altro*]".

Geschichte.[78] Und hier gibt es in der Tat eine Verbindung zu Maximilians Sorge um sein Bild bei der Nachwelt, zu seiner Neigung, die eigenen Taten in dem Sinn zu stilisieren, in dem er selbst sie bewertet wissen wollte, unter Einsatz aller einschlägigen Propagandamittel der Zeit.

7

Historische Forschungen, literarisch gefasste Memoiren und ein entsprechendes Bild- und Schauprogramm werden im großen, in seiner Zeit einzig dastehenden maximilianeischen Projekt des Gedächtniswerks (*gedechtnus*) zusammengeführt, dessen Ausprägungsformen und Entstehungsbedingungen uns Jan-Dirk Müller vorgeführt hat.[79] Am Anfang steht, schon in burgundischer Zeit, das Projekt einer von Joseph Grünpeck redigierten, in lateinischer Sprache abgefassten Autobiographie, das um 1500 zugunsten der drei großen Ruhmeswerke aufgegeben wird. An ihnen allen ist Maximilian durch Vorgabe von Handlungsskizzen, Textdiktate und Entwürfe zum Bildprogramm persönlich beteiligt, und in ihnen allen gehen realer Lebenshintergrund des Königs, utopische Bilder von der Politik und Freude am Erzählen von Heldengeschichten eine eigenartige, untrennbare Verbindung ein.

Da ist der *Freydal*, ein Minneroman in Form der Abfolge von 64 Turnieren und höfischen Maskenfesten des Ritters Freydal in ganz Europa.[80] Dann der *Theuerdank*, das einzige zu Maximilians Lebzeiten vollendete Gedächtniswerk (gedruckt 1517). Es schildert in der epischen Form eines alten Heldenbuchs die Brautfahrt nach Burgund in 80 gefährlichen, in Holzschnitten festgehaltenen Begebenheiten, mit denen die drei vom Teufel angeheuerten Hauptleute Fürwittig, Unfallo und Neidelhart die Hochzeit Maximilians mit Maria zu verhindern suchen.[81] Einer Schilderung der politischen Ereignisse der eigenen Epoche,

---

[78] Ebda. I, 10 (S. 42): „In der Tat, wenn ein Herrscher nach Weltruhm strebt [*cercando un principe la gloria del mondo*], so müßte er wünschen, die Regierung in einem zerrütteten Staatswesen zu übernehmen, nicht um dieses vollends zugrunde zu richten wie Cäsar, sondern um es neu zu ordnen wie Romulus."
[79] Jan-Dirk Müller: Gedechtnus. Literatur und Hofgesellschaft um Maximilian I. München 1982.
[80] Freydal. Des Kaisers Maximilian I. Turniere und Mummereien [...]. Hg. v. Quirin von Leitner. Wien 1880–1882.
[81] Der Theuerdank. Hg. v. Simon Laschitzer, Jahrbuch der kunsthistorischen Sammlungen des Allerhöchsten Kaiserhauses 8 (1888); Nachdruck: Kaiser Maximilian I. – Theuerdank 1517. Mit einem Nachwort von Horst Appuhn. [Faksimileausgabe] Dortmund 1979.

freilich ganz aus der Sicht des Herrschers, verpflichtet ist am stärksten der Prosabericht des *Weißkunig*,[82] eine ‚verkleidete' Lebensgeschichte Maximilians (er ist der Weißkunig, so genannt nach der Farbe seiner Turnierrüstung, aber auch seiner Klugheit wegen) in drei großen Teilen (Geschichte der Eltern, Ausbildung des jungen Prinzen, eigene Kriegstaten). Mit den Diktaten zum *Weißkunig* begann der König 1501; eine erste Fassung hatte der Sekretär Marx Treitzsaurwein 1514 fertiggestellt, doch drängte Maximilian sogleich auf Umarbeitung und Erweiterung. Die insgesamt 251 illustrierenden Holzschnitte waren noch zu Lebzeiten des Kaisers fertiggestellt; die zu realisierenden Sujets hatte er größtenteils selber ziemlich genau bezeichnet.

Für das work in progress seines literarischen Ruhmeswerks zog Maximilian einen weiten Kreis von Mitarbeitern heran, der von bekannten Humanisten wie Celtis, Peutinger oder Cuspinian über hochrangige Kleriker (Melchior Pfinzing z. B., der den *Theuerdank* redigierte) bis zu den einfachen Geistlichen und Sekretären im ständigen Hofdienst wie Grünpeck oder Treitzsaurwein reichte. Dieser Kreis würde sich noch erweitern auf fast alle wichtigen zeitgenössischen Künstler, wenn man auch noch die Gedächtniswerke der bildenden Kunst in den Blick nähme, die Stammbaum-Forschungen, die Holzschnittfolgen der *Ehrenpforte* und des *Triumphzugs* und natürlich vor allem das gigantische Grabmalprojekt – 20 Imperatorenbüsten, 100 Heiligenstatuetten und 40 überlebensgroße Standbilder sagenhafter Vorfahren und Angehöriger des Hauses Österreich sollten dem toten Kaiser das letzte Geleit geben.

Gedechtnus im Sinn Maximilians ist zunächst einmal Stiftung von Andenken, dann auch Sicherung von Tradition, die ansonsten in Vergessenheit zu geraten drohte. Dieser Kontext führt uns zu dem Begriffspaar ‚Gedächtnis und Erinnerung', um das sich gegenwärtig nach Meinung des Ägyptologen Jan Assmann ein neues, zentrales Paradigma kulturwissenschaftlicher Forschung aufbaut. Durch Wiederholung und Vergegenwärtigung, so deutet Assmann die wichtigsten, auch für die Intentionen Maximilians zentralen Zusammenhänge an, könnten bestimmte Bilder des Selbst kreiert, Traditionen gestiftet, Wege in die Zukunft imaginiert werden.[83]

Um sich als *uomo virtuoso* im Sinne Machiavellis entfalten zu können, hätte Maximilian der Situation eines politischen Neuanfangs bedurft. In der Realität freilich war er verstrickt in ein Netz von Kontinuitäten, Problemen und Entscheidungszwängen. Um so mehr bemühte er sich, wenigstens Zeichen neuer

---

[82] Vgl. Anm. 32.
[83] Jan Assmann: Das kulturelle Gedächtnis. Schrift, Erinnerung und politische Identität in frühen Hochkulturen. München ²1997, v. a. S. 11–25

Anfänge zu setzen. Maximilians fast besessen anmutende Aktivitäten, mit denen er Erinnerung an sich stiften wollte, zeigen, dass ‚Geschichte' ihm wichtig war, wichtiger aber noch das ‚Gedächtnis' als am Konkreten haftende, aktuelle, handlungsanleitende Potenz.[84]

Das Stiften von Memoria ist ein traditionsreicher – tentativ könnte man sagen: ‚mittelalterlicher' – Akt. Ob Maximilian als gezielt operierender Propagandist seiner selbst demgegenüber einen spezifisch neuen, nämlich neuzeitlichen Typus verkörpert, ist hier nicht zu entscheiden. Dem *jungen weißen Kunig* lässt der Habsburger über den Wert der *alten gedachtnus* jedenfalls folgende Worte in den Mund legen:

> [...] wer ime in seinem leben kain gedachtnus macht, der hat nach seinem tod kain gedächtnus und desselben menschen wird mit dem glockendon vergessen, und darumb so wird das gelt, so ich auf die gedechtnus ausgib, nit verloren, aber das gelt, das erspart wird in meiner gedachtnus, das ist ain undertruckung meiner kunftigen gedächtnus, und was ich in meinem leben in meiner gedächtnus nit volbring, das wird nach meinem tod weder durch dich oder ander nit erstat.[85]

---

84 Im Sinne der Kategorien von Pierre Nora: Zwischen Geschichte und Gedächtnis. Berlin 1990.
85 Der Weisskunig (Anm. 32), S. 66 [Kap. 24: *Wie der jung weiß kunig die alten gedachtnus insonders lieb het*].

Thomas A. Brady, Jr.
Maximilian I and the Imperial Reform at the Diet of Worms, 1495

King Maximilian I (1459–1519) enjoys perhaps the most unsettled reputation of any figure in German history between the High Middle Ages and the Thirty Years' War. He continues to be presented as ‚the last knight' and as ‚a convinced reformer' of the Empire; as the renovator of the universal ideal of Christendom and as the founder of the early modern House of Austria; and as a far-sighted builder of states and as an archaic dreamer of hopeless dreams.[1] To a very great degree, the practice of framing Maximilian in such antinomies reflects a conscious desire „to create the illusion of a clash between the old and the new" which is „epitomized by the figure of the Emperor Maximilian."[2] There is nevertheless a truly historical basis for this divided image. Socially and culturally, Jan-Dirk Müller writes, Maximilian's immediate milieu stands between two distinctly different worlds: on the one hand, „die Höfe mittelalterlicher Feudalherrn, insbesondere des Königs und seiner Großvasallen, mit der *familia* des Herrn als Kern", and, on the other, „der ‚aristokratische' Hof des Absolutismus als nach außen (insbesondere ‚unten') scharf abgegrenzte Institution [...]."[3] The split image of Maximilian, with all of its confusion and contradiction, is both historiographical and historical.

All of Maximilian's modern biographers have recognized that diametrically opposed estimate of Maximilian can be read from the sources. Many thought his notorious penury – ‚Massimiliano poco denari', the Venetians called him – his own fault. *Der kaiser was ain herr von Österreich*, reflected the Augsburg merchant Lucas Rem upon Maximilian's death, *er was frům und nicht von hocher vernunft und was stätzs arm [...] Er wolt stetzs kriegen und hett doch kain gelt [...]*.[4] And it was easy to attribute this habitual poverty to the king's spendthrift nature. „Ich will nicht ein König des Geldes werden," his imagined persona says

---

[1] See Thomas A. Brady, Jr.: Imperial Destinies: A New Biography of the Emperor Maximilian I., Journal of Modern History 62 (1990), p. 298–314.
[2] Harold Jantz: German Renaissance Literature, Modern Language Notes 81 (1966), p. 398–436, here at p. 411.
[3] Jan-Dirk Müller: *Gedechtnus*. Literatur und Hofgesellschaft um Maximilian I. München 1982 (Forschungen zur Geschichte der älteren deutschen Literatur 2), p. 22.
[4] Lucas Rem, Cronica newer geschichte 1512–1527. In: Die Chroniken der deutschen Städte, vol. 25 (Die Chroniken der schwäbischen Städte . Augsburg, vol. 5). Leipzig 1896, p. 1–281, here at p. 99–100.

in the Weißkunig, „sondern König eines Volkes, das Geld hat. Ein König streitet im Krieg mit dem Volk, nicht mit dem Geld gegen seine Feinde. [...] Streitbare Regierung und künftiges Gedenken sind mehr als Geld."[5] Much more did he love honor, as he told the Venetian ambassador: „[...] l'onore e la fede data, la quale apprezziamo più che la vita."[6] There is certainly much truth in the view that, by personality and by rearing, Maximilian habitually overspent his means. It is confirmed by one close to him, a priest who in 1494 wrote the following words in a presentation copy of Engelbert of Admont's De regimine principum:

> Audi rex Maximiliane, quid agas, cogita sane!,
> Du hast wenig in deiner taschen
> und wilt teglich lären groß flaschen;
> das hat dein reicher vater nit getan,
> des chlueghait soltu sehen an
> und weislich ordinieren dein herschaft und leben,
> recht einnemen und nuezlich guet ausgeben.[7]

Recht einnemen und nuezlich guet ausgeben is a good formulation of what passed for good government in Maximilian's day. The king's inability to hold to this principle, however, had another cause: the Empire's political structure prevented him from putting the royal hand in his subjects' purses. Maximilian expressed this fact in a bitter joke that whereas the king of Germany is „ein König der Könige", in whose realm each prince does as he pleases, the king of France is „ein König der Tiere", whose subjects must obey without question.[8] This explanation was confirmed by the Florentine Niccolò Machiavelli, who visited Maximilian's court twice in 1507–8. He found that while the king could not pay his troops

---

5 Quoted by Hermann Wiesflecker: Kaiser Maximilian I. Das Reich, Österreich und Europa an der Wende zur Neuzeit, 5 vols. München 1971–1986, vol. III, p. 229, from *Weißkunig*: Kaiser Maximilians I. Weisskunig. Hg. v. Heinrich Theodor Musper in Verbindung mit Rudolf Buchner, Heinz-Otto Burger und Erwin Petermann. Bd. 1 Textband, Bd. 2 Tafelband. Stuttgart 1956, vol. 1, p. 332–333, no. 27: „Ich will nicht ein König des Geldes werden, sondern König eines Volkes, das Geld hat. Ein König streitet im Krieg mit dem Volk, nicht mit dem Geld gegen seine Feinde. [...] Streitbare Regierung und künftiges Gedenken sind mehr als Geld"; cf. p. 227: *ich wird nit werden ain kunig des gelts, sonder ich wil werden ein kunig des volks und aller der, die gelt haben, und ain yeder kunig bestreit und bekriegt mit dem volk und nit mit dem gelt seine veind [...] die streitpare regirung und kunftige gedächtnus ist mer dann das gelt.*
6 Quoted by Wiesflecker (note 5), vol. I, p. 29, p.422 n. 120; and there, too, the remaining quotes in this paragraph.
7 Quoted by Wiesflecker (note 5), vol. I, p. 413–414.
8 Quoted by Wiesflecker (note 5), vol. V, p. 5.

because he was too open-handed,⁹ it was not because the Empire was poor, *for potenza della Magna alcuno non debbe dubitare, perché abunda di uomini, di ricchezze e d'arme*.¹⁰ The difficulty lay in the princes' ability to deny Maximilian access to these resources for war, so that Germany's might, though great, was such that it could not be used. The two explanations – personal and structural – for Maximilian's poverty are not mutually exclusive, they reinforce one another. Just as the style of his reign was neither medieval nor modern, but both, his poverty resulted both from his thriftlessness and from his political weakness.

1

The pivot point of modern historical work on Maximilian and his reign has always been the Imperial Reform between 1495 (more accurately, 1486) and 1521.¹¹ The moment of discovery was recorded by the discoverer, Leopold von Ranke. While researching his ‚Geschichte der Päpste', Ranke tells, he discovered at Frankfurt ninety-six volumes of acts of the Imperial Diets, and it suddenly occurred to him „mir den Inhalt [...] zu eigen zu machen."¹² „Es ist wahr," he continues, „es sind tote Papiere; aber sie sind Überreste eines Lebens, dessen Anschauung dem Geiste nach und nach aus ihnen emporsteigt."¹³ Out of this decision grew Ranke's second masterwork, his ‚Deutsche Geschichte im Zeitalter der Reformation', which contains the grand portrait of the Imperial Reform that has set the tone for German historiography ever since.

---

9 Niccolò Machiavelli: Le Legazioni e Commissarie di Niccolò Machiavelli. Ed. Luigi Passerini and Gaetano Milanesi, 6 vols. Firenze, Roma 1875–77, vol. 3, p. 286.
10 Niccolò Machiavelli: Ritratto della cose della Magna. In: Arte della guerra e scritti politici minori. Ed. Sergio Bertelli. Milano 1961, p. 209–215, p. 209. On the place of his German experience in Machiavelli's political thinking, see Gennaro Sasso: Niccolò Machiavelli. Geschichte seines politischen Denkens, translated by Werner Klesse and Stefan Burger. Stuttgart 1965, p. 89–95.
11 The standard modern study is Heinz Angermeier: Die Reichsreform 1410–1555. Die Staatsproblematik in Deutschland zwischen Mittelalter und Gegenwart. München 1984. For orientation, see Peter. Moraw: Die Verwaltung des Königtums und des Reiches und ihre Rahmenbedingungen, and: Die Reichsreform und ihr verwaltungsgeschichtliches Ergebnis. In: Kurt G. A. Jeserich, Hans Pohl, and Georg-Christoph von Unruh (edd.): Deutsche Verwaltungsgeschichte, vol. 1. Vom Spätmittelalter bis zum Ende des Reiches. Stuttgart 1983, p. 22–53, 58–65.
12 Leopold von Ranke: Deutsche Geschichte im Zeitalter der Reformation. Ed. Paul Joachimsen, 6 vols. München 1925, vol. 1, p. 3*.
13 Ranke (note 12), vol. 1, p. 4*.

From Ranke stems the narrative of the Imperial Reform as a struggle between the king and his Estates – electors, princes, prelates, and free cities – over the future shape of the German state.[14] Though King Maximilian aimed to defend Christendom from the Ottomans and Italy from the French king, Ranke believed that his policy in fact aggrandized the Habsburg dynasty at the expense of Germany's need for a strong central government. Against him stood a reform party of electors and princes, inspired and led by Elector Berthold von Henneberg of Mainz. Berthold was entirely a discovery of Ranke, who wrote that in 1496 the entire Imperial Reform would have been lost but for Berthold, „welcher die vornehmsten Gedanken gefaßt, die Sache hauptsächlich so weit geführt hatte und nun nicht gemeint war, sie so leicht fallen zu lassen."[15] Ranke's judgment on Berthold of Mainz is supported by much, not all, modern scholarship.[16] Yet the elector and prince-archbishop remains a figure of unclear contours.[17]

Ranke also created the first narrative of the Imperial Reform, from its beginnings in the mid-1480s through its initial peak at Worms in 1495 to its culmination in the same city in 1521. His judgment, that the reform created the constitution of the early modern Empire, has never been seriously challenged.[18] Some of the reform's projects – the Common Penny and the Imperial Council – failed, others, notably the Circles and the High Court, grew to become important

---

14 There is a good summary of Maximilian's reputation over the centuries in Wiesflecker (note 5), vol. 1, p. 11–43.
15 Ranke (note 12), vol. 1, p. 85. A little earlier (p. 68) Ranke had written: „Man muß sich wundern, daß man den Ruhm, die Reichsverfassung begründet zu haben, so lange und so allgemein dem Könige beigemessen hat, dem die Entwürfe zu derselben aufgedrungen werden mußten, und der dann deren Ausführung bei weitem mehr verhinderte als begünstigte."
16 Typical is Gerhard Oestreich: Zur parlamentarischen Arbeitsweise der deutschen Reichstage unter Karl V. (1519–1556). Kuriensystem und Ausschußbildung. In: Heinz Rausch (ed.): Die geschichtlichen Grundlagen der modernen Volksvertretung. Die Entwicklung von den mittelalterlichen Korporationen zu den modernen Parlamenten, 2 vols. Darmstadt 1974 u. 1980 (Wege der Forschung 196 u. 469), vol. 2, p. 242–278, reprinted from: Mitteilungen des Österreichischen Staatsarchivs 25 (1972), p. 217–243. „Am Ende des 15. Jahrhunderts," writes Oestreich (p. 246), „war durch den Reformkanzler Berthold von Henneberg die Reichstagsverfassung wesentlich verfestigt worden."
17 Count Berthold of Henneberg-Römhild (1441–1504), seventh son and twelfth child of Count George of Henneberg-Römhild (1395–1465) and Countess Johanna (Joannetta) of Nassau-Weilburg-Saarbrücken; studied 1455 at Erfurt and later spent a considerable period in Italy, mostly at Rome; returned to become canon, dean, and prince-archbishop and elector of Mainz. Eduard Ziehen: Mittelrhein und Reich im Zeitalter der Reichsreform 1356–1504, 2 vols. Frankfurt am Main 1934–37, vol. 1, p. 167–179, 198–218.
18 The literature is summarized by Karl-Friedrich Krieger: König, Reich und Reichsreform im Spätmittelalter. München 1992 (Enzyklopädie deutsche Geschichte 14).

Imperial institutions until the end of the Empire in 1803.[19] And behind them all stood the Imperial Diet („Reichstag'), a parliament possessing great powers of adaptation but little political initiative.[20]

While Ranke saw the Imperial Reform's failure to create a modern German state as linked to the failure of a national religious reformation, Heinrich Ulmann, Maximilian's first modern biographer, blamed Maximilian's dynastic pride and his lack personal heedlessness and instability for the failures of the Imperial Reform at Worms and subsequently of his own great Italian enterprise.[21] His view has been challenged by the Graz historian Hermann Wiesflecker, whose program is announced in the subtitle of his 3,200-page study, ‚Das Reich, Österreich und Europa an der Wende zur Neuzeit'.[22] Maximilian, Wiesflecker writes, was „ein überzeugter Reformer",[23] who „sei nur deshalb im Jahr 1495 diese Führungsrolle und der Sieg in Italien versagt geblieben, weil die in Worms versammelten Reichsstände ihm die gebührende Unterstützung versagt hätten."[24] The king's plan to give the Empire the strong, stable monarchy it needed was frustrated by the selfish particularism of the princes, who in Berthold of Mainz „zwar einen wortgewandten Redner, aber keinen großen Führer verloren hatten."[25]

---

19 Winfried Dotzauer: Die deutschen Reichskreise in der Verfassung des alten Reiches und ihr Eigenleben 1500–1806. Darmstadt 1989; Filippo Ranieri: Recht und Gesellschaft im Zeitalter der Rezeption. Eine rechts- und sozialgeschichtliche Analyse der Tätigkeit des Reichskammergerichts im 16. Jahrhundert, 2 vols. Köln, Wien 1985, vol. 1, p. 135–137.
20 Ernst Schubert: Einführung in die Grundprobleme der deutschen Geschichte im Spätmittelalter. Darmstadt ²1998, p. 240–246.
21 Heinrich Ulmann: Kaiser Maximilian I., 2 vols. Leipzig 1884, 1891.
22 Wiesflecker (note 5): Kaiser Maximilian I. Das Reich, Österreich und Europa an der Wende zur Neuzeit. München 1971–86. Vol. I: Jugend, burgundisches Erbe und Römisches Königtum bis zur Alleinherrschaft 1459–1493. 1971. Vol. II: Reichsreform und Kaiserpolitik 1493–1500. Entmachtung des Königs im Reich und in Europa. 1975. Vol. III: Auf der Höhe des Lebens 1500–1508. Der große Systemwechsel. Politischer Wiederaufstieg. 1977. Vol. IV: Gründung des habsburgischen Weltreiches, Lebensabend und Tod 1508–1519. 1981. Vol. V: Der Kaiser und seine Umwelt. Hof, Staat, Wirtschaft, Gesellschaft und Kultur. 1986. See my review essay (note 1): Imperial Destinies. A New Biography of the Emperor Maximilian I, Journal of Modern History 62 (1990), p. 298–314.
23 Wiesflecker (note 5), vol. II., p. 175
24 Angermeier (note 29), p. 70.
25 Wiesflecker (note 5), vol. V, p. 140.

2

The fate of the Imperial Reform in 1495 can be understood only in its historical context. In the Empire, as in all medieval polities, the premier task of governance was the rendering and execution of justice, and its principal instrument since 1233 had taken the form of a royally guaranteed Public Peace („Landfriede"). A thoroughly political matter, the Peace brought together internal questions about the royal prerogative, aristocratic privilege, and the noble right of feud with the external question of uniting the Empire against its foes.[26] After an intervening period of dispersal and weakness, since 1442 the Public Peace became once more established by royal command under Maximilian's father, the Emperor Frederick III (r. 1438–1493). Under fifteenth-century conditions, however, the Crown proved too weak to pacify the Empire and too strong to abandon the royal prerogative, and by the mid-1480s, just before the old emperor died, the situation had reached a deadlock.[27]

King Maximilian thus entered the arena of Imperial politics in the midst of a political crisis over law and order. Even before his father died in 1493, Maximilian began to go his own way, willing to hand over the management of Imperial justice to the Estates, if he could retain control of its execution and, probably, the right to deploy the Empire's military forces to his own ends.[28] This offer, however, bypassed rather than solved the central problem of royal governance, for the internal task of law and order and the external task of defending the Empire could be harmonized only if the taxation question could be settled. His inability to find a solution was to plague Maximilian's reign as it had his father's.

Such was the setting of the great reform Diet at Worms in 1495, the events of which are documented by the publication in 1981 – too late for Wiesflecker's enormous study – of the acts of the Diet of Worms in 1495.[29] They do not show Maximilian arriving at Worms as Wiesflecker's „überzeugter Reformer". One

---

26 Heinz Angermeier: Königtum und Landfriede im deutschen Spätmittelalter. München 1966, p. 14–26.
27 Angermeier (note 26), p. 488–530, here esp. p. 520–530. For the constitutional situation, see Hans Boldt: 1495–1995. Der Reichstag von Worms in der deutschen Verfassungsgeschichte. In: 1495 – Kaiser, Reich, Reformen. Der Reichstag zu Worms. Ausstellung des Landeshauptarchivs Koblenz in Verbindung mit der Stadt Worms zum 500jährigen Jubiläum des Wormser Reichstags von 1495. Koblenz 1995, p. 57–70
28 Angermeier (note 26), p. 539, with whose judgment on this plan I agree.
29 Heinz Angermeier (ed.): Deutsche Reichstagsakten unter Maximilian I. Göttingen 1981 (Deutsche Reichstagsakten. Mittlere Reihe, vol. 5). All citations in the text of this study are to this edition.

document is particularly revealing of the king's attitude toward the Diet, a letter of 8 March from Koblenz, en route to Worms, which Maximilian wrote to his cousin, Duke Sigmund of Tyrol, from Koblenz. *Lieber vetter*, he wrote,

> haben wir uns van weib und kinder und van unseren l[ie]b[en] schonen raigen, valken, und hunden geschaiden und eylen, den gräll in Babilony zuervechten und [wir] haben den tag zu Wurms auf dem Rein gekurzt und den in daz gepirg zu den wilden gaemsen gelegt. [...] Wir sein in hofnung, ewr liebe [...] zu uns zu dem ungeheueren gemsgejad in dy nehent zu laden, des ain aigenplik van uns zuvernemen und dan widerumb van unseren wegen dy hirs und gemsen zu Inspruk disen sumer jagen [...]. Es wirt maniger zu disem gejaed vom Rein Kff. [Kurfürsten] und Ff. [Fürsten] [...] sein, dy nie gelaubt hietten, daz sy solch pirg und andre selzame gejad sehen sullen. Ich hoff zu Gott, daz solche hörner da erlauten werden und so maniger wilder waidgeschray, daz das den Turken und allen anderen possen kristen ier oren erschellen werden.³⁰

Maximilian, that „überzeugter Reformer", planned to abbreviate the Diet to enjoy the company of his beloved stags and chamois, and, flush with funds granted by the Estates, he would frighten „den Türken und allen anderen bösen Christen" with his hunting horns rather than with his military prowess.

This impression is confirmed by the six great reform laws proposed at Worms, each of which originated with the electors and princes, none with the king and his advisors.³¹ While the Estates' strategy – to trade taxes for reforms – is usually explained in terms of the Estates' disinterest in foreign affairs, their real motive was probably to avoid establishing a link, via a permanent tax, between law and order and Imperial defense. That would have meant signing themselves, as the urban delegates said at Worms, *in ewig tribut oder servitut*.³²

At Worms the Estates presented Maximilian with six major proposals: 1. the establishment of an Imperial Council (‚Reichsrat') to govern the Empire (p. 335–346, no. 327, and see p. 334 no. 2); 2. the Eternal Public Peace (‚Ewiger Landfriede'), which abolished the right of feud (p. 359–373, no. 334); 3. the establishment of a High Court (‚Reichskammergericht', p. 380–428, no. 342); 4. a law concerning executive enforcement of the Public Peace (‚Handhabung Friedens und Rechts', p. 447–465, no. 356); 5. the Common Penny (‚Gemeiner Pfennig'),

---

30 Angermeier (note 29), p. 142–143, no. 48.
31 Angermeier (note 26), p. 543, who may be taken as representing the best modern opinion, believes that the principal reform document discussed at Worms „den Vorstellungen Bertholds von Henneberg entspricht". There is a very detailed account of this Diet by Ziehen [note 17], vol. 2, p. 475–498. For a more recent view, Peter Moraw: Der Reichstag zu Worms von 1495. In: 1495 – Kaiser, Reich, Reformen. Der Reichstag zu Worms (note 27), p. 25–37.
32 Quoted by Angermeier (note 26), p. 542.

a direct property tax on all Imperial subjects (p. 537–562, no. 448); and 6. the immediate aid ('eilende Hilfe') demanded by the king. Each of these was drafted by a committee of the Estates, revised, and then presented to the king,[33] while the king and his advisors initiated nothing except the request for a tax. Such was their plan, for although the royal summons ('Ausschreiben') to the Diet mentioned reform as one item of business, the royal agenda ('Proposition'), which the king's speaker read to the Estates on 26 March in Worms' town hall, referred to the Ottoman threat and French intrigues in Italy, but not to reform (p. 127–129, no. 27; p. 333, no. 324). It is clear that the king planned, just as he wrote Sigmund, to secure a large aid ('eilende Hilfe') and then prorogued the Diet. Only when the Estates resisted did Maximilian agree to consider reform, but he vetoed outright the most important item, the establishment of a permanent Imperial Council ('Reichsrat') under the joint control of king and Estates.

The proposal on the Imperial Council, the heart of Berthold's reform agenda, was the only draft to which the king directly responded. As read by Berthold to the Estates on 29 April, it would establish a body at Frankfurt of seventeen members, of whom the king would appoint only one, the six electors one each, and the other Estates ten. Adding this structure to a proposed new treasury (also at Frankfurt), annual budgeting, and the right to raise armies and negotiate with the Roman Curia makes clear how thoroughly the reform aimed with one stone to kill two birds: to give the Empire a stable central government and to curb the king's power.[34] No wonder that in the margins of his copy Berthold wrote several times *noluit recipere* or *Rex noluit ita admittere*.[35] Indeed, when he replied to the proposal on 23 May, the king told the Estates that he had only accepted the document because he was ignorant of its contents, which he found insulting.

From the king's side, the only proposals that evoked enthusiasm from his councilors were the two that, if passed and enforced, would have produced the resources for an independent royal European policy: a regular direct tax ('Gemeiner Pfennig') and a standing Imperial army. Otherwise, only to the

---

[33] The two upper chambers refused to recognize the cities claim that the urban delegates should possess an equal right to deliberate and vote. See Thomas A. Brady, Jr.: Turning Swiss: Cities and Empire, 1450–1550. Cambridge 1985, p. 47–49.

[34] My interpretation is less negative than that of Heinz Angermeier (note 26), p. 543: „Betrachtet man nun diesen Regimentsentwurf, der vor allem den Vorstellungen Bertholds von Henneberg entspricht, so kann nicht verborgen bleiben, daß die Änderungen und Neuerungen eigentlich nur dem Königtum und seiner Gewalt gelten, nicht aber der Reichsverfassung als solcher." Yet the plan, if carried out with vigor, would surely have altered the Imperial constitution toward a greater degree of institutionalization.

[35] Ziehen (note 17), vol. II, p. 478–482.

draft on the Imperial Council did Maximilian and his advisors prepare a counter-proposal. Read to the Estates by Haug von Werdenberg in the king's name (p. 353-358, no. 333), it informed them that the king approved the temporary establishment of such a body only during his planned expedition against the Ottomans, *dadurch wir in solichem unserm abewesen andern des Reichs notturften und sachen personlich nit usgewarten mogen* (p. 354, no. 333). But he alone would select the Council's members from the various ranks of Estates, *und ine unser ganze volkumliche macht und gewalt gegeben, ordenen sie und geben ine auch unsere volkumene macht und gewalt [...]*" (p. 354, no. 333). When, however, the king was personally present in the Empire,

> behalten wir uns unser freie verwaltunge bevor, widerumb alle und igliche unsere und des Reichs hendele und sachen, als einem regirenden Röm. Kg. oder Ks. zustehet, mit rat und guter lobicher ordenung uf form und masse, wie wir des denselben reten in unserm abschiede ordenung und bevelhe geben werden, zu handeln und zu volfuren (p. 358, no. 333).

This is a clear statement of what remained Maximilian's basic policy on the Imperial Reform: he accepted, even welcomed, the participation of the princes, bishops, and cities in his royal government of the Empire, but he opposed the establishment of independent organs of government. When an Imperial Council ('Reichsregiment') was forced on him by the Diet of Augsburg in 1500, he conspired to ruin it through covert opposition.[36]

The published acts of the Diet of Worms in 1495 thus largely vindicate Ranke's view that the king did not take a leading role in the reform, and they contradict Wiesflecker's judgment that he did. The king's attention, of course, was fixed on a reorientation of his plans from an anti-Ottoman crusade to Italy's defense against the French king's invasion, which formed „die Hauptrechtfertigung für des Kaisers Anordnung des Reichstags in Worms im Jahre 1495".[37] A search through 181 European archives, however, uncovered not a single document to show that King Maximilian was actually preparing to campaign against King Charles and his army in Italy rather than against the Tyrolean stags and chamois. Indeed, he reports, the archival record shows

> im Bereich der Truppenwerbung und des Truppeneinsatzes im Jahr 1495 auf seiten Maximilians eigentlich völlige Führungslosigkeit [...], wie auch seine Finanzpolitik im Einnehmen und im Ausgeben von Willkür und Planlosigkeit gekennzeichnet ist. Blickt man

---

36 See Wiesflecker (note 5), vol. II, p. 364-382.
37 Wiesflecker (note 5), vol. p.71.

> auf Maximilians Tätigkeit in Worms im ganzen, so wird man auch sagen müssen, daß sein Handeln sich eher als ein geschicktes Kombinieren erweist als etwa ein langfristig konzipiertes Vorgehen.[38]

The documents thus seem to justify Heinrich Ulmann's charge of „Konzeptionslosigkeit", and one is reminded of the king's arbitrary behavior in earlier times, notably at Frankfurt in 1486. While the aged Emperor Frederick III was desperately seeking money to free his Austrian lands from a Hungarian occupation, Maximilian struck an alliance with the duke of Brittany which meant almost certain war with France.[39]

This general impression of Maximilian at Worms is strengthened by the acts of the two following Diets, at Lindau in 1496–1497 and at Freiburg im Breisgau in 1497–1498.[40] Returning fresh from his costly fiasco before the walls of Livorno, the king kept the Diet in session about three-quarters of the entire period between August 1496 and September 1498. He hammered the Estates with every weapon at his disposal – printed propaganda, patronage and favors, personal charm, savage attacks on the King of France, direct negotiations with individual electors and princes, and slander directed against the opposition – to break the reform party's dogged policy of no taxes without reforms. At Lindau and Freiburg, as at Worms, the leading opponent was Berthold of Mainz, whom the Milanese envoy, reporting to his duke from Lindau, described as *el primo principe et electore de lo imperio, accompagnato da grandissimo ingenio et possanza*.[41] On his arrival in Lindau Maximilian blasted Berthold as „einen ganzen Franzosen", *in quo, alas, summa totius rei sita est*.[42] In these months grew in the king's heart the bitter, unrelenting hatred that would pursue the elector beyond the grave.[43]

---

38 Angermeier (note 29), p. 71.
39 Ziehen (note 17), vol. 1, p. 230.
40 Heinz Gollwitzer (ed.): Deutsche Reichstagsakten unter Maximilian I. Göttingen 1979 (Deutsche Reichstagsakten. Mittlere Reihe, vol. 6), which covers the Imperial Diets held at Lindau in 1496–97 and at Freiburg im Breisgau in 1497–98.
41 Quoted by Gollwitzer (note 40), p. 90. The envoy, Erasmo Brascha, blamed Elector Frederick of Saxony and Count Heinrich of Fürstenberg for making Berthold the king's *inimico desperato*.
42 Quoted by Wiesflecker (note 5), vol. II, p. 267; Gollwitzer (note 40), p. 90.
43 Quoted by Wiesflecker (note 5), vol. III, p. 209–210.

3

Must we then, reversing Wiesflecker, speak of King Maximilian as „ein überzeugter Anti-reformer"? Perhaps, but the acts of the following Diets at Lindau and Freiburg in 1496–98 show that the king and his advisors were not opposed to reforms of any kind. Rather, Heinz Gollwitzer judges, „das Eigentümliche der königlichen Konzeption der Reichsreform bestand in ihrer unlösbaren Verquickung mit der persönlichen dynastisch-europäischen Politik Maximilians."[44] This is doubtless true, except that for „entanglement in" („Verquickung mit") we should read „subordination to" and note that it was precisely the institutionalization of such a link – via permanent taxation – that the Estates consistently opposed.

Our estimates of the king's actions and policies during these early years of his independent reign do not justify a blanket conclusion that Maximilian opposed the modernization of governance per se. On the contrary, in his hereditary Austrian lands he pioneered reforms of precisely this kind. Maximilian, as Wiesflecker shows, admired the models of more efficient government he had seen in the Burgundian Netherlands. To be sure, even for „völliger Burgunder", who „sah und beurteilte die Politik der Erbländer, des Reichs und Europas mit den Augen des Burgunders," all institutions and arrangements were but means to realize his overriding grand policy: „Ziel war das christliche Weltreich; alles andere nur Mittel dazu."[45] Yet Maximilian sponsored new, permanent organs of governance in the Austrian lands. Peppered with Burgundian terms, such as ‚stat' and ‚Finanz', a central administration – Austrians called it ‚die niederländische Regierung' – emerged, divided along Burgundian lines into regime, court, and treasury, and resting on a hierarchy of jurisdictions centered on Innsbruck.[46] Furthermore, Maximilian also appreciated Austria's potential as a base for Imperial government. To this end he considered a plan to create an Austrian kingdom inside the Empire for his second grandson, Ferdinand,[47] and in 1518,

---

44 Gollwitzer (note 40), p. 87.
45 Wiesflecker (note 5), vol. I, p. 228, 389; vol. V, p. 41.
46 Wiesflecker (note 5), vol. II, p. 175–192; vol. V, p. 205–206, 209–218. He reopens the issue of Burgundian influence on the Tyrolean and Austrian administrative reforms, which had been thought settled in a negative sense. See Christoph Link: Die Habsburgischen Erblande, die böhmischen Länder und Salzburg. In: Jeserich (note 11), vol. I, p. 468–522, here at p. 476.
47 Thomas A. Brady, Jr.: The Common Man and the Lost Austria in the West: A Contribution to the German Question. In: Erkki I. Kouri and Tom Scott (edd.): Politics and Society in Reformation Europe: Essays for Sir Geoffrey Elton on his 65th Birthday. London 1987, p. 142–157, here at p. 150.

the year before he died, the king broached to representatives of the Austrian provincial diets, from Alsace to Vienna, a plan for a combined Austrian-Imperial government based on the hereditary lands.[48]

The king also proved sensitive to the potential of certain social groups for strengthening royal power: not the Imperial aristocrats, who declined to serve in his regime, except as military commanders, but the lesser nobility and the burghers. He drew his principal councilors and officials from these classes,[49] and he also tailored to them his great program of propagandistic self-representation, and nowhere more intensively than in the deeply fragmented lands of southern Germany.[50] The dispersed structure of lordship, the many towns, and the dense relationships between town and land encouraged a fusion between South German noble and burgher culture that is reflected in, for example, the Weißkunig's emphasis on the importance of languages, memory, writing, and learning.[51]

In the mirror of the acts of the Diets held during the mid-1490s, the modernizing potential of this structural changes, social classes, and cultural programs remains deeply shrouded in traditional noble culture, the practice of which consumed much time and money. It was not all jousting and ceremonies. At Worms in 1495, a local chronicler records, „es haben die Edelleute mit Sauffen auf diesem Reichstag ziemlich säuisch gehalten." One evening, he tells, twenty-four nobles devoured on a bet some raw geese with the feathers on and drank up 174 measures of wine. Another time a noble party ate and drank up 200 fl. worth and broke 200 glasses.[52] Maximilian's love of parties and revelries was legendary, but they occupied but a small portion of the time he spent dealing with nobles individually or with their affairs. The documentation of these dealings fills more than 750 pages of the acts of the Diet of Worms.[53] It provides glimpses of Maximilian as a German king in the style of the High Middle Ages,

---

48 Wiesflecker (note 5), vol. IV, p. 305–320, and vol. V, p. 218; Brady (note 33), p. 89–91.
49 Wiesflecker (note 5), vol. V, p. 50–71, 340–362, 220–279.
50 See above all Müller (note 3), p. 24–47. The intense concentration in the southwest is mapped by Dieter Mertens: Reich und Elsaß zur Zeit Kaiser Maximilians. Untersuchungen zur Ideen- und Landesgeschichte im Südwesten des Reiches am Ausgang des Mittelalters. Unpublished Habilitationsschrift. University of Freiburg im Breisgau 1981; D.M.: Maximilian I. und das Elsaß. In: Otto Herding and Robert Stupperich (edd.): Die Humanisten in ihrer politischen und sozialen Umwelt. Boppard 1976, p. 177–200. The same impression emerges from Wiesflecker (note 5), vol. V, p. 340–362.
51 Müller (note 3), p. 144–148.
52 Wiesflecker (note 5), vol. II, p. 228.
53 Angermeier (note 29), p. 743–1132, nos. 830–1590.

when royal government had been ordered by the unwritten rules of aristocratic conduct. The gesture, personal presence and absence, ritualized expressions of emotion, concern for rank and precedence, the defense of personal honor, and the punctilious enforcement of unwritten rules were essentials of the „rules of the game" of what Gerd Althoff has called „the archaic state."[54]

In Maximilian's time the exoskeleton of the „archaic state" lived on in the Empire's feudal structure, since the twelfth and thirteenth centuries its chief constitutional form. The feudal web remained an important means of mobilization and loyalty, and to constrain every tendency to rely on salaried officials rather than on vassals. Germany's late but vigorous feudalization continued to hinder the institutionalization of its governance, as the feudal web and its rites permeated the political culture and ensnared both sides of the struggle over the Imperial Reform. The number of enfiefments alone is astonishing: Maximilian's chancellery issued 191 feudal charters between 19 March and 21 November 1495.[55] Many of these were simply sent to the vassals, who were told to perform their oaths before a royal representative, often a prince-bishop, though occasionally a city council was delegated to receive homage in the king's name (see p. 662). The free cities' regimes, perhaps surprisingly, were very much participants in this web. On 19 March 1495, for example, the city of Strasbourg was granted in fief the castle at nearby Wasselonne, which it had purchased from one of its own noble citizens, together with permission to subinfeudate the castle to another noble citizen.[56] Of course, the generalization of feudal forms of property-holding in the late medieval Empire meant that many enfiefments lacked any political significance, such as the grant on 21 April of a portion of a village tithe and other incomes to the Alsatian noble family of Marx von Eckersheim (p. 663).

For the Imperial princes, however, vassalage remained politically vital, as it was still the chief conduit of legitimacy. In the public ceremonies of enfiefment of great lords, the medieval Empire lived on more dramatically than in any other practice, possibly excepting the election and coronation of German kings. The most important such rites during the Diet of Worms took place on 14 through 16 July in the chief market place of the city, where a dais had been erected for the purpose. On these three days were enfiefed some of the Empire's greatest lords: on 14 July Electors Berthold of Mainz, Hermann of Cologne, Philipp of the

---

[54] I take this term from Gerd Althoff: Spielregeln der Politik im Mittelalter. Kommunikation in Frieden und Fehde. Darmstadt 1996, in which see especially: Ungeschriebene Gesetze. Wie funktioniert Herrschaft ohne schriftliche fixierte Normen?, p. 282–304.
[55] Angermeier (note 29), p. 658–682, no. 599.
[56] Angermeier (note 29), p. 1118–1119, no. 1554.

Palatinate, and Friedrich of Saxony, plus Dukes Johann and Albrecht of Saxony; on the next day, Electors Johann II of Trier and Johann Cicero of Brandenburg, Margrave Friedrich of Brandenburg, Duke Albrecht of Saxony, and Dukes Magnus and Balthasar of Mecklenburg; and on 16 July Prince Rudolf of Anhalt and his brothers and cousin, plus Landgraves Wilhelm ‚der Mittlere' and Wilhelm ‚der Jüngere' of Hesse.[57] Each prince performed an oath that was indistinguishable from those their ancestors had taken to the great kings and emperors in days long gone by:

> Auch soll un will ich nymer wissentlich in dem Rat sin, da ichts gehandelt oder furgenommen wirdt wider uwer person, ere, wirde ... und ob ... ichts furgenommen oder gehandelt wird wider uwer person oder uwer koniglich majestat, dem soll und will ich getruwelich vorsin und uwer koniglich gnade onzverziehen warnen.[58]

One wonders if these words came back to Berthold, or to any of the other great princes, on the occasions when, angered by their opposition to his will, Maximilian angrily charged them with insulting him and diminishing his honor.

Durable forms, however, do not have fixed content. The feudal rites following the forms of the past, and their present significance lay in the fact that the Imperial princes lacked the legitimacy of kings. In the Empire the growth of sovereign states out of twin roots in aristocratic status and seigneurial power was by no means so inevitable or so direct as a state-centered historiography would like to believe. The acts of the Diets display a typically early modern mixture of dynastic particularism and aristocratic corporate consciousness, spiced with personal loyalty to the king, which politically acted sometimes as the rival and sometimes the partner of the Crown. The Empire did not differ fundamentally in this respect from the kingdoms of France, where the aristocratic element was not overcome by the Crown until the age of Louis XIV, and England, where it overcame the Crown in the same era.

The struggles between king and aristocracy, therefore, did not mean that they held contrary views on the value of sounder administrative routine, better record-keeping, collegial decision-making, and formal educational qualifications and collective responsibility on the part of officials. Both took part in this trend, which had been pioneered by the papacy, and while Maximilian cultivated the memories of the great emperors of the deep past, above all Charlemagne and

---

[57] Angermeier (note 29), p. 677–678.
[58] Quoted by Ziehen (note 17), vol. II, p. 487. There, too, a description of the ceremony on 14 July.

Otto the Great, his concept of his office was not universalist and medieval but dynastic and early modern. He regarded the other European monarchs as members of his clan, and his relations with them before, during, and after the Diet of 1495 demonstrates, in Angermeier's words, „eindrucksvoll und unzweideutig, daß der Habsburger in Ungarn, Aragon, England, Frankreich, Schottland, Polen und Neapel nicht Staaten gesehen hat, sondern Dynastien," and further,

> in Wladislaw II., Heinrich VII., Ferdinand oder Karl VIII. nicht Herrscher, sondern Verwandte oder wenigstens mögliche Verwandte und in der Gesamtheit der europäischen Mächte nicht ein rational funktionierendes politisches System, sonder eher einen Familienkomplex, der den Gesetzen einer mehr oder minder ausgeprägten dynastischen Harmonie folgt.[59]

This attitude is well illustrated by the third book of the Weißkunig, where the niceties of title and rank give way at several points to a sense of fraternity among rulers, as several non-royal princes – the dukes of Milan and of Cleves-Jülich – are accorded royal nicknames.[60]

Maximilian's familial concept of his own role fed from his zealous program of dynastic advancement through dynastic marriage, which in turn was made more urgent by his perpetual penury. His own Austrian lands could not supply his grand policy's needs, and the Imperial Estates would not supply them. It is thus not correct – and here Hermann Wiesflecker is quite right – to hold that Maximilian exploited ‚Germany' or the Holy Roman Empire for dynastic ends. The truth was that the Empire paid little, and the Austrian lands were bled dry to supply his projects. In his hectoring speech to the Estates at Constance in 1507, Maximilian complained caustically that during the past sixteen years the Empire had given him a mere 500,000 Gulden, whereas his Austrian and Burgundian lands had produced 10,000,000 Gulden for his purposes.[61] If the sums are not exact – Maximilian, by his own admission, was no ‚König des Geldes' – the point was nevertheless well taken.

Maximilian avoided, however, Habsburg intermarriage with Imperial princely dynasties, keeping between himself and them the fact that he was king. He never forgot this, and his grasp of how Estates' proposal on the Imperial Council would affect his own authority was swift and immediate. At Worms he told them that he

---

59 Angermeier (note 29), p. 71.
60 Weisskunig, ed. Musper (note 5), vol. 1, p. 248–302, 350–382 (no. 70–221).
61 Wiesflecker (note 5), vol. III, p. 360.

> wil mit rate der Kff. [Kurfürsten] und Ff. [Fürsten] etliche redliche, verstendige mann kiesen, dieselben an seiner k[öni]gl[ichen] M[ajestä]t hofe als hoferete halten und als regirender Röm[ischer] K[öni]g mit inen die obgemelt ordnung in allen artikeln, so seiner k[öni]gl[ichen] M[ajestä]t an irer oberkeit unabbruchlich sein, handeln.[62]

Berthold and his supporters, of course, had a quite different idea of the king's unabbruchliche oberkeit. They conceived of themselves as co-rulers of the Empire and the Imperial Council as a kind of permanent executive committee of the Imperial Diet, not a college of councilors in the Burgundian mold. And while their concept won out at the Diet of Augsburg in 1500, when the king's power lay near its nadir,[63] the turn of fortunes in 1504 – Maximilian's military victories and Berthold's death – brought him his revenge. At Cologne in 1505, when the king presented his own plan for a properly royal Council, the cowed Estates replied that "es könne nicht ihr Wille sein, der königlichen Majestät Form und Maß seines Regimentes vorzuschreiben."[64]

In the end it all came down not to whether the Empire's governance would be modernized via institutionalization, but in whose hands control of the institutions would rest. In this competition gestures, display, and ceremonies nonetheless remained extremely important. Maximilian prepared his triumph over the Estates in 1505 with his ceremonial entrance into Cologne. Before the eyes of the assembled Estates and their envoys, not to mention the burghers of the Empire's greatest city, the king marched through the streets, pike on shoulder, at the head of his beloved mercenary troops ('Landsknechte'). A sign of what was to come. Yet the great prize – a permanent tax – he did not get at Cologne, nor at Constance in 1507, and this failure prepared the way for the catastrophic outcome for the Italian Wars during the last decade of his reign.[65]

---

[62] Angermeier (note 29), p. 352–353, no. 332.
[63] Wiesflecker (note 5), vol. III, p. 1–9.
[64] Wiesflecker (note 5), vol. III, p. 211, paraphrasing their reply.
[65] Wiesflecker (note 5), vol. III, p. 365–366, 372–373.

4

One reason why it is difficult to conceptualize the Imperial Reform is that the documents suggest that the participants themselves had no need to intellectualize what they were doing – a not uncommon thing in politics – but also that often the concepts they did have to deal with were unclear in outline and content. Take the concepts of the Empire's structure. Although modern historians may write confidently of the ‚two-tiered' system of Empire and territories and of ‚direct' (‚unmittelbar') and ‚indirect' (‚mittelbar') subjects of the Empire,[66] the acts of the Diets reveal that this distinction was by no means self-evident. When Maximilian initially proposed an immediate aid (‚eilende Hilfe') to the Diet of Worms, he wanted to levy 1,000 Gulden each directly on twenty-four *von der kaufleuten geselschaft im Rych*.[67] The merchant firms, of course, were by no stretch of the imagination a separate legal category, taxable for royal protection as Jews were, and the Estates saw that they were omitted from every subsequent document on ‚eilende Hilfe'.[68] The incident nonetheless illustrates that at this time the limits of the royal direct jurisdiction lay under dispute. While the king might well have tried to step over a boundary, the fact is that the Estates approved the mobilization of persons who were not direct Imperial subjects. They did so in the law on the Common Penny, a property tax levied in 1495 on all Imperial subjects, direct and indirect. The Empire, of course, possessed no regular local officialdom of its own, so the law provided that the tax would be collected and forwarded to Frankfurt by parish priests throughout the Empire. Had this project succeed, writes Ernst Schubert, it is clear,

> daß eine solche Steuer langfristig eine ganz andere Verfassung hätte entstehen lassen. Wenn jeder Einwohner des Reiches, ob arm ob reich, ob hoch ob niedrig, nach seinem Vermögen in seiner Pfarrei die Steuer für das Reich hinterlegt hätte, wäre langfristig ein Reich mit Untertanen entstanden – ein Staat.[69]

In that case, the Empire would have evolved something it had never possessed, a uniform structure of local units directly under the Empire.

---

66 A typical example is Herbert Helbig: Königtum und Ständeversammlung in Deutschland am Ende des Mittelalters. In: Rausch (note 16), vol. 2, p. 94–122, here at p. 96.
67 Angermeier (note 29), p. 468, no. 359.
68 Angermeier (note 29), p. 469–490, no. 360-364. – He tried a similar thing at the Diet of Constance in 1507 and was again thwarted. See Wiesflecker (note 5), vol. III, p. 367–368, 371–373.
69 Schubert (note 20), p. 246.

Equally uncertain were the Empire's extent and boundaries. In Maximilian's time Germans still commonly spoke not of ‚Germany' but of ‚the German lands', meaning ‚German-speaking lands', but there was no agreement on where their limits lay. „Das Reich", notes Ernst Schubert, „ist nicht überall ein Deutschland."[70] Legally, the Holy Roman Empire consisted of the personal union of three kingdoms – Germany, Italy, and Burgundy – but in practice it was difficult to determine which peripheral and border lands still belonged to the Empire and, therefore, precisely where the authority of king and Diet ran, and where it did not.

Yet the uncertainty went even deeper, for Maximilian and his contemporaries had no fixed concept of the Empire's internal structure. Its oldest layer went back to the age of tribal settlement, some creations of which – Franconia, Swabia, Bavaria – had survived the intervening millennium as ethno-linguistic regional identities. The Empire's only universal substructure, however, was its ecclesiastical geography of provinces and dioceses, which survived mostly intact into modern times. A third layer, younger yet, was the Empire's feudal geography, a structure extremely fluid, changing with the fortunes of aristocratic families, though already in Maximilian's time it was beginning to produce the territorial structure of the early modern Empire.

Around 1495 none of these substructural concepts had won out over the others in the vocabulary of Imperial governance. This is well illustrated by the Diet's proposed law on the Imperial Council, which Maximilian prevented from becoming law. Besides a presiding member to be named by the king and six others by the electors, the Council would contain ten members

> us der gmelten nation des H[ei]l[igen] R[eichs] hie dishalb gebirgs [...], nemlich 1 aus der provinz Maidburg, die ander us der provinz Salzpurg und Aquileia, die 3. us der provinz Pisantz [Besançon] und Foysen [Savoy] und uber Foysen here, die 4. aus der provinz Premen und Westvalen, die 5. aus den Niderlanden unter oder umb die Mas, die 6. aus Franken, die 7. aus Beieren, die 8. us Swaben, die 9. aus den freystetten, die 10. aus den Rstt. [Reichsstädte] gnommen und verordent sein.[71]

This list represents an early form of what would evolve into the ten, later twelve, Imperial Circles (‚Reichskreise') that long served as the Empire's administrative, police, and military districts. Although more concrete than the vague concept of ‚provinces' and ‚heads of provinces'[72] projected in Nicholas of Cusa's

---

70 Schubert (note 20), p. 38, and see on this theme p. 21–38.
71 Angermeier (note 29), p. 336, no. 326.
72 Nicolai de Cusa, De concordantia catholica libri tres. Ed. Gerhard Kallen. In: Opera omnia,

De concordantia catholica (composed in 1432–33), the list expresses a composite typology of Imperial sub-units: 1. four ecclesiastical provinces (Magdeburg, Salzburg and Aquileia, Besançon, and Bremen and Westphalia), a grouping of territories or geographical area (the Netherlands), 2. three regions derived from the tribal age (Franconian, Bavaria, and Swabia), and 3. one grouping of all the other parts of the Empire. At about the same time, however, a similar scheme, prepared by Haug von Werdenberg, proposed to divide the Empire into military districts. Described as regional groupings of Imperial Estates, they are prototypical Circles (‚Reichskreise'), very similar to those described in the law (‚Reichskreisordnung' of 1512).[73] These two documents show that whereas by 1495 there were several competing concepts of the Empire's structure, one of them represented not the old, well-understood, and stable units of ecclesiastical provinces and tribal settlement regions, but the Diet itself broken down into regional groupings of Estates. This new scheme competed with, and would eventually displace for political purposes, the old *communicatio idiomatorum* between the medieval Empire and the church.

5

Why were these concepts so unclear? An answer to this question must lie in the interface between the practices of Imperial politics and the traditions of Germanic law, on the one hand, and the rationalizing sciences of the age, learned jurisprudence and scholastic political thought, on the other. To be sure, in Maximilian's time the practical discourse of Imperial politics had become far more rational and more instrumentally purposeful than it had been in the time, say, of Emperor Charles IV. How much so becomes instantly clear from a cursory comparison of prefatory statements in Imperial laws. The Golden Bull of 1356 opens with a curious juxtaposition of an appeal to God and a reference to the Greek Furies,

---

vol. 14. Hamburg 1968, liber tertius, cap. XII, p. 375–376, cap. XXV, p. 420–482; English in: The Catholic Concordance, ed. and translated by Paul E. Sigmund. Cambridge 1991, p. 248–250, 283–286. For interpretation, see Friedrich Hermann Schubert: Die deutschen Reichstage in der Staatslehre der frühen Neuzeit. Göttingen 1966 (Schriftenreihe der Historischen Kommission bei der Bayerischen Akademie der Wissenschaften 7), p. 90–96, based on the Paris edition of 1514.
73 Angermeier (note 29), p. 582–583, no. 463.

> Omnipotens eterne deus, spes unica mundi,
> Qui celi fabricator ades, qui conditor orbis,
> Tu populi memor est tui. Sic mitis ab alto
> Prospice, ne gressum faciat, ubi regnat Erinis,
> Imperat Allecto, leges dictante Megera, [...]

and continues with direct addresses to Satan and to the Seven Deadly Sins:

> Dic, Superbia, quomodo in Lucifero regnasses, si Divisionem auxiliatricem non habuisses? Dic, Sathan invide, quomodo Adam de paradiso eiecisses, nisi eum ab obedientia divisisses? Dic, Luxuria, quomodo Troyam destruxisses, nisi Helenam a viro suo divisisses?.[74]

The Recess (‚Reichsabschied') of Worms in 1495, by contrast, addresses immediately the business at hand. Nachdem wir als Röm[ischer] K[öni]g, wie uns gezimbt, it begins,

> nach eingang unser regirung einen gemeinen reichstag alher gen Worms benannt und ausgeschriben haben, allerley des H[ei]l[igen] R[eiches] und gemeiner cristenheit anligen und notturften zu handeln, darauf auch ein merklich anzal von Kff. [Kurfürsten], Ff. [Fürsten] und andern stenden des H[ei]l[igen] R[eiches] persondlich und durch ir botschaft bey uns erschinen sein, und mit denselben nach zeitigem rate und guter vorbetrachtung fride und recht in dem H[ei]l[igen] R[eiche] aufzurichten und zu halten furgenomen und verordent, [...].[75]

Still, when fifteenth-century Germans, even persons educated in the international learning of the universities, wrote about Imperial affairs, they found it extremely difficult to apply the learned world's language and concepts to these affairs in a way that helped them to conceptualize the Empire in a practically effective

---

[74] Lorenz Weinrich (ed.): Quellen zur Verfassungsgeschichte des Römisch-Deutschen Reiches im Spätmittelalter (1250–1500). Darmstadt 1983 (Ausgewählte Quellen zur deutschen Geschichte des Mittelalters 33), p. 314, 318: „Allmächtiger, ewiger Gott, einzige Hoffnung der Welt, der du dich als Bildner des Himmels und als Schöpfer des Erdkreises offenbarst, sei eingedenk deines Volkes! Von der Höhe des Himmels herab gib gnädig acht, daß es nicht die Schritte dorthin wende, wo Erinys gebietet, Alecte herrscht und Megära Gesetze verkündet." – „Sprich, Hoffart, wie hättest du mit Luzifer Gerichtszeit halten können, hättest du die Spaltung nicht als Beistand gehabt? Sprich, neidischer Satan, wie hättest du Adam aus dem Paradies vertreiben können, hättest du ihn nicht dem Gehorsam abspenstig gemacht? Sprich, Unkeuschheit, wie hättest du Troja zerstören können, hättest du nicht Helena von ihrem Gatten geschieden?" (p. 315, 319).

[75] Angermeier (note 29), p. 1142, no. 1593. The editor, H. Angermeier, p. 1140 n. 1 argues that the long-held opinion, that no formal Recess was signed at Worms, is incorrect.

way. There had barely begun, one can only conclude, the early modern process, whereby

> die am kanonischen und römischen Recht geschulten Juristen der frühen Neuzeit, die als die eigentlichen Träger der Rezeption anzusehen sind, Streitgegenstände und Verfahren mit einer gelehrten lateinischen Terminologie überzogen und auf diese Weise geordnet, logisch durchgedrungen, kurz: ‚verwissenschaftlicht'.[76]

The fifteenth-century writers on reform have been surveyed by Heinz Angermeier in connection with his study of the Imperial Reform. At first he thought them utterly uninteresting scribblers who „um ihrer politischen Zwecke willen nur den verschwommenen Konziliarismus wieder aufwärmten."[77] In this dismissal he included both the lesser fifteenth-century writers and Nicholas of Cusa, the most important theorist who applied the Empire lessons learned from the constitutional struggles in the Church. None of these writers, Angermeier judged, had advanced from the medieval conception of the two swords to the political concept of the Imperial Reform: "eine Staatsvorstellung [...], die nicht nur auf dem Prinzip der ständischen Mitregierung beruht, sondern der auch der Wille zur behördlichen Kontinuität, zur rechtlichen Behandlung und Entscheidung aller Angelegenheiten und zur gemeinsamen Verantwortung und Ausführung eigen ist."[78]

More recently, Angermeier has considerably softened his judgment on the political irrelevance of the fifteenth-century reform writers and characterized them as no long fully medieval but not yet modern.

> Im Unterschied zu den großen Staatstheorien des Mittelalters und der Neuzeit ist also in der deutschen Reformliteratur des 15. und 16. Jahrhunderts ein starker Hang zum politischen Aktivismus, zu freier Mobilität und zur augenblicksbedingten Pragmatik festzustellen, ohne daß schon eine bestimmte Vorstellung vom Staat erkennbar wäre oder neue Ideen zur politischen Ordnung auftreten [...].

This German genre lacked "jene[n] Schuß von humanem Realismus und überzeitlicher Spiritualität [...], der nötig gewesen wäre, um als Theorie auf die historische Entwicklung einwirken zu können."[79]

---

[76] Michael Stolleis: Geschichte des öffentlichen Rechts in Deutschland, vol. 1: Reichspublizistik und Policeywissenschaft 1600–1800, München 1988, p. 66.
[77] Heinz Angermeier: Die Reichsregimenter und ihre Staatsidee, HZ 211 (1970), p. 265–315, here at p. 296.
[78] Angermeier (note 77), p. 270.
[79] Angermeier (note 11), p. 99, and p. 84–99 on the topic as a whole.

Angermeier's revised opinion forms a sober counterweight to the many less critical attempts to find in Cusa one of the principal theorists of the Imperial Reform. We still do not know whether, when, or where Cusa's *De concordantia catholica* was an influential work, or if it presents a typical way or even widespread way of thinking. Cusa was certainly the most learned of those saw in the reform of Church and Empire a single task. The idea itself was quite old, for in the thirteenth century Alexander Roes had written of *regnum et sacerdotium reformare* and in the early fifteenth century the German conciliarist Dietrich von Nieheim had written about a *reformatio in temporalibus Romane ecclesie et imperii*.[80] One anonymous participant in the Council of Constance had even begun to apply the principles of ecclesiastical life, such as councils and elections, to the Empire.[81]

This didactic analogy between Church and Empire is the most obvious respect in which Cusa's *De concordantia catholica*, composed in 1437–38, is relevant to the Imperial Reform. Cusa applied to the Empire such ecclesiastical principles as conciliar organization, consent, elections, and representation.[82] Drawing on analogies to the College of Cardinals and the General Council, he recommended forming a permanent Imperial Council, the members of which would consist of the electors – but not the princes – and representatives of the three estates of nobility, clergy, and burghers, and there would be analogous councils for every region of the Empire. All of the Empire's business would be transferred to this Council, and the existing Imperial Diet, which Cusa thought too dominated by the princes, would be consulted only on matters, such as military affairs, that lay in the aristocracy's special expertise.[83] Indeed, outside of the emperor and the electors, Cusa found little in Imperial political life to be worthy of playing a significant role in the Empire's future.

Did Berthold read Cusa's *De concordantia catholica*? Did his supporters in the Diet pay any attention at all to the corpus of fifteenth-century writings on Imperial affairs? We know that at Worms Berthold turned away one such writer

---

[80] Quoted by Ernst Schubert (note 20), p. 242.
[81] The text is called *Advisamentum sacrorum canonum et doctorum ecclesie catholice de electione pape et cardinalium secundum exigenciam status ecclesie moderne et quomodo huius sacri Constanciensis concilii habeatur in brevi finis salutaris*, in: Acta concilii Constanciensis, 4 vols. Ed. Heinrich Finke. Münster 1896–1928, vol. III, p. 624–645, no. 264. It is analyzed by F. H. Schubert (note 72), p. 89–90.
[82] See F. H. Schubert (note 72), p. 93–96.
[83] For orientation to the early history of the Diet, see Peter Moraw: Versuch über die Entstehung des Reichstags. In: Politische Ordnungen und soziale Kräfte im Alten Reich. Ed. Hermann Weber. Wiesbaden 1980, p. 1–36.

who came to Worms to teach how to remedy the Empire's ills. The name by which we know him is the ‚Upper Rhenish Revolutionary', and his doctrine that only a powerful monarch could reform abuses in church and society and persuade the people to lead Christian lives, without which a terrible punishment awaited the Germans. At Worms he first approached the king, whose men *gab die meinung, wie es muglich wer, H. Berchtolden, einem EB [ertzbischoff] verzeichnet*. But Berthold fobbed him off on the Austrian governor at Ensisheim in Upper Alsace, and *zulest lies ich ab mit mym nochreysen, wenn ich sach, das kein gewaltiger geneigt wer, den rechten weg [zu gehen]*."[84] Did Berthold miss an opportunity when he turned away the anonymous writer we know as the ‚Upper Rhenish Revolutionary'? Probably not, for the latter's text, extant in only one manuscript, shows little sign of the kind of consistent language and conceptual clarity that might have permitted its author to put his intellectuality, as distinct from his learning and imagination, in the service of political change. Beyond the individual qualities of his work, he more or less shared this difficulty in theorizing politics with many other fifteenth-century German writers on Imperial reform.

6

The acts of the Diet of Worms in 1495 offer some new insights into the beginning of the Imperial Reform. They also suggest new questions. If they confirm Berthold's leadership of the movement to institutionalize co-government of the Empire, they do not reveal whence the reform party gathered its strength. For the traditional view, that the lay princes provided this strength, the acts of the Diet yield little support. „Kommt in der Reform auch ein allgemeines Bedürfnis nach Vereinheitlichung und Neuorganisation des Reiches zum Ausdruck," judges Angermeier, „so sahen die Fürsten darin primär Unterpfand und Unterbau ihrer Politik und Selbständigkeit." For them the Imperial Reform begun in

---

[84] Angermeier (note 29), p. 1171, no. 1597. – All previous scholarship on this text was superseded by Klaus H. Lauterbach: Geschichtsverständnis, Zeitdidaxe und Reformgedanke an der Wende zum sechzehnten Jahrhundert. Das oberrheinische ‚Buchli der hundert Capiteln' im Kontext des spätmittelalterlichen Reformbiblizismus. Freiburg, München 1983 (Forschungen zur oberrheinischen Landesgeschichte 33); it was reissued in 1985. Lauterbach has recently published a critical edition of this text in: Der Oberrheinische Revolutionär: das Buchli der hundert Capiteln mit XXXX Statuten. Ed. Klaus H. Lauterbach. Hannover 2009 (Monumenta Germaniae historica. Staatsschriften des späteren Mittelalters, vol. 7). For an important interpretation of the text and its context, see Peter Blickle: Kommunalismus. Skizzen einer gesellschaftlichen Organisationsform, vol. 1: Oberdeutschland. München 2000, p. 160–163.

1495 was „mehr ein Spiel der politischen Interessen denn ein Akt des gemeinsamen Willens und der politischen Vernunft," for the princes' chief goal „ist [...] die Absicherung und Neuformierung der territorialen Gewalten untereinander und in ihrem Verhältnis zum Reich".[85] Yet the reform movement could not have gone forward without support from the lay princes and especially the lay electors, who for a generation, at least since 1467, had striven to institutionalize the Public Peace. „Statt der unumschränkten Unterstellung des Landfriedens nach Zeit, Gelegenheit und Gutdünken in Rechtsetzung, Gericht und Exekution unter die königliche Verfügungsgewalt," comments Ernst Schubert, „wünschten sie unter Beibehaltung ihrer schon bestehenden Befugnisse innerhalb ihrer Territorien eine ständige und institutionell festgelegte Reichsordnung."[86]

Otherwise, leaving aside the free cities, whose role was so beset by restrictions that they could play no prominent role in the Diet, the most probable source of support for the Imperial Reform was the lords spiritual. They comprised half of the electoral chamber of the Diet and a strong majority of the princes' chamber. While it is true that the bishops belonged in many respects to the Imperial aristocracy – both by virtue of the recruitment of most of them from princely and comital dynasties, and by virtue of the feudalization of the Church's *temporalia* – yet they were also the only sector of the Diet's upper two chambers that was educated in the international cultural milieu of the age. Whether this supposition, that the chief support for the Imperial Reform came from the upper clergy, can be substantiated, will depend on future research.

7

One of the benefits of the concept of an ‚early modern era' is that it no longer seems necessary to draw sharp contrasts between ‚medieval' and ‚modern' or to allot persons, events, values, and ideas of the fifteenth and sixteenth centuries to a temporal category centered on either the twelfth century or on the nineteenth. The category ‚early modern' allows them to have affinities to both

---

85 Angermeier (note 29), p. 32, 68.
86 E. Schubert [note 25], p. 531. On the Public Peace at Worms, see Elmar Wadle: Der Ewige Landfriede von 1495 und das Ende der mittelalterlichen Friedensbewegung In: 1495 – Kaiser, Reich, Reform. Der Reichstag zu Worms (note 27), p. 71–80. And on regional context of Berthold's politics, see Winfried Dotzauer: Reich und Territorium als Brennpunkte der Kurfürstenpolitik von Pfalz, Mainz und Trier im Raum des heutigen Bundeslandes Rheinland-Pfalz 1400–1500. In: 1495 – Kaiser, Reich, Reform. Der Reichstag zu Worms (note 27), p. 95–122.

earlier and later times, to be both ‚medieval' and ‚modern' at once, and at the same time to be temporally distinctly ‚early modern'.[87] Once it is understood, for example, that the typical early modern state was not an early form of the modern bourgeois state but a proto-absolutist out of the feudalized kingdoms of the Middle Ages, one no longer has to consider its aristocratic and feudal elements as throwbacks to an earlier age, nor its bureaucratic, collegial, and professionalized features as anticipations of the modern one.

This perspective helps us to understand the picture of King Maximilian and the Imperial Reform that emerges from the acts of the Diet of Worms in 1495. In the main, they confirm the classic picture of bargaining and conflict between a king who wished to harness the Empire's wealth and population via permanent and regular Imperial taxation to his designs in the Netherlands, Hungary, and Italy, and an Imperial aristocracy, already organized into corporate forms, that wanted to institutionalize Imperial governance in their own hands in order, as much as anything else, to prevent the outcome desired by the king. The struggle was carried out, by and large, without recourse to theory, and therefore without an explicit ideology with which to give permanent shape to the party of reform. King and Estates agreed that the Empire required more effective government, a position very many writers and others of the time supported as well. But they could not agree in whose hands the regime should rest, and both parties focused on permanent taxation – which would subordinate the Estates' interests to those of the king – as respectively the most and the least desirable outcome.

Once the situation is understood in these terms, and once we comprehend that king and aristocrats lived the same aristocratic culture at the royal and princely courts, a culture which represented both the age of the medieval knights and that of the absolutist sovereigns, many of the traditional difficulties of interpreting the Imperial Reform fall away. It then becomes clear that King Maximilian opposed and tried to frustrate the formation of Imperial institutions of governance on aristocratic, collegial principles not because he opposed the suppression of feuds or the provision of a new quality of Imperial justice and law and order, but because he opposed a stronger government freed from his direct, personal control. Beyond this difference, the documents contain no hint of a conflict about how to conceive of the Empire as a distinct

---

87 These comments reflect themes worked out at greater length in: Introduction: Renaissance and Reformation, Late Middle Ages and Early Modern Era. In: Thomas A. Brady, Jr., Heiko A. Oberman, and James D. Tracy (edd.): Handbook of European History, 1400–1600: Late Middle Ages, Renaissance and Reformation, 2 vols. Leiden 1974–75, vol. 1, p. xiii–xxiv.

structure, a political entity of a new kind, a state-like formation or even a state. This is a somewhat puzzling outcome, and perhaps future research will overturn it, but that is where the question now stands.

Jan-Dirk Müller
Johannes Cuspinians ‚Diarium' über den Pressburg-Wiener Fürstentag 1515[1]

Ein Beitrag zum politischen Humanismus in Deutschland

Cuspinians *Diarium* vom Wiener Fürstenkongress (1515)[2] ist der Bericht eines der führenden Diplomaten Kaiser Maximilians I. über die Vorbereitung einer doppelten Fürstenhochzeit zwischen den österreichisch-burgundisch-spanischen Habsburgern und den polnisch-böhmisch-ungarischen Jagiellonen, jenes Ereignisses, das der Dynastie nach ihrer Verankerung im Südwesten und Westen Europas auch eine Vormachtstellung im östlichen Mitteleuropa verschaffen sollte und letztlich die bis 1918 bestehende Doppelmonarchie vorbereitete. Damals war noch nicht vorhersehbar, dass der junge ungarische Thronfolger Ludwig, der mit Maximilians Enkelin Maria verheiratet wurde, 1526 in der Schlacht bei Mohacs gegen die Türken fallen würde und seine Krone an seinen Schwager Ferdinand (I.) fallen würde, der als einer der Heiratskandidaten für seine Schwester vorgesehen war (was man damals noch offen ließ). Durch eine Reihe von Zufällen begründet der Wiener Fürstenkongress die Weltmacht des mitteleuropäischen Zweigs der Casa de Austria. Neben den Heiratsverträgen ging es um ein Bündnis der drei Monarchen gegen die Türken.

---

[1] Der folgende Aufsatz setzt Überlegungen zur deutsch-lateinischen Mischkultur am Kaiserhof des frühen 16. Jahrhunderts fort, die ich zu den Festspielen des Conrad Celtis und zum ‚Hodoeporicon' des Ricardo Bartolini angestellt habe (Jan-Dirk Müller: Maximilian und die Hybridisierung frühneuzeitlicher Hofkultur. Zum *Ludus Dianae* und der *Rhapsodia* des Konrad Celtis. In: Kaiser Maximilian I. (1459–1519) und die Hofkultur seiner Zeit. Jahrbuch der Oswald von Wolkenstein-Gesellschaft 17 (2008/2009). [...] Hg. v. Sieglinde Hartmann u. Freimut Löser. Wiesbaden 2009, S. 3–21 bzw. J.-D. M.: *Docta caterva* und imperiale Hofkultur. Ricardo Bartolinis ‚Hodoeporicon' vom Wiener Fürstentag (1515), erscheint 2014.
[2] *CONGRESSVS AC CELEBERRIMI CONVENTVS CAESARIS MAX.[imiliani] ET TRIVM REGVM HVNGARIAE, BOEMIAE, ET POLONIAE In VIENna Panoniæ, mense IVLIO. Anno M. D. XV facti, breuis ac uerissima descriptio* [Wien 1515]; der eigentliche Text ist überschrieben: *Diarium Joannis Cuspiniani prefect.[i] Vrbis Viennen[sis] De congressu Caesaris MAXIMILIANI Aug:[usti] et Trium Regum, Hungarie, Boemiæ, et Poloniæ, VLADISLAI, LVDOVICI, ac SIGISMVNDI. In Vrbe Viennen[si] facto xvii. Iulii. Anno Christi. M.D.XV.* – Zu Cuspinian: Hans Ankwicz-Kleehoven: Der Wiener Humanist Johannes Cuspinian. Gelehrter und Diplomat zur Zeit Kaiser Maximilians I. Graz-Köln 1959; zum Fürstenkongreß S. 78–88; Winfried Stelzer: Cuspinianus, Johannes. In: Deutscher Humanismus 1480–1520. Verfasserlexikon. Hg. v. Franz Josef Worstbrock, Bd. 1. Berlin / New York 2008, Sp. 519–537; zum *Diarium* Sp. 529f.

Das Ereignis war insofern ein Kernstück maximilianeischer Außenpolitik; Maximilian und seine Helfer suchten es durch volkssprachige Lieder und Flugschriften und durch lateinische Berichte im Reich publik zu machen.³ Cuspinians *Diarium* wurde noch im gleichen Jahr in die Volkssprache übersetzt. Es lag auch der poetischen Bearbeitung des Benedikt Chelidonius zugrunde, den Jakob de Banissis gewidmeten, nur handschriftlich überlieferten *De conuentu Diui Caesaris Maximiliani, Regumque Hungariae Boemiae et Poloniae, caeterorumque Sacri Ordinum Jmperii, Principumque, Viennae in Pannonia habito [...] F. Benedicti Chelidonii Libri duo.*⁴ Des weiteren ist zu nennen das an die humanistische Öffentlichkeit Europas gerichtete *Hodoeporicon* des Ricardo Bartolini über die Reise des Kardinals Lang, eines der führenden Akteure aus dem Umkreis Maximilians, zu der Zusammenkunft in Pressburg und Wien sowie über den Ablauf der Verhandlungen dort. In diesen Prosabericht sind Versdichtungen eingefügt, von Bartolini selbst und anderen Gelehrten aus der Umgebung der beteiligten Monarchen, die den Kaiser, den Kardinal und die Könige von Polen und Ungarn verherrlichen und die christlichen Fürsten zur Einigkeit auffordern, um im Kampf gegen die Türken zu bestehen.⁵

Während das *Hodoeporicon* weniger den politischen Aspekten des Treffens als dem repräsentativen Beiwerk und den Auftritten der gelehrten Poeten im Gefolge der Fürsten gewidmet ist, die in die politischen Verhandlungen weniger involviert waren, schreibt Cuspinian aus der Perspektive eines Insiders, der an den Abmachungen führend beteiligt war.⁶ Gewidmet ist die Schrift Jakob

---

3 Stephan Füssel: Riccardus Bartholinus Perusinus. Humanistische Panegyrik am Hofe Kaiser Maximilians I. Baden-Baden 1987 (Saecvla spiritalia 16), zum Hodoeporicon S. 75–140.
4 Vgl. hierzu künftig Claudia Wiener: Der „Wiener Kongreß" von 1515 als literarisches Doppelprojekt – zum Verhältnis von Benedictus Chelidonius' Epos *De conventu Divi Caesaris* zu Johannes Cuspinians *Diarium*. Ich danke Frau Wiener für die Überlassung des im Druck befindlichen Typoskripts.
5 *Odeporicon id est Itinerarium Reuerendissimi in Christo patris et Domini D. Mathei Sancti Angeli Cardinalis Gurcensis coadiutoris Saltzburgensis Generalisque Imperii locumtenentis, Quaeque in conuentu Maximiliani Caesaris Augusti Serenissimorumque regum Vladislai Sigismundi ac Ludouici, memoratu digna gesta sunt per Riccardum Bartholinum perusinum ædita. Cum Gratia et priuilegio.* Wien 1515; hierzu Müller (Anm. 1), 2014.
6 Insofern verbucht Wiegand zu unrecht beide Schriften unter dem einen Label der „Staatshodoeporica" (Hermann Wiegand: Hodoeporica. Studien zur neulateinischen Reisedichtung des deutschen Kulturraums im 16. Jahrhundert. Mit einer Bio-Bibliographie der Autoren und Drucker. Baden-Baden 1984 [Saecvla spiritalia 12], S. 48). Doch lässt sich schwerlich sagen, dass Cuspinians Bericht dem Bartolinis „sehr weitgehend ähnelt" (Johann Sallaberger: Kardinal Matthäus Lang von Wellenburg (1468–1540). Staatsmann und Kirchenfürst im Zeitalter von Renaissance, Reformation und Bauernkriegen. Salzburg/ München 1997, S. 128). Es handelt

Villinger, einem der einflussreichsten Politiker in der Umgebung Maximilians, einer Art Finanzminister.[7] Die Dedikation ist ein Manifest eines auf die Verhältnisse nördlich der Alpen zugeschnittenen ‚politischen' Humanismus. Sie enthält ein nahezu uneingeschränktes Bekenntnis zu einem der *vita activa* gewidmeten Leben. Cuspinian wirft die Frage auf, ob ein Leben im Verborgenen oder ein Leben im Lichte allgemeiner Anerkennung vorzuziehen sei: Bemüht man sich nicht noch, wenn man den Verzicht auf leeren Ruhm propagiert, um genau diesen Ruhm (*gloria*)?

> Nempe hoc sudamus, ob hoc laboramus, ob hoc mille pericula et in mari et in terra subimus, ut quasi merces laborum gloria nos sequatur. [...] Ego ita pro uirili semper elaboraui ut me uixisse testarer, quibusdam monumentis, quae extant. (Bl. A2r)

> [Strengen wir uns nicht deswegen an und mühen wir uns nicht deswegen ab, riskieren wir nicht deswegen tausend Gefahren zu Wasser und zu Lande, damit uns als Lohn der Mühen Ruhm zuteil wird? ... So habe ich immer angestrengt daran gearbeitet, dass einige Dinge, die bleiben, daran erinnern und bezeugen, dass ich gelebt habe.]

Dieses Bemühen um Nachruhm erstreckt sich auf den ganzen Umkreis profanen Lebens. Man könne, führt Cuspinian aus, in Kindern überleben, in Büchern, kostbaren Gegenständen (*praedia*), Besitztümern, Gebäuden, Ruhm (*bona fama*); alle bemühten sich um einen guten Namen; tue man das nicht, gleiche das Leben eher dem Tod (ebd.). Verbunden ist die Forderung, im praktischen Leben Spuren zu hinterlassen, mit einem unbegrenzten Erkenntnisstreben: *omnibus insita est cupiditas cognoscendi non modo mundana, sed et quae supra nos sunt ac quae uix capere intellectu nostro possumus* [allen Menschen ist das Begehren zu erkennen eingepflanzt, nicht nur die Dinge der Welt, sondern auch die, die über uns sind und die unser Geist kaum begreifen kann] (Bl. a2r). Das richtet sich programmatisch gegen das mittelalterliche *curiositas*-Verbot, das, gestützt auf die Autorität des Augustinus (*quae supra nos nihil ad nos*), den Menschen in seine von Gott gesetzten Grenzen verwies, die ihm nach dem zu forschen verwehrten, was über seinen Horizont gehe, und das ihn allein auf die Bemühung um sein religiöses Heil verpflichtete.[8] Das Erkenntnisstreben, das

---

sich um unterschiedliche Funktionstypen.

7 Zu Villinger: Clemens Bauer: Jacob Villinger, Großschatzmeister Kaiser Maximilians. In: Syntagma Friburgense. Historische Studien Hermann Aubin dargebracht. Lindau/ Konstanz 1956, S. 9–28.
8 Zur Entstehung dieses Bewusstseins: Jan-Dirk Müller: *Curiositas* und *erfarung* der Welt im frühen Prosaroman. In: Literatur und Laienbildung im Spätmittelalter und in der Reformationszeit. Symposion Wolfenbüttel 1989. Hg. v. Ludger Grenzmann u. Karl Stackmann. Stuttgart

Cuspinian propagiert, richtet sich demgegenüber auf die Welt: *aliorum regnorum ac prouinciarum* [...] *indagare, et ritus et mores et res gestas* [die Sitten, Gewohnheiten und Begebenheiten in anderen Reichen und Provinzen zu erforschen] (ebd.). Solch ein würdiger Gegenstand der Erkenntnis ist auch der celeberrimus Regum conuentus, der Wiener Kongress des Kaisers mit den Königen von Polen und Ungarn im Jahre 1515, und deshalb fühlt Cuspinian sich verpflichtet, ihn zu beschreiben.

Bei Villinger, dem kaiserlichen Rat (*Consiliarius Caesaris*), kann Cuspinian Zustimmung voraussetzen, dass ein Leben im Lichte und im Dienst der Allgemeinheit vorzuziehen sei. Indem er als Augenzeuge von einem politischen Ereignis berichtet, an dem auch sein Adressat beteiligt war, das er selbst aktiv vorbereitete und an dem er maßgeblich mitwirkte,[9] schlägt er sich auf die Seite jener Humanisten, die nicht für die *vita contemplativa*, sondern für die *vita activa* eintreten. Im Deutschen Reich um 1500 bedeutet dies, sich durch Dienst im Umkreis eines Fürsten zu bewähren; das ist die Variante eines politischen Humanismus nördlich der Alpen, Äquivalent des ‚civic humanism' in Italien, auf den zuerst Hans Baron aufmerksam machte.[10]

Der Bericht tritt als offiziöses Dokument auf. Das Titelblatt ist mit fünf Wappen geschmückt: Um das Reichswappen mit Doppeladler sind die Wappen Österreichs, Ungarns, Polens und Böhmens angeordnet. Der offiziöse Charakter zeigt sich auch, wenn am Ende, nach Abschluss der Verhandlungen, die allgemeine Absichtserklärung der drei Monarchen, einen Bund zum Wohle der Christenheit zu schließen, wörtlich zitiert und öffentlich bekannt gemacht wird (Bl. d2v–d3r):

> De mandato Sacratissimae Caesareae Maiestatis, et Serenissimorum Vladislai et Ludouici Hungariae et Boemiae, av Sigismundi Poloniae Regum Notum sit universis [...] (Bl. d2v),
>
> [auf Befehl der allerheiligsten kaiserlichen Majestät und der allerhöchsten Könige Vladislaus und Ludwig von Ungarn und Böhmen sowie Sigismund von Polen soll aller Welt verkündet werden...]

1984 (Germanistische Symposien, Berichtsbände V), S. 252–271.
9 *Quinque enim annis, ut scis, uoluo hoc saxum, quibus uigesies et quater in Hungariam orator iui, atque haec negotia tractaui* [Fünf Jahre nämlich habe ich, wie du weißt, diesen Felsbrocken bewegt, in denen ich 24 mal, als Gesandter nach Ungarn ging und dieses Geschäft betrieben habe.] (Bl. A2v).
10 Zum Begriff des Civic humanism Hans Baron: The Crisis oft the Early Italian Renaissance. Civic Humanism and Republican Liberty in the Age of Classicism and Tyranny. Princeton 1955.

Proklamiert wird eine unverbrüchliche Freundschaft und Eintracht, die sich vor allem gegen den Feind der Christenheit richten und die durch die Heiratsverträge auf ein sicheres Fundament gestellt werden sollen.

Der Text ist als *Diarium* angelegt, d.h. nach einleitender Schilderung der politischen Situation gibt es für fast jeden Tag zwischen dem 23. Februar und dem 3. August 1515 einen Eintrag. Das *Diarium* ist nicht aus der Ich-Perspektive geschrieben; Cuspinian als einer der Akteure spricht von sich in dritter Person – wie Julius Caesar in seinen *Commentaria*. Er stellt das Treffen als Schlussstein einer weitsichtigen kaiserlichen Friedenspolitik mittels dynastischer Verbindungen heraus, wie sie zuerst zu den Katholischen Königen hergestellt worden seien:

> Caesar MAXIMILIANVS ut est ingenio singulari, ac prope diuino animo uoluens nihil esse praeclarius bono principi, quam prouincias et regna sua, solido aliquo robore stabilire, in omnes orbis angulos, oculos suos coniecit. Et nobilissimum quemque regem affinitate sibi peruinxit, ut inde prouinciis suis perpetuam relinqueret quietem (Bl. A3r).

> [Kaiser Maximilian, von einzigartigem Genie und nahezu gottgleichen Verstand, wie er ist, bedachte, dass es nichts Ruhmvolleres für einen guten Fürsten gebe als seine Reiche und Länder kraftvoll zu sichern; er richtete seine Augen in alle Winkel des Weltkreises und stiftete verwandtschaftliche Bindungen mit den vornehmsten Königen, um dadurch seinen Ländern immerwährende Ruhe zu sichern.]

Cuspinian widmet dem politischen Zusammenhang vor allem im östlichen Mitteleuropa, der in Bartolinis *Hodoeporicon* nur anspielungshaft präsent ist, einige Aufmerksamkeit. Dem Treffen voraus gingen langwierige Verhandlungen, vor allem der kaiserlichen Diplomaten (*oratores*) in Buda (Bl. a3r/v), unter ihnen neben österreichischen Adligen Cuspinian, der *praefectus senatus Viennensis*, und Lorenz Saurer, der Viztum von Österreich. Ziel ist ein Bündnis der ostmitteleuropäischen Mächte, vor allem gegen die Türken, das durch dynastische Verbindungen zwischen Maximilians Enkelin Maria mit dem ungarischen Thronfolger und von dessen Schwester Anna mit einem der beiden Enkel Maximilians, Karl oder Ferdinand (bei Ausfall beider auch dem Kaiser selbst) befestigt werden sollte.[11]

Unruhen in Ungarn, Maximilians Verwicklung in den Krieg gegen Venedig, festgefahrene Verhandlungen zwischen den Diplomaten, die das Eingreifen der Monarchen notwendig machten, zögerten den Abschluss hinaus. Man vereinbarte ein Treffen in Pressburg, zu dem Maximilian von Innsbruck Ende Februar zu kommen versprach, woran er jedoch bis Juli durch verschiedene Ereignisse,

---

[11] Für Karl war ursprünglich eine eheliche Verbindung mit dem Haus Valois vorgesehen. In diesem Fall sollte sein jüngerer Bruder einspringen, was dann auch tatsächlich geschah.

vor allem Auseinandersetzung mit den Schweizern (*propter Heluetiorum formidabilem inconstantiam*, Bl. a4r) und den Tod König Ludwigs XII. von Frankreich gehindert wurde. Maximilian beauftragte den Kardinal Lang, mit seiner Vollmacht bis zu seinem Erscheinen die Verhandlungen zu führen.

Cuspinian beschränkt seinen Bericht auf die Könige und ihr adliges und geistliches Gefolge und einige ihrer wichtigsten Räte, darunter er selber. Von der *docta caterva* der humanistischen Poeten und Sekretäre, die zur Entourage der Großen gehörten und die bei Bartolini im Zentrum stehen, ist so gut wie nie die Rede. Eine Ausnahme ist Ricardo Bartolini selbst, der Sekretär des Kardinal Lang; Cuspinian erwähnt dessen konkurrierenden Bericht von dem Treffen, vor allem aber seinen Misserfolg als Festredner vor den Fürstlichkeiten: Wegen des Lärms, den der Adel machte (*strepitu nobilium*) (Bl. c4r/v), konnte Bartolini sich mit seiner kunstvollen Rede kein Gehör verschaffen und hörte mittendrin entnervt auf. Das wirft ein Schlaglicht auf die tatsächliche Geltung humanistischer Redekunst in der spätmittelalterlichen Ständegesellschaft.[12]

Bei Cuspinian entsteht damit ein gänzlich anderes Bild von dem Treffen, als es die Humanisten, Bartolini und seine Freunde Johannes Dantiscus oder Caspar Ursinus Velius, an die Öffentlichkeit zu vermitteln suchten. Cuspinian schildert diplomatische Verhandlungen im Rahmen eines spätmittelalterlichen Hofs, an dem die alten Herrschaftsstände den Ton angeben. Mit ermüdender Ausführlichkeit werden die Fürsten und Adligen im Gefolge der Herrscher in langen Namenslisten der Reihe nach aufgezählt, ihre Rangfolge bei öffentlichen Aufzügen, ihre Sitzordnung bei Tisch, die Kleider, die sie bei feierlichen Anlässen tragen, die Livreen ihres Gefolges, die Herolde (*Erhaldi*),[13] die Festmesse, mit der die Verhandlungen eingeleitet werden, und die festlichen Gottesdienste später, die Unterhaltung durch Pferderennen, Stechen und Turniere, Reiterkunststückchen der Moskowiter, die Auszeichnung der besten Kämpfer, Tanzveranstaltungen, der Besuch eines Tiergartens, Glücks- und Kartenspiel. Rücksichten auf den Rang der Beteiligten sind ebenso wichtig wie politische Abmachungen; so muss etwa der Treffpunkt der Monarchen umständlich festgelegt werden (Bl. b2v). Das Interesse an Repräsentationsakten steigert sich noch, wenn nach langem Warten, bei dem die Könige schon ungeduldig werden, der Kaiser endlich erscheint. Insofern enthält das lateinische *Diarium* Ähnliches

---

[12] Es ist die einzige Stelle, an der die Indignation des gelehrten Rats gegen den Adel durchbricht, der nach wie vor die einflussreichen Hofleute stellt.
[13] Die Namensform *Erhaldi* sucht das Amt etymologisch mit *ere* zu verknüpfen. Die deutsche Entsprechung ist *Ernhold*, wie der Begleiter des Ritters Theuerdank in Maximilians allegorischem Ritterroman heißt.

wie das, was auch in den nicht allzu zahlreichen volkssprachigen Berichten von derlei Festivitäten zu finden ist, freilich nicht nur in Form von Listen, Rechnungen und Protokollen, sondern als durchgehender Bericht im gelehrten Idiom.

Latein dominiert auch als Sprache der Diplomatie; an zweiter Stelle steht Deutsch; nur bei einem Gebet der Beteiligten zu Beginn, dass die Einigung zustande kommen möge, treten Ungarisch und Tschechisch hinzu (Bl. a6r). Der polnische König dankt für ein kostbares Geschenk Maximilians *sine interprete* (Bl. d1r) – das heißt vermutlich auf Latein.

In der Schilderung einer spätmittelalterlichen Ständegesellschaft setzt Cuspinian einige neue Akzente. So treten die zwischenmenschlichen Beziehungen zwischen den Königen, ihre *humanitas*, in den Vordergrund. In der Vermenschlichung der feudalen Herrschaftsträger, die auch Bartolini mit Pathos betreibt,[14] ist Cuspinian zwar zurückhaltender, aber er unterlässt es nie, die Neigung des alten Vladislas II. von Ungarn, in Tränen auszubrechen, zu notieren (Bl. a5r; b4r; d3v) und von der verwandtschaftlichen Liebe zwischen den Monarchen zu schwärmen. Vor allem die Trennung der königlichen Familie erfolgt unter großem Jammern:

> Hinc pater, hinc filius, hinc filia, etiam astantibus lachrymas excusserunt, coacti sunt Consiliarii, ui patrem abducere, qui una cum filio eo die adhuc Suppronium cum omni sua curia concessit. (Bl. d3v)

> [Hier vergoss der Vater, dort der Sohn, dort die Tochter trotz der Umstehenden Tränen; die Räte waren gezwungen, den Vater mit Gewalt fortzubringen, der an diesem Tag mit dem Sohn und dem ganzen Hof sich bis nach Sopron[15] begab.]

Es sind Nuancen der Herrscherporträts, die ein neues Menschenbild erkennen lassen. An Maximilian preist Cuspinian seine *humanitas*, *prudentia* und *dexteritas* (Bl. c2v).

Es gibt ein ethnographisches Interesse am fremdartigen Aufputz vor allem des polnischen Gefolges. Während Cuspinian den Wohlklang der heimischen Musik preist, besonders die Meisterschaft des kaiserlichen Musikmeisters Paul (Hofhaymer), und dabei einige besonders liebliche, teils von Maximilian erfundene Musikinstrumente (Bl. c4r) hervorhebt,[16] beschreibt er das grässliche Miss-

---

14 Müller: Imperiale Hofkultur (Anm. 1).
15 Hier macht der humanistische Gelehrte, der sich für Reste der antiken Welt in der eigenen interessiert, eine Anmerkung: *Suppronium* müsse eigentlich seiner Meinung nach *Sempronium* heißen, weil die Römer unter Sempronius dort einen Militärstützpunkt hatten, so wie *Posonium* (Pressburg) eigentlich nach Piso *Pisonium* heißen müsse: die alten Namen seien verderbt.
16 Der Wiener Hof ist schon damals berühmt für seine Hofmusik. Cuspinian beschreibt genau

getön, das die fremden Völker für Musik halten, vor allem die Gefolgsleute des Königs von Polen

> cum multis tibicinibus qui tubas amplas sonoras, et a nostris multum dissonas non sine horrore stridentes, ut in magno æstu solent uespe et crabrones inflabant. Erat et Turcus quidam cum tibia qui nobis inauditam harmoniam et auribus nostris inacceptam aedebat, cum puero tympanum ambabus uiolenter manibus percutiente

> [(die) mit vielen Pfeifern auftraten, die riesige dröhnende Trompeten, misstönend im Vergleich mit denen bei uns, ganz schrecklich erschallen ließen und wie das Gebrumm von Wespen und Hornissen in der Sommerhitze bliesen. Es war da auch ein Türke mit einer Pfeife, die einen für uns ganz unerhörten und unseren Ohren unerträglichen Klang hervorbrachte, mit einem Jungen, der eine Trommel mit beiden Händen dröhnend schlug.] (Bl. a5r/v).[17]

Cuspinian übernimmt hier ganz eine mitteleuropäische Perspektive, aber er notiert doch neugierig, was davon abweicht.

Er hat ein anderes Bild vom Mitwirken der Gelehrten am politischen Handeln der Könige als Humanisten wie Celtis oder auch Bartolini, die der spätmittelalterlichen Hofkultur vergeblich ihre Wunschbilder entgegenzusetzen versuchten. Er selbst passt sich in den Zusammenhang dieser Kultur ein (etwa wenn er beauftragt wird, die Ehrengeschenke des Kaisers an die Verhandlungsführer der Gegenseite zu verteilen) und sucht sie nicht durch Festreden, Festspiele und gelehrte Panegyrik im Sinne der gelehrten Poeten neu zu definieren. Stattdessen bemüht er sich, den politischen Verhandlungen einen altrömischen Anstrich zu geben, indem er sie mit denen im Senat Roms vergleicht. Eine Verhandlungsrunde unter Beteiligung Maximilians, der Könige und vieler Räte, insgesamt 100 Personen, lässt ihn ausrufen: *Occurrebat mihi aspectus, qualis olim Senatus Romanus ex centum Patribus fuit* [da bot sich mir ein Anblick wie damals der aus hundert Senatoren bestehende Senat] (Bl.c2v) und: *Et reuera potuit hic Senatus comparari centum Patribus Romanis, dum olim Roma floruit, tam honestus erat Senatorum et principum aspectus* [Und tatsächlich konnte man diesen Senat mit den hundert römischen Senatoren zur Zeit der Blüte Roms vergleichen, so eindrucksvoll war der Anblick der Räte und Fürsten] (Bl.c3r). Die Unterscheidung in *principes* und *senatores* ist allerdings verräterisch: die Versammlung feudaler Herrschaftsträger lässt sich nicht ohne Abstriche in einen republikanischen Senat übersetzen.

---

einige neue Instrumente. Bl. c4v erwähnt er ein feierliches *Te deum*.

17 Ähnlich über die gefangenen Tartaren *cum tubicinibus suis de quibus superius scripsimus qui sonabant horrendum* [mit ihren Pfeifen, von denen wir oben schrieben, die grässlich klangen] (Bl. b3v).

Wo sich die Humanisten mit dem *genus demonstrativum* begnügen müssen, der rhetorisch-panegyrischen Ausgestaltung dessen, was die Machthaber tun und planen, und der poetischen Verherrlichung ihres Auftretens und ihrer wirklichen oder prätendierten Tugenden, sieht Cuspinian die Rolle der rhetorisch geschulten Gelehrten im *genus deliberativum*, in der Beratung der Mächtigen und in der aktiven Mitgestaltung ihrer Politik. Maximilian selbst verfügt über eine entsprechende Redegabe; in einer einstündigen Rede, wie man sie einem Fürsten nicht zutraut, macht er die Könige und ihr Gefolge seinen Plänen gefügig (Bl. b2v).[18] Ihm antworten ebenso wirksame Reden der geistlichen Verhandlungspartner. Politik bedarf der Rhetorik. Im Idealfall verfügt der Fürst selbst über sie, sonst seine gelehrten Helfer.

Die Grenze zwischen politischer Beeinflussung und selbstgefälliger Demonstration rhetorischer Fertigkeiten ist nicht immer leicht zu ziehen, etwa wenn der Bischof von Fünfkirchen Maximilian in einer langen Rede zum Türkenkrieg mahnt und dieser durch den Spanier Dr. Petrus Motta antworten lässt (Bl. b2r): Zweifellos Reden in *genere deliberativo*, doch ebenso zweifellos ein Typus, der nicht selten auch bloßes Schaustück und Demonstrationsobjekt rhetorischer Brillanz ist.

Realistischerweise spricht Cuspinian die Rolle politischer Einflussnahme weniger den in den *studia humanitatis* Gebildeten zu, als dem aus Juristen, sonstigen Studierten (oft ausgestattet mit kirchlichen Pfründen) und Finanz- und Verwaltungsfachleuten bestehenden Beraterstab der Herrscher insgesamt, jenen Amtsträgern des frühneuzeitlichen Fürstenstaats, die sich zwar keineswegs ausschließlich, aber überwiegend nicht aus den alten Herrschaftsständen rekrutieren. Wo die humanistischen Poeten die Fürsten nur auf ihre eigenen Leitbilder zu verpflichten suchen und – oft mit geringem Erfolg – dadurch veranlassen wollen, die *studia* mäzenatisch zu unterstützen, ist Cuspinian der Vertreter einer neuen Führungsschicht, der Gruppe der kaiserlichen oder königlichen Räte aus Stadtbürgertum, Klerus oder Kleinadel, der einflussreichen Sekretäre (wie Wolfgang Hemmerle oder Gabriel Vogt), der Kanzler (wie Cyprian von Serntein oder Johannes Schneidpeck) und Kämmerer (wie Jacob Villinger) und der Fachleute für verschiedene Aufgaben wie des ungarischen *Camerarius montium* Georg Thurzo (der also für den ungarischen Bergbau zuständig ist). Wo Bartolini

---

18 Von dieser Rede nennt Cuspinian nur die Ziele und Themen, denn auf die, nicht die konkrete rhetorische Ausgestaltung, kommt es an. Indem er die Wirkung von Maximilians Rede mit *demulsit* beschreibt, nimmt er das Vergilzitat auf, mit dem die Humanisten die Wirkung geschliffener Rede auf die Machthaber bezeichneten: kunstvolle Rede kann sich die Herzen der Könige gefügig machen.

die Namen der gelehrten Poeten und Rhetoren verewigen will, setzt Cuspinian den Namen dieser Amtsträger durch endlose Aufzählungen ein Denkmal: Das meint der in der Vorrede gebrauchte Begriff des *monumentum*. Doch beachtet er stets den ständischen Rang, beginnt immer mit den Vornehmeren.[19] Die jahrhundertelang überlieferte antike Dichtung scheint den Gedanken zu bestätigen, dass literarische Werke *aere perennius* dauern und dem eigenen Namen Unsterblichkeit verleihen; sie nachzuahmen stimuliert Berichte wie den Cuspinians oder auch die unübersehbare Menge der fürstlichen Amtsträgern gewidmeten Kasualpoesie. Man ist sich damals noch nicht klar, dass die Inflationierung derartiger Texte, zumal wenn sie durch das Massenmedium des Drucks verbreitet werden, den angestrebten Zweck vereitelt; wo es zu viele Monumente gibt, wird keines mehr beachtet.[20]

Cuspinian lässt andererseits aber keinen Zweifel daran, dass während die höfischen Repräsentationsakte ablaufen, das Entscheidende anderswo geschieht, zum Teil unter Ausschluss der Öffentlichkeit:

Septem hinc diebus ardue disputatum et tractatum est de singulis et maturæ[!] omnia deliberata: sunt in articulos redacta et scripta, ac ultro citroque pensitata. Nunc enim consiliarii utriusque Regis in hospicio Cardinalis tractauerunt et consultauerunt. Nunc uero Cardinalis Regem Polonii adiit, et secretius quaedam amotis arbitris tractauit nunc uicissim dominum Cardinalem de suis negotiis sollicitant. Nulla quies, nullum ocium, omnia labore plena erant (Bl. b1r)[21]

[In den sieben Tagen darauf wurde intensiv diskutiert und verhandelt und alles, was reiflich überlegt worden war, wurde in Vertragsartikel redigiert und schriftlich verfasst und hin und her gewendet. Einmal verhandelten und berieten die Räte der beiden Könige in der Unterkunft des Kardinals, dann wieder suchte der Kardinal den König von Polen auf und besprach einige geheimere Dinge ohne Zeugen. Dann wieder gingen sie wechselseitig den Herrn Kardinal mit ihren Anliegen an. Es gab keine Ruhe, keine Muße, alles war voller Arbeit.]

---

19 Vgl. die Listen Bl. a5v; b1r; b1v; b3r; b3v; b4r usw. – In den Empfangsfeierlichkeiten in Wien kommen auch die Universität, die Mönchsorden, die Wiener Bürger und die städtischen Handwerkerzünfte (*Zechen*) vor (Bl. c1r), aber Cuspinian beachtet auch hier genau die Hierarchien der höfischen Ständegesellschaft.
20 Hierzu Jan-Dirk Müller: Der Körper des Buchs. Zum Medienwechsel zwischen Handschrift und Druck. In: Materialität der Kommunikation, hg. v. Hans Ulrich Gumbrecht u. K. Ludwig Pfeiffer, Frankfurt 1988 (stw 750), S. 203–217.
21 Hinweis auf Geheimdiplomatie, die die Öffentlichkeit nichts angeht, auch Bl.c3v: *Caesar cum regibus ac consiliariis, secretiora quaedam tractauit in priuato, que referre non est opereprecium* [Der Kaiser verhandelte mit den Königen und den Räten unter Ausschluss der Öffentlichkeit einige geheimere Dinge, die zu berichten nicht lohnt].

Nach zähen Verhandlungen wird das Ergebnis den Anwesenden (vermutlich nicht vollständig) bekanntgegeben; die Leser des ‚Diariums' erfahren erst recht nicht, was beschlossen wurde:

> XX. Maii mane a septima hora usque in prima post meridiem uterque Rex cum duobus Cardinalibus et consiliariis deliberarunt, et deliberatis omnibus in praesentia consiliariorum Caesaris et amborum Regum articulos legi fecerunt, qui fuerunt ipsorum manibus subscripti et sigillis muniti, cum omni fauore et plausu. (Bl. b1r)

> [Am 20. Mai berieten von sieben Uhr früh bis ein Uhr mittags die beiden Könige mit den beiden Kardinälen [d.h. Lang und dem Kardinal von Esztergom] und den Räten und ließen nach Abschluss der Beratungen in Gegenwart der Räte des Kaisers und der beiden Könige die Artikel des Vertrags vorlesen, die eigenhändig unterschrieben und mit Siegeln bestätigt waren, mit allgemeiner Billigung und Beifall.]

Zwischen den höfischen Vergnügen gehen die Geschäfte weiter:

> Duobus sequentibus diebus consultatum est super negociis, pro quibus conuenerant, et semper usque ad horam secunda [!] post meridiem et longius pertractum est consilium, ut prandium consiliatorum et principum fieret circa tertiam. (Bl. C3v)

> [An den beiden folgenden Tagen wurde über die Geschäfte, deretwegen sie zusammengekommen waren, beraten, immer bis zwei Uhr mittags und länger verhandelt, so dass das Mittagessen der Räte und der Fürsten gegen drei stattfand.]

Cuspinian gibt ein Bild von den schwierigen Verhandlungen, von den Botschaften zum abwesenden Kaiser hin und her; sogar die zwei Tage in Anspruch nehmende schriftliche Ausfertigung der Abmachungen erwähnt er (Bl. d2r). Dann folgt der feierliche Abschluss in Gegenwart des Kaisers und der Könige, bei dem er selbst, an der Seite der Könige stehend, den Vertrag auf Deutsch und auf Latein laut vorliest, damit alle es verstehen (*ut ab omnibus intellegeretur*. Bl. d2v). Obwohl der größte Raum den Empfängen, Mählern, Festakten gehört, macht das *Diarium* klar, dass hier die politische Bedeutung liegt. Aus diesem Grunde enthält es auch keine gelehrten Verse. Es rühmt den Kaiser, schwingt sich aber nur selten zu panegyrischem Pathos auf, etwa wenn Maximilian die Könige mit dem Zitat begrüßt: *Haec est dies quam fecit Dominus* [Dies ist der Tag, den der Herr gemacht hat] (Bl. b4v).

Cuspinian betont, bei so einem bedeutsamen historischen Ereignis habe er der *via plana* der *historia* folgen müssen: er habe alles beschrieben,

> ut gesta est syncere et simpliciter [...] non affectate aut tumide, nec phalerata oratione, aut uerborum aliquo lenocinio, sed ut uicinus etiam intelligat, qui numisma noscit, cui publica forma est atque ideo necesse est in quotidianum et usitatum loquendi modum, etiam usque barbariem quandoque descendere. Malui enim rem aperte proponere quam proposita multis abscondere et uelare. (d3v/d4r)

[schlicht und einfach, wie es geschehen ist ..., nicht affektiert und aufgeblasen, nicht in wohltönender Rede und kupplerisch aufgeputzten Worten, sondern damit es der Mann von Nebenan versteht, der Bescheid weiß, wie sich öffentliche Dinge abspielen. Und deshalb ist es notwendig zu einem alltäglichen und gewöhnlichen Sprachstil bis an die Grenze barbarischer Rede hinabzusteigen. Ich wollte nämlich die Angelegenheit lieber offen darstellen als das Dargestellte vor der Menge verbergen und verhüllen.]

Das ist programmatisch gegen Vorstellung humanistischer Poeten gesprochen, die Poesie müsse ihren Gegenstand mit einem Geheimnis verhüllen.[22]

Cuspinian entwirft ein anderes Bild von der neuen intellektuellen Führungsschicht als sonst die humanistischen Poeten und Universitätsprofessoren (zu denen eine Generation später noch die dichtenden Pfarrer kommen). Nicht antikisch geprägte sprachliche Eleganz steht im Vordergrund, sondern administrative und diplomatische Effizienz. Beide Gruppen sind auf das gleiche humanistische Bildungsideal verpflichtet. Sie sind in der Frühen Neuzeit noch gegeneinander durchlässig. Cuspinian ist auch ein bedeutender Gelehrter, dessen ‚Caesares' ein Standardwerk humanistischer Geschichtsschreibung sind, und ein Johannes Dantiscus, der bei Bartolini in Pressburg und Wien noch hauptsächlich als Poet hervortritt, wird später einer der einflussreichsten Politiker in Polen.[23] Erst in the long run werden sich beide Gruppen gegeneinander ausdifferenzieren.

Das ‚Diarium' entwirft nicht wie Celtis oder Bartolini das Bild einer neuen gelehrten Hofkultur, die maßgeblich von den humanistischen Poeten und Oratoren gestaltet wird. Es gibt den Ritualen der spätmittelalterlichen Feudalgesellschaft breiten Raum. Aber es beschreibt auch einen Wandel der Politik innerhalb des Fürstenstaats.

---

22 Dies ist ein Ziel zeitgenössischer Poetik; es hat noch die allegorische Verschlüsselung biographischer Tatsachen in Maximilians Ruhmeswerk zur Folge; vgl. Jan-Dirk Müller: *Gedechtnus*. Literatur und Hofgesellschaft um Maximilian I. München 1982, S. 184–190.
23 Reimund B. Sdzuj: Johannes Dantiscus, in: Frühe Neuzeit in Deutschland 1520–1620. Literaturwissenschaftliches Verfasserlexikon. Bd. 2. Hg. v. Wilhelm Kühlmann, Jan-Dirk Müller, Michael Schilling, Anselm Steiger u. Friedrich Vollhardt. Berlin 2011, Sp. 98–113.

Jörg Jochen Berns
Gedächtnis und Arbeitsteiligkeit

Zum *gedechtnus*-Konzept Maximilians im Kontext
mnemonischer Programme und enzyklopädischer Modelle
seiner Zeit

1 Vorbemerkung

Dieser Beitrag offeriert mehr Thesen als Beweise und stellt mehr Fragen, als er beantwortet. Präsentiert er wenig neue Funde, so versucht er doch, durch Kombination von Ermittlungsergebnissen anderer, eine Verdachtsspur wichtig zu machen: die nämlich, dass Maximilians *gedechtnus*-Konzept in nuce ein Modell birgt, das für die höfische Kultur des deutschen Fürstenstaats der Frühen Neuzeit insgesamt, in allen seinen ästhetischen Belangen, in arbeitsteiliger Produktion und Präsentation, paradigmatisch wurde; ein Modell, das zugleich, sicher nicht von ungefähr, anderen Formen arbeitsteilig differenzierter Produktion – im akademischen und im städtisch-handwerklichen Bereich – analog ist. Die auf Kooperationsstrukturen bezogenen Thesen sollen durch Diagramme verdeutlicht werden, die ihrerseits in originalen Illustrationen aus dem Werk Maximilians und aus wissenschaftlichen Modellwerken solcher Gelehrter, die zum engsten Zirkel seiner Programmdenker gehörten, Entsprechungen und Varianten finden.

Anknüpfend an Erkenntnisse, die Jan-Dirk Müllers Buch[1] eröffnete und die sich durch Detailmitteilungen aus Hermann Wiesfleckers weitgespannten Recherchen[2] aspektspezifisch ergänzen lassen, geht es darum, die Struktur des kulturpolitischen *gedechtnus*-Konzepts nochmals zu problematisieren: zunächst anhand des berühmten XXIV. Kapitels des Weißkunig,[3] in dem Maximilian seine *gedechtnus*-Lehre so konzis darbietet wie nirgends sonst. Es

---
[1] Jan-Dirk Müller: Gedechtnus. Literatur und Hofgesellschaft um Maximilian I. München 1982 (Forschungen zur Geschichte der Älteren Deutschen Literatur 2).
[2] Hermann Wiesflecker: Kaiser Maximilian I. Das Reich, Österreich und Europa an der Wende zur Neuzeit. 5 Bde. München 1971 1986.
[3] Ich zitiere nach der Ausgabe: Der Weiß Kunig. Eine Erzehlung von den Thaten Kaiser Maximilian des Ersten. [...] Herausgegeben aus dem Manuscripte der kaiserl. königl. Hofbibliothek. Wien [Joseph Kurzböck] 1775. Neudruck mit einem Kommentar u. einem Bildkatalog von Christa-Maria Dreissiger. Weinheim 1985.

eröffnet die Gelegenheit, einerseits den innovativen Impetus Maximilians durch Kontrastierung mit mittelalterlichen *memoria*-Vorstellungen zu markieren und andererseits durch Aufdeckung von Übereinstimmungen des Konzeptes mit gleichzeitigen Kunstkammerprojekten und enzyklopädischen Universitäts- und Buchprojekten in seiner zukunftsweisenden Kraft zu zeigen.

2 Das Problem

Der weltgeschichtliche und heilsgeschichtliche Rahmen, in dem sich vor 500 Jahren Maximilian einzurichten hatte, war ein gründlich anderer als der, der unser Geschichtsbewusstsein heute bestimmt. Denn während uns vorgerechnet wird, dass die Erde vor etwa viereinhalb Milliarden Jahren entstanden sei und dass die ersten Schädelfunde der Gattung homo ein Alter von rund zwei Millionen Jahren, dem homo sapiens ein Alter von immerhin noch zweihunderttausend Jahren geben, hatte für die Europäer der Maximilianszeit die Erde und mit ihr der Mensch ein Alter von vier- bis siebentausend Jahren. (Für die Differenz von dreitausend Jahren waren verschiedene biblizistische Berechnungsmethoden verantwortlich.)[4] Dieser Geschichtsrahmen, in den sich ein Maximilian hineingestellt sah, war aber nicht nur erheblich enger als der Jahrmillionen-Rahmen, der uns durch unsere Wissenschaftler vorgezeichnet wird und in dem wir uns zu verlieren drohen, sondern er war nachgerade überschaubar, war weitgehend ausgemalt und ausgeschrieben: durch die Namen und Daten der biblischen und antiken Geschichtsbücher als Geschichte von Völkern, Herrschern, Kriegen, als Geschichte von Gott und Göttern. In diesen kleinen Rahmen und engen Raster der historia mundi musste sich einzwängen, wer mit seiner eigenen historia Aufhebens machen und sich in die *memoria* von Zeitgenossen und Nachfahren einschreiben wollte. Das galt für jedes chronikalische oder auch epische und romanhafte Konzept des 15. bis 17. Jahrhunderts – sie alle firmierten als historia-Konzepte –, gleichviel ob sie von einem Kaiser wie Maximilian oder von einem Fürsten wie Anton Ulrich Herzog zu Braunschweig-Lüneburg (1633–1714) inventioniert oder von Historikerpoeten wie Conrad Celtis (1459–1508) oder Sigmund von Birken (1626–1681) aufgeschrieben wurden.

---

4 Vgl. Adalbert Klempt: Die Säkularisierung der universalhistorischen Auffassung. Zum Wandel des Geschichtsdenkens im 16. und 17. Jahrhundert. Göttingen 1960 (Göttinger Bausteine zur Geschichtswissenschaft 31).

Natürlich erwähne ich die Namen Anton Ulrich und Birken nicht ohne Absicht. Doch erwähne ich sie, hier in Wolfenbüttel, auch nicht allein in Reverenz vor dem Genius loci. Denn beide, der wolfenbüttelsche Fürst und Romancier und sein zeitweiliger Präzeptor und späterer literarischer Mitarbeiter, sind als barocke Erben des epischen historia- und *gedechtnus*-Konzepts Maximilians anzuführen.

Überhaupt Wolfenbüttel: Schon Anton Ulrichs Vater August d. J. (1579–1666) bekundete in Schreiben an Justus Georg Schottelius (1612–1676) und Johann Valentin Andreae (1586–1654) Interesse am *Theuerdank*; Anton Ulrichs Halbbruder Ferdinand Albrecht schmückte seinen Theatersaal im Schloss Bevern mit den großen Holzschnitten von Maximilians *Triumphzug*;[5] Schottelius, der Lehrer von Anton Ulrich, würdigte Maximilian in seiner Grammatik als Förderer der Teutschen Heldensprache,[6] und Birken schließlich feierte 1669, in der Vorrede zu Anton Ulrichs Aramena-Roman, Maximilian als *Teutschen Apoll*, der in *einer faust zugleich schwerd und feder gefüret / und die Künstinnen* [will sagen die Musen] */ insonderheit die Fräulinn Historie / in Teutschland einberuffen*[7] habe. Birken stellte somit die historischen Romankonzeptionen Anton Ulrichs in maximilianische Tradition. Und in der Tat darf man sagen, dass beide, Anton Ulrich wie Maximilian, ihren Ruhm bei der Nachwelt nicht irgendwelchen Historiographen und Poeten überlassen wollten, und sich deshalb gehalten sahen, selbst zu episch-historiographischen Inventoren ihres Nachruhms zu werden.

Noch bedenkenswerter ist aber, dass beide, der habsburgische Kaiser und der wolfenbüttelsche Welfenherzog, bei Ausarbeitung ihrer epischen historia-Monumente arbeitsteilig verfuhren, indem sie sich die Hilfe von spezialisierten Mitarbeitern sicherten, wie es exemplarisch in einem Holzschnitt des *Weißkunig* (Abb. 1, S. 94)[8] visualisiert erscheint. Bei Maximilians epischer Geschichtstriade von *Freydal*, *Theuerdank* und *Weißkunig* waren solche Mitarbeiter mit separatem Arbeitsressort bekanntlich der Geheimschreiber Marx Treitzsaurwein, der Probst Melchior Pfinzing, etliche Berater und etliche Grafiker wie Burgkmair,

---

5 Vgl. Jörg Jochen Berns: Trionfo-Theater am Hof von Braunschweig-Wolfenbüttel, Daphnis 10 (1981), S. 663–711, hier S. 707f.
6 Justus Georg Schottelius: Ausführliche Arbeit Von der Teutschen HaubtSprache [...]. Braunschweig 1663, S. 17.
7 Vgl. Birkens Vorrede zu: Anton Ulrich, Herzog von Braunschweig-Lüneburg: Die Durchleuchtige Syrerinn Aramena. I. Teil. Faksimiledruck nach der Ausgabe von 1669. Hg. v. Blake Lee Spahr. Bern u. a. 1975. Bl. VI.
8 Die Abbildung ist in den Druck von 1775 (Anm. 3) nicht aufgenommen worden. Sie findet sich in Muspers Ausgabe: Kaiser Maximilians I. Weisskunig. 2 Bde. Hg. v. H. Th. Musper [u. a.]. Bd. I Textband, Bd. II Tafelband. Stuttgart 1956. Hier Bd. II, Tafel 26.

Dürer, Springinklee, Altdorfer, Kölderer und andere;[9] bei Anton Ulrichs Romanunternehmen um Octavia und Aramena, die sein gesamtes Leben begleiteten, waren es namentlich die Schwester Sibylle Ursula (1629–1671) und Sigmund von Birken sowie nürnbergische Grafiker.[10] An dieser auffälligen Verfahrensübereinstimmung beim Schreiben von historia, das arbeitsteilig Erfindung, Konzeption und Endredaktion auseinanderlegt, wäre anzusetzen.

Mit welcher Lehre nun wartet der Holzschnitt des *Weißkunig* (Abb. 1, S. 94) auf? Er zeigt den König umringt von einer Gruppe von Facharbeitern. Über das Sujet des herrscherlichen Sichmitteilens gibt nicht der Kontext des Kapitels, zu dem die Grafik nachträglich gesetzt wurde,[11] Auskunft, sondern eher der später formulierte Titel ‚Kaiser Maximilian ehrt das Andenken der Vorväter', vor allem aber das Gemälde auf der Staffelei (vorne links), an dem kniend ein Maler arbeitet. Andeutungsweise ist darauf ein geharnischter Reiter zu erkennen, hinter dem das habsburgische Banner und Soldatenformationen zu sehen sind. Demnach muss es auch in der Holzschnittszene insgesamt um ein Medienproblem, nämlich um Mitteilung, Formulierung und Fixierung kriegerischer Ereignisse herrscherlicher Biographik in Schrift und Bild, gehen. Liest man die Grafik als

---

9 Zu Maximilians literarischer Arbeitsweise grundlegend Jan-Dirk Müller (Anm. 1). – Vgl. auch Jörg Jochen Berns: Maximilian und Luther. Ihre Rolle im Entstehungsprozeß einer deutschen National-Literatur. In: Nation und Literatur im Europa der Frühen Neuzeit. Akten des I. Internationalen Osnabrücker Kongresses zur Kulturgeschichte der Frühen Neuzeit. Hg. v. Klaus Garber. Tübingen 1989 (Frühe Neuzeit Bd. 1), S. 640–668.

10 Zu Anton Ulrichs literarischer Arbeitsweise grundlegend Etienne Mazingue: Anton Ulrich, Duc de Braunschweig-Wolfenbuettel (1633–1714). Un Prince Romancier au XVIIème Siècle. 2 Bde. Lille 1974. – Vgl. auch Jörg Jochen Berns: ‚Princeps Poetarum et Poeta Principum': Das Dichtertum Anton Ulrichs als Exempel absolutistischer Rollennorm und Rollenbrechung. In: ‚Monarchus Poeta'. Studien zum Leben und Werk Anton Ulrichs von Braunschweig-Lüneburg. Hg. v. Jean-Marie Valentin. Amsterdam 1985 (Chloe 4), S. 3–30.

11 Die Grafik wurde laut Muspers Angabe mit der nachträglichen Unterschrift ‚Kaiser Maximilian ehrt das Andenken der Vorväter' lediglich im Stuttgarter Exemplar (Sammelband der Staatsgalerie Stuttgart, Graphische Sammlung, dazu Hans-Martin Kaulbach: Neues vom Weisskunig. Geschichte und Selbstdarstellung Kaiser Maximilians I. in Holzschnitten. Ausstellung Graphische Sammlung Staatsgalerie. Stuttgart 1994, hier [ungezählte] S. 19f.) zum 26. Kapitel gesetzt, dessen Thema aber *Wie der jung weyß kunig lernet die handlung des secretari ambts* gar nicht dazu passt. Es ist anzunehmen, dass der Holzschnitt irrtümlich zugeordnet wurde, weil er am ehesten noch zu Kapitel 24 passt (von dem unten noch ausführlich die Rede sein wird). Allerdings ist der Weißkunig hier als Mann mittleren Alters dargestellt, während die Illustrationen zu den unmittelbar vorausgehenden Kapiteln einen Knaben und zu den unmittelbar nachfolgenden Kapiteln einen Jüngling zeigen. Wahrscheinlich führte diese Ungereimtheit, die vielleicht auf einem Missverständnis des Grafikers ‚HSK'(Hans Springinklee) beruht, dazu, dass der Holzschnitt in der Ausgabe von 1775 nicht berücksichtigt wurde.

Darstellung eines bestimmten Arbeitszusammenhanges, dann bietet sie in formelhafter Verknappung verschiedene einander ergänzende Auskünfte über die energetische Struktur dieses Produktionsverhältnisses: zunächst die Auskunft, dass die Anleitung von Gelehrten, Schreibern und Malern herrscherliche Obliegenheit ist, wie Thronposition, Ornat und Gestik des Königs bezeugen; sodann die Auskunft, dass die Entgegennahme herrscherlicher Inventionen und Diktate ein höfischer Dienst ist, der ehrerbietig – wie die durchgängige Knieneigung von Schreibenden und Malenden lehrt – wahrzunehmen ist. Bemerkenswert ist drittens, dass Urkunden und Bücher den Raum zwischen den Füßen des Thronenden und den Knienden überbrücken; sie bilden gleichsam die Stufen, welche die Kommunikation zwischen Herrscher und Gelehrten regulieren. (inventio-Pose und *dedicatio*-Pose entsprechen, wie später noch genauer zu belegen sein wird, zeremoniellogisch einander komplementär.) Viertens ist die Auskunft unterstreichenswert, dass hier bildliche und literarische Fixierungsarbeiten als gleichrangig gelten und kooperativ gedacht sind, wie die (halb-)kreisförmige Positionierung der fünf Dienenden augenfällig macht. Das Faktum, dass hier lediglich ein Malender, aber vier Schreibende dargestellt sind, ergibt sich wohl aus dem Erfordernis, dass unter den Schreibenden verschiedene Kompetenzen, etwa die eines historicus, eines politicus, eines rhetor, eines poeta, vertreten sein mussten.

Forschungsproblem ist, ob sich in Maximilians *gedechtnus*-Konzept ein Typus höfischer Arbeitsteiligkeit konstituiert, wie ihn Jan-Dirk Müller aufgedeckt und aspektreich vorgestellt hat;[12] ein Typus von Arbeitsteiligkeit nämlich, der hernach womöglich für die gesamte höfische Kulturproduktion der Frühen Neuzeit maßgeblich wurde und der sich durchaus neben der oder analog zur städtischen Kulturproduktion behauptete. Zu fragen wäre, ob die Arbeitsteiligkeit der officia rhetoris, die in *inventio, dispositio, elocutio, memoria* und *lectio* besteht (vgl. Abb. 2, S. 95, die die Arbeitsverteilung schematisch in Form eines Konzentermodells zeigt), nicht als Modell schlechthin zu nehmen wäre; also nicht nur im Bereich der episch-historischen Literatur, sondern auch in den Bereichen des höfischen Theaters und Fests, des Bauens und Musizierens, des Malens und Bildhauerns und schließlich des zeremoniellen Handelns. Womöglich kann man sie als Modell einer Arbeitsteiligkeit gelten lassen, die den Hofstaat, die höfische Gesellschaft, als kollektives Subjekt setzt, als ein Subjekt, das sich im graduierten konzentrischen Delegations- und Projektionsverfahren sein eigenes kollektives Kunstwerk und Memorial schafft.[13]

---

12 Müller (Anm. 1), S. 65ff.
13 Die These von der höfischen Gesellschaft als kollektivem Subjekt ästhetischer Produktion ist differenzierter entwickelt in Jörg Jochen Berns: Der nackte Monarch und die nackte

Ich möchte die Beantwortung dieser spekulativ erscheinenden Frage durch Explikation von drei Thesen angehen:

1 Das *gedechtnus*-Konzept Maximilians ist seiner Struktur nach enzyklopädisch. Seine historia- und *memoria*-Vorstellungen lassen sich in den enzyklopädischen Modellen von Zeitgenossen spiegeln.

2 Das höfische *gedechtnus*-Konzept entspricht der spätmittelalterlichen Ablass-Lehre; es ist als dessen Säkularisierungsform, als politische Variante zu lesen. Mit ihr beginnt die politische Propaganda.

3 Die höfische Arbeitsteiligkeit des maximilianischen *gedechtnus*-Konzepts funktioniert nach verlagskapitalistischem Muster.

3 Zur enzyklopädischen Struktur des *gedechtnus*-Konzepts

Die enzyklopädische Struktur des *gedechtnus*-Konzepts lässt sich verdeutlichen, indem man dessen Elemente in das Konzenterschema der officia rhetoris (Abb. 2, S. 95) auf folgende Weise einträgt (Abb. 3, S. 96):

Das Modell hat einen Kern, den die Notizbücher des Kaisers bilden. Diese sogenannten *Gedenkbücher* bieten inventiöse Notate zu „Anliegen der Regierung, Verwaltung, Reformen, Finanzen, Schulden, Kriegssachen, Artillerie und anderen Waffen, zu Gebäuden, Hauswirtschaft, Küche, Keller und Garten; zu Jagd, Fischerei und Tiergärten, zu Chroniken, genealogische Fragen, Münz- und Antikenfunden; zu seinen Bücherprogrammen bis hin zu allgemeinen Merksätzen, erbaulichen Sprüchen und Kochrezepten".[14]

Um diesen *inventio*-Kern schließt sich ein Ring (Nr. 2 im Schema), der aus autobiographisch perspektivierten *historia*-Werken in Schrift und Bild besteht, zumal aus der epischen Trias von *Freydal*, *Theuerdank* und *Weißkunig* und aus zwei graphischen Monumentalwerken, dem *Triumphzug* und der *Ehrenpforte*.

Wahrheit. Auskünfte der deutschen Zeitungs- und Zeremonialschriften des späten 17. und frühen 18. Jahrhunderts zum Verhältnis von Hof und Öffentlichkeit, Daphnis 11 (1982), S. 315–350. – Ders.: Die Festkultur der deutschen Höfe zwischen 1580 und 1730. Eine Problemskizze in typologischer Absicht, GRM 65/N. F. 34 (1984), S. 295–311. – Ders.: Deutsche Musenhofkultur, MORGEN-GLANTZ 4 (1994), S. 29–39. – Ders. , Thomas Rahn: Zeremoniell und Ästhetik. In: Zeremoniell als höfische Ästhetik in Spätmittelalter und Früher Neuzeit. Hg. v. Jörg Jochen Berns u. Thomas Rahn. Tübingen 1995 (Frühe Neuzeit 25), S. 650–666.
14 Wiesflecker (Anm. 2) Bd. 5, S. 319.

Diesem fünfteiligen Gedächtniswerk ist der exemplarische Anspruch eines enzyklopädischen Fürstenspiegels in Wort und Bild zuzuerkennen.

Um diese Gruppe des *gedechtnus*-Werkes schließt sich dann ein weiterer enzyklopädischer Ring (im Schema Nr. 3) von sogenannten Gebrauchsbüchern, die unterschiedlich weit ausgeführt wurden. Sie widmen sich Problemen der septem artes liberales, der septem artes mechanicae und etlicher Hof- und oikos-Künste. Zu ihm gehören unterschiedlich weit ausgeführte Skripten zu allen jenen Themen, die wir schon aus den Inventionen der Gedenkbücher kennen, nämlich: Werke zu Fragen des Glaubens und der Andacht, zu Moral, Musik, Architektur, zur Magie, zu Jagd, Falknerei, Fischerei, zu den oikos-Bereichen Küchenwesen, Kellerei, Gärtnerei, zu Stallmeisterei, Plattnerei, Gestech und Fechtkunst, zum Kanzleiwesen, zu Reichsgesetzen bis hin zu Münzwesen, Landesbeschreibungen und Dienstbüchern.

Den äußersten enzyklopädischen Ring, der zur *gedechtnus* Maximilians und zur Durchsetzung seines kaiserlichen Kulturkonzepts dienen sollte, bilden jene Schriften, welche durch Maximilian angeregt und/oder auf ihn hin konzipiert, ihm angedient und dediziert wurden (im Schema Nr. 4 und 5). Das sind etwa die Schriften der in unmittelbarer Nähe des Kaisers arbeitenden Hofchronisten, sind aber auch Kulturkonzepte von Humanistenzirkeln in Wien, Straßburg, Nürnberg, Freiburg und anderswo, mit deren Arbeiten die Phase einer nationalen Geschichtsschreibung einsetzte, die unter dem Eindruck der Wiederentdeckung der *Germania* des Tacitus im 15. Jahrhundert (Erstausgabe 1470) stand.[15] Als nationale und genealogische Historiographen und Modellkonstrukteure taten sich bekanntlich Gelehrte wie Grünpeck, Mennel, Wimpheling, Peutinger, Cuspinian, Ricardo Bartolini und etliche andere hervor. Die Vorstellungen von zwei besonders einflussreichen unter ihnen – nämlich die von Conrad Celtis (1459–1509) und Gregor Reisch (ca 1470–1525) – sollen unten exemplarisch noch einer genaueren Musterung unterzogen werden.

Man könnte das Konzentermodell (Abb. 3, S. 96) als sozietäres Graduierungsmodell und Modell von Arbeitsteiligkeit (im Sinne der officia rhetoris) lesen.[16] Dann ginge die Initiative des Konzepts und seine Realisierung von innen, von dem Herrscher als inventor, nach außen zu den Fachleuten. Dem zeremonialen Prinzip der Nähe zum Herrscher entsprechend, wären solche Arbeiten, welche in

---

15 Zu den Irritationen, die die Wiederentdeckung der Germania bei den Historiographen auslöste, vgl. Arno Borst: Der Turmbau von Babel. Geschichte der Meinungen über Ursprung und Vielfalt der Sprachen und Völker. 4 Bde. (in 6). Stuttgart 1957–63. Bd. 3.1, S. 974ff. und 1048ff.
16 Zum Verhältnis von Fürst und Autor bei der Entstehung eines Buches neuerdings mein Aufsatz: Fürst und Buch. Acht Thesen, MORGEN-GLANTZ 19 (2009), S. 253–273.

engerem Kontakt mit ihm geleistet werden, wertvoller als solche, welche daran anschließen und weiterdelegiert sind.

Als enzyklopädisches Modell wäre das Konzentermodell insofern zu bezeichnen, als es geeignet ist, alle Bereiche sinnlicher und geistiger Erkenntnis und somit omne scibile in einen konzentrischen Zusammenhang zu bringen und von dem Herrschenden (als virtuell Allwissendem) her zu sortieren. Dann wäre die Graduierung strikt einsinnig zentrifugal. (Freilich bliebe noch zu klären, wo, auf welchem Ring und in Bezug auf welche Dokumente, *lectio* und *memoria* im Konzentermodell Abb. 3, S. 96 ihren Platz finden müssten. Gibt es an der Peripherie eigens Spezialisten, die die *lectio* und *memoria* zu erbringen haben? Ich werde später auf diese wichtige Frage zurückkommen.)

Man kann das enzyklopädische Modell Maximilians aber auch – und damit wäre ich bei meinen Thesen 2 und 3 – sowohl mit dem modernen Verteilungsmodell des frühen Verlags- und Manufakturwesens in Relation setzen als auch mit dem älteren Modell des Ablasses. Was dazu berechtigt, sind die berühmten konzeptuellen Erklärungen zum *gedechtnus*-Programm, wie sie uns im XXIV. Kapitel des Weißkunig begegnen.[17]

4 Zum *gedechtnus*-Kapitel des Weißkunig

Obgleich dieses Kapitel in der Forschung schon mehrfach Gegenstand von Erläuterungen war, soll seine Argumentationssequenz hier nochmals nachgezeichnet werden, um die traditionellen und innovativen Momente des Modells kenntlich zu machen.

Die erste Interessenperspektive der *gedechtnus*, die der Weißkunig als Sprachrohr Maximilians entwickelt, ist eine genealogische. Sie zielt auf das Herkommen der adeligen Geschlechter, insbesondere das seiner eigenen Dynastie,

---

[17] Das XXIV. Kapitel beginnt (Der Weiß Kunig [Anm. 3], S. 68): Der Jung Weiß kunig, fraget in seiner Jugent gar oft von den kunigclichn geschlechten dann Er het gern gewist wie ain jedes kunigclich vnd furstlich geschlecht von anfang herkumen were, Darynnen Er in seiner Jugent kain erkundigung erfragen möcht, Darab Er dann oft ainen vertrieß trueg, Das die menschen der gedächtnuß so wenig acht nämen, vnd als Er zu seinen Jaren kam, sparet Er kainen kosten, Sonnder Er schicket aus gelert leut, die nichts annders teten, Dann das Sy sich in allen Stifften klostern puechern vnd bey gelerten leutn erkundigetn alle geschlecht der kunig, vnd fursten, vnnd ließ solichs alles in schrift bringen zu Er vnd lob den kunigclichn vnd furstlichn geschlechten, Jn solicher erkundigung hat Er erfunden, sein Mandlich geschlecht von ainem vater auf den anndern biß auf den Noe, das sonnst ganntz undertruckht, vnd die alten schrifften, darauf nichts mer geacht worden ist, vloren weren worden.

die er bis auf Noah zurückführt. Er hat die Macht und das Geld, Spezialisten (*gelert leut*) anzumieten und an bestimmten Orten nach genealogischen Dokumenten suchen zu lassen. Dabei unterscheidet er vier Speicher, in denen das genealogische Wissen sich, jenseits generellen Desinteresses und eines sozusagen naturwüchsigen Unwissens und Vergessens, konserviert hat: in Stiften, Klöstern, Büchern und in Köpfen gelehrter Leute. Die Dokumente dieser vier Speicher vernetzt er mittels der besagten Spezialisten, und er motiviert diese Spezialisten mittels der abstraktesten Form der Belohnung, mittels Geld.

Die zweite Interessenperspektive der *gedechtnus* des Weißkunig zielt auf Erneuerung versunkener, vergessener und somit kraftlos gewordener herrscherlich-hochadeliger *gedechtnus*-Medien. Er unterscheidet deren vier: 1) fürstliche Stiftungen, 2) vorchristliche Gedächtnismale oder Denkmäler, 3) alte Münzen und 4) gute Taten von Fürsten.

Das Phänomen der Stiftung muss uns hier zuvorderst interessieren. Dazu heißt es: *Vnd wo ain kunig oder furst Etwo ain Stift gethan hat des vergessen worden ist, so hat Er denselben Stiffter widerumb mit seiner gedächnus erhebt, das sonst nit beschehen were.*[18] Es geht demnach um den Erhalt bzw. die Restituierung von Stiftergedenken, das als spezielle Form der *gedechtnus*-Perpetuierung zu begreifen ist. Grundgedanke der Stifter-*memoria* ist: Ein begüterter Initiator, z. B. ein Fürst, stellt ein größeres Vermögen, meist Immobilien, bestimmten Personengruppen zur Nutznießung bereit. Die Stiftungsnutznießer, z. B. Kleriker und Mönche, Arme und Kranke oder auch Studenten und Künstler, sind zum Stiftergedenken verpflichtet. Die Organe der Stiftung vergegenwärtigen den Stifter durch ihr Tun, nämlich durch Gebet und soziales Handeln.[19] Wie die drei anderen herrscherlichen Gedächtnismedien, die in dem Kapitel erwähnt sind – die vorchristlichen Gedächtnismale, alten Münzen und guten Taten –, interpretiert der Weißkunig indes das ursprünglich sakral gemeinte *memoria*-Medium Stiftung als tendenziell weltliches Medium. Denn waren Stiftungen ursprünglich

---

18 Ebd.
19 Zur mittelalterlichen Tradition des Stiftungswesens und seiner Bedeutung für die *memoria*-Identität von Fraternitäten und Sozietäten gibt es ertragreiche Studien, vgl. Gerd Althoff: Adels- und Königsfamilien im Spiegel ihrer Memorialüberlieferung. Studien zum Totengedenken der Billunger und Ottonen. München 1984 (Münstersche Mittelalter-Schriften 47), sowie die Aufsätze in den Sammelbänden: Memoria. Der geschichtliche Zeugniswert des liturgischen Gedenkens in Mittelalter und Früher Neuzeit. Hg. v. Karl Schmid u. Joachim Wollasch. München 1984 (Münstersche Mittelalter-Schriften 48); Memoria in der Gesellschaft des Mittelalters. Hg. v. Dieter Geuenich u. Otto Gerhard Oexle. Göttingen 1994 (Veröffentlichungen des Max-Planck-Instituts für Geschichte 111); vgl auch den Artikel ‚Stiftung' von M[ichael] Borgolte in: Lexikon des Mittelalters. Bd. 8. München 1997, Sp. 178–180.

pro remedio animae gemeint und grundsätzlich mit Gebetsverpflichtungen zu Nutz und Frommen bestimmter debitores gekoppelt,[20] so geht es dem Weißkunig nicht mehr ums Gebet, sondern einzig darum, *Er vnd lob den kunigclichn vnd furstlichn geschlechten* zu garantieren und dynastische Legitimität durch genealogische Kontinuität zu erweisen.

Auch das Interesse an vorchristlich-heidnischen Herrschern bestätigt diese Säkularisierungstendenz. Dass Maximilians Weißkunig nämlich auf nicht näher gekennzeichnete vorchristliche *gedechtnus*-Male zurückgreift, die *vor langen zeiten die Unglaubign, vnd Nemlichn die grossn herrn Jnen nach Jrer gewonhait in manigerlay weiß [...] machn haben lassen, Die dann je zu zeiten durch heerzug oder durch annder sachn zerprochn worden sein,*[21] ist wohl mit dem frühneuzeitlichen Mythographieinteresse[22] (als Teil der Historiographie) und mit der seit dem 15. Jahrhundert vom Florentiner Hof und anderen italienischen Gelehrtenzentren ausgehenden ‚Antikensehnsucht' zu assoziieren, die zum Sammeln von antiken Gemmen, Plastiken, Sarkophagen, Architekturversatzstücken (Spolien) motivierte und dann zur Einrichtung fürstlicher Kunst- und Wunderkammern in ganz Europa führte.[23] Der Verdacht, dass Maximilian an derlei gedacht haben könnte, wird bekräftigt durch den Umstand, dass er im gleichen Zusammenhang das numismatische *memoria*-Interesse seines Weißkunig herausstellt:

> Er hat alle Muntz so die kayser kunig vnd ander mechtig herrn vor zeiten geschlagen haben vnd die funden, vnnd Jme zuegepracht worden sein behalten vnd in ain puech malen lassen, Dardurch oft ain kayser kunig vnd herr mit seinem namen widerumb geoffenbart, des sonst ganntz vergessen worden were.[24]

---

20 Vgl. Althoff (Anm. 19), S. 15f.
21 Der Weiß Kunig (Anm. 3), S. 68f. – In den ‚Gedenkbüchern', die Maximilian führte, finden sich unter anderem auch Notizen über „Münz- und Antikenfunde"; überdies plante der Kaiser ein ‚Gebrauchsbuch' über das Münzwesen, wie Wiesflecker (Anm. 2), Bd. 5, S. 318f., erwähnt.
22 Zum frühneuzeitlichen Mythographieinteresse vgl. Jörg Jochen Berns: Mythographie und Mythenkritik in der Frühen Neuzeit. Unter besonderer Berücksichtigung des deutschsprachigen Raumes. In: Diskurse der Gelehrtenkultur in der Frühen Neuzeit. Ein Handbuch. Hg. v. Herbert Jaumann. Berlin, New York 2010 (2011), S. 85–155.
23 Vgl. Horst Bredekamp: Antikensehnsucht und Maschinenglauben. Die Geschichte der Kunstkammer und die Zukunft der Kunstgeschichte. Berlin 1993 (Kleine kulturwissenschaftliche Bibliothek 43). – Verzamelen. Vam Rariteitenkabinet tot Kunstmuseum. Hg. v. E. Bergvelt [u. a.]. Heerlen 1993. – Macrocosmos in Microcosmo. Die Welt in der Stube: Zur Geschichte des Sammelns 1450 bis 1800. Hg. v. Andreas Grote. Opladen 1994.
24 Der Weiß Kunig (Anm. 3), S. 69. – Wiesflecker (Anm. 2), Bd. 5, S. 302, schreibt zu Maximilians eigener Münzsammlung: „Besonderes Interesse bekundete der Kaiser für antike Münzen, wohl weniger aus Verehrung für das Altertum, vielmehr aus dem Wunsch, mit ihrer Hilfe möglichst geschlossene Porträtreihen der römischen Kaiser, seiner Vorfahren am Reich, zu

Antiken und Münzen (sowie Gemälde und Maschinen) als ‚Artificialien' bilden neben ‚Naturalien' wie exotischen Früchten, Muscheln, Korallen, Skeletten seltener Tiere den Grundfundus der Wunderkammern als Archetypen unserer Museumskultur, deren Anlage schon seit dem 16. Jahrhundert in Lehrbüchern reflektiert wurde.[25] Maximilian steht hier mit seinen *gedechtnus*-Überlegungen am Anfang der Museums-Bewegung, und man darf unterstellen, dass sein Beispiel auch in diesem Belange folgenreich war. Zumal der Umstand, dass die gesammelten Münzen nicht nur sortiert und als historische Zeugnisse vergangener herrscherlicher Gewalt gewürdigt werden, sondern dass ihr Abbild in Buchform überführt werden soll, bezeugt dies. Bekanntlich war Maximilian buchfixiert, erpicht auf Verbuchung von allem und jedem, zuvorderst aber seines eigenen Lebens einschließlich der rühmlichen Taten, die er noch tun wollte. So beschließt der junge Weißkunig, auch die Wohltaten früherer Fürsten vor dem Vergessen zu retten, ihnen Zukunftswirksamkeit, wenn nicht gar Ewigkeit zu erwerben, indem er sie aufschreiben lässt:

> Desgleichn hat Er auch ainem jeden kayser kunig vnd fursten die von anfang bisher Regiert haben, Jre guete täten Jnen zu ainer gedächtnus, von Newem widerumb beschreiben lassen.[26]

Alle fürstlich-adeligen *gedechtnus*-Medien des Weißkunig konvergieren in einer materiellen Perpetuierung von Angedenken, das nicht mehr durch Stiftungen und Gebets-*memoria* gewährleistet, sondern seit dem 15. Jahrhundert zunehmend abstrakter wird: das Gebet wird Buch, die Stiftung wird Geld. Auch die guten Taten von Fürsten sind monetarisierbar: sie sind durch Geldzahlung

---

erlangen." Vgl. auch Alphons Lhotsky: Die Geschichte der Sammlungen. Festschrift des Kunsthistorischen Museums zur Feier des fünfzigjährigen Bestandes. Wien (1891–1941). Bd. II/1, 2. Wien 1944/45.
25 Zum Beispiel durch Samuel Quiccheberg: Inscriptiones vel tituli theatri amplissimi [...]. München 1565. – Der in Diensten des Münchener Hofes tätige Quiccheberg hatte sich, gewiss nicht von ungefähr, am mnemonischen Theatrum des Giulio Camillo orientiert, das erstmals 1550 unter dem Titel L'idea del theatro in Venedig erschienen war. Vgl. den Neudruck Giulio Camillo: L'idea del theatro. A cura di Lina Bolzoni. Palermo 1991 und den Aufsatz von Lina Bolzoni: Das Sammeln und die ‚ars memoriae'. In: Macrocosmos in Microcosmo (Anm. 23), S. 129–168. – Der Katalog ErdenGötter. Fürst und Hofstaat in der Frühen Neuzeit im Spiegel von Marburger Bibliotheks- und Archivbeständen. Hg. v. Jörg Jochen Berns, Frank Druffner, Ulrich Schütte, Brigitte Walbe. Marburg 1997, bietet S. 262–293 einen Überblick über die wichtigsten frühneuzeitlichen Anleitungs- und Beschreibungswerke bezüglich Einrichtung und Aufbau höfischer Sammlungen.
26 Der Weiß Kunig (Anm. 3), S. 69.

delegierbar (der Fürst muss sie nicht selbst tun), und sie zahlen sich in Geld aus. Es handelt sich um ein Phänomen, das auffällige Ähnlichkeit mit dem aktuellen Stand bzw. der Fehlentwicklung des kirchlichen Ablasswesens in der Maximilianszeit hat.

5 Analogie zum Ablasswesen

Wie die Gnadenakkumulation des Ablasses, das Erlassen zeitlicher Sündenstrafen, wohl durch Taten bewerkstelligt, aber eben auch durch Geldzahlung geleistet werden konnte und zunehmend geleistet wurde, so will auch Maximilian die *gedechtnus*-Leistung durch Geld optimieren. Zehrt die kirchliche indulgentia aus einem Kirchenschatz, der auch vor Gott als Äquivalent oder Zahlungsmittel zum Erlass der Sünden akzeptiert wird – denn er hat auch „überirdische Wirksamkeit"[27] –, so speist sich die maximilianische *gedechtnus*-Indulgenz aus einem kollektiven Fürstenschatz des bis auf Noah zurückführbaren Hochadels, der in Genealogie, Stiftung, Denkmal, Münze und guter Herrschertat besteht. Zielt der kirchliche Ablass auf den rechnenden Gott, der mit zeitlich quantifizierten Fegefeuerstrafen und ewigem himmlischen Lohn kalkuliert,[28] so zielt das *gedechtnus*-Konzept auf die rechnende Gegenwart und Nachwelt, die mit *Er vnd lob* zahlt.

In diesem *gedechtnus*-Konzept, das, wie gesagt, *alle geschlecht der kunig vnd fursten und selbst vor langen zeiten die Unglaubign* genealogisch vernetzt, bildet der Weißkunig bzw. Maximilian selbst das Schleusenventil: Er hat alles Fürstengedenken der Zeiten vor ihm zusammengetragen, und von ihm muss folglich auch alle weitere genealogische Historiographie zehren: Sie muss durch ihn hindurch. Niemand kommt zum *gedechtnus* denn durch ihn:

> Er hat alle kunig ubertroffen, Dann wo findt man von anndern kunigen geschriben, die also die kunigclichen vnd furstlichen geschlecht mit Jr gepurt vnd gueten taten mit schrifftlicher gedächtnus erhebt, Alls diser Jung weiß kunig gethan hat, Er ist ain Anweiser aller kunfftigen kunigen vnd fursten, das Sy die kunigclich vnd furstlich gedächtnus

---

27 Nikolaus Paulus: Geschichte des Ablasses im Mittelalter. 3 Bde. Paderborn 1922/23 (Neudruck hg. v. Thomas Lentes, Darmstadt 2000); hier Bd. 3: Geschichte des Ablasses am Ausgange des Mittelalters, S. 416.
28 Zur kirchlichen Straf- und Lohnkalkulation vgl. neuerdings Verf.: Höllenkalkül oder: Von der Abgründigkeit des Zählens. In: Was zählt. Ordnungsangebote, Gebrauchsformen und Erfahrungsmodalitäten des ‚numerus' im Mittelalter. Hg. v. Moritz Wedell. Köln, Weimar, Wien 2012 (pictura & poesis 31), S. 219–232.

unnderhaltn vnd meren, Vnd disen weißen kunig Jnsonnderhait Jn kunftiger gedächtnus Eren sullen.²⁹

Die *gedechtnus* ist zwiegesichtig, ist retrospektiv und prospektiv. Sie ist – wie Jan-Dirk Müller dargelegt hat – „Kern sowohl der maximilianeischen Geschichtsforschung [...] wie Ziel der Darstellung der eignen res gestae."³⁰
Besteht die strittige Pointe der Ablasslehre in der Maximilianszeit bekanntlich darin, daß sie Werkgerechtigkeit und Geld gleichsetzt, so vollzieht Maximilians Weißkunig dieselbe Gleichsetzung von Werk und Geld für die fürstliche *gedechtnus* mittels eines anekdotischen Exempels:

> Auf ain zeit was ain mechtiger herr bey dem Jungen weißen kunig, Der sprach zu Jme, das gelt das Er auf die sachen der gedächtnuß leget, were verloren, Darauf gab Jme der kunig die antwurt, Wayst du nit das got vnd der prophet davit in dem Psalter sagen von der gedächtnuß vnd nit von dem gelt, Dann wo ainer seinen schatz hat, da ist sein hertz, Weiter sprach der kunig zu demselben herrn, sag mir ains, was beleibt dem Menschen lenger das guet, oder die gedächtnus, darauf gab der herr die anntwurt, wann ain Mensch stirbt, so volgen Jme nichts nach dann seine werckh, Auf sölichs redet der kunig du redest recht, Wer Jme in seinem leben kain gedächtnus macht der hat nach seinem todt kain gedächtnus vnd desselben menschen wirdt mit dem glockendon vergessen vnd darumb so wirdt das gelt so Jch auf die gedechtnus ausgib nit verloren, aber das gelt das erspart wirdt in meiner gedechtnus das ist ain vnndertruckung meiner kunftigen gedächtnus vnd was Jch in meinem leben in meiner gedechtnus nit volbring, das wirdt nach meinem todt weder durch dich oder ander nit erstat, Darauf swig derselb herr stil vnd bekennet sich das Er gröslichn vnrecht het geredt.³¹

Diese Anekdote, mit der das wichtige Kapitel schließt, ist deshalb bemerkenswert, weil die Gedächtnislehre hier, anders als in der rhetorischen *memoria*-Lehre der Antike,³² nicht in einer Schatzbildnerlehre fundiert wird, sondern weil sie in einer Geldinvestitionslehre biblizistisch begründet wird. Der Schatz, von dem (angeblich) im Psalter die Rede ist – *Dann wo ainer seinen schatz hat,*

---

29 Der Weiß Kunig (Anm. 3), S. 69.
30 Müller (Anm. 1), S. 90.
31 Der Weiß Kunig (Anm. 3), S. 69.
32 So spricht der Auctor ad Herennium, III, 28, (ca. 85 v. Chr.) von der *memoria* als thesaurus inventorum, als Schatzkammer der Inventoren, und Quintilian unterstreicht in seiner Institutio oratoria, XI 2, 1, (ca. 90 n. Chr.) *neque immerito thesaurus hic eloquentiae dicitur.* Vgl. zur thesaurus-Metaphorik im Rahmen anderer Gedächtnis-Metaphern die ausführlichen Zitate und Darlegungen in: Gedächtnislehren und Gedächtniskünste in Antike und Frühmittelalter. Dokumentsammlung mit Übersetzung, Kommentar und Nachwort. Hg. v. Jörg Jochen Berns unter Mitarbeit von Ralf Georg Czapla und Stefanie Arend. Tübingen 2003 (Frühe Neuzeit 79); hier besonders S. 538–543.

*da ist sein hertz*³³ –, ist nicht Geldschatz, nicht tote Kapitalanhäufung, sondern etwas Liquides. Sowohl Werke wie Geld selbst sind in Erinnerung, in Gedächtnis zu transferieren. Die gezielte Geldausgabe ist selbst gutes Werk, das zur *gedechtnus*-Perpetuierung führt.³⁴

6 Analogie zum Verlagswesen

Lässt sich die *gedechtnus*-Lehre als politisch-säkulare Variante der Ablasslehre lesen, so lässt sie sich wirtschaftsgeschichtlich als höfische Variante des frühen verlegerischen Kapitaleinsatzes lesen. Denn Maximilian, der Inventor, die energetische Mitte des enzyklopädischen *gedechtnus*-Modells, handelt gleich einem Verleger, der mittels Geldvorauszahlung die Realisierung seiner Inventionen in verschiedenen Bearbeitungsstufen an kooperierende Spezialarbeiter delegiert. Höfische Kulturproduktion als *gedechtnus*-Produktion ist Leistung einer speziellen ‚Hausindustrie', in der der Kaiser als verlegender Kapitalist Heimarbeit von Spezialisten koordiniert.³⁵ Allerdings ist der Kaiser, trotz seiner Rolle als Inventor und Geldgeber, nicht der einzige, der die *gedechtnus*-Produktion steuert.

---

33 Der Wortlaut der Sentenz ist in den mir zugänglichen Psalter-Fassungen nicht nachweisbar. Denkbar ist, dass hier nicht Davids Psalter, sondern die Proverbia gemeint sind, wo es 2,1–5 heißt: „Fili mi, si susceperis sermones meos, Et mandata mea absconderis penes te: Ut audiat sapientiam auris tua, Inclina cor tuum ad cognoscendam prudentiam. Si enim sapientiam invocaveris, Et inclinaveris cor tuum prudentiae; Si quaesieris eam quasi pecuniam, Et sicut thesauros effoderis illam; Tunc intelliges timorem Domini, Et scientiam Dei invenies."
34 Wie wichtig dieser Gedanke der Transferierung von Geld in *gedechtnus* Maximilian bzw. seinen Helfern gewesen sein muss, erhellt aus dem Befund, dass er auch im XXVII. Kapitel – es handelt *Von des Jungen Weißen kunigs miltigkait* – mit derselben biblizistischen Sentenz argumentiert (Zitate nach Der Weiß Kunig, Anm. 3): *auf ain Zeit, sprach der vater zu Jme, Sun ein jeder kunig, soll milt sein, Aber nit so milt, als du anfahest, darauf gab der Sun, dem vater die antwurt, Jch wirdt nit werden, ain kunig des gelts, sonder ich wil werden, ein kunig des volcks, vnd aller der, die gelt haben, vnd ain yeder kunig bestreit vnd bekriegt, mit dem volckh, und nit mit gelt, seine veindt, dann wo der Schatz ist, da ist das hertz* (S. 72), und weiter: *Zu ainer zeit sprach ainer zu disem kunig, Er solt schätz sameln, darauf gab Er Jme anntwurt, die streitpare Regirung, vnd kunfftige gedächtnus, ist mer dann das gelt* (S. 73).
35 Zur Frühgeschichte des Verlagskapitalismus vgl. Werner Sombart: Der moderne Kapitalismus. 2. Bd., 2. Hälfte. München/Leipzig ⁵1922, S. 708ff. Zur verlagskapitalistischen Produktion der Koberger S. 719f. und 759f.

7 Möglichkeiten der *gedechtnus*-Auslagerung

Zu bedenken ist nämlich, dass die intellektuelle und artifizielle Qualität der *gedechtnus*, die Qualität der Arbeitsleistungen der kooperierenden Spezialisten, nicht allein vom Kaiser als Auftrags- und Geldgeber abhängt. Sie ist auch abhängig vom Ausbildungsstand und überregionalen Niveau verschiedener akademischer und handwerklicher Professionen und deren institutioneller Eigenständigkeit: einer gegenüber dem kaiserlichen Hofe freilich nur relativen Eigenständigkeit. Insofern ist die Graduierung des Konzentermodells (Abb. 3, S. 96), die oben erörtert wurde, doch nicht nur einsinnig zentrifugal zu lesen, sie enthält auch gegenläufig zentripetale Energien.

Gerade am Rande des Hofes, an der Peripherie der höfischen Gesellschaft, entstehen in akademisch-universitären und monastischen Ordens-Zusammenhängen einerseits und städtisch-handwerklichen Zusammenhängen andererseits Arbeitsaggregationen, die ebenfalls spezialistisch aufgeteilt und enzyklopädisch gegliedert sind. An der Peripherie des kaiserlich-höfischen Machtbereichs, aber doch in dessen Kontext, entwickeln sich Trabantzentren. Sie sind analog strukturiert, sind aber nicht durch die *inventio* des Kaisers zentriert, sondern sind nur projizierend auf ihn bezogen. Das Hofkulturmodell Maximilians – wie dann auch das der zum Absolutismus aufsteigenden Fürstenstaaten der Frühen Neuzeit – basiert ja just auf diesen gegenläufigen Energieströmungen von Invention und Projektion. Die Antwort auf die Frage, ob der princeps als energetische Mitte des Regulierungsmodells realiter, im individuellen Fall, inventionsstark ist oder nicht, ist nicht so entscheidend wie die Tatsache, dass ihm diese Stärke von seiner Sippe, von seinem Hofstaat und tendenziell vom ganzen Untertanenverband zugedacht ist. Da die *inventio*-Initiative des Fürsten in der *dedicatio*-Initiative ihr Äquivalent findet, kann ein individuelles Defizit von Inventionskraft durch steigende Dedikationsleistung kompensiert werden.

Dafür zwei Beispiele: das der enzyklopädischen Wissensorganisation bei Conrad Celtis und Gregor Reisch. Beide arbeiteten häufig auch für Maximilian, nicht aber ausschließlich in Abhängigkeit von seinen Direktiven. Just darin bestand ihre Macht.

8 Zum enzyklopädischen Programm des Conrad Celtis

Conrad Celtis, der bekanntlich schon von Maximilians Vater Friedrich als erster Deutscher mit dem Dichterlorbeer ausgezeichnet worden war, war so etwas wie ein Programmdenker der habsburgischen Imperialkultur. Er projektierte u. a. ein Epos, die Theodoriceis, das vom sagenhaften Gründungs-Mythos her die Geschichte der Deutschen aufzeigen sollte. Er plante eine Germania illustrata[36] u. a. m. In unserem Zusammenhang soll jedoch nur das enzyklopädisch-scientifische Modell, das sich in seiner von Maximilian geförderten Gründung des Collegium poetarum et mathematicorum – angegliedert der Universität Wien – manifestiert, interessieren. Prägnanter als in Fächertiteln und Professorennamen lässt sich dieses Modell in dem berühmten Programmbild des Wiener Collegiums (Abb. 4, S. 97) erkennen, das Hans Burgkmair d. Ä. (1473–1531) nach Anweisungen von Celtis 1507 in Holz schnitt.

Zu sehen ist die aquila biceps, das Kaiser- und Reichswappen. Vorgeblendet ist dem Doppelkopfvogel in vertikalsymmetrischer Ordnung ein Architekturprogramm: im Zentrum der Fons Musarum, in dessen Becken die neun Musen musizieren. Der Fons selbst entspringt zu Füßen des vor dem Adlerhals thronenden Kaisers. Unter der Brunnenschale thront eine zweite Herrschergestalt, die Philosophia, von zwei Putten flankiert. Unter dieser Dreiergruppe haben die septem artes liberales gestuft ihren Platz, während vor dem Sockel eine vierte Szenerie sich theatralisch darbietet: das Paris-Urteil, das von Mercur und Discordia beeinflusst wird.

Neben diesem zentralen allegorischen Brunnenszenenprogramm gibt es noch zwei weitere Bildprogramme in Form von Medaillonketten, die von den Adlerköpfen ihren Ausgang nehmen und den Adlerflügeln aufgelegt erscheinen: links die Divina Fabrica des Sechstagewerks (unten der Sonntag), die rechts in den Humana inventa der septem artes mechanicae ihre Entsprechung findet.

Zweierlei ist an diesem Programmbild hervorzuheben: Es hat mnemotechnische Qualität, und es entspricht in vielen Zügen dem enzyklopädischen Programm der maximilianischen *gedechtnus*-Kultur. Zur mnemotechnischen Struktur: Das Bild benutzt den Doppeladler als superimago, als Ordnungsraum eines topischen Systems, in das im Sinne der klassischen Mnemonik[37] kleinere Bildsignets

---

36 Wiesflecker (Anm. 2), Bd. 5, S. 329.
37 Zur klassischen Mnemonik, wie sie namentlich in Texten von Cicero, Quintilian und dem anonymen Auctor ad Herennium überliefert ist, vgl. das Standardwerk von Frances A. Yates: The Art of Memory. London 1966. In der deutschen Übersetzung: Gedächtnis und Erinnern. Mnemonik von Aristoteles bis Shakespeare. Weinheim, Berlin 1990. – Ferner Herwig Blum: Die antike Mnemotechnik. Hildesheim, New York 1969 (Spudasmata XV). – Zum Fortwirken in Mittelalter und Früher Neuzeit: Ars memorativa. Zur kulturgeschichtlichen Bedeutung der

eingesetzt sind, die die Merkfähigkeit des Betrachters affizieren sollen. Zur enzyklopädischen Struktur: Wir erfahren durch diese beschriftete Bildmitteilung, dass das Wiener Collegium poetarum et mathematicorum – unter der Obhut des Kaisers und auf des Reiches Adlerschwingen – ein Wissenschaftsprogramm realisieren sollte, in dem das, was die Neun Musen, die Sieben Freien Künste, die Sieben Mechanischen Künste und die divina fabrica der sieben Schöpfungstage zu bieten haben, kooperativ verbunden sein sollte. Mochte schon der Institutionenname des Collegiums deshalb ungewöhnlich erscheinen, weil er die Poeten mit den Mathematikern verband, so unterstreicht das Bildmontageprogramm diese Verbindung noch und differenziert sie zugleich. Gewiss war an allen europäischen Universitäten das Programm der Musen und Freien Künste so oder so verbindlich. Das dezidiert naturwissenschaftlich-technologische Kombinationsprogramm von divina fabrica und artes mechanicae jedoch, zu denen seit dem Mittelalter die in den rechten Medaillons abgebildeten Technologien von Textilproduktion, Agrikultur, Architektur, Militär und Jagd, Handel und Verkehr, Verpflegung und metallfördernder und -verarbeitender Industrie zählen, ist universitätsgeschichtlich neu. Im Sinne der Enzyklopädik indes – hier wäre auf Christel Meiers Forschungsergebnisse zur mittelalterlichen Enzyklopädik zu verweisen[38] – ist diese Einbindung und zunehmende Favorisierung von artes mechanicae in ein zusammenhängendes Wissenschaftssystem nicht neu, und sie entspricht außerdem dem höfischen Interesse, das aus Maximilians Programm kenntlich wurde.

Wie geläufig solche mnemonisch-enzyklopädischen oder systemischen Denkbilder mit reichspolitischem Anspruch zu Zeiten Maximilians – und gewiss nicht gegen seine Intention – waren, lässt sich noch an weiteren mnemonisch strukturierten Programmblättern ablesen: dem Memminger Adler von 1487 (Abb. 5, S. 98) und dem augsburgischen Quaternionenadler (Abb. 6, S. 99) von 1510.[39]

Gedächtniskunst 1400–1750. Hg. v. Jörg Jochen Berns u. Wolfgang Neuber. Tübingen 1993 (Frühe Neuzeit 15) und: Das enzyklopädische Gedächtnis der Frühen Neuzeit. Enzyklopädie- und Lexikonartikel zur Mnemonik (Documenta Mnemonica II). Hg. v. Jörg Jochen Berns u. Wolfgang Neuber. Tübingen 1998 (Frühe Neuzeit 43).

[38] Christel Meier: Grundzüge der mittelalterlichen Enzyklopädik. Zu Inhalten, Formen und Funktionen einer problematischen Gattung. In: Literatur und Laienbildung im Spätmittelalter und in der Reformationszeit. Symposion Wolfenbüttel 1981. Hg. v. Ludger Grenzmann u. Karl Stackmann. Stuttgart 1984, S. 467–503. – Dies.: Der Wandel der Enzyklopädie des Mittelalters vom ‚Weltbuch' zum Thesaurus sozial gebundenen Kulturwissens: am Beispiel der Artes mechanicae. In: Enzyklopädien der Frühen Neuzeit. Beiträge zu ihrer Erforschung. Hg. v. Franz M. Eybl, Wolfgang Harms, Hans-Henrik Krummacher und Werner Welzig. Tübingen 1995, S. 19–42.

[39] Zu Herkunft und mnemotechnischer Funktion dieser und anderer Doppeladlerdarstellungen des 15. bis 17. Jahrhunderts ausführlich Jörg Jochen Berns: Aquila biceps. Die

Es bietet sich an, in diesem Zusammenhang auch auf die Tradition der schon vor der Regierungszeit Maximilians auftretenden und vor allem reichsstädtisch verbreiteten Quaternionenadler zu verweisen. Sie demonstrieren, ebenfalls in bildmnemonischer Absicht, die energetische Ordnung der Reichsstände, deren Wappen schuppenartig die Schwingen des Reichsadlers bedecken. Das Exemplar (Abb. 6, S. 99), das 1510 ebenjener Hans Burgkmair gearbeitet hat, der drei Jahre zuvor auch den Celtis-Adler geschnitten hatte, war besonders erfolgreich, denn es wurde vielfach nachgeschnitten. Die in Corpus und Schwingen des Reichsadlers ikonographisch gebotene politische Ordnung hat strukturelle Verwandtschaft mit dem wissenschaftlichen Enzyklopädismus der Maximilianszeit, wie auch an den Programmbildern des Gregor Reisch zu erkennen ist.

9 Zum enzyklopädischen Programm des Gregor Reisch

Der bedeutendste deutschen Enzyklopädist des 16. Jahrhunderts und zugleich einer der interessantesten Mnemoniker[40] in Theorie und Praxis ist Maximilians letzter Beichtvater, der Freiburger Kartäuserprior Gregor Reisch.[41] Er verfasste an der Wende vom 15. zum 16. Jahrhundert die Margarita Philosophica, die philosophische Perle, deren Erstausgabe 1496 in Heidelberg erschienen sein soll.[42] Reisch war erst seit dem Winter 1510/11, also deutlich nach Abfassung der Margarita, Mitarbeiter an Maximilians Genealogieprojekt, und er beriet den Kaiser auch in Fragen der Astronomie und der Kalenderreform. Gleichwohl kann uns

---

mnemotechnische Belastbarkeit des Reichsadlers und das Problem der Schemaüberblendung. In: Seelenmaschinen. Gattungstraditionen, Funktionen und Leistungsgrenzen der Mnemotechniken des Mittelalters und der Frühen Neuzeit. Hg. v. Jörg Jochen Berns u. Wolfgang Neuber. Wien 2000, S. 407–462.

40 Vgl. Das enzyklopädische Gedächtnis der Frühen Neuzeit (Anm. 37), S. 1–12.

41 Zu Gregor Reischs Rolle als Beichtvater Maximilians vgl. Wiesflecker (Anm. 2), Bd. 4, S. 428ff.; zu Reischs wissenschaftlicher Bedeutung für Maximilian Bd. 5, passim.

42 Ein Exemplar dieser angeblichen Erstausgabe ist bislang nicht nachgewiesen. Vgl. Ludwig Volkmann: Ars memorativa, Jahrbuch der Kunsthistorischen Sammlungen in Wien N. F. 3 (1929), S. 111–200; hier S. 136f. – Gustav Münzel: Der Kartäuserprior Gregor Reisch und die Margarita philosophica, Zs. d. Freiburger Geschichtsvereins 48 (1937), S. 84f. – Robert von Srbik: Die Margarita philosophica des Gregor Reisch († 1525). Ein Beitrag zur Geschichte der Naturwissenschaften in Deutschland. In: Denkschriften der Akademie der Wissenschaften in Wien, Mathemat.-naturwiss. Kl. 104 (1941), S. 83–206. - Robert von Srbik: Maximilian I. und Gregor Reisch. Hg. v. Alphons Lhotsky. Wien 1961 (Archiv für Österreichische Geschichte 122 H. 2). – Lucia Andreini: Gregor Reisch e la sua Margarita Philosophica. Salzburg 1997 (Analecta Cartusiana 138).

das Programm seiner Enzyklopädie interessieren, weil auch sie mit dem imperialen Programm Maximilians und dem Programm des Celtis etliche Züge gemein hat.

Das Werk ist in 12 Bücher gegliedert: Buch I–VII sind den septem artes liberales Grammatik, Rhetorik, Logik, Arithmetik, Musik, Geometrie und Astronomie gewidmet. Buch VIII und IX handeln de Principiis rerum naturalium und de origine rerum naturalium. Geboten wird dort eine noch weitgehend aristotelische Naturkunde mit Elementenlehre, Erdkunde, Wetterkunde, Gesteinskunde, Alchemie, Flora und Fauna sowie Menschwerdung; Buch X bietet einen Traktat De nutrimento foetus in utero materno und einen zweiten, umfänglicheren De Potentiis Animae Sensitivae, nämlich eine Lehre der Sinneswahrnehmungen, namentlich der Optik, sowie eine Lehre des Gedächtnis- und Erinnerungsphänomens. Buch XI bietet unter dem Titel De potentiis animae intellectivae eine Psychologie samt Darlegungen zu Unsterblichkeit, Hölle und Himmel, bis Buch XII dann mit einer Abhandlung De Principiis Philosophiae moralis den Abschluss bildet. Der Aufbau der Enzyklopädie, ihr wisseneinkreisender Anspruch und auch dessen partielles Scheitern, sind aus dem Titeleisystem, d. h. aus dem Verhältnis von Haupttitelblatt des Gesamtwerkes zu den Nebentitelblättern der einzelnen Bücher, zu erschließen.

Inhalt und Aufbau des Werkes sind aus dem Titelholzschnitt (Abb. 7, S. 100) indes nur teilweise abzulesen. Es steht zu vermuten, dass diese Diskrepanz sich aus der Eigendynamik des naturwissenschaftlichen Interesses erklären lässt, das im Rahmen der septem artes liberales, selbst im Quadrivium, nicht mehr zu befriedigen war. Bestärkt wird dieser Verdacht durch das auffällige Faktum, dass Reisch seine Margarita nicht nur mit einem generellen Titelholzschnitt ausgestattet hat, sondern dass er auch den ersten sieben seiner zwölf Bücher einen Zwischentitelholzschnitt beigegeben hat, jenen sieben Büchern nämlich, die von den sieben Freien Künsten handeln. Die graphischen Haupt- und Untertitel bilden ein höchst elaboriertes mnemonisches Verweissystem, das in manchen Zügen an das mnemonische Bebilderungssystem von Steinhöwels Esopus-Vita gemahnt.[43] Die Zwischentitelholzschnitte zitieren allegorische

---

43 Vgl. Vita Esopi et fabulae e greco latino per Rimicium facta [...] Das leben des hochberümten fabeldichters Esopi/ vß Krichischer zungen in latin/ durch Rimicium gemachet [...] mit synen fabeln [...] vß latin/ von doctore hainrico stainhöwelo schlecht vnd verstentlich getütschet [...]. Ulm: Johann Zainer [um 1476]. – Zur Bedeutung dieser Ausgabe vgl. Ulrike Bodemann: Fabula docet. Illustrierte Fabelbücher aus sechs Jahrhunderten. Katalog mit Beiträgen von Helmut Arntzen, Martin Bircher [u. a.] Wolfenbüttel 1983, S. 110f., Kat.- Nr. 28. – Zu dem Titelbild vgl. Maria Gräfin Lanckoronska: Der Zeichner der Illustrationen des Ulmer Aesop, Gutenberg-Jahrbuch 1966, S. 275–283; Christian L. Küster: Die gedruckte Fabelillustration im 15. und 16. Jahrhundert, ebda.,

Gestalten aus dem Haupttitel und gestehen ihnen eigenen Wirkungsraum zu. So dass das Titelblatt zu Buch I (Abb. 8, S. 101) die Grammatica als weibliche Gestalt vor einem Wissenschaftsgebäude zeigt, dass das Titelblatt zu Buch II (Abb. 9, S. 102) die Logica als dianagleiche Jägerin zeigt, dass das Titelblatt zu Buch III (Abb. 10, S. 103) die Rhetorica präsentiert wie das zu Buch IV die Arithmetica (Abb. 11, S. 104) und so fort bis zu Buch VII, dem Bildnis der Astronomia (Abb. 12, S. 105). Die danach folgenden fünf Bücher, die wie gesagt von Natur, Seele und Moral handeln, müssen aber ohne Zwischentitelholzschnitte auskommen (Abb. 13, S. 106: meine Bildmontage, J.J.B.).

Da Frank Büttner[44] und später auch ich andernorts zu dem Illustrationssystem der Margarita Philosophica weiter ausgreifende Überlegungen angestellt haben[45], kann ich mich hier auf wenige Hinweise beschränken: Keines der acht von mir kollationierten Margarita-Exemplare aus sechs Auflagen des Zeitraums 1503–1583[46] stimmt in seinem Illustrationshaushalt, was Anzahl, Anordnung

---

S. 34–49, hier S. 35f. Zur mnemotechnischen Funktion des Titelblatts vgl. Massimiliano Rossi: Gedächtnis und Andacht. Über die Mnemotechnik biblischer Texte im 15. Jahrhundert. In: Mnemosyne. Formen und Funktionen der kulturellen Erinnerung. Hg. v. Aleida Assmann u. Dietrich Harth. Frankfurt a. M. 1991 (Fischer Wissenschaft 2980), S. 177–199; Jörg Jochen Berns: Umrüstung der Mnemotechnik im Kontext von Reformation und Gutenbergs Erfindung. In: Ars memorativa (Anm. 37), S. 35–72, S. 192f.; ders.: Film vor dem Film. Bewegende und bewegliche Bilder als Mittel der Imaginationssteuerung in Mittelalter und Früher Neuzeit. Marburg 2000.

44 Frank Büttner: Die Illustrationen der ‚Margarita Philosophica' des Gregor Reisch. Zur Typologie der Illustration in gedruckten enzyklopädischen Werken der Frühen Neuzeit. In: Sammeln, Ordnen, Veranschaulichen. Zur Wissenskompilatorik in der Frühen Neuzeit. Hg. v. Frank Büttner, Markus Friedrich u. Helmut Zedelmaier. Münster 2003, S. 269–299.

45 Jörg Jochen Berns: Bildenzyklopädistik. In: Enzyklopädistik 1550–1650. Typen und Transformationen von Wissensspeichern und Medialisierungen des Wissens. Hg. v. Martin Schierbaum. Münster 2009 (Pluralisierung & Autorität 18), S. 41–78. Auch in: Jörg Jochen Berns: Die Jagd auf die Nymphe Echo. Zur Technisierung der Wahrnehmung in der Frühen Neuzeit. Bremen 2011 (Presse und Geschichte, Neue Beiträge. Bd. 53), S. 303–334.

46 Meine autoptische Prüfung bezog sich auf folgende Exemplare:

A 1503, Freiburg i. Br. / Straßburg: Joh. Schott [Marburg, UB: XVI B 49]
B 1504, Straßburg: Joh. Grüninger [a. Wolfenbüttel, HAB: 41.9 Quodl.]
  [b. HAB: 02. Helmst. 4°]
C 1504, Straßburg: Joh. Schott [HAB: Li 58 81]
D 1508, Straßburg: Joh. Grüninger [HAB: 51. Quodl.]
E 1517, Basel: Michael Furter(ius) [a. HAB: 85.1 Quodl.]
  [b. HAB: 04a. Helmst. 4°]
F 1583, Basel: S. Henricpetri [i.e. Heinrich Petri] [HAB: 06. Helmst. 4°]

Auch Lucia Andreini (Anm. 42), die andere Exemplare autopsierte, kommt hinsichtlich der Variation der Illustrationen zu einem analogen Ergebnis: „La Margarita Philosophica contiene diverse xilografie che variano di numero da un'edizione all'altra." (S. 63).

und selbst Ikonographie anbelangt, mit einem andern vollkommen überein. Das gilt schon für die vier Exemplare der Auflagen von 1503 und 1504 (A, Ba/Bb, C) und gilt selbst für verschiedene Exemplare gleicher Auflagen (Ba/Bb und Ea/Eb). Trotzdem lässt sich aufgrund der Übereinstimmungs- und Abweichungsquantitäten erschließen, was ursprünglich geplant gewesen sein muss.

Es ging um ein – gewiss von Reisch selbst ausgeklügeltes – Bebilderungssystem, das eine mnemonisch-didaktische Bild-Text-Relation gewährleisten sollte: ein Verweissystem von Haupttitel-Grafik für die gesamte Enzyklopädie und Nebentitel-Grafiken für die verschiedenen Bücher der Enzyklopädie. Am Haupttitelblatt (dessen grafisches Programm übrigens bereits in den Auflagen ab 1517 durch ein anderes, weniger beziehungsreiches abgelöst wurde!) lässt sich die ursprüngliche Systemprogrammatik im Ganzen und im Detail ablesen. Der Holzschnitt präsentiert einen kreisförmigen Bildraum, in welchem eine dreiköpfige geflügelte Königin, die Philosophia triceps (deren Köpfe für die Philosophia naturalis, rationalis und moralis stehen), über sieben modisch gewandete Damen, die septem artes liberales, herrscht. Der Kreisraum, der die weibliche Allegoriengruppe beherbergt, ist seinerseits von einem rechteckigen Bildraum unterfangen, der historischen männlichen Gestalten Aufenthalt gewährt: unten links Aristoteles als Repräsentant der Philosophia naturalis, unten rechts Seneca als Repräsentant der Philosophia moralis, während oberhalb des Kreisraums, wie hinter ihm hervorsteigend, vier Vertreter der Philosophia divina, links Augustinus und Gregor, rechts Hieronymus und Ambrosius, zu erkennen sind. So weit das Haupttitelblatt.

Wie verhält es sich zu den Zwischentitelblättern? Und wie ist zu erklären, dass es überhaupt nur zu sieben der zwölf Bücher der Margarita Zwischentitelblätter gibt? Nicht zu übersehen ist, dass die Titel der ersten sieben Bücher mit den gleichen ikonographischen Mitteln operieren wie das Haupttitelblatt. Sie sind gleich elaboriert und zumeist ebenso komplex und kompliziert wie dieses. Bei ihnen gibt es wie beim Haupttitelblatt jeweils eine herrschende (oft zentral gesetzte, vgl. Abb. 10/11/12, S. 103ff.) weibliche Allegorie – durch ein Schriftband als TYPVS ausgezeichnet –, die den Bildraum, der allegorische und historische Details beherbergt, energetisch dominiert. Aus der Stellung der übrigen Bildelemente zu dieser Zentralallegorie wird alles lesbar, wobei der Bildleseakt, den die Titelgraphik verlangt, zugleich immer auch Memorierakt ist, der das im zugehörigen Buchtext Gelesene beglaubigt, bildformelhaft verknappt und im Gedächtnis fixiert.

So präsentiert beispielsweise der Titelholzschnitt zu Buch III (Abb. 10, S. 103) als Zentralallegorie die kostbar gekleidete Dame Rhetorica auf einer cathedra vor einem Auditorium, das sich um ihre Füße schart: rechts Senatus Populusque Romanus, links eine Gruppe römischer Politiker, allen voran der Volkstribun

Milo, die sich um Tullius [Cicero], der als eloquentiae pater gekennzeichnet ist, stellen. Um den Lehrthron der Rhetorica aber sind fünf historische Repräsentanten der für die Dame wichtigen und zugleich von ihr abhängigen Wissenschaften gruppiert. Von links aufsteigend sind durch Inschriften deklariert: Virgil als Meister der poesis, Aristoteles als der der naturalia, Justinian für die leges, Seneca für die historia. Indem die fünf Meister der herrscherlichen Dame, von deren Munde Lilienzweig und Schwert ausgehen, ihre Bücher präsentieren, wird augenfällig, dass diese Wissenschaften mit der Rhetorik in wechselseitigem Abhängigkeitsverhältnis stehen. Wie bei dem programmatischen Weißkunig-Holzschnitt (Abb. 1, S. 94) sind auch hier delegierende *inventio*-Pose und *dedicatio*-Pose ineinander überführt.

Ein Bildprogramm, das auf den ersten Blick mit den einander strukturverwandten Programmen des Haupttitelblatts und des Titelblatts von Buch III wenig gemein hat, bietet der Titelholzschnitt zu Buch II, das der Logik gewidmet ist (Abb. 9, S. 102). Auch hier gibt es zwar eine weibliche Zentralallegorie, den mit geschürztem Rock in Stulpenstiefeln daherkommenden TYPVS LOGICE. Die Dame jagt mit ihren Hunden Veritas und Falsitas den Hasen Problema, der ihr in die Silva opinionum zu entkommen eilt. Die Jägerin, die fröhlich in das Jagdhorn Sonus vox stößt und aus ihm die Praemissae blühen lässt, führt in ihrer Rechten den Jagdbogen Quaestio, von dessen Sehnen sie die noch im Köcher ruhenden Pfeile Argumenta abschnellen könnte; auch lässt sie das Schwert des Syllogismus noch in der Scheide ruhen. Unschwer lässt sich erkennen, dass also auch hier ein detailfreudiges allegorisches Programm geboten wird. Doch ist auf ein ordnendes Architekturgerüst, das historischen Relationen Halt bieten könnte, verzichtet. Da lugt lediglich, einem Eremiten gleich, der Philosoph Parmenides (links unten) aus einer Felsenloge. Wenn just dieses Blatt unter allen Grafikblättern Reischs am meisten Aufsehen erregt hat und am begierigsten aufgegriffen wurde, so vielleicht deshalb, weil das Arrangement mnemonisch-didaktisch besonders effektiv erschien, obwohl oder gerade weil es auf die lehrhafte Starre einer allegorischen Sortierarchitektur ebenso verzichtete wie auf das pathetische Aufgebot eines historischen Autoritätenpersonals. Stattdessen ist es schlechthin witzig. Es setzt auf Humor, der auch als mnemonische Energie genutzt wird. Denn welcher Logik-Studiosus könnte den Hasen Problema vergessen, der von den Hunden Veritas und Falsitas gehetzt wird? Nicht von ungefähr übernahm der auch als Mnemoniker berühmte Satiriker Thomas Murner dieses Blatt mit nur geringfügigen Änderungen als Titelblatt für sein Buch Logica memorativa, für dessen verschiedene Auflagen es modifiziert wurde.[47]

---

47 Voller Titel: Logica memorativa, Chartiludium logice sive totius dialectice memoria: et

Für die Beliebtheit der mnemonischen Jagdikonographie spricht überdies das erstaunliche Faktum, dass das Programm etwa gleichzeitig auch in einem anderen Medium, nämlich auf einem Gobelin Verwendung fand. Der „ca. 1500–25" gefertigte Gobelin, der vielleicht im Rahmen höfischer Erziehung genutzt wurde, wird heute unter dem Titel ‚The Hunt of the Frail Stag' im Metropolitan Museum of Art NY aufbewahrt.[48] Welcherart das Abhängigkeitsverhältnis von Reischs Logica-Blatt und dem Gobelin ist, ist hier nicht zu klären.

Belangvoll ist für uns die Erkenntnis, dass Reisch zum einen mit dem Bildprogramm seiner Enzyklopädie mnemonikhistorisch anregend war, dass aber zum andern die Strukturen und Intentionen seines Programms mit denen der Programme von Celtis und Maximilian eng verwandt waren. So ist die aquila biceps des Celtis (Abb. 4, S. 97) der Philosophia triceps Reischs in ihrer provozierenden monstrositas verwandt; wie überhaupt die Vielköpfigkeit in der mnemotechnischen Ikonographie des 15. bis 17. Jahrhunderts eine wichtige Rolle spielt.[49] Die gestufte Konzenterstruktur, die im *gedechtnus*-Programm Maximilians zu beobachten war (Abb. 1 u. 3, S. 94, 96), begegnet variantenreich auch bei Reisch (Abb. 7/10/12, S. 100, 103f.), bei Celtis und übrigens auch – was hier nicht näher darzutun ist – bei Murner.

Halten wir fest: Das Generaltitelblatt entlässt Einzelallegorien der septem artes liberales auf die Zwischentitelblätter der ersten sieben Bücher. (Man könnte, die mnemotechnische Funktion betonend, auch sagen: Das Generaltitelblatt fasst die Einzelallegorien der sieben Artes-Bücher zusammen.) Da aber die innovativen naturwissenschaftlichen und psychologisch-moralphilosophischen Bücher den Artes-Rahmen als vorgegebenen epistemischen Systemrahmen sprengen, finden sie im Haupttitelholzschnitt nur in den Philosophen und Theologen eine Stammväterrepräsentanz, müssen aber ohne allegorische Programmatik auskommen. Ja, man darf folgern, dass sie (noch) nicht allegoriefähig waren. Bestätigt wird das auch durch die von Celtis inventionierte Ikonographie des Wiener Programmblatts (Abb. 4, S. 97), denn auch dort werden die artes mechanicae in einem völlig anderen ikonischen Darstellungsmodus dargeboten als die artes liberales und die Musenkünste: in einem realistisch-signethaften nämlich.

---

novus Petri Hyspani textus emendatus. Cum iucundo pictasmatis exercitio. Eruditi viri f. Thome Murner Argentini ordinis minorum, theologie doctoris eximii. Straßburg: Johann Grüninger, 1508. – Siehe auch Ludwig Volkmann: Ars memorativa (Anm. 42), hier: S. 135f.
48 Metropolitan Museum of Art New York, Sign. 50.145.4 (Request of M. St. Harkness, 1950). Vier kleinere Gobelins mit ähnlichen allegorisch-mnemotechnischen Jagdmotiven ebenda unter den Signaturen 65.181.18–22.
49 Zur mnemotechnischen Funktion vielköpfiger Gestalten vgl. Berns: Aquila biceps (Anm. 39).

Selbst am Memminger Adler (Abb. 5, S. 98) lässt sich Analoges belegen. Auch er bietet bei seinem standesenzyklopädischen Kooperationsmodell keine Allegorisierungen.

Freilich ist die Bebilderung enzyklopädischer Modelle immer traditionsbezogen und fragmentarisch zugleich. Das gilt auch für die *gedechtnus*-Enzyklopädik Maximilians. Denn Traditionsbezogenheit und Fragmentarismus sind dem enzyklopädischen Gestus selbst wesentlich. Sie betreffen nicht allein dessen Bildprogrammatik, da Enzyklopädien ja immer konservativ und innovativ zugleich sind und sein müssen. Ihr Konservativismus besteht in ihrem Sammel- und Summierungsanspruch, ihre Innovationspotenz aber in ihrem systemisch-wissenschaftslogischen Anspruch als Universalwissenschaft, als Wissenschaft von allem Wissbaren. Das Energeticum des Enzyklopädismus ist seine Unabschließbarkeit, die ihm eignet, weil er nicht nur die epistemische, sondern auch die ontologische Ordnung der Dinge abzubilden hat.[50] Das gilt auch für das Konzept Maximilians.

10 Folgerungen und Fragen

Die strukturelle Verwandtschaft der Systeme von Maximilian, Celtis und Reisch besteht erstens darin, dass sie alle energetisch zentriert und mehr oder minder konzentrisch sind. Gemeinsam ist ihnen zweitens, dass sie zwar sakrale Signale noch nutzen, jedoch verstärkt im Interesse technologischer und politologischer Usurpation, mit säkularisierender Tendenz also. Ihre energetische Mitte ist nicht mehr sakral, sondern rational; sie emanieren rational. Sie stimmen drittens darin überein, dass sie alte Systeme übernehmen und durch neue Aufladungen sprengen. Diese neuen Aufladungen sind naturwissenschaftlich-empiristischer und -technologischer Art. Sie liegen in Bereichen der artes mechanicae, der Psychologie, der magia naturalis[51] oder der Kombinatorik.

Diese neuen Aufladungen sind jedoch – das wäre die vierte Gemeinsamkeit der betrachteten Modelle – nicht allegorisierbar. Die Allegorie als Traditionssignum tritt in den enzyklopädisch-universalistischen Darstellungsanstrengungen in ein erkenntniskritisch ungeklärtes und vorab unklärbares Spannungsverhältnis mit empiristisch-realistischen Naturdarstellungen und mathematischen

---

50 Vgl. zum Verhältnis von Mnemonik und Enzyklopädik das Nachwort zu dem Dokumentenband Das enzyklopädische Gedächtnis der Frühen Neuzeit (Anm. 37), S. 377–392.
51 Vgl. Vf.: Naturmagie als Medienwissenschaft. Della Porta, Harsdörffer, Knorr von Rosenroth. In: MORGEN-GLANTZ 18 (2008), S. 13–28.

Figuren. Zu prüfen wäre, wie solche Mischbildlichkeit sich auch im *gedechtnus*-Werk Maximilians behauptet und in den Zeichnungen zum *Freydal*, den Holzschnitten von *Theuerdank* und *Weißkunig* und den Monumentalwerken des *Triumphzuges* oder der *Ehrenpforte* jeweils darstellt.

Es war in dieser Problemskizze nur anzudeuten, dass Maximilian gewiss mit vielen *memoria*-Vorstellungen des Mittelalters brach, indem er sie in ein arbeitsteiliges Modell, das als ein enzyklopädisches gelten darf, überführte. Er machte dabei den *inventio*-Primat des Herrschers in einer Weise wichtig, dass er für die höfische Kulturproduktion des deutschen Fürstenstaats der folgenden zwei Jahrhunderte perspektivenbestimmend werden konnte. Zugleich aber war diesem Modell – aufgrund seiner Modernität – schon ein Sog inhärent, der zunehmend antiimperial, antihöfisch, antiabsolutistisch wirksam werden konnte, indem die imaginativ-inventiöse Kraft zunehmend außerhöfischen Künstlern und Gelehrten überantwortet werden musste. In der Terminologie des eingangs bemühten rhetorischen Modells (Abb. 2, S. 95) hieße das: *dispositio*-, *elocutio*-, *memoria*- und *lectio*-Experten entziehen sich zunehmend dem *inventio*-Anspruch des Herrschers; und zwar in dem Maße, wie jede wissenschaftliche, technische oder künstlerische Expertenschaft eigene *inventio*-Kompetenz benötigt und aus sich hervortreibt. Herrscher, die angesichts der internationalen Standards akademischen, technischen und künstlerischen Könnens sich nicht dem Dilettantismusverdacht aussetzen wollten, mussten sich diesem Trend nolens volens anpassen. Das gilt erst recht natürlich für die Wahrnehmung der eigenen *memoria*-Steuerung. In Zeiten, da Ephemer-Medien wie Flugblatt, Flugschrift und Zeitung kommunikationsbeherrschende politische Macht gewannen, konnte der Herrscher allenfalls mit Zensurmaßnahmen versuchen, eine gewisse Selbstmächtigkeit und sein Andenken zu wahren. Insofern ist einsehbar, dass Maximilians enzyklopädisches *gedechtnus*-Modell nur an der Wende vom 15. zum 16. Jahrhundert entwickelt werden und nur bis ins 17. Jahrhundert hinein wirksam sein konnte.

Abb. 1: Der Weißkunig diktiert Schreibern und einem Maler historisch-(auto)biographische Dinge (nichtauthentischer Titel: „Kaiser Maximilian ehrt das Andenken der Vorväter", vgl. Anm. 11). – Holzschnitt von Hans Springinklee. (Foto nach der Faksimileausgabe von Musper, Tafel XXVI)

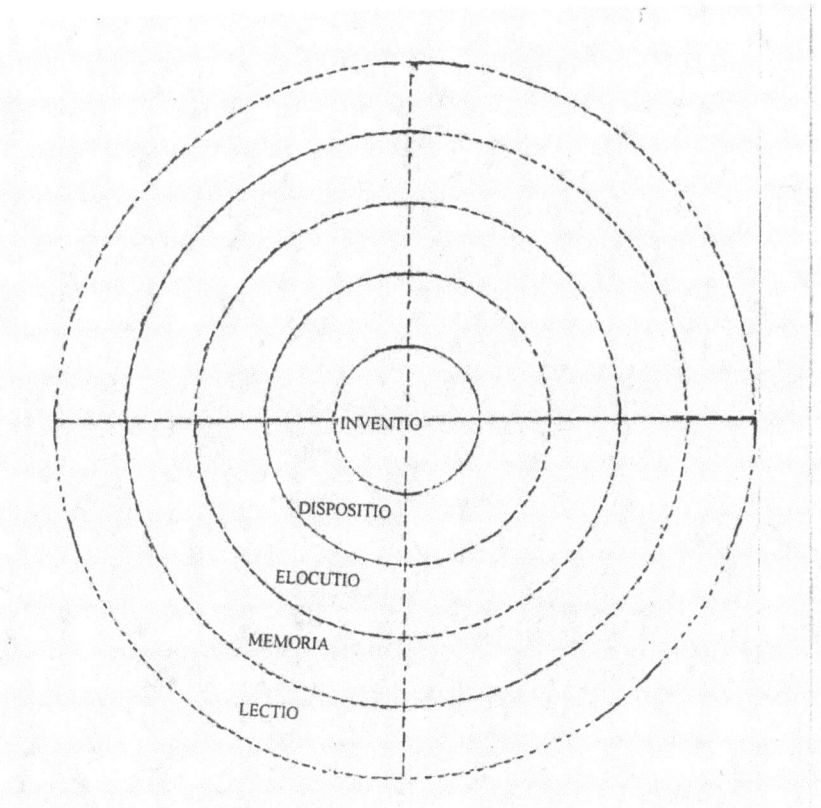

Abb. 2: Die Arbeitsteiligkeit der officia rhetoris. Konzenterschema. (Grafik J.J.B.)

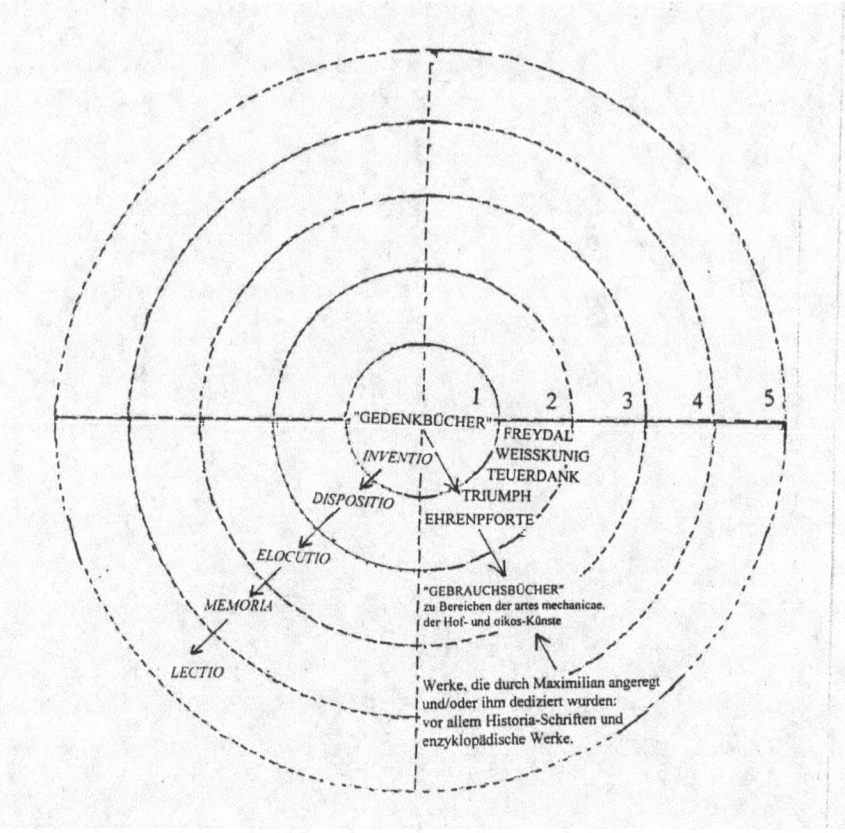

Abb. 3: Schematische Darstellung des enzyklopädischen Zusammenhangs des *gedechtnus*-Projekts Maximilians. (Grafik J.J.B.)

Abb. 4: Enzyklopädisches Programmbild für das Collegium poetarum et mathematicorum zu Wien. – Holzschnitt von Hans Burgkmair d. Ä. nach Vorstellungen von Conrad Celtis, 1506/07. (Foto nach Max Geisberg: The German Single-Leaf Woodcut: 1500 – 1550. Revised and edited by Walter L. Strauss. New York 1974. Vol. II, S. 485.)

Abb. 5: Der Memminger Adler. Beschrifteter Doppeladler über Kreisschema mit Bildern von Standesrepräsentanten. – Holzschnitt der Offizin Albert Kunne, Memmingen, 1487. (Foto: Schloßmuseum Gotha, Graphische Sammlung.)

Abb. 6: „Das hailig Römisch reich mit seinen gelidern." Quaternionenadler mit 56 reichsständischen Wappenschilden. – Holzschnitt von Hans Burgkmair d. Ä., 1510.(Foto nach Max Geisberg: The German Single-Leaf Woodcut: 1500 – 1550. Revised and edited by Walter L. Strauss. New York 1974. Vol. II, S. 488.)

Abb. 7: Titelblatt von Gregor Reischs Enzyklopädie Margarita Philosophica. Freiburg i. Br. und Straßburg: Joh. Schott, 1503. – Holzschnitt der Offizin Joh. Schott. (Foto nach dem Exemplar der UB Marburg, Sign. XVI B 49.)

Abb. 8: Grammatica. Zwischentitelblatt zu Buch I der Margarita Philosophica. – Holzschnitt der Offizin Joh. Schott, 1503. (Foto nach dem Exemplar der UB Marburg.)

Abb. 9: Logica. Zwischentitelblatt zu Buch II der Margarita Philosophica. – Holzschnitt der Offizin Joh. Schott, 1503. (Foto nach dem Exemplar der UB Marburg.)

Abb. 10: Rhetorica. Zwischentitelblatt zu Buch III der Margarita Philosophica. – Holzschnitt der Offizin Joh. Schott, 1503. (Foto nach dem Exemplar der UB Marburg.)

Abb. 11: Arithmetica. Zwischentitelblatt zu Buch IV der Margarita Philosophica. – Holzschnitt der Offizin Joh. Schott, 1503. (Foto nach dem Exemplar der UB Marburg.)

Abb. 12: Astronomia. Zwischentitelblatt zu Buch VII der Margarita Philosophica. – Holzschnitt der Offizin Joh. Schott, 1503. (Foto nach dem Exemplar der UB Marburg.)

Abb. 13: Schematische Darstellung des Verhältnisses des Haupttitelblatts zu den Nebentitelblättern der Bücher I bis VII der Margarita Philosophica. (Grafikmontage J.J.B.)

Thomas Schauerte
Pour éternelle mémoire...
Burgundische Wurzeln der *Ehrenpforte*

1

Die Porten der eeren [...] *Ist in der gestalt wie vor alten zeitenn die Arcus Triumphales den Romischen Kaisern in der stat Rom der etlich zerbrochen sein und etlich noch gesehen werden* [...] *auffgericht*[1]. So beginnt Stabius 1515 in der *Clavis* seine Erläuterungen zu Aufbau und Bedeutung des Riesenholzschnittes (Abb. 1, S. 124), der seit nunmehr bald hundertfünfzig Jahren Kunstwissenschaftler, Historiker und Sammler beschäftigt.[2] Schon Eduard Chmelarz fiel 1886 im Kommentar zur Neuausgabe der Ehrenpforte im Wiener Jahrbuch das evidente Missverhältnis zwischen dem antiken Anspruch und seiner ‚altdeutschen' Umsetzung

---

1 Clavis Sp. I, Z. 1–3. Als ‚Clavis' werden hier die fünfspaltigen Erläuterungen zu Füßen der *Ehrenpforte* in Anlehnung an den *Weißkunig* bezeichnet, wo am Ende des Textes die verwendeten allegorischen Namen der Protagonisten aufgelöst werden.
2 Obwohl häufig mit Unverständnis, ja Missbilligung betrachtet, fehlt die *Ehrenpforte* in kaum einer größeren Dürer-Biographie oder in den Würdigungen der von Maximilian verfassten oder initiierten Werke. Zudem machten die von Bartsch 1799 bei Th. Mollo/Wien veranlasste vierte, sowie die 1885/86 von Eduard Chmelarz im Jahrbuch der Kunsthistorischen Sammlungen des Allerhöchsten Kaiserhauses (JKSAK 4 [1886], S. 189–319 nebst Tafelband) publizierte fünfte Ausgabe die *Ehrenpforte* das ganze 19. Jahrhundert hindurch auch dort präsent, wo die selteneren früheren Ausgaben nicht greifbar waren.
Abgesehen von den Anmerkungen und einigen sprachlichen Modifikationen gibt der Aufsatz den Wortlaut des in Wolfenbüttel im Dezember 1997 gehaltenen Referates wieder. Der im folgenden Jahr in der Zeitschrift für Kunstgeschichte 61 (1998), S. 449–490 erschienene Aufsatz von Sven Lüken: Kaiser „Maximilian I. und seine Ehrenpforte" kommt zu ähnlichen Ergebnissen. Vgl. Thomas Schauerte: Die Ehrenpforte für Kaiser Maximilian I. Dürer und Altdorfer im Dienst des Herrschers. München, Berlin 2001.
Für das in letzter Zeit vielfach Behandelte einige Literaturangaben: Gerade in jüngster Zeit rückte das Thema der *Entrées* in das historische und kunsthistorische Interesse, vgl. ausführlich J. G. Smit: Vorst en Onderdaan. Studies over Holland en Zeeland in de late Middeleeuwen. Löwen 1995, mit ausführlichen Literatur- und Quellenangaben; diese auch bei Birgit Franke: Feste, Turniere und städtische Einzüge. In: Die Kunst der burgundischen Niederlande. Hg. v. Birgit Franke / Barbara Welzel. Berlin 1997, S. 65–84; ferner Jean-Marie Cauchies: La signification politique des entrées princières dans le Pays-Bas: Maximilian d'Autriche et Philippe le Beau. In: Fêtes et cérémonies aux XIVe– XVIe siècles. Publication du Centre Européen d'etudes Bourguignonnes (XIVe – XVIe s.). Neuchâtel 1994, S. 19–35. Vgl. auch unten, Anm. 9 und 11.

ins Auge. Er konstatiert das Fehlen einer Attika, und statt eines Standbildes des Triumphators im vierspännigen Wagen erblicke man einen Aufbau, der eher an ein deutsches Giebelhaus erinnere.[3] Erwin Panofsky formulierte 1943 lakonisch: „But in every other respect the structure differs from a classical Triumph Arch much as the Castle of Heidelberg from the Palace of Diocletian in Spalato."[4]

Ungeachtet der oben zitierten formalen Bedenken – deren Reihe sich beliebig erweitern ließe – rückte Giehlow jedoch mit seiner 1915 posthum erschienenen, wegweisenden Abhandlung über die frühneuzeitliche Hieroglyphik[5] die *Ehrenpforte* derart nachhaltig in die Nähe des italienisch dominierten Renaissance-Humanismus, dass man seitdem hinsichtlich der Form der *Ehrenpforte* stillschweigend stets den Triumphbogen der römischen Antike für grundlegend hielt. Damit brach die Forschung nach der stilistischen und formalen Herkunft der *Ehrenpforte* schlichtweg ab.

Nachdem zuvor Konrad Fischnaler bereits 1902 den Zusammenhang zwischen dem Mittelturm der *Ehrenpforte* und dem 1766 abgebrochenen Wappenturm der Innsbrucker Hofburg plausibel hergestellt hatte,[6] repräsentiert sich so – knapp umrissen – ein Kenntnisstand, der sich seither nicht mehr wesentlich erweitert hat. 1992 hat ihn Erwin Pokorny im Ausstellungskatalog *Hispania-Austria* noch einmal wie folgt auf den Punkt gebracht: „Auch wenn die Grundidee des römischen Triumphbogens erkennbar bleibt, geht die *Ehrenpforte* in einer hybriden Weise – Papier ist geduldig! – weit darüber hinaus, indem Auftraggeber und Künstler die Idee einer Bilderwand, die an gotische Flügelaltäre oder an Wappenwände (vgl. den Innsbrucker Wappenturm) denken läßt, in die Gestaltung miteinfließen ließen."[7]

Das hieße dann – nach stilgeschichtlichen Kriterien einmal fortgedacht – dass es sich bei der *Ehrenpforte* in vieler Hinsicht um ein Kunstwerk sui generis handelte, dessen Gestalt also unter weitestgehender Abwandlung geläufiger Darstellungsformen vorwiegend von seinem Inhalt bestimmt worden wäre. Jedoch kann für die Kunstauffassung Maximilians, der – bei aller Aufgeschlossenheit für die neuen, dekorativen Formen der italienischen Renaissance – die

---

3 Eduard Chmelarz: Die Ehrenpforte des Kaisers Maximilian I.. In: JKSAK 4 (1886), S. 290.
4 Erwin Panofsky: Albrecht Dürer. 2 Bde. Princeton ³1948, Bd. 1, S. 176.
5 Karl Giehlow: Die Hieroglyphenkunde des Humanismus in der Allegorie der Renaissance, besonders der Ehrenpforte des Kaisers Maximilian I. Mit einem Nachwort von Arpad Weixlgärtner. In: JKSAK 32 (1915), S. 1–229 [unvollendet].
6 Konrad Fischnaler: Jörg Kölderer und die Ehrenpforte Kaiser Maximilians. In: Zeitschrift des Ferdinandeums für Tirol und Vorarlberg, 3. Folge 46 (1902), S. 308–327.
7 Hispania-Austria. Die Katholischen Könige, Maximilian I. und die Anfänge der Casa de Austria in Spanien. Kat. Ausst. Innsbruck-Schloß Ambras 1992. Mailand 1992, S. 332.

traditionale Einbindung eines Kunstwerkes überaus hoch veranschlagte, eine solche Feststellung nicht restlos befriedigen.

Ein erweiterter Blickwinkel ergibt sich fast von selbst, wenn man die burgundische Hofkultur, mit der Maximilian seit seiner Jugend bestens vertraut war, eingehenderer Betrachtung unterzieht.[8]

2

Die *Joyeuse Entrée* – lateinisch *adventus jocundus*, niederländisch *Blijde Inkomst* genannt – hatte in Burgund und Frankreich einen ebenso rechtsetzenden wie staatstragenden Charakter.[9] Dies gilt für beide Länder gleichermaßen, so dass sie hier – obwohl natürlich Unterschiede bestehen[10] – im Folgenden gleichrangig behandelt werden sollen.

Seit dem Einzug Herzog Wenzels von Luxemburg, des Bruders Kaiser Karls IV., in die Städte Brabants im Jahre 1356 sind Ablauf und Verfassungscharakter der Entrée bis weit in den hohen Barock hinein im Wesentlichen festgelegt.[11]

---

8 Diesen Weg beschritt bereits Silver, der in einem 1990 erschienenen Aufsatz *Triumphzug* und *Ehrenpforte* mit den Joyeuses Entrées der burgundischen und französischen Herrscher während des Spätmittelalters in Zusammenhang bringt (Larry Silver: Paper pageants: The triumphs of emperor Maximilian I. In: „All the world's a stage...". Art and pageantry in the Renaissance and Baroque. Hg. v. Barbara Wisch / Susan Scott Munshower. 2 Bde. University Park, Pa. 1990 [Papers in Art History from the Pennsylvania State University VI], Bd. 1, S. 293–308). Doch sind damals – aufgrund einer anderen Fragestellung – einige interessante, für Form und Inhalt der *Ehrenpforte* maßgebliche Aspekte außer Betracht geblieben, denn Silver ging es zum einen um Maximilians antifranzösische Propaganda, die sich in der *gedechtnus* ähnlicher bildlicher und schriftlicher Ausdrucksformen zu bedienen sucht (ebd. S. 299), und ferner um einen vergleichbar arglosen Umgang mit antikisierenden Versatzstücken (ebd. S. 300); s. auch weiter unten.
9 Hierzu grundlegend: Irmengard von Roeder-Baumbach: Versieringen bij Blijde Inkomsten gebruikt in de zuidelijke Nederlanden gedurende de 16^e en 17^e eeuw. Antwerpen 1943; George R. Kernodle: From art to theatre. Chicago 1944; Les fêtes de la Renaissance. Hg. v. Jean Jacquot. 3 Bde. Paris 1956–1975; ferner Ronald Gene Mc Crary: Native tradition and classical revival in French Renaissance triumphal entries. Diss. Ann Arbor, Michigan 1974; schließlich Lawrence M. Bryant: The king and the city in the Parisian royal entry ceremony: Politics, ritual, and art in the Renaissance. Genf 1986.
10 Vgl. Bryant (Anm. 9), S. 64.
11 Vgl. hierzu Karl Möseneder: Zeremoniell und monumentale Poesie: Die „Entrée solenelle" Ludwigs XIV. 1660 in Paris. Berlin 1983; ferner von Roeder-Baumbach (Anm. 9). Eine Zusammenstellung niederländischer Entrées bei John Landwehr: Splendid ceremonies. State entries and royal funerals in the Low Countries, 1515–1791. Nieuwkoop 1971.

Auch in formaler Hinsicht gibt es – trotz wechselnder Leitmotive und deren unterschiedlicher Ausformulierung – vom Ende des 14. bis zum Ende des 15. Jahrhunderts kaum Veränderungen.[12] Anlässe waren in erster Linie der Regierungsantritt des neuen Herrschers, sodann die Ankunft von Braut oder Bräutigam und schließlich die Vermählung selbst. Nach verschiedenen Gnadenerweisen[13] und der Bestätigung oder Ernennung von Zunftmeistern und Trägern öffentlicher Ämter[14] war der Höhepunkt einer Entrée stets der feierliche Eid, den der Herrscher – meist vor dem Rathaus einer Stadt – zur Bestätigung ihrer verbrieften Rechte ableistete. Bis zu diesem Zeitpunkt war ihm de jure in der Tat kein Bürger zum Gehorsam verpflichtet.[15] Im Gegenzuge demonstrierte die Stadt ihre Loyalität dem Herrscher gegenüber, indem sie ihn mitsamt seinem Gefolge tagelang erlesen beschenkte, kostspielig bewirtete und beherbergte und ihn mit allerhand Kurzweil unterhielt. Doch der bei weitem größte Aufwand wurde an die festliche Gestaltung des Weges gewandt, der vom Ort vor den Toren der Stadt, wo der Fürst eingeholt wurde, durch die Hauptstraßen bis hin zum Ort der Eidesleistung führte. Rat und Zünfte, Bruderschaften und die Nationes der Kaufleute, in Burgund aber vor allem die Gilde der *Rederijkers* und die St.-Lukas-Bruderschaften der Maler,[16] beschäftigten oft schon lange vorher die Künstler und Handwerker der Stadt.[17] Auch Albrecht Dürer weiß im Tagebuch seiner niederländischen Reise von den Vorbereitungen des Antwerpener Einzuges Karls V. im August 1520 zu berichten.[18] Noch Peter Paul Rubens steht mit seiner Gestaltung der Einzüge Ferdinands oder Marias de Medici in der Tradition eines Rogier van der Weyden, der 1450 in Brügge fünfzig anderen Künstlern bei den Vorbereitungen zum Einzug der Ordensmitglieder vom Goldenen Vliese vorstand,[19] oder eines Hugo van der Goes bei der Hochzeit Karls des Kühnen 1468, gleichfalls in Brügge.[20] Solcher Aufwand wird begreiflich, wenn man die Entrée nicht nur als Huldigung der Stadt an den Einziehenden betrachtet, sondern sie – neben dem

---

12 Mc Crary (Anm. 9), S. 10; S. 52.
13 Bryant (Anm. 9), S. 24.
14 Ebd. S. 28.
15 von Roeder-Baumbach (Anm. 9), S. 177.
16 Ebd. S. 33.
17 Mc Crary (Anm. 9), S. 2f.
18 Hans Rupprich: Dürers schriftlicher Nachlaß. 3 Bde. Berlin 1956. Bd. 1: Tagebuch der niederländischen Reise 1520/21, S. 151f.
19 Antoinette Huon: Le thème du prince dans les entrées Parisiennes. In: Jacquot (Anm. 9) Bd. 1, S. 21–30.
20 Max Herrmann: Forschungen zur deutschen Theatergeschichte des Mittelalters und der Renaissance. Berlin 1914. S. 377f.

Gepränge hoher Kirchenfeste[21] – auch als Gelegenheit für die selbstbewusste Repräsentation von Reichtum und Macht sieht[22]: Die gottgewollte ständische Ordnung vergewisserte sich ihrer Legitimität, indem sie sich in idealer Überhöhung selbst abbildete.

Ablauf und Hauptbestandteile der Entrée waren dabei im Wesentlichen folgende: Der Fürst wurde mit seinem Gefolge noch vor der Stadt von einer Ratsabordnung in Empfang genommen und vor das Stadttor geführt, das mit Draperien, Wappen, Fackeln und Devisen geschmückt war. Seit dem Pariser Einzug des damals erst neunjährigen Königs Heinrich VI. im Jahre 1431 verbreitete sich rasch der Brauch, die Übergabe der Stadtschlüssel allegorisch einzukleiden, indem vom Tor eine geflügelte Personifikation der Stadt herabschwebte und dem Herrscher die Schlüssel übergab.[23] Es schloss sich nun ein langer Zug durch die Hauptstraßen der Stadt an, der sich offenbar meist bis in den Abend hinzog, denn es ist in einer großen Anzahl von Quellentexten von prächtiger Illumination durch Fackeln und Kerzen die Rede. Die Straßen, von der Menge der Schaulustigen dicht gesäumt, waren mit Stoffen in heraldischen Farben verkleidet, und zu den Wappen, Devisen und Fackeln kamen Tapisserien hinzu.[24] Von weitaus größerem Interesse waren allerdings die Stationen, die den Herrscher auf seinem Zug immer wieder innehalten ließen. An markanten Stellen der Stadttopographie waren sogenannte *Échafauds* (auch *escharfaux*) errichtet: ephemere Bühnenarchitekturen, die innerhalb eines bestimmten Kanons von Schauplätzen, wie etwa Burg, Turm, Berg, Garten, *Fleur de lis* etc., Tableaux vivants – also lebende Bilder – darboten. Ihre Anzahl schwankte zwischen einigen wenigen Bildern – etwa fünf beim Einzug Karls VIII. in Rouen 1485, die sich allerdings durch den Erfindungsreichtum ihres Urhebers Rouen Pinel auszeichneten[25] – und den 25 beim Einzug des nachmaligen Kaisers Karl in Brügge 1515, von denen noch ausführlich zu sprechen sein wird.[26] Zur Darstellung gelangen *histoires*

---

21 Vgl. Hans Heinrich Borcherdt: Das europäische Theater im Mittelalter und in der Renaissance. Leipzig 1935, S. 126; ferner Gustav Glück: Beiträge zur Geschichte der Antwerpener Malerei im XVI. Jahrhundert. In: JKSAK 22 (1901), S. 3.
22 Jacquot (Anm. 9), S. 16f.
23 Mc Crary (Anm. 9), S. 32.
24 von Roeder-Baumbach (Anm. 9), S. 31.
25 Ebd. S. 61.
26 Remy Du Puys: La tryumphante et solemnelle entree [...] de Charles prince des Hespaignes, [...] En sa Ville de Bruges. Paris 1515. Hier wurde eine illustrierte Neuausgabe im Recueil de Chroniques, Chartes et autres Documents concernant l'Histoire de la Flandre-Occidentale, Reihe 3, Bd. 6, Brügge 1850 benutzt.

oder *mystères*,[27] deren Inhalte biblische, historische oder mythologisch-allegorische Stoffe behandeln. Doch kann dabei von einer strikten Trennung der Begriffe keine Rede sein. Seit den ersten Entrées um die Mitte des 14. Jahrhunderts waren offenbar zumeist lateinische Titulierungen und erläuternde Verse bei jedem Bild angebracht. Darüber hinaus erfolgte im Anschluss an einen Einzug der offizielle Auftrag an die Historiographen, Verlauf, Inhalt und – vielfach ein Hauptanliegen der Auftraggeber[28] – die Teilnehmer in sogenannten *livrets*[29] der Nachwelt zu überliefern. Dies geschah zunächst handschriftlich und in vorwiegend rein literarischer Form. Erst mit dem Bericht vom Brüsseler Einzug von Maximilians Schwägerin Johanna der Wahnsinnigen als Braut Philipps des Schönen im Dezember 1496 ist der komplette Zyklus eines Festzuges samt den zugehörigen Tableaux vivants in Miniaturen erhalten.[30] Es handelt sich bei ihnen um die Darstellung von 27 eher schlichten, zumeist kastenförmigen, mit Vorhängen versehenen Bühnenräumen auf Holzpodesten, die mit lateinischen Tituli versehen sind.[31]

Vergleichsweise spät erschienen gedruckte Ausgaben solcher Livrets. Eines der frühen Beispiele – wenn nicht *das* früheste überhaupt – führt nun direkt zu Maximilian: Es ist die Joyeuse entrée, die der Kaiser in Gent am 28. Februar 1508 – also nur wenige Tage nach der Annahme des Kaisertitels im Trienter Dom – in Begleitung seines Enkels und nachmaligen Thronfolgers Erzherzog Karl hielt.[32] Obwohl in einer Auflage von 300 Exemplaren erschienen, scheint sich keines der Livrets erhalten zu haben, so dass der Versuch von Kervyn de Volkaersbeke aus dem Jahr 1850, den Einzug aus den Genter Stadtrechnungen zu rekonstruieren, die ausführlichste Kunde von dieser Entrée geblieben ist. Es ergibt sich im Wesentlichen ein Bild, wie es dem weiter oben skizzierten Ablauf entspricht:

---

27 Mc Crary (Anm. 9), S. 2.
28 Ebd. S. 15.
29 Ebd. S. 47.
30 Dass es sich hier nach von Roeder-Baumbach (Anm. 9), S. 6 und Herrmann (Anm. 20), S. 365, um den ersten illustrierten Bericht von einer Entrée überhaupt handelt, ist kaum wahrscheinlich, wenn auch bislang ältere Miniaturen offensichtlich nicht aufgefunden wurden. Der Zyklus ist z. T. abgebildet bei Herrmann (Anm. 20), S. 374ff. Das Original befindet sich im Besitz des Berliner Kupferstichkabinetts unter der Signatur Hs 78 D 5.
31 Neben zahlreichen Szenen des Alten Testaments erscheinen hier auch historische Tableaux, etwa die Vermählung der Tochter Kaiser Heinrichs mit Gottfried dem Bärtigen von Brabant oder die Unterwerfung des Königs von Granada vor Isabella von Kastilien.
32 Philippe Baron Kervyn de Volkaersbeke: Joyeuse entrée de l'empereur Maximilien I a Gand, en 1508. Description d'un livre perdu. Gent/Brüssel/Leipzig 1850. Bei Wiesflecker (Hermann Wiesflecker: Kaiser Maximilian I. 5 Bde. Wien/München 1971–86) wird der Einzug nicht erwähnt.

In flämischen Versen wird beschrieben, wie Maximilian und Karl in Prunkharnischen mit einem Gefolge von 12.000 Mann morgens vor dem Termonder Tor von einer Eskorte des Rates empfangen werden. Längs der geschmückten Straßen und Plätze sind neben vier Stationsbühnen weitere zwei- bis dreigeschossige Bühnen – wahrscheinlich in Gestalt von Échafauds – aufgeschlagen, auf denen sich allegorische Figuren mit Spruchbändern befinden und lateinische oder landessprachliche Historien und Mysterien zur Aufführung kommen. Ausdrücklich ist von zwei Triumphbögen die Rede, von denen der eine bei 's-Gravenbrugge stand und mit Musikanten besetzt war. Auch dieser Einzug muss bis in die Dunkelheit gedauert haben, denn neben der Erwähnung von Papierlaternen, die mit beziehungsreichen Motiven bemalt waren, gibt es Rechnungen über 1872 Fackeln.

Neben Löwen und Brüssel war es auch Gent, in dessen Mauern der junge Erzherzog als Bräutigam Marias von Burgund 30 Jahre zuvor erstmals in nachhaltige Berührung mit der burgundisch-französischen Kultur der Einzüge kam. Die Chroniken des Jean Molinet berichten davon mit überschwänglichen Worten.[33] Weiterhin ist für das Jahr 1486 ein gemeinsamer Einzug des soeben erwählten römischen Königs mit seinem Vater und seinem Sohn in Antwerpen und anderen Städten belegt. Dort zieht er acht Jahre später erneut ein, diesmal nur in Begleitung Philipps, dessen kurz zuvor erklärte Großjährigkeit den Anlass bildet.[34] Diese Beispiele mögen belegen, dass Maximilian mit der *Entrée solennelle* – die es ja in dieser Form im Römischen Reich sonst nicht gab[35] – soweit vertraut war, dass nach einem möglichen Nachhall in den einschlägigen Publikationen des Kaisers, allen voran in der *Ehrenpforte* gefragt werden darf.

---

[33] Zitiert bei Wiesflecker (Anm. 32) Bd. 1, S. 131f. Wiesflecker schreibt auch von Triumphbögen, die hierbei errichtet worden seien.
[34] Glück (Anm. 21) S. 3.
[35] Zu den Einzügen der Römischen Kaiser und Könige im engeren Reichsgebiet (d. h. ohne Maximilians burgundische Besitzungen, Böhmen und die Schweiz) vgl. Anna Maria Drabek: Reisen und Reisezeremoniell des römisch-deutschen Herrschers im Spätmittelalter. Wien 1964 (zugl. Diss. Wien 1963). Auch Cuspinians Beschreibung des Wiener Kongresses enthält keine Hinweise auf eine Entrée burgundischer Prägung.

3

Zu einer Beantwortung dieser Frage reichen die bislang erwähnten Details, die eine gewisse formale Verwandtschaft zur *Ehrenpforte* beanspruchen können – also etwa der mit Trompetern besetzte Triumphbogen, die hier wie dort vorhandenen Schaubilder mit erläuternden Verszeilen, die Fackeln, Wappen, Devisen und Titulaturen – sicherlich nicht hin. Doch kann hier auf ein Tertium comparationis zurückgegriffen werden, das zum einen die plastische Vorstellung von einem solchen Einzug bereichert, zum anderen als das fehlende Glied zwischen Entrée und *Ehrenpforte* fungieren kann.

Die Rede ist von dem oben bereits erwähnten Einzug Karls (des späteren Karls V.) in Brügge, den dieser anlässlich der Erklärung seiner Großjährigkeit und seines damit erfolgenden Regierungsantrittes über die burgundischen Länder am 18. April 1515 feierte, nachdem er zuvor schon in Löwen, Brüssel, Mechelen, Antwerpen und Gent feierlich eingezogen war.[36] Was die Brügger *Blijde inkomst* dabei so bemerkenswert macht, ist der Umstand, dass sie nicht nur in einer ausführlichen Beschreibung und Erläuterung aus der Feder von Karls Hofhistoriographen Remy Du Puys mit ganzseitigen Miniaturen ihren Niederschlag fand,[37] sondern dass sie darüber hinaus noch im gleichen Jahr bei Gilles de Gourmont[38] in Paris im Druck erschien und mit 27 Holzschnitten ausgestattet wurde.

Am Ende der besonders reich dekorierten Rue des Hespaignolz hatte die Gesellschaft der spanischen Kaufleute ein großes Échafaud in der vergleichsweise einfachen Gestalt eines Torbogens errichten lassen. Darüber war ein Bild der Stadt Jerusalem als Tableau vivant angebracht (Abb. 2, S. 125). Vor dem geöffneten Stadttor kniet, seine Gefolgschaft hinter sich, ein vornehmer junger Fürst. Er wird von drei Engeln angesprochen, die ihm den Sieg und die Unterwerfung der Stadt prophezeien und ihn dann beschenken: Der erste reicht ihm einen Wappenschild des Königreiches Jerusalem und singt dabei mit heller Stimme Worte, wie sie Gott zu Gideon gesprochen hatte: „Unser Gott ist mit dir, du großmächtiger Fürst. Gehe hin und du wirst mit deiner Macht Jerusalem befreien". Der zweite Engel setzt ihm die Krone des Jerusalemer Königreiches auf das Haupt und singt: „Diese Krone wird dir und den deinen in Ewigkeit verliehen sein." Der

---

36 Silver (Anm. 8), S. 300, erwähnt Du Puys Werk zwar, bezeichnet die Holzschnitte jedoch als primitiv und führt sie nur als Beispiel für die zögerliche und sparsame Adaptation von Renaissanceformen an – womit er allerdings zweifellos recht hat (s. u.).
37 Österreichische Nationalbibliothek Wien, Cod. vind. pal. 2591.
38 In dessen anspruchsvolles Verlagsprogramm diese Publikation nach Herrmann (Anm. 20), S. 380, eigentlich gar nicht passt.

dritte schließlich reicht ihm die Stadtschlüssel mit den Worten: „Ich gebe dir die Schlüssel dieses Königreiches." Obwohl inschriftlich nicht gekennzeichnet, konnte kein Zweifel darüber bestehen, dass Karl selbst der Angesprochene war, dessen Einzug in die Stadt Brügge mit der soeben erfolgten traditionellen Übergabe der Stadtschlüssel hier in eine allegorische Sphäre übertragen wurde: Als Türkenbesieger soll er alsbald Einzug in Jerusalem halten und dessen Königskrone tragen.

Auch wenn die Türkengefahr in den Jahrzehnten um 1500 besonders drängend war, hat das Motiv von Kreuzzug und Befreiung des Heiligen Landes innerhalb der Entrées bereits eine lange Tradition: Jean Froissart berichtet z. B. in seinen *Chroniques* von der 1389 erfolgten Entrée der Königin Isabeau de Bavière in Paris an der Seite ihres Mannes Karl VI. von einem Tableau in Gestalt einer Burg, die von den Kriegern des Sultans Saladin umzingelt war. Auf der Burgmauer befand sich König Richard Löwenherz inmitten der zwölf Pairs von Frankreich. Beim Nahen des Herrscherpaares stieg er herab und bat König Karl um die Erlaubnis, gegen Saladin zu Felde ziehen zu dürfen. Nach Gewährung der Bitte kam eine große Schlacht zur Darstellung, an deren Ende natürlich die Osmanen besiegt wurden.[39] Eine sinngemäße Entsprechung – und zugleich ein folgerichtiger Anschluss an das Jerusalem-Tableau – findet sich nun auch 1515 in Brügge: Auf einem der Kanäle der Stadt schwamm nahe des Triumphweges ein großes dreimastiges Kriegsschiff, dessen Besatzung *à la turquesse* ausstaffiert war (Abb. 3, S. 126). Als der Erzherzog herangekommen ist, greifen zwei christliche Galeeren an, nehmen das Schiff unter Beschuss und können es schließlich nach Überwindung heftiger Gegenwehr im Handstreich erobern. Du Puys erläutert dazu im Ton einer Clavis: „Dieser Kampf will nichts anderes anzeigen, als den allumfassenden und höchst ruhmvollen Sieg, den der edle Fürst über alle Feinde des christlichen Glaubens erringen wird"[40].

Auf Maximilians intensive Bemühungen um den Türkenkampf muss hier nur insoweit eingegangen werden, als die *Ehrenpforte* davon Zeugnis gibt. Neben der Aufnahme von Richard Löwenherz als *Reichart eer von england* in die Reihe vorbildlicher Herrscher, dem Wappen des Königreiches Jerusalem in die Wappenwand über der Mittelpforte und der Erwähnung in der Clavis, Maximilian wolle mit Hilfe aller christlichen Könige einen Kreuzzug vollbringen,[41] sind auch noch zwei der 23 Historienbilder diesem Ziel gewidmet. Während das eine – die Neugründung des Georgenordens – nur mittelbar im Zusammenhang steht,

---

39 The Chronicles of Froissart. Hg. v. G. C. Macauley. London ⁶1924, S. 384.
40 Du Puys (Anm. 26), S. 30.
41 Clavis Sp. III, Z. 22.

folgt darunter die *geschichte*⁴², wie Maximilian im Kreise niederknieender Ritter diese auf die Fahne des Georgenordens zum Kreuzzug vereidigt. Ein Knittelvers erläutert: *Gros fleys vnnd ernst er fürwent / Damit der Vnglaub wird tzutrent / Ein gmeyner tzug solt fürsich gon / Deßhalb mant er all fürsten schon / Got wöl das man Im volg beytzeit / Zu trost der gantzen Cristenhait.* Obwohl der Holzschnitt gleichsam als Vision zu verstehen ist, kann doch von Allegorie oder Panegyrik nicht die Rede sein. Doch entspricht dies auch generell nicht dem Tonfall der Ehrenpfortentexte, in deren Sprache hier der alte Topos des herrscherlichen Türkenkampfes transponiert wird.

Die Seeschlacht des Brügger Einzuges ist auch noch in anderer Hinsicht aufschlussreich, denn sie trägt der generellen Vorliebe für Schlachtendarstellungen (sogenannten Sciomachien) Rechnung, die die Entrée seit dem erwähnten Einzug der Isabeau de Bavière stets mitgeprägt haben.⁴³ Damals hatte man bei einem anschließenden Bankett mitten im Saal eine Burg mit vier Ecktürmen und einem hohen Mittelturm errichtet, die als Trojaner gekleidete Kämpfer barg und auf Rollen gelagert war. Die Trojaner gerieten alsbald in heftigen Kampf mit den Griechen, die von einem rollenden Pavillon und einem gleichfalls beweglichen Schiff aus angriffen. Es wurde in dem überfüllten Saal bei etwa hundert Kämpfenden dann jedoch so turbulent, dass man das Ganze abbrechen musste.⁴⁴

Doch beschränkte sich die bildliche oder szenische Wiedergabe von Sciomachien keineswegs auf allegorische und mythologische Kampfszenen. Beim Einzug Ludwigs XI. in Paris 1461 berichtet der Chronist Jean de Roy, dass die Fleischhauerzunft ein Échafaud errichtet hatte, in dem des Königs Sieg über die Engländer bei Dieppe 1443 nachgespielt wurde.⁴⁵ Seither wurde es üblich, bei Entrées Schlachten aus dem Leben des Herrschers darzustellen.⁴⁶ So hat möglicherweise die Tatsache, dass auf 17 von 23 Historiendarstellungen der *Ehrenpforte* Schlachten Maximilians wiedergegeben sind, in den Tableaux vivants der Einzüge eine ihrer Wurzeln.

Anscheinend trifft Ähnliches auch auf den genealogischen Komplex der *Ehrenpforte* zu. Das Programm des Brügger Einzuges beschränkt sich hier nur auf einige *tabernacles*, die längs der Rue de St.-Jehan an den Mauern angebracht sind und die Bildnisse und Wappen von Karls Geschwistern beinhalten;⁴⁷ ferner

---

42 Ebd. Sp. III, Z. 3.
43 Mc Crary (Anm. 9), S. 20.
44 Froissart (Anm. 39), S. 386.
45 Mc Crary (Anm. 9), S. 42.
46 Ebd. S. 43.
47 Du Puys (Anm. 26), S. 21.

auf ein Échafaud in Gestalt einer Burg, in dem der kaiserliche Großvater – hier interessanterweise mit Bart[48] – umgeben von den sieben Kurfürsten thront; und schließlich auf ein ähnliches Gebilde, in dessen Aufsatz Philipp der Gute und sein Sohn Karl der Kühne zuseiten einer Personifikation Brügges erscheinen. Doch gibt es genügend andere Entrées, die an einen Zusammenhang mit Maximilians Stammbaum denken lassen. So findet sich beim Genter Einzug seiner Tochter Margarethe als Statthalterin der Niederlande im Dezember 1501 unter anderem auf einer Tribüne ein gemalter und vergoldeter Stammbaum mit Halbfiguren, die Blütenkelchen entwachsen.[49] Ähnlich lässt auch Franz I. 1515 in Lyon seinen Vorfahren huldigen,[50] und mit einem verwandten Gebilde warben die Einwohner von Vienne 1490 um das Wohlwollen König Karls VIII.: Hier hatte der Stammbaum die Gestalt einer Fleur de lis, deren Blättern die mit Inschriften versehenen Bildnisse von neun königlichen Vorfahren entwuchsen,[51] während zu Füßen der Lilie Ludwig der Heilige umgeben von den zwölf Pairs Frankreichs saß.[52] Beim Einzug Ludwigs XII. in Paris trugen acht Jahre später die Rückseiten der sieben Herrscherportraits eines Lilienstammbaumes allegorische Darstellungen von Herrschertugenden, ein weiterer enthielt neun königliche Vorfahren,[53] während bei der Pariser Entrée der Königin Claude de France 1517 ein Stammbaum nach Art der Wurzel Jesse die königlichen Vorfahren präsentierte.[54] Auch einzelne dieser Vorfahren können bildlich oder szenisch in Erscheinung treten, etwa der König Pharamond bei Karl VIII. in Reims 1484.[55] Chlodwig (Clovis), der erste christliche König Frankreichs, begegnet beim Pariser Einzug der Königin Anne de Bretagne[56] und seine Taufe durch den Hl. Remigius kommt nicht nur bei einem Einzug Ludwigs XI. im Jahre 1461 in einem Mysterium zur Darstellung,[57] sondern auch bei der erwähnten Entrée Karls VIII. in Reims 1484.[58]

---

48 Seit dem Besuch Kaiser Sigismunds in Frankreich ist dort die Darstellung des Römischen Kaisers mit Bart ein ikonographischer Topos. Freundliche Mitteilung von Prof. Dr. Fedja Anzelewski, Berlin.
49 Pierre du Colombier: Les Triomphes en images de l'empereur Maximilien 1er. In: Jacquot (Anm. 9) Bd. 2, S. 99–112, S. 106.
50 Vgl. Roy Strong: Feste der Renaissance 1450–1650. Freiburg/Würzburg 1991, S. 19 u. Abb. 4.
51 Die hierbei wiederholt auftretende Neunzahl lässt unweigerlich an die *Neuf Preux* denken, die ein gängiges Thema bei Entrées bildeten.
52 Mc Crary (Anm. 9), S. 83.
53 Ebd. S. 96 u. 99.
54 Bryant (Anm. 9), S. 185.
55 Ebd.
56 Ebd. S. 184.
57 Ebd. S. 196.
58 Mc Crary (Anm. 9), S. 50.

Gleichfalls erscheint sie beim Lyoneser Einzug Franz' I. 1515, wobei sich die drei Kröten seines Wappens während der Taufe in drei Lilien verwandeln.[59] Dies ist deshalb erwähnenswert, weil auch Maximilian mit diesem König – hier heißt er Clodoveus – als erstem christlichen Vorfahren den Stammbaum der *Ehrenpforte* beginnen lässt. Sein Wappenschild ist gespalten und zeigt links die drei erwähnten Kröten, während rechts drei Lilien stehen, die nun auch alle seine Nachkommen führen.

Genealogie und Stammbaum des Kaisers über dem mittleren Portal sind nach diesem äußerst knappen Überblick also auch aus Sicht der Entrées solennelles nicht voraussetzungslos.

4

Einem Hinweis Jan-Dirk Müllers von 1982 ist nun nachzugehen: Er schreibt über den thronenden Maximilian im Stammbaum, dass er sich mit seinem darunter stehenden Sohn Philipp dem Schönen und dem Adler des kaiserlichen Wappens zwischen beiden wie der Gottvater einer Trinitätsdarstellung ausnehme.[60] Dies als bloßen Zufall hinzunehmen, erlauben schon die gleichgearteten Hinweise nicht, die Du Puys Brügger Beschreibung enthält.

In dem Échafaud der Weber, Tuchwalker und Tuchfärber am Pont du Molin ist über dem Portal der Tuchhallen ein Tabernacle mit dem lebenden Bild einer Madonna angebracht (Abb. 4, S. 127), während man die restliche Fassade mit einer augenscheinlich riesigen Doppelszene verkleidet hat: Die Tableaux vivants zeigen rechts, wie Graf Ludwig von Nevers Flandern und der Stadt Brügge Rechte verbrieft, links bringt Mose den Israeliten die Zehn Gebote. Es handelt sich hier um eine der quasi-typologischen Entsprechungen, die den Brügger Einzug ebenso wie einige andere kennzeichnen. Dabei werden historische Begebenheiten mit gleichgearteten Szenen meist des Alten Testamentes in Zusammenhang gebracht. Auf den Schwenkflügeln, die die Bilder nach Art eines Schreinretabels verschließen können, halten zwei Propheten *brevicula* in Händen, auf denen Sprüche – offenbar Bibelverse – zu lesen sind, nämlich „Sire demeure avec nous" und „Tu es le prince de Dieu envers nous".[61] Damit wird deutlich auf den Höhepunkt der Entrée, die eidliche Bekräftigung der Stadtrechte durch den „prince

---

59 Ebd. S. 122.
60 Jan-Dirk Müller: Gedechtnus. Literatur und Hofgesellschaft um Maximilian I. München 1982, S. 158.
61 Du Puys (Anm. 26), S. 13.

de Dieu" Herzog Karl, vorausgewiesen. An anderer Stelle werden Karl und sein Vater Philipp der Schöne mit Salomo und David verglichen,[62] und die deutlichste Sprache spricht diesbezüglich ein Échafaud auf einer *galerie* längs der Place de la bourse (Abb. 5, S. 128), wo unter einem Himmelsbogen mit Sonne, Mond und den vier Winden auf porphyrfarben bemalten Säulen der prunkvolle Baldachinthron Salomos auf goldenen Stützen aufgeschlagen ist. Darauf sitzt, umgeben von zahlreichem Hofstaat, „en habit royal bien triumphant ung tres bel adolescent eagie denviron quinze ans"[63]. Von dem fünfzehnjährigen Karl ist nicht ausdrücklich die Rede, doch kann kein Zweifel darüber bestehen, wer hier mit König Salomo gemeint ist. Am Fuße des Thrones stehen vier junge Mädchen, nach italienischer Mode gekleidet und „schön wie die Göttinnen". Ihre Brevicula lauten wie folgt: „Sires tu es plain de magnificence, de puissance et de gloire, louange te soit donnée"; sodann „Sire tu es le roy pardessus les autres"; weiter „Tu es le prince de richesse et de gloire, ton demaine passe tout", und schließlich „Ta sapience et tes bonnes oeuvres surmontent ta glorieuse renommée".[64]

Ältere Beispiele sprechen eine ähnliche Sprache: Der burgundische Hofchronist Ludwigs XI., George Chastellain, dichtet anlässlich des königlichen Einzuges in Paris 1461 eine „mystische Allegorie", in der die Entrée mit der Geburt Christi in Bethlehem gleichgesetzt wird.[65] Isabeau de Bavière durchschreitet 1389 ein Échafaud in Gestalt einer Burg, über dem ein Himmelsgewölbe mit der Hl. Dreifaltigkeit dargestellt ist. Währenddessen schweben zwei Engel singend herab und setzen ihr eine prunkvolle Krone auf.[66] Offenbar eines der größten und diffizilsten ephemeren Bildwerke des Spätmittelalters muss das Échafaud eines *trosne déifique* für Karl VIII. im Jahre 1485 in Rouen gewesen sein[67]: Im Ganzen drehbar gelagert, befanden sich auf drei Ebenen 44 sogenannte *personnages* – also Darsteller – die zuoberst die vier apokalyptischen Wesen verkörperten. Darunter befand sich thronend, die Füße auf einen Regenbogen gesetzt, Gott selbst, umgeben von Cherubim und Seraphim und den vierundzwanzig Ältesten. Er war als junger Mann dargestellt und trug unverkennbar die Züge König Karls. Unter dem Regenbogen hielten zwei Engel das Wappen Rouens. Der Einzug schloss mit einem Tableau, in dem König David seinen Sohn Salomo krönte, der daraufhin mitsamt seinem Thron durch eine Maschinerie in den Himmel erhoben wurde.

---

62 Ebd. S. 36.
63 Ebd. S. 39.
64 Ebd.
65 Bryant (Anm. 9), S. 129.
66 Froissart (Anm. 39), S. 384.
67 Mc Crary (Anm. 9), S. 68–76.

Von den genannten Beispielen hat Maximilian sicher keines selbst zu Gesicht bekommen, doch zeigen die Metaphern, die der burgundische Hofchronist Jean Molinet etwa bei des Erzherzogs Hochzeit mit Maria von Burgund findet, dass ihm die theologische Einkleidung der Herrscherwürde kaum fremd gewesen sein kann: Molinet spricht von Kaiser Friedrich III. als Gottvater, der seinen Sohn in die Welt gesandt habe. Noch deutlicher wird er bei den erwähnten gemeinsamen Einzügen Friedrichs, Maximilians und Philipps im Jahre 1486, wenn er in seiner Beschreibung des Brüsseler Einzuges die Bürger unter Tränen ausrufen lässt: „Seht hier ein Abbild der Dreieinigkeit: den Vater, den Sohn und den Heiligen Geist"[68]. Die entsprechende Disposition der *Ehrenpforte* lässt unter diesem Blickwinkel gewiss eine ähnliche Interpretation zu.

5

Kamen bislang vorwiegend inhaltliche Aspekte zur Sprache, soll nun noch ein Blick auf mögliche formale Herleitungen der *Ehrenpforte* getan werden.

Wie sich bereits angedeutet hat, ist eine häufig vorkommende Form des Échafauds die mit einem Durchgang versehene Schauwand, durch die der Einzug des Fürsten seinen Weg nimmt. Ihre ikonologischen Wurzeln liegen möglicherweise auch im festlich geschmückten Burg- oder Stadttor, wie dies ein Blick auf die Brügger Port St.-Croix nahelegt (Abb. 6, S. 129). So ist es sicher nicht nur das Aufgreifen eines beliebten literarischen Topos,[69] wenn das Échafaud sich häufig des Formenschatzes der Burg bedient, auch wenn dies die Materie der Tableaux nicht zwingend erforderte. Ein Brügger Beispiel, das im Livret als *vng gros chasteau* bezeichnet wird,[70] zeigt im Torbogen, der durch ein emporgezogenes Fallgatter gekennzeichnet ist, wie dem thronenden Karl, umstanden von sechs Würdenträgern, die Kronen der sechs spanischen Königreiche dargeboten werden.[71] Auch wenn ein kriegerischer Zusammenhang nicht gegeben ist, sind mit Tor, Ecktürmen, Donjon und Zinnenkranz die Erkennungsmerkmale einer Burg exemplarisch auszumachen. Setzt man bei der *Ehrenpforte* einmal

---

68 Jean Molinet: Chronique. Hg. v. Jean Alexandre Buchon. 5 Bde. Paris 1827–1828, hier: Bd. II, S. 84–94 und Bd. III, S. 98; zitiert bei: Johan Huizinga: Herbst des Mittelalters. Stuttgart ¹¹1975, S. 219.
69 Mc Crary (Anm. 9), S. 18 (nach Kernodle) und S. 28.
70 Du Puys (Anm. 26), S. 31.
71 Auf die beziehungsreiche Zwölfzahl der ihn umgebenden Hofleute kann in diesem Zusammenhang nicht eingegangen werden.

hypothetisch voraus, dass eine Adaption von ‚Tor' und ‚Turm' in diesem Sinne stattgefunden hat, erklärt sich vielleicht auch ein merkwürdiges Detail, das bisher unbeachtet geblieben ist: Der schmale Bildraum für Dürers Gruppe von *aquilifer* (bzw. *draconifer*) und zwei Spielleuten (Abb. 7, S. 129) wird rückwärtig von einem Mauerstück begrenzt, dessen oberer Abschluss von Zinnen gebildet wird, während alle anderen Bauglieder sonst nur profilierte Gesimse aufweisen. Es hat den Anschein, als habe bei der *Ehrenpforte* neben Triumphbogen und Wappenturm auch die Idee des alten Chasteau der Entrée solennelle Eingang gefunden. Ein weiterer Vergleich legt dies gleichfalls nahe. In Brügge betrat Karl die Rue des Hespaignolz durch eine von der spanischen Kaufmannschaft errichteten „porte eslevée de charpentage en forme dung chasteau" (Abb. 8, S. 130).[72] Sie trug aufgemaltes Mauerwerk, war bunt bemalt und mit Gold und Silber verziert. Ihr Hauptinhalt bestand – mit Blick auf Karl als Thronerben – in dem bekrönenden Allianzwappen der spanischen Könige und der burgundischen Herzöge. Du Puys Erläuterung kommt hier mit nur dreizehn Textzeilen aus und erwähnt die dreitorige Disposition nirgends – weder als Novität[73] noch als einzige derartige Anlage des Brügger Einzuges. Auch ist hier aufgrund der drei Tore von der Antike keine Rede, obwohl man die Formensprache der Renaissance in Brügge sehr wohl kannte, wie sich noch zeigen wird. So darf man also vermuten, dass ein großes Tor, das von zwei kleineren triumphbogenähnlich begleitet wird und von drei Türmen überhöht ist, dem Formenkanon gebräuchlicher Échafauds entlehnt ist. Ist nun ein solcher Rückgriff auf Bekanntes auch für die *Ehrenpforte* denkbar?

Zunächst können weitere, eher unscheinbare Details – nämlich die paarweisen Rundöffnungen über den drei Pforten – erst im Vergleich mit Brügge als die ins Dekorative umgedeuteten Kettenlöcher einer Fallbrücke verstanden werden und lassen neben der Dreitorigkeit und den Zinnen gleichfalls ein gemeinsames oder ähnliches Vorbild vermuten. Schließlich ist der Brügger Einzug mit 1515 ja zu spät datiert, um als unmittelbare Anregung für die *Ehrenpforte* in Frage zu kommen.

Zur weiteren Erörterung der Frage nach der möglichen Herleitung der Ehrenpforte aus Bestandteilen der Entrées müssen nun abschließend noch einige stilistische Überlegungen angestellt werden.

---

72 Du Puys (Anm. 26), S. 29.
73 Als Novität empfindet er hingegen ein Échafaud in Gestalt einer ihren gotischen Formen nach eher konventionell wirkenden Monstranz.

6

Nachdem König Karl VIII. von Frankreich im August 1494 in Italien eingefallen war, hatte er nach wenigen Wochen weite Teile Oberitaliens fast kampflos in seine Hand gebracht und marschierte am 17. November des Jahres als Befreier in Florenz ein. Allenthalben hatte man ihm festliche Entrées bereitet[74] und so wäre es nur logisch, wenn man seit dieser Zeit auch die Berührung der französischen Ephemerkunst mit italienischen Renaissanceformen auf breiter Front beobachten könnte. Überraschenderweise ist dies jedoch zunächst keineswegs der Fall. Während man etwa in Turin zwei Échafauds nach französischem Muster errichtete, stand in Chieri der mehrfach erwähnte Ahnherr Chlodwig thematisch im Mittelpunkt. In Florenz wartete man in Gestalt eines Mysteriums über die klugen und die törichten Jungfrauen mit einem mittelalterlichen Exemplum auf.[75] In Siena hat es zwar zwei Triumphbögen und einen Triumphwagen gegeben, doch verlieren die französischen Chronisten des Feldzuges über diese oder andere antikische Adaptationen kein Wort.[76] Auch Karls Nachfolger Ludwig XII. erlebte auf italienischen Feldzügen zunächst nur Entrées nach französischem Vorbild, bis er im Jahre 1507 in Cremona in Tableaux vivants erstmals klassische Monumente dargestellt sieht.[77] Erst zwei Jahre später bereitete man ihm in Mailand einen Triumphzug nach antik-römischem Vorbild, dessen Gestalter kein Geringerer als Leonardo da Vinci war.[78]

In Frankreich selbst wurde zwar beispielsweise im Jahr 1500 für den Einzug Ludwigs XII. in Amboise mit einem geplanten *Mystère des Jules César* ein antikes Thema aufgegriffen,[79] doch fasste die Renaissance tatsächlich erst 1517 mit der Entrée Franz' I. in Rouen Fuß.[80]

Vor diesem Hintergrund kann es kaum erstaunen, wenn 1515 in Brügge die herkömmlichen, rein mittelalterlicher Tradition verpflichteten Échafauds weitgehend beziehungslos neben einem „arc tryumphal à lantique"[81] in italienischen Renaissanceformen stehen können. Doch nicht in einem solchen antikisierenden Gebilde, sondern in einem der traditionellen Tableaux thront einmal Jupiter im Zentrum, ohne dass dies den mindesten Einfluss auf dessen Form und Dekor gehabt hätte.

---

74 Mc Crary (Anm. 9), S. 93.
75 Ebd. S. 94.
76 Ebd. S. 96.
77 Ebd. S. 100.
78 Ebd.
79 Wilhelm Creizenach: Geschichte des neueren Dramas. 3 Bde. Halle 1893, S. 376.
80 Ebd. S. 131; ferner Huon (Anm. 19), S. 23.
81 Du Puys (Anm. 26), S. 38.

Nachdem sich nun einige Möglichkeiten von inhaltlichen und formalen Wechselbeziehungen zwischen Maximilians *Ehrenpforte* und der spätmittelalterlichen Ephemerarchitektur franko-flämischer Entrées solennelles angedeutet haben, scheint es auch in stilistischer Hinsicht fraglich, ob man für erstere weiterhin einen antiken Triumphbogen als initialen Grundgedanken annehmen kann, der nach einer nordisch-gotischen Umsetzung in Kölderers Visierung dann durch Dürers venezianische Adaptationen und die Pirckheimersche Allegorik für die deutsche Frührenaissance gleichsam ‚gerettet' wurde. Ebenso gut wäre ein grundlegender Entwurf Kölderers in Gestalt eines überdimensionalen dreitorigen Échafauds nach Art des in Abb. 8, S. 130 Gezeigten denkbar: Sehr leicht lassen sich nämlich die Dürerschen Zutaten in Gestalt der vier Schmalachsen samt Freisäulenpaaren und allegorischen Figuren wegdenken, ohne dass das historisch-genealogisch-heraldische Programm dadurch nennenswerte quantitative Einbußen erleiden würde. Davon auszunehmen ist freilich das berühmte Hieroglyphenbild, ein Kronzeuge für Maximilians Interesse an der modernen humanistischen Gelehrsamkeit seiner Zeit. Doch präsentiert es Stabius dem Betrachter unter den Bezeichnungen „misterium" und „Tabernakel" – Termini, die im Bereich der ephemeren Kunst bestens belegt sind. Auch rekurriert er in dem eingangs angeführten Zitat zwar durchaus auf die antiken Arcus Triumphales, doch wird dieser Begriff dann weiter nicht mehr verwendet. Vielmehr ist sowohl bei den Erläuterungen auf dem Riesenholzschnitt selbst wie auch in den seine Entstehung begleitenden Quellen fast ausschließlich von einer ‚Ehrenpforte' die Rede. Hinzu kommt, dass das Aussehen eines antiken Triumphbogens den maßgeblichen Schöpfern der *Ehrenpforte* durchaus geläufig war: Dürer kannte möglicherweise nur den Triumphbogen des Septimius Severus von der flüchtigen Skizze her, die sein Freund Pirckheimer Anfang 1495 in Rom vor Ort angefertigt hatte.[82] Einen deutlich antikisierenden Einfluss auf die Form der *Ehrenpforte* hat jedoch offensichtlich keiner von beiden genommen.

Jean Jacquot stellte nach seiner Sichtung zahlreicher Berichte von Entrées 1975 fest, dass die vagen Erwähnungen von Bögen „à l'antique" mitunter wohl eher der Sorge entsprangen, dem herrschenden Geschmack nicht zu entsprechen.[83] Damit würde die Adaptation von Renaissanceformen zur bloßen modischen Attitüde. Ob dies in einem gewissen Grade auch für die *Ehrenpforte* geltend gemacht werden kann, ist nun an anderer Stelle Gegenstand weiterer Untersuchungen.

---

[82] Abgebildet bei Hans Rupprich: Willibald Pirckheimer und die erste Reise Dürers nach Italien. Wien 1930, Tf. III. Der antike Triumphbogen im Hintergrund auf dem neunten Bild von Andrea Mantegnas Mantuaner ‚Triumph Caesars' (abgeb. bei Andrew Martindale: The triumphs of Caesar by Andrea Mantegna. London 1979, Abb. 42) erscheint nicht in der danach 1503 entstandenen Holzschnittfolge des Jacobus Argentoratensis, die für Maximilians *Triumphzug* so wichtig ist.
[83] Jacquot (Anm. 9) Bd. 3, S. 47.

Abb. 1: Gesamtansicht der *Ehrenpforte* mit fünfspaltiger Clavis. Datiert 1515 (ca. 350 x 300 cm).

Abb. 2: Illustration aus der Holzschnittfolge zu Du Puys *Joyeuse entrée* 1515: Tableau vivant mit der Huldigung der Stadt Jerusalem an einen jungen Fürsten.

Abb. 3: Illustration aus der Holzschnittfolge zu Du Puys *Joyeuse entrée* 1515: Tableau vivant mit christlichem Sieg über ein türkisches Kriegsschiff.

Abb. 4: Illustration aus der Holzschnittfolge zu Du Puys *Joyeuse entrée* 1515: Tableaux vivants mit Ludwig von Flandern, der der Stadt Brügge Rechte verbrieft (rechts); Moses, der den Israeliten die Zehn Gebote bringt.

Abb. 5: Illustration aus der Holzschnittfolge zu Du Puys *Joyeuse entrée* 1515: Échafaud mit dem Thron Salomonis.

Abb. 6: Illustration aus der Holzschnittfolge zu Du Puys *Joyeuse entrée* 1515: Eines der Brügger Stadttore, die geschmückte Port St.-Croix.

Abb. 7: Ausschnitt aus der *Ehrenpforte*: Draconifer und Musikanten, von einer zinnenbekrönten Mauer hinterfangen (links neben dem rechten Seitengiebel).

Abb. 8: Illustration aus der Holzschnittfolge zu Du Puys *Joyeuse entrée* 1515: Ehrenpforte der spanischen Kaufmannschaft für Herzog Karl.

Christopher S. Wood
Maximilian als Archäologe[1]

Für Kaiser Maximilian I. (1459–1519) war es ebenso wie für andere Archäologen der Renaissance sehr oft nicht unbedingt verlässliches Wissen, sondern es waren Illusionen und Fehler, die die Phantasie anregten, tradierte Vorstellungen umstürzten und kritisches Denken über die Vergangenheit einleiteten. Der Habsburger Maximilian, deutscher König seit dem Jahr 1486 und Kaiser des Heiligen Römischen Reiches seit dem Jahr 1493, interessierte sich schon früh für das Sammeln und Ausstellen alter Artefakte. Er initiierte und förderte auch Projekte von einer ihn selbst ins Monumentale stilisierenden Größenordnung, die auf dem kreativen Gebrauch von Techniken beruhten, Repliken oder Kopien herzustellen. Doch Maximilians Kreativität, die einigen herausragenden Künstlern und Gelehrten der Zeit Richtung gab, beruhte auf einem eigenartigen Verständnis dessen, was Denkmäler waren und was sie über die Vergangenheit aussagten. Seine archäologischen Unternehmungen können nicht von seinen sonderbaren Vorstellungen über antike europäische Geschichte getrennt werden. Maximilian sammelte alte Artefakte, aber ohne irgendeine der Unterscheidungen, die modernes historisches Denken zwischen Antike und Mittelalter oder zwischen Sakralem und Säkularem vornimmt. Er erforschte die germanische Vergangenheit, die für ihn in epischer Dichtkunst bewahrt war, ebenso wie die Geschichte der römischen Kaiser. Und er gab sich nicht damit zufrieden, lediglich umfassende Verzeichnisse der Monumente der Vergangenheit anlegen zu lassen; vielmehr wollte er sich selbst in diese Aufzeichnungen einreihen, indem er selbst Zeugnisse herstellen ließ, die dafür greifbare Belege lieferten.

Maximilians Haltung gegenüber der Vergangenheit war nicht passiv, sondern von höchster Anteilnahme. Folglich war seine Ehrfurcht vor der Vergangenheit sehr ungleichmäßig ausgebildet. Johannes Enen, gelehrter Theologe in Trier,[2] berichtet in seiner *Medulla gestorum Treverensium* aus dem Jahr 1514,

---

[1] Für Fragen und Anregungen danke ich Jan-Dirk Müller und den anderen Teilnehmern des Workshops über Literatur und Kunst im Kreise Maximilians I. in der Herzog-August-Bibliothek, Wolfenbüttel sowie für Kommentare von Jeffrey Chipps Smith. Erstdruck der überarbeiteten Version unter dem Titel „Maximilian I as Archeologist", Renaissance Quarterly 58 (2005), S. 1128–1174; deren deutsche Übersetzung (Hans-Joachim Ziegeler), für die ich vielmals danke, erscheint hier mit freundlicher Genehmigung von Renaissance Quarterly. Einige Thesen des Aufsatzes wurden weiter ausgeführt in Christopher S. Wood: Forgery, Replica, Fiction. Temporalities of German Renaissance Art. Chicago 2008.

[2] Zu ihm vgl. Michael Embach: Enen, Johan. In: Deutscher Humanismus 1480–1520. Verfasserlexikon. Hg. v. Franz Josef Worstbrock, Bd.1. Berlin / New York 2008, Sp. 628–630.

dass Maximilian einmal zur Probe einen Schuss mit einer Kanone auf ein antikes Gebäude in Trier abfeuerte:

> Und fast nach bey dem selben stade des selben thurns noch einer, auch fast starck aber nit also hubsche. Wider den selben hat der allerdurchleuchstigster und überwintlicher keyser Maximilianus ytzund im jare do man geschriben hat daussent funff hundert und zwölff uffdem reychs tage zu Tryer ettliche schüs thet mit einen grossen hauptstück der stat von Tryer welchs dem thurn gar ein clein erschreckung gab.³

Eine solch unbekümmerte Einstellung gegenüber den eindrucksvollsten römischen Ruinen in Nordeuropa kommt uns heute geradezu unglaublich vor. Offensichtlich interessierten Maximilian Artefakte aus der fernen Vergangenheit nur, wenn sie in seine eigenen monumentalen Projekte genau hineinpassten.

In seiner „poetischen" Einstellung zur neuen Begeisterung für das Altertum kann Maximilian sinnvoll mit seinem Zeitgenossen Conrad Celtis (1459–1508) verglichen werden, dem *poeta laureatus* des Heiligen Römischen Reichs und vielerorts tätigen Gelehrten. Celtis versuchte, einen umfassenden, zusammenhängenden Bericht der deutschen Geschichte und Geographie zu erstellen, basierend auf klassischen Texten, Inschriften sowie Beschreibungen erster Hand nach dem Modell der *Italia illustrata* (1474) des römischen Altertumsforschers Flavio Biondo. Celtis prüfte dafür als Belege alte Bildteppiche und Inschriften, die er in Klöstern fand.⁴ Aber zur gleichen Zeit versuchte Celtis, in seinen Gedichten und Geschichtswerken auch solche Funde als Belege aus alten Zeiten anzubringen, die aufsehenerregend, aber vielleicht nicht so vertrauenswürdig waren. Er glaubte in vielen Spuren die Präsenz von Druiden, der alten Priesterkaste, zu erkennen, die angeblich die Religion von Griechenland zu den Germanen gebracht hatten: Klöster in der Einsamkeit der Wälder, auf fränkischen Münzen geprägte Pentagramme, Spuren des Griechischen in der modernen deutschen Sprache. Er sah heidnische Gottheiten unter den Skulpturen des Doms von Würzburg.⁵ Bei einer Reise in Kärnten im Jahr 1500 entdeckte Celtis eine Medaille, die ein rätselhaftes Bild trug und später von den Gelehrten Petrus Apianus und Bartholomeus Amantius in deren Anthologie über antike Inschriften

---

3 Johannes Enen, *Medulla Gestorum Treverensium*. Metz 1514, bei Kaspar Hochfeder, hier Bl. 5r/v.
4 Franz Friedrich Leitschuh: Studien und Quellen zur deutschen Kunstgeschichte des XV.–XVI. Jahrhunderts. Freiburg 1912, S. 137.
5 Conrad Celtis, *Norimberga*. Ed. Albert Werminghoff. Freiburg 1921, S. 123–125; Conrad Celtis, *Quatuor libri amorum*. Nürnberg 1502, 1.12, 2.9, 3.13; Conrad Celtis, *Liber odarum*. Straßburg 1513, 3.28; detaillierte Nachweise der Überlieferung bei Jörg Robert: Celtis, Konrad. In: Deutscher Humanismus 1480–1520. Verfasserlexikon. Hg. v. Franz Josef Worstbrock, Bd.1. Berlin / New York 2008, Sp. 375–427, hier Sp. 395–397, 401–408.

veröffentlicht wurde. Tatsächlich handelte es sich dabei um eine moderne Medaille, die von dem venezianischen Künstler Giovanni Boldù in der Mitte des fünfzehnten Jahrhunderts gegossen worden war, doch weder Celtis noch Apianus scheinen sich dessen bewusst gewesen zu sein.[6]

Die Paradoxien in Celtis' und Maximilians ‚kreativer' Archäologie sind in der spezifischen Eigenart materialer Quellen und ihres Zeugniswertes begründet. Es gibt keine Verbindung zur Vergangenheit, die von überzeugenderem Eindruck ist als das physisch präsente Relikt, aber es gibt auch keine Verbindung, deren Zeugniswert schwieriger zu sichern ist. Das meiste Wissen über die Vergangenheit wurde in den Handschriften weitergereicht, von einer Autorität zur anderen, von der Abschrift eines Schreibers zur anderen. Im Unterschied dazu boten materiale Quellen eine direkte Verbindung und einen unmittelbaren Zugang zur verlorenen Vergangenheit und stellten damit eine bedrohliche Herausforderung für die Autorität des Geschriebenen dar. Maximilians und Celtis' Wege kreuzten sich in genau dem Augenblick, zu dem zuerst materiale Quellen – Münzen, Inschriften, Skulpturen – als kritisches Instrumentarium erkannt wurden, das man gebrauchen konnte, um sowohl den schriftlich überlieferten alten Geschichtswerken als auch den in der Volkssprache kursierenden Geschichten nicht mehr den gleichen Wert beizumessen wie bisher. Historiker begannen damit, eifrig nach solcherart Belegen zu fahnden. Sie sammelten Münzen und transkribierten die römischen und mittelalterlichen Inschriften, die sie in ihren Städten fanden. Der Augsburger Jurist und kaiserliche Ratgeber Conrad Peutinger (1465–1547) zum Beispiel gebrauchte seine handschriftlich aufgezeichneten Anthologien römischer Inschriften und seine eigene Münzsammlung, eine der besten in Europa, als Grundlage für eine umfassende Geschichte der Kaiser. Sie war lange in Arbeit, wurde aber nie zu Ende gebracht.[7]

---

6 Petrus Apianus, Bartholomeus Amantius, *Inscriptiones sacrosanctae vetustatis*. Ingolstadt 1534, S. 385; G. F. Hill: A Corpus of Italian Medals of the Renaissance. London 1930, Nrr. 421, 423; Horst W. Janson: The Putto with the Death's Head, Art Bulletin 19 (1937), S, 423–449, S. 440, diskutiert die Abbildung bei Apianus und Amantius, zieht aber nicht in Erwägung, dass Celtis mehr noch als die beiden Altertumsforscher und Editoren die Medaille als antik missverstanden haben könnte; Janson erwähnt Celtis nicht einmal, vgl. Peter Luh: Kaiser Maximilian gewidmet: Die unvollendete Werkausgabe des Conrad Celtis und ihre Holzschnitte. Frankfurt a. M. 2001, S. 331 Nr. 25.
7 Die Reinschrift von Peutingers *Keiserbuch* aus dem Jahr 1504, in Augsburg, Staats- und Stadtbibliothek, 2° Cod. 26. Zu Peutingers Sammlung von Antiken s. Renate von Busch: Studien zu deutschen Antikensammlungen des 16. Jahrhunderts. Diss. masch. Tübingen 1973, S. 11–16, 64–65.

Man könnte sich vorstellen, dass Peutingers Unterlagen geholfen hätten, zur Klärung in den Debatten unter den Gelehrten beizutragen, die mit der Aufstellung von Maximilians Familienstammbaum befasst waren.[8] Die am Hof damit befassten Historiker Ladislaus Suntheim und Jakob Mennel ergänzten jedoch fehlende Verbindungen innerhalb der Erblinie oft mit erfundenen Ahnen. Johannes Trithemius erfand mit dem Chronisten Hunibald eine ganze Quelle, um die genealogische Verbindung zwischen den Trojanern und Franken zu beweisen.[9] Andere Gelehrte wie Johannes Stabius und Heinrich Bebel waren über diese Manipulationen entsetzt und verwarfen sie als Fabuliererei oder Schlimmeres. Zur gleichen Zeit gebrauchte aber auch der phantasievolle Mennel Dokumente und Inschriften als Belege.[10] Es gab keine klare Unterscheidung zwischen den der Phantasie entsprungenen und den archäologischen Methoden. Die Fiktionalität des kaiserlichen Stammbaums war eine delikate Angelegenheit und Peutinger – der in seiner eigenen Geschichtsschreibung sich fest an die Belege hielt – scheint in dieser Angelegenheit seinen Rat weise für sich behalten zu haben.[11]

---

8 Zu Maximilians genealogischen Projekten s. Alphons Lhotsky: Apis Colonna. Fabeln und Theorien über die Abkunft der Habsburger, Mitteilungen des Instituts für Österreichische Geschichtsforschung 55 (1944), S. 171–245; Simon Laschitzer: Die Genealogie des Kaisers Maximilian I., Jahrbuch der kunsthistorischen Sammlungen des Allerhöchsten Kaiserhauses 7 (1888), S. 1–200; Marie Tanner: The Last Descendant of Aeneas. The Hapsburgs and the Mythic Image of the Emperor. New Haven 1993, S. 100–109. Zur Genealogie als Herangehensweise zur frühen deutschen Geschichte s. Peter Hutter: Germanische Stammväter und römisch-deutsches Kaisertum. Hildesheim 2000; Frank L. Borchardt: German Antiquity in Renaissance Myth. Baltimore 1971.
9 Klaus Arnold: Johannes Trithemius (1462–1516). Würzburg ²1991, S. 167–179; ders.: Trithemius, Johannes OSB. In: Deutscher Humanismus 1480–1520. Verfasserlexikon. Hg. v. Franz Josef Worstbrock, Bd. 2. Berlin / New York 2013, Sp. 1089–1122, hier Sp. 1113f; Nikolaus Staubach: Auf der Suche nach der verlorenen Zeit: Die historiographischen Fiktionen des Johannes Trithemius im Lichte seines wissenschaftlichen Selbstverständnisses. In: Fälschungen im Mittelalter. Teil I. Hannover 1988 (MGH Schriften. Bd. 33, I), S. 263–316.
10 Paul Joachimsen: Geschichtsauffassung und Geschichtsschreibung in Deutschland unter dem Einfluß des Humanismus. Leipzig, Berlin 1910, S. 200.
11 Konrad Peutingers Briefwechsel. Gesammelt, hg. u. erläutert v. Erich König. München 1923, Nr. 183, S. 292–296, hier S. 295 Anm.n 1. u 2.; zu einigen Aspekten von Stabius' Kritik an Trithemius vgl. Laschitzer (Anm. 8), hier S. 21–26; S. 22 Anm. 3 *obscuris sui libri fabulis*; zu ‚Hunibald' S. 26 Anm. 6 *Suspicor ea, que abbas de Hunibaldo suo refert, omnia esse ficta*. Vgl. jetzt: Uta Goerlitz: *...sine aliquo verborum splendore...* Zur Genese frühneuzeitlicher Mittelalter-Rezeption im Kontext humanistischer Antike-Transformation: Konrad Peutinger und Kaiser Maximilian I. In: Historiographie des Humanismus. Literarische Verfahren, soziale Praxis, geschichtliche Räume. Hg. v. Johannes Helmrath [u.a.]. Berlin/Boston 2013 (Transformationen der Antike 12), S. 85–110.

Viele der Gelehrten in Maximilians engerem Umkreis hatten ein besonderes Interesse für Altertümer der Antike. Einer seiner engsten Berater war der weniger bekannte humanistische Gelehrte Johann Fuchsmagen (1469–1510), ein Tiroler Patrizier, der nicht in Italien, sondern in Freiburg studiert hatte.[12] Fuchsmagen diente als Berater von Erzherzog Sigismund von Tirol und Maximilians Vater, Kaiser Friedrich III; unter Maximilian war er als einer der ‚Regenten' von Niederösterreich Kurator der Wiener Universität. Fuchsmagens Münz- und Inschriftensammlung wurde in seinem Haus in der Singerstraße ausgestellt.[13] Auf der Basis der Münzen erstellte er eine Liste der römischen und byzantinischen Kaiser.[14] Als Fuchsmagen im Jahr 1510 starb, beauftragte der Kaiser seinen Kammermeister Ulrich Mehring, Fuchsmagens Bruder in Hall aufzusuchen und die Sammlung mit ihren schriftlichen Dokumenten, Münzen und anderen Altertümern in Besitz zu nehmen. Maximilian bestand darauf, dass es Fuchsmagen so bestimmt hätte, weil es sein Ziel gewesen sei, die Sammlung „uns zu verehren."[15]

Fuchsmagen war für Conrad Peutinger eine wichtige Quelle für dessen Untersuchungen an epigraphischem Material. Er übergab Peutinger einige von den österreichischen Funden des slowenischen Altertumsforschers Augustinus Tyfernus (Prygl oder Prug[e]l).[16] Peutinger seinerseits transkribierte alle

---

12 Hans Kramer.: Das Zeitalter des Humanismus in Tirol. Innsbruck 1947, S. 16–17. Fuchsmagen war weniger produktiv, wurde aber von anderen Gelehrten allgemein bewundert. Ein Manuskript in der Universitäts- und Landesbibliothek Innsbruck, Cod. 664 (www.ksbm.oeaw.ac.at/_scripts/php/mssList.php?cat=INN7), der sog. Codex Fuchsmagen, enthält mehr als zweihundert an ihn, den Habsburger Herrscher und viele andere gerichtete Gedichte und Epigramme von Celtis, Johannes Cuspinian, Johannes Reuchlin und anderen; s. Sebastian Ruf: Doctor Johannes Fuchsmagen [...] 1469–1510, Zeitschrift des Ferdinandeums für Tirol und Vorarlberg 21 (1877), S. 93–119, hier S. 117; Vgl. Ausstellung Maximilian I. Innsbruck. Katalog der Ausstellung vom 1. Juni bis 5. Oktober 1969. Hg. v. Land Tirol. Kulturreferat, für den Inhalt verantw. Erich Egg. Innsbruck 1969, Objekt-Nr. 379.
13 Johann Paul Kaltenbäck: Die gelehrte Donaugesellschaft zu Wien unter Kaiser Maximilian I., Österreichische Zeitschrift für Geschichts- und Staatenkunde 3 (1837): S. 69f., 73–75 u.ö., hier S. 74, zitiert nach Ruf (Anm. 12), S. 108. Es ist unmöglich, die Sammlung zu rekonstruieren, aber wenigstens eine bekannte Inschrift – Corpus Inscriptionum Latinarum. Ed. Theodor Mommsen [u. a.] Bd. 3, 1. Berlin 1873, Nr. 5370 – wurde in Ybbs im Jahr 1508 gefunden und zu Fuchsmagen nach Wien gebracht.
14 Reinschrift, neben anderem, in: Österreichische Nationalbibliothek, Cod. 8419. S. : Maximilian I. 1459 – 1519. Ausstellung Österreichische Nationalbibliothek [...]. Wien 1959, Nr. 159.
15 Ruf (Anm. 12), S. 115. Siehe auch Joseph Ritter von Aschbach: Geschichte der Wiener Universität. Bd.2.: Die Wiener Universität und ihre Humanisten im Zeitalter Kaiser Maximilians I. Wien 1877, S. 73 Anm. 4.
16 Corpus Inscriptionum Latinarum (Anm. 13), Bd. 3, 1. Nr. 479. Über Tyfernus [Tyffernus, Tefernus, Tifernus] siehe Primož Simoniti: Humanizem na Slovenskem in Slovenski Humanisti

erhaltenen römischen Inschriften in Augsburg und ließ sie bei dem ingeniösen Augsburger Drucker Erhard Ratdolt im Jahr 1505 drucken.[17] Ratdolt entwarf allein für diese Ausgabe eine Schrifttype für die Majuskeln. Peutingers *Romanae vetustatis fragmenta* war die erste, auf eigener Forschung basierende Sylloge, oder Inschriftensammlung, die je veröffentlicht wurde. Ratdolt druckte mindestens zwei Exemplare des Buchs mit Goldlettern, vermutlich – mit Blick auf einen möglichen Gönner – als Geschenkexemplare für Maximilian. Es gibt jedoch keinen konkreten Beweis, dass Maximilian das Projekt in irgendeiner Art und Weise unterstützte.

Maximilian sammelte auch aus eigenem Antrieb Altertümer. Nach dem *Weisskunig* – Maximilians verschlüsseltem autobiographischen Werk – hat er *alle munz, so die kayser, kunig und ander mechtig herrn vor zeiten geschlagen haben und die funden und ime zuegepracht worden sein, behalten und in ain puech malen lassen.*[18] Der bayrische Hofhistoriograph Johannes Aventinus (1477–1534) hat berichtet, dass Maximilian einen römischen Meilenstein von Mittenwald in den bayrischen Alpen in seine heimliche Hauptstadt Innsbruck bringen ließ. Maximilian ließ auch eine Marmorsäule, die offensichtlich von Kaiser Maximinus Thrax (235–238) am Kuntersweg nahe Bozen errichtet worden war, konservieren.[19]

---

do srede XVI. stoletja. Ljubljana 1979, S. 89–91, mit einer deutschen Zusammenfassung, S. 288–289 (deutsche Übersetzung: Primoz Simonoti: Humanismus bei den Slovenen. Slovenische Humanisten bis zur Mitte des 16. Jahrhunderts. Hg. v. Maria Wakounig. Übers. Jože Wakounig. Wien 2009 [Zentraleuropa-Studien 11], Rez. v. Maria Bidovec, Südost-Forschungen. Internationale Zeitschrift für Geschichte, Kultur und Landeskunde Südosteuropas 69/70 [2010/11], S. 531–534). Gegen Mommsen hält Simoniti Tyfernus für identisch mit dem von Mommsen ‚Antiquus Austriacus' genannten Anonymus.
17 Conrad Peutinger. *Romanae vetustatis fragmenta*. Augburg 1505; Maximilian I. (Anm. 14), Nr. 150; Jan-Dirk Müller: Konrad Peutinger und die Sodalitas Peutingeriana. In: Der politische Humanismus und die europäischen Sodalitäten. Hg. v. Stephan Füssel u. Jan Pirożyński. Wiesbaden 1997 (Pirckheimer Jahrbuch für Renaissance- und Humanismusforschung 12), S. 167–186, hier S. 174–180; Christopher S. Wood: Early Archeology and the Book Trade: The Case of Peutinger's *Romanae vetustatis fragmenta* (1505). Journal of Medieval and Early Modern Studies 28 (1998), S. 83–118; Christopher S. Wood: Notation of Visual Information in the Earliest Archeological Scholarship. Word and Image 17 (2001), S. 94–118, hier S. 109–111.
18 Kaiser Maximilians I. Weisskunig. Hg. v. H. Th. Musper in Verbindung mit Rudolf Buchner, Heinz-Otto Burger und Erwin Petermann. Bd. 1 Textband, Bd. 2 Tafelband. Stuttgart 1956. Bd. 1, S. 225: „„…alle Münzen, welche die Kaiser, Könige und andere mächtige Herren in der Vergangenheit haben schlagen lassen, wenn sie gefunden und ihm gebracht worden sind, bewahrt und in ein Buch malen lassen."
19 Johannes Turmair's genannt Aventinus Sämmtliche Werke. Bd. 4.2 Johannes Turmair's genannt Aventinus Bayerische Chronik. Hg. v. Mathias Lexer. München 1883, S. 703f., S. 712f.; Hinweis bei Erich Egg und Wolfgang Pfaundler: Kaiser Maximilian I. und Tirol. Innsbruck ²1992, S. 158.

Im Jahr 1511 sah Maximilian ein Neptunrelief in Ettlingen in Baden und wünschte es sofort zu haben. Das Votivrelief und seine Inschrift war von einem Mann gefunden worden, nachdem dieser einen Teich nach einer Flut im Jahr 1480 gesäubert hatte. Spätestens im Jahr 1504 war der Stein zwischen der Brücke über die Alb und dem Rathaus aufgestellt worden (Abb. 1, S. 175). In einem Brief an den Markgrafen Christoph von Baden im Jahr 1513 erklärte Maximilian, dass er von dem Stein eine Kopie habe anfertigen lassen, als er ihn im Jahr 1511 gesehen habe, dass er ihn jedoch jetzt, „um seines Alters willen" gerne besitzen wolle.[20] Christoph hatte keine Wahl und der Stein wurde nach Weissenburg im Elsass verbracht, wo der elsässische Gelehrte Beatus Rhenanus (1485–1547) ihn zu einem nicht näher bestimmbaren Zeitpunkt vor dem Jahr 1531 sah. Das Relief wurde im Jahr 1550 zurück nach Ettlingen gebracht und dann im Jahr 1586 durch eine Kopie ersetzt, die bis zum Jahr 1911 für das Original gehalten wurde.[21]

Wahrscheinlich in den ersten Jahren dieses Jahrhunderts wurde ein *idolum* [„Götze, Götzenbild"] in der Nähe des Bodensees gefunden. Die Berichte sind widersprüchlich und es ist schwer, mit Sicherheit zu sagen, was gefunden wurde und was damit geschah. In seiner *Oratio* aus dem Jahr 1504 identifizierte Heinrich Bebel das *Idolum Alemannum aureum* („alemannisches goldenes Götzenbildnis") als Herkules.[22] Aventinus nannte es später ein *aereum signum* (Erz- oder Bronzestatue) von der Reichenau und sagte, dass es im Besitz von Johannes Stabius gewesen sei.[23] In einem Bestandsverzeichnis der Sammlungen der

---

20 Jo[hann] Daniel Schoepflinus. *Alsatia illustrata* [...]. Colmar 1751. Bd. 1, S. 492, Anm. k: „um seines Alters willen."
21 Apianus, Amantius. Inscriptiones (Anm. 6), S. CCCCLVI: *Apud Etlingen inuentum, sed iussu Maximiliani Caes. Translatum ad VVysenburgum;* Beati Rhenani | Selestadiensis Rervm Germani | carvm Libri Tres. Basel 1531 [Hieronymus] Froben, lib. III, S. 124: *Hinc apud Ettelingam tabula lapidea fuit reperta, cui Neptunus erat insculptus quam nos Sebusij* [Weissenburg im Elsass] *uidimus, quo Maximilianus Caesar afferri suo sumptu iusserat. Hodie possidet insignis ille Baro Ioan. Iacobus a Morspurgo* [korr. Merspurgo] *Praefectus Caesareus apud Hagenoiam* [Johann Jakob von Mörsperg, bis 1530 kaiserlicher Landvogt in Hagenau], vgl. Felix Mundt: Beatus Rhenanus. Rerum Germanicarum libri tres (1531). Ausgabe, Übersetzung, Studien. Tübingen 2008 (Frühe Neuzeit 127), S. 294; Corpus Inscriptionum Latinarum (Anm. 13), Bd. 3, Nr.. 6324; detaillierte weitere Nachweise bei Anneliese Seeliger-Zeiss: Die Inschriften des Großkreises Karlsruhe. München 1981 (Die deutschen Inschriften Bd. 20), Nr. 207. Der römische Originalstein befindet sich im Badischen Landesmuseum, Karlsruhe, inv. No. 20; neu C47.
22 *Schardius redivivus, sive Rerum germanicarum scriptores varii.* Ed. Hieronymus Thomas. Giessen 1673, S. 101–102, 138; Frank L. Borchardt: German Antiquity in Renaissance Myth. Baltimore 1971, S. 111.
23 Johannes Aventinus, *Annales Boiorum.* Ingolstadt 1554, Bd. 1, S. 41 [Johannes Turmair's genannt Aventinus Sämmtliche Werke. Bd. 2. Johannes Turmair's genannt Aventinus Annales ducum Boiariae. Hg. v. Sigmund Riezler. Erster Band (Buch I–IV). München 1882, S. 41 Z. 1–8:

Palatina in Heidelberg, das im späten siebzehnten Jahrhundert veröffentlicht wurde, wird behauptet, dass eben diese Statue hier abgebildet werde; ferner wird der Text einer verlorenen Inschrift wiedergegeben, die jedoch auf „alten Pergamenten" bewahrt worden sei; es heißt dort, dass das Objekt in dem Dorf Alma nahe Konstanz im Jahr 1507 gefunden und dann von Maximilian erworben worden sei (Abb. 2, S. 176). Die Inschrift habe auch *Allman* als den Namen des Götzen (*abtgott* [sic]) wiedergegeben und habe besagt, dass die Deutschen (*Alamanna Theuschzlant*) von ihm ihren Namen empfangen hätten. Beger, der Verfasser des Bestandsverzeichnisses, begründete 1673 mit den Spuren von Flügeln an der Kappe (*pileus*) der Figur, dass dieser Gott mit Merkur identisch sei.[24] Aber zur Zeit Maximilians identifizierten die Gelehrten den „Götzen" vom Bodensee – wobei dieser nicht unbedingt dieselbe gewesen sein müsste wie die Heidelberger Figur – nicht als Merkur, sondern als Herkules. Sie wussten von Tacitus, *Germania* Kap. 9, dass die alten Germanen Herkules neben Mars, Merkur und Isis verehrt hatten.[25] Aventinus identifizierte diesen „Deutschen Herkules" (einer der vielen Namen des Helden) als Alman Ärgle, Vater und erster König der Bayern und Nachfahr Tuiscos, der 131 Jahre nach der Sintflut nach Deutschland kam.[26] Nach Aventinus und Veit Arnpeck wurde Nürnberg von Norix, einem Sohn dieses deutschen Herkules, gegründet.[27] Es gab sogar einen Disput über eine Verbindung zwischen Herkules und Habsburg, der nun, neben anderen, wiederum Celtis keinen Glauben schenkte. Peutinger reagierte auf Maximilians Interesse an einer Herkulesmünze, die kurz zuvor in Ungarn gefunden worden war, mit einer kurzen Abhandlung über die Ikonographie des Herkules. Darin erinnerte Peutinger Maximilian an einen Besuch in seinem Haus, wo Peutinger ihm eine jüngst aus Rom überbrachte Herkulesstatue gezeigt hatte.[28]

Boiorum gentem [...] *condidit Alemanus Hercules* [...] *eius aereum signum in Richavia coenobio Suevorum hactenus servatum Ioannes Stabius historiographus iussu imperatoris Maximiliani caesaris augusti nostra aetate transtulit Tirolios.*

24 Lorenz Beger. *Thesaurus ex Thesauro Palatino Selectus, Sive Gemmarum Et Numismatum* [...] *Dispositio*. Heidelberg 1685, S. 16–17 (http://digi.ub.uni-heidelberg.de/diglit/beger1685).

25 Conrad Peutinger. *Sermones convivales de mirandis Germanie antiquitatibus*. Straßburg [1506], b5v. Einen Überblick über den Herkuleskult im Umkreis Maximilians, insbesondere dessen politische Implikationen bietet William C. McDonald: Maximilian of Habsburg and the Veneration of Hercules: On the Revival of Myth and the German Renaissance, Journal of Medieval and Renaissance Studies 6 (1976), S. 139–154.

26 Aventinus, 1522 (Anm. 19), Aiii^v–iiij^r; Aventinus, Sämmtliche Werke (Anm. 23), Bd. 2, S. 41; Bd. 4, S. 43f., S. 135; S. 63 Z. 23ff. Die Figur wurde auch Altmon, Ergle oder Ercle genannt, ebda. Bd. 1, S. 113.

27 Ernst Mummenhof: Nürnbergs Ursprung und Alter. Nürnberg 1908, S. 9–10.

28 Österreichische Nationalbibliothek, Cod. 3344, fol. 1–9; Besitzer dieser Sammelhandschrift

Maximilian war aber auch in zumindest einem Fall schon verhältnismäßig früh mit dem Problem der Ausstellung eines Fundstückes befasst. Am 1. Februar 1497 brachten Bauarbeiten in der Krypta der Pfarrkirche in Sterzing, südlich vom Brennerpass, eine Votivtafel zutage, die von einer gewissen Postumia Victorina für sich und ihren Schwager, Tiberius Claudius Raeticanus, errichtet worden war. Einige Personen müssen seinerzeit angenommen haben, dass die Inschrift ich entweder auf Kaiser Tiberius oder auf seinen Neffen Claudius bezog, die beide Tiberius Claudius hießen.[29] Maximilian ließ die Tafel an der Außenwand der Kirche anbringen, über einer größeren Marmortafel mit einer erklärenden Inschrift in gotischen Minuskeln: *Der ober stain ist funden an dem ent / zu unterist im grunt als der ist gegraben / an vnnser frawen zw liechtmes abent / anno domini mccccclxxxxviii jar* (Abb. 3, S. 177).[30]

Am schwierigsten von Maximilians Altertumsforschung zu beurteilen ist die Sammlung an Skulpturen und Inschriften, die er in seinem Schloss in Graz ungefähr ab dem Jahr 1506 angelegt hatte.[31] Diese Objekte sind offensichtlich in der ehemals römischen Provinz Noricum ausgegraben worden und stammen aus den Städten Celeia (Cilli, Cielje) und Poetovio (Petta, Ptuj), seinerzeit im Herzogtum Steiermark, heute in Slowenien gelegen. Maximilians Förderung – oder Aneignung – dieser Ausgrabungen mag eine Reaktion auf kurz zuvor erfolgte

---

war Johann Fuchsmagen; Karl Giehlow: Dürers Stich ‚Melencolia I' und der maximilianische Humanistenkreis, Mitteilungen der Gesellschaft für vervielfältigende Kunst 26 (1903), S. 29–41, S. 29–30. Siehe auch Peutinger, Briefwechsel (Anm. 11), S. 240–242 (Nrr. 144, 145).

29 Tiberius überquerte die Alpen im Jahr 15 v. Chr. auf seinem Weg zur Eroberung Germaniens; allerdings weiß man jetzt, dass es sein Bruder Drusus und dessen Armee waren, die den Weg über den Brennerpass nahmen, während Tiberius die weiter westlich gelegene Route nahm. Claudius Raeticanus könnte die Straße nach Augsburg über den Brennerpass im Jahr 44 n. Chr. genommen haben; die Straße wurde womöglich nach ihm benannt, vgl. Wolfgang Czysz: Die Römer in Bayern. Stuttgart 1995, S. 29–35, 73; Hinweis auf diesen Stein auch bei Aventinus (Anm. 19), S. 712.

30 Hinweis in: Reclams Archäologieführer. Österreich und Südtirol. Hg. v. Andreas Lippert. Stuttgart 1985, S. 593; Transkription nach Maria Außerhofer: Die römischen Grabsteine in Südtirol, Der Schlern 50 (1976), S. 452–460, hier S. 459; Abbildung bei Egg/Pfaundler (Anm. 19), S. 159; Übersetzung: „Der obige Stein wurde ganz am Ende [d.h. in der Krypta unter dem Chor] zu unterst im Grund gefunden, so wie er am Abend vor Mariä Lichtmess im Jahr 1497 ausgegraben wurde." Die Tafel befindet sich nun im Inneren der Kirche, an der Nordwand des Kirchenschiffs.

31 Corpus Inscriptionum Latinarum (Anm. 13), Bd. 3; Nrr. 5215 (aus Celeia), 5443 (aus dem Kloster Rein nahe Graz), und 5698–5701 waren alle einst in Maximilians Sammlung in Graz, siehe Mommsen ebda.., Bd. 3, S. 477–479. Zur frühen Erforschung österreichischer Inschriften siehe Alois Manfred Niegl: Die archäologische Erforschung der Römerzeit in Österreich. Wien 1980, S. 34–48.

Entdeckungen in dieser Region durch Augustinus Tyfernus gewesen sein, der sowohl mit Johann Fuchsmagen als auch mit Matthäus Lang in Kontakt stand. Man weiß nur wenig über den Bestand dieser Sammlung, die später zerstreut wurde; acht der Inschriften kamen am Ende in die Wiener Hofbibliothek.

Für Peutinger, einen der ersten Altertumsforscher nördlich der Alpen, bot der Sammler Maximilian vermutlich das Vorbild, eine eigene Sammlung epigraphischer Monumente aufzubauen.[32] In seiner im Jahr 1505 veröffentlichten Sylloge über die Augsburger Inschriften nannte Peutinger zwei, die er in seinem eigenen Haus aufbewahrte; zwei weitere befanden sich um das Jahr 1511 dort und vier weitere spätestens im Jahr 1520.[33] Sonst sind aus dieser Zeit keine anderen Sammlungen dieser Art bekannt. Bischof Johannes von Dalberg hatte zwar bereits 1484 einen Stein aufstellen lassen,[34] aber Peutinger hatte seine fest an den Wänden des Atriums seines eigenen Hauses installieren lassen und ahmte damit Sammler nach, die er aus Rom kannte.

Maximilian scheint sein Anrecht auf den wichtigsten archäologischen Fund dieser Zeit, das wahrhaft eindrucksvollste, antike Artefakt, das je nördlich der Alpen gefunden worden ist, den Jüngling vom Magdalensberg, nicht wahrgenommen zu haben. Dieser lebensgroße Bronzeguß, die römische Kopie eines Werks von Polyklet oder dessen Schule, wurde nahe dem antiken Virunum (Maria Saal) in Kärnten im Jahr 1502 gefunden; die Abbildung hier nach dem Holzschnitt in der Anthologie von Apianus und Amantius (Abb. 4, S. 178).

Bereits zur Zeit Kaiser Friedrichs III., bot dieser Platz, so Aeneas Silvius Piccolomini, „alte Monumente ... mit Inschriften in alten Buchstaben" und damit auch Zeugnis für die Zivilisation des antiken Volks der Liburner.[35] Ulrich von Weispriach, der Landeshauptmann von Kärnten, brachte nun die Nachricht von dem Fund der Bronzestatue nach Innsbruck, und entsprechend schrieb unmittelbar darauf der Protonotar der kaiserlichen Kanzlei Maximilians, Petrus Bonomus,[36] davon dem Kaiser. Aber die Statue wurde stattdessen von Matthäus Lang

---

32 Zu frühen Inschriftensammlungen, einschließlich der Peutingers, von denen einige in Privathäusern angebracht worden waren, siehe von Busch (Anm. 7), S. 1–16, 64–66.
33 Peutingers Inventar aus dem Jahr 1511 ist enthalten in Augsburg, Stadt- und Staatsbibliothek, 2° Cod. H. 3, eine weitere Abschrift in Bayerische Staatsbibliothek, Clm 4018, Nr. 3. Die Sammlung (*Romanae vetustatis fragmenta*, Anm. 17) wurde wieder veröffentlicht als *Inscriptiones vetustae Romanae et earum fragmenta in Augusta Vindelicorum*. Mainz 1520.
34 Busch (Anm. 7), S. 3, 10.
35 Aenas Silvius Piccolomini. *Historia Friderici III Imperatoris*, zitiert von Robert von Schneider: Die Erzstatue vom Helenenberge, Jahrbuch der kunsthistorischen Sammlungen des Allerhöchsten Kaiserhauses 15 (1894), S. 104 Anm. 4; Johann Sallaberger: Kardinal Matthäus Lang von Wellenburg (1468–1540), S. 468–470.
36 Vgl. Elisabeth Klecker: Bonomus, Petrus. In: Deutscher Humanismus 1480–1520.

erworben, damals Maximilians Kammersekretär und Bischofsadministrator von Gurk in Kärnten. Lang brachte die Statue nach Salzburg, als er 1519 dort Erzbischof wurde und ließ sie in der Burg aufstellen.[37]

Maximilian traf, wie auch die meisten deutschen Gelehrten dieser Zeit, keine Unterscheidung zwischen „Altertum" und „Mittelalter". Als Altertum galt alles – von der frühesten Vergangenheit an kontinuierlich bis zur Zeit der Ottonen. Eine Bemerkung von Beatus Rhenanus aus dem Jahr 1531 kann uns eine Vorstellung von diesem Einschnitt vermitteln: Rhenanus berichtet, dass Maximilian für gewöhnlich Gelehrte für die Entdeckung von „Abhandlungen oder Dokumenten" belohnte, die „vor mehr als fünfhundert Jahren" geschrieben worden waren.[38] Die Deutschen hatten ein anderes Verhältnis zum Mittelalter als es die Italiener hatten. Es gab keinerlei Zweifel an der *translatio imperii* des römischen Reichs an die Deutschen im Jahr 800. Da das Reich seither stets eine deutsche Angelegenheit gewesen war, wurde das Mittelalter nicht als ein dunkler, barbarischer Einschnitt, sondern als wahrhafte Verlängerung des römischen Altertums verstanden. Und der deutschen Vorstellung der ungebrochenen Verbindung zwischen Altertum und neuzeitlicher Gegenwart korrespondiert die Faszination für die kaiserliche Genealogie, die die Italiener nicht teilten.[39] Da die Deutschen den Niedergang des alten römischen Imperiums und die Übertragung der Reichskrone auf die andere Seite der Alpen nicht als Katastrophe begriffen, gab es kein Bedürfnis nach einer „Renaissance."[40]

Verfasserlexikon. Hg. v. Franz Josef Worstbrock, Bd.1. Berlin/New York 2008, Sp. 225–230.
37 Wien, Kunsthistorisches Museum, Inv.-Nr. VI 1; Apianus, Amantius. *Inscriptiones* (Anm. 6), S. 397, 414; Corpus Inscriptionum Latinarum (Anm. 13), Bd. 3, Nr. 4815; Gernot Piccottini: Die Rundskulpturen des Stadtgebiets von Virunum. Wien 1968, Nr. 3; Schneider (Anm. 35); Niegl (Anm. 31), S. 37–38; Sallaberger (Anm. 35), S. 468–470. Zu Langs historischen und altertümlichen Interessen siehe Conrad Bonorand: Joachim Vadian und der Humanismus im Bereich des Erzbistums Salzburg. St. Gallen 1980, S. 68–69. Von der Statue wurde im sechzehnten Jahrhundert ein Abguss hergestellt, jedoch nicht von Maximilian (wie man eine Lesart des entsprechenden Dokuments verstehen könnte), sondern dessen Enkel Ferdinand, siehe Wolfgang Wohlmayr: Der Jüngling vom Magdalensberg – Versuch einer stilistischen Neubestimmung, Mitteilungen der Gesellschaft für Salzburger Landeskunde 131 (1991), S. 7–44, hier S. 14 Anm. 26; Anm. 120 unten.
38 Beatus Rhenanus (Anm. 21), S. 107–108: *Solebat olim Maximilianus Caesar proposita mercede suos prouocare ad quaerenda uel diplomata quae ante quingentos essent annos conscripta*. („Einst pflegte Kaiser Maximilian eine Belohnung auszusetzen und seine Untertanen aufzurufen, beispielsweise Urkunden ausfindig zu machen, die fünfhundert Jahre zuvor geschrieben wurden."); vgl. Mundt (Anm. 21), S. 258f..
39 Peter Hutter: Germanische Stammväter und römisch-deutsches Kaisertum. Hildesheim 2000, S. 26.
40 Uwe Neddermeyer: Das Mittelalter in der deutschen Historiographie vom 15. bis zum 18.

Dennoch räumte jeder deutsche Gelehrte den Mangel und die Unzuverlässigkeit der schriftlichen Quellen aus dem frühen Mittelalter ein. So wird in des Johannes Carion Chronica 1532 über Johannes Stabius das Folgende berichtet: *Vnsere Deudschen Historici sind so vnuer=stendige leute gewesen / das ein billich ver=dreusset / der sie lieset / Johannes Stabius/ des Hochlőblichen Keisars Maximiliani Mathematicus / hat mir offt gesaget / wie Keisar Maximilian vber die Deudschen Historicos geklaget hat / das sie der hohen / weisen vnd von Gott begnadeten Fűrsten / hendel vnd thaten / so vngeschicklich beschrieben vnd corrumpirt haben.*[41] Wenn Texte fehlten, wurden Artefakte um so wichtiger. Maximilian war tatsächlich ebenso begeistert über frühmittelalterliche deutsche Artefakte, wie er es über die römischen war. Nachdem er die Festung Kufstein in Tirol am 17. Oktober 1504 erobert hatte, sandte der Kaiser einen Brief, vielleicht an Peutinger, in dem er „eine Inschrift auf Marmor eingemauert über dem Bogen des Haupttors" beschrieb. Hier, so heißt es, „wirst du sehen, dass auch die Deutschen selbst geringfügige Dinge der Nachwelt zu überliefern Sorge trugen." Maximilian fügte den Text dieser deutschsprachigen Inschrift an, der die Baumaßnahmen Ludwigs des Bärtigen von Bayern in Kufstein im Jahr 1415 aufzählt.[42] Maximilians Kommentare machen zweierlei deutlich, erstens, dass, wie üblich, die Römer, nicht die Deutschen als diejenigen galten, die das Muster für die Stiftung von *gedechtnus* durch Inschriften boten und dass, zweitens, Ludwig der Bärtige nach nur neunzig Jahren bereits soweit in die Vergangenheit gerückt war, dass er nicht mehr als Zeitgenosse, sondern als Beispiel für alte deutsche Sitten angesehen wurde.

Jahrhundert. Köln, Wien 1988; Dieter Mertens: Mittelalterbilder in der frühen Neuzeit. In: Die Deutschen und ihr Mittelalter. Hg. v. Gerd Althoff. Darmstadt 1992, S. 29–54; Hermann Hipp: Studien zur ‚Nachgotik' des 16. und 17. Jahrhunderts in Deutschland, Böhmen, Österreich und der Schweiz. Diss. phil. Tübingen 1979, insbesondere S. 516–628. Vgl. auch Lukas Clemens: Tempore Romanorum constructa. Zur Nutzung und Wahrnehmung antiker Überreste nördlich der Alpen während des Mittelalters. Stuttgart 2003 (Monographien zur Geschichte des Mittelalters 50).
41 Hier zitiert nach: *Chronica | durch M. | Johan. Carion / | vleissig zusamen ge= | zogen / menig= | lich nuetzlich | zu lesen. | Wittemberg* | M. D. XXXIII, S. 173f.; zitiert auch bei Neddermeyer (Anm. 40), S. 27, der S. 26–29 auch Sebastian Münster, Johannes Nauclerus, Hartmann Schedel, Martin Luther und Aventinus zum selben Thema anführt.
42 Oswald Redlich: Zur Belagerung von Kufstein im Jahre 1504, Mittheilungen des Instituts für Österreichische Geschichtsforschung 9 (1888), S. 104–113, hier S. 108, 112–113 (*in qua reperies, apud Germanos quoque memoriam fuisse posteritatis in rebus etiam minimis*). Der Brief wurde im Staathaltereiarchiv Innsbruck (Pestarchiv XXXV, Kufstein) gefunden. Erich König nahm ihn jedoch nicht in Peutingers Briefwechsel auf (Anm. 11), er könnte also auch an einen anderen Gelehrten oder Sekretär gerichtet gewesen sein.

In den ersten Jahren des sechzehnten Jahrhunderts ordnete Maximilian an, die Fresken auf Schloss Runkelstein nahe Bozen in Südtirol zu restaurieren, *zu vernewen*, wie es in dem entsprechenden Dokument heißt, *von wegen der gueten alten istory*.[43] Die Fresken zeigten Szenen aus der Literatur des Hochmittelalters, z.B. aus der Heldenepik. Sie waren zu Anfang des fünfzehnten Jahrhunderts gemalt worden. Doch zu Maximilians Zeit gab es nur wenige Möglichkeiten, Malerei aufgrund von Stilkriterien zu datieren; jedermann wusste nur, dass sie einige hundert Jahre alt waren.

Maximilian traf auch keine strikte Unterscheidung zwischen profaner und religiöser, d.h. vor allem christlicher Archäologie. Dies ist nicht leicht mit gegenwärtigen Ansichten über die Archäologie der Renaissance in Übereinstimmung zu bringen. Es ist bisweilen schwierig, Maximilians Interesse an römischen Münzen und Statuen und sein Interesse an heiligen Reliquien auseinanderzuhalten. Zum Beispiel unterstützte er die große Sammlung von Reliquien, die bei Hall von dem Tiroler Soldaten, Protonotarius und Impresario für Reliquien, Florian Waldauf von Waldenstein, zusammengestellt worden war.[44] Maximilian steuerte Reliquien bei, half Waldauf, Ablässe zu erlangen und erteilte Schutzbriefe für die Pilger. Ein in Schloss Rettenberg gefundenes Inventar berichtet, dass Maximilians Berater Fuchsmagen – der bei der Translation von Reliquien von Schloss Rettenberg nach Hall im Jahr 1501 zugegen war – zwei große Zähne (womöglich von einem Mammut) an Waldauf sandte, wozu er berichtete, dass sie Reliquien des Heiligen Christophorus seien.[45]

Im Jahr 1512 wünschte Maximilian die feierliche, öffentliche Ausstellung der heiligsten christlichen Reliquie in Trier, der *Tunica domini*, des Heiligen Rocks, des Gewandes Jesu auf dem Weg zur Kreuzigung, das „von oben her ganz durchgewebt und ohne Naht" war und um das die Soldaten die Würfel geworfen

---

43 Larry Silver: *Die guten alten istory*. Emperor Maximilian I., ‚Teuerdank', and the ‚Heldenbuch'-Tradition, Jahrbuch des Zentralinstituts für Kunstgeschichte 2 (1986), S. 71–106, hier S. 71: *das schloss Runkelstain mit dem gemel lassen zu vernewen von wegen der gueten alten istory*. Der Satz erscheint in einem Dokument aus dem Jahr 1502; Jörg Kölderer wurde im Jahr 1503 zu Arbeiten nach Runkelstein gesandt; weitere Aufträge gingen 1504 an Friedrich Pacher und 1508 an Marx Reichlich; eine letzte Zahlung ist für das Jahr 1511 aufgezeichnet. Vgl. insgesamt Jan-Dirk Müller: Kaiser Maximilian I. und Runkelstein. In: Schloß Runkelstein – Die Bilderburg. Hg. v. der Stadt Bozen. Bozen 2000, S. 459–468.

44 Ernst Verdroß-Droberg: Florian Waldauf von Waldenstein. Innsbruck 1958 (Schlern-Schriften 184); Josef Garber: Das Haller Heiltumbuch mit den Unika-Holzschnitten Hans Burgkmairs des Älteren, Jahrbuch der kunsthistorischen Sammlungen des Allerhöchsten Kaiserhauses 32 (1915), Teil II, S. I–CLXXVII.

45 Ruf (Anm. 112), S. 118; Othenio Abel: Vorzeitliche Tierreste im deutschen Mythus, Brauchtum und Volksglauben. Jena 1939, S. 113.

hatten. Der Heilige Rock war eine Gabe der Kaiserin Helena, deren Herkunft aus Trier angenommen wurde. Dass sich der Heilige Rock in Trier befand, wurde jedoch vor Ende des zwölften Jahrhunderts nirgends erwähnt, und bis zu Maximilians Besuch fand die Reliquie relativ geringe Aufmerksamkeit. Am 14. April 1512 ließ Erzbischof Richard von Greiffenklau auf Anweisung des Kaisers einen Kleriker unter den Hochaltar der Kathedrale kriechen und den Schrein mit der Reliquie hervorholen. Die Reliquie wurde für dreiundzwanzig Tage in diesem Frühjahr öffentlich ausgestellt, was zu einer überaus großen Wallfahrt und Dutzenden von Büchern und Flugblättern führte.[46] Bereits 1514 jedoch musste Johannes Enen, jener Chronist von Maximilians mutwilligem Kanonenschuss (s.o.), die Authentizität der Reliquie gegen Skeptiker verteidigen.[47] Maximilians persönliches Engagement für die Ausstellung – seine unmittelbar körperliche Nähe zur Reliquie – wurde in zwei Holzschnitten gezeigt, der eine von Albrecht Dürer (1471–1528) für die *Ehrenpforte*, der andere von Hans Burgkmair (1473–1531) für den *Weisskunig* (Abb. 5, S. 179).[48] Beide Holzschnitte zeigen den Heiligen Rock als intaktes Kleidungsstück, obwohl das am 14. April im Reliquienschrein

---

46 Wolfgang Seibrich: Die Heilig-Rock-Ausstellungen und Heilig-Rock-Wallfahrten von 1512 bis 1765. In: Der Heilige Rock zu Trier. Studien zur Geschichte und Verehrung der Tunika Christi [...]. Hg. v. Erich Aretz [u.a.]. Trier 1995. ²1996, S. 175–217; 1495 – Kaiser, Reich, Reformen. Der Reichstag zu Worms. Ausstellung des Landeshauptarchivs Koblenz in Verbindung mit der Stadt Worms zum 500jährigen Jubiläum des Wormser Reichstags von 1495. Koblenz 1995, Nr. B 6; Gunther Franz: Kostbare Bücher und Dokumente aus Mittelalter und Neuzeit. Katalog der Ausstellung der Stadtbibliothek und des Stadtarchivs Trier 1984. Trier 1984, Nrr. 66–67.
47 Enen 1514 (Anm. 3), fol. 37.
48 Albrecht Dürer, Maximilian I. und der Heilige Rock von Trier: Willi Kurth: The Complete Woodcuts of Albrecht Dürer. 1927. Reprint New York 1963, no. 291; Hans Burgkmair, Maximilian I. und der Heilige Rock von Trier: F. W. H. Hollstein: German Engravings, Etchings, and Woodcuts, ca. 1400 – 1700. Bd. 5 Amsterdam o. J., Nr. 533; Musper (Anm. 18), Bd. 1, S. 133 und Nr. 227. Zu ‚Erhebung des Trierer Rockes' und ‚Kanonisierung des hl. Leopold' in der Ehrenpforte vgl. jetzt Thomas Schauerte: Der Kaiser stirbt nicht: Transitorische Aspekte der Maximilianeischen *Gedechtnus*. In: Kaiser Maximilian I. und die Kunst der Dürerzeit. Hg. v. Eva Michel und Maria Luise Sternath. Ausst.-Kat. Albertina (14.9.2012–6.1.2013). München [u.a.] 2012, S. 37–47, hier S. 3ff. mit weiterer Lit; dort und bereits zuvor Zuschreibung an Albrecht Altdorfer; dazu auch www.virtuelles-kupferstichkabinett.de/index.php?currentWerk=918&. Vgl. auch: Dürer. Kunst – Künstler – Kontext. Hg. v. Jochen Sander. München 2013, Katalog der Ausstellung im Städel-Museum, Frankfurt a.M., Nr. 13.7 u. 13.8B, S. 320, 324. – Der *Weisskunig* blieb unvollständig und wurde bis zum achtzehnten Jahrhundert nicht in irgendeiner Form veröffentlicht. Vgl. Der Weiß Kunig. Eine Erzehlung von den Thaten Kaiser Maximilian des Ersten. Von Marx Treitzsaurwein auf dessen Angaben zusammengetragen, nebst den von Hannsen Burgmair dazu verfertigten Holzschnitten. Herausgegeben aus dem Manuscripte der kaiserl. Hofbibliothek, Wien 1775. Neudruck mit einem Kommentar u. einem Bildkatalog von Christa-Maria Dreissiger, Weinheim 1985, hier Abb. 197, im Nachwort S. 23.

gefundene Artefakt kaum mehr als ein Fragment gewesen sein dürfte.⁴⁹ Für Maximilian und seine Zeitgenossen war der Heilige Rock ein anderes antikes, römisches Artefakt, kostbarer und empfindlicher als die Münzen, Inschriften und Skulpturen, aber in seiner Art kaum fundamental unterschieden von jenen.

Wenn die Geistlichkeit die Heiligen exhumierte und sie dann in schriftlichen Berichten und steinernen Grabmälern für die Öffentlichkeit präsent machte, überführten sie diese Persönlichkeiten aus mythischem Dunkel in historische Zeit. Dies unterscheidet sich nicht von dem, was Maximilian mit seinen angeblichen römischen und mittelalterlichen Vorfahren zu erreichen versuchte. Maximilian war auch so vorausschauend, seinen eigenen Körper für zukünftige Archäologen vorzubereiten: Als er im Jahr 1519 starb, ließ er eine bleierne Tafel mit in seinen Sarg legen.⁵⁰ Hier fließen die Praktiken kirchlicher und dynastischer Archäologie ineinander.

Eine der merkwürdigsten Geschichten dieser Zeit war die Suche nach den Knochen Siegfrieds, des Helden des *Nibelungenlieds*. Maximilian war stark angezogen von den hochmittelalterlichen, heroischen Dichtungen in der Volkssprache, ebenso von den höfischen Romanen wie dem ‚Parzival' oder dem ‚Titurel' Wolframs von Eschenbach wie von anonymen Epen wie dem *Nibelungenlied*. Maximilian unterschied nicht sonderlich zwischen den ritterlichen Helden und den Helden des biblischen oder römischen Altertums.⁵¹ Zu einem gewissen Zeitpunkt, womöglich um das Jahr 1501, scheint Maximilian, vielleicht auf Burg Runkelstein, eine Handschrift gesehen zu haben, in der Teile des *Nibelungenlieds* und andere Gedichte enthalten waren. Maximilian gebrauchte dieses sogenannte „Heldenbuch an der Etsch" als Basis für sein *Ambraser Heldenbuch*, ein illuminiertes Kompendium heroischer Dichtungen; ab 1502 geplant, wurden die Schreibarbeiten 1504 begonnen, fertiggestellt wurde es 1516/ 1517 durch den Schreiber Hans Ried und einen unbekannten Illuminator.⁵² Maximilians ‚autobiographisches' Werk *Theuerdank* soll, so das Vorwort, *in form, maß vnd weis der heldenpuecher*, etwa nach dem Muster von Texten aus dem *Heldenbuch* gestaltet sein.⁵³

---

49 Mechthild Flury-Lemberg: Das Reliquiar für die Reliquie vom Heiligen Rock Christi. In: Der Heilige Rock zu Trier (Anm. 46), S. 691–708.
50 Hispania – Austria: Kunst um 1492. Die katholischen Könige, Maximilian I. und die Anfänge der Casa de Austria in Spanien. Innsbruck 1992, S. 365.
51 Jan-Dirk Müller: *Gedechtnus*. Literatur und Hofgesellschaft um Maximilian I. München 1982 (Forschungen zur Geschichte der älteren deutschen Literatur 2), S. 169; siehe auch Horst Schröder: Der Topos der Nine Worthies in Literatur und bildender Kunst. Göttingen 1971.
52 Wien, Österreichische Nationalbibliothek, Cod. ser. nov. 2663; Ambraser Heldenbuch. Vollständige Faksimile-Ausgabe im Originalformat. Kommentar Franz Unterkircher. Graz 1973 (Codices selecti 43).
53 J.-D. Müller (Anm. 51), S. 111.

Aber Maximilian gab sich nicht damit zufrieden, die alten Heroen lediglich als allegorische oder poetische Figuren in seinen Genealogien zu haben, in der Art wie Kaiser Karl IV. im 14. Jahrhundert Saturn und Jupiter in den Stammbaum seiner Familie einfügen ließ.[54] Jan-Dirk Müller hat gezeigt, wie Maximilian versuchte, die volkssprachliche Heldenepik in historiographisch gut verwertbares Material umzuformen, indem er die alten Geschichten auf ein bloßes Skelett von Namen reduzierte.[55] Auf diese Art wurden die Heldenepen in etwas verwandelt, das Genealogien glich und erhielten so eine Aura von Faktizität. Von noch größerem Interesse ist jedoch, dass Maximilian seine Art, die heroische Vorzeit zurückzugewinnen, mit greifbaren Belegen zu untermauern versucht hat. 1551 berichtete der Lutheraner und Humanist Caspar Bruschius (1518–1557), dass Maximilian in der Reichsstadt Worms im Jahr 1495 Grabungen nach der Leiche des Helden Siegfried gefördert hätte.[56]

Es ist freilich zu berücksichtigen, dass eine Reihe anderer Quellen von einer früheren Ausgrabung auf der Suche nach Siegfried sprechen, die von Maximilians Vater, Kaiser Friedrich III., initiiert worden seien. Womöglich hat Bruschius Quellen vermischt. Friedrich war, so wird berichtet, in Worms am 9. April 1488 und verbrachte dort zwei Nächte.[57] Der Bericht, der dem Ereignis am nächsten kommt, stammt aus den *Acta Wormatiensia*, an denen der Stadtschreiber Adam von Schwechenheim († 1512) zusammen mit dem Mitglied des Rats und mehrfachen Bürgermeister Reinhard Noltz, dieser auch Verfasser eines sog. ‚Tagebuchs', beteiligt war[58]: *Auff das male begert der keyser der stadt graben mecher*

---

54 Lhotsky (Anm. 8), S. 210, 243. – Allerdings war Maximilian nicht der erste ‚grabende Kaiser'; siehe dazu den interessanten Aufsatz von Hans-Rudolf Meier: Heilige, Hünen und Ahnen: Zur Vorgeschichte der Mittelalterarchäologie im Mittelalter und in der frühen Neuzeit, Georges-Bloch-Jahrbuch des Kunsthistorischen Instituts der Universität Zürich 8 (2001), S. 7–25.
55 J.-D. Müller (Anm. 51), S. 87, 169–172, 191–197.
56 Caspar Bruschius. *Monasteriorum Germaniae praecipuorum ac maxime illustrium* [...]. Ingolstadt 1551, fol. 82r.: *Sunt in huius Coenobij* [Kloster Maria Münster Worms] *uicinia, duo sacella non procul a se inuicem dissita, quorum unum S. Meynardo, alterum D. Ceciliae dicatum est. In medio horum Sacellorum, & interiacente spatio humatus dicitur Corneus Sifridus Vangionum urbis Gygas stupendae altitudinis, & roboris admirandi: do quo extat hodie adhuc poema quoddam Germanicum Der hurnin Seyfrid inscriptum. Tumulus duobus e terra prominentibus saxis notatus, ter a me dimensus, habet in longitudine pedes quadraginta quinque. Lancea huius Gygantis ostenditur in summo templo urbis Vangionum. Maximilianus Imperator, antiquitatum omnium studiosissimus princeps, cum anno 1495 comitia Vvormaciae celebraret, aperiri et effodi tumulum iussit: sed praeter aquas nihil in eo inuenit.*
57 Regesten Kaiser Friedrichs III (1440–1493). Heft 4. Die Urkunden und Briefe aus dem Stadtarchiv Frankfurt am Main. Hg. v. Paul-Joachim Heinig. Wien [u. a.] 1986, S. 463–464 (Nr. 976).
58 Falk Eisermann: Noltz, Reinhard. In: ²VL Bd. 11 (2004), Sp. 1055, hier Sp. 1057; Einzelnes bei Boos (Anm. 59), S. XXXIII–XXXV, XXXVIII–XLII.

und liesz graben kreutzwyse auff sant Meinharts kirchhoff, ob man gebeyne mocht fynden vom hornyn Sifridt; man grub bisz auff wasser und fand nichts dann einen kopff und etlich gebeyn, die waren grosser dann sust gemein dot menschen haupt und gebeyn.[59]

Diese wenig eindeutigen Ergebnisse werden dann auch nicht verlässlicher im detaillierteren Bericht jener Chronik, die von einem Mönch im Augustinerkloster Kirschgarten, außerhalb der Stadtmauern, um 1501 und 1503 erstellt worden ist: *Item audiens esse sepulchrum famosum cuiusdam gigantis in coemiterio beatae Ceciliae vel beati Meynardi, quod est in suburbio versus Spiram, qui gigas dicebatur Sifridus der Hörnen, tenuitque hoc rusticorum stoliditas, quia in loco illo etiam signa posita videbantur. Voluit imperator ipse hoc experiri, si verum esset, unde vocans ad se dispensatorem suum, quatuor vel quinque dedit florenos, dicens: ‚Ite ad consulatum et dicite, ut nomine meo faciant fodi in coemiterio illo, ut agnoscam, si vera sit fama illa.' Qui accipientes pecuniam ad fodiendum conduxerunt, qui ad locum praefatum venientes usque ad ebullitionem aquae foderunt et nullum signum humani corporis vel ossium ibi invenerunt. Et sic renunciantes imperatori, fictitium illud fuisse narraverunt.*[60] Hier ist von den anormal großen Knochen, die im Bericht des Stadtschreibers erwähnt werden, überhaupt keine Rede.[61]

---

59 Quellen zur Geschichte der Stadt Worms. 3 Bde. Hg. v. Heinrich Boos. Berlin 1886–1893, hier Bd. 3: Chroniken. Berlin 1893, S. 563 („Bei dieser Gelegenheit bestellte der Kaiser [Friedrich III.] diejenigen, die für den Stadtgraben verantwortlich waren, zu sich und ließ kreuzweise auf dem Kirchhof von St. Meinhard graben, um herauszufinden, ob man Gebeine des *hürnen Seyfrid* finden könne; man grub bis auf das Grundwasser und fand nichts als einen Kopf und einige Knochen, die größer waren als gemeinhin Kopf oder Knochen eines toten Menschen sind").
60 Ibid., 92: „Man hörte auch von einem berühmten Grab eines gewissen Riesen, auf dem Friedhof von St. Cecilia oder St. Meynard gerade außerhalb der Stadt in Richtung Speyer, von dem es hieß, es sei der *hürnen Sifrid*. Aufgrund der Dummheit der Ungebildeten wurde dies für wahr gehalten, weil an diesem Ort entsprechende Anzeichen dafür zu sehen waren. Der Kaiser wollte wissen, ob dies der Wahrheit entspreche, woraufhin er seine Verwalter zu sich rief und ihnen vier oder fünf Gulden gab mit den Worten: ‚Geht zum Stadtrat und weist sie an, in meinem Namen auf diesem Friedhof zu graben, damit ich erfahre, ob dieses Gerücht der Wahrheit entspricht.' Die nahmen das Geld fürs Graben an, taten sich zusammen und gingen zum zuvor erwähnten Ort, wo sie bis auf Höhe des Grundwassers gruben und keinerlei Anzeichen eines menschlichen Körpers oder Knochen fanden. Dann kehrten sie zurück und berichteten dem Kaiser, dass alles erfunden sei."
61 Der Bericht von Friedrich Zorn, ungefähr um das Jahr 1570, folgt der Kirschgartener Chronik: Wormser Chronik von Friedrich Zorn. Mit den Zusätzen Franz Bertholds von Flersheim. Hg. v. Wilhelm Arnold. Stuttgart 1857 (Bibliothek des Literarischen Vereins in Stuttgart 43), S. 196.

Ein weiteres Detail aus dem Bericht von Friedrichs Besuch in Worms in der Kirschgartener Chronik gibt einen Eindruck davon, wie nah einander die Suche nach den Relikten der Heroen des Epos und die christliche Archäologie waren. Als Friedrich die Stadt im Jahr 1488 ein zweites Mal besuchte, wurde er vom Kloster Neuhausen außerhalb der Stadt mit einer Rippe des Heiligen Cyriacus beschenkt.[62]

In den späten 1480er und frühen 1490er Jahren hatte die Stadt sich immer mehr dem Kaiser angenähert, um sich damit gegenüber der Macht des Bischofs, Johann von Dalberg, ein Gegengewicht zu schaffen. Im Jahr 1491 erlangte der Rat der Stadt die Kontrolle über die Münzerhausgenossenschaft und deren Haus, die ‚Neue Münze', und ließ kurz darauf, womöglich im Jahr 1493, drei Inschriften an deren Fassade anbringen. Auch wenn die Inschriften selbst nicht mehr existieren, ihr Text ist überliefert: Sie beziehen sich auf Friedrich, auf die Schlacht der Vangionen gegen Julius Caesar (Angehörige und Nachkommen dieses germanischen Stammes siedelten seit römischer Zeit um und in Worms) und auf die historischen Freiheiten der Stadt. Die Inschriften scheinen einer gleichfalls nicht mehr existierenden Inschrift aus dem zwölften Jahrhundert entsprochen und diese auch erweitert zu haben, die sich am Nordtor des Doms befand, wo sie die durch Friedrich Barbarossa gewährten, kaiserlichen Privilegien öffentlich machte.[63] Genau über den Inschriften an der ‚Münze' befand sich, gemalt oder als Skulptur, die Figur Friedrichs III. auf dem Herrscherthron.[64]

Das auf den Kaiser zugeschnittene Programm war zugleich verflochten mit den Bildern aus der lokalen heroischen Tradition. Jedermann, so scheint es, war bekannt, dass Worms in der Nibelungensage eine zentrale Rolle als Hauptstadt des burgundischen Königreichs zukam.[65] In Worms wie in anderen Städten ganz Europas auch waren die Riesen der Vorzeit lebendig, – in Prozessionen und in Spielen, als kostümierte Darsteller auf Stelzen oder als flüchtig auf Leinwand

---

62 Boos (Anm. 59), Bd. 3, S. 91: *Rediens igitur ad Wormatiam, devotionis causa ivit ad Nuhusen post solis pene occasum visitare reliquias sancti Cyriaci et sociorum eius personis ibi non avisatis. Ubi dum quaedam antiqua comperisset testimonia illarum sacrarum reliquiarum, precibus humilibus costam petiit sancti Cyriaci et impetravit, quam gratissimo suscepit animo, desiderans passionem eius, vitam pariter et imaginem eius per dictas personas sibi ordinari, offerendo se ad quaecunque petita pro personis vel etiam illa suae caesareae maiestati donabilia praestiturum.*
63 Das Wissen über die Fassade der ‚Münze' ist zusammengefasst bei Rüdiger Fuchs (Hg.): Die Inschriften der Stadt Worms. Wiesbaden 1991, Nr. 33; zur Inschrift am Dom s. zu Nr. 27.
64 Eugen Kranzbühler: Worms und die Heldensage. Hg. v. Friedrich M. Illert. Worms 1930, S. 165.
65 Siehe Helmut Berndt: Das 40. Abenteuer: Auf den Spuren des Nibelungenliedes. Oldenburg u. Hamburg 1968, hier S. 123–128 über die Nibelungen-Schauplätze in Worms.

gemalte Figuren.[66] Das Interesse von Worms an den Heldengeschichten scheint gerade in diesen Jahren gestiegen zu sein, vermutlich in Verbindung mit dem Bemühen, die Existenz seit jeher bestehender kaiserlicher Privilegien zu konstruieren. Die Geschichten von Helden und Drachen mögen sich im Bewusstsein der Bürger vielleicht auch mit den Kämpfen mit Julius Caesar vermischt haben. Im Jahr 1493 beauftragte die Stadt den Wormser Maler Nicolaus Nivergalt, mehrere Figuren auf die Fassade der ‚Münze' zu malen. Zwei Zeichnungen aus dem späten siebzehnten Jahrhundert von den Brüdern Peter und Johann Friedrich Hammann, zwei Architekten, vermitteln immerhin eine ferne Vorstellung davon, wie die Fassade im Jahr 1493 ausgesehen haben mag. Eine der beiden Zeichnungen der Brüder Hammann aus dem Jahr 1692 zeigt links eine stehende Figur, weiter rechts zwei liegende Soldaten und ganz rechts einen stehenden Soldaten.[67] Es scheint, dass es sich bei dem, was Nivergalt malte, um Figuren aus der Heldensage, um Kriemhild, Gunther und Siegfried handelte, obwohl einzig die Identifikation der einen Figur als Kriemhild durch eine zeitgenössische Quelle bestätigt werden kann.[68] Zu einem nicht weiter bekannten Zeitpunkt wurden die Arkaden der ‚Münze' mit riesigen Knochen geschmückt, von denen es hieß, dass sie entweder von einem Drachen, einem feindlichen besiegten Riesen oder gar von Siegfried stammen sollten. Schließlich wurde die Lanze Siegfrieds im Dom verwahrt; sie wurde von Bruschius im Jahr 1551 erwähnt.[69]

Welche Rolle kam nun Maximilian dabei zu? Im April 1488, während des Aufenthalts seines Vaters in Worms, war er noch zu Brügge in Flandern in Gefangenschaft. Aber Friedrich starb im Jahr 1493 und bereits im Jahr danach (1494) wird der 1486 zum König gekrönte Maximilian in Worms mit großem Zeremoniell

---

66 Virginia Bush: The Collossal Sculpture of the Cinquecento. New York 1976, S. 14–16. Zu den Riesen in der Prozession, die für Papst Paul II. von der Stadt Rom 1466 organisiert wurde, siehe Philine Helas: Lebende Bilder in der italienischen Festkultur des 15. Jahrhunderts. Berlin 1999, S. 105.
67 Fritz Reuter: Peter und Johann Friedrich Hamann, Handzeichnungen von Worms aus der Zeit vor und nach der Stadtzerstörung 1689 im ‚Pfälzischen Erbfolgekrieg'. Worms 1989, S. 61 (Nr. 4), S. 103 (Nr. 25).
68 Kranzbühler (Anm. 64), S. 164–191. Um das Jahr 1570 herum bezog der Chronist Friedrich Zorn sich auf „den Kaiser, Heroen und andere Drachen und Bilder." Die Gemälde wurden im Jahr 1592 wiederhergestellt. Siegfried wird als Figur in keiner Quelle vor Quad von Kinkelbach im Jahr 1609 erwähnt. Im Jahr 1594 erwähnt jedoch bereits Johann Fischart auf einem Fresko am Neuturm eine ritterliche Figur als Siegfried.
69 Kranzbühler (Anm. 64), S. 93–97, 105–106; Bruschius wird nach der Edition von 1682, S. 294 zitiert bei Adalbert Horawitz: Caspar Bruschius. Ein Beitrag zur Geschichte des Humanismus und der Reformation. Prag, Wien 1874, S. 154, Nr. 1. 294: *Lancea hujus Gigantis ostenditur in summo templo urbis Vanginonum.*

vor der ‚Münze' empfangen. Der Bürgermeister Reinhard Noltz beschreibt den Augenblick in seinem Tagebuch: *da sasz der konig ab und hatte uf siner piret einen crantz von wissen und roten grasblůmen gemacht in aller mas und gestalt, wie der gemalt crantz in der frawen Crimhiltin an der Möntz in ir hand gemalt ist.*[70]

Auf dem Reichstag zu Worms 1495 wurden dann, zumindest laut Caspar Bruschius, die archäologischen Arbeiten fortgeführt. Der Reichstag wurde von aufs neue belebten ritterlichen Zweikämpfen und Festen begleitet:[71] So wird auch in Kapitel 77 des ‚autobiographischen' *Theuerdank* berichtet, dass Maximilian einen Schwertkampf zu Pferde gegen einen Rivalen gewonnen habe, was nach der *clavis* am Rhein stattgefunden habe. In seinem Bericht von 1551 notiert Bruschius, dass das Grab Siegfrieds zwischen St. Meinrad und St. Cecilia liege und dass „der Hügel, der durch zwei aus der Erde herausragende Felsen ausgezeichnet ist, dreimal von mir gemessen wurde: er misst in der Länge fünfundvierzig Fuß ... Als Kaiser Maximilian, ein Fürst, der mit großem Eifer sich um alle Altertümer bemühte, im Jahre 1495 den Reichstag zu Worms feierlich beging, befahl er, den Grabhügel zu öffnen und auszugraben. Aber außer Wasser fand man nichts."[72]

Es ist möglich, dass sowohl der Vater als auch der Sohn unabhängig voneinander Ausgrabungen veranlassten. Allerdings findet sich in keiner der Quellen dafür ein Anhaltspunkt. Wahrscheinlicher ist wohl, dass allein Friedrich III. nach Siegfried graben ließ und Bruschius sich getäuscht hat. Maximilians Anteil mag auf die Empfangszeremonie im Jahr 1494 unter den Fresken mit den Wormser Heroen und, vielleicht in ähnlicher Weise, auf nicht überlieferte Handlungen während des Reichstags im Jahr 1495 begrenzt gewesen sein.

Die Suche nach den Gebeinen des literarischen Helden Siegfried scheint ein passendes Beispiel ‚romantischer' Leichtgläubigkeit zu bieten. Aber immerhin gab es hier mit der Nibelungensage einen historischen Kern. Der Held der Sage, Siegfried, mag tatsächlich um das Ende des burgundischen Herrscherhauses im Jahr 443 gelebt haben. Die euhemeristische Interpretation der Sagen als poetische Verarbeitungen vergangener, ‚historischer' Wahrheiten war zu jenem Zeitpunkt schon weitgehend etabliert. Das Vorwort des *Heldenbuchs*, veröffentlicht im Jahr 1477, erklärt, dass *die rysen allwegen waren keiser, künig, herczogen,*

---

70 Boos (Anm. 59) Bd. 3, S. 379 („Der König stieg ab und hatte auf seinem Hut einen Kranz weißer und roter [Garten]Nelken, in Größe und Gestalt so gemacht wie der gemalte Kranz in der Hand der edlen Herrin Kriemhild an der ‚Münze'").
71 Dazu vgl. in diesem Band den Beitrag von Brady, S.36f.
72 Bruschius (Anm. 56), fol. 82r: *Tumulus duobus e terra prominentibus saxis notatus, ter a me dimensus, habet in longitudine pedes quadraginta quinque ... Maximilianus Imperator, antiquitatum omnium studiosissimus princeps, cum anno 1495 comitia Wormatiae celebraret, aperiri et effodi tumulum iussit, sed praeter aquas nihil in eo invenit.*

grafen vnd herren, dienstleüt ritter, vnd knecht, und waren alle edel leüt.[73] Es war insbesondere der Tod Siegfrieds, der in der Sage wieder erzählt wurde, der ihn als historisch einmalige Persönlichkeit und nicht nur als mythologische Abstraktion heraushob. Tatsächlich lieferte bereits das *Nibelungenlied* in den ‚klassischen' Redaktionen aus staufischer Zeit einen genauen Hinweis auf den Ort des Grabes: der Friedhof des Doms zu Worms (z.B. nach B Str. 1062ff.). Diese alte Tradition hatte womöglich mit der Existenz einer vor-romanischen, zeitlich kaum einzuordnenden oktagonalen Taufkirche in unmittelbarer Nähe des Doms zu tun.[74]

So tauchen dann auch manche Splitter historisch einigermaßen gesicherter Fakten aus der Zeit der Völkerwanderung mit einiger Deutlichkeit in spätmittelalterlichen Chroniken auf. Die Kirschgarten-Chronik berichtet beispielsweise, und übernimmt dies aus dem *Compendium de Francorum origine et gestis* (Erstdruck 1495) des französischen Humanisten und Historikers Robert Gaguin, dass die westgotische Königin Brunhilde (Brunichild) Worms nach dessen Zerstörung durch Attila im Jahr 443 wiederaufgebaut habe.[75] Brunhilde spielte eine Schlüsselrolle in der Frühgeschichte der Merowinger. Eine gewisse Parallele zur Suche nach den Gebeinen Siegfrieds bietet sich im Kult des Heiligen Sigismund, der von Kaiser Karl IV. im vorhergehenden Jahrhundert gefördert wurde.[76] Sigismund war König der Burgunder, konvertierte im Jahr 497 vom Arianismus zum Katholizismus, gründete 515 die Abtei St. Maurice d'Agaune (im Wallis) und wurde im Zuge von Kriegen mit Ostgoten und Franken im Jahre 522 mit Frau und Kindern in Orleans in einen Brunnen gestürzt. Die Verehrung als Heiliger setzte bald danach ein, und im Jahr 1365 brachte Karl IV. sein Haupt von St. Maurice nach Prag, etablierte auch dort den Kult und nannte seinen Sohn, den späteren Kaiser, Sigismund. Diese Kombination von Reliquienfrömmigkeit und historischen Nachforschungen bildet den Rahmen für die Suche nach dem historischen Siegfried.

Viele der historischen Untersuchungen in dieser Zeit verdankten sich einer Neugier, die jetzt wunderlich oder allzu unkritisch erscheint. Aber diese historische Vorstellungskraft ist von reiner poetischer Einbildung oder Erfindung zu unterscheiden. Auch schon in Maximilians Zeiten war die historische Forschung kritischer Überprüfung unterworfen. So wurden zum Beispiel die beeindruckend großen Knochen, die im zeitgenössischen Bericht über die Ausgrabung im Jahr 1488 in Worms von Adam von Schwechenheim beschrieben wurden, als Beweis dafür, dass dort ein Riese sein Grab gefunden hätte, später offenbar unter

---

73 J.-D. Müller (Anm. 51), S. 192.
74 Kranzbühler (Anm. 64), S. 91–93.
75 Boos (Anm. 59), Bd. 3, S. 9.
76 Berndt (Anm. 65), S. 86.

allgemeiner Zustimmung abgelehnt, denn sonst wären diese Knochen in anderen Chroniken erwähnt worden. Die Ausgrabungen wurden von lokaler, mündlicher Tradition angeregt und schienen durch die Markierungen mit den zwei Felsen und durch den Grabhügel gerechtfertigt zu sein (obwohl der Hinweis bei Adam von Schwechenheim, dass Friedrich „kreuzweise" graben ließ, anzeigt, dass die Begräbnisstätte nicht so klar markiert war). Deren Lage zwischen den zwei kleinen Kirchen nahe dem Kloster Maria Münster südlich der Stadt war nicht so weit entfernt von einem Platz, der „Heiden-Friedhof" genannt wurde. In Worms wahrte man, wie in vielen anderen Städten auch, die Erinnerung an solch einen Friedhof, nicht zuletzt deswegen, weil sie ein Repertoire von Geistergeschichten begleitete. Und tatsächlich brachten Ausgrabungen an dieser Stelle in den 90er Jahren des 19. Jahrhunderts römische und fränkische Grabstellen zutage.[77]

Offenbar erinnerte sich niemand zu jener Zeit an die Strophen des *Nibelungenlieds*, in denen es klar heißt, dass Siegfried am Dom zu Worms begraben wurde. Auch Friedrich Zorn hatte dafür um das Jahr 1570 noch keine Aufmerksamkeit.[78] Der einzige Text, den offenbar jeder zu Maximilians Zeit kannte, war der *Hürnen Seyfrid*, in dem, um 1400 entstanden, eine andere Version der Siegfriedsage etwas roh und eigenwillig aufs Neue erzählt wurde.[79] Vor 1500 dürfte der *Hürnen Seyfrid* in Manuskriptform weit verbreitet gewesen sein; um das Jahr 1530 wurde der Text in Nürnberg von Kunigund Hergotin und Georg Wachter mit Holzschnittillustrationen von Sebald Beham gedruckt.[80] Einige Strophen des Textes sind auch schon in älteren Drucken in anderem Kontext veröffentlicht und illustriert worden, so etwa der Kampf zwischen Seyfrid und Dietrich von Bern im *Rosengarten zu Worms*, wie er zum Beispiel in einem Holzschnitt dazu im Knobloch-Druck des *Heldenbuchs* aus dem Jahr 1509 zu greifen ist.[81] Im Jahr 1551 sagt Caspar Bruschius ausdrücklich, dass der im Kirchhof nahe Maria Münster gesuchte Riese die als *Corneus Sifridus* bekannte Gestalt sei, „über den bis zum heutigen Tag ein gewisses deutsches Gedicht genannt ‚Der Hürnen Seyfrid' existiert."[82] Der *Hürnen Seyfrid* adaptierte das epische Material des Früh-

---

77 Kranzbühler (Anm. 64), S. 84.
78 Ebd., S. 23–24. Vgl. Horst Brunner: ‚Hürnen Seyfrid'. In: ²VL Bd. 4, Sp. 317–326.
79 Volker-Jeske Kreyher: Der Hürnen Seyfrid: die Deutung der Siegfriedgestalt im Spätmittelalter. Frankfurt a.M. [u.a.] 1986.
80 Helmut Weinacht: Das Motiv vom Hürnen Seyfrid im Nürnberg des 16. Jahrhunderts. In: Hans Sachs und Nürnberg: Bedingungen und Probleme reichsstädtischer Literatur. Hg. v. Horst Brunner [u.a.]. Nürnberg 1976, S. 137–181.
81 *Das helden buch mit synen figuren*. Straßburg 1509, Bl. 5v ff.
82 Kranzbühler (Anm. 64), S. 84 (vgl. oben Anm. 56): *de quo extat hodie adhuc poema quoddam Germanicum Der hurnin Seyfrid inscriptum.*

und Hochmittelalters für eine neue Öffentlichkeit und eine neue Epoche. Er erweiterte so nicht unbedingt alte, mündliche Traditionen, sondern begann eine neue und relativ unabhängige Texttradition.[83]

Die Einstellung der professionellen Historiker gegenüber den Heroen der Vorgeschichte war ambivalent. Humanistische Gelehrte erwähnten die ‚heroic tales' selten.[84] Aber dies hatte mit deren Abneigung gegenüber mündlich verbreiteter oder in der Volkssprache verfasster Literatur zu tun. Die Gelehrten der Zeit verwarfen die Ansichten ungebildeter Leute, der *rustici*, wie sie sie nannten, als närrisch und haltlos. Die Gelehrten verachteten auch die billigen, in deutscher Sprache gedruckten Texte, die seit den 70er Jahren des 15. Jahrhunderts stark zunahmen, besonders jene, die mit Holzschnitten illustriert waren. In den meisten dieser Texte spielte vor allem Dietrich von Bern eine zentrale Rolle, die Figur, die in der Sage Theoderich dem Großen (451–526), dem König der Ostgoten, entsprach. Resolute Historiker wie Heinrich Bebel nannten die Heldenepen „reine Erfindung (*merum commentum*)."[85] Ulrich von Hutten verspottete in den *Epistolae Obscurorum Virorum* die Suche nach den Knochen von Helden. Nicht weniger als neununddreißig Doktoren waren beim Reichstag in Worms zugegen, unter Einschluss des skeptischen Conrad Peutinger, und man kann sich vorstellen, was die meisten von der Ausgrabung hielten.

Theologen bereiteten insbesondere die Attraktivität der populären heroischen Figuren Sorgen. Johann Geiler von Kaysersberg verwarf alle Heldendichtung als *torechte vnnütze wort*.[86] Luther warnte die Prediger davor, in ihren Predigten von Dietrich von Bern Gebrauch zu machen. Die Theologen waren über die Leichtigkeit besorgt, mit der ethische Normen, seien sie nun positiver oder negativer Natur, auf die Figuren der Sage, insbesondere die Riesen, projiziert wurden. Riesen wurden im Allgemeinen als imponierende Gestalten, aber vor allem als gewalttätige und gesellschaftsfeindliche Bedrohung betrachtet. Auch

---

83 H. W. J. Kroes vertritt (Untersuchungen über das Lied vom Hürnen Seyfrid, mit Berücksichtigung der verwandten Überlieferungen. Diss. Groningen 1924) die Ansicht, dass die Ursprünge des *Hürnen Seyfrid* im Hochmittelalter und neben dem *Nibelungenlied* tradiert wurden, aber dies ist nicht allgemein akzeptiert.
84 Frank L. Borchardt: German Antiquity in Renaissance Myth. Baltimore 1971, S. 320 Anm. 23; J.-D. Müller (Anm. 51), S. 197–203; Johannes Janota: Zur Rezeption mittelalterlicher Literatur zwischen dem 16. und 18. Jahrhundert. In: Das Weiterleben des Mittelalters in der deutschen Literatur. Hg. v. James F. Poag u. Gerhild Scholz-Williams. Königstein 1983, S. 37–46; Weinacht (Anm. 80), S. 142 Anm. 17.
85 Heinrich Bebel: *Commentaria epistolarum conficiendarum* (Straßburg, 1503), Bl. 130r, zitiert von J.-D. Müller (Anm. 51), S. 197.
86 Zitiert nach John L. Flood: Theologi et Gigantes, Modern Language Review 62 (1967), S. 654–660, S. 655.

Luther stimmte diese Melodie an, als er den Papst polemisch „ein[en] mächtige[n] Riese[n], Roland und Kerl" nannte.[87] Erschienen sie aber in einem Kontext volkssprachlicher Literatur und ‚bürgerlicher' Ikonographie konnte ihre Bewertung mit verblüffender Leichtigkeit zum Positiven wechseln. Gleichzeitig wollten die Gelehrten aber die Möglichkeit für einen historisch zu begründenden Hintergrund für die Heldensagen nicht ausschließen. Tacitus hatte (*Germania* 2) berichtet, dass die alten Germanen, da ihnen schriftliche Aufzeichnungen ihrer Geschichte fehlten, ihre Geschichte in ihren Liedern wiedergegeben hätten. Die mittelalterlichen Epen mochten ebenso Spiegel vergangener Ereignisse sein. Aventin versuchte, die Epen entsprechend kritisch zu lesen, und sogar Luther nahm an, dass die Heldenepen vergangene historische Ereignisse wiedergäben.[88] Die Einstellung der Gelehrten unterschied sich in dieser Hinsicht nicht so sehr von der gegenüber einer Archäologie von Seiten der Kirche. Sie wahrten Distanz gegenüber dem leichtgläubigen Verhalten des Volkes und dem mit Reliquien verbundenen Wunderglauben und weigerten sich doch, die Tatsächlichkeit vergangener Wunder aufzugeben.[89]

Es ist zugegebenermaßen schwer zu verstehen, wie Historiker sich die Möglichkeit für die Existenz von Riesen offen halten konnten. Die Autorität der vielen, antiken Quellen, in denen Riesen erwähnt werden, muss erdrückend gewesen sein.[90] Selbst Kaiser Augustus ließ, wie man von Sueton erfahren konnte, die Knochen von Giganten der Urzeit in seiner Villa in Capri ausstellen.[91] Im Mittelalter wurden Wal- oder Mammutknochen häufig als die Überreste von Giganten interpretiert und an Kirchenportalen ausgestellt. Viele solcher Entdeckungen von Riesenknochen sind aus dem Mittelalter überliefert. Bocaccio beschrieb einen riesigen Leichnam, der von Bauern in der Nähe von Trapani

---

87 Ebd., S. 657, Zusammenfassung einer Passage aus einer Predigt Luthers an Epiphanias, WA 10.1.1, S. 620.10ff.

88 Zu Aventinus siehe J.-D. Müller (Anm. 51), S. 200f.; zu Luther siehe Flood (Anm. 86), S. 654.

89 Der Altertumsforscher Johann Fuchsmagen sandte, wie berichtet wird, nicht nur zwei Zähne des Heiligen Christophorus (Ruf [Anm. 12], S. 118), sondern auch die Zunge des Drachen, der von Haymon/Heime getötet worden war (heute Tiroler Landesmuseum Ferdinandeum; dazu vgl. auch Wilhelm Grimm: Die deutsche Heldensage. 4. Aufl. [...] Darmstadt 1957, S. 490, 664f.), an den Reliquiensammler Florian Waldauf. Wieder wird aus dem Bericht nicht deutlich, wie Fuchsmagens Einstellung zu den Reliquien war.

90 Paulys Real-Encyclopädie der classischen Altertumswissenschaft. Hg. v. Georg Wissowa. 83 Bde. Stuttgart 1893–1978. Suppl. Bd. 3 (1918), Sp. 655–759; Paul Hans Stemmermann: Die Anfänge der deutschen Vorgeschichtsforschung. Diss. Heidelberg 1934, S. 5.

91 Sueton selbst war skeptisch, beschrieb sie jedoch als „the monstrous bones of huge sea monsters and wild beasts, called the ‚bones of the giants' [*quae dicuntur gigantum ossa*]." (Suetonius: Lives of the Caesars. Transl. John C. Rolfe. 2 Bde. Cambridge Mass. u. London 1935. Bd. 1, S. 236f.)

im westlichen Sizilien gefunden worden und unglücklicherweise sofort in sich zusammen gefallen war; zurück blieb nur ein Stab aus Blei.⁹² Alte Gebäude wurden Riesen als Architekten zugeschrieben, wie der Turm in Worms, wo Karl der Große einst gefangen war und der, folgt man einem Mönch des dreizehnten Jahrhunderts, „in alter Zeit von Riesen" gebaut worden war.⁹³ Albrecht Dürer sah in Antwerpen die Knochen eines Riesen, folglich glaubte er auch sie gesehen zu haben und berichtete in seinem Tagebuch, dass dessen Oberschenkelknochen allein fünfeinhalb Fuß maß. *Der Riese habe zu Antorff* [Antwerpen] *geregiert und groß wunder than, das die herren der statt in einen alten buch viel von jm geschrieben haben.*⁹⁴ Eine Generation nach Maximilian machte König Franz I. von Frankreich einst in Blaye, nahe Bordeaux, Halt, um einen Blick in den Sarkophag das Helden Roland zu werfen. Er wollte wissen, ob Roland wirklich ein Riese gewesen war. Franz ließ den Körper exhumieren und fand die Rüstung, die zwar rostig, aber unzerstört war. Der König stellte beruhigt fest, dass Roland kein Riese, sondern tatsächlich nicht größer als Franz selbst gewesen war.⁹⁵

Auch Friedrich Zorn, der Wormser Chronist des Jahres 1570, glaubte noch an Riesen, auch wenn er Vieles von dem ablehnte, was über Siegfried erzählt wurde: *ob schon etwan riesen hierum gewohnet, ist doch lauter fabelwerk, was von diesem hörnin Seifrid seiner stangen und schwertsknopf* [Schwertknauf] *gedichtet wird.*⁹⁶ Auch viele seriöse Gelehrte waren offenbar nicht in der Lage, von der Topik der Riesen-Erzählungen zu lassen, so als ob das Altertum und zugleich die tradierte Poetik zu attraktiv waren um sie aufzugeben.⁹⁷

---

92 Giovanni Boccaccio: Genealogie Deorum Gentilium libri, libro quarto *I Giganti dal sangue de i Titani & della Terra*: Tutte le opere di Giovanni Boccaccio. A Cura di Vittore Branca. Bd. 7. Milano 1998, Kap. LXVIII, hier S. 500 Z. 5 – 505 Z. 3.
93 Kranzbühler (Anm. 64), S. 7.
94 Dürer: Schriftlicher Nachlaß. Hg. v. Hans Rupprich. 3 Bde. Berlin 1956–1969, hier Bd. 1, S. 158 (Dürers ‚Tagebuch der Reise in die Niederlande', 3. September 1520). Das *alte Buch* war offensichtlich eine Handschrift im Stadtarchiv von Antwerpen, das die Taten von Riesen der Vorzeit und dabei auch den Sieg von Silvius Brabo über einen von ihnen beschrieb.
95 Jean Céard: La Querelle des géants et la jeunesse du monde, Journal of Medieval and Renaissance Studies 8 (1978), S. 37–76, S. 45. Siehe auch Rita Lejeune, Jaques Stiennon: The Legend of Roland in the Middle Ages. 2 Bde. New York 1971. Bd. 1, S. 394–399 allgemein zum Interesse von Franz I. an Roland, S. 399 dann über das Öffnen des Grabes im Besonderen. Ein zeitgenössischer Zeuge dessen, was im Grab zu finden war, fand tatsächlich nichts als kleine Knochenfragmente.
96 Friedrich Zorn (Anm. 61), S. 196.
97 Walter Stephens: Giants in Those Days: Folklore, Ancient History, and Nationalism. Lincoln 1989; Céard (Anm. 95).

Wenn nun also Friedrich III. und womöglich ebenso Maximilian I. nach den Gebeinen Siegfrieds graben ließen, gerieten sie dann augenblicklich in die Falle weitverbreiteter Geistergeschichten? Ich denke, gerade das Gegenteil war der Fall. Sie wollten Siegfried von dem Ruch befreien, eine bloße Sagengestalt zu sein und ihn stattdessen als eine Gestalt der Historie in seinem Status erhöhen. Um dieses Ziel zu erreichen, war es das Beste, wenn man eine Leiche fand. Denn die Entdeckung einer Leiche war, wenn man es recht bedenkt, der durch Tradition verbürgte, christliche Weg, eine Sage in ein historisches Faktum zu verwandeln. Und in diesem Fall scheint die gescheiterte Suche nach Knochen im Kirchhof zwischen St. Meinrad und St. Cecilia Maximilians Interesse an Siegfried zum Erlöschen gebracht zu haben. Der Glaube an einen historischen Kern bleibt dennoch, was die Siegfried-Figur betrifft, für einige Zeit am Leben. Im zweiten Band seines *Adelsspiegels* von 1594 betrachtete Cyriacus Spangenberg *Sigfried* als historische Figur, als *Kõnig Sigmunds vnd Fraw Siglinden Son*.[98] Doch Maximilian muss die Realität Siegfrieds aus einem gewissen Grund dubioser erschienen sein als die von Dietrich oder Artus. Maximilian hat Siegfried nicht in die Reihe der Bronzestatuen aufgenommen, die um sein Grab aufgestellt worden sind. Dass Siegfried kein Vorfahre Maximilians war, kann diese Auslassung nicht erklären, denn auch Dietrich (Theoderich) und Artus wurden nicht in Jakob Mennels kaiserlicher Genealogie aufgeführt und wurden dennoch beide unter die Figuren am Grab aufgenommen.

Die Parallele zu des Kaisers archäologischer Suche nach Siegfried war das britische intensive Interesse für den historischen Artus. Das Interesse an Artus nahm unter den Tudors zu, und zwar genau dann, als skeptische Historiker seine tatsächliche Existenz in Frage stellten. Sein Körper wurde bereits im zwölften Jahrhundert in Glastonbury gefunden.[99] So suchte der Drucker William Caxton im Vorwort zu seiner Edition von Malorys *Morte d'Arthur* (1485) die Skeptiker zu widerlegen, indem er die *many evydences to the contrarye* aufzählte, unter

---

98 Cyriacus Spangenberg: *Adelsspiegel*. 2 Bde. Schmalkalden 1591 u. 1594, hier Bd. 2, Bl. 272v. – Das Zitat vor dem Abdruck einer, der – im *Hürnen Seyfrid* – zweiten, Strophe, vgl. Das Lied vom Hürnen Seyfrid [...]. Hg. v. Wolfgang Golther. Halle ²1911, S. 5, dazu ebd. S. Xf. Vorsichtig erläutert aber auch Spangenberg zu Beginn den historischen Status seiner Referate aus dem *Heldenbuch: Jch wil aber der fürnembsten Helden Namen / vnd etliche jre Thaten / so jhnen zugeschrieben / kürtzlich melden / Nicht als für gewiese* [!] *Historien / das es also / wie die erzelung lautet / geschehen sey / sondern als verdeckte / doch warhafftige Geschichte / so darunter durch geborgte Namen vnd figürliche Bilde begriffen werden. Denn ich sonst auch vnerinnert wol weis / das beweerte Historien von etlichen (deren Namen im Helden=Buch mit angezogen werden) viel anders berichten.* (Bl. 270r, ähnlich Bl. 276r)
99 Alain Schnapp: The Discovery of the Past. New York 1997, S. 97.

Einschluss eben von Artus' Grab in Glastonbury, Gaweins Schädel in Dover und der Tafelrunde selbst in Winchester.[100] Heinrich VIII. scheint der Frage gegenüber offen gewesen zu sein.[101]

Die Jagd nach weiteren Beweisen wurde durch bereits existierende Funde und Monumente angetrieben. Es gab eine merkwürdige Abhängigkeit zwischen dem Glauben an vorgeschichtliche Riesen und Kolossalstatuen. Alte Statuen schienen die Existenz von Riesen zu beweisen; die Überzeugung der Realität von Riesen rechtfertigte wiederum die Suche nach Knochen und schließlich die Errichtung neuer Monumente. Die Größenordnung wurde im gleichen Maßstab übernommen: Die Dioscuren auf dem Kapitol in Rom wurden, um nur das bezeichnendste Beispiel zu nennen, als maßstabgerechte Darstellung der Heroen der Vorzeit verstanden. Aber selbst frühmittelalterliche Riesenstatuen galten als geeignete Indizien dafür, ja, sie wurden sogar von einigen als Zeugen für verborgene, geheime Bindungen mit einer fernen Vergangenheit verstanden. Die vielen, kolossalen Rolandstatuen in den Städten im nie unter römischer Herrschaft befindlichen Norden und in der Mitte Deutschlands wurden tatsächlich im vierzehnten und fünfzehnten Jahrhundert errichtet. Diese Riesen aus Stein- oder Holz scheinen als quasi-heidnische Schutz-„Heilige" oder als Zeichen für städtische Autonomie gegen feudale Gewalt gedient zu haben.[102] Diese Fehlidentifikationen bildeten den Hintergrund für die neuen, kolossalen Statuen der Hochrenaissance, die zwei „Giganten" eingeschlossen, mit denen u.a. Agostino di Duccio zwischen 1463–64 für die Galerie des Doms von Florenz beauftragt worden war oder, eine Generation später, für den *David* Michelangelos (der dann aus einem der Marmorblöcke gemeißelt wurde, an dem Duccio die Arbeit aufgegeben hatte).[103] Ein nördliches Gegenstück zu den Florentiner Kolossalstatuen war die hölzerne Statue des Riesen Haymon (Heime oder Hoyme), die Erzherzog Sigmund von Österreich beim Kloster Wilten nahe Innsbruck hatte errichten lassen. Haymon, hatte den Drachen getötet, dessen Zunge Fuchsmagen an Waldauf gesandt hatte; er wurde, wie schon früh berichtet wird, in Wilten begraben. Cyriacus Spangenberg schreibt, dass die Statue, die *so hoch wie ein Kachelofen* war, den Riesen *Hoyme* in einem *Harnisch* und mit *spitzigen Schuhen / langem Bart vnd Haren* darstellte, so womöglich nach dem Vorbild der Rolandstatuen modelliert.[104]

---

100 William Caxton: *Preface. Le Morte d'Arthur*. London 1485, Bl. 1v.
101 T. D. Kendrick: British Antiquity. London 1950, S. 42: zum Artuskult generell siehe S. 36–44, 87–98.
102 Lejeune und Stiennon (Anm. 95); Wolfgang Grape: Roland: Die ältesten Standbilder als Wegbereiter der Neuzeit. Hürtgenwald 1990, mit einer neueren Bibliographie.
103 Virginia Bush: The Colossal Sculpture of the Cinquecento. New York 1976, S. xxix.
104 Spangenberg (Anm. 98), Bl. 275v.

Um 1500 konnte man die reale Existenz der Helden auch in profanen Freskomalereien bezeugt finden. Siegfried gehörte zu einer der traditionellen drei Helden-Triaden. Auf Schloss Runkelstein nahe Bozen – womöglich auch der Ort, wo Maximilian sein *Heldenbuch*-Manuskript fand – wurde Siegfried als einer der „drei besten Schwertkämpfer" dargestellt, wie er sein Schwert Balmung hält und neben Dietrich von Bern und Dietleib von Steier sitzt (Abb. 6, S. 179).[105] Diese Malereien, unter den anderen *gueten alten istory*, die Maximilian von seinen Hofmalern restaurieren ließ, sind um 1400 entstanden, waren aber in den Augen des Kaisers tatsächlich zeitlos.[106]

Die Beweiskraft von Denkmälern, ihre Fähigkeit, Tradition „rückwärts" zu konstruieren, ist die entscheidende Voraussetzung für Maximilians gesamtes Propagandaprogramm. Man könnte behaupten, dass Archäologie für Maximilian nicht die Veröffentlichung und Ausstellung der Resultate zum Ziel hatte, sondern mit deren Ausstellung begann. Maximilian dachte von vornherein in Kategorien von Veröffentlichung und Ausstellung. Er erkannte, welche Arten von Denkmälern gebraucht wurden, um Menschen zu überzeugen, und hatte die Zuversicht, dass die Vergangenheit gleichsam hinter den Denkmälern Gestalt annehmen würde.

Vieles von der Propagandakampagne Maximilians war auf den Körper des Kaisers selbst konzentriert. Bereits um 1500 plante Maximilian für sich selbst ein Reiterstandbild in Bronze.[107] Die Idee mag ihm vielleicht 1499 in Innsbruck im Gespräch mit dem verbannten Ludovico Sforza gekommen sein. Aber Maximilian musste seine Vorbilder nicht im Süden suchen: es gab eine Reihe berühmter deutscher Vorgänger, wie zum Beispiel das Reiterstandbild Ottos I. in Magdeburg oder den Bamberger Reiter. Für Maximilian war die in der *translatio imperii* angelegte Vereinigung von Rom und Deutschland schon erfolgt. Hans Burgkmair fertigte eine Projektzeichnung für das Werk an, und der Augsburger Bild-

---

[105] Ignaz Vinzenz Zingerle: Fresken-Zyklus des Schlosses Runkelstein bei Bozen. Gezeichnet u. lithografirt v. Ignaz Seelos; erklaert v. I. V. Z. Innsbruck o. J. [1857]. Zu den Triaden und deren Beischriften genauer Joachim Heinzle: Die Triaden auf Runkelstein und die mittelhochdeutsche Heldendichtung. In: Walter Haug, Joachim Heinzle, Dietrich Huschenbett, Norbert H. Ott: Runkelstein. Die Wandmalereien des Sommerhauses. Wiesbaden 1982, S.63–94, dazu Ignaz Seelos: Zeichnungen zu den Triaden. Ebd. S. 94–99; Heinzle ergänzt die noch lesbare Beischrift zu „die drei kühnsten Recken", ebd. S. 74. Vgl. ferner: Schloß Runkelstein – Die Bilderburg (Anm. 43), passim.

[106] Siehe oben Silver (Anm. 43). Siehe auch die Laurin-Fresken in Schloss Lichtenberg, Vintschgau, und die Iwein-Fresken am Hessenhof in Schmalkalden.

[107] Tilman Falk: Hans Burgkmair: Studien zu Leben und Werk des Augsburger Malers. München 1968, S. 71–72; Jeffrey Chipps Smith: German Sculpture of the Later Renaissance, c. 1520–1580. Princeton 1994, S. 318–19.

hauer Gregor Erhart begann 1509 an dem Sandsteinblock zu meißeln.[108] Aber die Arbeit an dem Monument hörte bald auf und es blieb unvollendet. Der Torso lag bis ins neunzehnte Jahrhundert im Hof von St. Ulrich und Afra in Augsburg.

Natürlich wünschte Maximilian sein Bild auch auf Medaillen zu sehen. Schon im Jahr 1494 hatte er versucht, Mailänder Künstler für dieses Projekt zu gewinnen.[109] Für den Dreikönigstag oder für den sog. Wiener Kongress im Jahr 1515 gab Maximilian acht Medaillen in Auftrag. Bei Jörg Muskat in Augsburg gab er eine Bronzebüste von sich selbst und von seiner Mutter, Eleonore von Portugal, in Auftrag.[110] Hier versuchte Maximilian mit anderen Fürsten, die in dieser Hinsicht ebenfalls an der Antike orientiert waren, zu konkurrieren und es ihnen gleich zu tun, wie z. B. Friedrich dem Weisen, der von dem Humanisten und Münzsammler Degenhart Pfäffinger beraten wurde und sich von dem Bildhauer und Medailleur Adriano Fiorentino eine Medaille anfertigen ließ.[111] Es ist bemerkenswert, dass Maximilian so wenige epigraphische Zeugnisse hinterließ, die doch eine bedeutende, monumentale Form der Antike waren. Er hat möglicherweise geglaubt, dass die moderne Drucktechnik überholte Formen epigraphischer Natur wie Inschriften ersetzt und überflüssig gemacht hatte. Dafür gab Maximilian Porträts und allegorische Darstellungen in modernen Formaten und Medien in Auftrag, wie Wandteppichen, Gemälden, Holzschnitten, Holzreliefs und Fassadenskulpturen.

Solche Monumente waren dafür gedacht, Bilder Maximilians für die Nachwelt zu liefern. Andere Monumente wieder hatten die merkwürdige Funktion, nicht nur das Bild vom Kaiser, sondern auch das Bild der Vergangenheit zu formen. Die *Genealogie*, eine Reihe von Holzschnitten von Hans Burgkmair mit Porträts von Maximilians Vorfahren bis auf Noah, ist ein komplexes und kaum recht verstandenes Beispiel für ein solch „retro-aktives" Monument.[112]

---

108 Burgkmairs Zeichnung in Wien, Graphische Sammlung Albertina, inv. no. 22.447. Stift und Pinsel, 43.1 x 28.4 cm. Siehe Hispania – Austria (Anm. 50), Nr. 168.
109 Georg Habich: Die deutschen Schaumünzen des XVI. Jahrhunderts. Bd. 1. München 1929, S. xliv-xlv. Gian Marco Cavalli war in Hall aktiv. Promedo machte eine Medaille mit einem *Hercules Salvatoris*, basierend auf einer Herkulesmünze.
110 Hispania – Austria (Anm. 50), Nr. 167. Siehe auch die Jörg Muskat zugeschriebene Büste Philipps des Guten von Burgund, Württembergisches Landesmuseum Stuttgart, Inv.-Nr. KRGT 5432.
111 Smith (Anm. 107), S. 319f.
112 Simon Laschitzer: Die Genealogie des Kaisers Maximilian I., Jahrbuch der kunsthistorischen Sammlungen des Allerhöchsten Kaiserhauses 7 (1888), S. 1–200; Maximilian I. (Anm. 14), Nrr. 193–194; Paul Geissler: Erhard Ratdolt. In: Lebensbilder aus dem Bayrischen Schwaben. Hg. v. Wolfgang Zorn. München 1966, S. 97–153, S. 131; Hans Burgkmair: 1473 – 1973. Das graphische Werk. Katalogred. Isolde Hausberger. Augsburg [u. Stuttgart] 1973, Nrr. 150–166.

Burgkmair begann die Holzschnitte im Jahr 1509 zu entwerfen und im Jahr darauf waren zumindest zweiundneunzig Stöcke geschnitten worden. Die Holzschnitte erhielten Aufschriften in eigens geschnittenen Majuskeln in der Werkstatt des Druckers Erhard Ratdolt in Augsburg im Jahr 1512 (Abb. 7, S. 180). Wie jede graphische Wiedergabe eines Stammbaums überführten hier die Holzschnitte auch die *Genealogie* des Kaisers in konkrete Realität.[113] Aber in Burgkmairs und Ratdolts gedruckter Genealogie sind die Figuren aus dem Stammbaum herausgenommen und auf jeder zweiten Seite Bild für Bild wie in einem Porträtalbum angeordnet worden. Und es handelt sich um Porträts, die keine verlässlichen Informationen darüber geben, wie diejenigen, die Gegenstand des Porträts waren, aussahen oder wie sie vielleicht gekleidet waren, – das gilt sogar für die, die wirklich existiert haben. Die Kostüme sollten historisch wirken, scheinen aber im Grunde genommen zufällig ausgewählt worden zu sein. Der Schlüssel ist, dass es für den Betrachter keine Möglichkeit gab zu wissen, ob dies nun wahr war – oder nicht. Die *Genealogie* präsentiert sich als eine Summe älterer ikonographischer Traditionen. Nur wenige Betrachter dürften die Bilder als Erfindungen Burgkmairs betrachtet haben. Burgkmair wird – kaum anders als der Drucker Ratdolt – als jemand verstanden worden sein, der in diesem Prozess lediglich eine Funktion hat, und die Bilder selbst dürften eine von ihrem Urheber abgelöste Qualität erhalten haben, in der vorgängige, ältere Traditionen rezipiert worden sind. Monumente wie dieses sollten nicht anders aussehen als bloße Höhepunkte ungebrochener Traditionen, als duldend hinzunehmende, unvermeidliche Bündelungen alter Wahrheiten. In der Tat hatte Maximilian ein genealogisches Verständnis des Monuments.

Der Fall des *Hürnen Seyfrid*, der weitverbreiteten, spätmittelalterlichen Neuaufbereitung der Nibelungentradition, kann dieses Konzept verdeutlichen. Der *Hürnen Seyfrid* präsentierte sich als verlässliche, anonyme Niederschrift der alten Geschichten und dürfte wohl auch von seinen ersten Lesern so verstanden worden sein. Doch der *Hürnen Seyfrid* tauchte nicht einfach aus einer längst vergangenen Zeit wieder auf, er wurde zu einem konkreten Zeitpunkt und von einem anonymen Autor verfasst. Die Unterscheidung scheint den humanistischen Gelehrten dieser Zeit wichtig gewesen zu sein, die im Allgemeinen

---

Siehe Hispania-Austria (Anm. 50), Nr. 129, die handkolorierte Version in Wien, ÖNB, Cod. Vind. 8048 sowie Beate Kellner u. Linda Webers: Genealogische Entwürfe am Hof Kaiser Maximilians I. (am Beispiel von Jakob Mennels Fürstlicher Chronik. In: Genealogische Diskurse. Hg. v. Wolfgang Haubrichs. Stuttgart, Weimar 2007 (LiLi 37), S. 122–149.

113 Zu den graphischen und bildlichen Wiedergaben von Genealogien in der deutschen Renaissance vgl. Peter Hutter: Germanische Stammväter und römisch-deutsches Kaisertum. Hildesheim 2000.

Texte wie den *Hürnen Seyfrid* ignorierten und dennoch an die historische Realität dessen glaubten, was in dem überlieferten, eher diffusen und verwirrenden, heroischen Material eingebettet war. Es scheint so, als ob sie genau der in sich geschlossenen Qualität des *Hürnen Seyfrid*-Textes misstrauten. Die skeptischeren Gelehrten der Zeit, wie Conrad Peutinger und Johannes Aventin, müssen wohl auch so über Maximilians genealogische Monumente gedacht haben: Obwohl die Verbindung zwischen den Trojanern und den Franken letzten Endes wahr gewesen sein mochte – schließlich wurde sie von Berosus, dem chaldäischen Priester, bestätigt und, von Annius von Viterbo bezeugt, in die gelehrte Welt eingeführt[114] – schienen die Monumente in ihrer zweifelhaften Vollständigkeit und Bestimmtheit mehr vorzugeben als sie halten konnten.

Sogar dann, wenn ein Grabmal oder eine Statue gestern gefertigt worden war und damit genau genommen keinen für einen Beweis tauglichen Wert hatte, schien dies trotzdem Ordnung in das Bild zu bringen. Das Monument konnte die Vergangenheit erfolgreich konkretisieren, die andernfalls gänzlich geisterhaft war. Einmal eingesetzt erschien die Ikonographie antik, unveränderbar, unanfechtbar. Jedes Monument, mit dem die Vergangenheit gestaltet wurde, hatte, wie falsch es auch immer sein mochte, einen mächtigen Placeboeffekt.

Eines der eindrucksvollsten von Maximilians rückwärtsgewandten Monumenten wurde, nicht gerade überraschend, nie vollendet. Hierbei handelte es sich um das runde, tempelähnliche Monument für die deutschen Kaiser in Speyer, mit dem Maximilian den Salzburger Bildhauer Hans Valkenauer im Jahr 1514 beauftragte. Teile des Werks blieben erhalten und lassen erkennen, dass die nicht ganz Lebensgröße erreichenden Statuen der zwölf Kaiser und Kaiserinnen unter Baldachinen vor Säulen hätten stehen sollen, die einen, von einer Krone gekrönten, Rundtempel von etwa sechs Metern im Durchmesser stützten.[115]

Die Drucke von *Triumphzug* und *Ehrenpforte* waren Maximilians originellste Übernahmen antiker Formate für die moderne Technik. Gruppen von Künstlern, die über eine Zeitspanne von zehn Jahren arbeiteten, produzierten diese gewaltigen und komplexen Synthesen von biographischem, genealogischem, heraldischem und mythographischem Material nach den von Maximilians

---

114 Annius von Viterbo († 1502) hatte u.a. dem babylonischen Priester, Historiker und Astrologen Berossos (4./3. Jh. v. Chr., latinisiert Berosus), eine Schrift zugeschrieben, die endlich von Joseph Justus Scaliger (1540–1609) als Fälschung aufgedeckt wurde; zu Annius' Fälschungen in Deutschland siehe Richard John: Fictive Ancient History and National Consciousness in Early Modern Europe: The Influence of Annius of Viterbo's *Antiquitates*. PhD University of London (Warburg Institute) 1994, S. 99–132; Hutter (Anm. 113), S. 40–53.
115 Philipp Maria Halm: Studien zur süddeutschen Plastik: Altbayern und Schwaben, Tirol und Salzburg. Bd. 1. Augsburg 1926, S. 176–180; Hispania-Austria (Anm. 50), Nrr. 169–170.

Historiographen Johannes Stabius entworfenen Programmen. Der *Triumphzug*, 148 Holzschnitte mit einer Länge von etwa fünfundfünfzig Metern, wurde durch Mantegnas *Triumph Caesars* angeregt.[116] Viele archäologische Details, wie der Triumphwagen und die Trophäen, wurden von den Holzschnittillustrationen in der *Hypnerotomachia Poliphili* (Venedig 1499) übernommen. Die *Ehrenpforte* hingegen umfasste 192 Holzschnitte und bedeckte in ihrer Gesamtgröße mehr als sieben Quadratmeter.[117] Die drei Portale und die Säulenpaare lassen den Triumphbogen von Septimius Severus als Ausgangsmodell denken. Aber die Fläche wurde bis zum Rand gefüllt mit Bildern Maximilians und seiner Familie, Porträts von Vorfahren und Heiligen, Schlachtszenen, Wappen und unendlich vielen architektonischen und archäologischen Details, von denen eine ganze Reihe von Dürer entworfen wurden: Gebälk, Gesims, Kuppeln, Säulen, Girlanden; Satyrn, Drachen, Meerjungfrauen und Putti.[118]

Schließlich wurde Maximilians extravagantes Projekt für sein Grabmal als eine Art archäologisches Museum entworfen.[119] Falls es je nach Maximilians Plänen zusammengestellt worden wäre, hätte das Grabmal vierzig überlebensgroße Bronzestatuen von fürstlichen Vorgängern umfasst – einige, wie Artus und Theoderich, waren nicht unbedingt Glieder in der unmittelbaren Abstammungslinie –, dazu noch vierunddreißig Büsten römischer Kaiser und 100 kleine Statuen der ‚Habsburger Heiligen'.[120] Die Anordnung in der Hofkapelle

---

116 Hispania-Austria (Anm. 50), Nr. 136.
117 Ebd., Nr. 145. Siehe zuletzt die maßgebliche Monographie von Thomas Schauerte: Die Ehrenpforte für Kaiser Maximilian I.: Dürer und Altdorfer im Dienst des Herrschers. München 2001.
118 Zu den Holzschnitten Hans Burgkmairs im Dienste der Kaiseridee – der *Reichsadler*, der *Heilige Georg* – für die Aufträge Maximilians nicht gesichert, wohl weniger wahrscheinlich sind, vgl. Hans Burgkmair (Anm. 112), Nrr. 21–22, 42.
119 Zu Maximilians Grabprojekt siehe Vinzenz Oberhammer: Die Bronzestandbilder des Maximiliangrabmales in der Hofkirche zu Innsbruck. Innsbruck 1935; Elisabeth Scheicher: Grabmal Kaiser Maximilians I. in der Hofkirche. In: Österreichische Kunsttopographie. Bd. 47. Die Kunstdenkmäler der Stadt Innsbruck. Die Hofbauten. Wien 1986, S. 359–426; Hispania-Austria (Anm. 50), Nrr. 179–181; Smith (Anm. 107), S. 185–192; Lukas Madersbacher: Das Maximiliansgrabmal. In: Ruhm und Sinnlichkeit. Innsbrucker Bronzeguss 1500–1650. Hg. v. Eleonore Gürtler u.a. Innsbruck 1996, S. 124–139; Hubertus Günther: Das Projekt Kaiser Maximilians für sein Grabmal. In: Les funérailles à la Renaissance. Hg. v. Jean Balsamo. Genf 2002, S. 77–111; vgl. ferner Larry Silver: Marketing Maximilian. The Visual Ideology of a Holy Roman Emperor. Princeton 2008.
120 Zu den Büsten siehe Elisabeth Scheicher et al. (Hgg.): Kunsthistorisches Museum. Sammlung Schloss Ambras. Die Kunstkammer. Innsbruck 1977, Nrr. 453–472; Hans R. Weihrauch: Studien zur süddeutschen Bronzeplastik. IV, Münchner Jahrbuch der bildenden Kunst. 3. Folge, 3–4 (1952–53), S. 203–212; Jörg Oberhaidacher: Ein unbekanntes Werk des Jörg Muskat, Wiener Jahrbuch für Kunstgeschichte 36 (1983), S. 213–220; Hispania-Austria (Anm. 50), Nrr. 171–172. Zu den kleinen Statuen siehe Hispania-Austria (Anm. 50), Nr. 173.

in Innsbruck, die von Maximilians Enkel Ferdinand in der Mitte des 16. Jahrhunderts stammt, spiegelt das ursprüngliche Projekt nur teilweise wider. Der Auftrag für das Grabmal und dessen Ausführung wurde von Maximilians historischem Berater Conrad Peutinger geregelt. Der Bildhauer Jörg Muskat aus Augsburg begann im Jahr 1509 an einer Reihe von Kaiserbüsten zu arbeiten. Peutinger scheint ihm dafür römische Münzen oder Zeichnungen antiker Büsten vorgelegt zu haben.[121] Viele der Büsten sind exzellent ausgeführte Nachahmungen spätantiken Stils. Jörg Muskats Porträt des Kaisers Probus (spätes 3. Jh. n. Chr.) galt bis 1933 fälschlich als antike Skulptur (Abb. 8, S. 181).[122] Wann immer möglich, forschte Maximilian nach historischen Modellen für die Porträts seiner Vorfahren. Er gab zum Beispiel eine Kopie eines Bildes des Heiligen Maximilian in der Kapelle der Burg von Thaur als Modell für das Kleid einer Statue dieses Heiligen in Auftrag, wobei er den Künstler anwies, besonders auf den Helm mit dem Visier Acht zu geben. Zwar existiert das Bild selbst, die Vorlage für die Kopie, nicht mehr, aber es gibt ein Dokument, das es auf 1499 datiert.[123] Das bedeutet aber, dass das Bild nur ungefähr fünfzehn Jahre alt war, als Maximilian es als historische Quelle betrachtete. Den modernen Betrachter hätten schon die Spuren der zeitgebundenen Ausführung es als erst kürzlich beendete Darstellung eines Künstlers der näheren Umgebung erkennen lassen, aber in Maximilians Augen war es schon mit einer der Zeit enthobenen Autorität ausgestattet. Für die Physiognomie des Heiligen Simpertus (Sintpert), eines Augsburger Bischofs aus dem frühen neunten Jahrhundert, stützten sich Maximilians Künstler auf die Steinplastik auf seinem Grab in St. Ulrich und Afra. Aber das Porträt des Simpertus in Augsburg hatte überhaupt keine historische Legitimation, weil es erst in den 90er Jahren des 15. Jahrhunderts gemeißelt worden war.[124] Ein Verwandtschaftsverhältnis des Monuments zur Quelle wurde schlicht unterstellt und unangenehme Fragen, was die Modernität oder Unechtheit des Porträts betrifft, wurden nicht gestellt. Dementsprechend gehören die Rüstungen, die von den

---

121 Zur möglichen Rolle Peutingers siehe Oberhaidacher (Anm.120), S. 213 Anm. 7.
122 München, Bayerisches Nationalmuseum, Inv.-Nr. 35.386. Hans R. Weihrauch: Kataloge des Bayerischen Nationalmuseums. Bd. 13.5. Die Bildwerke in Bronze. München 1956, Nr. 50. Die Büste ist eine Halbmaske, 39.6 cm hoch; die Brust wurde abgesägt: Weihrauch (Anm. 120), S. 210. Dass die Büste aus dem 16. Jh. stammt, wurde von Richard Delbrueck erkannt.
123 Oberhammer (Anm. 119), S. 104 Anm. 73.
124 München, Bayerisches Nationalmuseum, Inv.-Nr. MA 944. 195 cm x. 80 cm; Theodor Müller: Kataloge des Bayerischen Nationalmuseums. Bd. 13.2. Die Bildwerke in Holz, Ton und Stein, von der Mitte des XV. bis gegen Mitte des XVI. Jahrhunderts. Augsburg 1959, Nr. 94. Maximilian selbst hatte an der Zeremonie der Translatio von Sintperts Reliquien am 23. April 1492 teilgenommen, dem Ereignis, das Anlass war für die Herstellung des neuen Grabporträts, vgl. Luitpold Brunner: Kaiser Maximilian I. und die Reichsstadt Augsburg 17–19.

Grabwächtern am Innsbrucker Grabmal getragen werden, unabhängig davon, wie groß die zeitliche Distanz zu dem war, der porträtiert wurde, stilistisch alle in die verhältnismäßig jüngere Vergangenheit. Eine Rüstung des vierzehnten Jahrhunderts scheint zu Maximilians Zeit so verstanden worden zu sein, dass sie eine weitaus länger zurückliegende Vergangenheit anzeigt.[125]

Mit dem Grabprojekt kam auch die ganze Beweismächtigkeit ins Spiel, die in der Verwendung von Bronze angelegt ist. Die Rhetorik von Bronze ist in ihrem Status als ein mechanisch kopierbares Medium begründet. Bronzen werden durch Techniken vervielfältigt, die zu einem großen Teil der menschlichen Hand nicht bedürfen und deswegen weitaus genauer sind als die Methoden, mit denen Gemälde oder Skulpturen aus Holz kopiert werden. Die Repliken können in einer endlosen Kette mit einem Minimum an Übertragungsfehlern erzeugt werden. Ein gutes Beispiel für die Sorglosigkeit der Altertumsforscher bietet, wenn es um das Kopieren von Bronze in der Renaissance geht, der Jüngling vom Magdalensberg. In der klassischen Archäologie hielt man die Statue, die sich nun im Kunsthistorischem Museum in Wien befindet, gerade so wie 1502, als sie in Kärnten ausgegraben wurde, für die römische Kopie eines Originals aus dem ersten Jahrhundert vor Christus. Seit den technischen Untersuchungen in den 80er Jahren des 20. Jahrhunderts ist jedoch gesichert, dass die Wiener Statue im 16. Jahrhundert gegossen wurde.[126] Das römische Original ist entweder verloren oder nach Spanien gelangt. Dennoch ist die Fehlbeurteilung einer Renaissance-Bronze durch die Archäologen nicht annähernd so überraschend, wie es die Fehlbeurteilung eines Renaissance-Freskos als römische Wandmalerei wäre. Es gibt die unausgesprochene Vorstellung, die allen Dogmen moderner Ästhetik zuwiderläuft, dass die Renaissance-Kopie in gewisser Weise ein geeigneter Ersatz für die antike Bronze ist und dass sie zuverlässig das Modell wiedergibt, von dem sie die Kopie ist. Ausgestattet mit angemessener Beschriftung – gemeint ist die Inschrift am Bein, die akkurat transkribiert ist, wenn auch in modernen Buchstabenformaten – verweist das Bronzemonument zurück auf die ältere, verlässliche

---

[125] Alfred Auer: Dichtung und Wahrheit, Harnische und Kostüme der Grabmalsfiguren. In: Ruhm und Sinnlichkeit (Anm. 119), S. 140–144. Man vergleiche Maximilians Bestimmung, dass die Kostüme im *Triumphzug* alt oder altväterisch (d.h. seinen Vorfahren entsprechend) sein sollten, dazu Günther (Anm. 119), S. 82.

[126] Kurt Gschwantler: Der Jüngling vom Magdalensberg: Ein Forschungsprojekt der Antikensammlung des Kunsthistorischen Museums Wien. In: Griechische und römische Statuetten und Großbronzen. Akten der 9. Internationalen Tagung über antike Bronzen. Hg. v. Kurt Gschwantler u. Alfred Bernhard-Walcher. Wien 1988, S. 17–27; Wolfgang Wohlmayer: Der Jüngling vom Magdalensberg – Versuch einer stilistischen Neubestimmung, Mitteilungen der Gesellschaft für Salzburger Landeskunde 131 (1991), S. 7–44.

Repräsentation eines permanent abwesenden Objekts. Die Bronzen in Maximilians Grabprojekt schafften es, nicht näher spezifizierte Beziehungen zu früheren Monumenten zu verbreiten. Sie erzeugten eine Aura historischer Referenz, obwohl die Basis jener Referenz im Ungefähren belassen wurde.

Man könnte sich vorstellen, dass Maximilian, mit seiner Faszination für antike Institutionen und öffentlichkeitswirksame Mechanismen, ein besonderes Interesse an römischen Schriftarten gehabt hätte. Folgt man dem ‚autobiographischen' *Weisskunig*, *understund er* [der junge Weisskunig – Maximilian] *sich und uebet sich sovil mit dem schreibn und nam lerung auf, darynnen er kainen verdrieß het, sonder es was ime ain kurzweil.*[127] Aber die antiken Schrifttypen im Kanon der römischen Epigraphik scheinen sein Interesse nie eingenommen zu haben. Für die Holzschnitte der *Genealogie*, den ersten von Maximilian initiierten Druck von 1512, verwendete Erhard Ratdolt die großen römischen Majuskeln, die er für Peutingers *Romanae vetustatis fragmenta* von 1505 entworfen hatte. Aber nach der *Genealogie* übernahm Maximilian auch hier die Kontrolle und bewegte sich entschieden fort von römischen Schriftarten. Der Augsburger Johann Schönsperger, sein Hofdrucker seit 1508, überwachte das ehrgeizige *Gebetbuch*-Projekt und die Entwicklung der neuen Buchschrift, die dann als ‚Fraktur' bekannt wurde.[128]

Maximilians verhältnismäßig indifferente Haltung gegenüber der *scriptura monumentalis*, d.h. der Antiqua, die er wohl im Einklang mit anderen für antik-römisch hielt, verrät, dass das historische Projekt, das Trajanische Alphabet für den allgemeinen Gebrauch wiederzubeleben, keineswegs unvermeidlich war, wie es im Rückblick scheinen mag. In Deutschland sprach das Trajanische Alphabet bzw. die dafür kanonische Majuskel besonders anspruchsvolle Zirkel an und löste in keinem Fall den Gebrauch der gotischen Schriften ab.[129] Von etwa 1450 an war es eher üblich, dass Inschriften in Stein auf Deutsch verfasst und daher eher in gotischer Schrift als auf Latein und in römischen Lettern geschrieben wurden. Im sechzehnten Jahrhundert standen die lateinische Capitalis und die Antiqua sowohl mit der gotischen Minuskel – in Nürnberg zum Beispiel immer noch für 68 Prozent der Inschriften zwischen 1550 bis 1580 gebraucht – als auch

---

[127] Musper (Anm. 18), Bd.1, S. 222 („bemühte er sich und übte sich so sehr im Schreiben und nahm Lehrstunden auf, woran er keinen Verdruss hatte, vielmehr war es ihm ein Vergnügen").
[128] Heinrich Fichtenau: Die Lehrbücher Maximilians I. und die Anfänge der Frakturschrift. Hamburg 1961; Carl Wehmer (Hg.): Proba centum scripturarum, Ein Augsburger Schriftmusterbuch des 16. Jahrhunderts. 2 Bde. Leipzig 1963. Bd. 2 [...] Leonhard Wagners Proba centum scripturarum, S. 12–14.
[129] Die einzige zusammenfassende Darstellung über die Einführung der Trajanischen Majuskeln in deutschen Inschriften bei Fuchs (Anm. 63), S. lxv–lxvi.

mit der neuen Fraktur in Konkurrenz.[130] Die Gründe, die man durch die Archäologie für die Bevorzugung der römischen vor der gotischen Schrift gewann, mögen wohl nicht so dringlich gewesen sein. Es gab sicher keine geschichtliche Grundlage, die Trajanische, in Inschriften verwendete Schrift vorzuziehen, die, wie jeder (auch in Deutschland) sehen konnte, nur eine unter vielen, verschiedenen, antiken Schriften war. Für die Trajanische Schrift hatte man keine genauen, historischen Zuordnungen, zumal keiner zur Zeit der Renaissance in der Lage war, sie zu datieren. Gelehrte und Förderer, in Italien ebenso wie in Deutschland, bewunderten die Trajanische Capitalis, weil sie einen ausgewogenen und autoritativen Charakter besaß und nach rationalen Prinzipien konstruiert war. Die eher fremdartig aussehenden, sogenannten ‚frühhumanistischen Alphabete' – die freilich nichts mit der Antike zu tun hatten – erhoben dennoch konkurrierende Ansprüche, was Alter und Authentizität betraf.[131]

Der eindrucksvollste Beweis für das kaum als sehr hoch anzusetzende historische Prestige der Trajanischen Majuskel ist die *Proba centum scripturarum* des Augsburger Kalligraphen Leonhard Wagner (1454–1522).[132] Das Modellbuch für 100 Schriften wurde zwischen 1507 und 1517 zusammengestellt und Maximilian gewidmet, obwohl es ihm tatsächlich nicht überreicht wurde. Wagner beginnt mit einer Schrift, die er *Rotunda* nennt, eine Gotico-Antiqua Buchschrift, die er als Mutter und Königin aller Schriften anpreist. Viele andere allesamt mittelalterliche Schriftarten werden mit Namen versehen, die wegen ihres Alters Autorität suggerieren sollen: *Antiqua maior, Antiqua crassana, Antiqua prisca, Antiqua simpliciana, Antiqua realicana* („königliche Antiqua") und so weiter. Die Schriftart, die auf einer zeitgenössischen Schrifttype (Antiqua) basiert, die natürlich überhaupt nicht römisch war, wird *Antiqua polita* genannt. Neunundneunzig der Schriftmuster werden von großen, gotischen Initialen eingeleitet, die der Art entsprechen, die Maximilian in seinem *Gebetbuch* gebrauchte. In einem Fall jedoch wird das Muster von einer vollendeten

---

130 Siehe Walter Koch: 50 Jahre deutsches Inschriftenwerk (1934 – 1984). In: Deutsche Inschriften. Fachtagung für mittelalterliche und neuzeitliche Epigraphik Lüneburg 1984. Vorträge und Berichte. Hg. v. Karl Stackmann. Göttingen 1986 (Abhandlungen der Akademie der Wissenschaften in Göttingen. Phil.-hist. Kl. 3. F. Nr. 151), S. 15–45; eine Studie zu dem vom Projekt ‚Deutsche Inschriften' gesammelten Material bei Christine Wulf: Versuch einer Typologie der deutschsprachigen Inschriften, Epigraphik 1988 (1990), S. 94–118.
131 Die beste Studie über diese komplizierte Episode ist die von Renate Neumüllers-Klauser: Epigraphische Schriften zwischen Mittelalter und Neuzeit, Epigraphik 1988 (1990), S. 315–328; siehe auch die Beiträge von Martin Steinmann: Überlegungen zu ‚Epigraphische Schriften zwischen Mittelalter und Neuzeit'. Ebd., S. 329f.; Fuchs (Anm. 63); Koch (Anm. 130). Vgl. Armando Petrucci: Public Lettering: Script, Power, and Culture. Chicago 1993, S. 77–93.
132 Augsburg, Bischöfliche Ordinariats-Bibliothek; Wehmer (Anm. 128).

Trajanischen Majuskel eingeleitet: die sogenannte *Poetica vera*, eine Handschrift des zwölften Jahrhunderts (Abb. 9, S. 182). Am Ende die der *Fraktur* am nächsten kommende Handschrift – die Wagner selbst womöglich für Schönsperger entworfen hatte – *Clipalicana* benannt; ihre Anwesenheit unter all den anderen Schriftarten zeigt eindringlich, dass man nicht annehmen kann, dass die *Fraktur* nicht als „modern" angesehen wurde. Um es zusammenzufassen: Das Interesse an Trajanischer *scriptura monumentalis* war nicht immer strikt archäologisch bestimmt, und das Interesse an anderen Schriften konnte genau so gut archäologisch sein, auch wenn die Schriften weitaus jüngeren Datums waren.

Stilistischer Anachronismus war ein Hilfsmittel, das für spezifische Zwecke eingesetzt wurde. Es gab keine zwingende Notwendigkeit, den Stil eines alten Artefakts zu imitieren – auch dann nicht, wenn dieses Artefakt sich ansonsten selbst als Modell präsentierte –, nicht anders als wenn der Kopist eines Manuskripts aufgefordert wurde, die Schrift nachzuahmen, in der die Vorlage geschrieben worden war. Archäologisches Bewusstsein in Maximilians *Ruhmeswerk* schloss Aufmerksamkeit weniger für antike, monumentale Stile, sondern eher für Formate und Funktionen ein. Format und Ikonographie allein konnten das Monument mit einer kompakten referentiellen Beziehung zur Vergangenheit versehen. Die Wahrheit der alten Monumente war ihr referentieller Gehalt, nicht ihre Erscheinung, die bekanntlich durch lokale und auch persönliche Konventionen bedingt war.

Wenige der provinzialrömischen und frühmittelalterlichen Artefakte, die nordeuropäische Künstler sahen, waren Meisterwerke. Sogar die hervorragenden Reste römischer Skulpturen, die erhalten geblieben waren, waren oft in schlechtem Zustand. Blättert man durch die Beispiele, die im *Corpus Signorum Imperii Romani*, dem Korpus der in den germanischen Provinzen erhaltenen römischen Skulpturen, abgebildet sind, wird dies schnell bestätigt. Die meisten römischen Grabreliefs oder Statuetten waren zu schlicht oder zu beschädigt, als dass sie mehr als eine einfache ikonographische oder umrisshafte Vorlage liefern könnten. Keinem Künstler wäre die Idee gekommen, einen dieser alten Steine werkgetreu zu kopieren.

Im Jahr 1986 wurde eine unbekannte Zeichnung von Albrecht Dürer vom Berliner Kupferstichkabinett erworben (Farbtafel 1).[133] Dieses Blatt mag womöglich

---

[133] Berlin, Staatliche Museen Preußischer Kulturbesitz, Kupferstichkabinett, Inv.-Nr. 26812. Braune Tinte, 25.2 x 15.6 cm; Fedja Anzelewsky: Eine unbekannte Zeichnung Dürers, Jahrbuch der Berliner Museen 28 (1986), S. 67–73; Fritz Koreny: Ottoprecht Fürscht: Eine unbekannte Zeichnung von Albrecht Dürer – Kaiser Maximilian I. und sein Grabmal in der Hofkirche zu Innsbruck, Jahrbuch der Berliner Museen 31 (1989), S.127–148; Hispania-Austria (Anm. 50), Nr. 175.

den Nachweis erbringen für eine Begegnung Dürers mit der römischen Antike. Die Zeichnung in brauner Tinte zeigt einen Krieger, der eine fantastische Rüstung aus übereinandergelegten Schuppen und einen Helm trägt, der mit einem Drachen geschmückt ist. Er hält einen Schild mit einem Drachen-Motiv in seiner rechten Hand und eine Streitkeule mit Nägeln in seiner linken Hand. Die Zeichnung ist am unteren Rand auf das Jahr 1515 datiert, von Dürers eigener Hand, aber mit einem falschen Monogramm unmittelbar daneben. Im unteren rechten Drittel erscheinen die Worte *Ottoprecht fürscht*, ‚Fürst Ottoprecht', ebenfalls von Dürers eigener Hand. Dürer gibt auch detaillierte Anweisungen, wie die Figur koloriert werden sollte: *gulden* für den Kragen, *rot* für die Schulterplatten, *gelb* für den Drachenschild, *eysne* [„eiserne"] *schüpe*[n] für die Tunika und so weiter Die Zeichnung ist eine frühe Studie für einen der Vorfahren Maximilians, die für das Grabmal in Bronze gegossen werden sollte. Die *Ottoprecht*-Zeichnung steht in enger Beziehung zu einigen Studien Dürers für die Figur Albrechts IV. von Habsburg in Liverpool und Berlin.[134] Die Zeichnung von Albrecht IV. in Berlin ist mit Wasserfarben rot, blau und gelb koloriert und vermittelt so einen Eindruck, wie die nächste Version des *Ottoprecht* ausgesehen haben könnte.[135] *Ottoprecht*, oder *Ottobert*, war eine Schlüsselfigur in Maximilians Genealogie.[136] Er war der Sohn eines burgundischen Königs und, nach Jakob Mennels Nachforschungen, der erste Fürst aus dem Hause Habsburg. Er erscheint in der Holzschnittfolge der *Genealogie* von Burgkmair und Ratdolt.[137] Am Ende wurde jedoch *Ottoprecht* nicht in die endgültige Reihe der achtundzwanzig Vorgänger aufgenommen und daher nie in Bronze gegossen.

---

134 Friedrich Winkler: Die Zeichnungen Albrecht Dürers. 4 Bde. Berlin 1936–1937, Nrr. 676–677; Walter L. Strauss: The Complete Drawings of Albrecht Dürer. 6 Bde. New York 1974, Nr. 1515/50 (Liverpool). Strauss, der Anzelewsky (Fedja Anzelewsky: Entwürfe Hans Burgkmairs für das Innsbrucker Grabmal Kaiser Maximilians, Berliner Museen 19 [1969], S. 59–62) folgt, schreibt die Berliner Zeichnung Burgkmair zu, Nr. XW.677. Hispania-Austria (Anm. 50), Nr. 176, gibt es ohne Kommentar Dürer zurück. Die Zeichnungen in Liverpool und Berlin waren offensichtlich als Modelle für gemalte Versionen des Grabmals gedacht. Zwei solcher Pergamentrollen, gemalt vermutlich von dem Innsbrucker Künstler Jörg Kölderer, sind erhalten: Hispania-Austria (Anm. 50), Nr. 177.
135 Die Position der Beine der beiden Krieger ist nahezu identisch und sie sind ähnlich ausgestattet: Albrecht hält auch eine Streitkeule mit Spitzen (in seiner rechten Hand); der Löwe auf seinem Schild passt zum Helmschmuck mit einem Löwen.
136 Dieter Mertens: Die Habsburger als Nachfahren und als Vorfahren der Zähringer. In: Die Zähringer. Eine Tradition und ihre Erforschung. Hg. v. Karl Schmid. Sigmaringen 1986, S. 151–174, insbes. S. 155–162.
137 Hispania-Austria (Anm. 50), Nr. 129. Über die *Genealogie* siehe auch Hans Burgkmair (Anm. 112), Nrr. 150–166.

Rätselhaft ist in der neuen Berliner Zeichnung die Schriftzeile am oberen Blattrand von Dürers eigener Hand: „dieses Bild wurde in Celeia [Cilli] in Stein gemeißelt im Jahr 1516 gefunden."[138] Maximilian sammelte, wie oben erwähnt, in seinem Schloss in Graz Altertümer, die in der alten römischen Siedlung Celeia ausgegraben worden waren. Celeia war der Sitz eines Fürstenhofs, der im fünfzehnten Jahrhundert humanistische Studien gefördert hatte.[139] Man ist versucht anzunehmen, dass Dürer eines dieser Artefakte sah, vielleicht eine Grabstele mit einem Relief in voller Größe – oder doch zumindest eine Zeichnung einer solchen Stele, zumal nicht anzunehmen ist, dass er in diesen Jahren nach Graz reiste. Die Zeichnung ist jedoch am unteren Rand unmissverständlich auf das Jahr 1515 datiert, ebenfalls von Dürers eigener Hand.

Aber selbst wenn es das Datierungsproblem nicht gäbe, ist es offensichtlich, dass Dürer die phantasievolle Rüstung nicht von einem römischen Monument oder auch nicht von irgendeiner genauen Zeichnung eines römischen Monuments bezog.[140] Die Rüstung, die Waffen und die Haltung des Kriegers sind in Dürers eigener Phantasie und in anderen, zeitgenössischen Darstellungen fremdartig ausgerüsteter Soldaten begründet, beispielsweise in der modernen, italienischen Kunst oder, der Heimat näher, in Burgkmairs Holzschnittfolge zur *Genealogie*.[141] Fritz Koreny erkannte dies und ging so weit, die Ansicht zu vertreten, dass die Bemerkung über das Bild, das in Celeia im Jahr 1516 gefunden worden war, sich nicht auf unserer Zeichnung beziehen müsse, sondern eher auf eine andere Zeichnung, die sich zunächst oberhalb von diesem Blatt befunden habe und später weggeschnitten worden sei.[142]

Aber dies kann nicht stimmen. Die Inschrift oben ist genau auf die Figur des Kriegers ausgerichtet. Wenn sie zu einer anderen Zeichnung gehört hätte, hätte Dürer, oder wer auch immer dieses Blatt abgeschnitten hätte, sie ebenfalls herausgeschnitten, um Verwirrung zu vermeiden. Mehr noch – in Stein gehauene Reliefs stehender Soldaten waren ein bedeutsamer Typus provinzial-römischer

---

138 [D]is pild ist zw tzili In ein stein gehawen gefundn wordn Im 1516 Jo[r].
139 Simoniti (Anm. 16), S. 284–285.
140 Der ausgestreckte Zeigefinger des Kriegers diente Anzelwesky 1986 (Anm. 133), S. 72, als Argument dafür, dass Dürer womöglich auf eine Zeichnung oder sogar eine Miniatur, die indirekt auf einem spätantiken Modell basierte, geschaut haben mochte (aber in welchem Medium?).
141 Vgl. zum Beispiel die Rüstung des Jupiter auf Kreta in der Florentiner Bilderchronik (ca. 1460. London, British Museum) mit übereinanderlappenden Federn im Rock und floral gemusterten Kniescheiben: Bernhard Degenhart, Annegret Schmitt: Corpus der italienischen Zeichnungen. 1300–1450. 8 Bde. Berlin 1968–1982, Tafel 1, Bd. 2, Nr. 582 (= fol. 21).
142 Koreny (Anm. 133)

Denkmale, und einige waren auch in der Renaissance bekannt. Donatello könnte seinen *Heiligen Georg* auf so eine Stele postiert haben.[143] Die Inschrift muss sich auf ein Artefakt beziehen, oder, was wahrscheinlicher ist, auf die Zeichnung eines Artefaktes, das resp. die Dürer sah.

Meine Hypothese lautet wie folgt. Dürer fertigte eine eigene, von keiner konkreten Vorlage abhängige Zeichnung eines Soldaten im Jahr 1515 für das Grabprojekt an. Zu einem späteren Zeitpunkt nach 1516, vielleicht sogar viele Jahre später, sah er eine Zeichnung nach dem Relief des Soldaten, das in Celeia gefunden worden war, und er erkannte, vielleicht mit einiger Genugtuung, dass dies in der Grundform recht ähnlich seiner Zeichnung war. Reliefs von römischen Soldatengräbern zeigen immer einen Speer in einer Hand des Dargestellten und einen Schild in der anderen, auch wenn der Schild fast immer in der linken Hand ist. Ein Beispiel ist die Stele von Cn. Musius in Mainz (Abb. 10, S. 183).[144] Die Soldatenstele, die Dürer sah, mag gut das erste solche Monument gewesen sein, dass er je gesehen hatte, zumal es in Süddeutschland keine gab.[145] Er vermerkte die archäologische Information dann mit der Inschrift am oberen Rand der Zeichnung als eine Art Bestätigung der antiken Herkunft, die Authentizität der Waffen und der Position seiner Figur. Er ergänzte mit der Inschrift seine früher angefertigte Studie, weil zu dieser Zeit womöglich bereits die fertige Zeichnung mit Wasserfarben an den Kaiser oder seine Berater weitergegeben worden war.

Dürer scheint eine Änderung in seiner Zeichnung gemacht zu haben: die Keule wurde zu einem Speer verlängert oder zu einer anderen Waffe in voller Länge. Dies wurde in weniger kräftigen Linien gezeichnet und ist sicherlich nicht Teil der originalen Konzeption der Keule. Tatsächlich wäre es ungewöhnlich gewesen, einem von Maximilians Vorfahren einen Speer zu geben: Keine der bronzenen Grabfiguren oder der Figuren in Kölderers Pergamentrolle trägt einen, noch tut dies eine der zweiundneunzig Figuren in Burgkmairs Holzschnittfolge der *Genealogie*, wohingegen jeder römische Soldat auf einem

---

143 Michael Greenhalgh: Donatello and his Sources. London 1982, S. 51–53.
144 Walburg Boppert (Hg.): Militärische Grabdenkmäler aus Mainz und Umgebung. Mainz, Bonn 1992, Nr. 1. Der Stein wurde im Jahr 1831 entdeckt und war daher, wie die meisten erhaltenen Relikte aus der Zeit der römischen Besetzung Germaniens, Dürer und seinen Zeitgenossen sicherlich unbekannt. Zu den Soldatenreliefs in den germanischen Provinzen, die sich von einem norditalienischen Typus ableiten, siehe Harald Hofmann: Römische Militärgrabsteine der Donauländer. Wien 1905, S. 74–75; Boppert, Nrr. 47–52, 71–72; Sergio Rinaldi Tufi: ‚Stehende Soldaten' nella Renania romana: problemi di iconografia e di produzione artistica, Prospettiva 38 (1984), S. 16–29.
145 Zumindest ist auch gegenwärtig keine nachgewiesen, dazu Friedrich Wagner (Hg.): Raetia und Noricum. Bonn 1973.

antiken Grabrelief einen Speer trägt. Folglich legt die Änderung der Keule zu einem Speer nahe, dass Dürer seinen Entwurf aufgrund einer Begegnung mit einem wirklichen, römischen Modell änderte.

Eine Anzahl von Soldatenstelen aus der Steiermark und Kärnten sind erhalten: zum Beispiel ein Marsrelief aus Poetovio, ein Fragment von einem Marmorsarkophag oder ein Soldatenrelief aus dem dritten Jahrhundert an einer Kirchwand in Gunzenberg nahe dem antiken Virunum.[146] Objekte wie diese, oder eben diese Steine selbst, mögen sogar in der Renaissance bekannt gewesen sein. Das Modell, das Dürer vor sich hatte, war möglicherweise eine Zeichnung in einem Manuskript vornehmlich antiquarischen Inhalts, das Conrad Peutinger gehörte. Auf fol. 39 des Codex Cim. 31 in der Stadt- und Staatsbibliothek Augsburg erscheint ein stehender, römischer Soldat mit Schild und Speer (Abb. 11, S. 184).[147] Fols. 38–46 dieses Manuskripts wurden aus einer unbekannten, österreichischen Quelle kopiert, womöglich von einem Künstler in Peutingers Diensten.[148] Dürer hat das Manuskript vielleicht gesehen, als er im Jahr 1518 in Augsburg war. Der entscheidende Hinweis darauf wird durch den französischen Humanisten Jean-Jacques Boissard geliefert, der 1547 in Augsburg war und Zugang zu Peutingers Sammlung von Altertümern hatte. Boissards Manuskriptsammlung (jetzt in Stockholm) enthüllt, dass das Relief des Soldaten, das selbst verloren ist, aus Celeia kam.[149] Die Seite enthält die Schriftzeile *Cilia in Stiria*. Hier erscheint der Soldat auf einem Block zusammen mit einer Inschrift, die mit *MAGENA* beginnt und die in dem Augsburger Manuskript links von dem Soldaten erscheint. Das Bild des Soldaten in Boissards Manuskript und insbesondere dessen Helm stehen in enger Verbindung zu der Zeichnung im Augsburger Manuskript.

---

146 Das Fragment befindet sich in Ptuj, Öffentliches Museum. Vgl. Corpus Inscriptionum Latinarum (Anm. 13), Bd. 3: Nr. 13410; Viktor Hoffiller und Balduin Saria: Noricum und Pannonia superior. Zagreb 1938, Nr. 393. Zum Relief siehe Gernot Piccottini: Grabstelen, Reiter- und Soldatendarstellungen sowie dekorative Reliefs des Stadtgebiets von Virunum. Wien 1994, Nr. 436.
147 Augsburg, Stadt- und Staatsbibliothek, Cim. 31 = Cod. Halder 26 = Cod. Aug. 656. Quarto, 67 fol. Peutingers Handschrift erscheint nicht in dem Manuskript, das auch spanisches Material enthält.
148 Diese Quelle wird als *Picturae* von Mommsen zitiert, vgl. Corpus Incriptionum Latinarum (Anm. 13), Bd. 3, S. 587. Ekkehard Weber: Die römerzeitlichen Inschriften der Steiermark. Graz 1969, S. 18, glaubt, dass die Illustrationen den anonymen *Antiquus Austriacus* vordatieren könnten, die Quelle für viele der Steiermärkischen Inschriften in Peutingers Sammlungen und bei Petrus Apianus.
149 Stockholm, Kungl. Bibl., Ms. S68, fol. 153r; Corpus Inscriptonum Latinarum (Anm. 13), Bd. 3, Nr. 5255. Über Boissard siehe Mommsen ebd., S. 1808.

Der Erwerb und die Ausstellung – schließlich sogar die Nachahmung – realer, materialer Fragmente der Vergangenheit waren fundamentale Aspekte von Maximilians *Ruhmeswerk*. Wir haben angemerkt, dass der durch Indizien geführte Beweis der Schlüssel zum Erfolg der modernen, kritischen Archäologie war. Die Erfindung des „sicheren Beweises", war jedoch in der Werkstatt der Illusionen nicht weniger wichtig, die Traumarbeit einer kreativen Genealogie. Das Ziel war, das alte Figurenarsenal aus dem Reich der Mythen, Sagen und Legenden herauszunehmen und in historische Figuren zu verwandeln. Maximilian stellte keine Kunstwerke her, als er illustrierte Bücher oder Statuen in Auftrag gab. Wenn er zum Beispiel eine Bronzestatue von Artus für sein Grabmal in Auftrag gab, versuchte er, Artus in den Status faktischer Existenz zu erheben und ihn damit von einer Existenz zu befreien, die lediglich im Raum der Poesie bestand.[150] Bis dahin ähneln Maximilians Monumentalprojekte den meisten künstlerischen Leistungen seiner Zeit: den gewaltigen, multimedialen Retabeln, die geschnitzte und gemalte Bilder kombinierten, und die Kirchen mit ihrer aufeinander abgestimmten Ikonographie des Heiligen. All diese komplexen Maschinen präsentierten sich selbst als Dramatisierungen des Realen aus entfernter Vergangenheit – aber Dramatisierungen, deren Existenz, wenn immer möglich, durch materiale Relikte oder Beispiele aus dieser heiligen Vergangenheit garantiert wurden.

Dieses Projekt hing nicht davon ab, tatsächliche Fragmente dieser Vergangenheit zu erlangen. Die Annahme von Referenz, die die Rezeption von Monumenten, die zu dieser Zeit produziert wurden, beherrschte, garantierte eine virtuelle Indexikalität. Die Annahme, dass Neues nicht möglich war, war so tief verwurzelt, dass für jedes Monument von vornherein galt, eine letzte Quelle in der Realität zu haben, sogar wenn diese Quelle nicht erkannt werden konnte. Jedes Monument impliziert eine Kette früher Monumente, die alle, auf nicht signifikant variierende Weise, auf den selben grundlegenden Zusammenhang verweisen. Die Monumente aus Papier – der *Triumphzug* und die *Ehrenpforte* – waren keine Berichte von einer stattgehabten Prozession oder einen realen Triumphbogen, sondern performative Darbietungen, die sich auf weitere bildliche performative Darbietungen bezogen. Der *Triumphzug* verweist auf den *Triumph Caesars* von Mantegna; die *Ehrenpforte* verweist auf die großen, geschnitzten Retabeln in den süddeutschen Kirchen und die Ausstellungen von Wappen an den Schlosswänden, sowie auf die Triumphbögen Roms – die ja selbst lediglich Symbole für einen Triumph und nicht Gebäude für den Gebrauch waren.

---

150 J.-D. Müller (Anm. 51), S. 196.

Sogar jene Monumentalprojekte Maximilians, die am ehesten unmittelbar der Selbstglorifikation zu dienen schienen, waren nicht dafür gedacht, sich außerhalb oder jenseits der alten Sagen oder Legenden und ihrer Traditionen zu stellen. Vielmehr fügten sie sich selbst in diese Traditionen ein und wurden einfach deren jüngste Fortsetzung. Es wird allgemein angenommen, dass das Wiederbeleben von Turnieren, die Faszination für Genealogie und die Transformation von mündlich Tradiertem für den Druck im 15. und frühen 16. Jahrhundert unter der Last eines Bewusstseins und eines Gefühls für den Abstand und für Zu-spät-kommen und mit Nostalgie ausgeführt wurden.[151] Aber dies kann falsch sein. Maximilian und seine Berater scheinen sich selbst in Kontinuität zur Vergangenheit gesehen zu haben. Heute erscheinen Maximilians künstlichheroische Epen *Weisskunig* und *Theuerdank* hoffnungslos verspätet, von der alten heroischen Tradition getrennt durch ein anderes Bewusstsein. Sie erscheinen als künstliche Nachahmungen der epischen Literatur des Hochmittelalters. Aber im sechzehnten Jahrhundert war dies nicht so klar. Es erschien doch einigen Zeitgenossen so, als habe Maximilian seine eigene Geschichte erfolgreich auf die Sagen aufgepfropft. Tatsächlich erschienen Maximilians Epen lebendiger und waren präsenter als die Erzählungen des dreizehnten Jahrhunderts und wurden gern als Beispiele gebraucht, um die ältere Literatur zu verstehen. Um 1570 berief sich der Wormser Chronist Friedrich Zorn in einem Kommentar auf Maximilians *Theuerdank* als Beweis dafür, dass im Hintergrund der alten Gedichte historische Tatsachen zu greifen wären: *so das mehrerteil mährlein, aber doch ein wahre historie darunter begriffen, wie dann unsere alte Deutschen alle historias in solche fabelwerk gefaßet und begriffen haben, wie solches aus dem heldenbuch Theuerdank (in welchem kaiser Maximiliani I löbliche thaten beschrieben werden) zu sehen ist.*[152] Und wie Cyriacus Spangenberg im Jahr 1594 erklärte, seien die mittelalterlichen Epen nicht bloß Gedichte, sondern seien die Spuren alter Ereignisse, Personen und Geheimnisse. Die Lieder der alten Germanen seien von Mönchen gesammelt und später von einem *Meistersinger* wie Wolfram von Eschenbach neu eingerichtet worden. Um diesen Prozess der poetischen Transformation zu begreifen, müsse man, so erklärt Spangenberg, nur an den *Theuerdank* Maximilians denken, bei dem Melchior Pfinzing dem Brauch des *Meistersingers* gefolgt sei.[153]

---

151 Dazu vgl. etwa Gerhild Scholz-Williams: Vergegenwärtigung der Vergangenheit: Das Mittelalter im 15. Jahrhundert. In: Das Weiterleben des Mittelalters (Anm. 84), S. 13–24.
152 F. Zorn (Anm. 61), S. 17.
153 Spangenberg (Anm. 98), Bl. 268r.

Selbst der offenbar in einem Anfall von Vandalismus von Maximilian abgefeuerte Kanonenschuss, dem Ausgangspunkt dieses Aufsatzes, war womöglich nicht nur ein Zeugnis närrischer oder desinteressierter Blasphemie, sondern eine Möglichkeit der Teilhabe an der Tradition. Johannes Enen hatte mit Zufriedenheit angemerkt, dass Maximilians Ziel, einer von Triers alten Türmen, den kaiserlichen Kanonenschuss mit nur geringem Schaden hingenommen hatte. Enens Bemerkung erinnert an die Geschichte von dem wundervollen und uralten Palast in Trier, dessen Wände nicht zerstört werden konnten, die von Sebastian Franck überliefert worden ist.[154] Mit seinem Schuss hat Maximilian sicherlich nicht versucht, dies kostbare und gewaltige Altertum Triers zu zerstören, einer Stadt, die, zumindest den deutschen Chroniken nach, 1300 Jahre älter als Rom ist. Es ist wohl eher so, dass Maximilian einfach der Geschichte vom unzerstörbaren Palast seinen Tribut zollen wollte.

---

154 Sebastian Franck: *Geschichtbibell*. Ulm 1536, S. 16. Der „Palast" waren womöglich die Kaiserthermen, tatsächlich die größten Bäder im gesamten römischen Reich nach den Thermen von Diokletian und Caracalla in Rom.

Abb 1: Votivtafel mit Neptunrelief, 2. Jh. Karlsruhe, Badisches Landesmuseum, inv No. 20; neu C47.

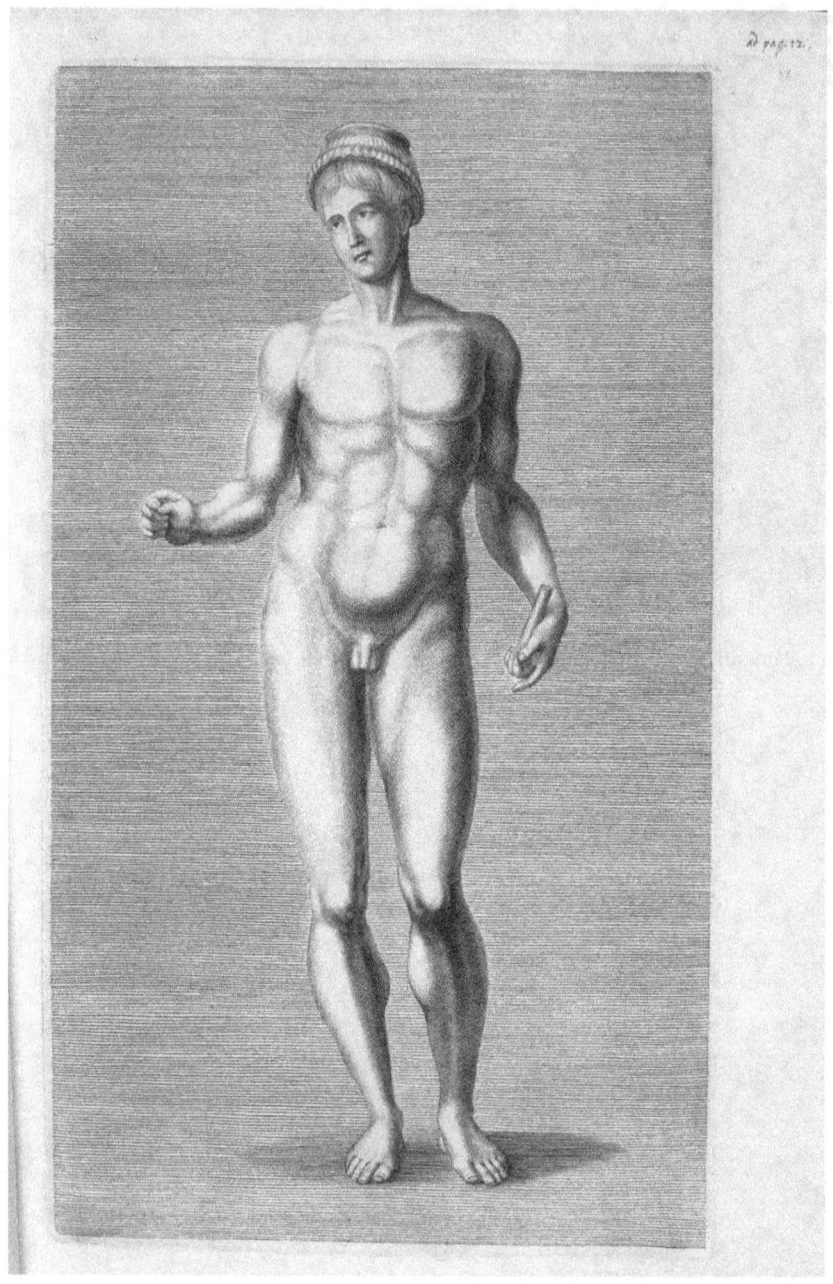

Abb 2: „Mercurius Germanicus", Kupferstich, Lorenz Beger. *Thesaurus ex Thesauro Palatino Selectus, Sive Gemmarum Et Numismatum* [...] *Dispositio*. Heidelberg 1685, Tafel II, nach S. 22 (http://digi.ub.uni-heidelberg.de/diglit/beger1685).

Maximilian I. als Archäologe — 177

Abb 3: Votivtafel mit Inschrift, Datum unbekannt. Unten: von Maximilian I. aufgestellte Inschrift, 1497. Sterzing, Pfarrkirche, Nordwand des Hauptschiffs.
Transkription: V[iva] F[ecit] | POSTVMIA | VICTORINA | SIBI • ET | TI[berio] • CLAVDIO • RAE | TICIANO • GENE | RO • PIISSIMO
Übersetzung: „Bei Lebzeiten (hat) Postumia Victorina für sich und ihren liebsten Schwager Tiberius Claudius Raeticanus (diesen Grabstein gesetzt)"

Der ober stain ist funden an dem ent | zu unterist im grunt als der ist gegraben | an vnnser frawen zw liechtmes abent | anno domini m cccc lxxxxviii jar

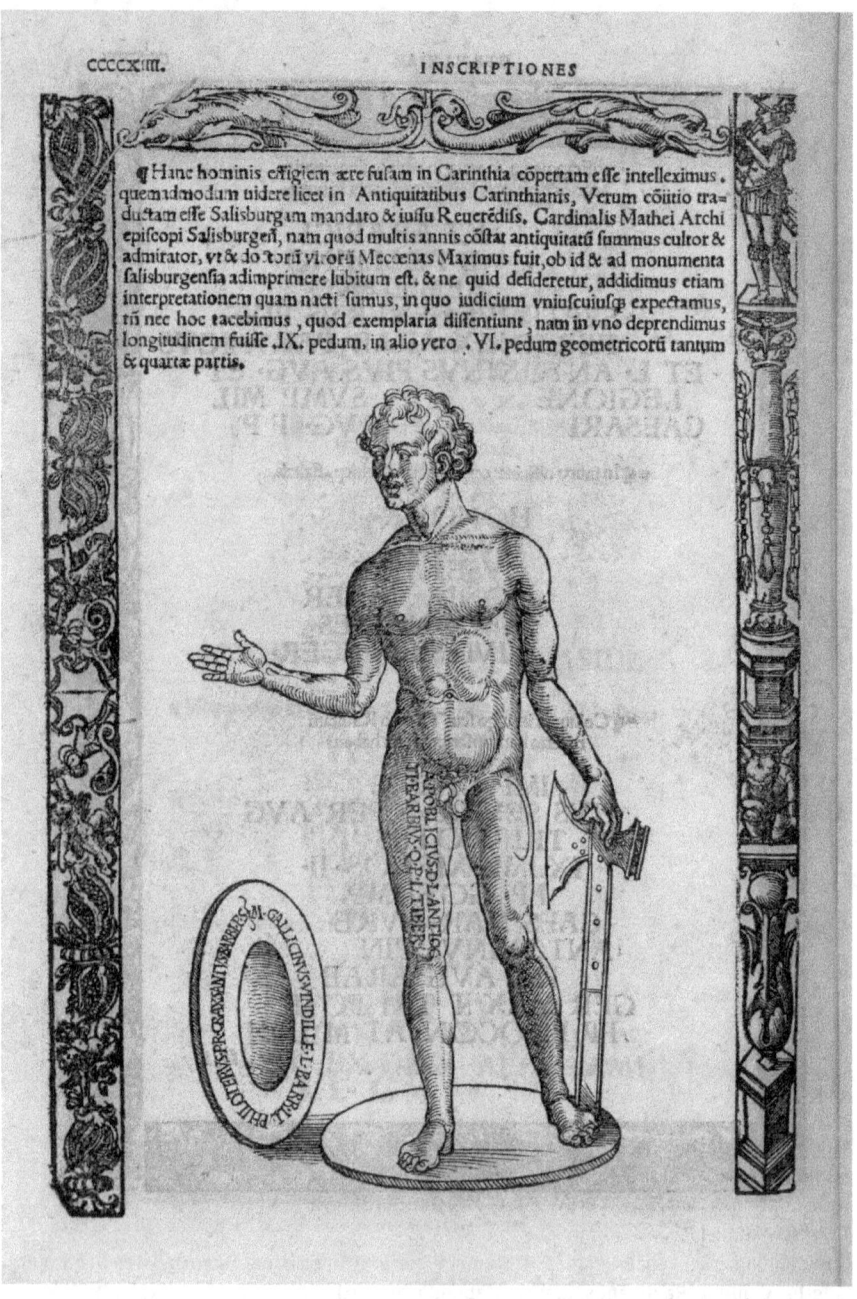

Abb 4: Jüngling vom Magdalensberg, Holzschnitt, aus Petrus Apianus und Bartholomeus Amantius, Inscriptiones sacrosanctae vetustatis (Ingolstadt, 1534), S. CCCCXIIII (recte CCCCXII).

Abb 5: Hans Burgkmair, Ausstellung des Heiligen Rocks von Trier, Holzschnitt, aus dem *Weißkunig*, circa 1515. München, Graphische Sammlung.

Abb 6: Die drei besten Schwertkämpfer, Wandmalerei, circa 1400, Schloss Runkelstein. Zeichnung und Lithographie von Ignaz Seelos, aus Ignaz Vinzenz Zingerle, Fresken-Cyklus des Schlosses Runkelstein bei Bozen (Innsbruck, 1857), Tafel 1.

Abb 7: Hans Burgkmair, Glanthonas, Holzschnitt, aus der *Genealogie* Kaiser Maximilians I., circa 1512. Augsburg, Städtische Kunstsammlungen.

Maximilian I. als Archäologe — 181

Abb 8: Jörg Muskat, Probus, Bronze, circa 1510. München, Bayerisches Nationalmuseum.

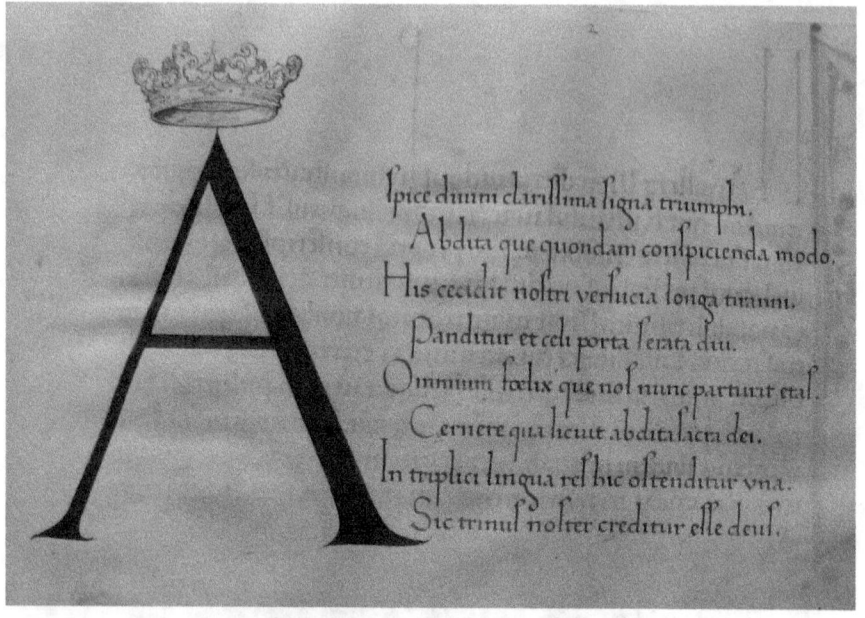

Abb 9: Leonhard Wagner, Proba centum scripturarum, 1507–17. „Poetica vera", fol. 4. Augsburg, Bischöfliche Ordinariats-Bibliothek

Maximilian I. als Archäologe — 183

Abb 10: Stele von Cn. Musius, Römisch, 1. Jh. Mainz, Landesmuseum.

Abb 11: Handschrift aus dem Besitz Konrad Peutingers. Augsburg, Stadt- und Staatsbibliothek, Cim. 31, fol. 39r.

Jochen Brüning
Mathematik und Mathematiker im Umkreis Maximilians I.

1

Zum Verständnis der wissenschaftsgeschichtlichen Bedeutung des Hofes Maximilians I. erscheint die spezifisch mathematikgeschichtliche Perspektive nicht von vorrangigem Interesse zu sein, schon aus Mangel an greifbarer Substanz. ‚Die' Mathematik umfasste in dieser Zeit praktische Tätigkeiten, an denen ein wachsendes Interesse bestand – wie z. B. Buchführung, Kreditwesen und Kartographie –, aber ebenso Disziplinen der theoretischen Welterklärung, vor allem Kosmographie und die damit untrennbar verbundene ‚wissenschaftliche' Astrologie. Die als Mathematiker anzusprechenden Mitglieder des Maximilian-Kreises waren durchweg solide Kenner des Standes der Wissenschaft, aber wesentliche Entwicklungen sind von ihnen nicht ausgegangen. Der Titel eines *Princeps artis* blieb alleine Regiomontan vorbehalten, von dem noch die Rede sein wird.[1]

Es wirkt deshalb auf den ersten Blick überraschend, dass Konrad Celtis von Maximilian das Privileg zur Gründung eines *Collegium poetarum et mathematicorum* erlangen konnte. Diese wohlbekannte Tatsache wollen wir zum Anlass nehmen, um das Umfeld der mathematischen Wissenschaften um 1500 und ihre spezifischen kulturgeschichtlichen Wirkungen zu skizzieren; es ist dann zu fragen, inwieweit ein organischer Zusammenhang mit der Gründung des Collegiums hergestellt werden kann.

Werfen wir zunächst einen Blick auf die kurze Geschichte der Celtis-Gründung.[2] Am 31. Oktober 1501 wurde zu Bozen die Gründungsurkunde mit der Unterschrift Maximilians versehen.[3] Danach bewilligte der Kaiser dem Erzhumanisten zwei mit Stipendien ausgestattete poetische Lekturen in der Absicht, „die verlorengegangene Beredsamkeit der alten Zeit wiederherzustellen", dazu aber außerdem, ohne jede weitere Begründung, auch zwei Lekturen in der Mathematik. Diese fehlende Erklärung hat Anlass gegeben zu der Spekulation,

---

[1] Nämlich in Georg Tannstetters *Viri Mathematici*, vgl. Franz Graf-Stuhlhofer: Humanismus zwischen Hof und Universität. Georg Tannstetter (Collimitius) und sein wissenschaftliches Umfeld im Wien des frühen 16. Jahrhunderts. Wien 1996, S. 22.
[2] Vgl. dazu vor allem Gustav Bauch: Die Rezeption des Humanismus in Wien. Breslau 1903, S. 117–156.
[3] Bauch (Anm. 2), S. 123.

das Collegium habe die Mathematiker nicht im Namen geführt, es handle sich vielmehr um eine historiographische Erfindung.[4] Ein Blick in die Edition der *Quatuor libri amorum* des Celtis von 1502 zeigt jedoch, dass die Gründungsurkunde hier abgedruckt ist unter dem (leicht entstellten, aber eindeutigen) Titel PRIVILFGIUM ERECTIOMIS COLLEGII POETARUM ET MATHEMATICORUM IN VIENNA (Abb. 1–3, S. 208–210). Als besonderes Privileg wurde dem Collegium das Recht zur Dichterkrönung eingeräumt, die Leitung wurde, wie konnte es anders sein, in die Hände von Celtis selbst gelegt.

Der Gründungsakt kann nicht ohne den Hintergrund der langwierigen Bemühungen des Hofes um Reformen an der Wiener Universität und der daraus resultierenden Auseinandersetzungen mit der Artistenfakultät gesehen werden. Bausch belegt, dass bereits 1497 der königliche Superintendent Cuspinian der Artistenfakultät die Einrichtung zweier Dozenturen für Mathematik nahegelegt hat,[5] so dass die Gründung des Collegiums durchaus als ein Konkurrenzunternehmen zur Artistenfakultät gesehen werden kann, programmatisch entworfen schon in der großen Ingolstädter Rede des Celtis von 1492.[6] Es scheint, als habe Celtis die Gunst der Stunde genutzt, die sich ihm in Bozen im Kontakt mit dem Kaiser eröffnete. Dementsprechend reagierte die Fakultät, nach anfänglichem Zögern, nun auf die drohende Gegengründung einer modernen Institution mit der Berufung von Andreas Stiborius und Stephanus Rosinus auf mathematische Lekturen, deren Besoldung wohl aus der Bewilligung Maximilians für Celtis erfolgen sollte und vermutlich auch tatsächlich erfolgte.

Jedenfalls gestaltete sich die Gründungsphase des *Collegium poetarum et mathematicorum* schwierig, nicht zuletzt deshalb, weil Celtis seinen vielfältigen Impulsen nicht mit der notwendigen Beständigkeit zu dauerhaftem Wirken verhalf. Er überließ den weiteren Aufbau des Collegiums schon 1502 seinem Freund Vincentius Longinus, der die Verhältnisse in einem erhaltenen Brief an Celtis schildert,[7] eine der spärlichen Quellen zu den offenbar verwickelten Vorgängen. Diesem Brief lässt sich entnehmen, dass die Universität ein neues Haus für die Mathematiker zur Verfügung gestellt hatte, in dem der gerade in Wien angekommene Johannes Stabius untergebracht werden sollte; das Collegium

---

[4] So in Franz Graf-Stuhlhofer: Lateinische Dichterschule. Das Collegium poetarum des Konrad Celtis von 1501 bis 1537. In: Grazer Beiträge. Zeitschrift für die Klassische Altertumswissenschaft 22 (1998), S. 211–214.
[5] Bauch (Anm. 2), S. 124.
[6] Hans Rupprich: Konrad Celtis, Oratio in gymnasio in Ingelstadio publice recitata. In: Humanismus und Renaissance in den deutschen Städten und Universitäten. 2. Bd. Leipzig 1935, S. 226–238, vgl. auch Bauch (Anm. 2), S. 118.
[7] Bauch (Anm. 2), S. 127.

hingegen hatte sich zur Miete in ein Haus bei St. Anna einquartiert und hat, soweit bekannt, nie eigene Räume bezogen. Der besagte Brief beklagt im weiteren, dass Rosinus sich an den Hof gewendet habe in der Absicht, sein Stipendium für das *Collegium ducale*, das universitätseigene Kollegium, ausgezahlt zu bekommen, was dringend verhindert werden müsse, um die Regelungen der Stiftungsurkunde auch im Sinne des Celtis umgesetzt zu sehen.

Es ist daher in der Tat zu vermuten, dass die Mathematiker sich von vornherein der Artistenfakultät verbunden haben, auch wenn ihre institutionelle Bindung aus den Quellen nicht restlos aufgeklärt werden kann; dementsprechend spärlich sind die Spuren ihrer Tätigkeit in den Zeugnissen des Collegiums. In dem auch späterhin sehr freundschaftlichen Verhältnis zwischen Stiborius, Rosinus und Celtis muss man dazu keinen Widerspruch sehen, da die Interessen des Erzhumanisten nicht primär auf die Mathematik gerichtet waren,[8] was er aber für seine oder die kollegiale Arbeit eventuell an ‚wissenschaftlicher Dienstleistung' von den Mathematikern benötigte, ließ sich gerade im Rahmen vertrauter Beziehungen leicht erhalten. Es passt ebenfalls in dieses Bild, dass Celtis schließlich in seinem Testament seinen Frieden mit der Universität machte, der er fast alles Wesentliche aus seinem Besitz überließ, einschließlich des Privilegs der Dichterkrönung; vom Collegium ist nicht mehr die Rede, es erscheint nur indirekt durch Erwähnung des Hauses bei St. Anna, in dem – leider! – alles Unfertige verbleiben sollte. Dass dieser Teil des Celtis-Nachlasses nicht erhalten ist, mag als ein weiteres Indiz genommen werden dafür, dass das *Collegium poetarum et mathematicorum* schon vor 1508 seine Lebenskraft verloren hatte.

Die geschilderten Befunde lassen nicht den Schluss zu, dass die Mathematiker für die Gründung und den Betrieb des Collegiums de facto wesentlich gewesen wären. Es bleibt aber die Tatsache bestehen, dass Maximilian Anlass gesehen haben muss, zwei besoldete Lekturen in Mathematik einzurichten. Diese Entscheidung fiel möglicherweise unabhängig von den spezifischen Intentionen des Celtis wie denen der Artistenfakultät, und es fragt sich, welche Gründe dafür maßgeblich waren.

---

8 Im Bildungsprogramm des Celtis spielte die Mathematik natürlich eine bedeutende Rolle, vgl. dazu Helmuth Grössing: Humanistische Naturwissenschaft. Baden-Baden 1983, S. 145–170 und Christoph Schöner: Mathematik und Astronomie an der Universität Ingolstadt im 15. und 16. Jahrhundert. Berlin 1994, S.234–245, worauf wir zurückkommen; für seine schöpferischen intellektuellen Aktivitäten war die Mathematik jedoch sekundär, wenn man von zahlenmystischen Überlegungen absieht. Standardwerk für den philosophischen Hintergrund ist Hermann Weyl: Philosophie der Mathematik und Naturwissenschaft. München 1928.

2 Institutionelle Förderung der Mathematik

2.1

Um der gestellten Frage näher zu kommen, betrachten wir als nächstes die Art und Weise, wie Mathematik in der Zeit bis 1500 institutionell betrieben wurde. Eine wesentliche, wenngleich in mancher Hinsicht nicht dominierende Rolle spielte die *Mathematik an den Universitäten*; dabei haben wir im weiteren vor allem die Situation nördlich der Alpen vor Augen.

Mathematische Ausbildung geschah im Rahmen der Artistenfakultät, die den untersten Rang im Kreis der vier Fakultäten einnahm, neben Medizin, Jurisprudenz und Theologie. Die unterrichteten Gegenstände entsprachen grundsätzlich dem klassischen Quadrivium von Arithmetik, Geometrie, Astronomie und Musik, auch wenn einzelne Lehrgegenstände über den antiken Kanon hinausgingen. Was zur Erlangung der akademischen Grade *Baccalaureus* und *Magister* im einzelnen gelesen und vor allem geprüft wurde, ist den Statuten der jeweiligen Universität bzw. Fakultät zu entnehmen,[9] die jedoch in Bezug auf die Mathematik im allgemeinen erst nach einer längeren Entwicklungsphase konkrete Lehrstoffe bzw. Lehrbücher auflisten. Das bedeutet jedoch nicht, dass mathematische Ausbildung nicht möglich war, die *extraordinarie*, also außerhalb des an Wochentagen gelesenen regulären Programms, oder auch privat angeboten werden konnte.

Die allmähliche Genese eines offiziellen mathematischen Ausbildungskanons, auf den wir inhaltlich noch genauer eingehen werden, geschah sicher vor dem Hintergrund eines mäßigen Interesses sowohl auf Seiten der Studenten wie der lesenden Magister. Das zeigt sich z. B. in der vergleichsweise geringen Gebühr, die für mathematische Lektionen zu entrichten war, und ebenso in den häufig bescheidenen Anforderungen an das mathematische Wissen der Prüflinge. Als Ursache für dieses mangelnde Engagement ist zunächst das soziale Interesse zu sehen, das in aller Regel auf ein Studium bzw. die lehrende Mitgliedschaft in den höheren, ökonomisch wie dem Sozialprestige nach ‚wertvolleren' Fakultäten zielte. Es kommt hinzu, dass die vielfach geübte Praxis, die zu lesenden Lehrstoffe vor Beginn des Semesters unter den Magistern in einem rotierenden Verfahren zu verteilen oder zu verlosen, der Ausbildung spezieller mathematischer Disziplinen und Unterrichtsformen durchaus nicht förderlich war.[10] Schließlich

---

9 Für einen guten Überblick vgl. Schöner (Anm. 8), Kap. 1.
10 Beispielsweise las jeder Dozent der Wiener Universität nur ein einziges Mal ein mathematisches Thema, solange Heinrich von Langenstein Rektor war, vgl. Helmuth Gericke: Mathematik

muss bemerkt werden, dass bis zum Beginn der Frühen Neuzeit ein nur geringes gesellschaftliches Verwertungsinteresse an mathematischen Techniken und Theorien bestand, das durch eine kleine Zahl von Spezialisten befriedigt werden konnte; die überwältigende Mehrheit dieser Spezialisten entstammte dem Klerus.

Eine wesentliche Änderung des beschriebenen Zustandes, die schließlich die akademische Professionalisierung der Mathematik zur Folge hat, wird eingeleitet durch die Einrichtung mathematischer Fachlekturen, wie sie auch mit der Gründung des Celtis einhergeht. Als Indiz neuer Entwicklungsimpulse ist anzusehen, dass der Anstoß dazu von außen kam, zunächst sogar von Privatleuten: den Anfang machte der Krakauer Bürger Johannes Stobner, der um 1405 eine Kollegiatur stiftete mit dem ausdrücklichen Zweck, nur die mathematischen Fächer des Quadriviums zu lesen.[11] Während solche privaten Stiftungen von Kollegiaturen auch an den Reichsuniversitäten grundsätzlich nicht unüblich waren, so scheint doch in diesem frühen Zeitraum keine einzige den mathematischen Fächern gewidmet worden zu sein. Die schließlich um 1500 auf breiterer Basis einsetzende Einrichtung mathematischer Fachlekturen war sicher vom Krakauer Vorbild beeinflusst, verdankte sich aber auch anderen Anstößen, etwa dem Herrscherwillen. Den hier wirksamen Motiven wird im weiteren nachzugehen sein.

2.2

Das schon angesprochene bescheidene, aber vorhandene Verwertungsinteresse führte natürlich auch zur Beschäftigung von Mathematikern und mit *Mathematik an den Höfen*. Die hier eindeutig dominierenden Nützlichkeitserwägungen ließen gleichwohl vereinzelt Pflege und Weiterentwicklung der mathematischen Wissenschaften auch am Hof zu, so dass auch eine gewisse Wechselwirkung zwischen Universität und Hof stattfand, in aller Regel durch an beiden Orten handelnde Personen. Eine Gesamtdarstellung der Verhältnisse scheint für den hier interessierenden Zeitraum noch nicht vorzuliegen, so dass wir das Tätigkeitsfeld der Hofmathematiker anhand von Beispielen beschreiben (die gleichwohl typisch zu sein scheinen).

---

im Abendland. Von den römischen Feldmessern bis zu Descartes. Heidelberg 1990, S. 204. Von Gericke auch das Standardwerk: Mathematik in Antike und Orient. Heidelberg 1984.
11 Vgl. Schöner (Anm. 8), S. 85.

Kenntnisse in Arithmetik, Geometrie und ‚praktischer' Astronomie zählten, entsprechend dem arabischen Vorbild, wohl schon früh zu den unerlässlichen Qualifikationen der Kanzlisten: für das Rechnungswesen, insbesondere der Steuern und Zölle, zur Landvermessung und zur Berechnung des Kalenders. Darüber hinaus scheinen die Anforderungen an die astronomischen Kenntnisse eine gewisse Befähigung zu astrologischen Vorhersagen eingeschlossen zu haben, in einem im 15. Jahrhundert rasch steigenden Maße. Ein typisches Beispiel für die Vertreter dieser Gruppe ist der Italiener Giovanni Bianchini, der seit 1427 am Hof der Este in Ferrara wirkte. Er leitete die fürstliche Rechnungskammer, war aber zudem ein bedeutender Diplomat und Astronom. Es scheint, dass er keine universitäre Ausbildung hatte; sein Tafelwerk war von großem Einfluss auf Georg Peuerbach und Regiomontanus, mit denen er in freundschaftlichem Kontakt stand.

Technologische Innovationen stellten höhere Ansprüche an die mathematischen Kenntnisse ihrer Nutzer oder entstanden gar erst durch Fortschritte in der Mathematik. So waren im Festungsbau architektonische und mechanische Vorkehrungen nötig, um dem Beschuss durch Kanonen standzuhalten, während die für das Zeitalter der Entdeckungen ausschlaggebenden navigatorischen Fortschritte von kosmographischen Modellen und wesentlich verbesserten astronomischen Tafeln abhingen. Ein fundamentaler Impuls zur ökonomischen Entwicklung ging von der doppelten Buchführung aus, deren Beherrschung einen erheblichen Wettbewerbsvorteil darstellte, aber ein für die Zeit ungewöhnliches mathematisches Training erforderte. Dementsprechend traten Mathematiker auf, die in einem oder mehreren dieser Anwendungsfelder mit Erfolg tätig waren. Ein interessantes Mitglied dieser Gruppe war Johannes Virdung, der ab 1484 in Krakau studierte, in Leipzig 1492 zum Magister promovierte und dann in den Dienst der pfälzischen Kurfürsten trat, wo er wohl vor allem als Militäringenieur tätig war.[12] Er trat aber ebenso durch die Abfassung von Almanachen und Kalendergutachten hervor, auch für die Universität Heidelberg, zu der er in einer offenbar nicht genau geklärten Beziehung stand.

Die bereits mehrfach erwähnte ‚wissenschaftliche' Astronomie spielte eine wichtige Rolle von zunehmender Bedeutung an den Höfen, und das offenbar nicht nur aus den erwähnten Nützlichkeitserwägungen. Der wissenschaftliche Anspruch an die Verbesserung der astronomischen Methodik, sowohl der Beobachtungen wie der Berechnungen, konnte sich rechtfertigen durch die Erwartung an genauere Voraussagen für die Navigation und die Kalenderrechnung, aber natürlich auch und besonders für eine verbesserte allgemeine Prognostik.

---

12 Vgl. Schöner (Anm. 8), S. 92f.; zu ihm auch Francis B. Brévart: Virdung, Johann, von Haßfurt. In: ²VL Bd. 10. 1999, Sp. 372–375.

Die Alimentation durch die Herrschenden beruhte zweifellos auf derselben Erwartung. Dazu trat aber, neben ganz persönlichen Motiven, die gesellschaftliche Bewertung der wissenschaftlichen Astrologie als ‚Leittechnologie'; dieses Prestige schützt vor allzu genauen Vergleichen von Voraussagen und Ergebnissen, Fehlerhaftes wird bereitwillig eingestuft als temporäre Unzuträglichkeit, die der noch nicht erreichten Vollendung der Wissenschaft geschuldet ist.

Sowenig dieses sozialpsychologische Phänomen verträglich war mit dem jeweiligen theoretischen Anspruch der Wissenschaft, sosehr ist einzuräumen, dass es Entwicklungen ermöglicht hat, die anders keine ökonomische Basis gehabt hätten. Aus diesen Gründen zeigen fast alle ‚Hofmathematiker' auch Fähigkeiten in der Astronomie als Astrologie, also insbesondere der *astrologia judiciaria*.

Der herausragende Vertreter dieser Gruppe und gleichzeitig der bedeutendste Mathematiker seiner Zeit war Johannes Müller aus Königsberg in Franken, genannt Regiomontanus, geboren 1436, gestorben 1476 in Rom. Sein kurzes Leben war angefüllt mit rastloser und in ihrem Umfang kaum glaublicher Tätigkeit als Mathematiker, Astronom und Astrologe, Philologe, Geograph, Mechaniker und Buchdrucker.[13] Der Vielfalt der Beschäftigung entsprachen häufige Ortswechsel: mit zwölf Jahren bezog er die Universität Leipzig, drei Jahre später zog er weiter nach Wien, wo er unverzüglich Schüler und Mitarbeiter des schon berühmten Georg Peuerbach wurde, 1461 trat er in die italienischen Dienste des Kardinals Bessarion, 1469 begab er sich, nach kurzem Zwischenaufenthalt in Wien, an den Hof des Matthias Corvinus in Ofen, 1471 übersiedelte er, nun scheinbar endgültig, nach Nürnberg, um doch schon 1475 wieder dem Ruf von Papst Sixtus IV. nach Rom zu folgen, der letzten Station seiner Lebensreise. Er verkörpert fast alle Aspekte mathematischer Tätigkeit in seiner Person, soweit sie für unsere Fragestellung wichtig sind, sowohl in seinen verschiedenen Positionen an Universitäten, in höfischen Diensten oder innerhalb einer Stadt, wie in seinen schöpferischen Leistungen. Um hier nur zwei Beispiele anzuführen: seine Dreieckslehre (*De triangulis omnismodi libri V.* Nürnberg 1533) entsprang eindeutig dem Bedürfnis, die Grundlage für astrologische Berechnungen zu verbessern, sie stellte aber in ihrem Ergebnis die autonome Begründung der (sphärischen) Trigonometrie als wissenschaftliche Disziplin dar; der von ihm wenn nicht erfundene, so doch wesentlich verbesserte *radius astronomicus* oder Jakobsstab[14] und die von ihm erarbeiteten Ephemeriden für die Jahre 1475 bis

---

13 Für eine gründliche und nach wie vor grundlegende Darstellung von Leben und Werk vgl. Ernst Zinner: Leben und Wirken des Johannes Müller von Königsberg genannt Regiomontanus. München 1938; ferner Helmuth Grössing: Regiomontanus. In: ²VL Bd. 7. 1989, Sp. 1124–1131.
14 Vgl. Zinner (Anm. 13), S. 158–161.

1506 (*Ephemerides ab anno 1475 ad annum 1506*. Nürnberg 1474) waren für die portugiesischen Seefahrer die unentbehrlichen Hilfsmittel zur Navigation auf dem offenen Meer; Martin Behaim soll sich in Portugal als Schüler Regiomontans bezeichnet haben.[15]

Wir erwähnen schließlich die Medizin, die sowohl an den Höfen wie an den Universitäten eine durch die Astrologie vermittelte Verbindung mit der Mathematik einging, die allgemein mit dem Stichwort ‚Iatromathematik' bezeichnet wird, ein Begriff, der schon im *Tetrabiblos* des Ptolemäus verwendet wird.[16] Entsprechend dem Prestige der Astrologie suchte die Medizin ihren wissenschaftlichen Anspruch zu belegen durch Absicherung von Therapien durch astrologische Berechnungen der jeweils richtigen Zeitpunkte für heilende Maßnahmen.

Es ist zu betonen, dass es sich beim Aufstieg der wissenschaftlichen Astrologie um einen länger dauernden Prozess handelte, der vor allem an den italienischen Universitäten ausgeprägt wurde; zunächst standen der judiziellen Astronomie ja die seit Augustinus gebräuchlichen theologischen Argumente entgegen.[17] Jedenfalls konnte zur Zeit Maximilians ein Mathematiker, mit oder ohne zusätzliche Studien an der medizinischen Fakultät, als Arzt Karriere machen, gestützt im wesentlichen auf seine astrologischen Kenntnisse. Als Beispiel nennen wir Georg Tannstetter, genannt Collimitius, geboren 1482 in Rain am Lech, gestorben 1535 in Innsbruck.[18] Tannstetter trat nicht als Mathematiker hervor, wohl aber als Herausgeber antiker Autoren, als Organisator eines Humanistenkreise (*Sodalitas Collimitiana*), als Geograph und als Astrologe. Sein Ruhm gründete sich auf die Behauptung, er habe den Tod Maximilians richtig vorausgesagt. Ob er Maximilian selbst medizinisch zur Seite stand, bleibt ungeklärt, jedenfalls gehörte er zu den vor dem Tode Maximilians nach Wels gerufenen Ärzten. Er erhielt immer wieder Aufträge der Habsburger, und ab 1528 war er hauptamtlich als Leibarzt von König Ferdinand und seiner Familie tätig.

---

15 Zinner (Anm. 13), S. 130.
16 Dazu Schöner (Anm. 8), S. 46f.
17 Bei Augustinus (*De Genesi ad litteram*) heißt es: *Quapropter bono christiano sive mathematici sive quilibet inpie divinantium, maxime dicentes vera, cavendi sunt, ne consortio daemoniorum animam deceptam pacto quodam societatis inretiant*. Gemeint sind hier aber die Astrologen, nicht die Geometer Euklidischen Zuschnitts, vgl. dazu C. de Pater: Was Augustine mathematics-hostile? Nieuw Arch. Wisk., IV. Ser. 8 (1990), S. 43–45. Die Unterscheidung bereitet jedoch auch späterhin Mühe und führt zu kuriosen Vorschlägen. So schreibt Hugo von St. Victor: *Matesis enim quando t habet sine aspiratione, interpretatur vanitas, et significat superstitionem illorum, qui fata hominum in constellationibus ponunt: unde et hujusmodi mathematici apellati sunt. Quando autem t habet aspiratum, doctrinam sonat.* (Zitiert nach Gericke 1990 [Anm. 10], S.81).
18 Das Folgende nach der gründlichen Monographie von Graf-Stuhlhofer (Anm. 1).

Bemerkenswert ist die von ihm verfasste Geschichte der Mathematik in Wien,[19] die belegt, dass mit dem beschriebenen Prozess der Konsolidierung und Professionalisierung der Mathematik an den Universitäten auch ein Standesbewusstsein der Mathematiker entsteht.

Es bleibt noch die *Mathematik in den Städten* zu besprechen, die schon im Zusammenhang mit Regiomontan als eine durchaus nicht zu vernachlässigende Größe sichtbar wurde. Lassen wir ihn selbst zu Wort kommen; er beschreibt 1471 in einem Brief an seinen Freund Christian Roder, damals Rektor der Erfurter Universität, seine Motive für die Übersiedlung nach Nürnberg wie folgt:

> Nuperrime Norimbergam mihi delegi domum perpetuam, tum propter commoditatem instrumentorum maxime astronomicorum, quibus tota sideralis innititur disciplina, tum propter universalem conversationem facilius habendam cum studiosis viris ubicunque vitam degentibus, quod locus ille perinde quasi centrum Europae propter excursum mercatorum habeatur.[20]

Wir können diese Begründung als Beweis und zugleich als Erläuterung für die vergleichsweise starke Stellung der Mathematik in den Städten lesen. An mathematischen Fertigkeiten bestand in den wirtschaftlich bedeutenderen Kommunen ein mindestens so großer Bedarf wie an den Fürstenhöfen, und aus vergleichbaren Gründen. Die wirtschaftliche Basis dürfte allerdings schmaler gewesen sein, wenngleich eine gewisse Zahl von Rechenmeistern und ‚Cossisten' auch auf Dauer in den Städten ihr Auskommen fanden; wir erwähnen nur den bekanntesten unter ihnen, Adam Ries aus Staffelstein in Franken (1492–1559). Über die praktischen Notwendigkeiten der Rechnungsführung, der Landvermessung und Stadtplanung und des Handels hinaus bestand aber ganz offenbar auch ein unabhängiges Interesse an mathematischen Kenntnissen, so dass auch Regiomontanus selbst in Nürnberg Unterricht erteilte; wie erwähnt, bezeichnete sich auch Martin Behaim als sein Schüler. Es ist deshalb nicht überraschend, dass immer wieder leistungsfähige Mathematiker auftauchten, die keine nachweisbare Universitätsausbildung besaßen.

Für die Präsenz der Mathematik in den Städten scheint es überdies eine besondere Rolle zu spielen, dass es in der Renaissance zu einem bis dahin einmaligen Zusammenspiel von handwerklich-technischen und theoretischen Fertigkeiten kam, die sich gegenseitig verstärkten. Wir haben ein wichtiges Beispiel

---

19 *Viri mathematici quos inclytum Viennense gymnasium ordine celebres habuit.* Abgedruckt bei Graf-Stuhlhofer (Anm. 1).
20 Zitiert nach Moritz Curtze: Der Briefwechsel Regiomontan's mit Giovanni Bianchini, Jacob von Speier und Christian Roder. Leipzig 1902, S. 324–336.

schon genannt, nämlich die wesentliche Verbesserung astronomischer Beobachtungen durch weiterentwickelte Instrumente. Vor der Erfindung des Fernrohres wären anders keine Fortschritte möglich gewesen, und so verwundert es nicht, dass Regiomontanus die Qualität der Nürnberger Instrumentenbauer als ersten Grund für seine Übersiedlung nennt. Nun sind aber die meisten der damals üblichen astronomischen Gerätschaften ohne einen – oft erheblichen! – theoretischen Aufwand gar nicht zu verwenden – man denke etwa an die so ästhetischen, aber für die meisten Betrachter weitgehend unverständlichen Astrolabien. Die Theorie ist, genauer gesagt, doppelt notwendig, nämlich für das Verständnis der Konstruktion und ihrer Anwendung, üblicherweise ein geometrisches oder optisch-geometrisches Problem, und für die numerische Auswertung der Beobachtung, die zumindest die arithmetische Beherrschung der trigonometrischen Funktionen verlangt; ‚Denken' und ‚Rechnen' waren gleichermaßen gefordert.

Ein Beispiel ganz anderer Art bietet die Einführung der Zentralperspektive in der Malerei. Wieder ist es eine geometrische Konstruktion, die den Ausgangspunkt bildet, die zu ihrer Umsetzung jetzt aber der handwerklichen und theoretischen Fähigkeiten des Malers bedarf. Auch hier bietet Nürnberg ein herausragendes Beispiel in der Person Albrecht Dürers. Er hat bekanntlich selbst Schriften publiziert, die durchaus als mathematische Lehrbücher bezeichnet werden können,[21] und er illustriert zugleich exemplarisch den sozialen Aufstieg des Malers vom Handwerker zum wissenschaftlich fundierten Künstler. Die auf mathematischen Konstruktionen aufgebauten Bilder der Renaissancemaler gaben die Wirklichkeit besser wieder, als es bisher möglich war. Daraus entsprang der Anspruch, Werke von einer höheren, einer wissenschaftlichen Wahrheit zu schaffen; im Einklang mit der Bewertung der Entscheidungsträger führte dies zu einer wesentlich verbesserten gesellschaftlichen Stellung.

Diese und andere Impulse wurden programmatisch gebündelt und verstärkt durch die Humanisten, was die städtische Basis der neuen Techniken und Wissenschaften befestigte und ihnen, in Verbindung mit ökonomischen Erfolgen, schließlich auch zum Einzug in die Universitäten verhalf. Von der programmatischen Einordnung vor allem der Mathematik soll jetzt die Rede sein.

---

[21] *Underweysung der messung mit dem zirckel und richtscheyt*. Nürnberg 1525; *Etliche underricht zur befestigung der Stett Schloss und flecken*. Nürnberg 1527; *Vier Bücher von menschlicher proportion*. Nürnberg 1528.

3 Mathematischer Kanon und humanistisches Programm

3.1

Die kulturgeschichtliche Rolle der Mathematik ist nicht dingfest zu machen ohne eine gewisse Kenntnis der wissenschaftlichen Inhalte, und hier liegt wohl das wesentliche Problem ihrer Wahrnehmung. Während die geisteswissenschaftlich orientierte Kulturgeschichte häufig von den Gegenständen abzusehen versucht, die wohlgeschützt hinter den Mauern einer esoterischen Fachsprache ihr schwer verständliches Wesen treiben, konzentrieren sich mathematikgeschichtliche Untersuchungen andererseits oft allein auf den wissenschaftlichen Fortschritt, der durch die Isolation von technischen und kulturellen Randbedingungen leicht zur Fiktion geraten kann.[22] Für ein angemessenes Verständnis der Rolle der Mathematik in der Zeit Maximilians scheint es daher unerlässlich, in einer etwas ausführlicheren Diskussion die mathematischen Lehrinhalte vorzustellen, die öffentlich vorgetragen wurden.

Es ist charakteristisch für das Mittelalter, dass der mathematische Kanon sich nur sehr langsam entwickelte. Dem aus der Antike (oft nur in Bruchstücken) übernommenen Wissen wurde nur wenig Eigenes hinzugefügt, und die am weitesten verbreiteten Lehrbücher boten selten den verfügbaren Stand der Wissenschaft. Die Langsamkeit dieser Tradierung und Akkumulation von Wissen darf aber nicht darüber hinwegtäuschen, dass sie die begrifflichen Voraussetzungen für die wissenschaftlich-technologische Revolution der Renaissance schufen, die, trotz aller auftretenden Beschleunigung, nicht voraussetzungslos gedacht werden kann.

Bei der Besprechung der mathematischen Lehrinhalte legen wir die im ganzen nachantiken Zeitraum übliche quadriviale Gliederung zugrunde und beginnen mit der *Geometrie*. Ihr ältester Gewährsträger – und gleichzeitig der erste, der uns die *artes liberales* in Trivium und Quadrivium gegliedert überliefert – war Anicius Manlius Severinus Boethius, geboren in Rom, gestorben (durch Hinrichtung) 524/5 in Pavia. Unter seinem Namen waren zwei geometrische Schriften im Gebrauch, die Auszüge aus den *Elementen* des Euklid (beschränkt auf die geometrischen Bücher I bis V), aus römischen Agrimensorenschriften und aus einem arithmetischen Lehrbuch enthielten, das ebenfalls

---

22 Natürlich gibt es Ausnahmen; Florian Cajori z. B. wählt für seine Mathematikgeschichte (A history of mathematics. New York ⁵1991) als Motto den folgenden Satz von Glaisher: „I am sure that no subject loses more than mathematics by any attempt to dissociate it from its history."

dem Boethius zugeschrieben wird. Es fällt auf, dass seine Euklid-Übersetzung keine Beweise enthält, sondern nur Definitionen, Postulate, Axiome und Sätze; dieser Umstand hat zu manchen Spekulationen Anlass gegeben.[23]

Die führende Rolle unter den Lehrbüchern übernahm nach 1255 wieder Euklid selbst, in der vollständigen (einschließlich der nicht von Euklid stammenden Bücher XIV und XV) und ausführlich kommentierten Ausgabe des Campanus. Dieser war ein Mann der Kirche, unter anderem Kaplan von Urban IV., und ein in seiner Zeit berühmter Mathematiker (vor allem durch das ihm von Roger Bacon gezollte Lob)[24]; er starb 1296. In der langen Tradition der Euklid-Ausgaben, die insgesamt die *Elemente*, das Gründungsdokument der Mathematik, wohl zum meistgedruckten Werk nach der Bibel befördert haben, spielt die Edition des Campanus eine wichtige Rolle; sie wurde auch zur Grundlage der von Erhard Ratdolt 1482 in Venedig besorgten Erstausgabe und blieb bis zu dieser Zeit als Lehrbuch ohne Konkurrenz. Über die von Campanus benutzten Quellen wissen wir wenig, entscheidend dürften aber arabische Vorlagen gewesen sein.

Die Lehre der *Arithmetik* griff zunächst auf das eben genannte Werk des Boethius mit dem Titel *De institutione arithmetica* zurück, eine recht genaue Übersetzung einer Schrift des Nikomachos von Gerasa (um 100 n. Chr.). Sie wurde in der ersten Hälfte des 13. Jahrhunderts abgelöst durch den *Algorismus vulgaris* des Johannes de Sacrobosco, eines vermutlich aus Schottland stammenden Mönches, der in Paris tätig war und dort (wahrscheinlich) 1236 starb. Sein Lehrbuch war so außerordentlich erfolgreich, dass es noch 1582 unverändert gedruckt wurde. Es ist ein reines Regelwerk ohne jede Ableitung oder organische Entwicklung, benutzt aber durchgängig die indisch-arabischen Ziffern und die damit verbundenen neuen Rechenmethoden. Dieser Erfolg muss kontrastiert werden mit der Existenz zweier wissenschaftlich weit herausragender Mathematiker des 13. Jahrhunderts, deren Werke aber keine vergleichbare Verbreitung fanden:[25] Leonardo von Pisa (geb. vor 1180, gest. nach 1240), der Verfasser des *Liber abaci*, wahrlich ein Stern erster Größe, und Jordanus de Nemore (1. Hälfte des 13. Jh.), die beide auch über die neue Arithmetik schrieben und gegenüber ihren Quellen und Vorbildern eine bemerkenswerte Selbständigkeit zeigen. Besonders hervorzuheben ist die Tatsache, dass Nemorarius erstmals die Darstellung der Arithmetik von der Euklidischen Vorgabe ablöst, die sie stets im Gefolge (und gewissermaßen

---

23 Für Einzelheiten zu Boethius vgl. Cajori (Anm. 22), S. 67f., der ihn treffend charakterisiert als „a Brobdingnagian among Roman scholars, but a Liliputian by the side of Greek masters".
24 Vgl. Moritz Cantor: Vorlesungen über die Geschichte der Mathematik. Bd. 2. Leipzig 1900, S. 100.
25 Denn schon damals bestand ein Unterschied zwischen wissenschaftlichen Abhandlungen und auf Lehrzwecke zugeschnittenen Publikationen; im Titel von Sacroboscos Schrift *De sphaera* (s. u.) heißt es: *ad utilitatem studentium philosophiae Parisiensis Academiae illustratus*.

als Ableitung) der Geometrie auftreten lässt; damit ist der Boden bereitet für eine autonome Weiterentwicklung. Erfolgreich als Lehrbuchautor war dann wieder Johannes de Muris in der ersten Hälfte des 14. Jahrhunderts; sein nach dem Vorbild des Boethius gearbeitetes und damit vergleichsweise einfaches arithmetisches Lehrbuch wurde 1515 gedruckt und war danach noch lange im Gebrauch.

Neben diesen ‚offiziellen' Lehrbüchern bestand eine gewisse Tradition der praktischen Mathematik, die kaufmännisches Rechnen, den Umgang mit Maßsystemen und die Ausführung von Messungen lehrte; vermutlich wurde ein wesentlicher Teil dieser Fertigkeiten lange Zeit nur durch mündliche Instruktion tradiert. Eine weitere ‚Spezialdisziplin', der Computus, betraf die Berechnung des Ostertermins; hier war das von Johannes von Sacrobosco um 1235 verfasste Lehrbuch dominierend.

Für die Lehre in der Musik stand *De institutione musica* von Boethius zur Verfügung, eine verlässliche und gut überlieferte Zusammenstellung der antiken Musiktheorien. In der Mitte des 14. Jahrhunderts wurden die musikalischen Abhandlungen des Johannes de Muris unter dem Titel *Musica speculativa* zur Grundlage des quadrivialen Musikunterrichts. Johannes de Muris ging über die antike Theorie wesentlich hinaus; er gilt als der Begründer der Mensuralmusik.

Der Unterricht in der *Astronomie* stützte sich wiederum wesentlich auf ein Werk des Sacrobosco, den *Tractatus de sphaera*, der sich ausdrücklich an (Pariser) Studenten wandte. Er bespricht in recht einprägsamer Form das griechische Kugelmodell des Weltalls und die daraus folgenden Erklärungen der wichtigsten kosmographischen Phänomene. Damit wurde auch die theoretische Grundlage für den Gebrauch der üblichen astronomischen Instrumente bereitgestellt, für das Astrolabium wurden häufig zusätzliche Vorlesungen angeboten. Die ‚große Zusammenfassung' des antiken astronomischen Wissens durch Klaudios Ptolemaios war zwar in Übersetzungen aus dem Arabischen zugänglich, hat aber die universitäre Ausbildung bis zur Zeit Maximilians nicht wesentlich beeinflusst.

Die bisher besprochenen Bestandteile des universitären Kanons in der mathematischen Lehre stützten sich noch nahezu ausschließlich auf das überlieferte antike Wissen, abgesehen vom indisch-arabischen Positionssystem und anderen kleineren Weiterentwicklungen. Dadurch sollte jedoch nicht der Eindruck entstehen, dass das Mittelalter darüber hinaus keine anderen Beiträge zur Fortentwicklung der Mathematik geleistet hätte. Auch wenn diese an origineller Bedeutung hinter den Leistungen der griechischen Mathematiker weit zurückstehen, so waren sie doch wesentlich für den Aufstieg der Naturwissenschaften in der Renaissance, und sie haben auch in ihrer Zeit schon Eingang in das Curriculum gefunden. Zu nennen sind vor allem die Pflege und Verbreitung der geometrischen Optik, als Vorbereitung für die Einführung der Zentralperspektive, und die sogenannten *Proportiones* und *Latitudines*.

Die Optik wurde vor allem nach der *Perspectiva communis* des Johannes Pecham gelehrt, eines Franziskaners, der 1279 Erzbischof von Canterbury wurde und 1292 starb; er ist vermutlich mit Roger Bacon in Paris zusammengetroffen. Sein Werk enthält eigentlich nichts, was den Griechen nicht bekannt war und schon gar nicht die Projektion des Anschauungsraumes auf eine Ebene – wie es die Zentralperspektive als Aufgabe des Malers lehrt –, diese ist aber aus den behandelten Hilfsmitteln leicht herzuleiten. Die Bedeutung der Tradierung der physikalischen und geometrischen Optik für die weitere Entwicklung der Mathematik liegt also darin, dass Fertigkeiten und vor allem Begriffsbildungen lebendig erhalten und, gewissermaßen unmerklich, weiterentwickelt wurden, auf die zu gegebener Zeit zurückgegriffen werden konnte. Es ist für dieses Resultat ganz unerheblich, dass die ursprüngliche Motivation dieser curricularen Tradition eine ganz andere war, wie am deutlichsten die Abhandlungen des Robert von Grosseteste belegen, der in der ersten Hälfte des 13. Jahrhunderts in Oxford lehrte. Seine Lichtmetaphysik ließe sich ohne die mathematischen Grundlagen der Optik nicht aufbauen, und so erscheint die Mathematik wieder in einer dienenden Funktion, die ihr begriffsbildendes Potential verschleiert, ähnlich wie wir es bereits im Zusammenhang der Iatromathematik angetroffen hatten.

Die mathematische Begriffsbildung, von der hier die Rede ist, vollzieht sich im Mittelalter ganz überwiegend nicht im abstrakten Denken, also nicht in dem Bereich, der dem Mathematiker gemeinhin als Domäne zugewiesen wird, sondern in der ‚Verbildlichung' der logischen Deduktionen hin zu einem brauchbaren algebraischen Kalkül. Während man Hankel nicht widersprechen kann, wenn er feststellt, dass für zwei Jahrhunderte nach Fibonacci nicht ein einziger einwandfreier Beweis in der Literatur zu finden ist, der nicht von Euklid stammt, so ist doch Herschel umso mehr zuzustimmen mit der folgenden Analyse, die auch auf das Mittelalter Anwendung findet: „Our present notation has arisen by almost insensible degrees as convenience suggested different marks of abbreviation to different authors; and that perfect symbolic language which addresses solely to the eye, and enables us to take in at a glance the most complicated relations of quantity, is the result of a large serie of small improvements."[26]

Die anderen Gegenstände der Weiterentwicklung entsprangen durchweg der Auseinandersetzung mit Aristoteles. Weite Verbreitung fand der *Tractatus proportionum seu de proportionibus in motibus* des Thomas Bradwardine von 1328, der vielerorts auch in abgekürzter Form als *Proportiones breves* gelesen wurde. Thomas Bradwardine wurde um 1300 geboren und starb 1349, nach einer eindrucksvollen geistlichen Karriere, als Erzbischof von Canterbury. Er schrieb

---

26 Cajori (Anm. 22), S. 126.

außerdem über Arithmetik, Geometrie und das Kontinuum; sein Bewegungsgesetz fasste er selbst als Präzisierung des aristotelischen Gesetzes auf, die anhaltende Auseinandersetzung mit dem Gegenstand bereitete aber zweifellos den Boden für den Aufbruch der Physik in der Renaissance. Dies gilt in wohl noch stärkerem Maße für die Untersuchungen des Nicole Oresme (geboren zwischen 1320 und 1325, gestorben 1382 als Bischof von Lisieux), die nur handschriftlich überliefert wurden, aber in einer Bearbeitung unter dem Titel *Tractatus de latitudinibus formarum*, erstmals gedruckt 1482 in Padua, Eingang in die universitäre Lehre fanden. Seine Diskussion des aristotelischen Grundproblems von Stoff und Materie zeichnet sich aus durch die systematische Nutzung graphischer Darstellungen, die zwar nicht den cartesischen Koordinaten gleichzusetzen sind, die aber gleichwohl den modernen Funktionsbegriff in den Grundzügen vorbereiten. Wesentlich für das Galileische Bewegungsgesetz wurde Oresmes Betonung der *intensio uniformiter difformis*, woraus der Begriff der gleichförmig beschleunigten Bewegung hervorging.

3.2

Den kurz zusammengefassten Inhalten der mathematischen Universitätslehre bis zum Beginn des Humanismus und den ebenso knappen Kommentaren zur Weiterentwicklung ihrer Gegenstände soll nun ein Abriss der Bewertung mathematischer Tätigkeit im genannten Zeitraum an die Seite gestellt werden. Maßgeblich für die Stellung der Mathematiker im Universitätsbetrieb war – neben dem tatsächlichen, praktischen Bedarf an ihren Methoden – die Position, die ihnen im Curriculum der höheren Fakultäten zugewiesen wurde.

Hier ist zunächst die Theologie zu nennen, schon allein deshalb, weil sie die meisten Fachvertreter in den mathematischen Disziplinen stellt. Obwohl das Niveau der Wissenschaft im klassischen Griechenland auch nicht annähernd irgendwann in der hier betrachteten Zeit erreicht wird, so wird doch in der Scholastik durchweg der Mathematik ein hoher Bildungswert zugemessen, vor allem in Vorbereitung der theologischen Studien. Programmatisch formuliert Roger Bacon die Rolle der Mathematik als notwendige Vorstufe zur Philosophie und zur Theologie, fast im platonischen Sinne: *Cum igitur ostensum sit quod philosophia non potest sciri nisi sciatur mathematica, et omnes sciunt quod theologia non potest sciri nisi sciatur philosophia, necesse est ut theologus sciat mathematicam.*

Allerdings ist die Scholastik an der Schulung des logischen Denkens nur im Hinblick auf die Kunst des Disputierens interessiert, nicht aber mit der Zielrichtung selbständiger Entwicklungen, die den klassischen Autoritäten an die

Seite zu stellen wären oder sie gar übertreffen könnten. Daher wird den Beweisen kaum Aufmerksamkeit geschenkt, die Behauptung allein genügt, wenn sie durch eine anerkannte Autorität gedeckt ist. Wir hatten aber hervorgehoben, dass die Analyse und Weiterentwicklung einiger Begriffsbildungen in den Disputationen scholastischer Philosophen wesentliche Vorarbeiten für die humanistische Mathematik und Naturwissenschaft geliefert haben. Zugleich hat die theologische Doktrin die institutionelle Verankerung der Mathematik im Universitätsbetrieb bewirkt, ausgehend von Paris und Oxford.

Südlich der Alpen, wo es zunächst keine theologischen Fakultäten gab, ging ein stärker formender Impuls von der Medizin aus, die ihren wissenschaftlichen Charakter zu dokumentieren versuchte durch die Methoden der schon erwähnten Iatromathematik, womit zugleich die Astrologie in der universitären Lehre etabliert wurde. Daher emanzipierten sich an den italienischen Universitäten Medizin und Mathematik gemeinsam vom Primat der Juristen mit der Konsequenz, dass für lange Zeit die mathematischen Vorlesungen ihren Platz nur innerhalb des medizinischen Curriculums fanden. Peter von Abano war der Verfasser einer programmatischen Schrift mit dem Titel *Conciliator differentiarum philosophorum et praecipue medicorum*,[27] die für die Medizin den Status einer *scientia*, nicht bloß einer praktischen ars rechtfertigen wollte und zu diesem Zweck vor allem die mathematischen Grundlagen ins Feld führte. So findet sich dort die bündige Feststellung: *Cuiusmodi est medicus qui astrologiam ignorat, nullus debet se in eius manus ponere*. Diese Grundthese wird im einzelnen erhärtet am Gebrauch der mathematischen Teildisziplinen: während die Arithmetik absolut notwendig ist, um die *dies critici* zu berechnen, also die Kalendertage, an denen bestimmte medizinische Behandlungen angezeigt oder verboten waren, fällt die Begründung für den Nutzen der Geometrie etwas gewundener aus: *Eget etiam geometria scientia magnitudinum mensurativa ut ea vulnerorum cognoscat figuras*. Aus heutiger Sicht freilich wirkt dieser Satz, im Hinblick auf die bildgebenden Verfahren der modernen Medizin, nahezu prophetisch.

Schließlich ist die Einordnung der Mathematik in das gesamte System der Wissenschaften zu betrachten. Durch die von Boethius aufgegriffene antike Tradition wurden die *septem artes liberales* der für das gesamte Mittelalter verbindliche Kanon des Wissens, auch wenn dessen Erweiterung bald als notwendig angesehen wurde (so sagt etwa Thomas von Aquin: *Septem artes liberales non sufficienter dividunt philosophiam theoricam*.) Als maßgebend für die Zeit Maximilians dürfen wir die *Margarita philosophica* des Gregor Reisch ansehen, eine 1503 erstmals erschienen Enzyklopädie des gesamten Wissens der Zeit in

---

[27] Dazu Schöner (Anm. 8), S. 47ff.

Dialogform, die so erfolgreich war, dass sie zehn Auflagen erlebte. Das theoretische und praktische Wissen wird hier in einem hierarchisch-architektonischen Aufbau präsentiert, der für Jahrhunderte zwar nicht unverändert, aber maßgeblich bleiben sollte. Als Leitwissenschaft tritt nicht mehr die Theologie, sondern die Philosophie auf, die Mathematik erscheint als Teilgebiet der *philosophia theoretica realis*, aber doch weit entfernt von praktischen Bereichen wie z. B. der Navigation, die sich der *philosophia practica* unterordnen. Der Wissenschaftscharakter der Mathematik wird deutlich durch die Erörterung der theoretischen Grundlagen, der Bezug zur Praxis des Wissens wird hergestellt durch die sich jeweils anschließende Diskussion ihrer Anwendungen. Bemerkenswert erscheint, dass die *Margarita* ein Bewusstsein vom historischen Werden der Mathematik im Wandel ihrer Techniken demonstrieren: der berühmte Holzschnitt zur Arithmetik zeigt einen etwas mürrischen Pythagoras am Rechenbrett neben einem modernen ‚Linienrechner'. Die Statik der aus der Antike übernommenen Wissenswelt ist prinzipiell dem dynamischen Bild eines sich entwickelnden Kosmos gewichen, der erstmals das Wissen der Alten revidiert und übertroffen hat.

3.3

Mit dem bisher entwickelten Rüstzeug können wir uns nun der Rolle der Mathematik im humanistischen Programm zuwenden, womit wir uns dem eigentlichen Gegenstand der Erörterung wieder nähern. Das 15. Jahrhundert bringt in der Geschichte der Mathematik eine ganz wesentliche Neuerung: sie etabliert sich als Wissenschaft sui generis, sie findet nach einer Entwicklung von mehreren tausend Jahren zu sich selbst. Damit soll nicht gesagt sein, dass es nicht schon in der Antike Mathematiker von höchster Qualität gearbeitet hätten, denen ihre Tätigkeit über alles ging, der mathematische Kanon und seine Entwicklung blieben aber bestimmt und begrenzt durch übergeordnete Zwecke; von diesem Bild hat sich, wie es scheint, die Mathematik im allgemeinen Verständnis bis heute nicht ganz befreit.

Der Durchbruch der Mathematik zu einem mit vollem Bewusstsein auch nach inneren Gesetzen betriebenen wissenschaftlichen Fach lässt sich in seltener Eindeutigkeit mit einem Namen verbinden: mit Johannes Müller aus Königsberg in Franken, genannt Regiomontanus; von ihm war bereits die Rede. Ohne Zweifel war er der überragende Mathematiker seiner Zeit, ein genial begabter Wissenschaftler mit vielen Talenten, die er in seinem viel zu kurzen Leben rücksichtslos ausbeutete. Seine Werk lässt sich in der hier gebotenen Kürze nicht im Detail würdigen, seine Ausnahmestellung wird aber deutlich, wenn man bedenkt, dass er neben außerordentlichen mathematischen Leistungen – wie der Algebraisierung der Trigonometrie, die sie zu einem autonomen wissenschaftlichen Feld werden lässt – zu den Pionieren der Wiederentdeckung und Publikation griechischer Texte zählte. Ihm verdanken wir z. B. die Bekanntschaft mit sechs zahlentheoretischen Büchern des Diophant, der um 300 n. Chr. in Alexandria lebte (in eine Ausgabe dieses Werkes schrieb Pierre de Fermat seine berühmte Vermutung, deren Wahrheit erst in unseren Tagen nachgewiesen werden konnte). Aber damit nicht genug: Regiomontan beschäftigte sich außerdem noch sehr intensiv mit eigenen Himmelsbeobachtungen und dem Bau von verbesserten Instrumenten sowie mit dem Buchdruck; von seinem umfangreichen und ehrgeizigen Editionsprogramm konnte jedoch leider nur ein kleiner Teil verwirklicht werden.

Der Fülle seiner Tätigkeiten unterlegte Regiomontan ein Programm, das in wesentlichen Zügen in einer erhaltenen Rede sichtbar wird, mit der er im April 1464 an der Universität von Padua eine Vorlesungsreihe über das Werk des arabischen Astronomen al-Farghani eröffnete.[28] Zwar folgt diese Rede in ihrem Aufbau den zeitgenössischen Modellen – man kann sie oberflächlich als eine konventionelle *laus Astronomiae* lesen –, aber bei genauerer Analyse zeigt sich eine neuartige Sicht der Mathematik, die sich, eingebettet in ihre historische Genese, im Blick auf ein großes Ziel entwickelt und gleichgewichtig theoretische wie praktische Neuerungen einschließt.

Die Darbietung der historischen Entwicklung in dieser Rede scheint sich nach dem bewährten Muster der Versammlung von Autoritäten zur Stützung des eigenen Standpunktes zu vollziehen, verbunden mit einer Referenz an die Gastgeber durch besondere Erwähnung der Leistungen von Gelehrten aus Italien und vor allem aus Padua. Bemerkenswert ist jedoch, dass Regiomontan mit großer Wahrscheinlichkeit alle zitierten Werke selbst besaß und erarbeitet hatte, und des weiteren, dass er die historische Erörterung bis in seine Zeit führt, z. B. durch Erwähnung von Georg Peuerbach und Giovanni Bianchini, oder durch Ausführungen über die berühmte astronomische Uhr des Giovanni de Dondis in Pavia und über ein eigenes Projekt zur Herstellung von Spiegeln. Zugleich nimmt er die Erwähnung der klassischen griechischen Werke zum Anlass, auf sein großes Editionsprogramm zur Wiederherstellung und Verbreitung dieser wichtigen Texte zu verweisen. Bemerkenswert sind womöglich auch die nicht

---

[28] Vgl. dazu Zinner (Anm. 13), S. 80ff., oder Noel M. Swerdlow: Science and humanism in the Renaissance. Regiomontanus's oration on the dignity and utility of the mathematical sciences. In: World changes. Thomas Kuhn and the nature of science. Ed. by P. Horwich. Cambridge/Massachusetts 1993.

erwähnten Mathematiker unter denen, die ihm mit Sicherheit bekannt waren, wie z. B. seine Wiener Lehrer Heinrich von Hessen und Johann von Gmunden. Der historische Abriss zeichnet sich jedenfalls aus durch Authentizität – es spricht ein führender Fachmann aus profunder eigener Kenntnis –, durch die Methodik eines historisch-philologischen Editionsprogramms – es spricht auch ein Übersetzer, Kommentator und Herausgeber – und durch eine Gesamtschau bis hinauf in die eigene Zeit – Regiomontan ist ein aktiver Mathematiker.

Damit ist der Boden bereitet für eine Würdigung der mathematischen Wissenschaften des Quadriviums in der Entwicklung des menschlichen Wissens und der Menschheit überhaupt. Zwar wiederholt Regiomontan althergebrachte Erzählungen wie die vom Ursprung der Geometrie aus der Notwendigkeit, das vom Nil überschwemmte Land jährlich neu zu vermessen. Dann geht er aber weiter und weist der Mathematik die Stellung der grundlegenden Wissenschaft überhaupt zu, aus vielerlei Gründen. Zunächst ist sie unerlässlich für alle Wissenschaften, wobei wiederum die *Elemente* des Euklid das ewige Fundament jeder wissenschaftlichen Methodik bilden. Weiterhin können so grundlegende Felder wie Architektur, Medizin, Rechtskunde, Kriegsführung, Bankwesen und Navigation nicht ohne Mathematik bestehen oder sich gar weiterentwickeln. Dasselbe gilt auch für die bildenden Künste – Regiomontan war mit Alberti befreundet und daher mit der Bedeutung der Perspektive für die Malerei vertraut – und für das Verständnis der Philosophie, vor allem der des Aristoteles (die in Padua besonders gepflegt wurde), die ohne eine quadriviale Bildung nicht zu meistern ist.

Dieser Zusammenhang gibt nun Regiomontan die Gelegenheit zu einer geradezu vernichtenden Kritik der scholastischen Philosophie. Ihrem Begriffswirrwarr und ihren endlosen spitzfindigen Erörterungen unbeantwortbarer Fragen setzt er die Klarheit der Mathematik und die ewige Wahrheit – oder Sicherheit – ihrer Schlussfolgerungen entgegen. Damit erweist sich Regiomontan völlig als Humanist, der den Scholastikern aber nicht nur ein philologisches Programm, die Suche nach dem wahren Text entgegensetzt, sondern ein umfassendes wissenschaftliches Programm mit strenger Methodik. Diese Rede dürfte eines der frühesten Zeugnisse der wissenschaftlichen Kritik an der Scholastik sein, die dann im 16. Jahrhundert weit verbreitet war.

Nach diesem ‚retardierenden Moment' wendet sich die Rede ihrem Höhepunkt zu, dem Lobpreis der Astronomie. Die höchste Bestimmung der Mathematik ist die Bestimmung des Laufs der Gestirne, durch perfekte Rechnung (Arithmetik) und perfekte Messung (Geometrie), sagt Regiomontan, nicht nur weil die Astronomie die älteste aller Wissenschaften ist, so alt, dass ihr Beginn nur mythologisch zu bestimmen ist, sondern weil die genaue Kenntnis der Himmelsbewegungen zu einer gottähnlichen Kenntnis des Weltlaufs verhilft. Es mag trotz der allgemeinen damaligen Meinung überraschen, den führenden Mathematiker und Astronomen der Zeit als Anhänger und Verfechter der judiziellen Astronomie auftreten zu sehen, zumal z. B. das von ihm erstellte Geburtshoroskop für Maximilian in seinen Voraussagen nur wenig mit der Wirklichkeit gemein hatte. Darin sind aber nicht so sehr die schon vorher erwähnten Gründe des Broterwerbs zu sehen, sondern eher die Grundzüge eines Weltmodells, das, in vielfältigen Verwandlungen, von den Pythagoräern bis in die heutigen Naturwissenschaften wirksam geblieben ist. Die geforderte ‚Genauigkeit der Berechnung' ist die Aufforderung an die Mathematik, sich nach den Gesetzen der Logik umfassend zu entwickeln, durchaus nicht nur im Hinblick auf numerische Genauigkeit. Dass Regiomontan so zu verstehen ist, ergibt sich aus vielen anderen Zeugnissen, z. B. aus seiner Einleitung zum Geburtshoroskop Maximilians.[29] Schon hier wird klar, dass es unter anderem genauerer Bahnermittlungen für die Planeten bedarf, die natürlich nicht aus der Beobachtung allein zu gewinnen waren, sondern eines *Modells* bedurften (*corrige Martem* notiert er in seinem Jahrbuch für 1459 anlässlich einer falsch vorausberechneten Konjunktion von Mars und Jupiter)[30]. Und Theorie und Beobachtung können nur dann auf Koinzidenz hoffen, wenn beide bestmöglich sind, wenn also insbesondere die Theorie von völliger logischer Konsistenz ist: *Si demonstrasses beatum te dixissem* bemerkt er zu einer ohne Beweis gegebenen (und falschen!) Herleitung des Sinus in einem Werk seines Lehrers Gmunden.[31] Es ist deshalb für die Gewichtung der mathematischen Wissenschaften und ihren Auftrag im Entwicklungswerk des Weltwissens gar nicht mehr von Belang, ob Regiomontan selbst an die Wahrheit der Astrologie, auch nur im Prinzip, glaubte oder nicht: das Erkenntnisziel war durch die erwähnten Forderungen nach äußerster Strenge und tiefster Einsicht praktisch in unerreichbare Ferne gerückt. Da andererseits der Nutzen einer wirklich beherrschten Astrologie auf der Hand lag und allseits erstrebt wurde (wir hatten vorher geradezu von einer ‚Leittechnologie' gesprochen), ergibt sich auch eine wissenschaftspolitisch geschickte Argumentation, mit einer perfekten hierarchischen Anordnung aller Wissenszweige und denen an der Spitze, die Regiomontan und seinen Freunden die liebsten waren.[32]

---

[29] Zinner (Anm. 13), S. 37.
[30] Zinner (Anm. 13), S. 41.
[31] Zinner (Anm. 13), S. 43.
[32] So zitiert er Giovanni Bianchini mit den Worten: „Schon vor 10 Jahren wäre ich gestorben, wenn die Annehmlichkeit der Sternkunde meine Seele nicht zurückgehalten hätte." (zitiert nach Zinner [Anm. 13], S. 83).

Die hier skizzierte Position des Johannes Müller aus Königsberg ist im frühen Humanismus sicher singulär in ihrer Universalität von Perspektive und Tätigkeit, nicht zu reden von der Mathematik als geistigem Zentrum. Die integrative programmatische Stärke der Mathematik war aber auch anderen Humanisten bewusst, zumal Konrad Celtis. Wenn Regiomontan aus der Sicht des Mathematikers absolute Reinheit von Text, mathematischer Beweisführung und Beobachtung verlangte, um eine gesicherte Basis für die zuletzt doch intuitive Deutung der Himmelsbewegungen zu errichten, so verlangte Celtis aus der Sicht des Dichters die umfassende Kenntnis des philologischen und mathematisch-naturwissenschaftlichen Wissens der Zeit, um mit Worten die Welt zu gestalten.[33]

Einen schönen Beleg dieser programmatischen Bemühungen bietet der berühmte *Philosophia*-Holzschnitt, den Dürer auf Bitten von Celtis für dessen *Quatuor Libri Amorum* von 1502 schuf.[34] Die für den Astronomen und für den Dichter geforderte Verwissenschaftlichung ihrer schöpferischen Tätigkeit wird hier von Dürer dargestellt im sichtbaren Vollzug der neuen, auf mathematischer Kenntnis gebildeten Wissenschaftlichkeit der Malerei: durch die Kenntnis der Perspektive und der mathematischen Gesetze der Symmetrie – was durch Realisierung von Proportionen die Zahlenmystik einschließt – erlangen die Bildwerke nun eine höhere Wirklichkeit. Damit steigt der Maler auf vom Handwerker zum Wissenschaftler, und es ist konsequent und im besten Sinne geistesgegenwärtig, wenn Celtis Dürer mit Albertus Magnus vergleicht.

---

33 Vgl. Dieter Wuttke: Humanismus als integrative Kraft / Dürer und Celtis. Von der Bedeutung des Jahres 1500 für den deutschen Humanismus. ‚Jahrhundertfeier als symbolische Form'. In: Dazwischen. Kulturwissenschaft auf Warburgs Spuren I. Baden-Baden 1996, S. 389–454; hier S. 394. Von Wuttke stammt außerdem der grundlegende Aufsatz: Renaissance-Humanismus und Naturwissenschaft in Deutschland. Gymn. 97 (1990), S. 232–254. Als ein fernes Echo, aber zugleich als Beleg einer nie ganz verschwundenen Idee der Zusammengehörigkeit von Mathematik und Poesie lesen wir in einem Brief Kleists an Ernst von Pfuel vom 7. Januar 1805: „Ich kann ein Differentiale finden und einen Vers machen; sind das nicht die beiden Enden der menschlichen Fähigkeit?" (Heinrich von Kleist. Sämtliche Werke und Briefe. Hg. v. Roland Reuß u. Peter Staeangle. Bd. 2. München 2010, hier S. 832).
34 Eine ausführliche Erörterung findet sich bei Wuttke 1996 (Anm. 33).

4

Die zweite Hälfte des 15. Jahrhunderts zählt zu den Abschnitten der Kulturgeschichte, deren Umbrüche für eine kurze Zeitspanne der Mathematik eine weit bedeutendere Rolle gestatten, als dies bei einem ‚normalen' Gang der Dinge erwartet werden kann. Die Motoren einer solchen Entwicklung sind einmal neue technische Errungenschaften, wie der Algorithmus, die doppelte Buchführung, die stark verbesserte Navigation und die Zentralperspektive, deren Beherrschung soziales Ansehen und wirtschaftlichen Erfolg verheißt, die aber zunächst nur von denen beherrschbar sind, die sich durch das Nadelöhr weit überdurchschnittlicher mathematischer Studien gezwängt haben. Zum anderen wecken diese Zeiten das Bedürfnis nach neuen – und naturgemäß zunächst abstrakten – Begriffen, um mit den noch unvertrauten Phänomenen umzugehen, sowie nach theoretischen Ansätzen, die all dies in einen einheitlichen Rahmen fügen. Für die betrachtete Zeit spielte die erneuerte und durch Ratdolts Erstdruck von 1482 erleichterte Bekanntschaft mit Euklids *Elementen* und seiner Argumentationsweise *more geometrico* sicher die Rolle einer solchen theoretischen Basis, wenngleich zwischen den Zeilen dieses so erstaunlich nüchternen Werkes eine gehörige Dosis pythagoräischer Zahlenmystik mittransportiert wurde, die auf die Humanisten – allen voran Konrad Celtis – ihren Eindruck nicht verfehlte: ordnet sie doch die Welt in ebenso einfacher wie geheimnisvoller Weise. Und es ist wohl dieser Mangel an Einfachheit und egalitärer Zugänglichkeit, der einen Gegenprozess in Gang setzt mit dem Ziel, die begehrten Neuerungen von der Notwendigkeit eines tieferen mathematischen Verständnisses zu befreien. Der Algorithmus wird mechanisiert (was in Perfektion erst unseren modernen Taschenrechnern gelingt), die Navigation wird zurückgeführt auf das Ablesen von Instrumenten, Karten und Tabellen, die Zentralperspektive wird zum Handwerkszeug des (in seinem sozialen Rang deutlich gestiegenen) Malers, der seine eigentliche Kunst in der Gestaltung des Farbraums sieht; und die Mathematik verschwindet wieder unter der ‚Benutzeroberfläche', der Mathematiker ist seines Zaubers beraubt, während die neuen Techniken zu beinahe selbstverständlichen Kulturtechniken gerinnen.

Es scheint also, dass die eingangs beschriebene Gründung des *Collegium poetarum et mathematicorum* unabhängig von den erwähnten Zufälligkeiten auch ein Reflex war auf die erlebte, aber schon zu Ende gehende Zeit des Umbruchs, in der von der Mathematik so bedeutende Impulse ausgingen. Eine konzeptionelle Rolle der Mathematiker in der Arbeit des Collegiums ist jedoch nicht nachweisbar, wie ja seine ganze Aktivität in einem geschichtlichen Dunkel verbleibt, das die Vermutung nennenswerter Leistungen mindestens nicht nahelegt. Was die Innovationen der Mathematik betrifft, so sehen wir im Jahre

1500 den Prozess ihrer ‚Renormalisierung' schon in vollem Gange, so dass wir auch erwarten sollten, die an das Collegium berufenen Mathematiker als Lehrer der neuen Techniken in der Universität anzutreffen und nicht mehr in der Rolle Regiomontans – die sie allerdings auch nicht hätten ausfüllen können.

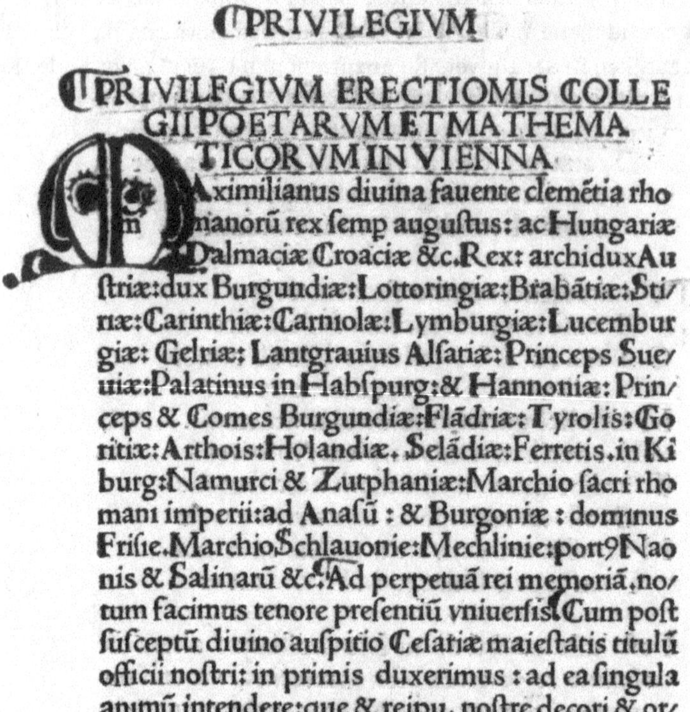

¶PRIVILEGIVM

¶PRIVILEGIVM ERECTIOMIS COLLE
GII POETARVM ET MATHEMA
TICORVM IN VIENNA.

Maximilianus diuina fauente clemetia rho
manoru rex semp augustus: ac Hungariæ
Dalmaciæ Croaciæ &c. Rex: archidux Au
striæ: dux Burgundiæ: Lottoringiæ: Brabatiæ: Sti
riæ: Carinthiæ: Carniolæ: Lymburgiæ: Lucembur
giæ: Gelriæ: Lantgrauius Alsatiæ: Princeps Sue
uiæ: Palatinus in Habspurg: & Hannoniæ: Prin
ceps & Comes Burgundiæ: Fladriæ: Tyrolis: Go
ritiæ: Arthois: Holandiæ, Seladiæ: Ferretis. in Ki
burg: Namurci & Zutphaniæ: Marchio sacri rho
mani imperii: ad Anasu : & Burgoniæ : dominus
Frisie. Marchio Schlauonie: Mechlinie: port9 Nao
nis & Salinaru &c. Ad perpetua rei memoria, no
tum facimus tenore presentiu vniuersis. Cum post
susceptu diuino auspitio Cesatiæ maiestatis titulu
officii nostri: in primis duxerimus : ad ea singula
animu intendere: que & reipu. nostre decori & or
namento ppetuo fore arbitraremur: & natione no
stra germanica ac domu Austriæ ex qua orti sum9
quatis possemus honoribus : apud omes getes &
posteritate: notas faceremus: id potissimu occurrit
p eternitate lfarum: necessariu in humanis reb9 fo
re: vt populis & vrbib9 nostris Rhomanaru lfaru
gymnasia: laudato ordine & rhomano more statu
erem9 vnde publicaru reru moderatores ac recto
res vt plurimu excelletes prodire: qui veteru reru
gestaru lectione facti prudetiores: bene & beate
viuedi rationes multa etia experietia posteris scri
psere : directis itaq3 a nobis in nostro Viennensi
gymnasio. Ciuilis iuris lectionibus. cu in poetica
& oratoria arte nihil hactenus ibi instituerimus :
decreuim9 p ipsius vniuersitatis nostræ argumeto

Abb 1: Gründungsurkunde des Collegium poetarum et mathematicorum aus Konrad Celtis' Quatuor libri amorum (Nürnberg 1502). Exemplar der Bayerischen Staatsbibliothek, München. (COD Rar.446 fol./S.: 114v.)

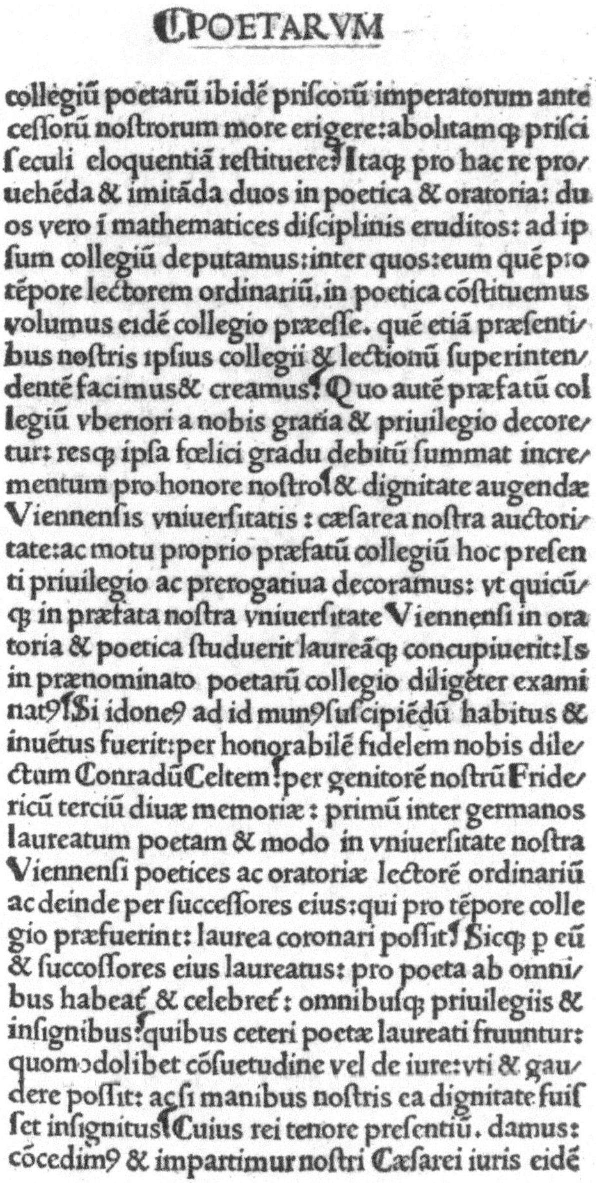

POETARVM

collegiū poetarū ibidē priscorū imperatorum ante
cessorū nostrorum more erigere: abolitamq3 prisci
seculi eloquentiā restituere? Itaq3 pro hac re pro-
uehēda & imitāda duos in poetica & oratoria: duos vero ī mathematices disciplinis eruditos: ad ip-
sum collegiū deputamus: inter quos: eum que p:o
tēpore lectorem ordinariū, in poetica cōstituemus
volumus eidē collegio praeesse. quē etiā praesentibus nostris ipsius collegii & lectionū superinten-
dentē facimus & creamus? Quo autē praefatū collegiū vberiori a nobis gratia & priuilegio decore-
tur: resq3 ipsa foelici gradu debitū summat incre-
mentum pro honore nostro & dignitate augendae
Viennensis vniuersitatis: caesarea nostra auctori-
tate: ac motu proprio praefatū collegiū hoc presen-
ti priuilegio ac prerogatiua decoramus: vt quicū-
q3 in praefata nostra vniuersitate Viennensi in oratoria & poetica studuerit laureaq3 concupiuerit: Is
in praenominato poetarū collegio diligēter exami-
nat9: Si idone9 ad id mun9 suscipiēdū habitus &
inuētus fuerit: per honorabilē fidelem nobis dile-
ctum Conradū Celtem! per genitorē nostrū Fride-
ricū terciū diuae memoriae: primū inter germanos
laureatum poetam & modo in vniuersitate nostra
Viennensi poetices ac oratoriae lectorē ordinariū
ac deinde per successores eius: qui pro tēpore collegio praefuerint: laurea coronari possit? Sicq3 p eū
& succossores eius laureatus: pro poeta ab omnibus habeat̄ & celebret̄: omnibusq3 priuilegiis &
insignibus? quibus ceteri poetae laureati fruuntur:
quomodolibet cōsuetudine vel de iure: vti & gau-
dere possit: ac si manibus nostris ea dignitate fuis-
set insignitus? Cuius rei tenore presentiū. damus:
cōcedim9 & impartimur nostri Caesarei iuris eidē

Abb 2: Gründungsurkunde des Collegium poetarum et mathematicorum aus Konrad Celtis' Quatuor libri amorum (Nürnberg 1502). Exemplar der Bayerischen Staatsbibliothek, München. (COD Rar.446 fol./S.: 115r.)

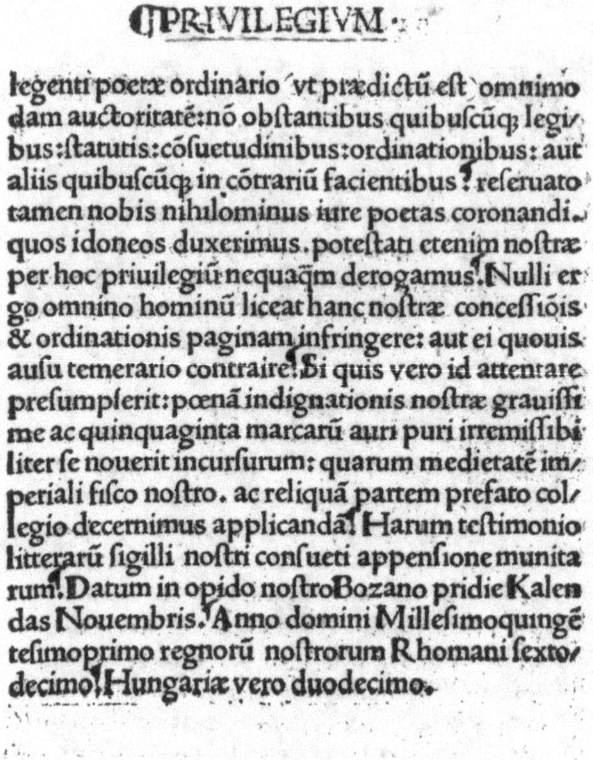

¶PRIVILEGIVM

legenti poetæ ordinario vt prædictū est omnimo
dam auctoritate:nō obstantibus quibuscūq; legi-
bus:statutis:cōsuetudinibus:ordinationibus: aut
aliis quibuscūq; in cōtrariū facientibus? reseruato
tamen nobis nihilominus iure poetas coronandi
quos idoneos duxerimus. potestati etenim nostræ
per hoc priuilegiū nequaqm derogamus. Nulli er
go omnino hominū liceat hanc nostræ concessiōis
& ordinationis paginam infringere: aut ei quouis
ausu temerario contraire. Si quis vero id attentare
presumpserit: poenā indignationis nostræ grauissi
me ac quinquaginta marcarū auri puri irremissibi
liter se nouerit incursurum: quarum medietatē im
periali fisco nostro. ac reliquā partem prefato collegio decernimus applicanda. Harum testimonio
litterarū sigilli nostri consueti appensione munita
rum. Datum in opido nostro Bozano pridie Kalen
das Nouembris. Anno domini Millesimoquingē
tesimoprimo regnorū nostrorum Rhomani sexto-
decimo. Hungariæ vero duodecimo.

Abb 3: Gründungsurkunde des Collegium poetarum et mathematicorum aus Konrad Celtis' Quatuor libri amorum (Nürnberg 1502). Exemplar der Bayerischen Staatsbibliothek, München. (COD Rar.446 fol./S.: 115v.)

Hans-Joachim Ziegeler
Beobachtungen zur Entstehungsgeschichte von Kaiser Maximilians *Theuerdank*

Als frühestes erhaltenes Zeugnis einer Beschäftigung Maximilians mit dem *Theuerdank*, jener in *schrifft und gemäl*, Text und Bild, erzählten und gedruckten Geschichte von der ritterlichen Werbungsfahrt des Helden Theuerdank / Maximilian zu Erenreich / Maria von Burgund, der Tochter Romreichs / Karls des Kühnen, gelten die Einträge in Maximilians „Gedenkbuch von 1505/08".[1] Bereits Simon Laschitzer, dessen Einleitung zum Faksimile des *Theuerdank* von 1888 noch immer grundlegend und zugleich die umfassendste, gründlichste und in manchem auch wichtigste Studie zu den Entstehungsumständen und -bedingungen des *Theuerdank* ist, hat diese Einträge als nicht in jeder Hinsicht „ganz klar" bezeichnet.[2] Es ist nicht unwichtig, daran zu erinnern, dass nach wie vor bereits die Datierung des *Gedenkbuches* und seiner Einträge sowie Verständnis und Deutung der Einträge selbst nicht „ganz klar" sind. Im Weiteren wird es darum gehen, unter buchgeschichtlichen und historisch-semantischen Aspekten einige, von Laschitzer begründete, Selbstverständlichkeiten der Datierung und auch der Konzeption des *Theuerdank* noch einmal zu diskutieren, ihre Prämissen zu befragen und, unter Umständen, auch neue Lösungen vorzuschlagen.

> Eine gewisse Schwierigkeit bereitet schon die Anlage des erwähnten *Gedenkbuches* (Wien, ÖNB, Cod. Series Nova 2645). Der Codex enthält, nach einer modernen Zählung, 173 Blätter, insgesamt, nach Menhardt,[3] 174 Blätter. Vor dem Titelblatt des *Gedenkbuches*, Bl. 9r dieser modernen Zählung, befinden sich acht weitere Blätter, Bl. 1–8 der modernen Zählung.[4] Auf Bl. 8r/v ist in zeitlich nahem Zusammenhang mit der Anlage des *Gedenkbuches* ein Register angelegt worden, dessen Folio-Angaben (z. B. *personen sachen ...1*, *Cronick ...5*, *artillerey ...9* usw.) auf eine alte Foliierung des Codex verweisen, die mit dem ersten Blatt nach dem Titelblatt als „*1*" (= Bl. 10r der neuen Zählung) beginnt und von derselben Hand wie das Register angelegt worden zu sein scheint. Diese alte Zählung ist gegenüber der neuen bis Bl. 13 (= Bl. 22 der neuen Zählung) um neun Zähler niedriger.

---

1 Zusammenfassend zuletzt: Jan-Dirk Müller: Kaiser Maximilian I. In: ²VL Bd. 6, Sp. 204–236, hier Sp. 220.
2 Simon Laschitzer: [Einleitung zur Faksimileausgabe des *Theuerdank*]. In: Jahrbuch der kunsthistorischen Sammlungen des Allerhöchsten Kaiserhauses 8 (1888), S. 9.
3 Hermann Menhardt: Verzeichnis der altdeutschen literarischen Handschriften der österreichischen Nationalbibliothek. Bd. 3. Berlin 1961, S. 1468.
4 Bei diesen 8 Blättern handelt es sich um keine eigene Lage; Lagenbeginn ist nach Menhardt Bl. 1, 5, 13 etc.; es handelt sich um Quaternionen, Quinternionen und Sexternionen in unregelmäßiger Reihenfolge, vgl. Menhardt (Anm. 3), S. 1468f.

Danach wiederholt die alte Zählung die Folioangabe „*14*" (Bl. 23 und 24 der neuen Zählung); Bl. 15 bis Bl. 116 der alten Zählung entsprechen also Bl. 25 bis 126 der neuen Zählung. Die Blätter 117 bis 124 der alten Zählung sind herausgeschnitten; Bl. 125 bis 171 der alten Zählung entsprechen also Bl. 127 bis 173 der neuen Zählung; Bl. 169 alter Zählung ist identisch mit Bl. 171 neuer Zählung. Ältere, aber immer wieder zitierte Angaben, z. B. bei Primisser (Anm. 7) und Gottlieb (Anm. 6; dort aber weitere Zählfehler), beziehen sich auf die alte Zählung. Um mehrfach aufgetretene Missverständnisse nicht zu wiederholen, gebe ich im Folgenden stets (mit Ausnahme der ersten acht Blätter) zuerst die alte und dann die neue Zählung der Blätter an, soweit aus den vorhandenen Beschreibungen[5] und der Kopie einiger Blätter des Codex zu erkennen.

Dass das *Gedenkbuch* allein in den Jahren 1505–1508 in Gebrauch gewesen sei, ist „aus den Eintragungen [...] erschlossen".[6] Dies geht auf Alois Primisser zurück, der in seinem Abdruck dieses *Gedenkbuches* (Wien, ÖNB, Cod. S. n. 2645), des sog. „Zweiten Gedenkbuches", bemerkt hatte, dass „sich Max darin [im anderen, dem sog. „Ersten Gedenkbuch"] immer ‚Kaiser' nennt, während er in dem gegenwärtigen [= Cod. S. n. 2645], nur eine einzige Ausnahme abgerechnet, stets K u n i g l i c h e Majestät heißt".[7] Das ist – vorausgesetzt, Maximilian hat sich nicht, wie z. B. Kaiser Sigismund, bereits vor der Erhebung zum Kaiser als solcher titulieren lassen – korrekt: Maximilian hat sich am 4. Februar 1508, ohne Krönung in Rom (aber mit Zustimmung von Papst Julius II.) in Trient zum ‚Erwählten Römischen Kaiser' erklärt. Es bedeutet jedoch nicht, dass dieses *Gedenkbuch*, dessen Titelblatt (= Bl. 9r neuer Zählung) lediglich verzeichnet: *Der* [*vnd* gestr.] *Romischen vnd hungerischn kn^s mt etc. gedenck puech a° 5to*,[8] nicht auch nach 1508 noch in Gebrauch gewesen sein könnte. Einen Hinweis darauf liefert, ausgerechnet, eine Notiz, die sich auf den *Theuerdank* bezieht. Diese Notiz, es ist das bekannte *Item den probst van Nuernberg an dy sach mit coronica* [auf neuer Zeile] *vnd Theurdank* (Bl. 169r alter, Bl. 171r neuer Zählung), von Maximilians eigener Hand steht auf demselben Blatt zwischen zwei weiteren

---

[5] Vgl. Menhardt (Anm. 3), S. 1468f. Neuere Beschreibung danach in: Katalog der abendländischen Handschriften der Österreichischen Nationalbibliothek. „Series Nova". Teil 2/1 [...], v. Otto Mazal u. Franz Unterkircher. Wien 1963, S. 321.
[6] Theodor Gottlieb: Büchersammlung Kaiser Maximilians. Leipzig 1900 [Nachdruck: Amsterdam 1968], S. 35.
[7] Alois Primisser: Zweytes Gedenkbuch des Kaisers Maximilian I., aus den Handschriften der k. k. Ambraser=Sammlung zu Wien. In: Taschenbuch für die vaterländische Geschichte. Hg. durch die Freyherren von Hormayr und von Mednyansky, 5 (1824), S. 39–81, hier S. 39. Bei dem „Ersten Gedenkbuch" handelt es sich um die Handschrift Wien, Haus-, Hof- und Staatsarchiv, HS Böhm, Supplement 13, Signatur blau 376, vgl. Gottlieb (Anm. 6), S. 54–58 und: Maximilian I. Katalog der Ausstellung Innsbruck 1969, S. 90, Nr. 342.
[8] Zitat nach einer Kopie von Bl. 9r, Wien, Cod. S. n. 2645, vgl. Laschitzer (Anm. 2), S. 9 Anm. 1.

Notizen. Die erste lautet *gepeet puechl ain ordinarij das ander extra[ordin]arij*[9]; die andere Notiz nach derjenigen, die den *Theuerdank* betrifft, lautet: *it. faemer stuel Parbeyl idest*.[10] Diese drei Einträge finden sich unter der Rubrik *Moralitet* am Ende des Buches; zwei weitere Einträge folgen, ohne Überschrift, auf Bl. 170 und 171 bzw. Bl. 172 und 173 neuer Zählung; der letzte dieser zwei Einträge gilt, laut Register des *Gedenkbuches* auf Bl. 8v, ebenfalls als *Moralitet*. Der Registereintrag *Moralitet* (Bl. 8v) für die Notizen auf Bl. 169 und 171 (bzw. Bl. 171 und 173 neuer Zählung) ist offensichtlich ein Nachtrag; ob dies auch für die Einträge Bl. 169r bzw. 171r selbst gilt, ist allein aufgrund der Kopie der Handschrift nicht zu entscheiden. Ein inhaltliches Argument spricht aber dafür, dass die Notiz ein Nachtrag ist: Wenn mit dem *probst van Nuernberg* Melchior Pfinzing gemeint ist und dieser sich außer *an die sach mit coronica* auch an die *sach mit Theuerdank* hat begeben sollen, dann kann dieser Eintrag schwerlich schon zwischen 1505 und 1508, sondern erst 1512 oder später erfolgt sein, denn erst dann ist Pfinzing Propst von St. Sebald zu Nürnberg.[11] Dass neben diesem *gedenkpuech* (Cod. S. n. 2645) durchaus ein anderes in Gebrauch war, beweist ein Eintrag auf Bl. 44 (Bl. 54 neuer Zählung) unter *Waidnerey: Vnd suech Jn dem andern gedenckh Puech da findest dw die kunst den fursten den lust zwmachen*.[12] Ehe weitere Aussagen über Datierungen o.ä. aus diesen „Gedenkbüchern" abgeleitet werden, wäre also eine Untersuchung ihres Gebrauchs und ihrer Verwendung durch Maximilian und seine Kanzlei geboten.[13]

---

9 Von diesem Eintrag wird die Datierung der Anfänge des Gebetbuches Kaiser Maximilians abhängig gemacht, vgl.: Das Gebetbuch Kaiser Maximilians. Der Münchner Teil mit den Randzeichnungen von Albrecht Dürer und Lucas Cranach d. Ae. Rekonstruierte Wiedergabe. Einführung von Hinrich Sieveking. München 1987, S. IX.
10 Gemeint ist vielleicht ein ‚Femer-Stuhl', d. h. ein Richter-Stuhl, vgl. DWb Bd. 3, Sp. 1517; Bayerisches Wörterbuch von Johann Andreas Schmeller. Zweite [...] Ausgabe, bearb. v. Georg Karl Frommann. Bd. 1. München 1872, Sp. 718f.; Fischer: Schwäbisches Wörterbuch. Bd. 2, Sp. 1022.
11 Vgl. zuletzt Jan-Dirk Müller: Pfinzing, Melchior. In: 2VL Bd. 7, Sp. 568–571. Dass Maximilian mit dem *probst van Nuernberg* „den Vorgänger des nachmaligen wirklichen Verfassers, des Probstes Melchior Pfinzing" gemeint haben könnte, wie Laschitzer (Anm. 2), S. 9 erwägt, ist doch wohl auszuschließen.
12 Hier zitiert nach dem Abdruck bei Primisser (Anm. 7), S. 61.
13 Zum Zusammenhang von ‚Gedenkbuch' und literarischer *gedechtnus* vgl. zuletzt Jan-Dirk Müller: Archiv und Inszenierung. Der ‚Letzte Ritter' und das Register der Ehre. In: Kultureller Austausch und Literaturgeschichte im Mittelalter. Transferts Culturels et Histoire Littéraire au Moyen Âge. Hg. v. Ingrid Kasten/Werner Paravicini/René Pérennec. Sigmaringen 1998, S. 115–126.

Auch die beiden anderen Einträge in diesem *Gedenkbuch*, die den *Theuerdank* betreffen, sind ersichtlich Nachträge; sie hat auf „dem ersten leeren Blatte des Codex ein häufig beschäftigter Secretär links am Rande des Blattes von oben gegen unten [...] in je zwei Zeilen" aufgeschrieben,[14] und zwar so, dass die jeweils erste und die jeweils zweite Zeile der beiden Einträge etwa auf gleicher Höhe stehen. Sie lauten:

> 1. *Freidhart Comedi vnd anfanng mit den alten greysen Erwalter*
> [neue Zeile] *Theurdanck Tragedi*
>
> 2. *Also schrembs nach der lenng*
> [neue Zeile] *solls der maler anfahen zu malen.*

Diese Einträge befinden sich als einzige auf Bl. 1r nach der neuen Zählung, also auf dem ersten Blatt jener 8 Blätter vor dem Titelblatt des *Gedenkbuchs*. Unklar ist in der ersten Notiz, ob mit *den alten greysen Erwalter*[15] eine Eigenheit der erst in der zweiten Zeile genannten *Theurdanck Tragedi* gemeint ist, doch ist dies, analog zur Satzaufteilung über zwei Zeilen in der zweiten Notiz, durchaus wahrscheinlich. Die Personifikationen des *Theuerdank*: Fürwittig, Unfallo, Neidelhart und Erenhold gelten sowohl im Cod. 2867 als auch im Cod. 2806 der Wiener ÖNB, in den zwei erhaltenen Vorfassungen des Fürwittig- bzw. Fürwittig und Unfallo-Teils, als *alt* und / oder *greyse*: Fürwittig, Unfallo und Neidelhart werden in Kap. 7 als *alt vnd greyse oder als die alten hauptleut drey*, der Erenhold in Kap. 10 als *von alten jarn* bezeichnet.[16]

Der Terminus *erwalter* ist bisher nicht geklärt.[17] Er ist bislang nur noch ein weiteres Mal nachgewiesen; in der Übersetzung des *Secretum Secretorum* durch Hildegard von Hürnheim (um 1280)[18] erscheint *erwalter* neben anderen Ableitungen des Verbums *erwalten* als Übersetzung von mlat. *presumptor* und weiteren Variationen von mlat. *presumere*. Das Verbum *erwalten* ist Übersetzung

---

14 Laschitzer (Anm. 2), S. 9.
15 Nicht genau zu bestimmen ist, ob ein Strich über dem Schluss-r von *Erwalter* als Kürzungszeichen für *Erwaltern* (Dat. Pl.) gedacht ist.
16 Cod. 2867: Bl. 16v, Z. 12; Bl. 17r, Z. 11; Bl. 24v, Z. 7. – Cod. 2806: Bl. 11v, Z. 12 u. Z. 21; Bl. 14r, Z. 7. – Von Fürwittig heißt es in Cod. 2867, Bl. 44r, Z. 1 *der pos greys* (ohne Entsprechung in 2806, Kap. 15).
17 Vgl. Laschitzer (Anm. 2), S. 9 Anm. 4.
18 Hiltgart von Hürnheim: Mittelhochdeutsche Prosaübersetzung des ‚Secretum Secretorum'. Hg. v. Reinhold Möller. Berlin 1963 (DTM 56); vgl. Gundolf Keil: Hildegard (Hiltgart) von Hürnheim. In: ²VL Bd. 4, Sp. 1–4. Nachweis der verschiedenen Bildungen von *erwalten / erwallden* bei Kurt Gärtner u. a.: Findebuch zum mittelhochdeutschen Wortschatz. Stuttgart 1992, S. 102.

von *presumere* (16,6; 24,5) und *attemptere* (58,1) im Sinne von ‚wagen', ‚sich vornehmen'. *erwaltunge* (st. f.) gibt – in einer Aufzählung von Sünden und Lastern, die auseinander hervorgehen – *presumptio* wieder: *inverecundia [generat] presumptionem; presumptio infidelitatem: unschamheit gepirt erwalldung. Erwalldung gepirt untreu* (8,3/4), *erwalldung* wohl im Sinne von ‚Anmaßung', ‚Überheblichkeit'. Schließlich ist *erwalter* (st. m.) Übersetzung sowohl von *presumptor* (12,1), als Oberbegriff zu *malefactores et scelatores* bzw. *übeltuer und die maintätigenn*, als auch von *presumptuosus* (74,4) im Sinne von ‚Übeltäter' und ‚der Vermessene, Verwegene', wohl auch ‚der infolge seiner Unterlegenheit Aggressive'. Diese Bezeichnungen entsprächen sehr gut der Gestaltung der drei Übeltäter Fürwittig, Unfallo und Neidelhart und kämen damit der Absetzung der *Theurdank Tragedi* von der *Freidhart Comedi* entgegen. Unklar ist auch, ob sich der Befehl an den Maler, mit dem Malen zu beginnen, auf den *Theuerdank* bezieht und ob *schrembs nach der lenng* etwa im Sinne von ‚Skizze' zu begreifen wäre.[19]

Festzuhalten bleibt, dass die üblicherweise als ‚Anfänge' des *Theuerdank* bezeichneten Jahre 1505–1508 (oder gar ‚vor 1505') mit einem Fragezeichen zu versehen sind. Das Jahr 1512 ist als Beginn der Arbeiten zumindest nicht auszuschließen; die sonstigen Nachrichten über die ‚Anfänge' widersprechen dem nicht. Unabhängig von diesem Datierungsproblem ist zu notieren, dass offenbar von Beginn an für den *Theuerdank* wie für andere Werke Maximilians die Doppelheit von *schrifft und gemäl* geplant war, dass aber – das oben entwickelte Verständnis von *erwalter* mit dem entsprechenden Bezug auf den *Theuerdank* vorausgesetzt – mit der Betonung der *erwalter* zugleich von Beginn an für den *Theuerdank* an einen eigenen, von den anderen Werken unterschiedenen Status im Rahmen der literarischen *gedechtnus* gedacht war. Zwar dienen sowohl der *Theuerdank* wie der *Weißkunig* letztlich dem Ruhm ihres Titelhelden; stellt jedoch der *Weißkunig* die Überlegenheit des *jungen weißen kunigs* aufgrund seiner Erziehung, seiner intellektuellen und psychischen wie physischen Fähigkeiten heraus, so betont der *Theuerdank* die Gefährdungen seines Helden durch die *erwalter*, erzählt in Text und Bild von den *geuerlicheiten*, wie es der Titel des Werks deutlich genug kundtut: *Die geuerlicheiten vnd einsteils | der geschichten des loblichen streyt- | paren vnd hochberumbten helds | vnd Ritters herr Tewrdanncks*.[20]

Die von Beginn an bestehende eigene Konzeption des *Theuerdank* zu betonen, ist geeignet, den Satz Laschitzers zu differenzieren und zu präzisieren, dass „der Theuerdank und der Weisskunig ursprünglich als ein einheitliches

---

19 Für *schräms, schrembs* wird ‚schief, schräg; seitwärts' angegeben in Schmeller/Frommann (Anm. 10), Bd. 2, Sp. 601.
20 *gevaerlicheit* st. f., nach Lexer Bd. 1, Sp. 957: ‚hinterlist, böse absicht'.

Werk ausgearbeitet werden sollten".[21] Laschitzer stützt diese These primär auf einen Eintrag im sog. *Vierten Gedenkbuch* (Wien, ÖNB, Cod. S. n. 2626), das nach seinem Teil-Herausgeber Frimmel von 1508 bis 1515 in Gebrauch gewesen sein soll.[22] In diesem heißt es Bl. 127v: *Item in den weyssen kunig zu stellen die Comedi vom Teurdangk, vnd Tragedi vom Fursten wundrer.*[23] Weitere Anhaltspunkte für die These vom ‚einheitlichen Werk' boten Laschitzer die Beobachtungen, dass der Vater Theuerdanks in einer der Vorfassungen, im Wiener Codex 2867 (hier Kap. 3, Bl. 7r, Z. 9 und Kap. 9, Überschrift und Bl. 22r, Z. 3), *der alt weißkunig* genannt wird und dass einer der von Schultes in der *Theuerdank*-Ausgabe von 1679 erstmals gedruckten, für die früheren Ausgaben nicht verwendeten Holzschnitte im Format mit den anderen *Theuerdank*-Holzschnitten übereinstimmt, in Anlage und Ausführung aber für den *Weißkunig* und nicht für den *Theuerdank* gedacht gewesen sein muss.[24]

Wie weit tragen diese Argumente? Für den zuletzt genannten Umstand, dass ein Holzschnitt durch *Theuerdank*-Format einerseits und *Weißkunig*-Thema anderseits ein zeitweise geplantes ‚einheitliches' Werk aus *Weißkunig* und *Theuerdank* zu bestätigen schien, hat schon Laschitzer selbst eine andere Möglichkeit der Erklärung erwogen: Vielleicht habe man „sich einfach in der Wahl der Grösse des Holzstockes geirrt".[25] Das dürfte auch die wahrscheinlichere Lösung sein: Der Serie der überlieferten, nach Format und Thema eindeutig für den *Weißkunig* gedachten Holzschnitte zum Thema ‚Schießen mit Bogen und Armbrust' resp. ‚Jagd', dies sind in der Ausgabe von Musper die Nrr. 37, 38, 39, 40, 41, 42[26] welche

---

21 Laschitzer (Anm. 2), S. 10.
22 Theodor Frimmel, in: Jahrbuch der kunsthistorischen Sammlungen des allerhöchsten Kaiserhauses 5 (1887) II. Theil, S. XVIII–XIX, hier S. XIX. Vgl. Gottlieb (Anm. 6), S. 62–65; Menhardt (Anm. 3), Bd. 3, S. 1465; Mazal / Unterkircher (Anm. 5), Teil 2/1, S. 292 (mit z. T. falschen Angaben).
23 Hier zitiert nach Gottlieb (Anm. 6), S. 64.
24 Vgl. Laschitzer (Anm. 2), S. 10, Abbildung S. 11.
25 Laschitzer (Anm. 2), S. 10.
26 Kaiser Maximilians I. Weißkunig. 2 Bde. Hg. v. Heinrich Theodor Musper [u. a.] Stuttgart 1956, hier Bd. 2. Die Abbildungen Nr. 37, 38, 39, 40, 41 und 42 entsprechen den Abbildungen auf S. 87, 88, 90, 91, 93 und 95 in: Der Weisskunig. Nach den Dictaten und eigenhändigen Aufzeichnungen Kaiser Maximilians I. zusammengestellt von Marx Treitzsaurwein von Ehrentreitz. Hg. v. Alwin Schultz. In: Jahrbuch der kunsthistorischen Sammlungen des Allerhöchsten Kaiserhauses 6 (1888). Diese wiederum entsprechen den Abbildungen Nr. 25 (nach S. 83), Nr. 27 (nach S. 84), Nr. 26 (vor S. 84), Nr. 29 (nach S. 89), (zu Musper [u. a.] Nr. 41, Schultz S. 93 fehlt die entspr. Abb.) und Nr. 28 (vor S. 85) in: Der Weiß Kunig. Eine Erzehlung von den Thaten Kaiser Maximilian des Ersten. [...] Herausgegeben aus dem Manuscripte der kaiserl. königl. Hofbibliothek. Wien [Joseph Kurzböck] 1775. Neudruck mit einem Kommentar u. einem

– mit Ausnahme von Nr. 39 (Burgkmair) – alle von Leonhard Beck stammen,[27] entsprechen vier Text-Kapitel[28] in den auf Handschrift A (Wien, ÖNB, Cod. 3032) basierenden Ausgaben. Einschließlich des bei Schultes gedruckten, gleichfalls von Leonhard Beck stammenden Holzschnitts[29] handelt es sich also um sieben Holzschnitte, die für den Komplex: ‚Jagd' / ‚Schießen' gedacht waren. Eine präzise Zuordnung dieser sieben Holzschnitte zu den vier Kapiteln, wie sie Laschitzer vorschlägt, ist unmöglich. Laschitzer glaubt, diese Zuordnung entsprechend dem Gebrauch der jeweiligen Schuss-Waffe eindeutig vornehmen zu können.[30] Wahrscheinlicher ist, dass man den in Schultes' *Theuerdank*-Ausgabe tradierten Holzschnitt für den *Theuerdank* verworfen hat, weil er weder inhaltlich (in keiner der *Theuerdank*-Versionen ist eine Schießübung mit Bogen oder Armbrust überliefert) noch thematisch (dem Holzschnitt fehlen der Erenhold und einer der *Erwalter*) in dieses Werk passte; wahrscheinlicher ist auch, dass der Holzschnitt von Schultes' *Theuerdank*-Ausgabe durch den – ähnlichen – *Weißkunig*-Holzschnitt (Musper [Anm. 26], Bd. 2, Nr. 38) ersetzt wurde, entweder, weil er, da unter die *Theuerdank*-Holzschnitte geraten, für den *Weißkunig* fehlte, oder, weil das Format des Holzschnitts, die Darstellung des Helden, die sichtlich dem der *Theuerdank*- und nicht der *Weißkunig*-Figur entspricht, und endlich die Wahl der Waffe für die drei ‚Lehrer' (Armbrust statt Bogen) den Holzschnitt für den *Weißkunig* unbrauchbar machten.

Dies alles ist Dokument der parallelen Arbeit an *Weißkunig* und *Theuerdank*, nicht aber Beweis für das postulierte ursprünglich ‚einheitliche' Werk. Gerade die Schwierigkeit der Zuordnung der einzelnen Bilder zu den Text-Kapiteln des

---

Bildkatalog von Christa-Maria Dreissiger, Weinheim 1985. – Hinzu kommt zu diesem Komplex noch ein Bild, das nach Wien, ÖNB, Cod. 3033 beschriftet ist mit: *Die schicklihait und pesserung aller furstlichen lust und nutz der vischerey*, d. i. bei Musper Bd. 2, Nr. 43, Schultz, S. 98, Dreissiger Nr. 30 (vor S. 90).
27 Heinrich Theodor Musper: Hans Burgkmair und der Weisskunig. In: Musper (Anm. 26), Bd. 1, S. 35–56, hier S. 43.
28 Es handelt sich um die Kapitel Nr. 37–40 bei Musper (Anm. 26), Bd. 1, S. 231–234.
29 Laschitzer (Anm. 2), S. 88.
30 Laschitzer (Anm. 2, S. 10) glaubt, der Schultes'sche Holzschnitt – drei Schützen mit Armbrust zielen auf eine viereckige Zielscheibe; zwei weitere Figuren, davon eine Figur in Rückenansicht (Theuerdank?), eine in Halbfrontal, weisen auf die Zielscheibe – sei gedacht für das Kapitel 38 *Wie der jung weyß kunig mit den hurnein armprust und mit den stachlin pogen hat leren schiessen* (Musper [Anm. 26], Bd. 1, S. 231f.), während der für den *Weißkunig* gedachte ähnliche Holzschnitt (Musper [Anm. 26], Bd. 2, Nr. 38) – drei Schützen mit Bogen zielen auf eine runde Zielscheibe, Weißkunig, in Frontalansicht, hält einen Bogen in der rechten, einen Pfeil in der linken Hand – für das Kapitel 37 *Wie der jung weiß kunig mit dem handpogen zu roß und zu fueß lernet schiessen* (Musper [Anm. 26], Bd. 1, S. 231) gedacht gewesen sei.

Weißkunig ist Folge einer Anlage der *Weißkunig*-Kapitel, die von jener der *Theuerdank*-Kapitel unterschieden ist, von der Prosa hier, dem Reimpaarvers dort, ganz abgesehen. Im *Weißkunig* werden, zumindest in Teil II, der ‚Jugendgeschichte', nur selten einzelne Ereignisse erzählt, sondern es wird eher auf die durativ entfalteten, überdurchschnittlichen Fähigkeiten des Helden abgehoben. Die Zuordnung der zeitlich auf die Darstellung eines Moments konzentrierten Bilder ist entsprechend schwierig, – sie machte schon Treitzsaurwein zu schaffen, wie aus seinem *Fragbuch* (Wien, ÖNB,Cod. 3034) hervorgeht.

Laschitzers zweites Argument für die These vom ursprünglich ‚einheitlich' geplanten Werk, die Benennung von Theuerdanks Vater als *Weißkunig*, spricht für eine, vielleicht einmal erwogene, Parallelisierung der Vater-Figur in beiden Werken. Die Voraussetzung für ‚Einheitlichkeit', die Identität der Hauptfigur, ist hingegen nicht einmal im Ansatz zu erkennen; im Übrigen werden *Weißkunig* und *Theuerdank* stets als eigenständige Figuren und Werke behandelt.

So bleibt die, freilich gewichtige, Äußerung, es sei *in den weyssen kunig zu stellen die Comedi vom Teurdangk, vnd tragedi vom Fursten wundrer*. Gleichwohl sind Zweifel an der ‚Einheitlichkeit', in dem von Laschitzer gedachten Sinn, angebracht. Unmittelbar nach der zitierten Äußerung folgen nämlich im *Vierten Gedenkbuch* von „1508–1515" (Wien, ÖNB, Cod. S. n. 2626) weitere Notizen, *was in den weyssen kunig zu stellen* sei, nämlich zunächst, *das Kay. Mt. drey Schuss zu ainem hirschen hat gethan, in vollem lauf vnd darunder zwen troffen*; Entsprechendes solle für das Erlegen von *hundert antvogl*, 27 Hasen und zuletzt *dreyen antvogln* gelten, denen Majestät *die kopf abgeschossen* habe. Späterhin wird erwähnt, dass *Kay. Mt.* den Papst ersuchen wolle, *die heiligen Irer Mt. Sipschaft, die nit Canonisirt sein [...] in Irer Mt. kalender zu stellen*. Und im *Zweiten Gedenkbuch* von 1505 (Wien, ÖNB, Cod. S. n. 2645) heißt es schließlich Bl. 115r unter *Kucherey: it. die Ersten wachtl so noch dürr sein in das kuchen puch zustellen daz die in xiiij tagen vaist sein.*[31]

Die Formulierung, ‚etwas' *in* ‚etwas anderes' *zu stellen*, eine Nachricht oder ein literarisches Werk *in* einen literarischen Zusammenhang *zu stellen*, heißt also so viel wie ‚notieren', ‚an geeigneter Stelle vermerken', ‚dokumentieren'; *die Comedi vom Teurdangk vnd Tragedi vom Fursten wundrer in den weyssen kunig zu stellen* lässt sich demnach verstehen als ‚die heiter / gut endende / verlaufende Geschichte vom Theuerdank und die übel / traurig endende Geschichte vom Fürsten Wunderer im Weißkunig notieren / vermerken / referieren', wenn man es zuspitzen will, ließe sich auch sagen ‚im *Weißkunig* wiederholen'. Es geht also

---

[31] Primisser (Anm. 7), S. 70; auch zitiert bei Gottlieb (Anm. 6), S. 61; ähnliche Formulierung auch im *Ersten Gedenkbuch*, Bl. 145v (Anm. 7), zit. bei Gottlieb (Anm. 6), S. 56.

kaum darum, den *Theuerdank*, noch dazu in ähnlicher Gestalt, wie er uns überliefert ist, dem *Weißkunig* zu integrieren, sondern die Geschichte von ‚Theuerdank' und ‚König Wunderer' im *Weißkunig* nicht auszuklammern und sie – in für den *Weißkunig* passender Gestalt – zu referieren, zu wiederholen. Genau dieses aber ist, wie bekannt, geschehen; die Kapitel 51–63 referieren Theuerdanks resp. des jungen Weißkunigs resp. Maximilians glücklich endende Werbung um Maria von Burgund; in den Kapiteln 56 (Ende), 69, 70–73 wird erzählt, wie der junge Weißkunig den Angriff des Blauen Königs abwehrt;[32] dies entspricht in den Grundzügen und in einigen Details der für den *Theuerdank* verworfenen Geschichte *Wie kunig Wundrer die kunigin Ernreich mit krieg angreifft vnd die kungin [ainen ? gestr.] ain potschaft zu ime ferttigt*.[33]

Ein solches Verständnis der Anweisung aus dem *Gedenkbuch* stünde auch nicht mehr, wie bisher, in Widerspruch zu den im sog. *Dritten Gedenkbuch* von „1509–1513", (Wien, ÖNB, Cod. 2900), Bl. 2[34] und im sog. *Vierten Gedenkbuch* von „1508–1515" (Wien, ÖNB, Cod. S. n. 2626), Bl. 126r einzeln aufgeführten Werken *Weißkunig*, *Freydal*, *Theuerdank* etc., die Maximilian *dannen richten* wolle.[35]

Es ist dieses Verständnis der Passus, die den *Theuerdank* betreffen, für eine Interpretation der einzelnen Werke Maximilians und seines Kollektivs von Mitarbeitern nicht ausschlaggebend, aber es wirft doch ein bezeichnendes Licht auf den Status der je einzelnen Werke im *gedechtnus*-Werk Maximilians. Hier fiel dem *Theuerdank* offenbar, und dies von Beginn an, die Aufgabe zu, die *geuerlicheiten* des Kaisers durch die *erwalter*, die bedingte und bedingende Prädisposition des Titelhelden durch eine Konstellation überpersönlicher Mächte zu erzählen, ins Bild zu setzen und damit zu reflektieren.

Waren Struktur und Thema des *Theuerdank* demnach von Beginn an vorgegeben, so war die Realisierung der *erwalter*, d. h. die Differenzierung und die allegorisierende Zuordnung jener Mächte, die dem Erenhold als dem Träger einer spezifischen Fortuna gegenübergestellt sein sollten, im Prozess der

---

[32] Abdruck der Kap. 51–63 des *Weißkunig* bei Musper (Anm. 26), Bd. 1, S. 239–245, der Kap. 56, 69, 70–73 ebda., S. 241f., 247, 248–250.

[33] Das *König Wunderer*-Kapitel ist im *Theuerdank* nur in den Vorfassungen enthalten und bildet dort jeweils das 6. Kapitel; Wiedergabe der Überschrift hier nach Cod. 2806, Bl. 7v; in Cod. 2867, Bl. 13v lautet die Überschrift *Wie künig wünndrer die kunigin Erenreich mit krieg angreyfft*, vgl. den Abdruck bei Laschitzer (Anm. 2), S. 25f.; in Wien, ÖNB, Cod. 2834, Bl. 132r wird der Inhalt des Kapitels angegeben mit *6° wie sy kunigs wundrer erberen sol*, vgl. Laschitzer (Anm. 2), S. 65.

[34] Gottlieb (Anm. 6), S. 61f.; Menhardt (Anm. 3), Bd. 1, S. 561f. – Die Einträge in Cod. 2900 sind z. T. identisch mit den Notizen in Cod. 2835, Bl. 39v–41r (Menhardt, Bd. 1, S. 404). Eine Abschrift aus Cod. 2900 ist Wien, ÖNB, Cod. 7425, eine Abschrift aus Cod. 2835 ist Wien, ÖNB, Cod. 8237.

[35] Vgl. Gottlieb (Anm. 6), S. 61, 63.

Buchproduktion für unterschiedliche Konzeptionen offen. „So bedeuten die Hauptleute *historice* Vertreter der landständischen Opposition, *moraliter* einmal widerständige äußere Lebensmächte, dann Gefährdungen durch innere Dispositionen des Helden selbst, schließlich die drei Lebensalter des Menschen; endlich stehen sie *physice* für ungünstige Gestirnkonjunktionen."[36]

In engem Zusammenhang mit diesen unterschiedlichen Deutungsangeboten für die drei Hauptleute und den Erenhold und damit auch für die Figur des Theuerdank des endlich gedruckten Buchs scheinen die einander überlagernden Vorstellungen und Konzepte der erhaltenen Vorfassungen zu stehen. Laschitzer hat die These vertreten, dass „ganz evident" sei, „dass sich die Composition des Gedichtes zu der im Drucke vorliegenden Gestalt erst nach mannigfachen Schwankungen herauskrystallisirt hat."[37] Es schien Anhaltspunkte zu geben, dass es statt drei *hawptleuten* ursprünglich nur zwei, nämlich Unfallo und Neidelhart, gegeben habe, wenn nicht sogar dem Erenhold nur eine Figur, nämlich Unfallo, entgegengestanden habe.[38] Laschitzer hat diese These aus einer minutiösen Analyse der erhaltenen Vorfassungen und brieflichen Zeugnissen entwickelt; eine Überprüfung der These hat hier anzusetzen. Dafür stelle ich die verschiedenen Vorfassungen in der wahrscheinlichen, von Laschitzer aufgedeckten Reihenfolge ihres Entstehens[39] noch einmal vor.

(1) Die wahrscheinlich älteste der erhaltenen Vorfassungen ist Wien, ÖNB, Codex 2867. Er umfasst 87 Blätter und enthält eine frühere Fassung der Einleitung (Kap. 1–11) und des Fürwittig-Teils (Kap. 12–31), insgesamt also 31 Text-Kapitel. Jedem dieser 31 Kapitel ist außerdem eine kurze Beschreibung für das Bild vorangestellt, das dem folgenden Text zugeordnet werden soll. Die Beschreibung für das erste Bild, Bl. 1v, lautet z. B. *Item an das Enndt ain gemäl, ain kunig der da sitzt in seiner mt. vnnd ain junnckfraw kunigclich beklaidt, die vor jme steet*, darunter: *Das gemäl ist nit gemacht*.[40] Darauf folgt Bl. 2r der Titel für das gesamte Buch, diesem folgen der Titel des ersten Kapitels und die ersten fünf Verse des Kapitels, in dem von König Romreich und seiner Tochter, der *junckfraw Erenreich* berichtet wird. Dementsprechend ist die Reihenfolge von Bildbeschreibung, Titel und Text des entsprechenden Kapitels im gesamten Codex geregelt. Mit den Worten Laschitzers: „Jedes Capitel ist mit einer eigenen Überschrift versehen und beginnt stets auf einer neuen Seite. Auf der vorhergehenden entweder ganz oder

---

36 Müller (Anm. 1), Sp. 222.
37 Laschitzer (Anm. 2), S. 103.
38 Laschitzer (Anm. 2), S. 102f., ähnlich bereits zuvor S. 12.
39 Laschitzer (Anm. 2), S. 66.
40 Vgl. Laschitzer (Anm. 2), S. 16.

zum größten Theile leeren Seite steht, in einem Rechtecke eingeschlossen, die Beschreibung der zu dem folgenden Capitel gehörigen Illustration und darunter die Bemerkung, ob sie gemacht sei oder nicht und welches Zeichen sie trägt, worauf noch öfters ein paar andere Notizen und Zeichen folgen."[41] Nahezu jede dieser insgesamt 32 Bildbeschreibungen nutzt mit der merkwürdigen Formulierung *an das enndt ain gemäl* die semantische Valenz von *enndt* und beschreibt damit sowohl die Position des geplanten Bildes *am Ende* eines Kapitels, als auch, was besonders deutlich an der oben zitierten ersten Beschreibung abzulesen ist, *am Beginn* des nachfolgenden Kapitels. Zunächst wird damit vor allem die Reihenfolge: Bild, Überschrift und Text eines Kapitels bestimmt, eine Reihenfolge, die im Druck aufgegeben ist; hier steht das Bild zwischen Überschrift und Text eines Kapitels.

Die Beschreibungen der Bilder, sie sind zusammen mit dem Text der ersten zwölf Kapitel von Marx Treitzsaurwein geschrieben,[42] halten neben der kurzen inhaltlichen Skizze nicht nur fest, ob das Bild, das *gemäl*, bereits *gemacht* ist (oder nicht), sondern in insgesamt 12 Fällen weist ein hinzugefügtes *vnfallo* darauf hin, dass dieses Kapitel, in Text und Bild, nicht im Fürwittig-Teil, sondern im Unfallo-Teil erscheinen solle. Davon betroffen sind die Kapitel 12, 14, 15, 18, 19, 20, 21, 22, 26, 27, 28 und 29 des Codex. Inhaltlich, z. T. auch in den Formulierungen, stimmen die einzelnen Kapitel – mit Ausnahme von Kap. 6 – mit den entsprechenden Kapiteln des Drucks im Großen und Ganzen überein; die Kapitel 10, 15, 19, 20, 22 des Drucks enthält der Codex 2867 noch nicht; Kap. 28 des Codex ist im Druck nicht enthalten. Im Einzelnen ist in Tabelle 2 und 3 der Versuch unternommen, das Verhältnis des Codex zum Druck näher zu bestimmen.[43]

(2) Der zuletzt beschriebene Codex 2867 war, wie Laschitzer gezeigt hat, Vorlage für Wien, ÖNB, Codex 2806. Der Schreiber dieses 49 Blätter umfassenden Codex war ebenfalls Marx Treitzsaurwein. Offensichtlich sollte der Codex 2806 als „Vorlage für eine Reinschrift dienen".[44] Der Codex enthält insgesamt 50 Kapitel: Kap. 1–11 bieten, wie in Cod. 2867, die Einleitung. In Kap. 12–19 wird die Auseinandersetzung Theuerdanks mit Fürwittig, in Kap. 20–50 die mit Unfallo präsentiert. Der Codex enthält ausschließlich Text. Den einzigen Hinweis auf die Bilder dürfte eine Zeile geben, die stets im Anschluss die jeweiligen Kapitel und vor der Überschrift des jeweils folgenden Kapitels, also an der Stelle der

---

41 Laschitzer (Anm. 2), S. 15.
42 Vgl. Laschitzer (Anm. 2), S. 15.
43 S. u. S. 245f. u. 246–248; Details verzeichnet die Beschreibung von Laschitzer (Anm. 2), S. 15–21.
44 Laschitzer (Anm. 2), S. 22.

‚Rechtecke' des Codex 2867 geschrieben ist; sie lautet: *Jetzo ein halb plat lär*. In der geplanten Reinschrift hätten an dieser Stelle wohl noch einmal Bildbeschreibungen stehen sollen oder aber Skizzen der Bilder für die Zeichner oder Abzüge der fertigen Holzschnitte.

(3) Der Wiener Codex 2834 enthält auf Bl. 132 eine Reihe von Notizen, teils von Maximilian, teils von Treitzsaurwein geschrieben. Sie bieten in Kurzbeschreibungen und Nummerierungen einzelner Kapitel (1–7) oder einzelner Bilder (*figur*; 8–20) eine Reihenfolge der ersten Kapitel des Werks, der Einleitung und der Fürwittig-Sequenz. Die Einleitung enthält 11 Kapitel: Wie in den Codices 2867 und 2806 sind die Kapitel 5 und 6 des Drucks noch zusammengefasst zu einem fünften Kapitel. Ebenso ist noch ein sechstes Kapitel zum Wunderer-Komplex vorgesehen: *6° Wie sy kunigs Wundrer erberen sol*. Hinzugefügt aber ist gegenüber den beiden Codices ein Kapitel, das im Druck die 10. Position, hier aber die 11. Position innehat: *Die xi figur das der poß geist mit dem thewrdannckh disputirt*.

Die Fürwittig-Reihe enthält erst neun Kapitel (Nr. 12–20), ist aber mit Anfang und Schluss deutlich markiert: *Die xii figur das der Thewrdanckh mit seinem Erhold an den ersten paß kumbt zu dem Fürwittich* (= Druck Nr. 12) und *20* [gestr. 19] *Item die sibend figur das der Thewrdanckh den fürwittich an den hals schlagt* (= Druck Nr. 24). Vier Kapitel, die im Druck enthalten sind, in den Codices 2806 und 2867 aber fehlen, fehlen auch hier, die Kapitel 15, 19, 20, 22. – Die Fürwittig-Reihe wird ausdrücklich als spezifische Einheit begriffen; mehrfach wird, wie z. B. im 13. Kapitel, mit *item die erst figur im Fürwittich* ein Kapitel dem *Fürwittich* zugeordnet.

(4) In Wien, ÖNB, Cod. 2833 finden sich nur Holzschnitte: Der Codex umfasst insgesamt 199 (gezählte) Papier-Blätter, und sie enthalten nur Bilder, 101 Abzüge der insgesamt 118 Holzschnitte des Drucks; z. T. in einem anderen, früheren Zustand als im Druck. Hinzu kommen noch vier Federskizzen (Bl. 1r, 62v, 150r, 159r) nach offenbar bereits vorliegenden Holzschnitten angefertigt, wie die Bemerkungen zu den Skizzen ausweisen.[45] Ein weiteres Blatt, Bl. 168r, enthält lediglich Bemerkungen zu einem Bild (Druck Nr. 100) ohne Skizze oder Holzschnitt.

Diese Holzschnitte und Skizzen sind in einer Weise auf die 199 Blätter des Codex verteilt, die nur schwer zu vermitteln ist; auch in Laschitzers Darstellung ist nicht alles ohne weiteres durchsichtig (vgl. Tabelle 1, S. 237–244). In aller Regel sind in einem ersten Arbeitsgang die Holzschnitte auf die linke Hälfte eines Bogens gedruckt worden. Dieser Bogen wurde dann zu einem Doppelblatt in der Mitte gefaltet und zwar so, dass die Holzschnitte auf der Verso-Seite des ersten

---

[45] Vgl. Laschitzer (Anm. 2), S. 63f.

Blattes des jetzt entstandenen Doppelblattes erscheinen. Zumeist wurden, bis auf wenige Ausnahmen, zwei solcher Doppelblätter zu einem Binio zusammengelegt; auf die Recto Seiten der beiden ersten Blätter wurde als Nummerierung der Holzschnitte der jeweils nachfolgenden Verso-Seiten eine römische Nummer (Nr. *i–xxxiij*) oder eine arabische Ziffer (Nr. *34–109*) eingetragen; die beiden letzten Blätter des Binios blieben leer. Der Codex umfasst insgesamt 45 solcher Binios; einer von ihnen (Lage 9, Bl. 38–41) besteht jedoch aus einem Doppelblatt (Bl. 38/41) und zwei dort eingelegten Einzelblättern (Bl. 39, 40). Hinzu kommen ein Quaternio, ein Doppelblatt und 10 weitere Einzelblätter. Es handelt sich demnach um insgesamt 12 Einzelblätter; sie wurden in aller Regel (bis auf Bl. 39, 40 – s. o. – und Bl. 99) als Ergänzungen zwischen den Lagen eingefügt.

Auf diese Weise wurden zunächst vier Doppelblätter zum ersten und einzigen Quaternio zusammengelegt (Bl. 2r–9v), dann folgten die 45 Binios. Diese zunächst relativ klare Zusammensetzung wurde danach, offenbar vor dem ersten Binden,[46] ergänzt um 7 Einzelblätter, auf welchen sich bei der Zusammenstellung des Bandes Abzüge der entsprechenden Holzschnitte befanden (Bl. 39r [s. o.], 40r [s. o.], 79r, 84r, 97r, 99r, 121r). Hinzu kamen weitere fünf Einzelblätter, die lediglich Skizzen enthalten, da entsprechende Druck-Abzüge wohl vorlagen, aber in ein Buch gebunden waren und deshalb, wie die Druckstöcke selbst, nicht zur Verfügung standen, – so wird man die entsprechenden Beischriften der fraglichen Blätter 1r, 62v, 150r, 159r, 168r interpretieren dürfen (s. u. S. 243f.). Unklar bleibt, warum mit dem Doppelblatt 119/120 von der üblichen Binio-Regel abgewichen wurde.

Einigermaßen sicher ist jedoch, dass es bei der Einordnung der Einzelblätter für den Buchbinder zu Verbindungen, d. h. zu Bindungen entgegen den Intentionen des Auftraggebers, gekommen ist. Zu sichern ist dies durch eine eigenhändige Notiz Maximilians auf Bl. 121r, wo von 50 *versbunden* die Rede ist. Nachweislich an falscher Stelle eingeordnet und eingebunden sind auch die Blätter 1r mit der Skizze zu Druck Nr. 52 und das Doppelblatt 164/167 mit dem Druck Nr. 54, die vor bzw. nach Bl. 89 (mit Druck Nr. 53) ihren Platz hätten finden sollen. Es scheint, dass diese falschen Bindungen nicht erst um 1753, sondern teilweise bereits bei der ersten Bindung im 16. Jahrhundert, noch unter Maximilians Augen, stattgefunden haben. Dass sie für die erwähnten Positionen gedacht waren, ist nämlich nicht nur durch die Kapitelfolge im *Theuerdank*-Druck von 1519/23 zu sichern, sondern auch durch die Ordnungsziffern, die diesen und den anderen Holzschnitten unter Maximilian beigegeben worden sind. Unterstützen können diese Behauptung auch einige zusätzliche Schreiber-Bemerkungen im Codex.

---

46 Der derzeitige Einband stammt von 1753; vgl. Laschitzer (Anm. 2), S. 62.

Allerdings ist die Vergabe dieser Ziffern nicht selten unklar und durch Laschitzer auch teilweise falsch interpretiert worden. Deshalb ist noch einmal weiter auszuholen. Zunächst hat man alle Bilder beginnend mit Nr. *i* auf Bl. 2r für das entsprechende erste Bild auf Bl. 2v (= Druck Nr. 1) und endend mit Nr. 108 auf Blatt 198v für das Bild auf Bl. 198r (= Druck Nr. 117) durchgezählt und zwar in der Reihenfolge, wie die Blätter jetzt im Cod. 2833 gebunden sind. Einzige Ausnahme: die beiden bereits genannten Blätter Bl. 1 und Bl. 164, die mit Nr. 47 bzw. 48 beziffert worden sind und demnach zwischen Nr. 46 (Bl. 86r) und Nr. 49 (Bl. 89r) eingeordnet werden sollten. In der Folge der 108 Ziffern fehlen lediglich die Ziffern 89, 91 und 99 und mit ihnen die entsprechenden Bilder, d. h. die Bilder Nr. 97, Nr. 99 und Nr. 107 des *Theuerdank*-Drucks.

Dass diese Blätter fehlen, ist früh bemerkt worden. Ein Schreiber, dessen Hand sonst unbekannt ist (sog. ‚Hand III'), hat, „vielleicht nicht ganz gleichzeitig [...] in Renaissanceminuskel",[47] auf dem eingelegten Einzelblatt 168r, das die Ziffer 92 und die Beschreibung des Bildes Druck Nr. 100 enthält, das Folgende eingetragen: *desideratur numerus 91 subsequitur 90 numerus | 92. carens pictura.* Das heißt, erforderlich ist ein Bild mit der Nummer 91, das auf Nummer 90 (= Bl. 165r, entspricht Druck Nr. 98) folgt; für Nr. 92 fehlt noch ein Bild (d. h. der Abzug eines Holzschnitts).

Dieselbe Hand hat auch Bl. 150r und 159r vermerkt, dass für die Skizze von Druck Nr. 89 bzw. Druck Nr. 94 ein Bild (*imago, pictura*) fehlt; entsprechend hat sie Bl. 1v notiert, dass die dort verzeichnete Nr. *47* kein Bild (*imaginem*) hat und dass ihr – unmittelbar? – die Nr. 49 folgt. Vielleicht war also Bl. 1v ursprünglich nach der 20. Lage, also nach Bl. 86r mit Bild Nr. 46, eingebunden; auf die Nr. 47 wäre dann Bl. 89r mit Nr. 49 gefolgt.

‚Hand III' hat also bereits das Fehlen von Nr. *91* (= Druck Nr. 99) und das Fehlen, d. h. die falsche Bindung von Bl. 164r mit Nr. *48* bemerkt. Der Codex dürfte also, vielleicht mit Ausnahme von Bl. 1, in der Reihenfolge der Lagen und Blätter gebunden worden sein, wie wir ihn noch jetzt vorfinden.

Laschitzer hat die Ziffernfolge *i* bis *109* für die ‚richtige' gehalten; eine Reihe von anderen Ziffern, die teilweise zusätzlich auf einigen Blättern erscheinen, hat er zwar aufmerksam registriert, aber lediglich als überholte Vorstufe der ‚richtigen' Folge betrachtet: „Mehrere Blätter trugen früher andere Nummern. Sie wurden mittels Durchstreichen getilgt und daneben die richtige Nummer gesetzt." Es seien „die meisten dieser Correcturen an der Nummerirung vom Kaiser Maximilian I. eigenhändig" vorgenommen worden, und demnach handele es sich bei der Folge 1–109 auch um „eine authentische Capitelfolge des

---

[47] Laschitzer (Anm. 2), S. 63.

Theuerdank, also gleichsam eine Art Redaction derselben". Und ausdrücklich hält er dann noch einmal fest, es handele sich bei jenen Nummern, die „mittelst Durchstreichen" oder „durch Darüberschreiben der neueren Nummern" „getilgt" worden seien, um die „älteren Nummern der betreffenden Blätter".[48]

Nun ist zweierlei auffällig: Zum einen weicht die Folge der mit *i* bis *109* bezeichneten Bilder im Cod. 2833 noch erheblich von der Kapitelfolge des *Theuerdank*-Drucks ab. Es müsste also noch eine weitere, nicht erhaltene Bearbeitung bis zum Druck hin stattgefunden haben. Zum andern bietet die Folge jener Zahlen, die durch einen Strich nicht ‚getilgt', sondern offenbar – aus welchen Gründen immer – lediglich ‚markiert' worden sind, eine Kapitelfolge, die mit der des *Theuerdank*-Druck im Wesentlichen identisch ist. Die letzte Beobachtung gilt aber wiederum nicht ohne Einschränkung: Die in Laschitzers Tabelle (S. 63) eingeklammerten Ziffern ‚102' bis ‚108', die demnach als ‚durchstrichen' oder ‚durch Darüberschreiben getilgt' gelten sollen, bieten in der Tat eine frühere, ‚getilgte', Ziffernfolge für diese letzten sieben Bilder. Vier der älteren Ziffern – *103, 105, 107, 108* – sind durch ‚Darüberschreiben' der neuen Nummern *104, 106, 108* und *109* korrigiert worden; die ‚älteren' Nummern *104* und *106* sind gestrichen und durch die neueren Ziffern *105* und *107* ersetzt worden. Für die Ziffer *103* oder *102* auf Bl. 186r kann ich, s. u. Tabelle 1 (S. 242), keine genaueren Angaben bieten.

Die Abfolge der beiden Zahlenreihen, einer ersten *i* bis *102* (Bl. 185r) und jener zweiten mit den ‚durchstrichenen' Ziffern, die mit Bl. 164r endet und die die erste an einigen Stellen ergänzt, ist eine andere als Laschitzer sie gesehen hat: Nicht die mit den durchstrichenen Ziffern ist die ‚getilgte', die ‚ältere' Reihe, sondern die Reihe mit den nicht durchstrichenen Ziffern *i* bis *102* ist eine ‚ältere', die durch einige kleinere Reihen von durchstrichenen Ziffern überarbeitet, ergänzt und umgebaut worden ist und so der Kapitelfolge im *Theuerdank*-Druck bereits weitgehend entspricht, auch wenn einige Unklarheiten bleiben.

Ich demonstriere dies kurz mit Blick auf Tabelle 1 (S. 237–244), mit Spalte 3 (Ordnungsziffern 1–109, nicht ‚gestrichen'), Spalte 4 (‚gestrichene' oder, Bl. 186r bis 198v, teils durch ‚Darüberschreiben' veränderte Nummern) und Spalte 6 (Nummern der Bild- und Kapitelfolge im Druck).

Unmittelbar einleuchtend ist die Funktion der durchstrichenen Ziffern in der Abfolge der 30 Ordnungsziffern 45–74 der ersten Reihe (Spalte 3 der Tabelle, S. 239f.). Diese Reihe läuft ohne Unterbrechung durch, allein die schon mehrfach behandelten Blätter Bl. 1v mit Nummer 47 und Bl. 164r mit Nr. 48 müssen an entsprechender Stelle eingeordnet werden.

---

[48] Alle Zitate bei Laschitzer (Anm. 2), S. 61f.; Hervorhebungen von mir.

Dieser Ziffernreihe entspricht die folgende Ziffernreihe des Drucks (obere Reihe: Ziffernfolge der ersten Zahlenreihe aus Cod. 2833; untere Reihe Ziffernfolge des Drucks):

Tab. 1a: Auszug aus Tab. 1 (S. 237–244): Vergleich Cod. 2833 – *Theuerdank*-Druck

Kapitelfolge Cod. 2833 / *Theuerdank*-Druck														
45	46	47	48	49	50	51	52	53	54	55	56	57	58	59
50	51	52	54	53	118	57	58	59	60	61	62	63	43	70

Kapitelfolge Cod. 2833 / *Theuerdank*-Druck														
60	61	62	63	64	65	66	67	68	69	70	71	72	73	74
66	67	68	69	65	73	56	72	74	77	78	80	76	81	82

Integriert man nun die durch Strich markierten Ziffern (Spalte 4 der Tabelle 1) in die erste Reihe von 45–74 (Spalte 3), d. h. ersetzt einige Ziffern der ersten Reihe durch ‚durchstrichene' Ziffern der zweiten Reihe, ergibt sich für die Kapitelfolge des Drucks die folgende Ordnung (obere Reihe in der folgenden Tabelle Ziffernfolge der ersten Zahlenreihe aus Cod. 2833 kombiniert mit den ‚durchstrichenen', hier dunkel hinterlegten Ziffern der zweiten Reihe; untere Reihe Ziffernfolge des Drucks):

Tab. 1b: Auszug aus Tab. 1 (S. 237–244): Vergleich Cod. 2833 – *Theuerdank*-Druck

Kapitelfolge Cod. 2833 (2. Status) – *Theuerdank*-Druck															
45	46	47	48	49	50	51	52	53	54	55	56	57	58	59	60
50	51	52	53	54	56	57	58	59	60	61	62	63	43	65	66

Kapitelfolge Cod. 2833 (2. Status) – *Theuerdank*-Druck													
61	62	63	64	65	66	67	68 fehlt	69	70	71	72	73	74
67	68	69	70	72	73	74	--	76	77	78	80	81	82

Daran ist mehreres bemerkenswert. Zunächst: die Übereinstimmung der jüngeren Ziffernfolge des Cod. 2833 (mit ‚durchstrichenen' Ziffern) mit der Kapitelfolge ist nahezu vollkommen. Noch nicht an der ‚richtigen', d.h. an der durch den Druck repräsentierten Stelle eingeordnet ist Kapitel 43 zwischen Nr. 63 und Nr. 65. Ferner fehlen noch die Bilder der Kapitel 55, 71, 75 und 79 des Drucks, wobei besonders interessant ist, dass eine ‚durchstrichene' Ordnungsziffer 68 in gleicher Weise fehlt, ein weiteres Kapitel, nämlich Druck Nr. 75, also bereits in dieser Überarbeitungsphase vorgesehen war.

Damit erklären sich auch die etwas rätselhaften Bemerkungen von Maximilians eigener Hand auf Bl. 93r, 107r und 121r. – Bl. 93r gibt Maximilian die Anweisung *50 kumen her nach*. Dies wird sich vermutlich auf Bl. 90r mit der Nr. 50 der ersten Reihe beziehen, das auch eine ‚gestrichene' Nr. 110 enthält, welches im Druck dessen letztem Bild Nr. 118 entspricht. Das Bild mit der Nr. 50 soll also nicht auf Nr. 49 folgen, sondern später, *her nach*, eingeordnet werden; dies geschah dann mit der Ordnungsziffer *110* auf Bl. 90r, die das Bild an eine Position nach der neuen Nr. 109, die über eine alte Nr. 108 geschrieben war, einfügte. – Bl. 107r mit Nr. 59 der ersten Reihe und der ‚durchstrichenen' Nr. 64 heißt es: *newn vnd funczik lix kumbt hernach*. Das Bild Nr. 59 soll also – wie mit der ‚durchstrichenen' Nummer geschehen – gleichfalls später, *her nach*, eingeordnet werden; dies hatte zur Folge, dass die Bilder mit den ‚alten' Ordnungsziffern 59 und 64 (bzw. die Kapitel 70 und 65 des Drucks) vertauscht wurden. – Die Bemerkung Maximilians auf Bl. 121r, einem Einzelblatt, bleibt dennoch in seiner Deutung ungewiss. Ich verstehe sie so: Das Blatt 121r mit Druck Nr. 56 trug zunächst die Ordnungsziffer 66. Es soll *her nach* eingeordnet werden, ergo mit der ‚neuen', nun ‚durchstrichenen' Ordnungsziffer *50* nach dem Blatt mit der ‚neuen' Ordnungsziffer 49 (= Bl. 164r). Diese Folge 49 (neu) und 50 (neu) soll an die Stelle des Blattes mit der alten Nr. 50 treten, das verbunden ist (s. o.). Darauf soll dann eine ‚durchstrichene' Nr. *Lv* (ist ‚51' gemeint?) folgen.

Ähnlich der Reihe mit den ‚gestrichenen' Nummern zwischen Nr. 45 und Nr. 74 verhält es sich auch mit einer Reihe ‚gestrichener' Nummern zwischen den Nummern *xv* (Bl. 30r) und *35*. Ich gebe wieder zunächst die Folge der ersten Reihe (Spalte 3, Tabelle 1) mit den entsprechenden Nummern der Bilder resp. Kapitel im *Theuerdank*-Druck (Spalte 6), unten S. 237f.

Tab. 1c: Auszug aus Tab. 1 (S. 237–244): Vergleich Cod. 2833 – *Theuerdank*-Druck

Kapitelfolge Cod. 2833 – *Theuerdank*-Druck										
xv	xvi	xvij	xviij	xix	xx	xxj	xxij	xxiij	xxiiij	xxv
15	16	17	18	21	19	22	23	24	25	26

Kapitelfolge Cod. 2833 – *Theuerdank*-Druck								
xxvi	xxvij	xxviij	xxviiij	xxx	xxxj	xxxij	xxxiij	34	35
27	28	29	32	33	35	36	37	39	41

Die neuen ‚durchstrichenen' Nummern (Spalte 4, Tabelle 1, hier kursiv) in diese Reihe integriert, ergibt das Folgende:

Tab. 1d: Auszug aus Tab. 1 (S. 237–244) Vergleich Cod. 2833 – *Theuerdank*-Druck

Kapitelfolge Cod. 2833 (2. Status) – *Theuerdank*-Druck									
xv	xvi	xvij	*xviij* oder *xviiij*	xix	xx	xxj	xxij	xxiij	*xxv*
15	16	17	18	19	fehlt, oder: 21	22	23	24	25	26

Kapitelfolge Cod. 2833 (2. Status) – *Theuerdank*-Druck									
xxvi	xxvij	xxviij	*xxviiij* und *xxx*	*xxx* und *xxxi*	*xxxij*	xxxij	xxxiij	34	35
27	28	29	32	33	35	36	37	39	41

Deutlich ist auch hieran zu erkennen, dass die Ziffern-Reihe, in welche die durchstrichenen Nummern integriert sind, der Anordnung der Bilder im Druck entspricht; im Wesentlichen ist allerdings nur die Umstellung von Druck Nr. 21 (Bl. 38r) und Druck Nr. 19 (Bl. 39r) betroffen. Ebenso deutlich ist aber auch zu sehen, dass für diese Folge von 21 Bildern oder Kapiteln noch gewisse Unsicherheiten in der Anordnung bestanden. Diese zeigt sich zum Beispiel in Maximilians – gestrichener – Notiz auf Bl. 35r *zbyssen xxij vnd xxiij* für Druck Nr. 18, eine Anordnung, die man offensichtlich wieder aufgegeben hat (deswegen gestrichen?). Ferner zeigen Doppeleinträge von ‚gestrichenen' Nummern auf Bl. 40r (*xxj, xviiij*), Bl. 55r (*xxx, xxviiij*) und Bl. 58r (*xxx, xxxi*) an, dass hier noch keine letzte Sicherheit über die Anordnung der Kapitel bestand. Für die beiden letzten Einträge immerhin mag gelten, dass die Nummern *xxx* (Bl. 55r) und *xxxi* (Bl. 58r) Stellvertreter-Funktionen innehatten für Bilder, die noch einzusetzen waren. Denn ebenso unübersehbar ist, dass – verglichen mit dem *Theuerdank*-Druck – noch eine Reihe von Bildern fehlt, nämlich die Nrr. 20, 30, 31, 34, 38 und 40.

Als Druck Nr. 30 wurde dann, ohne dass dies hier bereits ausdrücklich markiert ist, das auf Bl. 80v befindliche Bild mit der auf Bl. 80r eingetragenen Ordnungsziffer *42* vorgezogen. Ähnlich ist man mit dem Tausch von Druck Nr. 64 (hier Bl. 71v mit der Ordnungsziffer *37*) und Druck Nr. 43 (hier Bl. 104v mit der Ordnungsziffer *58*) verfahren; für diesen Tausch ist im Cod. 2833 noch kein Hinweis zu finden.

Insgesamt sind damit im Cod. 2833 deutlich zwei, z. T. noch zu differenzierende, Bearbeitungsschichten zu unterscheiden: In einer ersten Bearbeitungsschicht sind die Doppelblätter mit den Abzügen der Bilder in einer Reihenfolge zusammengestellt worden, wie sie der ersten Reihe der Ziffern (Spalte 3, Tabelle 1) im Wesentlichen entspricht. Dies waren zunächst wahrscheinlich 93 Bilder.[49] Sie sind um zwölf Einzelblätter mit Bildern, z. T. nur in Skizzen, ergänzt worden und zwar alle an der ‚richtigen' Stelle, bis auf Bl. 1v (mit Nr. 47) und Bl. 164r (mit Nr. 48). Diese beiden Bilder sind zum Abschluss der ersten Bearbeitungsschicht durch die Ziffern 47 bzw. 48 einer ersten Reihe integriert worden, die von Nr. *i* (Bl. 2r) bis Nr. *109* (Bl. 198r) reichte.[50] In ihr fehlen noch die Nrr. 89, 91 und 99.

In einer zweiten Bearbeitungsschicht wurden dann durch neue Ziffern, die merkwürdigerweise durch ‚Durchstreichen' markiert worden sind (Spalte 4, Tabelle 1), Umstellungen in dieser Bilder-Reihe vorgenommen, die bis auf wenige Ausnahmen[51] der Bilder- und Kapitel-Reihe des Drucks entspricht. In dieser neuen Reihenfolge fehlen im Vergleich zum Druck noch die Bilder Nr. 20, 31, 34, 38, 40, 55, 71, 75 und 79. Dass noch Bilder ergänzt werden sollten, die den Bildern resp. Kapiteln 97, 99 und 107 des Drucks entsprechen, lässt sich an der Notiz auf Bl. 168r von Hand III zumindest für Nr. 97 ablesen.

Wichtig ist, dass diese Umstellungen nur noch jeweils innerhalb der Fürwittig-, Unfallo- oder Neidelhart-Sequenz vorgenommen worden sind. Einzige Ausnahme ist das Bild Bl. 90r mit der Nr. 50, das durch eine ‚gestrichene' neue Nr. 110 an das Ende der gesamten Kapitel- oder Bilder-Reihe gestellt worden ist. Das ist kein Zufall – in seinem ursprünglichen, im Cod. 2833 festgehaltenen Zustand[52] zeigte es Neidelhart als Protagonisten und befand sich somit in der Unfallo-Sequenz am falschen Ort. Diese Ausnahme bestätigt aber die Regel, dass bereits zum Zeitpunkt der ersten Zusammenstellung des Codex 2833 die Substanz oder der Typus der Abenteuer, die man mit je einem der drei *erwalter* verband, fest war. In der Fürwittig-Reihe wurde noch ein Abenteuer hinzugefügt (Nr. 20) und ein Abenteuer vorgezogen (Nr. 19 des Drucks). In der längsten, der Unfallo-Reihe, galt es, sechs Abenteuer zu ergänzen (Nr. 20, 31, 34, 38, 40, 55, 71) und die Nr. 30 und 43 bzw. 64 an ihren Platz zu stellen; in der Neidelhart-Reihe wurden noch drei Kapitel ergänzt (Nr. 75, 79, 97), darunter der Beginn (Nr. 75) und der Abschluss der Reihe (Nr. 97), und Nr. 76 wurde vorgezogen. In Vorgeschichte

---
49 Nr. i–xix (19), xxij–xxxj (10), xxxiij–40 (8), 42–43 (2), 45–46 (2), 49–52 (4), 54 (1), 56–65 (10), 67–80 (14), 82–85 (4), 87–88 (2), 90 (1), 93–98 (6), 100–109 (10).
50 Die Nrr. 103 (102?) bis 108 sind dabei, s.o., durch die Nrr. 104 (103?) bis 109 ersetzt worden.
51 Vorziehen von Nr. 42 = Druck Nr. 30 (Bl. 80r/v), Austausch von Nr. 37 = Druck Nr. 64 (Bl. 71r/v) und Nr. 58 = Druck Nr. 43 (Bl. 104r/v).
52 Abbildung bei Laschitzer (Anm. 2), S. 101.

(Kap. 1–11) und Schlusspartie des gesamten Werks (Kap. 98–118) gab es kaum mehr Bewegungen, lediglich die Kapitel 99 und 107 kamen am Ende noch dazu.

Die Differenzierung der Bearbeitungsschichten des Cod. 2833 erlaubt es nun auch, durch einen Vergleich der verschiedenen Fassungen des Werks in den Codices 2867, 2806, 2834, 2833 (erste Folge) und im Druck, die Entstehungsschichten des Werks deutlicher voneinander zu unterscheiden. Damit eröffnet sich auch die Möglichkeit, feste und variable Teile des Werks voneinander abzuheben und Tendenzen der verschiedenen Bearbeitungen zu differenzieren.

Über alle Bearbeitungen hin relativ fest geblieben sind Themen, Inhalte und Abfolge der Rahmenteile, sowohl des gesamten Werks als auch der Fürwittig-, Unfallo- und Neidelhart-Sequenzen. In den ersten elf Kapiteln des Werks hat es zwei wichtigere Eingriffe gegeben, zum einen den Ersatz des 6., des König Wunderer-Kapitels der Codices 2867, 2806 und 2834 durch ein Kapitel in Cod. 2833, das dann auch in den Druck übernommen wurde, in welchem Erenreich einen Boten an Theuerdank und nicht mehr, mit einem Friedensangebot, an König Wunderer *wegferttigt* (so die Bildbeschreibung in Cod. 2867). Zum andern ist in den Codices 2834 und 2833 und dann im Druck das 10. Kapitel greifbar, in welchem Theuerdank mit dem *poß geist disputirt*. Im Übrigen zeigt die Bearbeitung der Kapitel vom Codex 2867 bis hin zum Druck Tendenzen zur Ausweitung des Erzählten, mit einem gewissen Hang, die verschiedenen Akte von Zeremonialität zu betonen, die Rechtsverbindlichkeit der Wahl Theuerdanks zum Gemahl Erenreichs herauszuarbeiten durch eine Differenzierung und Präzisierung der verschiedenen Instanzen, die ihre Zustimmung geben (verstorbene Gemahlin König Romreichs, dieser selbst, die Tochter Erenreich, die Räte am Hof und die *Landschafft*), auch durch eine Inszenierung von Schriftlichkeit im Beglaubigen des letzten Willens Romreichs, des *testaments*. Die Zustimmung Erenreichs auch gegen den Widerstand von Konkurrenten Theuerdanks, in diesem Fall des König Wunderer im 6. Kapitel, ist dann zugunsten einer Konzentration auf die Auseinandersetzung Theuerdanks mit seinen Gegnern, mit dem bösen Geist und den von diesem angestifteten *hauptleuten* Fürwittig, Unfallo und Neidelhart aufgegeben worden. Dass es sich von Beginn an um die Auseinandersetzung Theuerdanks mit eben diesen drei *hauptleuten* handelt, daran lassen Text wie Bild keinen Zweifel.

Der Codex 2867, der die früheste Version des Werkes repräsentiert, trägt (wie bekannt) den Titel: *Das ist der fürwittich / den Marx Treytzsaur / wein mit schrifft / vnd gemäl in ordnung / gestelt hat*. Ein weiterer Titel, nun für das gesamte Werk, lautet (Bl. 2r): *Hie hebt sich an das püech genannt Tewrdannck. Vnd im anfang ist beschriben der künig Rüemreich. darnach sein Tochter Erenreich, Vnd darnach der Thewrdannckh was er mit seiner hanndt volpracht, Vnd was widerwärttigkeit Er von dreyen valschen hauptleuten. Mit namen der Erst Fürwittich. der ander Vnfallo der drit Neydelhardt gehabt hat, wie hernach volgt*.

Das 7. Kapitel (Bl. 16r–18v) zeigt als Vorschrift für das *gemäl*: *An das enndt ain gemäl, nemlichen das etliche rätte bey ain annder steen, mit großen klaidern vnd guldin keten, vnd das die drey haupleut, der Fürwittich, der Vnfallo vnd der Neydelhardt besonnder bey ain annder, zu nachst bey den räten steen, vnd das der Fürwittich, der Vnfallo vnd der Neydelhardt jeder sein klaidt an hab.*[53] Unter diese Beschreibung ist eingetragen worden: *Das gemäl ist nit gemacht*. Nach den Beobachtungen Laschitzers sind in dem dazugehörigen Holzschnitt des Drucks „die Gestalten des Unfallo und des Teufels, dann der rechte Arm und die Hand des Fürwittig [...] eingesetzt".[54]

Die Überschrift zum Text des Kapitels lautet: *Wie der kunigin rätte vnd drey haupleut mit namen Furwittich. Vnfallo. vnd Neydelhardt ain haimliche pundtnüs machten. damit das regiment in jrn henden belib.* – Im Text dieses Kapitels heißt es (Bl. 16v, Z. 12ff): *Es waren drey haupleut alt vnd greyße / der erst Furwittich haißen sol* [!] */ der annder mit namen Vnfallo / der dryt Neydelhardt wardt genannt.* – Dass es sich um *die alten haupleut drey* handelt, wird Bl. 17r, Z. 11 betont. Und am Ende der Abenteuerkette um Fürwittich, die in diesem Codex 20 Kapitel (Kap. 12–31) umfasst, lässt der Text Fürwittich an seine *gesellen*, den *listig vnbolo* (Bl. 86r, Z. 2) und an *Neydlhart* (ebda., Z. 12) von seinem Misserfolg, den Theuerdank aufzuhalten, schreiben und sie bitten, es *dest pas* (Z. 8) zu treiben.[55]

Da es sich bei diesem Codex ersichtlich um eine um Sorgfalt bemühte Abschrift einer Vorlage handelt, ist mehr als deutlich, dass es sich auch in dieser Vorlage um d r e i Hauptleute gehandelt hat, die in Text und Bild verankert waren. Die Beschreibungen der Bilder, die dem Text jeweils voranzustellen sind, sind Anweisungen für Holzschnitte, die erst geschaffen werden sollen: Für Kap. 1–9 des Codex lauten die Bemerkungen unter diesen Anweisungen durchweg, wie oben zitiert, *das gemäl ist nit gemacht*.

Laschitzer hat nun gerade aufgrund der Bearbeitungen, die dieser Codex erfahren hat, geglaubt, erschließen zu können, dass „die Figur des Fürwittig ursprünglich nicht im Plane des Gedichtes enthalten war, sondern erst später in denselben hineingekommen sei". Ja, es sei denkbar, dass „im allerersten Entwurfe des Gedichtes überhaupt nur eine einzige allegorische Figur geplant war".[56]

---

[53] Vgl. Laschitzer (Anm. 2), S. 17.
[54] Laschitzer (Anm. 2), S. 95.
[55] Vgl. Laschitzers Abdruck dieses Kapitels nach Kap. 19 des Cod. 2806, mit den Lesarten aus Cod. 2867, S. 28–30, hier S. 30, Z. 1–25.
[56] Laschitzer (Anm. 2); S. 102f. Diese Figur müsste dann nicht diejenige des endgültigen und unverwechselbaren Neidelhart gewesen sein, da der ursprüngliche Holzschnitt vom Bild von Druck Nr. 80 zunächst die Figur des Unfallo zeigt; vgl. die Abbildung bei Laschitzer, S. 100.

Die Argumente für diese These findet Laschitzer in einer allerdings erstaunlichen Überarbeitung des Cod. 2867 (vgl. Tabelle 2, S. 245f.). Unter 12 Bildbeschreibungen der Abenteuer der Fürwittig-Reihe dieses Codex ist ein *Vnfallo* notiert worden; es handelt sich um die Kap. 12, 14, 15, 18–22, 26–29 des Codex (in der Tabelle durch „U." markiert). Dies bedeutet, wie vor allem an der Notiz zu dem – später eliminierten – Kapitel 28 zu sehen (*Vnfallo in das annder zu ziehen*), dass dieses Kapitel in einer auf den Cod. 2867 folgenden Version in der Unfallo-Reihe enthalten sein solle. Und in der Tat erscheinen die genannten Kapitel in der Abschrift des Cod. 2867, im Cod. 2806, in der Unfallo-Reihe als Kap. 22–33 (vgl. Tabelle 3, S. 246–248),[57] wobei der Text fast unverändert blieb, zumeist nur *Fürwittich* durch *Vnfallo* ersetzt wurde.

Außerdem wurden nach Laschitzers Beobachtungen an den Holzschnitten der Fürwittig-Reihe Korrekturen vorgenommen, d. h. im Wesentlichen Köpfe und Hüte der *hauptleute* ausgetauscht, merkwürdigerweise jedoch nicht an den Holzschnitten zu den Kapiteln, die von der Fürwittig-Reihe in die Unfallo-Reihe gewechselt sind, sondern gerade an den Kapiteln, die in der Fürwittig-Reihe verblieben, d. h. in den Bildern zu Kap. 13, 14, 16–18, 21, 24 des Drucks, die Kap. 16, 17, 23–25, 30 und 31 (hier Verse 51–120) des Cod. 2867 entsprechen (in Tabelle 2, 3, 4 durch ‚F. eingesetzt' markiert). Dies eben war das Argument für Laschitzers These, „dass die Figur des Fürwittig ursprünglich nicht im Plane des Gedichtes enthalten war, sondern erst später in denselben hineingekommen" sei. Zur Voraussetzung hätte diese These, dass in den Holzschnitten zunächst nicht zwischen Fürwittig und Unfallo unterschieden worden wäre und alle Figuren durchgängig die Gestalt des jetzigen Unfallo trügen.

Laschitzer hat (S. 103) die Bedenken gegen diese These nicht verschwiegen, sie jedoch nicht für schwerwiegend gehalten. Zu erklären ist jedoch mit Laschitzers These nicht, warum dann 1.) in Bild Nr. 7 des Drucks ausgerechnet die Figur des Unfallo ergänzt worden ist, warum 2.) in Bild Nr. 12 des Drucks, dem ersten Kapitel der Fürwittig-Reihe und in Bild 23 des Drucks, dem vorletzten Bild der Reihe, keine Veränderung an der Figur des Fürwittig vorgenommen werden musste und warum 3.) auch – bis auf drei Ausnahmen – an allen Bildern zu den Kapiteln des Cod. 2806, die in der Unfallo-Reihe erscheinen, Korrekturen an Kopf und Hut des Unfallo vorgenommen worden sind, d. h. an den Kapiteln 34–50 des Cod. 2806 (vgl. Tabelle 3, S. 247f., Hinweise zu Cod. 2833 und Druck).[58]

---

[57] In Cod. 2867 war Kap. 13 nicht durch die Notiz *Vnfallo* markiert worden; Kap. 28 aus Cod. 2867 ist nicht nach Cod. 2806 übernommen worden.
[58] Keine Korrekturen enthalten die Bilder zu Kap. 41, 43, 48 des Cod. 2806, die den Holzschnitten Nr. 44, 29, 63 des Drucks entsprechen. Korrekturen an der Unfallo-Figur gab es darüber

Nicht zu erklären ist mit Laschitzers Argumenten auch, warum in Bild Nr. 99 des Drucks ohne Korrekturen nur Neidelhart und Fürwittig erscheinen und warum, gewichtiger noch, in Bild Nr. 110 des Drucks, der Hinrichtungsszene Fürwittigs, dessen Kopf (!) ersetzt worden ist, während der gehängte Unfallo (Bild Nr. 111) seinen Kopf behalten durfte.[59]

Mit nur zwei *hauptleuten* oder gar nur einem *hauptmann* als Gegnern Theuerdanks war also auch in den Vorüberlegungen kaum operiert worden. Offenbar gab es aber in den frühen Holzschnitten keine ausreichend deutliche und systematische Differenzierung zwischen der Fürwittig- und der Unfallo-Figur, die man folglich durch entsprechende Korrekturen herstellte: Fürwittig erhielt eine spitze Mütze oder eine Art Kapuze, Unfallo bekam im Namen der Hüte eine Art Zylinder oder Melone. Es ist den Vorfassungen des *Theuerdank* keine ‚Urfassung' abzugewinnen, die nicht auf die drei Gegner Fürwittig, Unfallo und Neidelhart hin ausgerichtet war. Diese Konzeption – drei Gegner – bestand offenbar von Beginn an; dass sie den Rahmen für diverse Ergänzungen, Umstellungen und Variationen bildete, muss nicht verwundern. Dies ist an den weiteren erhaltenen Fassungen abzulesen.

Zunächst wurden die Kapitel des Cod. 2867, die für die Unfallo-Reihe vorgesehen waren, en bloc in die Unfallo-Sequenz des Cod. 2806 gestellt, nach den beiden Einleitungskapiteln 20 und 21, die im Cod. 2867 noch nicht enthalten waren. Die Kapitel 34–50 des Cod. 2806 waren noch nicht in der Reihenfolge, in der sie später im Druck zu finden ist. Ähnlich wie Kap. 11 und 19 des Cod. 2806, die Eingangs- und Schlusskapitel der Fürwittig-Reihe (Kap. 12 und 24 des Drucks), sind aber die Rahmenkapitel für die Unfallo-Reihe (Kap. 20 und 50 des Cod. 2806) von nun an fest in dieser Position, während die anderen Kapitel der Unfallo-Reihe noch um weitere 21 ergänzt und andere Kapitel auch umgestellt werden (vgl. Tabelle 4, S. 248–250).

Die Ergänzungen sind an Tabelle 4 abzulesen, die an der ersten Zählung der Bilder des Cod. 2833 (Spalte 4) ausgerichtet ist. Interessant sind hier jene 15 Bilder, zu denen im Cod. 2806 noch die entsprechenden Kapitel fehlen. Es fehlen im Cod. 2806 noch die Entsprechungen zu den Bildern Nr. 32, 41, 44, 47, 50, 53, 55, 56, 59–63, 66, 67 des Cod. 2833 nach dessen erster Zählung. Vergleicht man

---

hinaus – vgl. Tabelle 4, S. 249f., – an den Holzschnitten Nr. 59, 61 und 67 des Drucks.
59 Dies ist umso gewichtiger, als es in einer dem Cod. 2867 ähnlich frühen Fassung des Schlussteils, im Cod. 2889, heißt: *Dye kunigin do von stundann / Beualh dem marschalh treffenlich, / Das er das haubt dem furbittich / Von stund an ap schlagen liess. / Den vmbalo ertrennckhen hiess, / Den neidenhart erhennckhen set*. Zum Zitat vgl. Josef Chmel: Die Handschriften der k. k. Hofbibliothek in Wien [...]. Zweyter Band. Wien 1841, S. 444f.

mit der in Tabelle 1 gebotenen Zusammensetzung des Cod. 2833, so ist leicht zu sehen, dass es sich dabei um die nachträglich eingelegten Einzelblätter Bl. 62r (Nr. 32), Bl. 79r (Nr. 41), Bl. 84r (Nr. 44), Bl. 1r (Nr. 47), Bl. 97r (Nr. 53), Bl. 99r (Nr. 55), Bl. 121r (Nr. 66) handelt. Und mehr noch: die Folgen Nr. 55 und 56, ferner Nr. 59 bis 63 und endlich Nr. 66 und 67 sind im Cod. 2833 aufeinanderfolgende Blätter in der 23. Lage (Nr. 55, 56) an der Nahtstelle von Lage 27 und 28 (Nr. 66, 67) oder bilden die zwei Lagen 25 und 26 mit dem nachfolgenden äußeren Doppelblatt der Lage 27. Dass der Cod. 2833 in seiner ersten Zählung unmittelbar auf einer Folge aufbaut, wie sie im Cod. 2806 repräsentiert ist, könnte kaum treffender bewiesen werden.

Deutlich sichtbar ist auch, dass die Bilder oder Kapitel, die im Cod. 2833 gegenüber dem Druck noch fehlen (Druck Nr. 20, 31, 34, 38, 40, 55, 71, 75, 79; 97, 99, 107), von Beginn an in allen Vorfassungen fehlen – mit einer Ausnahme: für Kap. 31 des Drucks war in den Codices 2867 (hier Nr. 14) und 2806 (hier Nr. 24) bereits eine Fassung vorhanden, die im Cod. 2833 merkwürdigerweise nicht präsent ist.

Die Umstellungen, die im Druck gegenüber dem Cod. 2833 noch vorgenommen wurden, sind plausibel zu erläutern: Kap. 30 des Drucks (Nr. 42 in Cod. 2833) wurde vorgezogen und Nr. 43 (= Nr. 58 in Cod. 2833) und Nr. 64 (= Nr. 37 in Cod. 2833) wurden ausgetauscht; beide bieten in nahezu identischer Ikonographie ein Seefahrtsabenteuer.

Die Austauschbarkeit der Bilder, wie sie sich hier zeigt, ist wohl auch verantwortlich dafür, dass für Nr. 80 des Drucks, wie an der Vorfassung des Cod. 2833 (hier Nr. 71) zu sehen, statt des erforderlichen Neidelhart zunächst der *erwalter Unfallo* geschnitten wurde.[60] Dieses Bild – eine Kanonenkugel verfehlt Theuerdank nur knapp – ist ebenfalls in Figuren- und Raumformation nahezu identisch mit Bild Nr. 78 des Drucks, einziger Unterschied: in einem Fall reitet (Nr. 80), im anderen steht und beugt sich Theuerdank (Nr. 78). So treffen wir aus leicht erklärlichen Gründen in diesen ersten Bildern der Neidelhart-Sequenz (Nr. 76, 80, 81, 87) auf Korrekturen an der Neidelhart-Figur, die wegen Neidelharts spezifischer Kleidung stets die ganze Figur des Neidelhart betreffen.

Die grundsätzliche Austauschbarkeit sowohl der Bilder wie der Text-Kapitel innerhalb fest gefügter Rahmen ist es wohl auch gewesen, die den wunderschönen, signierten Schäuffelein-Holzschnitt, den Gerd Brinkhus vor einigen Jahren in Büchern aus Peutingers Bibliothek entdeckt hat, nicht in den *Theuerdank*-Druck hat gelangen lassen.[61] Das Bild zeigt (Abb.1, S. 253), wie Theuer-

---

60 Vgl. Abbildung bei Laschitzer (Anm. 2), S. 100.
61 Gerd Brinkhus: Ex bibliotheca Peutingeriana. Weitere Probedrucke zum ‚Theuerdank'

dank in voller Rüstung auf einem Streitross mit eingelegter und abgebrochener Lanze in vollem Galopp auf einen Burggraben zureitet; links hinter Theuerdank reitet Erenhold, rechts im Vordergrund, im rechten unteren Bildwinkel, sehen wir Fürwittig, mit spitzer Mütze oder etwas faltigem Hut, mit jener merkwürdigen, immer noch nicht recht geklärten Tafel (?) in der einen und einem (Zauber-?) Stab in der anderen Hand.

Brinkhus hat vermutet, dieses Bild habe ursprünglich zu den Turnierkämpfen der Kapitel 101ff. des *Theuerdank*-Drucks gehören sollen.[62] Das halte ich für weniger wahrscheinlich. In diesen Kapiteln taucht ausschließlich Neidelhart auf; Fürwittig und Unfallo sind von ihren Aufgaben entbunden. Mir scheint hingegen, dass dieses Bild ursprünglich für das 54. Kapitel gedacht war, später ganz verworfen wurde und durch das von Leonhard Beck gezeichnete, an Kopf und Hut des Unfallo aber noch einmal korrigierte Blatt ersetzt worden ist (Abb. 2, S. 254). In diesem Kapitel wird erzählt, dass Unfallo – so auch in der Vorfassung des Cod. 2806 – Theuerdank auf einem Schloss vor seiner Gemahlin und anderen Frauenzimmern in Gefahr bringen will; er leiht ihm für einen Turnierkampf ein Pferd, das die Angewohnheit hat, wenn es die Turnierlanze eingelegt spürt (so die Handschrift) oder wenn ihm die Augen verbunden sind (so der Druck), auf eine Wand zuzulaufen, ohne dass man es anhalten kann. So geschieht es auch, aber Theuerdank gelingt es, den *gaul* noch vor dem Graben durch scharfes Ziehen am Zügel zum Stehen zu bringen. Die Leistung Theuerdanks, das durchgehende Pferd zum Stehen zu bringen, hat erst Leonhard Beck realisiert, ebenso wie die Gemahlin des Unfallo, die er aber gleich an einen Fluss gestellt hat, so dem Ganzen einen Rahmen gebend, der an das szenische Muster der Georgslegende erinnert. Beck wird aber, wie Schäuffelein, ursprünglich den vom Text benannten Unfallo mit Haupt und Hut versehen haben, wie sie nun Fürwittig zustanden, und hatte dies dann zu korrigieren.

Warum das von Schäuffelein gezeichnete Bild nicht verwendet worden ist, ist aus mehreren Gründen ersichtlich: Im Cod. 2833 ist auch das spätere, von Leonhard Beck gezeichnete Bild falsch eingeordnet worden; es erscheint jetzt auf Bl. 164r, dem äußeren Doppelblatt der 38. Lage, einem Blatt, das eigentlich das in Cod. 2833 fehlende Bild Nr. 97 des Drucks aufnehmen sollte, das die Vertreibung Neidelharts am Ende der Neidelhart-Sequenz zum Thema hat. Der erste Sekretär, der den Cod. 2833 zusammenzustellen hatte, hat Becks Bild an dieser Stelle irrtümlich eingeordnet; es ist schon durch die Ziffer ‚48' der ersten

---

Maximilians. In: Festschrift Walter Haug und Burghart Wachinger. Hg. v. Johannes Janota [u. a.] Bd. 2. Tübingen 1992, S. 1011–1019, Abb. hier S. 1015.
62 Brinkhus (Anm. 61), S. 1014.

Zählung an seine ‚richtige' Position gestellt worden. Folglich fehlte noch die Nr. 97 des Drucks (= Nr. 89 des Codex), wie oben bemerkt. Die notwendige Korrektur an Kopf und Hut des *erwalter*, der Theuerdank im Bild Nr. 54 des Drucks gegenübersteht, verweist auf das alte, an Schäuffeleins Bild sichtbare Dilemma: Unfallo war mit seinem Hut nicht ausreichend von Fürwittig unterschieden. All dies musste ausreichen, Beck ein – schwächeres – Bild zeichnen zu lassen. Die Austauschbarkeit der Bilder, wie sie sich hier gleich mehrfach zeigen lässt, dokumentiert noch einmal Struktur und Variabilität dieses Werks, das *in schrifft und gemäl* für die reihenden Sequenzen keinen epischen Zusammenhang im üblichen Sinne herstellt – es ist ein auf die Bilder gebautes ‚registrierendes Prinzip', das des Archivs für die richtige Einordnung bedarf, um zugleich der Repräsentation und der *gedechtnus* zu dienen.[63]

---

63 Vgl. Müller (Anm. 13).

Tabelle 1: Wien, ÖNB, Cod. 2833

Lagen	Blatt	Inhalt / Nr.	‚gestr.' Nr.	Blatt	Inhalt / Nr.	Bemerkungen
E	1r	Skizze*		1v	47	*entspricht Druck Nr. 52; s. u. S. 249
(1) Quat.	2r	i		2v	Druck Nr. 1	
	3r	ij		3v	Druck Nr. 2	
	4r	iij		4v	Druck Nr. 3	
	5r	iiij		5v	Druck Nr. 4	
	6r bis			9v		leer
(2) Binio	10r	v		10v	Druck Nr. 5	
	11r	vi		11v	Druck Nr. 6	
	12r bis			13v	leer	
(3) Binio	14r	vij		14v	Druck Nr. 7	
	15r	viij		15v	Druck Nr. 8	
	16r bis			17v		leer
(4) Binio	18r	viiij		18v	Druck Nr. 9	
	19r	x		19v	Druck Nr. 10	
	20r bis			21v		leer
(5) Binio	22r	xi		22v	Druck Nr. 11	
	23r	xij		23v	Druck Nr. 12	
	24r bis			25v		leer
(6) Binio	26r	xiij		26v	Druck Nr. 13	
	27r	xiiij		27v	Druck Nr. 14	
	28r			29v		leer
(7) Binio	30r	xv		30v	Druck Nr. 15	
	31r	xvi		31v	Druck Nr. 16	
	32r bis			33v		leer
(8) Binio	34r	xvij		34v	Druck Nr. 17	
	35r	xviij	xviiij [?]	35v	Druck Nr. 18	s. u. S. 246–248
	36r bis			37v		leer

Lagen	Blatt	Inhalt / Nr.	,gestr.' Nr.	Blatt	Inhalt / Nr.	Bemerkungen
(9) Binio	38r	xix		38v	Druck Nr. 21	
E	39r	xx [+ Druck Nr. 19]	xix	39v	leer	
E	40r	xxj [+ Druck Nr. 22]	xxj, xviij	40v	leer	
	41r			41v		leer
(10) Bin.	42r	xxij		42v	Druck Nr. 23	
	43r	xxiij		43v	Druck Nr. 24	
	44r bis			45v		leer
(11) Bin.	46r	xxiiij		46v	Druck Nr. 25	
	47r	xxv	xxv	47v	Druck Nr. 26	
	48r bis			49v		leer
(12) Bin.	50r	xxvi		50v	Druck Nr. 27	im Druck fälschl. mit Nr. „25" bezeichnet
	51r	xxvij		51v	Druck Nr. 28	
	52r bis			53v		leer
(13) Bin.	54r	xxviij		54v	Druck Nr. 29	
	55r	xxviiij	xxx, xxviiij	55v	Druck Nr. 32	
	56r bis			57v		leer
(14) Bin.	58r	xxx	xxx, xxxi	58v	Druck Nr. 33	
	59r	xxxj	xxxij	59v	Druck Nr. 35	
	60r bis			61v		leer
E	62r	leer		62v	xxxij, Skizze*	*entspricht Druck Nr. 36; s. u. S. 249
(15) Bin.	63r	xxxiij		63v	Druck Nr. 37	
	64r	34		64v	Druck Nr. 39	
	65r bis			66v		leer
(16) Bin.	67r	35		67v	Druck Nr. 41	
	68r	36		68v	Druck Nr. 42	
	69r bis			70v		leer
(17) Bin.	71r	37		71v	Druck Nr. 64	

Lagen	Blatt	Inhalt / Nr.	‚gestr.' Nr.	Blatt	Inhalt / Nr.	Bemerkungen
	72r	38		72v	Druck Nr. 44	
	73r bis			74v		leer
(18) Bin.	75r	39		75v	Druck Nr. 45	
	76r	40		76v	Druck Nr. 46	
	77r bis			78v		leer
E	79r	41 [+ Druck Nr. 47]		79v		leer
(19) Bin.	80r	42		80v	Druck Nr. 30	
	81r	43		81v	Druck Nr. 48	
	82r bis			83v		leer
E	84r	44 [+ Druck Nr. 49]		84v		leer
(20) Bin.	85r	45		85v	Druck Nr. 50	
	86r	46		86v	Druck Nr. 51	
	87r bis			88v		leer
(21) Bin.	89r	49	48	89v	Druck Nr. 53	
	90r	50	110	90v	Druck Nr. 118	
	91r bis			92v		leer
(22) Bin.	93r	51		93v	Druck Nr. 57	s. u. S. 247, 249
	94r	52		94v	Druck Nr. 58	
	95r bis			96v		leer
E	97r	53 [+ Druck Nr. 59]		97v	leer	
(23) Bin.	98r	54		98v	Druck Nr. 60	
E	99r	55 [+ Druck Nr. 61]		99v		leer
	100r	56		100v	Druck Nr. 62	
	101r bis			102v		leer
(24) Bin.	103r	57		103v	Druck Nr. 63	
	104r	58		104v	Druck Nr. 43	

Lagen	Blatt	Inhalt / Nr.	‚gestr.' Nr.	Blatt	Inhalt / Nr.	Bemerkungen
	105r bis			106v		leer
(25) Bin.	107r	59	64	107v	Druck Nr. 70	s. u. S. 250
	108r	60		108v	Druck Nr. 66	
	109r bis			110v		leer
(26) Bin.	111r	61		111v	Druck Nr. 67	
	112r	62		112v	Druck Nr. 68	
	113r bis			114v		leer
(27) Bin.	115r	63		115v	Druck Nr. 69	
	116r	64	59	116v	Druck Nr. 65	
	117r bis			118v		leer
Doppelblatt	119r	65	66	119v	Druck Nr. 73	
	120r bis			120v		leer
E	121r	66 [+ Druck Nr. 56]	50	121v	66	s. u. S. 250
(28) Bin.	122r	67	65	122v	Druck Nr. 72	
	123r	68	67	123v	Druck Nr. 74	
	124r bis			125v		leer
(29) Bin.	126r	69	70	126v	Druck Nr. 77	
	127r	70	71	127v	Druck Nr.78	
	128r bis			129v		leer
(30) Bin.	130r	71	72	130v	Druck Nr. 80	
	131r	72	69	131v	Druck Nr. 76	
	132r bis			133v		leer
(31) Bin.	134r	73		134v	Druck Nr. 81	
	135r	74		135v	Druck Nr. 82	

Lagen	Blatt	Inhalt / Nr.	‚gestr.' Nr.	Blatt	Inhalt / Nr.	Bemerkungen
	136r bis			137v		leer
(32) Bin.	138r	75		138v	Druck Nr. 83	
	139r	76		139v	Druck Nr. 84	
	140r bis			141v		leer
(33) Bin.	142r	77		142v	Druck Nr. 85	
	143r	78		143v	Druck Nr. 86	
	144r bis			145v		leer
(34) Bin.	146r	79		146v	Druck Nr. 87	
	147r	80		147v	Druck Nr. 88	
	148r bis			149v		leer
E	150r	81, Skizze*		150v	81	*entspricht Druck Nr. 89; s. u. S. 251
(35) Bin.	151r	82		151v	Druck Nr. 90	
	152r	83		152v	Druck Nr. 91	
	153r bis			154v		leer
(36) Bin.	155r	84		155v	Druck Nr. 92	
	156r	85		156v	Druck Nr. 93	
	157r bis			158v		leer
E	159r	Skizze*		159v	86	*entspricht Druck Nr. 94; s. u. S. 251
(37) Bin.	160r	87		160v	Druck Nr. 95	
	161r	88		161v	Druck Nr. 96	
	162r bis			163v		leer
(38) Bin.	164r	48	49, 49	164v	Druck Nr. 54	
	165r	90		165v	Druck Nr. 98	
	166r bis			167v		leer

Lagen	Blatt	Inhalt / Nr.	‚gestr.' Nr.	Blatt	Inhalt / Nr.	Bemerkungen
E	168r	92*		168v	leer	*+ Beschreibung des Bildes von Druck Nr. 100, s. u. S. 251
(39) Bin.	169r	93		169v	Druck Nr. 101	
	170r	94		170v	Druck Nr. 102	
	171r bis			172v		leer
(40) Bin.	173r	95		173v	Druck Nr. 103	
	174r	96		174v	Druck Nr. 104	
	175r bis			176v		leer
(41) Bin.	177r	97		177v	Druck Nr. 105	
	178r	98		178v	Druck Nr. 106	
	179r bis			180v		leer
(42) Bin.	181r	100		181v	Druck Nr. 108	
	182r	101		182v	Druck Nr. 109	
	183r bis			184v		leer
(43) Bin.	185r	102		185v	Druck Nr. 110	
	186r	103 [102 ?]		186v	Druck Nr. 111	
	187r bis			188v		leer
(44) Bin.	189r	104	103	189v	Druck Nr. 112	
	190r	105	104	190v	Druck Nr. 113	
	191r bis			192v		leer
(45) Bin.	193r	106	105	193v	Druck Nr. 114	
	194r	107	106	194v	Druck Nr. 115	
	195r bis			196v		leer
(46) Bin (II–1)	197r	108	107	197v	Druck Nr. 116	

Lagen	Blatt	Inhalt / Nr.	‚gestr.' Nr. Blatt	Inhalt / Nr.	Bemerkungen
	198r	Druck Nr. 117	198v	109, 108 ‚gestrichen'	
	199r bis		199v		leer

Von der Zählung der einzelnen Lagen, der Einordnung der Blätter nach der gegenwärtigen Bindung, der Angabe der eingelegten Einzelblätter, der Angabe der leeren Blätter und der Differenzierung der Recto- und Verso-Seiten abgesehen, weichen in dieser Tabelle von den Angaben Laschitzers ab die entsprechenden Angaben zu den Bll. 35r (Laschitzer liest als ‚durchstrichene' Ziffer *xviii*, mir scheint eher *xviiii* gegeben zu sein), 38r (eine ‚gestrichene' Ziffer *xx* kann ich nicht finden), 121r (eine ‚gestrichene' Ziffer *50* fehlt bei Laschitzer, auch in den Zusatzangaben S. 64), 121v (*66* fehlt bei Laschitzer), 150v (*81* fehlt bei Laschitzer), 164r (eine weitere ‚gestrichene' Ziffer *49* fehlt bei Laschitzer), 186r (Laschitzer gibt als ‚gestrichene' Ziffer *102* an; dies wäre von der Systematik her zwar zu erwarten, zu erkennen sind aber auf dem Blatt nicht zwei Ziffern, sondern nur eine deutliche Ziffer *102*, wobei die 2 durch einen kaum erkennbaren Abstrich nach unten mit viel gutem Willen auch als 3 zu interpretieren wäre). – Die Verteilung der Blätter 197–199 ist schwer zu beurteilen. Möglich ist auch 197 r/v = Einzelblatt, 198/199 = Doppelblatt, wobei das Bild Druck Nr. 117 ungewöhnlicher Weise auf eine Recto-Seite gedruckt worden wäre. Alle Angaben nach einem von der ÖNB zur Verfügung gestellten Mikrofilm.

Es folgen Ergänzungen, verschiedene Einträge, die in der Tabelle oben fehlen (vgl. Laschitzer [Anm. 2], S. 63f.).

Bl. 1r   Der wetter streich den Schonsperger | zufragen ob die figur funnden sey | dann sy ist enntlh gerissen gewest zeigt | kay. mt an er gibt mir auf dhein schreyben | antwort [Hand I]
hofmaler sol das noch ain | maL ab malen [Hand II]

Bl. 1v   Hic numerus nullam imaginem habet quem sequitur | 49. [Hand III]

Bl. 35r zbyssen xxij vnd xxiij [gestr.] [Maximilian]

Bl. 62v Die Schnee lenen. Ist schon | geschnidten. aber Ich hab | dhain Truckh dar von. | dann jm puech. [Hand II]

> Die schnee lenen / sy ist | schon geschnitten / aber Jh hab |
> dhein druckh darvon / dann | jm puoch [Hand I]

Bl. 93r 50 kumen her | nach [Maximilian]

Bl. 107r newn vnd funczik lix | kumbt hernach [Maximilian]

Bl. 121r kumen hintn her nach ergo | | 50 versbundn |
vnd jecz Lv [gestr.] darauf | an [gestr.] hie | [Maximilian]

Bl. 150r [über der Skizze:] jst nit geschniten aber gemalt [Hand II]
[unter der Skizze:] Der kurrisser [?] der den | pfeyl jm hirn hat
steckhen die | figur ist auch geschniten
aber jh hab | allein ein druckh jm puch darvon [Hand I]
Haec charta caret imagine [Hand III]

Bl. 159r Die pauren da sy die | schannz mahten vnd einer |
geworffen ward der den | Tewrdankh nider slueg |
ist geschnitten aber jh hab | allein einen druckh jm | puch [Hand I]
Nulla pictura [Hand III]

Bl. 168r Da die sehs Ritter den Tewrdanckh | vor der kungin ansprechen
Ritterspil zutreyben | ist oh geshnitten aber Jh hab allein
einen | druckh darvon [Hand I]
desideratur numerus 91 subsequitur 90 numerus | 92. carens pictura.
[Hand III]

Tabelle. 2: (orientiert an Cod. 2867)[64]

Cod. 2867	Cod. 2806	Cod. 2834	Cod. 2833 (1)	Druck
1*	1	1	1	1
2*	2	2	2	2
3*	3	3	3	3
4*	4	4	4	4
5*	5	5	5	5
6* [Kg. Wunderer]	6 [Kg. Wunderer]	6 [Kg. Wunderer]	6 [Absendung des Boten an Theuerdank]	6
7*	7	7	7 (U. eingesetzt)	7 (U. eingesetzt)
8*	8	8	8	8
9*	9	9	9	9
11	10	10		
10°	10	10	11	11
11[°]	11	12	12	12
12,v.1–16 12,v.11–12 12,v.13–62° U.	12,v.1–16 22,v.1f. ersetzt 22,v.3–52 22,v.53–56		26	27
13°	23		27	28
14[°] U.	24		--	31
15* U.	25		30	33
16,v.1–38°	12,v.17–54	13	13 (F. eingesetzt)	13 (F. eingesetzt)
17°	13	14	14 (F. eingesetzt)	14 (F. eingesetzt)
18° U.	26		31	35
19° U.	27		35	41

---

64 Zeichenerklärung für Tabellen 2, 3 und 4:
    U .... in der Bildbeschreibung von Cod. 2867 ist nachträglich „Unfallo" eingetragen worden.
    F. / U. / N .... der Kopf / die Figur des Fürwittig / Unfallo / Neidelhart ist nachträglich im Bild eingesetzt.
    * .... Vermerk: „das gemäl ist nit gemacht"
    ° .... Vermerk: „das gemäl ist gemacht"
    [°] .... Vermerk: „das gemäl ist nit gemacht"; „nit" gestrichen

Cod. 2867	Cod. 2806	Cod. 2834	Cod. 2833 (1)	Druck
20° U.	28		33	37
21° U.	29		34	39
22° U.	30		36	42
23°	14	16	16 (F. eingesetzt)	16 (F. eingesetzt)
24°	15	20	17 (F. eingesetzt)	17 (F. eingesetzt)
25°	16	15	18 (F. eingesetzt)	18 (F. eingesetzt)
26° U.	31		43	48
27* U.	32		46	51
28* U.	--	--	--	--
29° U.	33		49	53
30° U.	17	17	19 (F. eingesetzt)	21 (F. eingesetzt)
31,v.1–50	18,v.1–46	18	22	23
31,v.51–120°	19,v.1–74	19	23 (F. eingesetzt)	24 (F. eingesetzt)

Tabelle 3: (orientiert an Cod. 2806)

Cod. 2867	Cod. 2806	Cod. 2834	Cod. 2833 (1)	Druck
1*	1	1	1	1
2*	2	2	2	2
3*	3	3	3	3
4*	4	4	4	4
5*	5	5	5	5
6*	6	6	6	6
7*	7	7	7 (U. eingesetzt)	7 (U. eingesetzt)
8*	8	8	8	8
9*	9	9	9	9
		11	10	10
10°	10	10	11	11
11°	11	12	12	12
16°	12	13	13 (F. eingesetzt)	13 (F. eingesetzt)
17°	13	14	14 (F. eingesetzt)	14 (F. eingesetzt)
			15	15
23°	14	16	16 (F. eingesetzt)	16 (F. eingesetzt)

Cod. 2867	Cod. 2806	Cod. 2834	Cod. 2833 (1)	Druck
24°	15	20	17 (F. eingesetzt)	17 (F. eingesetzt)
25°	16	15	18 (F. eingesetzt)	18 (F. eingesetzt)
			20	19
			--	20
30°	17	17	19 (F. eingesetzt)	21 (F. eingesetzt)
			21	22
31,v.1–50	18	18	22	23
31,v.51–120°	19	19	23 (F. eingesetzt)	24 (F. eingesetzt)
--	20		24	25
--	21		25 (U. eingesetzt)	26 (U. eingesetzt)
12° U.	22		26	27
13°	23		27	28
14[°] U.	24		--	31
15* U.	25		30	33
18° U.	26		31	35
19° U.	27		35	41
20° U.	28		33	37
21° U.	29		34	39
22° U.	30		36	42
26° U.	31		43	48
27* U.	32		46	51
28* U.	--		--	--
29° U.	33		49	53
	34		51 (U. eingesetzt)	57 (U. eingesetzt)
	35		58 (U. eingesetzt)	43 (U. eingesetzt)
	36		29 (U. eingesetzt)	32 (U. eingesetzt)
	37		37 (U. eingesetzt)	64 (U. eingesetzt)
	38		64 (U. eingesetzt)	65 (U. eingesctzt)
	39		52 (U. eingesetzt)	58 (U. eingesetzt)
	40		40 (U. eingesetzt)	46 (U. eingesetzt)
	41		38	44
	42		39 (U. eingesetzt)	45 (U. eingesetzt)
	43		28	29
	44		42 (U. eingesetzt)	30 (U. eingesetzt)
	45		48 (U. eingesetzt)	54 (U. eingesetzt)

Cod. 2867	Cod. 2806	Cod. 2834	Cod. 2833 (1)	Druck
	46		45 (U. eingesetzt)	50 (U. eingesetzt)
	47		54 (U. eingesetzt)	60 (U. eingesetzt)
	48		57	63
	49		65 (U. eingesetzt)	73 (U. eingesetzt)
	50		68 (U. eingesetzt)	74 (U. eingesetzt)

Tabelle 4: (an Cod. 2833 (1) = erste Zählung orientiert)

Cod. 2867	Cod. 2806	Cod. 2834	Cod. 2833 (1)	Druck
1	1	1	1	1
2	2	2	2	2
3	3	3	3	3
4	4	4	4	4
5	5	5	5	5
6	6	6	6	6
7	7	7	7 (U. eingesetzt)	7 (U. eingesetzt)
8	8	8	8	8
9	9	9	9	9
		11	10	10
10	10	10	11	11
11	11	12	12	12
16	12	13	13 (F. eingesetzt)	13 (F. eingesetzt)
17	13	14	14 (F. eingesetzt)	14 (F. eingesetzt)
			15	15
23	14	16	16 (F. eingesetzt)	16 (F. eingesetzt)
24	15	20	17 (F. eingesetzt)	17 (F. eingesetzt)
25	16	15	18 (F. eingesetzt)	18 (F. eingesetzt)
30	17	17	19 (F. eingesetzt)	21 (F. eingesetzt)
			20	19
				20
			21	22
31,v.1–50	18	18	22	23
31,v.51–120	19	19	23 (F. eingesetzt)	24 (F. eingesetzt)
	20		24	25

Cod. 2867	Cod. 2806	Cod. 2834	Cod. 2833 (1)	Druck
	21		25 (U. eingesetzt)	26 (U. eingesetzt)
12 U.	22		27	28
13	23		27	28
	43		28	29
14 U.	24			31
	36		29 (U. eingesetzt)	32 (U. eingesetzt)
15 U.	25		30	33
				34
18 U.	26		31	35
			32	36
20 U.	28		33	37
				38
21 U.	29		34	39
				40
19 U.	27		35	41
22 U.	30		36	42
	37		37 (U. eingesetzt)	64 (U. eingesetzt)
	41		38	44
	42		39 (U. eingesetzt)	45 (U. eingesetzt)
	40		40 (U. eingesetzt)	46
	--		41	47
	44		42 (U. eingesetzt)	30 (U. eingesetzt)
26 U.	31		43	48
	--		44	49
	46		45 (U. eingesetzt)	50 (U. eingesetzt)
27 U.	32		46	51
	--		47	52
	45		48 (U. eingesetzt)	54 (U. eingesetzt)
				55
29 U.	33		49	53
	--		50	118
	34		51 (U. eingesetzt)	57 (U. eingesetzt)
	39		52 (U. eingesetzt)	58 (U. eingesetzt)
	--		53	59
	47		54 (U. eingesetzt)	60 (U. eingesetzt)

Cod. 2867	Cod. 2806	Cod. 2834	Cod. 2833 (1)	Druck
	--		55	61
	--		56	62
	48		57	63
	35		58 (U. eingesetzt)	43 (U. eingesetzt)
	--		59 (U. eingesetzt)	70 (U. eingesetzt)
				71
	--		60	66
	--		61 (U. eingesetzt)	67 (U. eingesetzt)
	--		62	68
	--		63	69
	38		64 (U. eingesetzt)	65 (U. eingesetzt)
	49		65 (U. eingesetzt)	73 (U. eingesetzt)
	--		66	56
	--		67 (U. eingesetzt)	72 (U. eingesetzt)
	50		68 (U. eingesetzt)	74 (U. eingesetzt)

	Cod. 2889	Cod. 2833 (1)	Druck
	1 (1 T)		75
	4 (5 T)	69	77
		70	78
			79
		71 (N. eingesetzt)	80 (N. eingesetzt)
	5 (6 T)	72 (N. eingesetzt)	76 (N. eingesetzt)
	[7, 8] (9 T)	73 (N. eingesetzt)	81 (N. eingesetzt)
	6 (7 T)	74	82
		75	83
	8 (10 T)	76	84
	9 (11 T)	77	85
	14 (17 T)	78	86
	13 (16 T)	79 (N. eingesetzt)	87 (N. eingesetzt)

Cod. 2889	Cod. 2833 (1)	Druck
	80	88
	81	89
	82	90
	83	91
	84	92
	85	93
	86	94
	87	95
	88	96
	89 fehlt	97
	90	98
	91 fehlt	99
	92	100
	93	101
	94	102
	95	103
	96	104
22, 23	97	105
(3 T)	98	106
	99 fehlt	107
18	100	108
	101	109
19	102 (F. eingesetzt)	110 (F. eingesetzt)
	103	111
	104	112

Cod. 2889	Cod. 2833 (1)	Druck
	105	113
	106	114
	107	115
25, 26, 27	108	116
28	109	117

Abb. 1: Probedruck zum *Theuerdank* aus der Bibliothek Konrad Peutingers (UB Tübingen, Ke XVIII 4 a.2, Nr.22)

Abb. 2: *Theuerdank*-Druck von 1517, Bild Nr. 54.

Bianca Häberlein
Die Konzeption des Abenteuers im ‚Wilhelm von Österreich' Johanns von Würzburg und im *Theuerdank* Maximilians I.

Der ‚Wilhelm von Österreich' Johanns von Würzburg (1314 abgeschlossen) gilt als ein mit literarischen Traditionen arbeitender hybrider Text. Er übernimmt Teile des Artusromans, der Heldenepik, des Minne- und Aventiureromans und lässt bestimmte Abenteuerkonzepte in den Text einfließen. Almut Schneider stellt die Hybridität des Textes explizit heraus, der „eine Fülle von Motiven, Strukturelementen, Schema- und Figurenzitaten [entfaltet], die ihn in der Nachfolge von und Auseinandersetzung mit einer Vielzahl vorausgegangener Texte unterschiedlicher Gattungen, nicht nur der mittelalterlichen Großepik repräsentieren."[1] Der *Theuerdank* Maximilians I. (1517) ist etwas ganz Anderes, ein biographischer Roman, der mittels der Allegorie die Abenteuer des gleichnamigen Helden in die Tradition der Artusromane und der Brautwerbungsepik einflicht. Der Held macht sich nach dem Tod König Romreichs auf den Weg zu Königin Erenreich, auf welchem ihm drei Hauptleute begegnen, die ihn mit diversen *Geferlicheiten* daran zu hindern versuchen, in ihr Reich zu gelangen.

Beide Romane, obgleich zu unterschiedlichen Zeiten entstanden, arbeiten mit einem jedoch explizit avancierten Konzept von Abenteuer, wie es v. a. aus dem Artusroman bekannt ist. Etymologisch betrachtet stammt *âventiure*, so Franz Lebsanft, von lateinisch *adventura* „das, was geschehen soll" ab. Für den altfranzösischen Begriff *aventure* konstatiert Lebsanft, „dass die mittelalterliche Diskussion um den Bedeutungsgehalt des Wortes auf eine viel subtilere, implizite Weise geführt wird, und zwar durch die bewusste Auswahl vorhandener oder die Kreation neuer syntagmatischer Relationen."[2] Die Bedeutung des

---

[1] Almut Schneider: Chiffren des Selbst. Narrative Spiegelungen der Identitätsproblematik in Johanns von Würzburg ‚Wilhelm von Österreich' und in Heinrichs von Neustadt ‚Apollonius von Tyrland'. Göttingen 2004 (Palaestra 321), S. 23–24. Zum Hybriden des Romans auch Armin Schulz: Poetik des Hybriden. Schema, Variation und intertextuelle Kombinatorik in der Minne- und Aventiureepik: *Willehalm von Orlens – Partonopier und Meliur – Wilhelm von Österreich – Die schöne Magelone*. Berlin 2000 (Philologische Studien und Quellen 161), S. 122–124.
[2] Franz Lebsanft: Die Bedeutung von altfranzösisch *aventure*. Ein Beitrag zu Theorie und Methodologie der mediävistischen Wort- und Begriffsgeschichte. In: Im Wortfeld des Textes. Worthistorische Beiträge zu den Bezeichnungen von Rede und Schrift im Mittelalter. Hg. v. Gerd Dicke, Manfred Eikelmann u. Burkhard. Hasebrink. Berlin [u. a.] 2006 (Trends in Medieval Philology 10), S. 311–337, hier 314.

altfranzösischen *aventure* setzt er fest als etwas „Außergewöhnliche[s], das als *aventure* dem Menschen unwillentlich widerfährt oder das ihn ohne sein Zutun leitet."[3] Die *âventiure* auch des deutschen Artusromans ist zunächst als zufälliges Ereignis zu verstehen, das von außen an den Helden herangetragen wird, auch wenn er sich auf die Suche danach macht. In der Forschung wird der Begriff gemeinhin verstanden als „Geschehen" (Ereignis/Handlung) und „Wiedergabe eines Geschehens" (mündlicher/schriftlicher Bericht).[4] In den hier zu behandelnden Texten und den verwendeten Beispielen soll die *âventiure*-Konzeption des Artusromans und die damit verknüpfte Begriffssemantik untersucht werden. Nicht allein die Wörterbücher verzeichnen vielfältige Bedeutungen, sondern bereits in je einzelnen literarischen Texten lassen sich differente Bedeutungen ausmachen.[5]

Im ‚Erec' Hartmanns von Aue werden beispielsweise zum ersten Mal die Bedeutungen ‚Erzählgegenstand' und ‚Erzähltes' nebeneinander verwendet.[6] Volker Mertens konstatiert, dass im ‚Parzival' Wolframs von Eschenbach der Erzähler die Erzählung erstmals als *âventiure* bezeichnet. Er sieht die sich sowohl auf das Erzählte, als auch auf die Erzählung selbst beziehende Kontingenz als Grundbedeutung für den Begriff *âventiure* in den Artusromanen vor und um 1200.[7] Daher wird hier die *âventiure* als das Ereignis definiert, das entweder von außen an den Helden herantritt oder aber das der Held selbst sucht. Weiter wird die Bedeutung der ‚Erzählung' hinzugenommen. Als Grundlage für die Untersuchung der Abenteuerkonzeption in beiden Texten dient die aus der Etymologie abzuleitende Definition und die semantische Bestimmung von *âventiure* in Artusromanen. Die im Folgenden gewählte Bezeichnung ‚Abenteuer' soll die etymologischen und semantischen Divergenzen von *âventiure* (‚Wilhelm von Österreich') und *Geferlicheit* (*Theuerdank*) nicht überdecken, aber

---

3 Ebd., S. 322.
4 Erkki Miettinen: Zum mundartlichen Fortleben mhd.-mnd. Lehnwortgutes romanischer Herkunft. Eine semantische Untersuchung. Helsinki 1962 (Annales Academiae Scientiarum Fennicae Serie B 126), S. 20.
5 Im Lexer finden sich beispielsweise diese Übersetzungen: „âventiure, âventiur stf. Begebenheit bes. eine wunderbare; gewagtes beginnen mit ungewissem ausgang; zufälliges bes. glückliches ereignis, schicksal; ein gedicht davon, abschnitt eines solchen gedichtes; die quelle der höfischen dichter, personif. die muse (fz. *aventure*, lat. *adventura*)." Matthias Lexer: Mittelhochdeutsches Taschenwörterbuch. Mit den Nachträgen v. Ulrich Pretzel. 38., unveränderte Aufl. Stuttgart 1992, S. 8.
6 Vgl. Volker Mertens: Frau *Âventiure* klopft an die Tür... In: Im Wortfeld des Textes (Anm. 2), S. 339–346, hier S. 339.
7 Vgl. ebd., S. 344 und S. 345f.

doch ihre prinzipielle Vergleichbarkeit unterstreichen.[8] Gefragt werden soll danach, wie die Konzeption des Abenteuers in den Texten realisiert wird. Verwenden beide Texte das gleiche Konzept oder entwerfen sie jeweils für sich ein neues, basierend auf den literarischen Traditionen? Dabei müssen der Begriff und das Konzept „je nachdem, wie die Form der jeweiligen Erzählung bestimmt ist",[9] zunächst für sich untersucht werden.

Beide Romane verbindet die Verwendung literarischer, poetologischer und struktureller Traditionen, wie der des Artusromans und dem mit ihm einhergehenden, hier definierten Konzept des Abenteuers, das in den Texten allegorisiert dargestellt wird. Diese allegorischen Erscheinungen sind nicht als zwei divergierende Konzeptionen zu sehen, denn im ‚Wilhelm von Österreich' dient die Allegorie des Abenteuers als Exempel des menschlichen Verhaltens, im *Theuerdank* bekommt das eigene Erleben mittels der Allegorisierung die Bedeutsamkeit der aus dem Artusroman bekannten *âventiure*.[10]

> *Aventûr bin ich genant, / sich, der pflig ich schone!*

Das Abenteuer im ‚Wilhelm von Österreich' tritt zunächst in der Bedeutung ‚Wiedergabe eines Geschehens' auf. So wenn der Erzähler behauptet:

---

[8] Ursula Schulze sieht die *Geferlicheiten* als Synonym für die *âventiuren* des höfischen Romans. Doch schränkt sie ein, dass durch die Handlungsstruktur des *Theuerdank* die Abenteuer keine zielgerichtete Dynamik mehr besäßen. Ursula Schulze: Dietrich von Bern und König Artus – Maximilian / Theuerdank. Ein verändertes Heldenbild und die intermediale Kohärenz des Buches. In: Kaiser Maximilian I. (1459–1519) und die Hofkultur seiner Zeit. Hg. v. Sieglinde Hartmann u. Freimut Löser. Wiesbaden 2009 (Jahrbuch der Oswald von Wolkenstein-Gesellschaft 17 [2008/2009]), S. 23–33, hier S. 25.
[9] Hartmut Bleumer: Im Feld der *âventiure*. Zum begrifflichen Wert der Feldmetapher am Beispiel einer poetischen Leitvokabel. In: Im Wortfeld des Textes (Anm. 2), S. 347–367, hier S. 348. Nach Bleumer ist der Begriff *âventiure* nicht zu definieren: „Im Erzähltext erzeugt der Ausdruck eine Ellipse, in der er auf ein Geschehen verweist, das über eine Erzählung präsentiert wird und dabei die Ebene der Geschichte überspringt, und ebenso ist zwischen der Bedeutung des Ausdrucks und seinem jeweiligen Sinn das begriffliche Konzept gleichsam durchgestrichen: *âventiure* ist vielmehr dezidiert unbegrifflich. Sie entzieht sich der Definition und macht so die dynamische Offenheit der Interpretationsbewegung spürbar." (S. 366f.). Dagegen definiert Schnyder: „Als ein in eine Sinnstruktur hineinerzähltes Erlebnis ist *âventiure* immer Instandstellung eines aus der Ordnung geratenen Geschehens und die Wiederherstellung der Welt." Mireille Schnyder: Sieben Thesen zum Begriff der *âventiure*. In: Im Wortfeld des Textes (Anm. 2), S. 369–375, hier S. 370. Ich sehe das Konzept der *âventiure* in der mittelhochdeutschen Literatur und später als ein dynamisches Konzept an, das sich immer wieder, je nach Bestimmung des Textes, wandeln kann.
[10] Vgl. Thomas Cramer: Geschichte der deutschen Literatur im späten Mittelalter. 3., aktual. Aufl. München 2000, S. 29.

> hie bi lit noch beslozzen
> innerhalp des mundes tûr
> aventûr, die so her fûr
> nemen ainen senften fluz (v. 620–623).[11]

Durch alle Bedeutungen dieses Abstraktums ziehen sich Jagd-Metaphern, wenn beispielsweise der Erzähler das Abenteuer jagt:

> Nu hôrt aber niwe sage!
> sit ich aventûr jage,
> so laz ich an die hunde,
> (ich main von dem munde
> diu wort diu ich da tihte,
> uf daz jagen rihte,)
> daz diu iht abe keren
> und gûte sage uneren
> von aventûr kûnne (v. 975–983).

Wilhelm wird bei der Jagd auf das Abenteuer (v. 11514–11517) unterstützt von dem Bracken *Fûrst*, den er von dem *Aventûr hauptman* bekommt:

> vor im der brack uf sin vart
> kert nach aventûr:
> die vand er ungehûr (v. 11642–11644).[12]

Nicht nur die Erzählung selbst wird von dem Erzähler gejagt, nicht nur das Abstraktum als Frau *Aventûr* fungiert als ‚Schutzgöttin' für Wilhelm, sondern auch auf der Handlungsebene ist das Abenteuer jagenswert für den Bracken *Fûrst*. So bewegt sich die Abenteuerkonzeption von der abstrakten zur Handlungsebene und nimmt schließlich mit dem *Aventûr hauptman* Gestalt an. Die Metaphorik generiert die Handlung, wenn Erzähl- und Handlungsebene mittels einer Jagd-Bildlichkeit verknüpft werden.[13] Die Jagd auf die Erzählung seitens des Erzählers verbindet sich mit der Jagdmetaphorik des Abenteuer-Suchenden. So entsteht die Erzählung während der Suche nach abenteuerlichen Ereignissen und umgekehrt kann das Abenteuer des Helden sich erst ereignen, wenn es erzählt

---

[11] Hier und im Folgenden zitiert nach: Johanns von Würzburg Wilhelm von Österreich aus der Gothaer Handschrift hg. v. Ernst Regel. Berlin 1906 (DTM 3).
[12] Der Bracke kann mit demjenigen im ‚Titurel' Wolframs von Eschenbach und im ‚Jüngeren Titurel' Albrechts von Scharfenberg in Verbindung gebracht werden, der auch dort das Prinzip der *âventiure* verkörpert. Hierzu vgl. Albrecht Juergens: ‚Wilhelm von Österreich'. Johanns von Würzburg ‚Historia Poetica' von 1314 und Aufgabenstellungen einer narrativen Fürstenlehre. Frankfurt a. M. [u.a.] 1990 (Mikrokosmos 21), S. 298f.
[13] Vgl. Schulz (Anm. 1), S. 129f.

wird; der Entstehungsprozess der Erzählung wird auf der Handlungsebene reflektiert. Gérard Genette prägt hierfür den Begriff der ‚Diegese' und bestimmte danach entsprechend verschiedene narratologische Ebenen. So erzählt der extradiegetische Erzähler die auf der diegetischen Ebene sich ereignende Geschichte.[14] Nach dem Konzept der ‚Diegese' Genettes kann hier eine Verschmelzung der extradiegetischen und der diegetischen Ebene angenommen werden.

Peter Strohschneider deutet den Begriff *âventiure* in den mittelhochdeutschen Artusromanen als einen „entdifferenzierende[n] Kreislauf von Erzählen und Handeln. Dieser Kreislauf zeigt sich in den Romanen als die mythische Basisstruktur des Weltbezuges des idealen Artushofes."[15] Im mittelhochdeutschen Artusroman wäre demnach noch eine mythische Basisstruktur zu erkennen, während im ‚Wilhelm von Österreich' diese Bedeutung explizert wird, indem das Mythische von der Allegorisierung und einem Wechselspiel von Erzählung und Erzähltem abgelöst wird. Seinen Beginn nimmt diese Technik in der allegorischen Gestalt des *Aventûr hauptman*.

Ryal/Wilhelm begegnet dem *Aventûr hauptman*, der eine menschliche Gestalt besitzt und eine Krone aus Rubinen auf dem Haupt trägt.

> er was snel und da bi balt,
> mit menschen antlûtze,
> dar uf ein chrone nûtze
> von ainem rubin was gemaht;
> sin augen warn struzes slaht,
> der halz stark helfenbain im was,
> sus sagt diu schrift do ich ez las;
> im stûnden an den ahseln sin
> zwen flûgel viderin,
> gevider daz was flûcke;
> dar under schupen dicke
> stûnt der lip nach visches art.
> so wunderlich kain man nie wart
> gesehen uf der erden hie:
> die fûzz da mit er do gie,
> warn als ains wilden lewen fûzz. (v. 3144–3159)

---

14 Gerard Genette: Die Erzählung. Aus dem Französischen v. Andreas Knop, mit einem Nachwort hg. v. Jochen Vogt. 2. Aufl. München 1998.
15 Peter Strohschneider: *âventiure*-Erzählen und *âventiure*-Handeln. Eine Modellskizze. In: Im Wortfeld des Textes (Anm. 2), S. 377–383, hier S. 380. Er deutet den Begriff der *âventiure* in Hinblick auf das Erzählen und die Handlung: „Dies aber, dass Erzählakt und Erzählinhalt hier lediglich relativ schwach gegeneinander abgegrenzt sind, scheint mir Voraussetzung dafür zu sein, dass immer wieder das eine, die *âventiure*-Erzählung, in das andere, die *âventiure*-Handlung ‚umschlagen' kann." (S. 380) Ich sehe in einem weiteren Schritt im ‚Wilhelm von Österreich' das Ineinandergreifen und das wechselseitige Bedingen beider Bedeutungen.

In der Selbstallegorese wird deutlich, wie die Figur zusammengesetzt ist:

> Aventûr bin ich genant,
> sich, der pflig ich schone!
> auch wizze daz min chrone
> und des staines gûte
> betût daz hochgemûte
> daz werdiu richiu hertze hant
> diu nach aventûre stant,
> der ich vil und wunder waiz.
> auch tûnt miniu augen haiz
> die werden lûte wirdig
> der mût ist so begirdig
> daz er nach tugenden brinnet.
> auch wirt dir hie besinnet
> wa von min kel raine
> so stark von helfenbaine
> ist an mir geordiniert:
> swes mût gecorrigiert
> ist vor allem wandel,
> der ist wiz alsam ein mandel;
> so betûtet, wilt duz merken,
> der helfenbain die sterken
> diu an der aventûre lit.
> auch betûtent min flûge wit
> daz ich swebe wol enbor:
> ich fliuge durch maniges hertzen tor
> der vogel, lûte und tier.
> auch betûte ich dir vil schier
> die schûpen an dem libe min:
> ich wil auch in dem wage sin
> nach visches art in wazzers grunt.
> auch wil ich dir machen kunt
> nach diner vrage sûzze
> wa von ich lewen fûzze
> hab, des will ich dich wern:
> ich bin auch in der wilde gern,
> in wilden rotschun muren. (V. 3262–3297)

Der *Aventûr hauptman* bildet in seiner körperlichen Erscheinung das dem arturischen Roman bekannte Abenteuerkonzept. Seine Gestalt bedeutet die Allgegenwärtigkeit des Abenteuers: zu Land (Löwe), zu Wasser (Fisch) und in der Luft (Vogel). Außerdem symbolisiert er gleichsam die Gesinnung des Abenteuer-Suchenden Wilhelm. Er ist *der aventiure fruht* und für die *âventiure* geboren, die Begegnung mit dem Inbegriff des Abenteuers entwickelt sich nicht aus einem Zufall heraus. Wie verhält sich nun dieses Konzept im Roman?

Strukturell ist das Abenteuer durchaus nicht mehr in dem Sinne zu verstehen, dass es einziges Movens der Handlung ist, doch wird es in die Motivation der Minnehandlung eingegliedert und bleibt nicht etwa außerhalb in der Erstarrung „zu einem skurrilen Requisit".[16] So beispielsweise, wenn Ryal/Wilhelm von König Agrant fortgeschickt wird, um eine mögliche Liebesbeziehung Aglyes und Ryals/Wilhelms zu verhindern. In der Folge dieser Entscheidung trifft Ryal/Wilhelm auf den *Aventûr hauptman*. Das Abenteuer ist hier eine fiktionale Größe, die der Autor „durch eine von ihm selbst erfundene Kunstfigur zu illustrieren" versucht.[17] In einer Figur, die dem Helden veranschaulicht, welcher Gestalt das Abenteuer ist, fallen die dem Artusroman inhärenten Bedeutungen in eins. Elisabeth Schmid interpretiert den *Aventûr hauptman* „pauschal als Chiffre für die zunehmende Verwilderung der Erzählform [...], die dem Roman ab dem 13. Jahrhundert in der Forschung allenthalben bescheinigt wird."[18] Der *Aventûr hauptman* setzt sich in der Tat aus unterschiedlichen literarischen Traditionen zusammen, wie auch der Text selbst sich aus diesen zusammensetzt. Er erscheint als intertextuelles hybrides Konstrukt, der das Konzept und die Zusammensetzung nicht nur des Helden, sondern auch des gesamten Romans repräsentiert.

Der Held durchläuft in dem hybriden Roman eine Welt aus Texten, eine Welt aus Abenteuern.[19] Entgegen Helmut Melzers These, der Hund und der *Aventûr hauptman* hätten keine Bedeutung „für die ritterliche Existenz des Helden"[20], ist das Abenteuer als höfisches Segment für die Handlung des Helden durchaus bedeutend. Die Figur Wilhelm zeichnet sich dadurch aus, dass sie der *aventûre fruht* und zur *âventiure* geboren ist. Diese spezifische Figurenzeichnung unterliegt keiner Veränderung, wenn der Held sich auf die Ebene der Heldenepik oder der Minnehandlung begibt. Indem das Abenteuer ihn auf die anderen Handlungsstränge vorbereitet oder er allein durch dieses zu seinem Ziel gelangen kann, bleibt er der Abenteuer-Suchende und -Findende.

---

[16] Helmut Melzer: Trivialisierungstendenzen im Volksbuch. Ein Vergleich der Volksbücher Tristrant und Isalde, Wigoleis und Wilhelm von Österreich mit den mittelhochdeutschen Epen. Hildesheim [u. a.] 1972 (Deutsche Volksbücher in Faksimiledrucken Reihe B 3), S. 79.
[17] Elisabeth Schmid: Johanns von Würzburg ‚Wilhelm von Österreich': Die Chimäre als ästhetische und anthropologische Metapher. In: Würzburg, der Große Löwenhof und die deutsche Literatur des Spätmittelalters. Hg. v. Horst Brunner. Wiesbaden 2004 (Imagines Medii Aevi 17), S. 67–88, hier S. 81.
[18] Ebd., S. 71.
[19] Vgl. Mireille Schnyder: *Âventiure? waz ist daz?* Zum Begriff des Abenteuers in der deutschen Literatur des Mittelalters, Euphorion 96 (2002), S. 257–272, hier S. 269f.
[20] Melzer (Anm. 17), S. 78f.

Wenn die Abenteuer-Handlung in die übrigen Gattungssequenzen eingeschaltet wird, bleibt sie Teil der strukturellen Romankonzeption. Jeweils die nächste Etappe von Minnehandlung oder Heldenepik einläutend, bildet das Abenteuer den Weg zum nächsten großen Kampf und hat damit zwar keinen Höhepunkt, aber einen vorbereitenden Charakter im Werk. Der Bracke *Fûrst* fungiert dabei als Indikator für den Gattungswechsel, denn wo er auftaucht, ist auch die Abenteuer-Handlung präsent. In den heldenepischen Episoden und in der Minnehandlung verschwindet der Hund von der Bildfläche und taucht erst wieder auf, wenn der Held wundersame Abenteuer zu bestehen hat.[21] Somit nehmen der Bracke und Wilhelm Einfluss auf das ihnen bevorstehende Ereignis, da es dem Helden nicht zufällig begegnet, sondern die Bereitschaft zum Bestehen des Abenteuers vorausgesetzt wird.[22] Die Gesamtkonzeption des Abenteuers entfernt sich von der des Artusromans, indem sich „im Wilhelm von Österreich ein abweichendes Konzept von Aventiure [andeutet], dessen Zielpunkt nicht als gesellschaftlich bestimmte Ehre fixiert, sondern auf den Helden selbst konzentriert ist."[23]

Daß er von Jugend auf all sein Gedanken nach teuerlichen Sachen gericht...

Auch im *Theuerdank* wird das Abenteuer nicht mehr lediglich als von außen sich ereignendes Geschehen an den Helden herangetragen, sondern Abenteuer werden dargestellt als gewöhnliche Jagdunfälle, Schiffbrüche, Kampf gegen Feinde des Landes, Vergiftungen, die allesamt von den Hauptleuten Fürwittig, Unfallo und Neidlhart inszeniert werden. Die Konzeption des Abenteuers erscheint zunächst völlig aus dem Bedeutungsfeld der *âventiure* des Artusromans herausgenommen.[24]

---

21 Juergens (Anm. 13, hier S. 402) sieht die Funktion des Bracken darin, „stellvertretend für das Prinzip der ‚aventiure' als ein Movens zu wirken, das den Protagonisten von Bewährungssituation zu Bewährungssituation führt."
22 So auch Schneider (Anm. 1), S. 82.
23 Ebd., S. 81. Wegera sieht das Bedeutungsspektrum des Begriffs ähnlich, wenn er den Unterschied zweier Verwendungen damit erläutert, „dass im zweiten Fall das aktive Tun des Ritters in der Suche nach dem ihm ‚Zufallenden' besteht." Klaus-Peter Wegera: ‚mich enhabe diu âventiure betrogen'. Ein Beitrag zur Wort- und Begriffsgeschichte von âventiure im Mittelhochdeutschen. In: Das Wort. Seine strukturelle und kulturelle Dimension. Fs. O. Reichmann. Hg. v. Vilmos Ágel [u. a.]. Tübingen 2002, S. 229–244, hier 235.
24 Vgl. dazu Jan-Dirk Müller: Gedechtnus. Literatur und Hofgesellschaft um Maximilian I. München 1982 (Forschungen zur Geschichte der älteren deutschen Literatur 2), S. 110: „Was Teuerdank auf dieser Fahrt an Abenteuern zu bestehen hat, gehört freilich in ganz andere historische Zusammenhänge: die geuerlicheiten – schon nach dem Titel das eigentliche Thema des Teuerdank – entstammen verschiedenen Epochen aus Maximilians Leben; sie nehmen den Platz der Turniere im Freydal ein; Jagden, Mutproben, Unfälle, Kriegsabenteuer, die

Doch lassen sich einige Gemeinsamkeiten zu derjenigen Abenteuerkonzeption, wie sie im ‚Wilhelm von Österreich' erscheint, aufzeigen.

Im *Theuerdank* erscheinen Abenteuer als etwas, das an den Erzähler herangetragen wird, während es sich ereignet. Ernhold, der Gefährte Theuerdanks, ist als Augenzeuge der Heldentaten stets präsent. Wenn er auch kaum in der Handlung Erwähnung findet, so ist er doch stets in den Holzschnitten dargestellt als stiller Beobachter, der nicht in die Handlung eingreift, bis er schließlich am Ende des Romans die drei Hauptleute anklagt. In der Clavis wird seine Person endlich aufgeschlüsselt:

> Der Ernhold bedeut das gerucht vn gezeügnus / dʳ war ‖ hait ſo einem yeden menſchen / bis in ſein grůben nachuolgt ‖ Sy ſein gůt oder pőſz / darumb wirdet Er bemeltem Jun= ‖ gen Fürsten Tewrdanck für / vnd für zůgeſtellt / ſein lebñ ‖ weſen vnnd getaten zů offenwaren vñ zubezeügen mit der ‖ warhait. (567).²⁵

Ernhold wird als perfekter Erzähler dargestellt, der mittels Wahrheitsbeteuerung eines Augenzeugen, Zeugnis über die Taten Theuerdanks ablegt. Die Genese der Erzählung vollzieht sich gleichzeitig auf der Handlungsebene, d. h. während Theuerdank die *Geferlicheiten* besteht, schreibt Ernhold diese Taten synchron nieder²⁶:

> Sunſt in groſs vnnd mercklich gefar
> Hat Er offt den Helden geſüert
> Wie Ir aus diſem půch ſpürt
> Darinn Ich Eüch all artickel gib
> Was die genanten drey valſchen dieb
> Haben wider den Edlen Held
> Geůbt Ich habs mit fleys geſtellt
> In ſchrifft zů einer gedechtnus
> Ir fynndt auch darbey gezeücknus
> Auf yeden artickl klar ſtan
> Daraus Ir ſecht das Ichs recht han
> Weyl nun das iſt wider Ir pflicht
> Vnnd von mir in khein weg erdicht
> Sonnder die ganntz lauter warheit. (516)

Maximilian der Nachwelt überliefern will, werden in den dehnbaren Erzählrahmen der Werbungsfahrt ‚gestellt'."

25 Hier und im Folgenden zitiert nach Kaiser Maximilian I., Theuerdank 1517, mit einem Nachwort v. Horst Appuhn. Dortmund 1979.

26 Auffallend ist, dass Ernhold entgegen der Angaben im Text in den Holzschnitten des Druckes nicht einmal mit einer Schreibtafel, einem Blatt oder Ähnlichem dargestellt wird.

Die Verschriftlichung der Abenteuer wird bereits während des Erzählgeschehens beteuert; in die diegetische Ebene wird die extradiegetische eingebettet. Dies wird dann in der Clavis nochmals aufgelöst, insofern bildet sie eine Metaebene. In der Figur des Ernhold, die ihrerseits eine Entschlüsselung in der Clavis erfährt, konvergieren Erzähl- und Handlungsebene. Auf der poetologischen Ebene des Romans lässt sich hier auch der Blick auf die Medialität des Textes richten. Durch Ernhold, den Beobachter und ‚Schreiber', wird die Erzählung an das Medium des Buches gebunden. Somit ist das Abenteuer als Erzählung hier demjenigen des ‚Wilhelm von Österreich' ähnlich. Die Verbindung zwischen Handlungs- und Erzählebene wird allerdings nicht mittels Metaphern hergestellt, sondern in der Allegorie der die Wahrheit und die wahrheitsgemäße Entstehung des Romans symbolisierenden Figur Ernhold. Dass auch die Abenteuerkonzeption des *Theuerdank* im Sinne des Geschehens auf der Handlungsebene dem Konzept des ‚Wilhelm von Österreich' ähnelt, verdeutlichen die drei Hauptleute.

Fürwittig, Unfallo und Neidlhart stehen für drei unterschiedliche Abenteuerreihen, die der Zusammensetzung und der Allegorese des *Aventûr hauptman* sehr nahe kommt:

> Der erſt Fürwittig was gnanndt
> Der annder der hieſs Vnfallo
> Neydlhart der dritte alſo
> Mit ſeinem namen ward genennt
> Der ſelben yeder wol erkennt
> Alle liſt vnnd betrieglicheit
> Inen was auch darbey geſeyt
> Ob der held ſich nit wolt laſſen
> Abweyſen das Sy auf ſtraſſen
> In dem waſſer vnnd auf der erd
> Wolten alle liſt vnnd geferd
> Wider ſein leyb prauchen mit fleyſs
> Auf gepirg vnnd gefrornem eyſs
> Damit Sy In prechten in todt. (31–32)

Die abenteuerlichen Begebenheiten sind auf unterschiedlichen Ebenen angesiedelt: im Wasser, an Land und in der Luft, wie z. B. *Geferlicheiten* zeigen, in denen Theuerdank während eines herannahenden Sturmes in einem Schiff aufs Meer hinausgeschickt wird, im Gebirge Gemsen jagen oder mittels eines Stabes im Gebirge Klüfte überwinden soll. So wird die Allgegenwärtigkeit des Abenteuers versinnbildlicht in den inszenierten Abenteuern der drei unterschiedlichen Hauptleute. Ebenso wie der *Aventûr hauptman* zeigen sie das Wesen des Abenteuers auf, das eben nicht als ein zufälliges Ereignis daherkommt, sondern aus dem Innern des Helden entsteht, der sich den Ereignissen stellt und mit voller Bereitschaft das Abenteuer bestehen will. Voraussetzung für die Abenteuer-Handlung ist demnach die prinzipielle Bereitschaft zum Abenteuer. Jan-Dirk Müller sieht die Abenteuer im *Theuerdank* nur in ihrer Gesamtheit und im Rahmen der Ritterfahrt als ‚Ritterabenteuer'.[27] Zusätzlich kommt jedoch das Konzept des Abenteuers durch die Allegorisierung der Hauptleute zur Geltung. Die Personifikationen weisen dem Helden unterschiedliche Rollen zu, wie Jan-Dirk Müller bemerkt:

> Neidelhart, der ihm direkt nach dem Leben trachtet und ihn in militärische Fallen lockt, ist fast durchgängig als Feind im Sinne der Heldenbücher zu verstehen. Unfalo, der *Accident* der Ritterallegorien, erscheint als Verkörperung einer anonymen Macht, der *Dame Fortune* der burgundischen Allegorien. Fürwittig aber scheint eher auf eine innere Anlage des Helden selbst zu deuten. Hier freilich gerät der *sensus allegoricus* in Widerspruch zur *historia*, stellt er doch dem Helden in gleicher Weise nach wie die beiden andern und wird ebenso verurteilt.[28]

Diese innere Anlage des Helden wird auch im ‚Wilhelm von Österreich' deutlich. Theuerdank wird von Fürwittig als ein Held gezeichnet, der sich auf die *Geferlicheiten* aus eigenem Antrieb einlässt. Er ist der dem Konzept des Abenteuers gegenüberstehende Held, der alle Abenteuer bewältigen kann, seien sie nun inszeniert oder durch den Zufall an ihn herangetragen.

Im *Theuerdank* werden nun die eigenen Erlebnisse allegorisiert, um sie *in form maſs vnd weis der heldenpůcher* (3) der aus der literarischen Tradition bekannten *âventiure* näherzubringen. Hier geht es aber nicht mehr vorrangig um das Konzept der *âventiure*, wie wir es aus den mittelhochdeutschen Artusromanen kennen, dem Wundersamen und Übernatürlichen, sondern um die von drei Hauptleuten inszenierten *Geferlicheiten*. Auf der Handlungsebene wird das Konzept der *âventiure* des Artusromans zwar nicht verwirklicht, doch in der Allegorie des Abenteuers, der Hauptleute und des Helden selbst verbirgt sich ein Konzept, das dem des ‚Wilhelm von Österreich' ähnlich ist. Der Held zeigt eine gewisse Abenteuer-Bereitschaft, die aus den unterschiedlichsten Gegebenheiten entstehen kann. Auch der Kampf gegen Feinde des Landes kann zum Abenteuer werden, wie es im *Theuerdank* zu den *Geferlicheiten* gehört und im ‚Wilhelm von Österreich' der Bracke *Fůrst* ihn zum König von Marokko führt, wo er gegen Walwan kämpft. Dieses Abenteuer wird in seiner Konzeption der Gattung Artusroman entnommen und in einer anderen Umgebung, offenbar in der der Heldenepik, verortet, da Wilhelm hier immer wieder durch das Abenteuer im Sinne der Erzählung zu Kämpfen von Christen gegen Sarazenen geführt wird.

---

[27] Vgl. Müller (Anm. 25), S. 116.
[28] Ebd., S. 123.

Das Wundersame der Abenteuerkonzeption im *Theuerdank* wird nahezu ausgeblendet:

> Ritten darauf den erſten tag
> Mit mancher kurtzweyliger ſag
> Durch hoch gepirg vnnd dicke wald
> Abenthewr gegent in manchfaldt
> Die will Ich laſſen beleiben
> Dann ſollt Ich die all beſchreiben
> Das brecht verlengerung der ſach. (52)

Das Ziel ist hier die Herrschaft bzw. deren Verhinderung mittels der *Geferlicheiten*. Auch im ‚Wilhelm von Österreich' geht es um die Verhinderung von Herrschaft, wenn Wilhelm immer wieder weggeschickt wird, um die Liebesbeziehung mit Aglye zu unterlaufen.

Dass die Abenteuer des *Theuerdank* denen im ‚Wilhelm von Österreich' in ihrer Konzeption ähneln, erklären auch die zahlreichen Gegebenheiten, bei denen Theuerdank auf die Jagd geht. Er sieht die Jagd als Gefahr an: *Ich will damit ſteen mein gefar* (65). *Geferlicheiten* bedeuten also inszenierte Abenteuer: die Jagd, bei der Unfälle geschehen können; Schifffahrten, die auch in mittelhochdeutschen Texten als große Gefahr beschrieben werden und bestimmte Aufgaben, auf die sich Theuerdank nur zu gerne einlässt, um sein *teuerliches* Gemüt zu beweisen, *Damit das lannd deſtpas* ‖ *Werdt bhüet erfordert das* ‖ *Sy erwel ein Tewrn man* ‖ *Der meiner frawen beyſtan* ‖ *Müg vnnd beſchützen vor leyd* (116). Auch hier ist das Abenteuer eine Fahrt, auf der sich der Held bewähren muss, um die Herrschaft zu erlangen. M. E. wird Theuerdank – ähnlich wie Wilhelm – als Inbegriff des Abenteuers gezeichnet, denn er besteht nicht nur eine kleine Auswahl von möglichen Abenteuern, sondern er bestreitet ein breites Spektrum von der in literarischen Traditionen verhafteten Bedeutung der *âventiure*, was ihn und das Land in Gefahr bringen könnte.[29] Damit ist vielleicht auch geklärt, warum die drei Hauptleute am Ende sterben müssen. Sie verursachen die Hinterlist und das Verweilen des Helden auf dem Weg zu Erenreich, indem sie Abenteuer inszenieren. Sie selbst stehen für die einzelnen Abenteuersequenzen mit ihren Namen ein.

---

[29] Ursula Schulze (Anm. 9, S. 25 u. 29) nimmt dagegen an, dass die Abenteuer Theuerdanks die Figur des Helden nicht konstituierten und die Initiative zur Handlung nicht mehr bei dem Protagonisten liege. Die Abenteuer werden zwar durch die Hauptleute an Theuerdank herangetragen, doch muss dieser bei jedem Vorschlag erst seine Zustimmung geben. Daher kann eine gänzlich fehlende Motivation und Handlungsinitiative des Protagonisten so nicht angenommen werden.

Ergebnisse

Das Abenteuerkonzept wandelt sich nun im ‚Wilhelm von Österreich' von einer *âventiure*, die das Wunderbare darstellt, zu einem Konzept, das durch die Hybridität des Textes auch den Kampf Christen gegen Sarazenen in die Abenteuerwelt eintreten lässt. Indem der hybride Text unterschiedliche literarische Traditionen in sich vereint, jagt der Held durch eine Geschichte der Abenteuer. Auch Theuerdank ‚jagt' durch eine Geschichte, die als Muster bereits vorhanden ist. In der Clavis vollzieht sich die Allegorese der Hauptdarsteller, der *Aventûr hauptman* im ‚Wilhelm von Österreich' allegorisiert sich selbst (vgl. v. 3262–3297). Die Romane bilden dabei eine Ebene der Reflexionsmöglichkeit, ob in einem eigens dafür angelegten Zusatztext, der Clavis, oder aber im Text selbst.

Wie im *Theuerdank* die Gestalt der Abenteuer wird im ‚Wilhelm von Österreich' der Hauptmann beschrieben: Allgegenwart in der Luft, zu Land und zu Wasser.[30] Die Abenteuer des Theuerdank bilden gemeinsam mit den Hauptleuten und dem Helden selbst den Inbegriff des Abenteuers, wobei das Abenteuer nicht in Gänze die Bedeutung des Wunderbaren vermissen lässt. Damit könnte angenommen werden, dass das Konzept des Abenteuers als das auf Jemanden zukommende Wunderbare im Roman verändert wird hin zu einer Konzeption, die das Wunderbare zwar noch durchscheinen lässt, aber doch mit Blick auf historische Kategorien wie der Kampf Christen gegen Sarazenen im ‚Wilhelm von Österreich' oder Jagdunfälle und Ähnliches im *Theuerdank* der historischen Realität näher gebracht wird. Die *âventiure* wird der Tradition des Artusromans entnommen und in andere Kontexte gesetzt.

Die Allegorisierung im spätmittelalterlichen Roman tritt nach Cramer "gerade bei jenen Phänomenen auf, deren historische Funktion fragwürdig geworden ist: Minne und Aventiure."[31] Die allegorischen Figuren gewännen eine eigene Realität und befänden sich „in einem eigentümlich schillernden Bereich zwischen ‚Bedeutung' und ‚Gestalt'." Der *Aventûr hauptman* ist im ‚Wilhelm von Österreich' sowohl eine Allegorie als auch eine Figur der Handlung, die sich selbst allegorisiert. Auch im *Theuerdank* sind die drei Hauptleute auf der Handlungsebene des Romans ähnlich gezeichnet. Ihre Allegorisierung findet dabei nicht nur in der den Text erläuternden und ergänzenden Clavis statt, sondern gleichsam auf der Handlungsebene des Textes während der Gerichtsverhandlung. Fürwittig beschreibt sich und die *Geferlicheiten*:

---

[30] So auch Juergens (Anm. 13), S. 401.
[31] Cramer (Anm. 11), S. 271f.

> Das der Held ſolhs als hat getan
> Aus ſeim freyen willen daran
> Ich hof zů haben gar khein ſchuld
> Aufz der vrſach Ich billich huld
> Von meiner Frawen sol erlangen
> Was Im zuhanden ist gangen
> Darein hat In gefüertſein Junger můt. (521)

Ebenso vertritt Unfallo seine Unschuld:

> Wo dem Held etwas gegnet iſt
> Daſſelbig Ich zů kheiner friſt
> Zů aller zeit verkomen mag
> Der Zůfell Ich nit wiſſen trag. (522)

Die Handlungs- und Erzählebenen sind durch Figuren und Erzähler ineinander verschränkt. Im ‚Wilhelm von Österreich' ist der Held der Inbegriff des Abenteuers schlechthin, begegnet er doch dem Abenteuer, das ihm sagt, wie es beschaffen ist und damit auch dem zur *aventûr* geborenen Protagonisten aufzeigt, dass er den Inbegriff des idealen Abenteuer-Suchenden verkörpert. Der Held selbst wird zum Abenteuer und damit auch zur Erzählung. Ähnlich ist es im *Theuerdank*. Seine Figur verkörpert gemeinsam mit den *Geferlicheiten* und den Hauptleuten den Inbegriff des Abenteuers. Indem auch dieser Roman erst ‚erzählt' wird, während sich die *Geferlicheiten* ereignen, kann auch hier davon ausgegangen werden, dass die Abenteuer-Handlung die Abenteuer-Erzählung generiert und umgekehrt. Sowohl das Bedeutungsspektrum von *âventiure*, als auch die diegetischen und extradiegetischen Ebenen gehen eine Symbiose ein, die auf einer poetologischen Ebene auch die Medialität erfasst. Im ‚Wilhelm von Österreich' wird Mündlichkeit durch immer wieder eingeschobene Kommentare des Erzählers, er wisse nicht, was weiter geschah oder er jage die Worte, um die Geschichte erzählen zu können, suggeriert. Der Bezug auf Medialität, bzw. Schriftlichkeit wird im *Theuerdank* durch die Darstellung der Verschriftlichung als ein parallel zur Handlung laufender Prozess hergestellt.

Rabea Kohnen
Das mer gehoert zuo eim Ritter auserkorn – Überlegungen zum *Theuerdank*

Dem *Theuerdank* kommt ein besonderer Rang im *Gedechtnus*-Werk Kaiser Maximilians I. zu.[1] Von den drei groß angelegten volkssprachigen Erzählungen dieses Großprojektes wurde nur der *Theuerdank* fertig gestellt und in prachtvoller Ausstattung gedruckt. Die eigens für diesen Text entworfene Drucktype, 118 aufwändige Holzschnitte sowie die strenge Reglementierung des Rezipientenkreises durch den Kaiser unterstreichen die Bedeutung des Werkes.[2]

Es ist daher nicht verwunderlich, dass sich das Interesse der historischen und literaturwissenschaftlichen Forschung im Wesentlichen an der Funktion des *Theuerdank* im Ruhmeswerk sowie an seinem biographischen Gehalt ausrichtete. Ebenso wie der *Weisskunig* und in geringerem Maße der *Freydal* liefert der *Theuerdank* in Text und Bild beständig Material für moderne Biographien Maximilians I.[3] und auch in germanistischen Beiträgen gilt der *Theuerdank* als ein Werk, dass auf das Leben Maximilians hin durchsichtig oder doch zumindest durchsichtig zu machen sei.[4]

Vor diesem Hintergrund haben einige Züge des Werkes Irritationen hervorgerufen, für die es meines Erachtens noch keine zufriedenstellende Erklärung gibt. Setzt man für den *Theuerdank* eine panegyrische Intention voraus und betrachtet ihn in erster Linie als biographisches Werk, ist der „naiv-vertrauensselige"[5] und

---

[1] Zum Begriff und Konzept des *Gedechtnus* s. Jan-Dirk Müller: *Gedechtnus*. Literatur und Hofgesellschaft um Maximilian I. München 1982 (Forschungen zur Geschichte der älteren deutschen Literatur 2).
[2] Zur mediengeschichtlichen Bedeutung des *Theuerdank*-Druckes s. Stephan Füssel: Kaiser Maximilian und die Medien seiner Zeit. Der ‚Theuerdank' von 1517. Eine kulturhistorische Einführung. Köln 2003, sowie Horst Appuhn: Nachwort. In: Kaiser Maximilian I., *Theuerdank*. Faksimile der 1. Ausg. von 1517. Hg. und mit einem Nachwort versehen v. Horst Appuhn. Dortmund 1979 (Die bibliophilen Taschenbücher 121), S. 589–602.
[3] S. exemplarisch Sabine Weiss: Zur Herrschaft geboren. Kindheit und Jugend im Haus Habsburg von Kaiser Maximilian bis Kronprinz Rudolf. Innsbruck, Wien 2008, bes. S. 151–170; Hermann Wiesflecker: Maximilian I. Die Fundamente des habsburgischen Weltreiches. München 1991, bes. S. 26–65.
[4] So beispielhaft Peter Strohschneider: Maximilian I. In: Kindlers neues Literaturlexikon Bd. 11 (1990), S. 393–396.
[5] Manfred Hollegger: Maximilian I. (1459–1519). Herrscher und Mensch einer Zeitenwende. Stuttgart 2005 (Urban-Taschenbücher 442), hier S. 246.

„waghalsige"⁶ Held Theuerdank schwer in Einklang mit diesen Vorannahmen zu bringen. Auch die *geferlicheiten*, die Theuerdank auf dem Weg zu seiner Braut Ehrenreich durch die Verschwörung dreier Hauptleute gegen ihn durchlebt, sind kaum des Ruhmes wert. Horst Brunner bezeichnet sie als „läppische Unfälle"⁷ und Jan-Dirk Müller sieht in diesen „Nichtigkeiten" an der „Grenze der Parodie" einen „Abklatsch heroischer Taten, denen kaum je noch ein Sinn eignet"⁸.

Diesem Konflikt zwischen dem drucktechnischen Kunstwerk und medialen Großprojekt *Theuerdank* auf der einen Seite und seinem mit Schwächen behafteten Helden, der meist nur wenig heldenhafte Taten vollbringt auf der anderen Seite, wurde in der Forschung zumeist mit kulturwissenschaftlich orientierten Argumentationen begegnet. Sowohl der zunehmende Funktionsverlust des Rittertums im 16. Jahrhundert⁹ als auch das zu Grunde liegende biographische Substrat haben die Möglichkeiten des ‚Heldenbuches' so eingeschränkt, dass das Auseinandertreten von Intention und Gehalt laut Peter Strohschneider „als Inkonsistenz des Romans wohl hinzunehmen" sei.¹⁰

Ich möchte im vorliegenden Beitrag einen Zugriff auf den *Theuerdank* erproben, der den Text in erster Linie als einen literarischen liest und seine mögliche Bedeutung für das *Gedechtnus*-Werk Maximilians I. erst in einem zweiten Schritt in den Blick nimmt. Ein solcher Ansatz muss bei der narrativen Faktur des Textes ansetzen, Figurenzeichnung, Erzählerkommentare, Figurenrede, Text-Bild Relationen, intertextuelle Bezugnahmen und auch seine lange und vielschichtige Entstehungsgeschichte befragen. Für den Versuch, eine Erklärung für die widerstrebenden Aspekte des Werkes auf der Ebene des Textzusammenhanges zu finden und sie als ‚Inkonsistenz' gerade nicht hinzunehmen, wird im Folgenden eine alternative Lesart des *Theuerdank* vorgeschlagen. Dabei werde ich viele in der Forschung bereits gemachte Einzelbeobachtungen aufgreifen, sie aber neu zueinander in Beziehung setzen und weitertreiben – und dabei das ‚biographische Ruhmeswerk' recht gründlich gegen den Strich lesen.

---

6 Müller (Anm. 1), S. 233.
7 In der Diskussion zu Jan-Dirk Müller: Funktionswandel ritterlicher Epik am Ausgang des Mittelalters. In: Gert Kaiser (Hg.): Gesellschaftliche Sinnangebote mittelalterlicher Literatur. Mediävistisches Symposium an der Universität Düsseldorf. München 1980 (Forschungen zur Geschichte der älteren deutschen Literatur 1), S. 11–35 u. 60–75 (Diskussion), hier S. 68.
8 Ebd., S. 25, 26, 72.
9 Müller (Anm. 1), S. 20; Peter Strohschneider: Ritterromantische Versepik im ausgehenden Mittelalter. Studien zu einer funktionsgeschichtlichen Textinterpretation der ‚Mörin' Hermanns von Sachsenheim sowie zu Ulrich Fuetrers ‚Persibein' und Maximilians I. ‚Teuerdank'. Frankfurt a.M. [u. a.] 1986 (Mikrokosmos 14), hier S. 476.
10 Ebd. S. 407.

Der Held Theuerdank wird maßgeblich auf drei Ebenen charakterisiert: in der bildlichen Darstellung der Holzschnitte, durch den Erzähler und andere Figuren und durch sein eigenes Handeln und Denken. Die ersten beiden Aspekte wirken unmittelbarer und werden zumeist von der Forschung betont:[11] Die 118 Holzschnitte liefern einen unmittelbaren optischen Eindruck, sie zeigen das prächtige Äußere und die Überlegenheit Theuerdanks, der beständig von seinem Ehrenhold begleitet wird. Die nächste ‚Schicht' der Figurenzeichnung ist in den Überschriften und den direkten Zuschreibungen durch den Erzähler und die anderen Figuren zu sehen, die den Helden in Entsprechung zu den Holzschnitten als *loblich*, *tewr* oder *sighafft* bezeichnen und sich fast immer lobend über ihn äußern.[12]

Der dritte Aspekt aber, das Handeln Theuerdanks in Verbindung mit seinem Innenleben, wird im Text nur sehr sparsam konstruiert. Das Denken und Fühlen der Hauptfigur erscheint eigenartig ausgespart, obwohl der Leser breite Einblicke in die Gedanken und Motive der Gegenspieler erhält.[13] Auch mit direkter Rede Theuerdanks wird gegeizt. Die wenigen und kurzen Passagen, die Rückschlüsse auf Theuerdanks Innenleben erlauben, offenbaren zumeist seine Naivität, seine Unfähigkeit, die ihm von den Hauptleuten gestellten Fallen als solche zu erkennen. Ganz explizit heißt es immer wieder, er würde den Zusammenhang einfach nicht ‚besser bedenken'.[14] Selbst nachdem er zwei der drei Hauptleute (Fürwittig und Unfallo) dann doch durchschaut und vertrieben hat, kann ihm der dritte (Neidelhart) wieder davon überzeugen, dass ihm die beiden eigentlich nichts Böses wollten.[15]

---

[11] Zuletzt Ursula Schulze: Dietrich von Bern und König Artus – Maximilian / Theuerdank. Ein verändertes Heldenbild und die intermediale Kohärenz des Buches. In: Sieglinde Hartmann u. Freimut Löser (Hgg.): Kaiser Maximilian I. (1459–1519) und die Hofkultur seiner Zeit. Wiesbaden 2009 (Jb. der Oswald von Wolkenstein-Gesellschaft 17 [2008/2009]), S. 23–33.
[12] Hier und im Folgenden zitiert nach: Kaiser Maximilian I., ‚Theuerdank'. Faksimile der 1. Ausg. von 1517. Hg. und mit einem Nachwort versehen v. Horst Appuhn. Dortmund 1979 (Die bibliophilen Taschenbücher 121). Für die bessere Lesbarkeit werden Abkürzungen und Diakritika aufgelöst sowie Schaft-s als rundes s wiedergegeben.
[13] Alexander E. Pichugin, der den *Theuerdank* als ein autobiographisches Werk Maximilians (S. 378) mit einem didaktischen Anspruch und Konzept liest, sieht in dieser Distanzierung vom Innenleben des Protagonisten eine Strategie, die Idealität und Perfektion der Figur nicht zu untergraben, s. A. E. Pichugin: Hero-Warrior or Hero-Poet? Self-representation of Kaiser Maximilian in his ‚Theuer-dank', in: Will Wright u. Steven Kaplan (Hgg.): The image of the hero in Literature, Media and Society. Selected Papers [of the] Society for the Interdisciplinary Study of Social Imagery. Pueblo: University of Pueblo Press 2004, S. 374–381, hier S. 380.
[14] *Bedacht die sachen auch nit pass / Dann Er darfür hielt alles das, / So Im der Fürwittig sagt vor / Es beschech on list vnd wer war* (S. 75).
[15] „[...] *Fürwittig vnnd der Vnfalo / Nichts in keim argen haben than / Daran solt Ir Eüch onzweyfel lan.*" / *Mit solher red Er überredt / Den Held das Er Im glauben thet / All seiner sag vnnd red fürwar* (S. 340).

Auch die verbale Kommunikation des Protagonisten akzentuiert eher eine seiner problematischen Eigenschaften. Wenn er spricht, dann meist, um sein Einverständnis mit der nächsten ihm gestellten Falle, also der nächsten *geferlicheit* kund zu tun. In diesem Zusammenhang ließe sich sein mangelnder Einblick in die hinterhältige Natur der Hauptleute und ihr Ziel, ihn in den diversen Abenteuern zu töten, vielleicht sogar zu seiner Verteidigung vorbringen – andererseits macht der Text aber redundant deutlich, dass er jede gefährliche Situation an sich und um ihrer selbst Willen begrüßt.[16] Ein komischer Effekt wird häufig am Ende der *geferlicheiten* erzeugt, indem Theuerdank die Hauptleute vor der gerade bestandenen Gefahr warnt und so seine Naivität im Umgang mit seinen Gegenspielern noch einmal ausgestellt wird.[17] Indem der Text über weite Strecken nur diese, sich in den meisten *geferlicheiten* stereotyp wiederholenden Einblicke in die Gedanken, Motivationen und Absichten Theuerdanks gibt, werden seine Naivität und Risikobereitschaft als maßgebliche Eigenschaften des Figurenkonzepts sichtbar. Der Präsentation des strahlenden Helden auf der visuellen und sprachlichen Oberfläche des Werkes wird durch Techniken des Zeigens und Verschweigens mit einer gegenläufigen narrativen Strategie begegnet.

Diese setzt sich in den intertextuell aufgerufenen Deutungshorizonten des *Theuerdank* fort, der sich offensichtlich an mittelalterlicher Literatur und ganz besonders an zwei genretypischen Erzählmustern orientiert. Zum einen folgt der Text in seiner Makrostruktur dem Muster der ‚gefährlichen Brautwerbung' – vom Heiratswunsch über die Beratungsszene, den kundigen Nenner bis hin zur Reise des Bräutigams zur Braut.[18] Zum anderen erinnern die Abenteuer, die der Held während dieser Reise besteht und in denen er sich als Ritter beweisen will, an die *âventiuren* der Artusritter: Ein Held zieht aus, um zu bewältigen, was

---

16 *Ja, Ich bin / Aus khomen vmb vil abenthewr* (S. 69) oder *Tewrdannck sich darauf nit lanng bedacht / Sonnder sprach geren Ich mit reyt* (S. 133).
17 Die Naivität Theuerdanks stellen u.a. auch fest: Elaine C. Tennant: Understanding with the eyes. The visual gloss to Maximilian I.s ‚Theuerdank'. In: James F. Poag u. Thomas C. Fox (Hgg.): Entzauberung der Welt. Deutsche Literatur 1200–1500. Tübingen 1989, S. 211–276, hier S. 234; Hans-Joachim Ziegeler: Der betrachtende Leser. Zum Verhältnis von Text und Illustration in Kaiser Maximilians I. ‚Teuerdank'. In: Egon Kühebacher (Hg.): Literatur und bildende Kunst im Tiroler Mittelalter. Innsbruck 1982 (Innsbrucker Beiträge zur Kulturwissenschaft. Germanistische Reihe 15), S. 67–110, hier S. 75, anders akzentuiert: „ahnungslos"; Müller (Anm. 1), S. 229ff.; Strohschneider (Anm. 9), S. 393.
18 Zum Erzählmodell der gefährlichen Brautwerbung s. Christian Schmid-Cadalbert: Der ‚Ortnit AW' als Brautwerbungsdichtung. Ein Beitrag zum Verständnis mittelhochdeutscher Schemaliteratur. Bern 1985. Schmid-Cadalbert subsumiert unter diesem Begriff die Texte ‚König Rother', ‚Kudrun', ‚Dukus Horant', ‚Ortnit', ‚Orendel', ‚St. Oswald' und ‚Salman und Morolf'.

ihm unterwegs (zufällig) begegnet.[19] In der Forschung gelten diese Rückbezüge als Teil der literarischen Stilisierung und Überhöhung des biographischen Substrats, denn „der Rückgriff auf die Literatur der Vergangenheit verbürgt Dignität und Dauer"[20]. Theuerdank komme seinen literarischen Vorbildern gleich oder übertreffe sie sogar noch.[21]

Die Übernahme dieser narrativen Muster lässt aber auch eine andere Deutung zu, wenn man die durch sie in den Text zitierten literarischen Gattungen als intertextuelle Folie ernst nimmt. Dass Theuerdanks Verhalten an diesen Vorbildern gemessen werden soll, wird über direkte Figurenrede deutlich gemacht, wenn der Held seine eigene Geschichte ‚literarisch nimmt': *Dann yetz ist komen der tag / Das Ich wol bewern mag / Das so Ich aus den Cronicken / Gelernt hab vnnd historien* (S. 35). Und auch der Erzähler kündigt in der Vorrede an, die Taten Theuerdanks *in form mass vnd weis der heldenpuecher* (S. 3) zu beschreiben. Zwischen diesen beiden Aussagen liegt aber ein deutlicher Unterschied – während die Ankündigung des Erzählers den Heldenbüchern in gewisser Weise formal zu folgen unbestritten eingelöst wird, bleibt zu fragen, was genau Theuerdank aus seiner Lektüre gelernt hat.

Denn obwohl er zahlreiche Gefahren besteht (und das bedeutet oft schlicht, sie überlebt), unterscheiden sich seine *geferlicheiten* in einem ganz entscheidenden Punkt maßgeblich von den *âventiuren* der Artusritter und den Gefahren der Brautwerbungserzählungen. Diese beiden verbindet nämlich, was Theuerdanks Erlebnissen zumeist fehlt – eine Relevanz, die über die persönliche Bewährung hinausweist. So riskieren Artusritter ihr Leben nicht (nur) für die eigene Ehre, sondern sie gewähren Hilflosen Schutz, sichern die Einhaltung des Rechtes oder

---

19 Zum Begriff der *âventiure* s. Klaus-Peter Wegera: *mich enhabe diu âventiure betrogen*. Ein Beitrag zur Wort- und Begriffsgeschichte von *âventiure* im Mittelhochdeutschen In: Vilmos Ágel [u. a.] (Hgg.): Das Wort. Seine strukturelle und kulturelle Dimension. Fs. Oskar Reichmann. Tübingen 2002, S. 229–244 und Franz Lebsanft: Die Bedeutung von altfranzösisch *aventure*. Ein Beitrag zu Theorie und Methodologie der mediävistischen Wort- und Begriffsgeschichte. In: Gerd Dicke, Manfred Eikelmann u. Burkhard Hasebrink (Hgg.): Im Wortfeld des Textes. Worthistorische Beiträge zu den Bezeichnungen von Wort und Schrift im Mittelalter. Berlin 2006 (Trends in Medieval Philology 10), S. 311–337.
20 Schulze (Anm. 11), S. 23.
21 So u.a. Gerhild S. Williams: The Arthurian Model in Emperor Maximilian's Autobiographic Writings ‚Weisskunig' and ‚Theuerdank', Sixteenth Century Journal 11,4 (1980), S. 3–22, bes. S. 21; Pichugin (Anm. 13); und zuletzt Nine R. Miedema: Das ‚Ambraser Heldenbuch' und der ‚Theuerdank'. Mittelalterliche Epik und ihre Wiederverwendung am Hof Maximilians I. In: Rudolf Suntrup u. Jan R. Veenstra (Hgg.): Building the Past. Konstruktion der eigenen Vergangenheit. Frankfurt a. M. [u. a.] 2006 (Medieval to Early Modern Culture. Kultureller Wandel vom Mittelalter zur Frühen Neuzeit 7), S. 85–106, bes. S. 104f.

leisten sogar religiös motivierte Erlösungstaten. Das isolierte Streben nach persönlicher Ehre ohne soziale Dimension dagegen wird im Artusroman problematisiert.[22] In den Brautwerbungserzählungen wird die überindividuelle Bedeutsamkeit der zu bestehenden Gefahren noch deutlicher akzentuiert, verhandeln diese Texte doch über die Werbungshandlung maßgebliche politische und interreligiöse Konflikte.[23]

Diesen Sinndimensionen ritterlichen und herrscherlichen Handelns steht im *Theuerdank* die Beliebigkeit der zu durchlebenden Gefahren gegenüber, die Peter Strohschneider wie folgt beschreibt:

> [A]rrangierte, oft nur potentiell gefährliche Zufälle im Handlungsraum kontingenter Alltäglichkeit, die zu durchleben hinsichtlich der höfischen Sozialgefüge des Vaters des Helden wie der Königin Ehrnreich und auch in Bezug auf die drei Hauptleute folgenlos bleibt und nicht einmal in allgemeinstem Sinne eine soziale Ordnungstat bedeutet.[24]

Strohschneider selbst geht davon aus, dass diese qualitative Divergenz zu den literarischen Vorbildern ‚übersehen' werde und unreflektiert bleibe.[25] Dieser Einschätzung stehen aber Signale entgegen, die den inhaltlichen Widerspruch auf sprachlich-formaler Ebene aufnehmen und damit durchaus reflektieren. So führt die, in der Forschung bereits mehrfach angemerkte,[26] konsequente Inversion des Erzählmusters (es wird keine Braut, sondern ein Bräutigam gesucht, der Vater wählt den *genozsamen* Bräutigam, die Braut hält die Ratsversammlung ab, der fromme Mann kennt den Weg zum schwer zu findenden jungen Mann) zu genau der handlungslogischen Leerstelle, die dann durch die *geferlicheiten* gefüllt wird: Es gibt keine der Brautwerbung inhärente Gefahr, die überwunden werden müsste, kein Brautvater oder Konkurrent stellt sich Theuerdank in den Weg.

---

22 Diese Konfliktlage bildet sich zum Beispiel in der Forschungsdiskussion zu ‚Iweins Schuld' ab, in der persönliche Motive Iweins unterschiedlich gegen Rechtsordnungen und Interessen des Artushofes abgewogen werden. S. dazu Gert Hübner: Erzählform im höfischen Roman. Studien zur Fokalisierung im ‚Eneas', im ‚Iwein' und im ‚Tristan'. Tübingen und Basel 2003 (Bibliotheca Germanica 44), S. 105ff., 180ff.
23 So wird im ‚König Rother' das ‚Zwei-Kaiser-Problem' diskutiert und die Mehrzahl der Brautwerbungserzählungen (,St. Oswald', ‚Orendel', ‚Ortnit', ‚Salman und Morolf') entwickeln über die Werbungshandlung einen zentralen Konflikt zwischen Christen und Sarazenen, der z.B. durch Unterwerfung oder Mission gelöst werden kann. S. dazu: Rabea Kohnen: Die Braut des Königs. Zur interreligiösen Dynamik der mittelhochdeutschen Brautwerbungserzählungen. Berlin [u.a.] 2013.
24 Strohschneider (Anm. 9), S. 406. Weniger pointiert formuliert aber inhaltlich ähnlich argumentiert auch Müller (Anm. 7), S. 25.
25 Strohschneider (Anm. 9), S. 476.
26 U.a. Ziegeler (Anm. 17), S. 76; Müller (Anm. 1), S. 112; Strohschneider (Anm. 9), S. 425f.

Dennoch scheinen Theuerdank und Ehrenhold zwischen ihrem Aufbruch aus dem väterlichen Königreich und ihrer ersten Begegnung mit den Hauptmännern Abenteuer zu erleben, die sowohl in ihrer Natur als etwas, das dem Helden zufällig auf seinem Weg begegnet als auch terminologisch (*Abentewr*) in die Nähe der *âventiuren* des Artusromans rückt. Doch von diesen Erlebnissen will der Erzähler ganz bewusst nicht handeln. Die beiden

> [r]itten darauf den ersten tag / Mit mancher kurtzweyliger sag / Durch hoch gepirg vnnd dicke wald /Abenthewr gegent in manchfaldt / Die will ich lassen beleiben / Dann sollt Ich die all beschreiben, / Das brecht verlengerung der sach (S. 52).

Das Argument, der Bericht dieser Erlebnisse würde zu viel Zeit in Anspruch nehmen, muss vor dem Hintergrund der folgenden umfangreichen Aneinanderreihung redundanter *geferlicheiten* irritieren. Ähnlich wie die Inversion des Erzählmusters der gefährlichen Brautwerbung lässt sich auch diese Passage als Markierung einer abgewiesenen Alternative lesen, als Zeichen dafür, dass die *geferlicheiten* Theuerdanks etwas ganz anderes sind, als die Gefahren und *âventiuren* der literarischen Vorbilder.

Vor diesem Hintergrund wird auch deutlich, was Theuerdank aus seiner Lektüre gelernt hat: ein Held muss Gefahren bestehen – und wenn keine da sind, muss er sie suchen oder selber schaffen. Dass er sich dabei ganz in die Hände der Hauptleute gibt, zeigt ihn wiederum als naiven Helden, der eben nicht die Wertesysteme seiner literarischen Vorbilder sondern die seiner Gegenspieler an sein eigenes Handeln anlegt. Erst durch sein Streben nach Ruhm und Bewährung (*vnnd Ich bin khomen hieher / Allein vmb die loblichen eer*, S. 508) erhalten die drei Verräter das Instrument, um ihn von einer lebensbedrohlichen Situation in die nächste zu führen. Genau dies verlangt Theuerdank zu Beginn seiner Reise explizit von Fürwittig:

> Darumb was du mich hayst / Das mynst vnnd auch das mayst / In namen der Künigein / Darinn will Ich willig sein / Vnnd schewhen ab kheiner not / Solt ich darumb pleiben todt / Was annders ist zuo eren / Hierauf wellest mich leren / Vnnd weysen, mein haubt man (S. 56f.).

Für Theuerdank selber steht die heroische Qualität seiner Taten niemals in Frage.[27] Für den Leser jedoch können die anzitierten Gattungen und die über sie transportierten Wertemuster zu Bezugspunkten werden, die diese eindeutig

---

27 So bemerkt er auf den Weg zu Ehrenreich: *Dieweyl Ich manch Tewrlich reysen / Von Irentwegen hab getan / Ich hoff Sy werd michs geniessen lan* (S. 466f.).

positive Wertung der *geferlicheiten* durch die Figur Theuerdanks und ihre mediale Umsetzung in prachtvollen Holzschnitten als eine unzuverlässige zeigt. Die literarischen Normen werden als Referenzrahmen erfahrbar, der durch die Signale der Umkehrung oder Auslassung hervorgehoben wird und so die Reflexion der mangelnden gesellschaftlichen Bedeutsamkeit von Theuerdanks Erlebnissen im Lesevorgang anregen kann.[28]

In ähnlicher Art und Weise lässt sich auch das letzte Kapitel des *Theuerdank* lesen, in dem der Erzähler die Erlebnisse des Helden reflektiert. Jan-Dirk Müller hat festgestellt, dass er in diesem Zusammenhang Teile aus Laktanz' ‚De opificio dei' paraphrasiert.[29] Er konzentriert sich dabei ganz auf die zahlreichen Jagdabenteuer und kommt zu dem Schluss, es sei *ein klein sach / Das ein mensch in gross vngemach / Ein vnuernüfftigs tier bringt* (S. 561). Mit dieser Aussage schließt er sich an die Thesen von Laktanz an, der unter anderem den Unterschieden zwischen Tier und Mensch auf den Grund geht und erklärt, warum der Mensch dem Tier durch seinen Verstand überlegen sei, obwohl Gott die Tiere körperlich sehr viel wehrhafter geschaffen habe. Jan-Dirk Müller sieht hier das „Bestehen im Daseinskampf" als „‚ritterliche' Ausein-andersetzung mit der Welt" gedeutet und einen Schritt zur Überhöhung Theuerdanks am Textende vollzogen.

Nimmt man jedoch den größeren Zusammenhang der ‚De opificio dei' in den Blick,[30] könnte eine geradezu gegenteilige Deutung des intertextuellen Bezuges näher liegen. Zwar erklärt Laktanz, dass der Verstand das größte Geschenk Gottes sei, weil es den Menschen stärker als die Tiere mache, doch führt seine Begründung weit weg von körperlichem Können und der Überlegenheit bei der Jagd. Denn das Geschenk des Verstandes sei deshalb so wertvoll, weil es die Menschen befähige, ihre eigene Schwäche einzusehen. Gerade nicht unmittelbare Überlegenheit, sondern „Furcht" und „Schwäche" würden zur Stärke des Menschen, wenn sie ihn dazu bringen, soziale Verbindungen einzugehen.[31]

---

28 Zu der Idee über literarische Normen Referenzrahmen zu schaffen, die der offenkundigen Version des Geschehens eine zweite hinzufügen und so die erste als (partiell) unzuverlässig zeigen s. Ansgar Nünning: Unreliable Narration zur Einführung. In: Unreliable Narration. Studien zur Theorie und Praxis unglaubwürdigen Erzählens in der englischsprachigen Erzählliteratur. Hg. v. Ansgar Nünning. Trier 1998, S. 3–39, hier S. 30f. Zu neueren Diskussionen auf dem Gebiet des unzuverlässigen Erzählens vgl. auch Fabienne Liptay u. Yvonne Wolf (Hgg.): Was stimmt denn jetzt? Unzuverlässiges Erzählen in Literatur und Film. München 2005.
29 Müller (Anm. 1), S. 129.
30 Zur Gesamtkonzeption des Werkes s. Peter A. Roots: The ‚De Opificio Dei'. The Workmanship of God and Lactantius, The Classical Quarterly. New Series 37 (1987), S. 466–486.
31 „Denn fast alle Bande der Menschlichkeit, wodurch wir untereinander verbunden sind, nehmen von der Furcht und dem Bewußtsein unserer Schwäche ihren Anfang", *Nam fere jura omnia humanitatis, quibus inter nos cohaeremus, ex metu, et conscientia fragilitatis oriuntur*

Denn, weil der Mensch

> schwach ist und für sich allein und ohne andere Menschen nicht leben kann, so sucht er Gesellschaft, so daß eben dadurch das gesellschaftliche Leben angenehmer wird und größere Sicherheit bietet.[32]

Das Theuerdank auszeichnende, bedingungslose Vertrauen auf seine eigene Stärke und die daraus resultierende Risikobereitschaft und Lust an der Gefahr um ihrer selbst willen erscheinen aus der Perspektive von ‚De opificio dei' geradezu als ‚tierisches' Verhalten, das die Grundlagen des menschlichen Miteinanders zu untergraben droht, kann der Mensch doch erst in der Einsicht seiner Schwäche zum sozialen Wesen werden. Denn

> was wäre das für eine Gesellschaft, was für eine gegenseitige Achtung, was für ein Verhältnis, was für eine Menschenliebe? Und was gäbe es Hässlicheres, was Ungeheuerlicheres, was Zügelloseres als den Menschen,

wenn der Mensch „zur Abwendung der Gefahren hinlänglich Stärke besäße" und wenn er außerhalb des Sozialverbandes stehen könnte, weil er „nicht fremder Hilfe bedürfte"?[33] ‚Heldentum' erscheint bei Laktanz die menschliche Gemeinschaft nicht zu schützen, sondern zu untergraben.

Stärker noch als die Systemreferenzen des Artusromans und der Brautwerbungserzählung macht die Einzeltextreferenz zu ‚De opificio dei' eine Trennung zwischen denjenigen Rezipienten auf, die diese Referenz mitdenken können und jenen, deren Wissensstand sich nur auf die im Text gegebenen Informationen stützen kann. Denn auf dieser Oberfläche werden die Fähigkeiten des Helden (als Jäger) ausgestellt und gepriesen, wohingegen sich dem kundigen Leser erneut ein anderer Maßstab zur Bewertung der *geferlicheiten* eröffnet. Hinweise auf einen solchen Hintersinn lassen sich zwar in den Formulierungen dieses Kapitels finden,[34] aber nur die Kenntnis des lateinischen Prätextes eröffnet das volle

---

(23B). Hier und im Folgenden zitiert nach: Lactantius, ‚De opificio dei'. In: Opera omnia. 2 Bde. Hg. v. J. P. Migne. Paris 1844 (Migne Patrologia Latina 6 f.), Col. 9–78A. Die Übersetzung folgt Lucius Caelius Firmianus Lactantius, Schriften. Hg. und aus dem Lateinischen übersetzt v. Aloys Hartl. München 1919 (Bibliothek der Kirchenväter, 1. Reihe, Band 36), S. 225–287.

32 (IV, 21), *Sed quoniam imbecillis est, nec per se potest sine homine vivere, societatem appetit, ut vita communis et ornatior fiat, et tutior* (24A).

33 (IV, 20), *Homo quoque si eodem modo haberet ad propulsanda pericula suppetens robur, nec ullius alterius auxilio indigeret, quae societas esset? quaeve ratio? quae humanitas? aut quid esset tetrius homine? quid effaracius? quid immanius?* (23B–24A).

34 So ist auch eine spektakuläre Jagd doch nur eine *ein klein sach* (S. 561), da der Mensch dem Tier durch seine Vernunft prinzipiell überlegen sei. Und auch Theuerdank sei eben *ein mensch vnnd doch nit mer* (S. 562).

Bedeutungsspektrum. Als vorbildlich erscheint bei Laktanz der Mensch, der sich durch Intelligenz, Einsicht in die eigene Schwäche, soziales Verhalten und das Wissen um die Bedeutung sozialer Systeme auszeichnet.[35] An diesen Kriterien gemessen, wäre kaum ein literarischer Heros vorbildlich, doch muss die naive und risikofreudige Figur des Theuerdank[36] ebenso wie seine Abenteuer, denen (beinahe) jede soziale Relevanz fehlt, als besonders fragwürdig erscheinen. Von diesem doppeldeutigen Interpretationsangebot des intertextuellen Verweises ausgehend, lohnt sich ein Blick in die Entstehungsgeschichte des Theuerdank.

In den mehr als zehn Jahren, in denen dieses Werk entsteht, sind 20 Mitarbeiter namentlich fassbar.[37] Doch nur einer von Ihnen, Melchior Pfinzing,[38] geriert sich in der Widmungsrede an Karl V. selbstbewusst als alleiniger Autor des Werkes, dessen letzter Bearbeiter er war. Und tatsächlich ist sein Einfluss auf die Textgestalt nicht gering. Man geht davon aus, dass er das Werk in etwa im Stadium der drei erhaltenen Manuskripte[39] zur Endredaktion übernommen hat. Die Neuerungen, die der Druck gegenüber den handschriftlichen Fassungen aufweist, dürften auf ihn zurückgehen.[40] In der Forschung findet sich in Bezug auf seine Arbeit vor allem der Hinweis auf die von ihm vorgenommenen sprachlichen und metrischen Glättungen,[41] doch gehen die Bearbeitungsstrategien Pfinzings sehr viel weiter. So hat er besonders auf die vorhandenen Rahmenkapitel eingewirkt oder neue geschaffen, dem Werk eine Widmung vorangestellt, sowie die Clavis angeschlossen und so maßgeblich an den Deutungshorizonten des Textes gearbeitet.

---

[35] Dazu Wolfram Winger: Personalität durch Humanität. Das ethikgeschichtliche Profil christlicher Handlungslehre bei Lactanz. Denkhorizont – Textübersetzung – Interpretation – Wirkungsge-schichte. 2 Bde. Frankfurt a. M. 1999 (Forum interdisziplinäre Ethik 22), bes. S. 273ff.
[36] S. Müller (Anm. 1), S. 233.
[37] Tennant (Anm. 17), S. 222.
[38] Zur Person Melchior Pfinzings Gustav Roethe: Melchior Pfintzing. In: Allgemeine Deutsche Biographie Bd. 25. Leipzig 1887, S. 664–666; Dieter J. Weiß: Melchior Pfinzing (1481–1535). In: Alfred Wendehorst (Hg.): Fränkische Lebensbilder Bd. 14. Neustadt (Aisch) 1991, S. 14–29; Jan-Dirk Müller: Melchior Pfinzing. In: ²VL Bd. 7 (1989), Sp. 568–571; Rosemarie Aulinger: Melchior Pfinzing. In: Neue deutsche Bibliographie Bd. 20. Berlin 2001, Sp. 334–337; Müller (Anm. 1), S. 62.
[39] Diese liegen alle in der Nationalbibliothek Wien, wobei der Cod. 2867 nur den Beginn des Textes und die Fürwittig-Abenteuer wiedergibt und der Cod. 2806 zusätzlich noch den Unfallo-Teil. Der dritte Band (Cod. 2889) liefert eine Fassung der Neidelhart-Episoden und den Schluss. Eine detaillierte Beschreibung dieser und weiterer Entstehungszeugen liefert Simon Laschitzer, Einleitung. In: ders. (Hg.), Der ‚Theuerdank'. Durch photolithographische Hochätzung hergestellte Facsimile-Reproduction nach der 1. Auflage vom Jahre 1517 (Jahrbuch der kunsthistorischen Sammlungen des Allerhöchsten Kaiserhauses 8 [1888]), S. 9ff. – Vgl. dazu jetzt auch den Beitrag von H-J.Ziegeler, in diesem Band, S. 211–254, hier S. 219–222, 230–252.
[40] Füssel (Anm. 2), S. 42.
[41] Ebd.

Melchior Pfinzing entstammt einer der ältesten Patrizierfamilien Nürnbergs,[42] erhält eine hervorragende Ausbildung[43] und macht schnell Karriere am Hof Maximilians.[44] Er hat Anteil an der gelehrten Welt seiner Zeit – mit den bekannten Humanisten Johann Cuspinian, Johann Reuchlin und seinem alten Lehrer Conrad Celtis hält Pfinzing engen Briefkontakt.[45] Schon zur Zeit seiner Ernennung zum Probst von St. Sebald pflegt er einen Austausch von Briefen mit Willibald Pirckheimer, der unter anderem ihm seine lateinische Lukian-Übersetzung zur Beurteilung schickt[46] und ihn in der ‚Epistola Apologetica' für Johannes Reuchlin „zu den führenden lebenden Theologen" zählt, „die sich durch ‚Klugheit, Bildung, Geübtheit und Erfahrung' auszeichneten."[47] Auch Johannes Romming, der Pfinzing zwei seiner Editionen klassischer Texte widmet, betont Pfinzings Freude an der gebildeten Literatur.[48]

---

[42] Sie sind urkundlich seit 1227/1233 belegt und nehmen bis zum Erlöschen des Geschlechts im Jahre 1764 erheblichen Einfluss auf die Nürnberger Wirtschaft und Politik. Das 1521 aufgestellte Tanzstatut führt die Pfinzings unter den alten ratsfähigen Familien und ihre Mitglieder sind von Beginn der Aufzeichnungen an kontinuierlich in den Ratsprotokollen der Stadt bezeugt. Zur Bedeutung der Familie Pfinzing s. Michael Diefenbacher: Pfin(t)zing von Henfenfeld. In: Neue deutsche Biographie Bd. 20. Berlin 2001, Sp. 332–334. Das hohe Selbstbewusstsein der Familie spiegelt sich in dem von ihr zur Zeit Kaiser Maximilians I. gestifteten Fenster in der Sebaldskirche, das nach Hartmut Scholz „den unbestrittenen Glanzpunkt Nürnberger Glasmalerei" darstellt (Hartmut Scholz: Albrecht Dürer und das Mosesfenster in St. Jakob in Straubing. Berlin 2005, S. 12).

[43] Melchior Pfinzing wurde mit 12 Jahren an der bayrischen Landesuniversität Ingolstadt immatrikuliert, wo er unter anderem Conrad Celtis hörte, dem er später nach Wien folgte. Schon früh erntete Melchior Lob für seine Bildung und sein musikalisches Talent (Weiß [Anm. 38], S. 15).

[44] Nach dem Abschluss seiner Ausbildung erhält er auf Empfehlung des Hofkanzlers Cyprian von Northeim eine Stelle unter den Sekretären Maximilians I. und nimmt 1505 im Gefolge des Salzburger Erzbischofs am Kölner Reichstag teil. Seit ungefähr 1510 ist Melchior als Finanzsekretär des Kaisers tätig, der ihn und seine Brüder in den Ritteradel erhob. Zwei Jahre später wird Melchior durch Förderung des Kaisers zum Probst von St. Sebald in Nürnberg ernannt und dadurch zu einem wichtigen Vermittler zwischen Kaiser und Reichsstadt. Auch im Umfeld des Kaisers kann er sich weiter etablieren und wird 1517 auch Probst des Ritterstifts von St. Alban zu Mainz. (Weiß [Anm. 38], S. 18ff.)

[45] Wormer (Anm. 38), S. 225.

[46] S. dazu Weiß (Anm. 38), S. 18, 21.

[47] Weiß (Anm. 38), S. 21. Der Text ist ediert bei: Willibald Pirckheimers Briefwechsel. Bd. 3. Unter Verwendung der Vorarbeiten v. Emil Reicke u. Josef Pfanner bearb. v. Helga Scheible. Hg. v. Dieter Wuttke, München 1989, S. 146–172.

[48] *politioris litteraturae eruditione delectari*, in: *L[ucii] Coelij Lactantij Firmiani libellus lu | culentissimus de opifitio dei. | vel formatione hominis. ad De= | metrianum audito | rem suum. | Magistri Ioannis Rommingii* [Nürnberg 1514], 1v (reader.digitale-sammlungen.de/de/fs1/object/display/bsb10981234_00008)

Diese Freude an gebildeter Literatur, an philosophischen und theologischen Fragen und ganz allgemein der Bildungsstand Melchior Pfinzings ist für die Frage dieses Beitrages nach den narrativen Strategien des *Theuerdank* von besonderer Bedeutung. Ein vergleichender Blick in die handschriftlichen Entwürfe zeigt nämlich schnell, dass alle bislang in Hinblick auf eine panegyrische Intention als widerständig beschriebenen Textelemente durch Pfinzing eingeführt oder zumindest deutlich weiterentwickelt worden sind. Erst im letzten Bearbeitungsschritt wird Theuerdank konsequent als Held mit bestimmten Schwächen gezeichnet und die Qualität der *geferlicheiten* problematisiert.

So ist das gesamte 118. Kapitel mit seiner bereits angesprochenen Bezugnahme auf ‚De opificio dei' des Laktanz eine Neuschöpfung von Melchior Pfinzing. Dass er dieses Werk nicht nur oberflächlich kannte sondern eng mit ihm vertraut war, lässt sich zumindest wahrscheinlich machen. Denn ‚De opificio dei' ist eine der beiden Editionen, die Johannes Romming als Schulmeister von St. Sebald seinem Probst Pfinzing widmet und in deren Vorrede er sich so lobend über ihn ausspricht.[49] Pfinzing ist es auch, der das Erzählmuster der gefährlichen Brautwerbung zu Beginn des Textes vollständig ausbildet und in seiner Inversion der ihm inhärenten Gefahr beraubt. Im Vergleich zum handschriftlichen Entwurf zeigt sich, dass diese Gefahr (und damit auch eine deutlich erhöhte Sinnhaftigkeit der *geferlicheiten*) dort noch angelegt war. Im Entwurf wirbt der König Wunderer in Konkurrenz zu Theuerdank ebenfalls um die Hand Ehrenreichs – was sich, wenn man denn will, leicht auf das biographische Substrat Maximilians I. und die Situation Marias von Burgund nach dem Tod ihres Vaters beziehen lässt.[50] Hier stand der biographische Hintergrund dem literarischen Muster also nicht entgegen – beide wurden vielmehr gemeinsam abgewiesen.

Mit Peter Strohschneider kann man darin einen zielstrebigen Abbau sozialer Bedeutsamkeit der *geferlicheiten* sehen.[51] Wenn man noch weiter gehen will, lässt sich in dem Schritt weg von der Nähe zum biographischen Substrat und hin zu einer invertierten, sinnentleerten Version des Brautwerbungsmusters eine konsequente Literarisierungsstrategie sehen, die weder auf Referenzialität der

---

49 *Praesetanti ac magnifico viro Melchiori Pfinczing imperatoriae majestatis consiliario benemerito, necnon Ecclesiae Sebaldinae Nurnbergae, Praeposito perdigno* (ebd.), ich übersetze wie folgt: „Dem hervorragenden und großartigen Mann Melchior Pfinzing, dem verdienstvollen Berater der kaiserlichen Hoheit und sicherlich sehr würdigen Probst der Kirche St. Sebald in Nürnberg".
50 S. dazu Wiesflecker (Anm. 3), S. 42f.
51 „Dieser Erzählstrang wird im gedruckten Text zum blinden Motiv. Gerade daran aber läßt sich ablesen, daß der Abbau der sozialen Bedeutungshaltigkeit des Abenteuers im *Teuerdank* anscheinend ganz zielstrebig vorgenommen wurde" (Strohschneider [Anm. 9], S. 404).

Narration noch auf die Idealität des Helden zielt. Wie genau Melchior Pfinzing in seiner Bearbeitung an einer solchen Strategie gearbeitet hat, soll im Folgenden am Beispiel von Theuerdanks Aufenthalt bei Ehrenreich und dem Schluss des Textes nachgezeichnet werden.

Das Ende des *Theuerdank* ist im handschriftlichen Entwurf und im Druck in Bezug auf den generellen Handlungsverlauf sehr ähnlich angelegt – in den Details des Szenenarrangements, der Figurenzeichnung, dem genauen Wortlaut und den an diesen Aspekten festzumachenden Deutungshorizonten gehen beide Fassungen jedoch weit auseinander. Nachdem Theuerdank auch den dritten falschen Hauptmann vertrieben hat, reist er im 98. Kapitel endlich zu Ehrenreich. In beiden Fassungen berichtet Theuerdank der Königin von seiner Reise, die sich ihm als erfolgreiches Unternehmen darstellt, bei dem er viele Gefahren überwunden habe. Dabei verliert er kein Wort über die Hauptleute oder deren Verschwörung gegen ihn. Der Entwurf erklärt diese Darstellung des Geschehenen aus der edlen Gesinnung des Helden, der niemanden für die erlittene Not anklagen will.[52] Im Druck ist diese Erklärung getilgt, so dass Theuerdanks Bericht den Eindruck erweckt, er habe die hinter seinen Erlebnissen stehende Verschwörung noch immer nicht durchschaut. Dieser Effekt wird verstärkt, indem er seine Gegenspieler als Gewährsmänner angibt (*Neydelhart das am pesten west / Eüch mit warheit zuoberichten*, S. 471) und ihre Rolle für seine Reise als die der freundlichen und treuen Helfer beschreibt.[53] Was im Entwurf noch als ritterliche Höflichkeit angelegt war, wird im Druck zu einer Inszenierung von Theuerdanks Naivität.

Doch Ehrenreich zeigt sich in beiden Fassungen zufrieden mit Theuerdanks Taten und nimmt ihn in Ehren am Hof auf. Im Entwurf werden in diesem Zusammenhang Theuerdanks Handeln und Leiden um Ehrenreichs Willen betont und damit ein Maßstab angelegt, für den die spezifische Qualität der *geferlicheiten*

---

52 *Wie vill er het erlitten not / Doch er niemannts verklagn wot / Kain vnglimpff er auff niemannts leyd / Das mach sein stoltze fursichtigkait* (fol. 39). Hier und im Folgenden zitiert nach: Joseph Chmel: Die Handschriften der k. k. Hofbibliothek in Wien, im Interesse der Geschichte, besonders der österreichischen, verzeichnet und excerpirt. Bd. 2. Wien 1841, S. 432–458.

53 *Vnnd kam hin an den ersten pass / Darauf Ewr ambtlewt einer sass / Da mir mit schwein zuohanden gieng / Auch hirsch, Peer gar manicherley ding / Das alles geferlichen was / Vor denen Ich allen genass / Derselb darnach mich reyten liess / Zum anndern der Vnfallo hiess* (S. 470). Dieser Eindruck wird noch durch die, ebenfalls nur im Druck vorhandene, Beratung der Hauptleute ergänzt, bei der Neidelhart, wie der Leser jetzt schon weiß, zu Unrecht, befürchtet: *warlich Ich han / Nit wol darinn gehandelt zwar / Das Ich so mancherley gefar / Hab zuogefügt dem Edlen Heldt. / Wo Er das der Künigin erzellt, / So hat erst ein enndt mein leben* (S. 476f.) – auch hier entsteht durch Theuerdanks Naivität ein komischer Effekt.

keine Rolle spielt. Den gleichen Weg, die Diskrepanz zwischen der Banalität des Berichteten und dem heroischen Anspruch des Berichts zu überbrücken oder zumindest abzumildern, geht einige Jahre später auch Richard Sbrulius mit seiner lateinischen Übersetzung des *Theuerdank*, dem *Magnanimus*, indem er das Erdulden sämtlicher *labores* als besondere Leistung des Helden *inszeniert* und so ebenfalls die vorbildliche Geisteshaltung des Protagonisten in den Vordergrund stellt.[54] Im Druck des *Theuerdank* wird dieser Maßstab zwar vom Helden selber an sein Handeln angelegt,[55] dadurch aber als subjektive Einschätzung einer Figur wahrnehmbar, die sich bislang nicht durch ihre Interpretationskompetenz im Blick auf die eigene Geschichte hervorgetan hat.

Demgegenüber wird im Druck eine sehr viel differenziertere Wertung der *geferlicheiten* durch Ehrenreich aufgebaut. Bereits im Entwurf ist eine kurze Szene vorhanden, in der mehrere Gäste bei einem Tanz mit Lorbeer gekrönt werden. Unter anderem setzt Ehrenreich auch Theuerdank eine solche Krone auf. Im Druck wird daraus eine feierliche Auszeichnung des Helden unter der Überschrift *Wie der Adenlich Held Tewrdannck vmb seiner guot- / ten gethat willen von der Künigin Erenreich mit einem / Crantz von Lauro gekroent ward* (S. 510) und mit einem eindrucksvollen Holzschnitt (Nr. 107) versehen, der die Krönung Theuerdanks durch Ehrenreich und den Ehrenhold zeigt und so seinen Ruhm performativ bestätigt. Unter dieser Oberfläche ergibt sich aber im genauen Wortlaut Ehrenreichs eine entscheidende Schwerpunktsetzung der Laudatio durch das, was in ihr keine Erwähnung findet. So honoriert Ehrenreich nicht pauschal alle Erlebnisse Theuerdanks, sondern formuliert ein bestimmtes Programm:

> Nun bin ich warlichen bericht / Vom Ernhold das Ir habt gericht / Ewr leben nach allen eren / Vnnd biszher nye thun begeren / Das Eüch nit wol wer gestanden an / Darzuo manichen kecken Man / Mit Ewer manheit ganntz veriagt / Vil geferlicher sach gewagt / Mein landt vnd lewt beschützet wol (S. 511).

---

54 So formuliert der Erzähler im Entwurf des *Theuerdank*: *Seyt er vmb iren [der kunigin] willen hat / Glitten baide spat vnd frue / Gros mue truebsall vnd vnrue / Darnach man pillich freid soll han* (fol. 42). Magnanimus ist ein Held, der „freudig alle *labores* als notwendige Übel auf sich [nimmt], insofern er in ihnen schicksals- bzw. gottgegebene Prüfungen und Übungen auf dem steilen Weg zur Tugend und der vorherbestimmten Herrschaft sehen kann", so Claudia und Christoph Schubert in der Einleitung der von ihnen hg. Edition: Richardus Sbrulius, Magnanimus. Die lateinische Fassung des *Theuerdank* Kaiser Maximilians I. Eingel. und hg. v. Claudia u. Christoph Schubert. Remchingen 2002 (Helfant Texte 12), hier S. XXVII.
55 *Ich hab vil Ir zulieb geduldt / Vielleicht gibt Sy mir darumb Ir huld* (S. 465), *Dieweyl Ich manch Tewrlich reysen / Von Irentwegen hab getan / Ich hoff Sy werd michs geniessen lan"* (S. 466f.)

Sie lobt allgemein Theuerdanks Einstellung, sein Streben nach Ehre und seine Bescheidenheit. Aus seinen *geferlicheiten* hebt sie dann allerdings, ähnlich wie schon in ihrer Begrüßungsrede,[56] die wenigen Gelegenheiten heraus, bei denen er ihrem Land politisch genützt, Feinde verjagt und Schutz gewährt habe. Damit privilegiert sie fünf der insgesamt 80 *geferlicheiten* und verbannt die übrigen Jagden, Mutproben und Unfälle mit dem Halbsatz [v]*il geferlicher sach gewagt* – an die Peripherie des Lobes.[57] Anders als der Erzähler in seiner abschließenden Reflexion, der ja auf die Jagden Theuerdanks fokussiert ist und über diese einen intertextuellen Verweis auf ‚De opificio dei' herstellt, der für den kundigen Leser zu einem kritischen Kommentar zum Verhalten des Helden werden kann, zeichnet Ehrenreich in der Lorbeerkrönung ein eindeutig positives Bild der *geferlicheiten*. Indem sie aber nur einen kleinen Teil von Theuerdanks Taten explizit in dieses Lob aufnimmt, erscheinen diejenigen ohne sozialen oder politischen Gehalt irrelevant.

Völlig unterschiedlich ist auch der Prozess gegen die drei Hauptleute im Entwurf und im Druck gestaltet, sowohl was den Umfang dieses Handlungsteiles als auch die Rollen der beteiligten Figuren und das zeitliche Arrangement der Szenen angeht. In beiden Fassungen bringt der Ehrenhold die Anklage vor Ehrenreich, doch steht er dabei jeweils in anderer Funktion vor ihr. Im Entwurf schließt sich sein Bericht nahtlos an die bereits erwähnte Darstellung Theuerdanks an, der ja aus *fursichtigkait* das ihm angetane Leid nicht selbst verkünden will. Der Ehrenhold erscheint so als sein Sprachrohr und liefert in seinem Beisein die pikanten Hintergründe zu Theuerdanks höfischer Darstellung des Geschehens. Der Held wahrt sein Gesicht und Ehrenreich ist beeindruckt von Theuerdanks Leidenswillen und Geisteshaltung, woraufhin sie besagten Tanz veranstalten lässt und den Helden mit Lorbeer krönt.

Im Druck ist nun zum einen die Abfolge der Szenen vertauscht, was für den Wissensstand Ehrenreichs und ihr Urteil über Theuerdanks Taten nicht unwesentlich ist. Hier hat sie vor der Lorbeerkrönung nur Theuerdanks Bericht gehört, der keine Hinweise auf die Verschwörung enthielt und ihn auf dieser Basis ausgezeichnet. Erst nach der Krönung kommt der Ehrenhold aus eigenem Antrieb[58] und ohne Theuerdanks Wissen zu Ehrenreich, um die Hauptleute

---

56 In dieser betont sie vor allem die Ehre, die er ihr durch die Gefangennahme von Aufständischen in ihrem Königreich erwiesen habe (S. 469).
57 Die entsprechenden *geferlicheiten* finden sich auf S. 341ff., 354ff., 405ff., 411ff. und 431ff.
58 *Als die sach alle was volbracht / Der Ernhold an die valscheit dacht / So die drey haubtleut zuogericht / Hetten dem Held wider Ir pflicht / Darauf hin für die Künigin trat / Knyet nider diemuetigklich pat* (S. 513f.).

anzuklagen.⁵⁹ Theuerdank selbst war kurz zuvor früh ins Bett gegangen (S. 512) und wird so vom Ehrenhold als Akteur eher abgelöst als ergänzt. Der Bericht des Ehrenholdes zeigt dann deutlich Theuerdanks Fehlinterpretation seiner eigenen Geschichte, indem er die Verschwörung der Hauptleute, ihre Motivation und ihre erfolgreichen Versuche, Theuerdank in die Falle zu locken, offenbart. Aus zwei sich ergänzenden Berichten im Entwurf werden im Druck zwei konkurrierende Darstellungen, da der Bericht des Ehrenhold der Königin und mit ihr dem Rezipienten eine zweite Version des Geschehens liefert, die Theuerdanks Bericht als nicht zuverlässig entlarvt.

Die Rolle, die Theuerdank in der Intrige der Hauptleute eingenommen hat und seine Mitschuld an den vielen Gefahren, denen er ausgesetzt war, wird dann im Prozess gegen die Verschwörer weiter reflektiert und auf die Ebene einer bestimmten charakterlichen Disposition gehoben. Wo es im Entwurf nach der Anklage des Ehrenhold nur lapidar heißt: *Kainer das widersprechn kundt* (fol. 41b), halten die drei Verschwörer im Druck über 70 Verse lang Verteidigungsreden (521–523), in denen sie Theuerdanks freiwillige Beteiligung an den *geferlicheiten* und seine Risikofreude hervorheben.⁶⁰ Darüber hinaus warnen sie bei ihren Hinrichtungen vor den Gefahren von Fürwitz, Unfällen (Unachtsamkeit) und Neid, wodurch sie sich selber als Personifikationen dieser Übel deuten. Diese allegorische Lesart wirkt als Figurenrede einerseits befremdlich, erhält gerade dadurch Signalcharakter und wird zusätzlich von den Auslegungsstrategien der (ebenfalls von Melchior Pfinzing stammenden) Clavis⁶¹ gestützt. Die Warnung vor bestimmten Charaktereigenschaften oder Verhaltensweisen spielt die Verantwortung für die *geferlicheiten* an denjenigen zurück, der in sie gerät und weist in diesem Fall Theuerdank mit seiner Risikofreude und Naivität die Schuld an den durchlebten Gefahren zu.

Vor diesem Hintergrund ist auch Ehrenreichs abschließende Bitte an Theuerdank im Druck anders gestaltet als im Entwurf. Dort schließt sich der Bericht des Ehrenholdes ja direkt ergänzend an die Ausführungen Theuerdanks

---

59 Er bringt ihr dabei ein Buch, in dem er alle Erlebnisse seines Herrn verzeichnet habe – ein *Theuerdank* im *Theuerdank*. Das Spiel, das hier mit der Fiktionalität der Erzählung und den Ebenen des Erzählens aufgemacht wird, wäre eine nähere Auseinandersetzung wert, legt Melchior Pfinzing doch in der Clavis die Bedeutung Ehrenholds als *das gerucht vnnd gezeügnus* (S. 566) also als Prinzip des Erzählens selbst, aus.
60 Fürwittig: *Das der Held solhs als hat getan / Aus seim freyen willen dran / [...] / Was Im zuhanden ist gangen / Darein hat In gefüert sein Iunger muot* (S. 521), Unfallo: *Ich hab den Held nye betrogen / Er ist nach abenthewr zogen / Die sein Im oft zuogestanden.* (S. 522), Neidelhart: *Als Ich das von Im merkhen thet / Das Er darab gefallen het / Hab Ich In gefüeret dahin.* (S. 523). S. dazu auch Müller (Anm. 1), S. 127.
61 s. Strohschneider (Anm. 9), S. 442ff.

an und bewirkt eine schnelle Verurteilung der Hauptleute, auf die der festliche Tanz und die Lorbeerkrönung Theuerdanks unmittelbar folgen. Danach muss der Held noch einige Zweikämpfe gegen die rachsüchtigen Freunde der Hauptleute bestehen, bevor Ehrenreich ihn zu einer Beratung im engsten Kreis in ihr Gemach einlädt. Hier hält Theuerdank eine längere Ansprache, in der er seine Verdienste betont und Ehrenreich um ihre Hand bittet. Diese stimmt auch zu, denn er sei *tewrlich vnd geschickt genueg* (fol. 51). Um jedoch unter den von ihr abgewiesenen Werbern keinen Unmut aufkommen zu lassen,[62] bittet sie Theuerdank um eine weitere herausragende Tat: er soll ihr Land vor der Bedrohung durch die Ungläubigen schützen: *Seyt ir vormals mer zogen sind / In vnserm dinst wider die veind / Seindt doch gelider der cristenhait* (fol. 51). Diese Verteidigung von Ehrenreichs Land erscheint als konsequente Fortführung von Theuerdanks bisherigen Taten und er ist auch sofort zu einer Fortsetzung seines Dienstes für Ehrenreich auf diesem Feld bereit.

Im Druck stellt sich diese Bitte der Königin durch mehrere Verschiebungen im Vorfeld anders dar. Zum einen ist der gesamte Handlungsverlauf anders arrangiert: Auf Theuerdanks Bericht seiner *geferlicheiten* hin krönt Ehrenreich ihn zeremoniell mit Lorbeer. Doch die Hauptleute verschwören sich erneut und versuchen ihn in Zweikämpfen töten zu lassen. Erst nachdem Theuerdank seine Gegner in diversen Stechen besiegt hat, hört Ehrenreich den alternativen Bericht des Ehrenholdes, der eine zweite Version des Geschehens offenbart. Im anschließenden Prozess hat die Königin die Gelegenheit, auch die Position der Hauptleute zu hören, die Theuerdank aufgrund seiner Naivität und übersteigerten Risikofreude eine Teilschuld zuweisen. Am nächsten Morgen ruft die Königin einen Rat ein, an dem Theuerdank nicht teilnimmt. In Anwesenheit des Ehrenholdes verkündet sie ihr abschließendes Urteil zu Theuerdanks *geferlicheiten*:

> Aber wie dem mir ist heint zuo / Gefallen in der vergangnen nacht / Das Er Im solch not habe gemacht / Allein von wegen der welt eer / Nun wist Ir selber wol das mer / Gehoert zuo eim Ritter auszerkorn (S. 536).

Sie kritisiert nicht nur das Streben nach weltlicher Ehre als alleinige Motivation Theuerdanks, sondern auch, dass er sich deswegen selber in solche *not*, solche Bedrängnis und Gefahr, gebracht habe: Es gehöre offensichtlich mehr dazu, ein vorbildlicher, ein auserwählter Ritter zu sein. Daher fordert sie eine weitere ritterliche Tat, bevor er ihr Mann werden kann. Er soll einen Kreuzzug gegen die

---

[62] *Seyt das vil kunig vnd fursten vor / Twerbung haben vnns wegert / Damit dest minder vnlust wert / Vnd do kain widerwill nit wird* (fol 51r).

Ungläubigen unternehmen und so ihr Land beschützen.⁶³ Anstelle einer Kontinuität wird die kategorische Andersartigkeit von *geferlicheiten* und heiligem Krieg betont, dessen Durchführung eben nicht auf weltliche Ehre zielt, sondern durch den Schutz von Ehrenreichs Land, und damit der Christenheit, Gottesdienst ist. Mit dem Kreuzzugsauftrag gibt sie ihm die Möglichkeit, seine früheren Unzulänglichkeiten zu korrigieren. Das Urteil der modernen Forschung zu Theuerdanks ‚läppischen Unfällen' ist hier gar nicht so weit entfernt von dem der Königin.

Auch im letzten Kapitel der eigentlichen Handlung, Theuerdanks Kreuzzug, weicht die Bearbeitung Melchior Pfinzings entscheidend vom Entwurf ab. Durch den gesamten Text wurde, wie auch in der lateinischen Autobiographie und dem *Weißkunig*, beständig die göttliche Erwähltheit des Helden präsent gehalten, die in enger Verbindung mit der zukünftigen Aufgabe Theuerdanks steht, einen Krieg gegen die ‚Ungläubigen' anzuführen. So erklärt d*er Englisch geist* den göttlichen Schutz während der *geferlicheiten* mit dem Ziel Gottes, *[d]as Ir dise erliche reys / Solt volbringen dem gantzem kreys / Der Cristenheit zuo nutz vnnd guot*.⁶⁴ Dieser Anspruch wird mit Theuerdanks Kreuzzug im Druck sowohl erfüllt als auch enttäuscht: Auf visueller Ebene sieht man Theuerdank mit seinen Rittern und dem Ehrenhold ins Feld reiten und ihn auf dem letzten Bild in finaler Apotheose auf einem Schwertkranz stehen. Demgegenüber findet sich im Text nur eine überdeutlich markierte Lücke: Drei leere Seiten zeigen an, was hätte sein können.⁶⁵ Im Entwurf findet sich an dieser Stelle nicht nur ein Bericht über den

---

63 In diese Richtung formuliert auch Hilkert Weddige in einem Diskussionsbeitrag: „Ein gewisses Bewußtsein des Ungenügens an den dargestellten Abenteuern Maximilians muß wohl auch bei den Zeitgenossen vorhanden gewesen sein. In diese Richtung deutet etwa das Sehnen Maximilians nach einem Türkenkampf als Möglichkeit sinnvollerer ritterlicher Bewährung, die Glaubenskriegsmotivation in der Lorbeerkranzepisode des *Theuerdank*, auch seine Kreuzzugspläne und der Georgsorden." (in: Müller [Anm. 7], S. 74).
64 S. 547, vgl. auch den Kommentar des Erzählers im 118. Kapitel (S. 562). Laut Peter Strohschneider komme hier „eine dichte Kette von Andeutungen und Anspielungen zum Ziel, die den ganzen Roman hindurch die Gottesauserwähltheit des Helden bewußt hält" (Strohschneider [Anm. 9], S. 381).
65 Es war zwar durchaus eine gängige zeitgenössische Praxis am Ende einer Chronik leere Seiten für Nachträge der Besitzer zu lassen, doch die Anweisung Maximilians die Exemplare des *Theuerdank* erst nach seinem Tod zu verteilen, schließt möglicherweise nachzutragende Ereignisse prinzipiell aus. Dass Rezipienten diese Lücke gesehen haben und versuchten sie zu füllen, zeigt z.B. die Druckfassung von Burkhard Waldis, der eigenständig ein Kreuzzugs-Kapitel ergänzt (s. Elaine C. Tennant: Der unfeste Druck. Buchdruck als Instrument der ‚mouvance'. In: Jahrbuch für Internationale Germanistik, Reihe A: Kongressberichte. Bd. 57 [2002], S. 125–132, hier S. 128) oder die niederländische Bearbeitung in der ‚Chronik von Brabant' aus

Aufbruch Theuerdanks mit einem großen Heer, sondern auch die Hoffnung auf möglicherweise noch folgende Berichte. Im Druck bleibt nur eine Leerstelle, die umso bedeutsamer ist, als der Druck im Gegensatz zum Entwurf Theuerdanks bisherige Taten als defizitär ausgewiesen hat – so gehört hier auch am Schluss des Werkes noch *mer zuo eim Ritter auserkorn*. Insofern ist Jan-Dirk Müller zuzustimmen, wenn er zum Schluss des *Theuerdank* beobachtet:

> Es ist eine Ironie der Literaturgeschichte, daß gerade das Kreuzzugskapitel im gedruckten ‚Theuerdank' unausgeführt geblieben ist. Die ritterliche Tat, die ihn in seiner Herrscherwürde legitimieren könnte wie keine andere, die offenbart, warum Gott ihn für Höheres aufgespart hat, fällt aus.[66]

Es bliebe aber zu fragen, ob es sich wirklich um eine Ironie der Literaturgeschichte handelt. Aus dem, was sich zur Bearbeitungspraxis Melchior Pfinzings im Verlauf dieser Untersuchung zeigen ließ, zeigt sich die Nicht-Ausführung des Kreuzzugskapitels sowie die deutliche Markierung dieser Leerstelle vielmehr als Fortführung einer den Text durchziehenden Kommentarebene, die die panegyrische Oberfläche des Prachtdruckes in Text und Bild immer wieder unterläuft. Die Eingriffe in den handschriftlichen Entwurf, die höchstwahrscheinlich insgesamt Melchior Pfinzing zuzuschreiben sind, arbeiten an beiden Sinnebenen. Zum einen wird die sprachliche Oberfläche poliert, werden reimtechnische und metrische Glättungen vorgenommen. Zum anderen aber werden die bereits vorhandenen Ansatzpunkte, Theuerdank als eine Figur mit Schwächen und Unzulänglichkeiten zu zeigen, deren Heldentaten zum Teil eher fragwürdige Qualität haben, ausgebaut und verstärkt.[67] In gewisser Weise wird das Angebot unterschiedlicher Lesarten des ‚Theuerdank' bereits in Pfinzings Vorrede deutlich, in der er einerseits zur Nachahmung der ehrbaren Taten des Protagonisten auffordert, andererseits den pädagogischen Effekt der *geferlicheiten* gerade in ihrer Vermeidung durch den Rezipienten sieht und damit eine ambivalente Rezeptionsanweisung gibt. Anstatt die Schwächen des Helden und des *Theuerdank*

---

dem Jahr 1530, in der Maximilians Kreuzzug durch die Interessen seines Vaters und seiner Lehnsleute in den südlichen Niederlanden verhindert wird (s. P. J. A. Franssen: De bruidstocht van Maximiliaan van Oostenrijk in de kroniek van Brabant uit 1530, Literatuur 6 (1989), S. 2–9, hier S. 7f.).

66 Müller (Anm. 7), S. 74.

67 Auch die Gespräche mit dem *boesen* und dem *englischen Geist*, die Pfinzing für den Druck neu erfindet, sind in diesem Zusammenhang interessant. Auch sie ermöglichen eine textinterne kritische Reflexion der Risikofreude des Helden, der vom Teufel den Ratschlag erhält, sich wild auf jede Gefahr zu stürzen (S. 44), während ihn der Engel genau vor diesem Verhalten und dem Streben nach weltlicher Ehre warnt (S. 543).

als Heldenbuch zu kaschieren oder abzumildern, stellt der letzte Bearbeiter des Werkes sie deutlicher aus und bringt sie durch intertextuell vermittelte Deutungshorizonte, Figurenrede, Szenenarrangement und narrative Techniken des Zeigens und Verschweigens in Opposition zum offensichtlichen Verschriftlichungsprogramm und zur Funktion des Werkes. Immer wieder eröffnen sich so Möglichkeiten im Text und für den Rezipienten, das Geschehen kritisch zu reflektieren. In diesen Reflexionsräumen sowie im Spiel mit den vorgängigen Erzählmustern und dem mit- und gegeneinander biographischer, fiktionaler und allegorischer Deutungsmöglichkeiten liegen meines Erachtens die maßgeblichen Potentiale der Literarizität des *Theuerdank*.

An diesem Punkt der Überlegungen muss sich die Frage nach dem Zusammenhang von *Theuerdank* und *Gedechtnus*-Werk neu stellen. Auch in neueren Forschungsbeiträgen wird der *Theuerdank*, genauso wie *Weisskunig*, *Freydal* und die sogenannte lateinische Autobiographie, als autobiographisches Ruhmeswerk Maximilians I. gelesen – obwohl genau genommen jeder der damit angesprochenen Aspekte fragwürdig ist. Dass Maximilian nicht als Autor dieser Texte gelten kann, sondern vielmehr als Mäzen eines ganzen Systems von höchstqualifizierten Mitarbeitern und Literaten gelten muss, die zum Teil sehr frei arbeiteten, hat Jan-Dirk Müller in seiner umfassenden Studie nachgewiesen. Doch die Vorstellung von Maximilians Autorschaft oder zumindest seiner intensiven Beteiligung an den *Gedechtnus*-Werken hält sich auch ohne handfeste Belege hartnäckig in historischen und germanistischen Forschungsbeiträgen – fast so, als hinge der Wert der Texte auch für die moderne Wissenschaft von der Aura des Herrschers ab.[68]

Dabei gerieren sich die genannten Werke selbst niemals als Autobiographie, ermöglichen an keiner Stelle das Schließen eines autobiographischen Paktes, der nach Philipp Lejeune die Namensidentität von Autor, Erzähler und Protagonist voraussetzt.[69] Als Autorfigur erscheinen in *Theuerdank* und *Weißkunig*

---

[68] Besonders deutlich wird dies bei Sabine Weiss (Anm. 3), die in den angesprochenen Werken direkte Diktate Maximilians sieht und von der Materialauswahl über die Disposition bis hin zur Verbreitung alles an seine Person und schöpferische Tätigkeit bindet. Harald Tesch sieht im *Weisskunig* vorsichtiger eine von Maximilian gelenkte und autorisierte Selbstdarstellung, sieht sich aber durch die Beteiligung mehrerer „Schreiber" gezwungen, die Begriffe ‚Selbstzeugnis' und ‚Autobiographie' zumindest einzuschränken (Harald Tersch: Die schwermütige Betrachtung des Kometen - Politik und Emotion im ‚Weißkunig'. In: Klaus Arnold, Sabine Schmolinsky und Urs Martin Zahnd (Hgg.): Das dargestellte Ich. Studien zu Selbstzeugnissen des späteren Mittelalters und der frühen Neuzeit. Bochum 1999 (Selbstzeugnisse des Mittelalters und der beginnenden Neuzeit 1), S. 63–91, hier S. 64).

[69] Philipp Lejeune: Der autobiographische Pakt. Frankfurt a.M. 1994. Aus Sicht der

vielmehr selbstbewusst die jeweils letzten Bearbeiter der Texte. Sogar die so genannte lateinische Autobiographie, die dem autobiographischen Texttyp vielleicht noch am nächsten kommt, zeigt sich nicht als Mitschrift von Originaldiktaten des Kaisers, sondern wird von der Erzählerfigur eines anonymen Historiographen vermittelt. Damit folgen die *gedechtnus*-Werke, auch ganz ungeachtet der tatsächlichen Autorschaft Maximilians, nicht dem Erzählmodell der herrscherlichen Autobiographie und wollen offensichtlich nicht als eine solche gelesen werden.[70]

Und sogar unter die Kategorie der Biographie sind diese Texte nur schwer zu subsumieren, sogar wenn man mit einem weit gefassten Biographie-Begriff arbeitet, wie ihn neuere Ansätze in der Geschichts- und Literaturwissenschaft proklamieren.[71] Denn obwohl die Biographie nicht mehr als strikt zu definierende Textsorte bestimmt wird, zeichnet sie sich doch durch die Darstellung eines Lebens oder zumindest Teilen davon in Kontinuitäten dar, die unterschiedlich stark akzentuiert sein können. Am deutlichsten zeigt sich zumeist eine chronologische Kontinuität der Darstellung von Ereignissen, mit der die Stabilität oder prozessuale Veränderung des Raumes verbunden ist. Parallel dazu stiften Kausalitäten als innere Ordnung der Dinge an sich oder auch als innerpersönliche Funktion Sinn.

Germanistischen Mediävistik s. dazu auch Markus Stock: Effekte des Authentischen? Selbstentwurf und Referenz in der Autobiographie Johanns von Soest (1504/05). In: Elizabeth Andersen, Manfred Eikelmann und Anne Simon (Hgg.): Texttyp und Textproduktion in der deutschen Literatur des Mittelalters. Berlin, New York 2005 (Trends in medieval philology 7), S. 267–283.

[70] Für ein solches hätte es durchaus Vorbilder gegeben – man könnte hier an Karl IV. oder auch Jakob I. Aragon denken: Vita Caroli Quarti. Die Autobiographie Karls IV. Einführung, Übersetzung u. Kommentar v. von Eugen Hillenbrand. Stuttgart 1979; Llibre dels fets del rei En Jaume. Hg. v. Jordi Bruguera. Bd. 2. Barcelona 1991. Aufgrund der Schwierigkeiten, die die versepische Form hingegen für die herrscherliche Imagepflege mit sich bringt, riet Jean Chapelain, „der die Regierung in Fragen literarischer Verherrlichung beriet", Ludwig dem XIV. von Frankreich von einem solchen Projekt ab, weil „zum Epos zwangsläufig ‚Fiktionen' gehörten" – so urteilt Peter Burke in seiner aktuellen Studie zur Inszenierung des Sonnenkönigs (Peter Burke: Ludwig XIV. Die Inszenierung des Sonnenkönigs. Berlin ³2009, S. 32).

[71] S. dazu u.a. Winfried Schulze (Hg.): Ego-Dokumente. Annäherung an den Menschen in der Geschichte (Selbstzeugnisse der Neuzeit 2). Berlin 1996; Klaus Arnold [u. a.] (Anm. 68); Hedwig Röcklein (Hg.): Möglichkeiten und Grenzen der psychohistorischen Biographieforschung. Tübingen 1993 und in frühneuzeitlicher Perspektive Hans Rudolf Velten: Das selbst geschriebene Leben. Eine Studie zur deutschen Autobiographie im 16. Jahrhundert. Heidelberg 1995 (Frankfurter Beiträge zur Germanistik 29).

Demgegenüber erscheint die Art, wie biographische Informationen in den *Gedechtnus*-Werken verarbeitet werden, geradezu ‚antibiographisch', da immer nur isolierte Splitter und Fragmente aufgenommen und in literarischen Zusammenhängen neu in Beziehung zueinander gesetzt werden. Obwohl sich z.B. nicht nur für den *Theuerdank* sondern auch für den *Freydal* eine Beziehung der Rahmenhandlung zu Maximilians Reise zu und Ehe mit Maria von Burgund herstellen lässt, bleibt diese sehr oberflächlich und ist mit ‚eine Frau begehrt den Helden zum Ehemann und er reist zu ihr' beinahe erschöpfend beschrieben, zumal diese Rahmenerzählungen, wie bereits erwähnt, stark durch literarische Motive und Erzählmuster geprägt sind, wodurch ein deutlicher literarischer Überschuss zu den spärlichen biographischen Fakten erzeugt wird.

Die Clavis bietet zwar für die im Hauptteil des *Theuerdank* erzählten *geferlicheiten* jeweils Referenzen auf Erlebnisse des Fürsten K.M.E.Z.O.V.B. (S. 566) und suggeriert damit indirekt einen biographischen Bezug auf Maximilians Leben. Nimmt man die so hergestellten Bezüge aber ernst, hebt das Ordnungssystem der Clavis mit ihren raumzeitlichen Zuordnungen das Sinngefüge des Textes auf und zeigt die dort vorgenommene Anordnung der Ereignisse und ihre Einbettung in einem narrativen Zusammenhang in ihrer fiktionalen und beinahe willkürlichen Faktur. So können im Textzusammenhang unmittelbar oder sogar kausal aufeinander folgende *geferlicheiten* an völlig unterschiedlichen Orten oder zu weit auseinanderliegenden Zeitpunkten im Leben des Fürsten verortet werden.[72] Durch die Konzentration der gegebenen Informationen, die zumeist nur in Ort- und Zeitangabe einer bestimmten Jagd o.ä. bestehen, sowie der zusätzlich in der Clavis gegebenen allegorischen Deutung aller Hauptfiguren wird eine eindeutig biographische Lesart zusätzlich untergraben.[73] Die Biographie ist

---

[72] „Wenn Burkhard Waldis später die wirklichen Schauplätze entsprechend der Clavis wieder einsetzt, dann wird das Zerfallen des Raumkontinuums in disparate Schauplätze vollends evident" (Müller [Anm. 1], S. 122).

[73] Ähnlich verfährt der *Freydal*, an dem sich das Verfahren vielleicht am deutlichsten beobachten lässt: Hier besucht der Held nacheinander 64 Turnierhöfe unterschiedlicher Damen und vollbringt immer wieder die gleichen Taten: drei Turnierteile und einen Maskenball am jeweiligen Hof. Bis auf die ersten beiden Höfe ist im Entwurf statt Namen der Damen und Gegner nur der Platzhalter ‚n' eingesetzt. Diese ersten beiden Höfe geben aber eine Idee davon, wie die Leerstellen gefüllt werden sollten: hier sind Namen historischer Personen als anagrammatische Rätsel eingesetzt. Das Material für diese Einsetzungen lässt sich ebenfalls in einer Namensliste und in Namenseintragungen unter den Bildentwürfen finden. Die Art und Weise, wie diese Art von Information im Text verarbeitet wird, bringt den Gehalt dieser Referenz allerdings fast wieder zum Verschwinden. So interessieren nur die Personennamen, die Art der Kämpfe und deren Ausgang. Alle Informationen, die die Erlebnisse biographisch verstehbar machen würden, werden nicht gegeben. Eine mögliche Kontinuität

nicht das Erzählmodell dieses Textes, der Lebenszusammenhänge gerade nicht darstellt, sondern auflöst. Auch wird in keinem der *Gedechtnus*-Werke ein Bezug zwischen Maximilian und den Protagonisten direkt hergestellt, sondern der Leser trifft immer nur auf Andeutungen und Rätsel. In der Clavis des *Theuerdank* werden die angeblich historischen Personen nur durch Abkürzungen angezeigt und obwohl man z.B. K.M.E.Z.O.V.B. durchaus als ‚Kaiser Maximilian Erzherzog zu Österreich und Burgund' auflösen kann, setzt der Text der einfachen Identifizierung von Kaiser und Protagonist doch einen Widerstand entgegen.[74] Auch wurde ein geplanter Verweis von Theuerdank auf Maximilian in der endgültigen Fassung wieder gelöscht: Ein ursprünglicher Entwurf des Widmungsschreibens Melchior Pfinzings sah noch vor, die Geschichte als eine der Vorfahren Karls V. auszuweisen, was im Druck nicht mehr der Fall ist.[75] Gerade in dieser Phase der Fertigstellung, die so nur der *Theuerdank* erreicht hat, scheint an der Verrätselung und Blockierung einer eindimensionalen Identifizierbarkeit des Protagonisten mit Maximilian gearbeitet worden zu sein.

Vor dem Hintergrund des bisher Gesagten erscheint es als sinnvoller, den *Theuerdank* (und mit ihm *Freydal* und *Weisskunig*) nicht als literarische Überformung eines Lebens im Sinne (auto-)biographischen Erzählens zu verstehen, sondern vielmehr als literarischen Text zu begreifen, der mit der Durchsichtigkeit auf ein Leben hin spielt und punktuell inhaltlich sowie in abstrakten thematischen Linien Anklänge zu einem solchen herstellt. In diesem Sinne würde

---

in Raum und Zeit wird außerdem durch die völlig disparate Zusammenstellung von Personen zu einem Turnierhof aufgebrochen, jede biographische Kausalität vom seriellen Erzählschema aufgesogen.

74 Ähnliche Strategien finden sich auch im *Weisskunig*: So erfährt der Leser, dass der Name des jungen Weißkunig ein Geheimnis sei und aus den Namen zweier großer Heerführer zusammengesetzt. Daraus mag sich der Kundige zwar einen Reim auf die humanistische Deutung von Maximilians Namen als aus Quintus Fabius Maximus und and Publius Cornelius Scipio Aemilianus zusammengesetzt machen – diese Deutung unterläuft die biographische ‚Wahrheit' jedoch gerade. Bei Maximilians Namensgebung waren nämlich nicht diese beiden, sondern vielmehr der heilige Maximilian von Lorch Vorbild. Hier findet sich also gerade kein Realitätsbezug, sondern ein Deutungsbezug innerhalb des *Gedechtnus*-Werkes im weiteren Sinne.

75 Dort heißt es: *fur augen zu nemen den eltisten hohstgeporn adenlichen tewristen und ruemwirdigisten ursprung der welt, von dannen euer kunigclich Mayestät hergeflossen, und deßhalb ungezweifelt sovil mer genaigt und begirlich ist, zu lesen zu vernemen und zu horn ewer kunigclichen Mayestät eltern und vorfordern adenlich redlich und loblich geschicht und getaten […].* Der Entwurf ist eingeheftet in Cod. Nr. 2834 ÖNB Wien auf Fol. 52–54. Zitiert nach Laschitzer (Anm. 39), S. 67. Simon Laschitzer glaubt die Änderungen in der Widmung auf Maximilians Eingreifen hin zurückführen zu können (ebd. S. 66f.).

nicht Maximilians Leben durch die Präsentation in literarischer Form auratisiert werden, sondern vielmehr ein literarischer Text mit der Aura des Echten, Bedeutsamen und eben auch Geheimnisvollen aufgeladen werden.

Damit wären die angesprochenen Erzählwerke aber einer anderen Art und Konzeption von *Gedechtnus* zuzuordnen als die politischen Flugblätter oder sich an Maximilian wendende ‚klassische' panegyrische Dichtung wie der *Ludus Dianae*. *Gedechtnus* meint vielleicht doch nicht immer Herrscherlob,[76] sondern muss als ein weiter gefasstes Konzept der *memoria* begriffen werden.[77] In *Freydal*, *Weisskunig* und *Theuerdank* ließen sich in diesem Sinne nicht nur Möglichkeiten finden, thematisch gegliederte Einzelerlebnisse des Kaisers (Tänze und Turniere, Ausbildung und Kriege, Hochzeit und gefährliche Erlebnisse) in den Rahmen fiktionaler Erzähltexte einzubetten, sondern auch unterschiedliche Aspekte einer typenhaft-abstrakten Herrscherpersönlichkeit zu entwerfen und an diese Erlebnisse zu koppeln. Denn die Protagonisten der einzelnen Texte sind durchaus divergent angelegt. So lässt sich Theuerdanks *fortitudo* die *sapientia* des Weisskunig gegenüberstellen, und mit der formvollendeten Höfischkeit Freydals flankieren.

Diese typenhaften Figurenentwürfe, die Handlungen, in denen sie agieren, und auch ihre punktuellen Erlebnisse sind in einer besonderen Weise auf Maximilian bezogen, die zwischen dosierter Distanzierung und suggerierter Unmittelbarkeit liegt. Effekte des Authentischen, wie sie jüngst Markus Stock für die Autobiographie des Johann von Soest als textuelles Verfahren der Produktion von Unmittelbarkeit an den Friktionen von exemplarischen, literarischen Mustern und den Abweichungen von diesen beschrieben hat, ließen sich in diesem Zusammenhang auch in den angesprochenen *Gedechtnus*-Texten finden.[78] Gerade im Nicht-Idealen, wie der übersteigerten Risikofreude des Protagonisten

---

[76] Jan-Dirk Müller, dessen Leistung es ist, die gesamte Literatur- und Kunstproduktion im Umfeld Maximilians unter dem Begriff des *Gedechtnus* zusammenzuschauen und die kollektive Arbeit an diesem Projekt offen zu legen, kommt insgesamt zu dem Schluss: »*Gedechtnus* meint Herrscherlob« (Müller [Anm. 1], S. 81). Diese Einschätzung ermöglicht es, alle Werke in einer einheitlichen Perspektive zu betrachten, vereinheitlicht aber unzulässig deren unterschiedliche Formen, Funktionen, Rezipienten und Entstehungszeit.

[77] In diesem Sinne ließe sich auch der Freydal nicht so sehr als Verklärung des Kaisers als eines Turnierritters lesen, sondern mehr als Erinnerung an ein ganzes Bezugssystem von Personen, als *memoria* der höfischen Gesellschaft im Ganzen aus der Perspektive Maximilians.

[78] Stock (Anm. 69). Er geht von der Idee aus, dass Unmittelbarkeit auch in der Gattung der Autobiographie, die wie keine andere mit dem „Potential des Authentischen" operiere (ebd., S. 283), „durch bestimmte textuelle Verfahren erzeugt" werde, „abhängig von Inszenierungen" und damit „nicht wirklich unmittelbar" sei, sondern vielmehr sehr deutlich „auf Strategien, auf Mittelbarkeit, auf Herstellung" hinweise (ebd., S. 209).

der sogenannten lateinischen Autobiographie[79] und Theuerdanks, die auch eine Schwäche des Kaisers gewesen zu sein scheint,[80] entsteht ein textueller Effekt, „der den Eindruck eines unverstellten Blickes auf das faktische Leben"[81] suggeriert, eben weil diese Eigenschaft nicht mit dem Verschriftlichungsprogramm eines Ruhmeswerkes kommensurabel ist. In diesem Sinn verstanden ist vielleicht keine Stelle im Theuerdank so authentisch wie die drei leeren Seiten an seinem Ende, in dessen wortloser Botschaft dem Leser die ganze Tragik des sterbenden Kaisers vergegenwärtigt wird, der den stets geplanten Zug gegen die Türken nie realisierte und befürchtete, mit seinen übrigen Kriegen mehr dem Teufel als Gott gedient zu haben.[82]

Es lohnt sich den *Theuerdank* in seinen Inkonsistenzen nicht hinzunehmen, sondern seinen Widersprüchen und Brüchen zu folgen, sie als textuelle Verfahren beschreibbar zu machen und sich darin auch von den Implikationen einer auf den biographischen Gehalt oder die panegyrische Intention verengten Lesart zu lösen, sie methodisch neu zu durchdenken. Das Verhältnis zwischen Maximilian I. und den Protagonisten der angesprochenen *Gedechtnus*-Werke lässt sich sicherlich nicht durch ein Gleichheitszeichen beschreiben. Die Antwort auf

---

79 In Übereinstimmung mit den für ihn zeitlebens wichtigen Horoskopen (s. Ziegeler [Anm. 17], S. 84) wird hier ein junger Mann gezeigt, dessen Leben durch die Stunde seiner Geburt zugleich unter dem Schutz Gottes wie unter ungünstigen Sternen steht. Diese Konstellation führt zu einem besonders risikofreudigen Charakter, der ihn notwendigerweise immer wieder in gefährliche Situationen bringt. „[S]eine natürliche Veranlagung und der böse Geist seiner Konstellation führten ihn in zwei große Missgeschicke", *cor suum naturale et spiritus [suus] constellacionis sue malus in duas mangnas diffortunias cepit* (Fragmente einer lateinischen Autobiographie Kaiser Maximilians I., in: Alwin Schultz (Hg.): Der Weisskunig. Nach den und eigenhändigen Aufzeichnungen Kaiser Maximilians I. zusammengestellt von Marx Treitzsaurwein von Ehrentreitz. In: Jahrbuch der kunsthistorischen Sammlungen des Allerhöchsten Kaiserhauses. Bd. 6. Wien 1888, S. 421–446, hier S. 423, Z. 34f.). Vgl. auch: „Geboren wurde jener junge Fürst in der Stunde einer wunderbaren astrologischen Konstellation, wodurch er notwendigerweise viele Leiden und Missgeschicke bis zum heutigen Tag haben muss", *Natus fuit iuvenis princeps ille in mirabili hora sue constellationis, unde multas passiones usque in hodiernum diem sibi et diffortunia sibi habere necessarium est* (ebd., Z. 23f.). Die deutschen Übersetzungen der Textabschnitte verdanke ich Nicola Kaminski.
80 S. Müller (Anm. 1), S. 229; Hollegger (Anm. 5), S. 250f.
81 Stock (Anm. 69), S. 269, der diesen Effekt bei Johann von Soest noch in einer durch das ‚ich' des autobiographischen Paktes sowie den medialen Aspekt eines Autographs verstärkten Form beobachten kann.
82 Hollegger (Anm. 5), S. 236ff, 242; Hermann Wiesflecker: Kaiser Maximilian I. Das Reich, Österreich und Europa an der Wende zur Neuzeit. 5 Bde. München 1971–1986. Bd. IV (1981), S. 477, 492, Bd. V (1986), S. 633.

die Frage, wie genau es in den Texten hergestellt und entworfen wird, scheint mir ein wichtiger Aspekt der Konzeptualisierung ihrer spezifischen Literarizität zu sein. Ich hoffe, mit dem vorliegenden Beitrag einen Schritt in diese Richtung gegangen zu sein.

Elaine C. Tennant
Productive Reception:
Theuerdank in the Sixteenth Century

1 Introduction

A survey of research on Maximilian I would somehow seem incomplete without at least a glance at what one might call ‚the Maximilian industry' – that reception phenomenon which has kept dazzling beams of learned and popular attention focused on this Habsburg prince from the late fifteenth century to the present. The artifacts that document this interest have from the outset covered a wide spectrum of popular and elite genres in various media, ranging from broadsheets and ballads to bronze sculptures and finely printed books in the sixteenth century, and from *Lebkuchen* canisters to postage stamps, commemorative coins, and even an opera in the nineteenth and twentieth. In the early modern period, when legends and anecdotes regularly accumulated around both invented and historical personalities (Eulenspiegel, Luther, and Faust come to mind), Maximilian was also the frequent subject of this kind of lore. The popular mythologizing of Maximilian had already begun by the time that he, in the early sixteenth century, began to plan his own program of memorial monuments, which has, since the publication of Jan-Dirk Müller's 1982 study, come to be known collectively as the emperor's *gedechtnus*.[1] At various times scholars have attempted to separate the popular legends that collected around Maximilian during and after his lifetime from the verifiable historical events that gave rise to many of them and from the deliberately crafted images of himself that the emperor caused to be put into circulation. It is the design and impact of one of these latter officially authorized gestures of self-representation that interest me here. This essay will explore some early modern responses to the *Theuerdank* as a way of demonstrating how the symbiosis between salient design features of the *gedechtnus* monuments and novel circumstances of information management in the first century or so of printing in the Holy Roman Empire contributed to what has turned out to be the remarkable variety, longevity, and resilience of Maximilian's fame. It will consider these historically specific variables in terms of more general modes of cultural transmission and reception.

---

[1] Jan-Dirk Müller: *Gedechtnus*. Literatur und Hofgesellschaft um Maximilian I. München 1982 (Forschungen zur Geschichte der Älteren Deutschen Literatur 2).

While scholarly interest in *Theuerdank* reception (as opposed to interest in the work itself) dates back to at least the beginning of the eighteenth century,[2] specialists in various disciplines have generally mentioned this phenomenon only in the context of their research on other subjects,[3] with the result that there is no comprehensive census of the responses to the Schönsperger *Theuerdank* editions of 1517 and 1519. The few extant partial tallies of appropriations from, allusions to, and elaborations of the original *Theuerdank* tend to track the reception of only one semiotic component of this complex artifact; i.e., they are primarily concerned with either the subsequent development of its textual components or the later history of its woodcuts, but rarely with both.[4] This is understandable given the different disciplinary orientations of the researchers who produced these lists. The present essay will consider the *Theuerdank* not as a poem or a woodcut series, but rather as a representative *gedechtnus* monument designed to precipitate endless echoes of Habsburg fame, and as a touchstone for the dynamics of the information culture of early modern Germany. In that context let me specify what I mean by „Theuerdank" and by „reception".

---

[2] The first edition of the ‚Disquisitio de inclyto libro poetico Theuerdanck' (Altdorf), a dissertation written for Heinrich Gottlieb Titz by Johann David Köhler, professor of logic and librarian at the University of Breslau, was published in 1714. It went through three more editions before the end of the century (1719, 1737, 1790). The last of these was revised by Bernhard Friedrich Hummel and published in Nürnberg. The most thorough treatment of *Theuerdank* reception came more than 200 years later in Glenn Elwood Waas's Columbia University dissertation: The Legendary Character of Kaiser Maximilian (1941). New York 1966, p. 121–190.

[3] Among these, for example, were historians of German literature Georg Gottfried Gervinus: Geschichte der poetischen National-Literatur der Deutschen 2. Leipzig ²1842, p. 235 and Otto Bürger: Beiträge zur Kenntnis des Teuerdank. Strassburg 1902 (Quellen und Forschungen zur Sprach- und Culturgeschichte der germanischen Völker 92), p. 1–10, art historians Simon Laschitzer (ed.): Der Theuerdank. Wien 1888 (Jahrbuch der Kunsthistorischen Sammlungen des Allerhöchsten Kaiserhauses 8), p. 108–116 and Robert Proctor: An Index of German Books 1501–1520 in the British Museum. London ²1966, passim, and historian of the book Hugh W. Davies: Catalogue of a Collection of Early German Books in the Library of C. Fairfax Murray. London 1913, nos. 80, 293, 329, 330, 344, 465, 466.

[4] Laschitzer [note 3], Bürger [note 3], and Waas [note 2] by exception attempted to include material about both the later verbal and visual traditions of the Schönsperger *Theuerdank*'s. Carl Haltaus produced the first scholarly edition of the work: Theuerdank, ed. C. Haltaus. Quedlinburg 1836 and with it a monographic introduction that remains one of the basic studies on the *Theuerdank* tradition, including its various early modern textual adaptations; he did not, however, address himself to the later use of the *Theuerdank* illustrations.

2 The *Theuerdank* Tradition

The genesis of the *Theuerdank*, first produced in Augsburg at the press of Johann Schönsperger the Elder in 1517 as a private edition for Maximilian, is an involved and by now fairly well documented story that we need not rehearse in detail. What interests us here are the characteristics of this artifact in the form or forms in which it was first published and the circumstances under which it began to circulate and precipitate responses.

In physical terms the 1517 *Theuerdank* is a large folio book of some 290 leaves,[5] printed in a unique calligraphic typeface, and including 118 woodcut illustrations. Semiotically it is a compound artifact composed of verbal and visual systems and combinations of the two. The verbal components include, in the order of their appearance, the title page, the prose dedication, the poem (divided into 117 chapters, each preceded by a narrative title), the prose afterword, and the prose clavis or key to the illustrations (divided into numbered paragraphs corresponding to the woodcuts and poem chapters). The primary visual component of the work is the program of illustrations (one placed between the title and the text of each chapter of the poem, except for chapter 117, where the chapter text is missing). The different layouts of the separate verbal sections of the artifact (the prose blocks of the dedication and afterword, for example, as compared to the columnar presentation of the chapters in verse), the sequencing of the illustrations throughout the poem as a whole (i.e., one woodcut preceding each text chapter), and the placement of individual illustrations within the layout of individual leaves are also features that communicate to *Theuerdank* audiences in terms of visual rather than verbal conventions. The famous *Theuerdank* type belongs simultaneously to the visual and verbal systems of the artifact: independent of the words they spell, these letters give the *Theuerdank* leaves a distinctive look that is quite unmistakable; and like the words they spell, the letters are also the bearers of the verbal tale that is told. The material supports of the Schönsperger *Theuerdank*'s varied depending on the print run. The 1517 edition included something over 40 copies on vellum and an estimated 300 on paper;[6] the 1519 edition was on paper.

---

[5] The usual number of leaves in a 1517 *Theuerdank* that includes Pfinzing's clavis is 290. Some surviving copies, however, have an additional folio; the Wolfenbüttel copy, Herzog August Bibliothek f 1.1.1. Poet. 2°, is one of these. Perfect copies lacking the clavis signature (?A) have 282 leaves.

[6] Haltaus (note 4), p. 39; Horst Appuhn (ed.): Kaiser Maximilian I. Theuerdank 1517. Dortmund 1979 (Die bibliophilen Taschenbücher 121), p. 593; and Eva Irblich: Publikationen Maximilians in: Hispania – Austria. Kunst um 1492. Mailand 1992, p. 300–323, p. 309–310.

Less easily described than its physical and structural components, but equally characteristic of this work, are the generic signals that its separate and combined signifying elements sent to contemporary audiences. Elsewhere I have argued that the design of the *Theuerdank* was so overdetermined by the inclusion of multiple and contradictory keys to its meaning that the artifact was destined from the outset to generate multiple interpretations.[7] The dedication and the poem itself, for example, make claims that would predispose audiences to assign the work to particular textual traditions (the *Heldenbuch*, the romance, e.g.), while the layout of the leaves and the message of the clavis suggest that assignment to other genres or cognitive categories is equally possible (the chronicle, e.g.). Nor is the confusion about the genre(s) of the *Theuerdank* limited to the verbal components of the project. Materially the artifact is crafted to look as much like a lavish hand-produced manuscript as the printing technology of early sixteenth-century Augsburg would permit. But contemporary audiences were not actually to think that the *Theuerdank* was a manuscript (the presence of signature marks throughout the volume confirms this); instead they were encouraged by the elaborate material execution of the design to think of the physical artifact *in terms* of the manuscript idiom, just as they were encouraged to consider its verbal components in terms of romances, *Heldenbücher*, and chronicles. This principle of association, which I have called „generic referencing", is used throughout the larger memorial program to encourage audiences to apprehend the newly created Habsburg *gedechtnus* according to the traditions and conventions of the genres that the monuments themselves recall.[8]

It is evident from just these formal features of the project's design that the *Theuerdank* was a semiotically complex as well as compound artifact, and that as such its reception was likely from the outset to be various. The historical circumstances of the production and release of this work complicated its reception further. As I mentioned, the 1517 edition was published in two ‚species' – vellum and paper; it was also released in two forms – with and without Melchior Pfinzing's clavis (sig. ²A).[9] The edition was intended for distribution

---

[7] Elaine C. Tennant: "Understanding with the Eyes": The Visual Gloss to Maximilian's *Theuerdank*. In: Entzauberung der Welt. Deutsche Literatur 1200–1500. Ed. James F. Poag, Thomas C. Fox. Tübingen 1989, p. 211–276.

[8] Tennant (note 7), p. 215–217.

[9] For some time it was debated whether or not the 1517 copies without the clavis were imperfect or whether they had been published deliberately in this form. See, e.g., Jaques-Charles Brunet: Manuel du libraire et de l'amateur de livres 5. Paris 1864, cols. 767–768; Johann Georg Theodor Graesse: Trésor de livres rares et précieux ou nouveau dictionnaire bibliographique 6.2. Dresden 1867, p. 106–107; Haltaus (note 4), p. 105–106; and Bürger (note 3), p. 2–4. The current

only after Maximilian's death, and it is generally accepted that at most a handful of copies of it were in circulation before its official release in 1526.[10] But in 1519 Schönsperger published a commercial edition of the work that was in terms of its design and appearance virtually equivalent to the 1517 edition,[11] except that it bore a printing privilege on the verso of the title page and it was printed on paper. It appears then that the first versions of the *Theuerdank* to circulate publicly were from the 1519 edition and that only a half dozen years later did copies from the 1517 edition appear in greater numbers. Because of the virtual equivalency in the design and appearance of the 1517 and 1519 Schönsperger *Theuerdank*'s, and because so little is known about the actual circumstances under which these editions went into circulation, I group these first two editions of the *Theuerdank* together and consider that any and all copies from them document what I have referred to above as „the original *Theuerdank*", i.e., the originating artifact that initiates reception of this work.

This notion of the originating artifact – the pebble dropped into the pool that produces ever-widening ripples – brings into sharp focus one of the characteristic features of information dissemination in the early years of European printing that the *Theuerdank* documents. I have just suggested that the beginning point for *Theuerdank* reception is any 1517 or 1519 Schönsperger imprint of the work. The *Theuerdank*, which was first printed in 1517 and first began to circulate in 1519, was a brand-new artifact from its crisp woodcuts, programmatic poem, and remarkable typeface to the conception that combined all these elements and caused them to be released in multiple forms. Since no earlier stage of the work is more complete, unique, or genuine than these copies, the *Theuerdank* tradition must be considered to begin with them.

---

consensus is that the copies lacking the clavis were legitimate alternative forms to the ones that included sig. 2A. Of the surviving 1517 copies, several lack the clavis although the greater number of them include it.

10 Concerning the 1526 release of the first *Theuerdank* edition see Laschitzer (note 3), p. 110. Before his death Maximilian presented a paper copy of the work to Hans Burgkmair and apparently also a vellum copy to Melchior Pfinzing's brother Ulrich, who was the emperor's *Pfennigmeister*. See Tilman Falk: Wappenexlibris des Hans Burgkmair. In: Hans Burgkmair 1473–1973. Das graphische Werk. Ed. Isolde Hausberger, Rolf Biedermann. Stuttgart 1973, no. 99 and fig. 51; and Irblich (note 6), p. 309–310.

11 Descriptions of the 1519 Schönsperger *Theuerdank*'s vary. Earlier scholarship on the publication history of this work (e.g., Haltaus [note 4]) treats the 1519 Schönsperger imprints of the *Theuerdank* as a single edition in two states; more recent works (e.g., Davies [note 3]) refer to two editions. I have adopted the older convention because it continues to be the more common in *Theuerdank* scholarship and it suits the purposes of this essay, which is not primarily about the variants of the 1519 *Theuerdank*.

All the copies belonging to either of these editions are authentic and original,[12] but although they are all authentic, they are not all alike. The differences I have in mind are not the sorts of minor variations like slip-cancels or stop-press corrections that make virtually every post-incunable in some sense unique. I mean rather that four forms of the *Theuerdank* were published at once: versions with and without the clavis, on paper and on vellum. Individual copies from these groups of imprints were then treated variously by their sellers or owners. Some were left as they came from the press or bookseller, while others were ‚finished' or enhanced – with various combinations of hand ruling on the text leaves, transparent or gouache tinting on the woodcuts, and highlighting in gold – to make them look more like the luxury manuscripts to which the design of the *Theuerdank* alluded.[13] These individually modified copies then comprise another set of variant forms. Because all these *Theuerdank*'s came into being and began to circulate at approximately the same time, one cannot declare that any particular treatment of the print artifact is a truer type or stands closer to the conception of its designers than any other. An uncolored vellum copy without a clavis is a complete original *Theuerdank*,[14] and so is a colored copy on paper with a clavis.[15]

This means that from the standpoint of its reception history, the *Theuerdank* – despite the fact that it was brand-new – entered the information stream and the chain of transmission not as a solitary ur-form but as an already developed tradition that was represented by multiple variants, each of which had the potential to

---

12 For a more complete discussion of these terms as I have used them to describe early German print artifacts see Elaine C. Tennant: The Protection of Invention: Printing Privileges in Early Modern Germany. In: Knowledge, Science, and Literature in Early Modern Germany. Ed. Gerhild Scholz Williams, Stephan K. Schindler. Chapel Hill 1996 (University of North Carolina Studies in the Germanic Languages and Literatures 116), p. 22–26.
13 The surviving copies of the 1517 Schönsperger *Theuerdank* editions could in themselves provide the basis for an interesting study of how early sixteenth-century audiences construed this artifact – as an almost-manuscript, as an almost-complete-manuscript, as a new form with properties of its own, etc. Such an investigation would require additional research in order to date the tinting of the woodcuts, as it is not clear that all the colored copies were painted in the same period. Since the tinting of at least some of the surviving copies seems virtually contemporaneous with the time of their printing, however, I do, for the purposes of this essay, take color to be a feature of some of the Schönsperger *Theuerdank*'s as they circulated in their ‚original' states.
14 The 1517 *Theuerdank* in the collection of the Stadt- und Universitätsbibliothek in Frankfurt a. M. (Ausst. 221) represents this group of variants. I am indebted to Günter Kroll for this information.
15 The 1517 *Theuerdank* in the collection of the San Francisco Public Library (shelved by date under Schönsperger's name in the Book Arts and Special Collections Center) represents this group of variants. I am indebted to Asa Peavy for this information.

generate responses or precipitate reception. In the terms of our earlier metaphor, we could say that *Theuerdank* reception was set in motion not by the impact of a single pebble on the surface of a pool but rather by that of a handful of similar stones, all of which struck the water at approximately the same moment, each creating its own system of ripples, some of which expanded into each other and produced secondary patterns of impact. That the *Theuerdank* made its entrance onto the scene in so many different forms is, I suggest, only partly to be explained by the fact that it was produced in the print medium, though printing does account for the four different forms in which the *Theuerdank* left Schönsperger's press. It seems likely that the design of this monument – in a form reminiscent of manuscript codices and looking vaguely like illustrated vernacular chronicles – may also have encouraged some contemporary owners to feel that their *Theuerdank* copies could have something more done to them, particularly given the fact that printed books less lavish than the *Theuerdank* were frequently embellished by hand in this period. In this connection the particular features of the *Theuerdank* layout, the intricacy of its typography, and sumptuousness of its supports – all of which marked it as a luxury production – may account for the fact that some copies, particularly those on vellum, were also tinted by hand.

The much cited chapter of the *Weißkunig* that explains the logic of the *gedechtnus* program[16] makes clear that its purpose and the purpose of its component monuments was political: "He who fails to make memorials for himself within his lifetime, will not be remembered after his death. And that same man will be forgotten with his death knell [...]".[17] While these lines occur within a work of art and in the context of a larger statement about the public uses of art and history, they are nevertheless above all the expression of a Habsburg political strategy, which held that the estate of kings and the memory of individual (Habsburg) rulers would be enhanced by keeping their images ever before their subjects. Seen in terms of this sort of imperial strategy, any reflex of the *Theuerdank* tradition that recalled to audiences its specific source (the work itself), its sponsor (Maximilian), or its political claims (the superiority of the House of Habsburg and by extension that of the estate of all elect rulers) would have been consonant with the design and objectives of Maximilian's *gedechtnus*. The full range of these reflexes, both the deliberately created ones and those produced casually or involuntarily, may be seen as evidence of the *Theuerdank*'s impact as an instrument of imperial display.

---

16 That is, *Wie der jung weiß kunig die alten gedachtnus insonders lieb het*, in Kaiser Maximilians I. Weißkunig. Ed. Heinrich Theodor Musper, vol. 1. Stuttgart 1956, ch. 24, p. 225–226.
17 *Were ime in seinem leben kain gedachtnus macht, der hat nach seinem tod kain gedächtnus und desselben menschen wird mit dem glockendon vergessen* [...]. Musper (note 16), p. 226.

In examining these reflexes I will view the *Theuerdank* as a compound artifact comprising a number of particular information or semiotic systems. I will focus on the ways that the information, which was organized into the characteristic verbal and visual systems of the original *Theuerdank*, circulated during the early modern period. *Theuerdank* reception, understood in this way, does include the later history of the book itself (particularly in the fixed configuration in which it was canonized in the nineteenth century as a monument of German literary and visual culture), but it also includes the inadvertent or unattributed use that printers later made of its easily recognizable illustrations as well as the deliberate attributed use that historians made of its verbal components. Before proceeding to particular examples of *Theuerdank* reception, however, let us reflect briefly on the basic modes of cultural reception.

3 Modes of Reception

Having explained that a ‚tradition' of *Theuerdank*'s rather than a solitary artifact initiates the reception of this work, I will use a similarly elastic notion of reception to gauge how audiences reacted to and perpetuated the *Theuerdank*. Reception phenomena can generally be described as being either productive or preservative. Productive reception generates new forms, derivatives, or variants based on the information contained in the original artifact. Preservative or reproductive reception conserves, replicates, or reproduces the configuration of information that is characteristic of the original artifact. Productive reception is based on the elastic generative potential of the originating artifact.[18] Preservative reception is based on a fixed or no longer productive artifact. Both varieties

---

18 In his much appreciated „Excursus against influence" in: Patterns of Intention. On the Historical Explanation of Pictures. New Haven 1985, p. 58–62 (here p. 60), Michael Baxandall used the metaphor of the billiard table to explain the lively multidirectional phenomenon that I call „productive reception"; I am grateful to Andrew Stewart for calling this passage to my attention: „The classic Humean image of causality that seems to colour many accounts of influence is one billiard ball, X, hitting another, Y. An image that might work better for the case would be not two billiard-balls but the field offered by a billiard table. On this table would be very many balls – the game is not billiards but snooker or pool – and the table is an Italian one without pockets. Above all, the cue-ball, that which hits another, is *not* X, but Y. What happens in the field, each time Y refers to an X, is a rearrangement. Y has moved purposefully, impelled by the cue of intention, and X has been repositioned too: each ends up in a new relation to the array of all the other balls. Some of these have become more or less accessible or masked, more or less available to Y in his stance after reference to X. Arts are positional games and each time an artist is influenced he rewrites his art's history a little".

of reception generate new artifacts, but only productive reception generates new forms of artifacts. In structural linguistic terms one might say that productive reception is just that – ‚productive' – and that it generates new -emic forms, while preservative reception is unproductive or obsolescent and generates new -etic forms. In the vocabulary of narrative theory and textual criticism, productive reception describes the same phenomenon that is covered by the term ‚mouvance', that is, the occurrence of multiple variant realizations of the same material without particular reference to agency. It foregrounds the invention of later makers who appropriate, perpetuate, and enhance elements of the original artifact; it permits and indeed depends on innovation. Preservative or reproductive reception, on the other hand, can be related to such notions from the realm of literary criticism as authorship, the masterpiece, the work of art, and the established text. It is backward-looking. It privileges the originating artifact and the invention of its maker as the (only) authentic ones; it can thus accommodate in the later reflexes of an artifact only those changes to its original design that stop short of innovation. Much academic criticism on transmission and reception in literature and the other arts, proceeds unreflectively from a preservative notion of these phenomena, turning the originating artifact – itself as often constructed as it is historically verifiable[19] – into a fixed prescriptive standard against which its later reflexes are measured. In terms of such a preservative bias, these reflexes are inevitably seen as lesser – not just other – than the originating artifact. When they imitate without innovating they are considered epigonous, and when they do innovate, as corrupt, parodic, bowdlerized, etc. versions of the original.[20]

---

19 In the case of the *Theuerdank*'s reception, it is possible to verify historically the ‚originating tradition' or the ‚originating artifacts' (i.e., the several forms of the 1517 *Theuerdank*) because a great deal of circumstantial evidence about the genesis of the *Theuerdank* project and a number of copies of the Schönsperger editions survive. The beginning points of the chains of transmission for most of the courtly narratives of the thirteenth century in Germany are, however, by contrast, missing and have been reconstructed (or in some cases constructed) on the basis of later narratives that are taken to be reflexes of the missing states of these works. Until relatively recently, scholarly practice tended to construct models based on single rather than multiple originating artifacts for the extant narratives (see note 20).
20 Joachim Bumke's work on the theory and practice of textual criticism addresses this prescriptive bias, which dominated the editorial principles and models of transmission that have been applied since the time of Karl Lachmann to the study of the medieval German vernacular narrative. See Joachim Bumke: Grundlagen I.1. In: Die vier Fassungen der ‚Nibelungenklage'. Untersuchungen zur Überlieferungsgeschichte und Textkritik der höfischen Epik im 13. Jahrhundert. Berlin 1996 (Quellen und Forschungen zur Literatur- und Kulturgeschichte 8 [242]), p. 1–88 and: Der unfeste Text. Überlegungen zur Überlieferungsgeschichte und Textkritik der höfischen Epik im 13. Jahrhundert. In: ‚Aufführung' und ‚Schrift' in Mittelalter und Früher Neuzeit. Ed. Jan-Dirk Müller. Stuttgart 1996, p. 118–129, here 124: „Eine Schwierigkeit beim

As a rule of thumb, artifacts that claim by their titles, legends, or other similar identifying markers to be recreations, emulations, continuations, etc. of a given artifact, tradition, or genre and are accepted by audiences as being such, are examples of preservative or reproductive reception. In these terms, then, any subsequent work that calls itself „*Theuerdank*" or appears to be so patterned after the original that audiences in fact take it to be ‚a *Theuerdank*' is an example of preservative reception, no matter how different it may be from the originating artifact. Thus Carl Haltaus's unillustrated 1836 edition of the *Theuerdank* and Ludwig Thuille's 1897 three-act opera by the same name[21] can both be seen as preservative reflexes of the original Schönsperger *Theuerdank*'s, although in many respects each must be said to bear little resemblance to the originating artifact.

By contrast, artifacts that perpetuate or reuse identifiable components from other artifacts, traditions, or genres (i.e., spolia) in such ways that audiences cannot take the new artifacts in which the spolia appear to be versions of the originating artifacts from which they derive, are examples of the productive reception of those originating artifacts. There are stones, for example, in secondary use in the crusader fortress of Belvoir in the Jordan valley, which are decorated with synagogue motifs (the menorah, the shofar, etc.). These stones clearly have a different origin from the others in the wall, and their present context cannot be construed as a synagogue. This is an example of the productive reception of both the synagogue and its decorated stones, which recall their originating context but have become components of a distinctive new form.

Preservative reception is deliberate and referential in that the reflex represents its maker's conscious attempt to continue the originating artifact, which it often specifically invokes. Productive reception, on the other hand, is often non-referential. Makers may or may not acknowledge previously existing artifacts, traditions, or genres when they adopt or appropriate components from them. The audiences of these new forms may recognize the sources of the reused material and thus associate it with the originating artifacts, whether or not these have been evoked by the makers. Or else they may fail to make these associations.

Umgang mit Fassungen besteht darin, daß alle Begriffe, mit denen Textunterschiede erfaßt werden, durch die herkömmliche Betrachtungsweise der Textkritik geprägt sind. Wenn man von Kürzungen oder Erweiterungen spricht, von Umstellungen oder Verschiebungen, von Ergänzungen oder Auslassungen, von Textersatz oder Neuformulierungen: immer wird mit diesen Begriffen schon eine bestimmte Änderungsrichtung suggeriert – und damit die Vorstellung von primären und sekundären Textteilen. Die Entwicklung eines Beschreibungsmodells für epische Parallelfassungen ist eine dringliche Aufgabe".

21 That is, Ludwig Thuille: Der Theuerdank. Oper in drei Aufzügen mit teilweiser Benutzung des gleichnamigen Lustspiels von Hermann von Schmid gedichtet von W. Ehm. München 1897.

The qualitative distinction that I make between productive and reproductive reception is relative and flexible; it is not absolute. A given artifact may display features that suggest both modes of reception, and its assignment to one category or another will depend on the experience and priorities of a given audience. The fuzziness of the two categories of reception is akin to that of similarly useful analytic distinctions such as the notions of narrative variants versus narrative versions[22] or phonetic versus phonemic sound contrasts. The perception of distinction in each of these cases is contingent on the cognitive conditioning, cultural experience, and particular predilections of a given audience rather than on the composer of the text, the maker of the artifact, or the speaker of the sound in question.[23] As I use them, the designations ‚productive' and ‚preservative' (or ‚reproductive') reception are neutral descriptive terms that make it possible to separate into two general modes the great variety of forms and patterns in which reused cultural material may circulate.

In other critical models the interest in reception phenomena is focused exclusively on what I have called „preservative reception" with the result that the individual preservative reflexes of an originating artifact are assessed in terms of unspoken standards of aesthetic excellence or authenticity, according to which the reflex that most closely approximates the design configuration of the original is considered to be the ‚best', ‚truest', ‚most authentic', or the one ‚most in the spirit' of the seminal artifact. It is perhaps worth a brief digression here to show how this prescriptive attitude arises in other critical models in order to avoid it in the present survey of *Theuerdank* reception.

Let us consider for a moment the reception problems posed by the later editions of a complex multimedia book like the *Theuerdank*. We might return here for our example to the unillustrated one that Haltaus produced. As an edition of the originating artifact (rather than some other form of adaptation), the 1836 volume was conceived and presented by its maker as a later *Theuerdank* (thus, in

---

[22] See Bumke, Der unfeste Text (note 20), p. 124.
[23] As an example of cognitive conditioning, consider that native speakers of Arabic or Bavarian may have difficulty apprehending the phonemic distinction represented by the English minimal pair *butter–putter*, a contrast that does not exist in either of their own languages. As an example of cultural experience, consider that a student of modern European lyric forms may learn Anglo-Saxon or Old High German well enough to read texts preserved in these languages but may nevertheless be insensitive to the principles of alliterative rhyme (‚Stabreim') reflected in ‚Beowulf' or the ‚Hildebrandslied' because he has never encountered verse organized in this way. As an example of individual predilection, consider that at a given performance of Beethoven's Ninth Symphony, one member of the audience may concentrate only on the orchestration while another may be entirely preoccupied with the setting of Schiller's ‚An die Freude'.

the terminology I have been using, apparently an example of preservative reception). Yet it is so different from the original in several respects that a particular audience might not recognize or accept it as a reproduction of the Schönsperger *Theuerdank*'s. (It is preceded by an extensive scholarly introduction; it lacks illustrations and color; the typeface is modern; the page layout and size are different; etc.) A given Reader 1, who has no prior notion of the *Theuerdank* and encounters the work for the first time in the Haltaus edition, is likely to take it to be ‚the' *Theuerdank* and not just to accept it as ‚a' *Theuerdank*; but another Reader 2, whose notion of the *Theuerdank* has been formed by examining a hand-colored vellum copy from 1517, might find the same unillustrated printed version to be so different from his conception of the artifact that he would consider it to be neither a new form (since Haltaus's edition clearly proclaims itself to be a *Theuerdank*, it can hardly be taken to be anything else) nor an authentic *Theuerdank* reproduction (since it is different in so many ways from the Schönsperger *Theuerdank*'s), but would rather incline to see it as a ‚not'-*Theuerdank* or an ‚unsuccessful' *Theuerdank*.

Only within a system of analysis that understands reception to be an exclusively preservative phenomenon is the notion of a ‚not'-*Theuerdank* or an ‚unsuccessful' *Theuerdank* reflex' possible. For in such a system the fixed originating artifact itself becomes one pole of a binary opposition in which its own reflexes comprise the opposing pole and are measured against it by standards of authenticity and aesthetic approximation. The distinction here is between X and not-X, where X equals the originating artifact plus any reflexes of it that so resemble it for audiences to consider them to be equivalent to the originating artifact, and where not-X equals those reflexes of the originating artifact that do not sufficiently resemble it for audiences to consider them to be equivalent to it. This kind of analysis in effect privileges one -etic realization over the others instead of referring each of them back to the -emic form that gives rise to them all. That is, the originating artifact or the ‚masterpiece' itself (rather than the design concept that it realizes) becomes the standard against which later iterations (themselves reflexes of the same design concept) are judged. The establishment of such a hierarchy among -etic forms introduces a curiously prescriptive dynamic into an analytic context that might otherwise be descriptive. Analyses of this kind might better be called ‚influence' than ‚reception' studies because they amount to extended examinations of the originating artifact; they tend to consider its later reflexes neither for their inherent qualities nor for the productive use that they make of the cultural capital contained in the originating artifact, but as inevitably imperfect iterations of the artifact itself.

Certainly any sort of reception model must take the originating artifact into account. One must know what has been received before one can determine how it has been received. But if the focus of such a study is actually to be on the manifestations of reception, that is, on the received or transmitted forms of a tradition, then both the originating artifact itself as well as any subsequent responses to it must be viewed as the -etic reflexes of the (-emic) design configuration from which they all derive. In these terms both the received forms and the originating artifact (the work of art) must be understood to have the same signifying status with respect to the underlying design configuration that they all actualize. The originating artifact is thus only chronologically the first among many possible realizations of the design, and it is not otherwise privileged. Hence the hierarchical comparisons between originating artifacts and their received reflexes, which lie at the heart of many (preservative) reception studies, are in my view misconceived. It is for this reason that I have chosen an analytic schema that allows any and all received reflexes of the Schönsperger *Theuerdank*'s to be described as either productive or reproductive uses of the original material, in short, a schema that is unconcerned with the notions of ‚failed' or ‚unsuccessful' recreations of the originating artifact.

Keeping in mind the distinction between the two modes of reception, we can see that the *Theuerdank* has, over a period of nearly 500 years, occasioned both productive and preservative reflexes. The former was predominant in its transmission history from the sixteenth through the eighteenth century; but the latter, which has produced more than a half dozen scholarly editions of the work in the last 200 years,[24] has arguably existed right alongside the former since the first half of the sixteenth century, that is, virtually from the outset. The many individual examples of *Theuerdank* reception can be divided roughly into three groups: new works that make use of identifiable parts of the *Theuerdank* tradition but cannot

---

24 These preservative and/or scholarly editions include: Haltaus (note 4), Quedlinburg 1836; J[ohann] Scheible (ed.): Der Theuerdank nach der Ausgabe von 1519. Stuttgart 1846 (Das Kloster 4); Karl Goedeke (ed.): Teuerdank. Leipzig 1878 (Deutsche Dichter des 16. Jahrhunderts 10); W[illiam] H[arry] Rylands (ed.): The Adventures and a Portion of the Story of the Praiseworthy, Valiant, and High-Renowned Hero and Knight, Lord Tewrdannckh. A Reproduction of the Edition Printed at Augsburg in 1519. London 1884; Laschitzer (note 3), Wien 1888; Heinrich Theodor Musper et al. (ed.): Kaiser Maximilians Theuerdank. Plochingen u. Stuttgart 1968; Helga Unger (ed.): Kaiser Maximilian I. Teuerdank. München [1968] (Die Fundgrube 40); and Appuhn (note 6). Dortmund 1979 (Die bibliophilen Taschenbücher 121); and Stephan Füssel (ed.): Kaiser Maximilian I. Theuerdank. Die Abenteuer des Ritters. Kolorierter Nachdruck der Gesamtausgabe von 1517, vols.1–2. Köln 2003 (published simultaneously with another edition in which vol. 2 is in English).

themselves be construed as *Theuerdank*'s; scholarly analyses of the work; and translations, editions, or reproductions of the original (1517 and 1519) *Theuerdank*.²⁵ Works belonging to the first and second groups are certainly examples of productive reception; works belonging to the last tend to be examples of preservative reception. To date most of those scholars who have touched on *Theuerdank* reception have been more interested in the created characteristics than in the creative potential of this work, treating the Schönsperger *Theuerdank*'s as established or fixed rather than elastic artifacts; that is, they have generally been interested in the preservative reception of the *Theuerdank*.²⁶ In the remainder of

---

25 The early sixteenth-century translations of the *Theuerdank* into Latin (Richardus Sbrulius's *Magnanimus*, Vienna, Österreichische Nationalbibliothek Cod. 9976) and French (Jean Franco's *Les dangiers rencontrés et en partie les aventures du digne tres renommé et valeureux chevalier Chermerciant*, Paris, Bibliothèque Nationale, ms. Fr. 24288) are among the earliest examples of reproductive or preservative reception of the text. Because these translations are preserved in unique manuscripts, however, they seem not to have contributed significantly to the wider circulation of *Theuerdank* material in the early modern information scene. (See Claudia and Christoph Schubert: Richardus Sbrulius. Magnanimus. Die lateinische Fassung des Theuerdank. Remchingen 2002 and Martina Backes: Deutsche Literatur des Mittelalters in zeitgenössischen französischen Übersetzungen, Germanistik in der Schweiz. Online-Zeitschrift der SAGG 3/2006.) Most of the scholarly editions that have aimed at presenting the *Theuerdank* to modern audiences more or less in its original (1517 and 1519) form, including most of the facsimiles (Laschitzer 1888; Musper 1968; Appuhn 1979), are to some extent reconstructions in that they make use of more than one surviving copy of the artifact to produce a more perfect reproduction. The principle that seems to have guided these projects was the reproduction of the work as Maximilian and his *gedechtnus* team intended it rather than the reissue of any actual copy of the *Theuerdank* from one of the Schönsperger editions. The degree of this reconstruction varies. In the Laschitzer edition (note 3), the text is taken from a single 1517 copy, but many of the illustrations are reproduced from proofs of the woodcuts that are preserved in Cod. 2833 in the Österreichische Nationalbibliothek. The Musper edition (note 24) is based on two 1517 copies, one from the Hofbibliothek in Donaueschingen and the other from the Landesbibliothek in Stuttgart. The Appuhn edition (note 6) is after the earlier edition by Laschitzer but also adds four colorplates according to the vellum copy preserved in the Herzog August Bibliothek in Wolfenbüttel (see note 5). In Scheible's version, the text is presented in modern black letter type with 118 new illustrations based on the originals, produced for this edition by the Braun und Schneider Anstalt für Holzschneidekunst in Munich. The Rylands facsimile of 1884 (note 24), which was made from G. T. Robinson's copy of the 1519 edition, is an exception to the practice of creating composite or constructed facsimile editions. So is the first volume of Füssel's 2003 *Theuerdank* edition, which is the facsimile of a single actual 1517 *Theuerdank* exemplar (namely Sign. rar. 325a in the Bayerische Staatsbibliothek).

26 This group includes Gervinus, who comments on the moralizing tone of Burkhard Waldis's 1553 adaptation of the work (note 3), Laschitzer, who patiently notes which of the subsequent editions have the full component of woodcuts from the original though he pays no attention to the ways in which the content of the poem changes (note 3), and others. Waas (note 2) and Müller (note 1) are notable exceptions to this pattern.

this essay I will focus instead on the productive reception of the *Theuerdank* in the sixteenth century. The examples that follow document the variety and flexibility rather than the dimensions or durability of productive *Theuerdank* reception; they are not intended to show how large, longlasting, or widely scattered the reception phenomenon was, but rather to suggest how it worked.

4 Productive Reception

As we have seen, the *Theuerdank* was conceived and executed as a composite of loosely integrated arguments and semiotic systems. Its various messages – the story told by its poem, the complementary one told by its woodcuts, the contradictory one offered by Pfinzing's clavis, and the statements about verbal and visual genres that its layout, typeface, and supports implied – barely cohered in the original artifact. As the work became known, audiences dismantled its fragile structure and put some of its separate components to new uses. But they also continued to admire the original conception and supported it through an additional five editions (after 1519) before the end of the sixteenth century.[27] The woodcuts and Pfinzing's clavis were soon appreciated in their own right and reused in a variety of productive contexts, some of these independent of either the *Theuerdank* or the *gedechtnus*. In the Schönsperger *Theuerdank*'s both these components functioned as „separable keys" to the work's primary text, the poem.[28] The fact that writers, visual artists, and book publishers in the sixteenth century made independent use of the *Theuerdank* illustrations and clavis is confirmation that they understood these components of the original design to be separable from the poem and to have a productive potential of their own. The poem itself, on the other hand, without its clavis and illustrations, had less attraction for later writers as productive material for cultural salvage. While individual images from the visual narrative of the *Theuerdank* were reused, reinterpreted, and recontextualized, the verbal narrative, perhaps because of its cumbersome allegorical structure and its less than scintillating verse, seems to have been taken as essentially irreducible. To be sure, it was recycled, but

---

[27] These are the sixteenth-century *Theuerdank* editions: (1) Schönsperger, Nuremberg [=Augsburg] 1517, two versions; (2) Schönsperger, Augsburg 1519, two versions; (3) Stainer, Augsburg 1537; (4) Egenolff, Frankfurt a. M. 1553; (5) Egenolffs Erben, Frankfurt a. M., 1563; (6) Egenolffs Erben, Frankfurt a. M. 1589; (7) Egenolffs Erben, Frankfurt a. M. 1596. For my working definition of „edition" as applied to the sixteenth-century *Theuerdank*'s see note 11.
[28] Tennant (note 7), 217–218.

almost exclusively in translations or in subsequent versions of the *Theuerdank* itself. Thus the poem dominated the reproductive, and its separable keys the productive reception of the *Theuerdank* project.

To see how this process of semiotic deconstruction and recontextualization functioned, let us consider how the *Theuerdank* circulated, component by component. And as we begin to sample its sixteenth-century reception, we should also note how its cultural content circulated medium by medium. For as we will see, the fact that the original *Theuerdank* was comprised of both verbal and visual systems influenced the ways in which later makers drew on it. The woodcuts were soon used to embellish a wide array of verbal narratives, some of which were related to the Habsburg agendas for which the images had originally been made and many of which were not. Because these individual designs existed in a different medium from either the *Theuerdank* poem in the originating artifact or the new texts that they came to decorate, they remained discrete, easily recognizable, and easily separable components within their new contexts. And in none of these later reflexes do the adapted *Theuerdank* cuts become part of the dominant or primary signifying system of the new artifact. These circumstances will make it possible to speak in general terms about the functions of appropriated visual material in later responses to the *Theuerdank*. It is much more difficult, however, to generalize about the assimilation of verbal components from the *Theuerdank* to new contexts. This is because the *Theuerdank* material composed in words is invariably merged – often seamlessly – into the new verbal text of which it becomes a part, and that text is usually the primary semiotic system of the artifact that contains it. In order to understand, then, what role the verbal material from the *Theuerdank* may be playing in contexts of this kind, one must first locate it in its new setting and then unlock the basic argument of the artifact into which it has been grafted.

The different media of the *Theuerdank* components, then, in part determined how the individual parts of the original were perpetuated in later works. I draw attention here to this rather obvious fact in order to explain the asymmetry of the discussion that follows. It is possible to sketch in broad strokes the later history of the *Theuerdank* illustrations in the sixteenth century. But the adaptations of its verbal components were sufficiently complex and individuated to require closer attention. I will thus summarize the uses that several later printers made of the *Theuerdank* illustrations but will scrutinize in some detail Sebastian Franck's appropriations from the Pfinzing clavis and the poem itself for his ‚Germaniae chronicon', letting that work stand as a solitary but particularly instructive example of the early modern reception of verbal material from the *Theuerdank*.

5 The visual key

Although the illustrations are not the primary signifying system of the *Theuerdank*,[29] they are certainly its most prominent, luxuriant, and popular component. In the Schönsperger editions they are the only one of the separable keys that is actually embedded in the primary text.[30] These finely executed woodcuts, situated as they are in direct proximity to the poem, support its claims for Theuerdank's christomimetic character and depict him, in a naturalistic visual idiom, conversing with demonic and angelic beings (chs. 10 and 115). In their original context, then, the illustrations lend the hero an otherworldly if not superhuman dimension, thus guiding the audience toward a spiritualized interpretation of the protagonist and his circumstances.[31] Only in this relationship to the poem and the other verbal sections of the original project (see "The verbal keys" below) do the *Theuerdank* cuts perform this mythologizing function, and only in tandem with the poem can they be said to have a loosely narrative structure.

While the *Theuerdank* woodcuts continue to be used throughout the sixteenth century as a gloss on the poem in later editions of the work itself, they are also put to a variety of new uses in these decades. This latter productive reception takes three directions. The first is the trail established by the blocks themselves. They were owned successively by Schönsperger, then by Heinrich Stainer, Augsburg's

---

29 See Tennant [n. 7], 217, 232–233 and Folkhard Cremer: "Kindlichait, Junglichait, Mandlichait, Tewrlichait". Eine Untersuchung zur Text-Bild-Redaktion des Autobiographieprojektes Kaiser Maximilians I. und zur Einordnung der Erziehungsgeschichte des *Weisskunig*. Egelsbach et al. 1995 (Deutsche Hochschulschriften 1076), p. 66. Cremer has argued against my contention that the verbal systems are first in the hierarchy of texts or information systems in the *Theuerdank*. He explains that in order to understand what the *Theuerdank* images mean one must consult the text with the corresponding fable, and he quotes Carsten-Peter Warncke: Sprechende Bilder – Sichtbare Worte. Das Bildverständnis in der frühen Neuzeit. Wiesbaden 1987 (Wolfenbütteler Forschungen 33), p. 218 to the effect that the image makes visible to the reader what the text communicates verbally and that having done so it serves a mnemonic function. Certainly the presence of the *Theuerdank* illustrations enhances the message of its verbal text in a number of subtle and sophisticated ways that Cremer discusses. But the fact remains that it is possible to make sense of the poem without the images, but it is not possible to read the images for the programmatic Habsburg message that the poem asserts without the words of that text. In my view the verbal components of the *Theuerdank*, then, remain semiotically dominant in terms of any reading strategy that is aimed at solving the artifact for the messages that Maximilian's artists and scribes encoded in it.
30 The others – the dedication, afterword, and clavis – are all completely external to the poem.
31 On mimetic representations of the supernatural in the *Theuerdank* see Tennant (note 7), p. 241–249.

most important sixteenth-century printer, and later by Christian Egenolff, who bought them from Stainer in 1547.³² Stainer and Egenolff both used the blocks to illustrate works not obviously related to either the *Theuerdank* or to Maximilian's *gedechtnus*. Simon Laschitzer was the first to mention this connection and to observe that in order to determine the full extent of the circulation that the *Theuerdank* illustrations achieved in this way, one would need to examine all the works produced by these three presses.³³ Even without a comprehensive study of their imprints, however, it is possible to describe in general terms how these printers reused the *Theuerdank* images. Without identifying their source, Stainer set isolated illustrations from the original *Theuerdank* into the German translations that he published of historical and moral works, primarily texts from antiquity but also some from early modern Italy. These included selections from Cicero (in the translation by Johann Neuber and Johann von Schwarzenberg, 1534), Xenophon's life of Cyrus (translated by Hieronymus Boner, 1540), Dictys Cretensis's history of the Trojan War (1540), and Boccaccio's *De claris mulieribus* (in Steinhöwel's translation, 1543).³⁴ Egenolff extended this practice in his 1548 edition of the novel ‚Pontus and Sidonia', a work that draws its fable from the earlier mytho-history of medieval Europe and, like the *Theuerdank*, features a bridal quest marked by a prolonged series of trials for the suitor.

---

32 Hans-Jörg Künast: „Getruckt zu Augspurg". Buchdruck und Buchhandel in Augsburg zwischen 1468 und 1555. Tübingen 1997 (Studia Augustana 8), p. 9, 148 note 261. The history of the *Theuerdank* blocks does not end with Egenolff or in the sixteenth century. They were used for the Matthäus Schultes editions of the work (Ulm 1679 and Augsburg 1693), too, but these chapters of their story take us beyond the limits of this preliminary survey of the patterns of *Theuerdank* reception.

33 Laschitzer (note 3), p. 116. He adds that such an undertaking would hardly be worth the trouble and lists the three Stainer editions from between 1534 and 1540 that include *Theuerdank* illustrations, which are mentioned in the following discussion.

34 Laschitzer (note 3), p. 116 and Davies (note 3), no. 80, 150. That is ‚*Der teutsch Cicero* [...]'; ‚*Des hochgelobtesten philosophen-warhafftigsten Geschicht schreibers / vnd allertheursten Hauptmans Xenophontis commentarien vnd beschreibungen / von dem leben vnd heerzug Cyri des ersten kunigs in Persien* [...]'; ‚*Warhafftige Histori vnd Beschreibung / von dem troianischen Krieg, vnd Zerstorung der Stat Troie durch die hochgeachten Geschichtschreiber Dictyn Cretensem* [...]'; and ‚*Ein Schöne Cronica oder Hystori büch / von den fürnämlichsten Weybern, so von Adams zeyten angeweszt* [...] *Erstlich Durch Ioannem Boccatium Inn Latein beschriben*.'

To illustrate this prose narrative, Egenolff used 43 woodcuts of which 23 were from the *Theuerdank* project,³⁵ including one that did not appear in the Schönsperger editions of the work.³⁶

These unattributed uses of the original *Theuerdank* images, especially the scattering of individual woodcuts from Maximilian's project among illustrations from other sources to amplify narratives of various kinds, may reflect nothing more than the opportunism or the arbitrary selections of the printers who owned the blocks. And it is impossible to know whether audiences would have recognized these individual designs in their new contexts as images from the *Theuerdank*. With Egenolff's 1548 ‚Pontus and Sidonia', however, the situation may have been somewhat different. Here the *Theuerdank* woodcuts comprise half the total images in the volume and function as the dominant component of the visual narrative presented by its heterogeneous illustrations. Whether or not contemporary audiences identified the *Theuerdank* woodcuts with their source, these images will nevertheless have been perceived as a major element in Egenolff's book design. They may not have called attention specifically to their Habsburg derivation, but they are likely to have called attention to themselves. This connected series of reused images may, in their new ‚Pontus' setting, have been taken by readers of Egenolff's book to be „‚Pontus' illustrations" (as opposed to „*Theuerdank* illustrations") so that by mid-century the woodcuts originally designed for one of Maximilian's *gedechtnus* monuments could also have become an identifying characteristic of another non-Habsburg³⁷ work of embellished history.

---

35 That is: Von Adelischen Mannlichen Tugenten Erbarkeyt vnnd Zucht Ritter Pontus. Ein Rhümreich Zierlich vnnd Fruchtbare Histori Von dem Edlen Ehrnreichen vnnd mannhafftigen Ritter Ponto des Königs Son auß Gallicia Auch von der schönen Sidonia Königin auß Britannia [...]. Durch die Hochgeborne fraw Leonora Küngin auß Schottenland Ertzhertzogin zu Österreich auß Frantzösischer zungen ins Teutsch bracht Kurtzweilig zulesen. See also Reinhard Hahn (ed.): Eleonore von Österreich, Pontus und Sidonia. Berlin 1997 (Texte des späten Mittelalters und der frühen Neuzeit 38), p. 25.
36 Manfred Zimmermann: Zauber und Entzauberung. Zur Aufnahme und Abstossung arthurischer Elemente in einem spätmittelalterlichen Prosaroman. In: Arturus Rex. Acta Conventus Lovaniensis 1987. Ed. Willy van Hoecke et al., vol. 2. Leuven 1991 (Mediaevalia Lovaniensia Series 1/Studia 17), p. 388–396, here p. 393.
37 The fact that Egenolff's 1548 edition of this popular text names Eleanor of Scotland (d. 1480), wife of Archduke Sigmund of Austria-Tirol, as its translator into German from the French might allow one to associate this work obliquely with the many more obvious Habsburg gestures of self-representation from the sixteenth century. For the purposes of this essay, however, I do not take the association of the ‚Pontus' translation with Eleanor to be sufficient justification for considering this edition of Egenolff's to be an example of ‚Habsburg' historiography. On *Theuerdank* and Habsburg historiography see also Elaine Tennant: Perfecting the Past: Charles the Bold and Traditional Historiography in Early Modern Germany. In: Politics and Reformations.

It is possible, then, that this group of more and less arbitrarily reused woodcuts from the *Theuerdank*, although divorced from the context and connotations of their originating artifact, may, through their recontextualization in other contemporary printing projects, have acquired a new connotation that inadvertently complemented and supported the objectives Maximilian had articulated for his *gedechtnus*. When contemporary audiences saw these (*Theuerdank*) woodcuts used frequently to illustrate works of history published by Stainer, who specialized in printing historical texts,[38] they may have come to think of these designs generically as ‚history illustrations'. If so, this understanding of *Theuerdank* images as representations of history may also have been projected backward onto readings of the *Theuerdank* itself, causing audiences to construe that work more as verisimilar history than as historicizing fiction.

A second group of responses to the *Theuerdank* woodcuts confirms two of the inferences I have drawn from the ways in which they were reused by South German printers, namely that these designs were popular with early modern audiences and that contemporary book designers tended to associate them with historical material. This next group of responses could well be called ‚afterimages' because they are images fashioned literally after the illustrations from the Schönsperger editions of 1517 and 1519, that is, second-generation woodcuts and manuscript paintings that assimilate the *Theuerdank* designs to new projects.

A cluster of early printed books from the Low Countries provide examples of this form of reception. Three Antwerp printers used images based on the *Theuerdank* woodcuts to illustrate chronicles in the sixteenth century: Jan van Doesborch in his 1530 *Chronike van Brabant*,[39] Willem Vorsterman in his *Excellente cronike van Vlaenderen*[40] and his *Wonderlijcke oorloghen van Keyser*

Essays in Honor of Thomas A. Brady, Jr. Ed. Christopher Ocker et al. Leiden 2007 (Studies in Medieval Reformation Traditions 127), p. 177–196.

38 Künast (note 32), p. 242.

39 That is: *Van brabant die excellente Cronike. Van Vlaenderen / Hollant / Zeelant int generael. Vanden oorspronck des lants van Ghelre / ende ooc die afcomste der hertogen van Ghelre. Van dat sticht ende van die stadt van Wtrecht / hoe si comen sijn onder den keyser Karolo. Ende van die nieuwe gesten gheschiet bi onsen prince ende keyser Karolo / totten iare. M.CCCCC. ende. xxx. in Iunio. Ende noch veel ander vreemde gesten die in ander Cronijcken niet en sijn* [Antwerpen 1530]. See Wouter Nijhoff and M[aria] E[lizabeth] Kronenberg: Nederlandsche Bibliographie van 1500 tot 1540. 's-Gravenhage 1923–61, vol. I, no. 654.

40 That is: *Dits die excellente Cronike van vlaenderen Beghinnende van Liederick Buc den eersten Forestier tot den laetsten / die door haer vrome feyten / namaels Grauen van Vlaendren ghemaect worden / achteruolghende die rechte afcomste der voorſʒ grauen / tot desen onsen doorluchtichsten hoochgheboren Keyser Karolo / altijt vermeerder des rijcx. geboren te Ghendt. &c.* [Antwerpen 1531]. See Nijhoff/Kronenberg (note 39), no. 659.

Maximiliaen,[41] both from around 1531, and Jan van Ghelen in his later reprint editions of Vorsterman's earlier work on Maximilian's wars.[42] The distribution of recreated *Theuerdank* images in these Antwerp imprints is very similar to the pattern of the reused original woodcuts in the nearly contemporaneous printing projects by Stainer and Egenolff. That is, the chronicles of Brabant and Flanders each include only a handful of adapted *Theuerdank* images,[43] whereas *Theuerdank* images account for about a third of the 63 woodcuts in the first edition of Vorsterman's chronicle of Maximilian's wars, and they dominate its visual program.[44]

It is evident from the way these redesigned *Theuerdank* images were combined with woodcuts in different styles and sizes in the three Antwerp chronicles that they were not created specifically to illustrate any of these narratives. The Antwerp imprints include images from two separate new versions of the *Theuerdank* illustrations that were already in secondary use by the time Vorsterman

---

41 That is: *Dit sijn die wonderlijcke oorloghen vanden doorluchtighen hoochgheboren Prince / Keyser Maximiliaen. Hoe hi hier eerst int landt quam. Ende hoe hi vrou Marien trouwede. Gheprent Tantwerpen / by my Willem Vorsterman*. [1531?]. See Nijhoff/Kronenberg (note 39), no. 1626; and *Dit sijn die wonderlijcke oorloghen van den doorluchtighen hoochgheboren Prince, Keyser Maximiliaen* [...]. Ed. Wybe Jappe Alberts. Groningen 1957. Jappe Alberts based this facsimile primarily on Vorsterman's first edition of Maximilian's wars, which he dated to around 1531. Jappe Alberts reported that Vorsterman reprinted the work in 1540 but that he knew of no surviving copy of this edition (i; 161 n. I, 2–4).

42 There are at least two van Ghelen editions of the *Wonderlijcke oorloghen*, one from 1556 and another from 1577. I have not yet had an opportunity to examine original copies of either and am therefore basing my statements here on Jappe Alberts's description of the 1577 edition: *Dit sijn die wonderlijcke oorloghen vanden doorluchtighen hoochgheboren Prince Keyser Maximiliaen. Hoe hy hier eerst int landt quam. Ende hoe hy vrou Marien troude.Gheprint Thantwerpe op die Lombaerde veste inde Hasewint by my Jan van Ghelen* [1577]. Jappe Alberts seems not to have known the 1556 van Ghelen edition. (See Albert F. Johnson and Victor Scholderer: Short-Title Catalogue of Books Printed in the Netherlands [...] from 1470 to 1600 now in the British Museum. London 1965, p. 131).

43 See Davies (note 3), nos. 465 and 466.

44 See Johanna Maria van Winter: De Houtsneden. In: Jappe Alberts (note 41), p. v–xv. It is difficult to be more precise about this figure without going into detail about the extent and varieties of visual quotation that the Antwerp woodcuts represent. In general terms, however, thirteen of the illustrations parallel the *Theuerdank* designs very closely (figs. 1, 4, 5, 11, 20, 23, 24, 30, 36, 37, 40, 42, 50); and another six adopt identifiable elements from specific *Theuerdank* designs, sometimes combining material from more than one of the original images, and sometimes also incorporating new visual material (figs. 7, 17, 22, 31, 44, 51). My assessment of which of the illustrations belong to each of these categories differs somewhat from van Winter's.

published his book on Maximilian's wars around 1531.[45] The new *Theuerdank* blocks, then, were being reused for these northern works in much the same way and at the same time that the original blocks were being reused by southern printers in the works mentioned above. While the pattern of their distribution in the Antwerp chronicles may have been as arbitrary as that of the originals in the Stainer and Egenolff imprints, the new *Theuerdank* images have a status somewhat different from that of the recycled originals because, unlike them, the new designs are not just the coincidental survivors of Maximilian's original project. They are instead remnants of two later series of illustrations that had been deliberately adapted from the original *Theuerdank* designs and thus document their contemporary appeal. Stainer was able to reprint original *Theuerdank* designs because the actual blocks that Maximilian commissioned were part of the inventory that came to him from Schönsperger; Vorsterman was able to reuse the new blocks only because someone had liked the originals well enough to have them recut – twice – by 1531.[46]

To the best of my knowledge no one has yet identified the projects for which these new woodcut series were made. Without that information it is impossible to say whether they were created to reproduce their original function, that is, to illustrate *Theuerdank* editions or versions that have not survived, or whether they were taken up simply as attractive visual compositions independent of their earlier Habsburg connotations. But whatever the nature of the projects

---

45 Figures 23 and 40 from the *Wonderlijcke oorloghen* (Jappe Alberts [note 41]) are both unmistakable mirror recreations of the Leonhard Beck woodcut that illustrates chapter 8 of the Schönsperger *Theuerdank*'s. The cuts in Vorsterman's book, however, are in two different sizes and styles. This indicates that at least two later versions of some of the *Theuerdank* images had been produced by the time that Vorsterman selected the illustrations for his project around 1531. Van Winter (note 44) was apparently unaware that Vorsterman used more than one subsequent version of the *Theuerdank* designs in this edition.

46 Because my concern in the present essay is with the patterns of reception that the original *Theuerdank* materials engendered in the sixteenth century, I draw attention here to the difference between one printer's arguably arbitrary reuse of the original *Theuerdank* blocks and another printer's similarly casual reuse of blocks from two different recreations of the *Theuerdank* designs. For a more general investigation of the use of what Marian Rothstein has called „disjunctive images" in early modern books (Disjunctive Images in Renaissance Books, Renaissance and Reformation 24 [1990], p. 101–120), however, it would be most interesting to compare the circumstances and publications of Willem Vorsterman in Antwerp to those of Heinrich Stainer and Christian Egenolff in Augsburg and Frankfurt. Each of these printers eventually came into possession of considerable numbers of blocks that had been created for various printing projects. The ways in which they recombined these materials in their imprints merits further discussion. See Künast (note 32), p. 71 and van Winter (note 44), p. vii.

for which the new *Theuerdank* illustrations were first cut, northern book publishers like their southern counterparts, elected to apply these images to works of history. Unlike Stainer and Egenolff, however, the printers of Brabant used the *Theuerdank* images in conjunction not with the history of the remote past but with the chronicles of their own region and with the history of Maximilian himself and his wars there. Whether by coincidence, then, or by the conscious design of these Antwerp printers, images from Maximilian's precariously constructed *gedechtnus* project made their way from his allegorizing roman à clef into another textual genre, the regional chronicle, where they arguably served a different suasory function.

Not all the appropriations of the *Theuerdank* illustrations in the sixteenth century were casual or unacknowledged borrowings. A third sort of response to these images invoked the context and dynastic implications of the originals in the designs of new objects and genres of Habsburg memorial art that were very much in the spirit of Maximilian's own *gedechtnus* program. Mary of Hungary's tournament book for Philip II is an example of this sort of *Theuerdank* reception.[47] Mary, as regent of the Netherlands, staged tournaments for her nephew in Bruges and Binche in August of 1550, on the occasion of his first journey outside of Spain. These festivities were commemorated in an Egenolff imprint that featured the original *Theuerdank* blocks and applied them to the same greater political ends for which they had originally been designed. The tournament book is an unabashed celebration of the dynastic status and strategies of the Habsburgs. In deploying the original *Theuerdank* images in this project, the very same illustrations that had first been created to support mytho-historical dynastic claims of the Habsburgs in Maximilian's generation, Egenolff's book design reproduces the suasory strategy of the *gedechtnus* in general and of the *Theuerdank* in particular, perpetuating them in the generations of Maximilian's grandchildren and great-grandchildren. In the tournament book the figure of Erenreich is at once Mary of Burgundy and Mary of Hungary; Theuerdank is simultaneously Maximilian and Philip.[48] In effect, then, all the generations of the Habsburgs and all the representatives of the royal estate from time immemorial are mustered in support of the current descendants of the imperial line. This

---

[47] That is: *Thournier / Kampff unnd Ritterspiel / inn Eroberunge aines gefahrlichenn Thurns unnd Zauberer Schloß: auch der abentheurlichen Insell und Guldinn Schwerdts zu Ehren dem hochgebornen durchleuchtigen Fursten und Herrn, Herrn Philipsen, Princen auss Hispanien, zu Bintz und Marienberg ritterlich gehalten* [Frankfurt a. M. 1550].

[48] Joseph Strobl: *Kaiser Maximilians I. Anteil am Teurdank. Eine kritische Untersuchung.* Innsbruck 1907, p. 5–7.

invocation of the ancestors is a design feature that the tournament book shares with many of the major monuments from Maximilian's memorial program, in particular the ‚Tomb', the ‚Triumphal Arch', and the ‚Genealogy'.

In the print medium the designs of the *Theuerdank* woodcuts circulated in both their original form and in various new ones in works of ancient and contemporary, mythologized and circumstantial history. They also made their way back into the workshops of South German manuscript illuminators and into the luxury codices that these craftsmen continued to produce well into the sixteenth century. An example of the manuscript recreations of visual material from the Schönsperger *Theuerdank*'s will serve both as a reminder that print and manuscript culture enriched each other reciprocally throughout these decades and as a demonstration of the multiple and unpredictable patterns of *Theuerdank* reception in this period.

In the middle of the sixteenth century (ca. 1548–1559) Augsburg cobbler and city archivist Clemens Jäger completed the draft of his history of the imperial house of Austria, the so-called ‚Österreichisches Ehrenwerk', which ends with a detailed account of the reign of Maximilian. Jäger's project, generally referred to in earlier scholarship as the ‚Fuggerscher Ehrenspiegel' and attributed to Johann Jakob Fugger,[49] is known primarily from the much altered printed version of it that Sigmund von Birken published in 1668[50] and not from the copies of the ‚Ehrenwerk' that are preserved in a handful of richly illuminated manuscript codices. This group of manuscripts, produced from 40 to 70 years after the Schönsperger *Theuerdank*'s, includes a number of recognizable verbal and visual appropriations from that original print artifact. In the Vienna manuscript of the ‚Ehrenwerk',[51] for example, illuminator Hans Maisfelder (or Georg Fellengibel)[52] combines elements from Leonhard Beck's illustration for *Theuerdank*

---

49 On this dating and other historical particulars relating to the composition of Jäger's original work, its reproduction and transmission in manuscript form, its later amplification by Sigmund von Birken, and on the relationship of the various versions of this work to each other see Inge Friedhuber: Der „Fuggersche Ehrenspiegel" als Quelle zur Geschichte Maximilians I. Ein Beitrag zur Kritik der Geschichtswerke Clemens Jägers und Sigmund von Birkens, MIÖG 81 (1973), p. 101–138, here p. 105.
50 That is: *Spiegel der Ehren des Höchstlöblichen Kayser- und Königlichen Ertzhauses Österreich [...] erstlich vor mehr als C Jahren verfasset / Durch den Wohlgebornen Herrn Herrn Johann Jacob Fugger [...] Nunmehr aber [...] Aus dem Original neuüblicher ümgesetzet [...] aus alten und neuen Geschichtsschriften erweitert [...] Durch Sigmund von Birken [...]* Nürnberg [1668].
51 That is: Österreichische Nationalbibliothek Cod. 8614, which is the second volume of the copy that was made for Ferdinand of Tirol between 1589 and 1598. See Friedhuber (note 49), p. 107. The paintings from the ‚Ehrenwerk' reproduced in this essay are from this Vienna codex.
52 Friedhuber (note 49), p. 107.

chapter 117 ('Farbtafel' 2) and Hans Burgkmair's 1508 equestrian woodcut of Maximilian as Holy Roman Emperor, translating them into a full-color, full-folio painting of Maximilian entitled, „How His Imperial Majesty appeared in his cuirass" ('Farbtafel' 3).[53] This is one of two iconic depictions in the Vienna 'Ehrenwerk' that present the historical figure Maximilian in the visual vocabulary of the *Theuerdank*. In the first of these paintings, the figure of the mounted knight in shining armor invokes Maximilian's public military, dynastic, and Christian roles (the latter by association with Burgkmair's St. George and Beck's would-be crusader, Theuerdank). The second painting, the „Essential likeness of how the laudable and worthy Roman Emperor Maximilian appeared in his hunting costume", shows Maximilian in his hunting garb from the *Theuerdank* holding a crossbow ('Farbtafel' 5).[54] This image evokes the individual athletic overcomer

---

[53] *Fleißige Connterfettung deß theuren helden vnnd hochloblichen Romischen Kaisers Maximiliani wie sein Kaiserliche Maiestat Inn seinem Kiriss gestaltet gewesen* (fol. 317^V). One of the most popular and frequently imitated of the *Theuerdank* designs is the equestrian image of the hero as St. George that Beck created to accompany the missing chapter on the crusade (117), which was never written for the Schönsperger editions of the work. Beck's woodcut in turn derives from Burgkmair's equestrian images of Maximilian as Holy Roman Emperor and as St. George. (On these see Tilman Falk: Die Reitbildnisse des Hl. Georg und des Kaisers Maximilian, [note 10], nos. 21–22; and Larry Silver: Shining Armor: Maximilian I as Holy Roman Emperor, The Art Institute of Chicago Museum Series 12 [1985], p. 9–29, here p. 24 and p. 29 note 79.) Beck's design and those related to it differ from the Burgkmair models in, among other things, the position of the horse. In the Burgkmair designs, the horse stands with its hind feet together; in the Beck and Beck-derived images, the horse's left rear foot is ahead of the right one and slightly raised. This distinction makes it possible to guess which later reflexes of these designs may derive directly from Burgkmair, and which from the modified *Theuerdank* version of the image by Beck. The title-page woodcuts from Doesborch's chronicle of Brabant (note 39), Vorsterman's chronicle of Flanders (note 40), and Vorsterman's ca. 1531 chronicle of Maximilian's wars (note 41), for example, which are all equestrian images related to this Burgkmair-Beck group, seem on the basis of this distinction to derive from the Beck image rather than directly from the Burgkmair versions of this design. Another equestrian image from the same edition of the *Wonderlijcke oorloghen* (Jappe Alberts [note 41] fig. 52), on the other hand, is closer to Burgkmair's version of the design. In the painting from the Vienna 'Ehrenwerk' ('Farbtafel' 3), the Austrian heraldic elements are direct borrowings from Burgkmair's woodcut of Maximilian as Holy Roman Emperor (i.e., the peacock plumes on Maximilian's helmet and the Austrian arms on the horse's rump), whereas the telltale position of the horse's feet suggests that Beck's illustration ('Farbtafel' 2) also contributed to this image. The woodcuts from the Schönsperger *Theuerdank* that are reproduced in this essay are from a copy in the collection of The Bancroft Library at the University of California, Berkeley (call number \f\ PT1567 .M687 1519a), which represents the second state of the 1519 edition (see note 11 above).

[54] *Grünndtliche Connterfettung wie der loblich vnnd werde Ronnische* [!] *Kaiser Maximilian* [!] *Inn seiner Klaidüng auff den geiaideren gestaltet gewesen* (fol. 318^r). Unlike the mounted rider in this manuscript ('Farbtafel' 3), the hunter with the crossbow does not exactly reproduce

of unexpected obstacles as he appears in the original *gedechtnus* monument. In the Vienna ‚Ehrenwerk' manuscript the designs of the original *Theuerdank* illustrations have undergone a change in both medium and idiom. The woodcuts have become paintings and the narrative images, generalized icons.

6 The verbal keys

The Schönsperger *Theuerdank*'s included three verbal keys by Pfinzing, all of which, unlike the woodcuts, were separated from the poem by their position in the volume. The dedication precedes it; the afterword and clavis follow it. A brief review of the design and function of these keys to the original *Theuerdank* will make it easier to identify which aspects and parts of them later writers transposed in new artifacts.

The clavis is an explanation of the illustrations,[55] while the other two keys refer to the project as a whole. The dedication indicates that the work to follow is intended for a noble audience; it will present the account, history, and deeds of Theuerdank in disguised form and in the manner of the *Heldenbücher* of old; it contains a kernel of meaning that Pfinzing is certain his noble reader will have no difficulty identifying.[56] Together the woodcuts and poem form a double-stranded

---

the posture of the bowman from any particular *Theuerdank* woodcut, although it is reminiscent of the images of Theuerdank shooting a crossbow in illustrations 34 (figs. 1 and 2, p. 343f., ‚Farbtafel' 4) and (in mirror reverse) 71 (figs. 3 and 4, p. 345f.). Instead, this painting is a synthetic representation of the various qualities of the hero that are spotlighted in the many hunting episodes of the *Theuerdank*; the bow and hunting clothes in the manuscript painting recall these affects from the *Theuerdank* cuts.

55 The fact that Pfinzing declared the clavis to be his explanation of the woodcuts (as opposed to the poem or the work as a whole) was generally ignored by later adapters of the *Theuerdank* just as it has been by Maximilian scholars. Pfinzing's statement at the beginning of the clavis in the Schönsperger *Theuerdank*'s, however, is unambiguous: *Aber was ein yede Figur in disem puch bedewt. vnd an welhem ort. die beschehen. vnd durch den Tewrn Heldt volbracht sein. volgt hernach* (Musper [note 24], fol. ^{2}A2^V). See Tennant (note 7), p. 252.

56 […Jch hab] *für genomen Ewer Küniglichen Mayestat zůergetzlicheit nutz vnnd lere Eines loblichen Teüern vnnd hochberůmbten Helds vnnd Ritters mit Namen herr Teuerdannckh geschicht history vnd getatten […] in form mass vnd weis der heldenpůcher (als vormalen durch vil beschehen ist) in verporgner gestalt zůbeschreiben. Dann Jch für onnot bey mir geacht / den gantzen grundt offenlichen vnd meniglichen an tag zůlegen / Nach dem Jch Ewr Küniglich gemuet der massen vehig vnd verstendig weyss / das Ewer Mayestat on weitter nach gedencken den kern vnnd grundt der selben volbrachten geschicht versteen wirdet /* (Musper [note 24], fol. a2^r). See Tennant (note 7), p. 228–232.

narrative that presents, in the exemplary terms promised by the dedication, the bridal quest of an allegorically disguised Maximilian. As Theuerdank, he moves through a landscape in which the natural and preternatural all flow together, he overcomes myriad challenges ranging from the demonic to the banal, and he all but exceeds the finite limits of humanity by the time when, in the final chapter, the narrator declares him after all to be „a man and nothing more".[57] The larger-than-life quality evoked by the central narrative – especially by its illustrations – bothered Pfinzing, and he was at pains to limit its impact. In the afterword, which immediately follows the last chapter of the poem, he writes, „I am concerned that the very dangers Theuerdank survived may be considered not just amazing but, rather, inhuman". Worried that readers may suspect him of having flattered Maximilian, he continues that he has „wanted to include a straightforward list and truthful corroboration of all the events treated in his book, from which the king [Charles V] might be able to recognize not only the basis of the actual truth, but also the very location at which each event transpired".[58]

Pfinzing's plain list, the clavis, fills most of the last quaternion of the volume (sig. 2A). It begins with an explanation of the descriptive names in the poem and finishes with a series of brief numbered paragraphs that correspond to (most of) the poem's chapters. The clavis concretizes and specifies aspects of the poem that have been left deliberately obscure by its makers (e.g., the identities of its characters, the locations of the events it reports, the precise nature of the hero's adversaries), and it allegorizes or fictionalizes transcendent moments that the writers and graphic artists have presented as real.

In chapter 3, for example, the *Theuerdank* team has taken considerable trouble to transform the ignominious death of Charles the Bold on the frozen battlefield at Nancy in 1477 into the peaceful passing of King Romreich in a veritable

---

57 That is: *Er ist ein mensch vnnd doch nit mer* (Musper [note 24], fol. P7^V).
58 *Dieweil nun Ewer Küniglich Mayestat.die manigfeltigen gestrenngen sorgklichen geferlichaiten dem Edlen. vnd berümbten Fürsten Tewrdannck zů gestanden hieuor durch mein půch erzelt. vernomen hat / trag Jch für sorg / Nach dem dieselben überstanden geferlicheitten nit allein zůuerwundern / sonder Ee vnmenschlich zuachten sein. Ewr Küniglich Mayestat vnd ander / denen bemelt mein puch fürkomen / möchten gedencken Jch het dem obbemelten Edlen vnd berümbten Fürsten Tewrdanck mer preyß / lob / vnd Eer / dann in der warheit Jm begegnet wer. aus schmaichundem gemůt zůgemessen / denselben nach / damit solh gedannckhen. Ewr Küniglich. vnnd anndere gemůt / nit in pösem argkwan füeren mögen / hab Ich Ewr Künglich Mayestat. ein lautere anzaigung / vnnd warhaffte bestettung. aller geschichten / in bemeltem meinem puch begriffen thun wellen / daraus Ewer Künig-Mayestat. nit allein den grunndt / der Rechten warhait / sonnder an welhem ort / vnnd ende der yedes beschehen ist / erkennen mügen* [...] (Musper [note 24], fol. ^{2}A^r). The sections translated in the text are those not italicized in the preceding passage.

locus amoenus, watered by a pleasant stream (fig. 5, p. 347). This transformation presented Pfinzing with a challenge. There can be no doubt that he and Charles V, for whom this key was written, knew the full details of the Burgundian defeat at Nancy, which had long since become a favorite subject for ballads and chronicle entries throughout western Europe. It is equally clear that, in the context of a Habsburg memorial book dedicated to the great-grandson of the Burgundian duke, Pfinzing would hardly apply his empiricist inclinations to this particular subject. Hence his clavis entry for chapter 3 simply says: „It signifies, how the praiseworthy King Romreich as a famous prince and lord was slain amazingly (*wunderparlich*) beside a pleasant brook."[59] Amazingly indeed. The poem text says that the king died a natural death in a garden, a description that the woodcut confirms in several details. There is no suggestion in either the verses or the image from this *Theuerdank* chapter that Romreich was „slain" (*erschlagen*), as Pfinzing's clavis entry states, or his body pierced and gashed, as Charles the Bold's actually had been. But Pfinzing is unwilling to exclude altogether the underlying historical basis of his clavis entry; so he arrives at a peculiar explanation for this woodcut, hinting by his formulation that things are not quite what they seem.

The gloss on woodcut 115 is more typical of the ways in which the clavis undermines the combined effect of the poem and its illustrations. In the accompanying chapter entitled, „How an angelic spirit appeared to the hero Theuerdank and advised him to comply with the queen's wishes",[60] an angel comes to Theuerdank through a locked door and admonishes him in some 80 lines of direct speech to do the queen's bidding by undertaking a crusade; Theuerdank responds with a somewhat briefer speech of his own. Burgkmair's woodcut for this episode shows Theuerdank and an unmistakable angel conversing in an interior in front of an albeit open door (fig. 6, p. 348). The illustration thus confirms in a naturalistic idiom the poem's assertion that Theuerdank literally speaks with spirits from another realm. Pfinzing's explanation of the woodcut, however, makes of this chapter something else altogether: the remarkable conversation with the angel has not taken place at all. Pfinzing writes of the scene as a whole that „it is a poetic embellishment" (*poeterey*) and of the angel specifically that „it signifies (*bedewt*) [...] Theuerdank's Christian, reasonable, and good conscience".[61] Pfinzing's redefinition of this chapter through his gloss on

---

[59] *Bedeut / wie der loblich Künig Romreich bey einem frischen pach / alls ein berüembter Fürst / vnnd herr erschlagen ward wunderparlich* (Musper [note 24], fol. ²A3ʳ). For further discussion of *Theuerdank* chapter 3 see Tennant, Perfecting the Past (note 37).
[60] *Wie dem Held Tewrdannckh ein Ennglischer geist erschin vnnd Jm riet Er solt der Künigin beger volg thun* (Musper [note 24], fol. O3ʳ).
[61] *Ist ein poetrey der Englisch geyst bedewt des Tewrlichen Helds Tewrdancks Cristenlich*

its illustration is representative of the way that the clavis as a whole seeks to adjust the statement of the *Theuerdank* narrative. It tatters the mythologizing tissue that other members of the *Theuerdank* team had succeeded in weaving between the poem and the woodcuts. Together these narrative strands draw their audience toward a spiritualizing interpretation of the *Theuerdank*, while the clavis at every turn declares it to be in effect a work of verifiable history.

The most frequently appropriated verbal component of the original *Theuerdank* was Pfinzing's clavis; its most influential adapter was Sebastian Franck, who refashioned it with narrative material from the poem and grafted the resulting textual unit into the primary signifying system of his history of Germany. In order to determine the function of the assimilated material in a same-medium transfer from the originating artifact to the primary signifying system of its reflex (in this case a verbal-to-verbal adaptation), it is necessary, as I explained earlier in the section on productive reception, first to get a sense of the design configuration, agenda, or suasory strategy of the new artifact. For this reason, we will need to look briefly at the scope of Franck's project, his notions of historiography, and his narrative technique before we can make sense of the *Theuerdank* spolia that we find embedded in his work.

In 1538, during the heyday of the multivolume regional and urban chronicle, Franck published his *Germaniae chronicon*, a one-volume history of and for all the lands and peoples of German-speaking Europe.[62] The project was unusual

---

vernünfftig vnnd gůt gewissen dann als Jm sein Erlich gemůt Riet noch mer Erlich getatten zů thun widerriet Jm solichs die gedechtnus / erlittener grôsser mů arbeyt vnd sorgfeltigkeit Aber dieweil Im got vor so offt erledigt vnd geholfen het / zoge das Cristenlich gemůt für beschloss forter die gôtlich Er auch zůerlangen (Musper [note 24], fol. ^{2}A8^{V}).

62 That is: *Germaniae chronicon. Von des gantzen Teutschlands / aller Teutschen vôlcker herkommen / Namen / Håndeln / Gůten vnd bôsen Thaten / Reden / Råthen / Kriegen / Sigen / Niderlagen / Stifftungen. Veränderungen der Sitze / Reich / Länder / Religion / Gesatze / Policei / Spraach / vôlcker vnd sitten / Vor vnd nach Christi geburt / Vonn Noe biß auff Carolum V. Ankunfft vnd stifftung der Reich / Bistumb / Fürstentumb / Herschafften / Stett / Clôster vnd Stifft. Genealogia vnd Geschlecht Register der Potentaten vnnd Thurniers gnossen. Wie vil lender vnd vôlcker Germania begreiff / vnd wie weit jre Grentzen erstrecke / wie offt sie in ander Länder jre sitz verruckt / wie vil künigreich besetzt / vnd wie vil vôlcker von jn auß gangen / herkommen. Auch von der Teutschen vralten / alten vnd newen sitten / bråuchen vnd Policei. Item von Teutscher nation geschwellenn / gelegenheit / fruchtparkeyt vnd eygenschafft. Auß glaubwirdigen angenommen / Geschichtschreibern / zu ruck diß blats verzeychenet / zusamenn getragenn / Vnd die Teutschen den Teutschen zu Teutsch / sich selbs darin / als in einem Spiegel zu ersehen / fürgestelt. Durch Sebastian Francken / von Wôrd.* [Frankfurt a. M.: Christian Egenolff, Anno M. D. XXXVIII. Jm August.]. I cite the chronicle according to a copy of this the first edition in The Bancroft Library at the University of California, Berkeley(fDD87.F82 1538). A second edition of Franck's chronicle was published in November 1538 by Heinrich Stainer and Alexander Weyßenhorn in

in its limited size, its vernacular language, and its wide chronological and geographical scope. Franck's objective was to present the full history of the peoples of Germany, from as far back as he could find credible documentation up to his own time, without allowing the narrative to overflow into multiple volumes. Like many of his projects, the German chronicle was a compilation of ancient, older, and contemporary sources reconfigured according to Franck's particular tenets. The Pfinzing clavis is one of the sources that he selected for reuse in the *Germaniae chronicon* although he cites neither Pfinzing nor the *Theuerdank* in his list of sources. But the principles of history-telling that Franck advocates in the preface (*Vorrede*) and elaborates in later sections of the work help to account for the inclusion and modification of *Theuerdank* material in his comprehensive survey of German history. For this reason we will glance briefly at some of Frank's notions of historiography before taking up his reuse of *Theuerdank* material as such.

The size of the work that Franck set out to write required him to be selective, but scale alone does not account for Franck's choice of materials for the chronicle. Franck understood the main use of history to be its potential to provide testimony to the wondrous works of God. Recognition of the actions of God in history was in Franck's view the beginning of man's awareness, and understanding history in this way provided mankind with „lebendige exempel" (*lebendige exempel*) rather than „decaying dead doctrines" (*faule todte leer*) that would allow man to govern wisely.[63] History was for Franck both salvational and exemplary, and these are two of the concepts that guide his selection of narrative stuff. Accordingly, Franck chooses from among the available sources „only those accounts most excellent and worthy of admiration", those that are most „delightful and useful". To this general notion of the exemplary he relates the specific rhetorical device synechdoche, explaining that since it is a technique used frequently and legitimately by historians, one must learn to read it correctly.[64]

Augsburg for *Briefmaler* turned bookdealer, Hans Westermair. See Klaus Kaczerowsky: Sebastian Franck. Bibliographie. Wiesbaden 1976, p. 102–104; and Künast (note 32), p. 113, 127. Cf. note 68.

63 [...]*weil es die erfarung an die hand gibt / das zu menschlicher weißheit vnd gůtem regiment nicht so fürstendig ist / als erkantniß der histori. Dann da findt man nit faule todte leer / vnd lose gesatz / wie man regieren / krieg vnd auffrůr fürkommen vnd stillen sol / sonder lebendige exempel / wie / wo / wann / vnnd warumb man kriegen / auffrůr stillen / frid erhalten / vnd weißlich regieren soll* (Franck [note 62], fol. aa3ᵛ).

64 *Dann spricht man per Sinecdochen / das mehr oder das theyl für das gantz nemende / diß volck oder disse statt ist affrůrig / treuloß an seim herrn worden. Jtem die Teutschenn haben zu Rhom Tirannisieret / vnd vnmenschlich greul / Die Schwaben zu Ofen ein bőß stůck begangen /*

Franck also requires that accounts be believable and dismisses historians whose narratives are „full of fable and superstition" and look more like tales than history.⁶⁵ He is particularly critical of those who cannot distinguish the essential from the trivial and fill their narratives with „nonsense" (*narrenwerck*). What Franck addresses under this rubric is qualitatively different, however, from the fabulous accounts that he has rejected whole-cloth earlier in the preface. Here he is describing not invented material but rather a kind of verifiable factual detail that is in his view irrelevant, and he expresses his disdain for historians who fail to exclude it from their accounts:

> Similarly in histories, many relate such nonsense—what kind of hair, mouth, and nose a prince had, what sort of voice and address, how he was dressed, what he wore, and how and on what sort of horse he rode, what kind of rein, bridle, stirrup, saddle and tack it had. Knowing [these things] neither improves nor contributes to the matter, and it is not worth consuming that precious jewel, time, on them. Consequently, when it is a question of the cinches (*bindtriemen*) – on which everything depends – they say effectively nothing, and in so doing they betray their foolishness, [namely] that they do not know what they should write; and lest they write nothing, they write what contributes nothing to the matter at hand or to history; indeed they obscure it with [their writing].⁶⁶

While history-telling should be based on exemplary accounts that are neither invented nor superstitious, Franck insists, not all factual information is worth reporting or wasting time on. What criteria, then, should the historian employ in selecting authentic data for his narrative?

---

meynt man allweg on schaden der erbarkeit / die schuldigen / vnd nent das gantz für ein theyl / das muß mann in historien gewonen / vnnd sich die vnschuldigen deß nit annemen / dann werden sie fast bellen / werden sie nicht thon / dann hiemit sich verrathen / das sie getroffenn seind / vnd der einer von den die histori sagt. Es ist kein geschlecht / es hat hůren vnd bůben drin / vnd drunder etwa am galgen hangen / vnnd auff dem rad ligen / wolt dann ein gantz land / on vnzifer / feldflüchtig vnnd treuloß leut sein / so were welt nimmer welt (Franck [note 62], fol. aa5v).

65 *Irenicus zeigt an / das Joannes Scotus / Joannes de Hildenßheym / Hugo Florian / Floriatensis. Eberwin / Segenberg / eittel Teutsch münch / gantze volumina vnnd vil bůcher von Teutschen haben geschriben / aber so voller fabel vnd superstition / darzu mit solchem küchin latin / dz mer einr mår dann histori gleich sihet* (Franck [note 62], fol. aa2ʳ).

66 *Also in historien / sagen vil sollich narrenwerck / was ein fürst für har / mund vnd naß hab gehabt / was für einn stimm vnd red / wie bekleydt / vnd was angetragen / wie vnd auff was pferde geritten / wie das pferd ein zaum / halfter / steigref / sattel / geschmeid / hab gehabt / welches zu wissen nicht pessert / vnd gar nicht zur sach thůt / vnd nit werdt ist / das man das theur kleinoth die zeit drob verzer / volgend so es an die bindtriemen gehet / daran alles gelegen / sagen sie etwa nicht / damit sie jr thorheit verrathen / das sie nit wissen was sie schreiben sollen / vnnd damit sie nit nicht schreiben / schreiben sie das nicht zur sach vnnd histori taugt / ja verfinsterns mit* (Franck [note 62], fol. aa3ᵛ).

At several points in the preface and the main text of the chronicle, Franck explains the principle that guides his selection. Reaching back to the familiar medieval metaphor of the kernel and the husk (integumentum), he expresses his desire to strip away all but the irreducible core of his material. In the preface, he passes quickly over this image, explaining it in terms of the brevity that dictates the character of his selections:

> But since I now intend to write a general chronicle about all of Germany, I cannot linger long over one region or account but must rather from the outset pass through quickly and point out in only three words the kernel and the real main concept of the account, so that I may acquit myself briefly and the book may not grow into many books.[67]

What Franck means by „the kernel and the real main concept of the account" (*kern vnd rechte hauptgriff der histori*) becomes somewhat clearer when he contrasts his own practices of history-writing with those of the foolish historians who fill their works with inconsequential detail:

> But I have assembled in this my Germania a forest of those accounts that are most beautiful and worthy of remembering – I could find none more delightful or useful – and have presented only the clasp, orientation, content, kernel, and cinch of the same, and have deliberately skipped over whatever careless accounts and patches there were, and using [my] judgment have included nothing but that alone which may contribute to sharpening our discernment and increasing all wisdom, and to serving the common good, order, and religion. And I have taken this from the advice of Ptolemy and Strabo (book 3). They would have it that in describing the world and its history one should present that which is excellent and lawful, that which serves ability, wisdom, and the general public need. If someone wants to describe a tree, it is sufficient that he explain its shape, fruit, and the purposes for which and the ways in which it can be used. But he need not describe the lines of the leaves, the number and proportion of its branches, the quality and thickness of its bark, the depth of its roots, how it is planted or propagated, and how many years it takes to grow to maturity. [...][68]

---

[67] *Nůn aber ich ein gemeyn Chronick über gantz Teutschland vorhab zu schreibenn / kan ich nit lang auff einem land vnd histori steen / sonder můß obenhin kurtz dadurch gehen / vnd allein den kern vnd rechte hauptgriff der histori mit dreien worten anzeigen / damit ich mich in kürtze absoluier / vnd das bůch nit in vil bůcher wachse. Derhalb hab ich allein die fürnemsten wunderwirdigsten histori / so sich inn allen landen Teutscher nation haben zůtragen in disse meine Chronick eingeleibt / damit mein bůch nit wie ein fluß von zu vil zůlauffs deß regenwassers auß seinem furt in ein landguß vnd sindfluß darüber niemant kunde / auß lauff / vnd auß einem bůch vil bůcher / die ich weder erschreiben noch iemant erlesen mőcht / reychte* (Franck [note 62], fol. aa3ᵛ).

[68] *Ich hab aber ein wald der schőnsten gedechtnuß wirdigesten histori inn diß mein Germaniam tragen / das ich bede lustiger vnd nützlicher nit mőgen finden / vnd allein den hafft / satz / inhalt / kern / vnd bundriemen der selben an zeiget / vnd was liederlicher histori vnd flecken*

In this passage the kernel becomes but one in the series of metaphors that Franck uses to characterize the historical material he has chosen for his chronicle. The series combines concrete and abstract elements that are essential in the sense either that they are conceptually basic (*inhalt, kern, satz*) or that they are functionally critical to the structures of which they are a part (*hafft, bundriemen*). Like the significant features of the tree, which Franck later in the passage distinguishes from the insignificant ones, each of these metaphors for the proper stuff of history-telling names an element that cannot be further reduced without changing the character of the context to which it belongs. History-telling according to Franck, then, should be a matter of selecting from among the non-superstitious, non-fabulous materials available the minimal set of irreducible exemplary events or data that are necessary to manifest the wonder-works of God.

Franck's metaphorical analogies indicate the sort of narrative material that good history-telling should include. But his critique of other historians' undiscriminating *narrenwerk* makes it clear that the distinctive quality of such basic or seminal material is by no means obvious to all. Not only its identification and selection but also its subsequent narrative presentation is dependent on the discernment, orientation, and abilities of the individual history-teller. In his discussions of bias (*affect*) on the one hand and the proper persona or attitude of the historian (*die person eins historischreibers*) on the other, Franck addresses the issue of the historian's inevitable presence in his own narrative. He is concerned not only about the problem of biased sources, which he has endeavored to avoid,[69] but also about the possibility of his own inadvertent bias, which he recommends that readers correct for by judging for themselves the matters that he presents in his chronicle.[70] This question of objectivity, which Franck

---

seind gewesen / mit willen über hüpfft / vnd nicht dann mit einem vrtheyl anzogen / alles das allein / das zu scherpfung vnsers vrtheyls zu merung aller weißheit / vnnd zu gemeynem nutz und pollicey / auch religion dienen mag / vnd diß auß rath Ptolomei vnd Strabonis lib. 3. thon / die da wŏllen das man in beschreibung der welt vnd jrer histori / das von ehe vnd fürnemlich anzeygen soll / das zur kunst / weißheit / vnd gemeyner burgerlicher not thủt. Als so einer ein baum wil beschreiben / ists gnůg das einer sein gestalt / frucht / vnd der selben nutz vnd art war zu dienlich erleutert / darff nit ebenn die lini der pletter / vile vnnd proportz der åst / art vnd dicke der rinden / tieffe der wurtz / wie er gesetzt / geimpfft / vnd in wie vil jaren erzogen / fürschreiben (Franck [note 62], fol. aa3^v).

69 Jch hab mich auch geflissen den faden der oration also zu richten / das ich niemant geschmitzt noch gehofiert haben / parteisch geacht werde / sonnder on alle affect / hon vnnd schmitz / wie all sach gefunden / gesetzt. [...] Jch hab auch vermitten vnd vmbgangen die histori / so allein zu schmach vnnd schand der vôlcker odder geschlecht dienen / vnnd darauß kein besserung entstehen mag (Franck [note 62], fol. bb3^r).

70 Zum letsten handel ich hie nichts vom glauben / was recht odder vnrecht Gôttlich odder

describes as the avoidance of *affect*, is central to his notion of the task of the historian because unbiased history-writing – a desirable but in his view apparently unattainable goal[71] – would provide independent evidence of the role of God in the affairs of mankind.[72]

Given these views of history and the historian, it is surprising to find that in the *Germaniae chronicon* Franck devotes much of the Maximilian chapter to a detailed summary of the *Theuerdank*, a work that even by early modern standards of traditional, programmatic historiography could hardly have been considered unbiased (*on affect*). But Franck, confident in his particular ability to separate the significant from the trivial, apparently found the content of this work sufficiently compelling to warrant its assimilation to his survey of German history. The Maximilian chapter, which fills 19 of the volume's 332 leaves, is divided into three parts of about equal length: a first section organized around the life of Maximilian from his election as King of the Romans in 1486 to his death in 1519; a central section that Franck calls the „content and kernel of the account of the entire *Theuerdank*" (*der inhalt vnd kern der histori deß gantzen Theurdancks*); and a final section devoted to sensational events (persecutions, peasant and burgher revolts, etc.) that occurred during Maximilian's reign between 1500 and 1519.[73]

---

vnchristenlich ist / sonder wie ein historicus / gůts vnnd bŏß / wie es die that vnnd histori gibt. Jch bin hie ein schreiber vnnd kein censor frembder that oder rede / wort oder werck / vnnd habe ja die person eins historischreibers / so vil mir mŭglich anzogen / das ich wider oder für niemant schreib / dann als vil die that vnnd red / der thetter torheyt / weißheit / eer odder vneer mit sich pringt. Hierumb sol mich als ein vnparteischenn / auß disem meinem schreiben niemant vrtheylen / sonder alles prŭfen / vnd was gůt ist anmassen vnnd behalten / das bŏß ab exemplo fliehen / damit er auß den historien Gott auß seinn wunderwercken lerne erkennen / wie er so wunderparlich mit vnd vnder den menschen kindern vmbgeet / vnd darauß lere thůn/ gericht vnd grechtigkeit/ welches ist die summ aller frommkeit / [...] (Franck [note 62], fol. bb3ʳ).

71 In a passage discussing the astonishing recent successes of the Swiss, for example, Franck notes that their histories are written in too partisan a way, but quickly generalizes his statement to include the bias of all historians: *Die affect spŭret mann wunderparlich inn allen historien* ([n. 62], fol.224ᵛ).

72 [...] *vnd fürware / hetten wir die warheit on affect in historien / wie es Gott mit der welt allzeit gehandelt vnnd gemeynet hab / so were kein wichtiger bůch vnd zeugnus von aussen / der gnad / gŭtte / lieb / trew / gerechtigkeit vnd erkantnus Gottes / dann disse lebendige leer vnnd fürbild der schrifft* (Franck [n. 62], fol. aa4ᵛ).

73 The chapter is entitled *Maximilianus der XXXIX. Teutsch Keyser* and runs from fol. 275ʳ to fol. 294ʳ. The first section ends on fol. 281r; the *Theuerdank* section, *Die wunderparlichen sieg vnd kůnmŭtigenhelden thaten Maximiliani / inn dem Theurdanck begriffen / summiert vnd in einer summ obenhin angeregt*, ends on fol.288ʳ; the final section, *Sonderlich that vnd histori so sich zur zeyt Maximiliani Anno 1500. biß auff Carolum Anno 1519. haben zůtragen*, begins on fol. 288ᵛ. The first and third parts of the chapter include a number of subheadings that signal

Franck's summary of the *Theuerdank* is a version of the Pfinzing clavis modified so as to conform to the historiographic principles outlined in the preface to his chronicle.[74] Like Pfinzing's key, Franck's is a series of numbered paragraphs that relate the actual trials of Maximilian to the misadventures of Theuerdank by supplying circumstantial information from the life of the emperor to specify events that were deliberately obscured and allegorized in the original poem and its illustrations. Despite their similarity in format, however, the Pfinzing and Franck texts are differently conceived and function differently within their respective works. Written to explain the *Theuerdank* illustrations, Pfinzing's clavis is keyed to them; its paragraph numbers correspond to the numbers of the woodcuts; and it explains virtually all the illustrations,[75] including those (like 3

---

the points at which various uprisings (*aufrůr, bundtschůh*) occurred. These, like the sidenotes, emphasize particular events in the continuous narrative but do not signal section breaks in the chapter. (For example, the account under the heading *Auffrůr zu Costentz*, which begins on fol. 278ʳ and continues for three leaves, opens with the events from 1511 but continues without further subdivision through the death of Maximilian in 1519. The visual layout of the chapter, then, does not reflect the structure of the narrative material it presents.) At the end of the central section of the chapter, Franck characterizes his adaptation of the *Theuerdank* material one last time: *Diß ist das ellend leben / deß hochberümpten helden keyser Maximilian hochlöblicher gedechtnus / vnd der inhalt vnd kern der histori deß gantzen Theurdancks / in kurtz einer summ anzogen* [...](fol. 288ʳ).

74 It is unclear whether Franck's summary is based on his own direct analysis of a Schönsperger *Theuerdank* or on some intermediate adaptation of that work. Of primary interest for the purposes of this essay, however, is not the immediate source but rather the character of Franck's *Theuerdank* appropriation within the context of the new artifact of which it is a part. Though Franck himself describes this section of the chronicle as a summary (*summ*) of the *Theuerdank* (fol. 288ʳ), later *Theuerdank* editions and scholarship on the work have long since dubbed Franck's text a key or clavis (see, e.g., Haltaus [note 4], p. 111–127). For this reason I use the terms „summary" and „clavis" interchangeably in referring to the Franck text, although strictly speaking this usage is inaccurate. Certain features of Franck's clavis suggest that it may derive from an earlier adaptation of the Schönsperger *Theuerdank*'s. These include the occurrence of the word *obenhin* (see note 73) in the heading to the *Theuerdank* section of Franck's chronicle (it is unclear to what *obenhin* refers), and the presence in his clavis of a fair amount of inconsequential detail about *Theuerdank*-Maximilian's encounters that is contained in neither the original poem or in Pfinzing's clavis. These may be Franck's own embellishments of the Pfinzing clavis, or he may have taken them over from an as yet unidentified intermediate source.

75 The Schönsperger *Theuerdank*'s include 118 woodcuts. There is a one-to-one correspondence between the numbered paragraphs in Pfinzing's clavis and the first 98 woodcuts. Paragraph 99 in the clavis explains woodcuts 99 through 106. Paragraph 109 in the clavis explains woodcuts 109 through 112. Paragraph 116 in the 1517 edition apparently corresponds to woodcut 116. There are no specific explanations in Pfinzing's clavis for cut 117 (to the unwritten crusade chapter) or cut 118.

and 115 discussed above) from which Pfinzing distanced himself. Franck's summary, by contrast, combines material from the Pfinzing clavis and the poem, but makes no use of the woodcuts.[76] In the context of the essentially unillustrated German chronicle,[77] the paragraph numbers in Franck's text (which do not match the numbers of the *Theuerdank* chapters or the Pfinzing clavis) become an internal ordering device for his summary of incidents from the life of Maximilian rather than a guide to either the *Theuerdank* poem or its illustrations. Franck, then, adapts material from the allegorized poem and the matter-of-fact gloss to its woodcuts in order to create a biographical sketch of Maximilian that can be read without reference to either. In so doing he adopts and intensifies Pfinzing's attitude toward the allegorical and supernatural features of the *Theuerdank* and, as he explains, presents its essential material according to his own understanding of history-writing.

In an interpolation between paragraphs 60 and 61 of his summary, Franck draws on material from Pfinzing's dedication and clavis to explain how he applies his previously articulated standards of historiography to the specific task of adapting *Heldenbuch* material for his chronicle.

> Now note that in *Heldenbücher* not the real names but instead purely invented ones are named. So it is in the *Theuerdank* [...]. Certainly there is nothing in the *Theuerdank*, and the *Weißkunig*, that does not have some significance to, but because it is a *Heldenbuch*, it also has its poetic embellishment (*poeterey*) in which the account (*histori*) is set as is a relic in a monstrance. But by omitting the husk, monstrance, and poetic embellishment, I have reached for the kernel, relic, and account. And I may well assure you that here you have the whole content of the entire *Theuerdank* shelled and divided up for you in brief.[78]

---

[76] Although Waas (note 2), did fundamental work on the relationship of Franck's summary to the original *Theuerdank*, I have not found evidence where the illustrations are concerned to support his contention that, „Franck followed the *Schlüssel* which Pfintzing appended to the poem, but he also expanded it, drawing further information in many cases from the woodcuts or the poem itself and making some additions of his own" (p. 121).

[77] Kaczerowsky (note 62), p. 102. Scattered throughout the work there are 70 small (seven-line) portrait medallions by Hans Sebald Beham and others, including one of Maximilian (fol. 275^V). The medallions are purely decorative, however, and neither explain nor illustrate the narrative content of those passages from the chronicle with which they are associated.

[78] *Hie merck inn helden bůchern werden die rechten namen nit / sonder eyttel erdicht namen genent. Also im Theurdanck / [...]. Gewiß ist aber nicht im Theurdanck vnd Blanck kunig / daran nit etwas sey / weil es aber ein helden bůch ist / so hat es auch sein poeterey / darein die histori als ein heyltumb in ein monstrantz gefast ist / ich hab aber mit vnderlassung der schal / monstrantz / vnd poeterey / nach dem kern heylthumb vnd histori griffen / vnd darff dir schier zůsagen / das du hie in kurtz den inhalt deß gantzen Theurdanck hast herauß gescheschelt* [sic] *vnd bettelt* (Franck [note 62], fol. 287^r). This passage was first brought to general attention through Müller's elegant elucidation of it in 1982 ([note 1], p. 183).

It is impossible in an essay of this scope to document fully Franck's transformation of the *Theuerdank* material, but a representative sample of the changes he made to Pfinzing's clavis may serve to clarify his notion of the retrievable kernel of historical information it contains.

Since Franck does not directly address the visual components of the original *Theuerdank* and may well have produced his summary without reference to the woodcuts, he, unlike Pfinzing, does not have to account for the naturalistically depicted allegorical and supernatural figures that share virtually every illustration with the figure of the eponymous hero in the Schönsperger editions. With no fluffy-winged angels (illustrations 113 and 115) or claw-footed tempters (illustrations 7 and 10) to explain, Franck can and does omit the christomimetic characterization of the Maximilian figure by leaving out any reference to the christological framing chapters at each end of the narrative, chapters that were added late to the original *Theuerdank* project. Franck's summary covers only the material from *Theuerdank* chapters 13 through 96 – the three central allegorical sections that present the hero's misadventures under the auspices of Fürwittig, Unfalo, and Neydelhart. Because these characters, as well as the ubiquitous Ernhold, are featured prominently in both the story line of the poem and in the woodcuts, Franck cannot simply remove them as he does the supernatural figures. Instead he reconceives them in ways that are compatible with his historicizing treatment of the material.

In the original project, Fürwittig, Unfalo, and Neydelhart are presented in succession as *Theuerdank*'s constant but secretly hostile companions, whom he defeats and dismisses one by one, as he comes to discover their true nature. In the poem these epiphany scenes are described as encounters between actual opponents, and in the woodcuts they are depicted as clashes that take place between two men under the watchful eye of a third, Ernhold.[79] Only Pfinzing's clavis suggests to the audience of the original *Theuerdank* that these opponents are not flesh-and-blood rivals of the hero but rather allegorical representations of attitudes that impede the hero's advancement at various points in his life. Pfinzing uses the same terminology to abstract these entities that he uses elsewhere to relativize the presence of angelic beings in the narrative. He explains away the literal existence of all these figures by declaring each to be *ein poeterey* or *poetisch gestelt*.[80] Franck adopts this down-to-earth interpretive orientation

---

79 In 24 Theuerdank punches Fürwittig with a mailed fist; in 74 he grabs Unfalo by the neck from behind; in 96 [illustration 97] he strikes Neydelhart a blow with his sword.
80 Compare the clavis entries for chapters 113 and 115 to those for chapters 24, 25, 74, 75, and 97 (Musper [note 24], fols. ^{2}A8, 4, 6–7).

toward the *Theuerdank* material but takes it a step farther. Since he does not quote directly from either of the main narrative components of the original (i.e., the poem and its illustrations), he can declare the enemies of Theuerdank, which Pfinzing explained as abstracted allegorical entities, simply to be personal attitudes that Maximilian had to overcome in the course of his life.

At the transitional points, where in the Schönsperger *Theuerdank*'s the hero dismisses one false companion and is joined by another and where in the Pfinzing clavis one allegorical personification is replaced by another, Franck interrupts the series of Maximilian's individual trials to explain the general difficulties that the prince was confronting in these periods of his life. The following statement from Franck's summary, which corresponds to the end of the Neydelhart sections of the *Theuerdank* poem and the Pfinzing clavis,[81] reflects these qualitative changes:

> Now when Maximilian had reached a good age and had rather worn out the shoes of his joyous youth, he considered that he should no longer tempt God nor place himself unnecessarily and arrogantly in such danger, and he decided to act more temperately with respect to those risks that he had once plunged into willingly – God had been tempted enough. So he dedicated himself thenceforth to earnest brave acts. Because of this, great snares were laid for him out of envy, and his life was in peril day and night; for envy cannot look on or tolerate such victory and renown [as his].[82]

Here Maximilian appears not as Theuerdank but as himself, an all too human protagonist, who over time becomes aware of some of his faults and modifies his behavior to minimize them. Unlike the hero of *Theuerdank* chapters 10 and 115, the subject of Franck's account is not a Christ figure but a prince who lives his life in the awareness of God and in opposition to inimical forces that he does not control. One of these is envy – not the personified Envy (*Neydelhart*) of the woodcuts or of Pfinzing's clavis, but a nebulous external hostility toward Maximilian – which in Franck's summary accounts for many of the difficulties the emperor faced in his later life.

---

81 That is, chapter and illustration 97 and Pfinzing clavis entry 97 (Musper [note 24], fols. H7ᵛ–8ʳ, ²A7ᵛ–8ʳ).
82 *Nůn war Maximilianus zu gůttem alter kommen / vnd der freydigen jugent schůh ein wenig zertretten / gedacht Gott nit weiter zu versůchen noch in sollich onnötig můtwillig gefarlichkeyt zu begeben / vnd entschloß sich sollich vngefell / darein er sich willig etwan gestürtzt / zůmassen / Gott were genůg versůcht / darumb gab er sich fortan auff ernstlich dapffer handlunge / darauß jm von neyd grosse gefar ward zugericht / vnd tag vnd nacht nach dem leben gestellt / dann solch sieg vnd rhům der neidthart nit sehen noch leiden kan* (Franck [note 62], fol. 285ʳ).

In reshaping material from the *Theuerdank* poem and the Pfinzing clavis this way, Franck – in his own terms – removed the relic from its monstrance and the kernel of history from its husk. But he also modified the relic itself, sometimes adding, sometimes subtracting data in order to present „the kernel and content of the complete *Theuerdank*". A comparison of the individual chapters of the poem and their woodcuts to the corresponding sections of the Pfinzing clavis and the Franck summary reveals that while both the poem text and Pfinzing's text contribute to Franck's, the illustrations do not.[83] The Pfinzing clavis includes circumstantial information, primarily about the sites of Maximilian's exploits, that the poem does not. Franck's summary takes over most of this supplementary detail, but not in the systematic way that Franck's preface to the chronicle has led its readers to anticipate. The changes that the Franck summary makes to the content of Maximilian's adventures anchor the events more firmly in the historical world that Maximilian, Franck, and the readers of the chronicle share. But beyond this there is no obvious principle guiding these adjustments, and it would be very difficult to argue for their ‚essential' nature (in the sense of Franck's *hafft*, *kern*, or *bundriemen*) in the contexts in which they occur.

Consider, for example, the paragraph from Franck's summary that corresponds to *Theuerdank* chapter 28 and its gloss in Pfinzing's clavis; it includes minor adjustments to the narrative stuff that are typical of the way that *Theuerdank* material has been recast throughout the Franck summary. In the Schönsperger editions, this chapter of the poem reports a curious incident in which Unfalo challenges Theuerdank to prove that heights do not make him dizzy. Knowing it to be rotten, Unfalo dares the foolhardy young hero to climb out onto a beam that has been left at a construction site in a castle. The beam projects out into thin air high above a rocky crag. Theuerdank must walk out onto the beam until he is standing with only the heel of one foot on the end of it and then extend his other foot into space out beyond the one on the beam. Theuerdank accomplishes this and, as the beam is giving way beneath him, manages to fall backward and save himself by grabbing another piece of the scaffolding.[84] This much is contained in the poem.

---

83 Franck's summary often describes events as they are depicted in the *Theuerdank* cuts, but I find no material in it for which the illustrations can be the only source. Indeed when Franck adds new material to amplify the poem and/or the clavis account of an individual incident, his addition is not reflected in the woodcut. See, e.g., Franck (note 62), fol. 282^r, *Zum dritten*, which corresponds to *Theuerdank* chapter 28 and Pfinzing's clavis entry for it (Musper [note 24], fols. H5^v–8^v, ^{2}A4^v).

84 *Als nun kame der ander tag / Vnfalo seiner valscheit pflag / Fůrt den Tewren Held auf ein vest / Jn derselben Er ganntz wol west / Das ein grosser rustpawmen war / Derselbig was erfaulet gar*

Pfinzing's clavis entry greatly compresses the account and adds only the location of the castle and of the building site within it to what the audience already knows: „It signifies a peril that *Theuerdank* encountered in the lower Inn valley on a narrow rotten scaffolding, which projected out into thin air below the roof and above the wall of a castle".[85] The account from the *Germaniae chronicon* reinterprets the agency of Unfalo in the episode and adds a modicum of additional content:

> Third, Maximilian was such an audacious man that on the gallery or catwalk (*vmbgang oder laden*) of a high tower he dared to measure out [the distance] of a shoe and a half into open space by placing the back half of his foot on the catwalk and the front half out into space and then placing his entire other foot ahead [of the first] so that he was standing on the beam or wall with only half a shoe – as it indeed happened to him at a high castle in the upper Inn valley on a narrow scaffolding, which was rotten and broke beneath him so that he would not have survived except that he fell backward and managed to catch a column, something he had also done often on the galleries of high towers.[86]

A few circumstantial details have been added to this account. The audience learns now just where in the castle Maximilian performed this feat and how the beam was situated with respect to the scaffolding and to the wall below it. Franck's summary places the incident in the upper rather than the lower Inn

---

/ *Lag noch in den tag frey hinaus / Dann als man dasselbige haws / Het neulichen aus gepawet / Den het Er zuuor beschawet / Das Er wurd leichtlichen prechen / Doch so mŏcht es keiner sprechen / Der Jn schawet von oben an / Das Er solt einich feülen han / Darumb fůrt Er den Helden dar / Sprach herr Jch hab nit gnomen war / Ob Eüch auch thůt der schwindlicht / Tewrdannck sprach / Er thůt mir gantz nicht / Darauf annttwort Jm Vnfalo / Herr so trett auf disen plock do / Vnnd mest hinaus in freyen tag/ Annderhalb schůch / in der wag / Mŭst Jr Eüch aber halten vest / Dann warlichen das ist die pest / Prob dardurch Jr mugt wol bestan / Alzeit wann Jr nach Gembsen werd gan / Tewrdannck der Held volget seim wort / Vnnd trat hinfür an des paumbs ort / Wolt gleich die schůch gemessen han / Da fieng der paum zůprechen an / Das dem Helden nit meer ward / Dann das Er mit aller marter hart / Begryff einen paumb darneben / Der fristet Jm sein jungs leben / Sonnst het sich der Held ganntz vnd gar / Gefallen zů tod/ dann es war / Vber ein velsen ab vast hoch* (Musper [note 24], fols. i2ʳ-3ᵛ).

85 *Bedeut ein gefar dem Tewrdanck Jm vndern Jntall bebegegnet* [sic] *auf einem schmalen Ruspaum / der vnnder dem tach über des Schloss Mawr in freyem tag lag vnnd erfault war* (Musper [note 24], fol. ²A4ᵛ-8ʳ).

86 *Zum dritten war Maximilian so ein kůn man / das er vff eim vmbgang oder laden eins hohen thurn anderhalb schůch in tag herauß messen dorft / den hindern halben fůß vff den vmbgang setzen / den vordern halben fůß in tag hinauß / vnd darnach den andern gantzen fůß in tag hinuß darfür schlagen / vnd also nur mit halben schůch vff dem thurn balcken oder maur stehn wie jm im hohen Jntal auß einem hohen schloß vff eim schmalen rüstbaum begegnet / der erfault vnder jm brach / vnd jm nit mer ward / dann das er im fall hindersich fiel vnd ein seul erwischt / das hat er auch vff den vmbgengen der hohen thürn offt than* (Franck [note 62], fol. 282ʳ).

valley. As data go, however, these adjustments seem hardly more consequential than the ones that Franck characterized as *narrenwerk* in his preface (a fact that makes one question whether he actually composed this variant of Pfinzing's clavis or simply modified it from some already extant adaptation of the original). This paragraph does, however, also display features that are more in line with Franck's views of history-telling. It turns the central event of the *Theuerdank* chapter into a specific example of a habitual rash behavior of Maximilian's and removes from it the agency of an external antagonist. As Franck reports the incident, Maximilian was wont to climb around on castle catwalks and once in the Inn valley undertook a particularly daring stunt that nearly resulted in his death; he managed to save himself, however, because he was accustomed to using columns as handholds when climbing around on castle towers.

Franck's summary is an excellent example of productive *Theuerdank* reception. In his presentation Franck reorders the hierarchy of information systems that characterizes the original artifact. For him Pfinzing's clavis is the essential component of the *Theuerdank*; he adopts its format for his own summary and draws on the poem only for circumstantial material with which to amplify Pfinzing's list. The two-stranded narrative (i.e., the poem and the woodcuts), which forms the heart of the original artifact, is to Franck largely embellishment, while the Pfinzing clavis, an optional component of the Schönsperger *Theuerdank*'s, for him holds the *rechte hauptgriff der histori*. The husk of the original, then, has become the kernel in Franck's new conception. He has translated *Theuerdank* material from the poetic genre of allegorical romance into the verisimilar mode of history and biography. Freed of its monstrance, the relic contributes to both the content and the historiographic agenda of Franck's chronicle. Pfinzing's clavis provides him with the circumstantial detail necessary to transform the vague *Theuerdank* allegory into the biographical sketch of an actual life. That sketch in turn documents the challenges that Maximilian as an individual (*ein mensch vnnd doch nit mer*) overcame with the help of God, and so presents him as both an exemplary man, whose story will be instructive to later generations, and as a particularly effective witness to the divine pattern in history. Reshaped in the *Germaniae chronicon* as a recapitulation of Maximilian's actual youthful exploits, the material from the *Theuerdank*, like the spolia in the walls of the fortress Belvoir, has become part of a new work and a new kind of work, while retaining identifying features that relate it to its source. This is one way that productive reception works.

Unlike any other *Theuerdank* adaptation, the Franck clavis quickly achieved the ‚traditional' status of the original components of the Schönsperger editions. It was treated by many later adapters of the *Theuerdank* as an integral part of the artifact, in much the same way that in the medieval German manuscript tradition more recent continuations were often transmitted together with the earlier narrative compositions that gave rise to them (e.g., the ‚Klage' with the ‚Nibelungenlied', etc.). Beginning in the early seventeenth century, *Theuerdank* editions were often published with both the Pfinzing clavis and the Franck summary. And as early as the mid-sixteenth century, Clemens Jäger used the Franck summary along with other *Theuerdank* material as a source for his Habsburg history, the ‚Österreichisches Ehrenwerk'. The evolution of Franck's summary is a particularly interesting instance of productive reception. Pfinzing's demystifying clavis to the original allegory of young Theuerdank-Maximilian becomes the basis for Franck's historicizing summary of the poem-plus-clavis. That summary in turn is sufficiently circumstantial in character to persuade some audiences of its usefulness as source for narrative history (Jäger) and others of its explanatory value as a second key to the original poem (Schultes, Haltaus, etc.). Assimilated to later historical works, then, Franck's summary transformed and projected the Habsburg claims of the *Theuerdank* into new textual genres. Attached to later editions of the original verbal-visual narrative – which it in many ways undermines – Franck's historicizing summary lends the *Theuerdank* a kind of historical authenticity that it did not claim for itself in the configuration of the Schönsperger editions. In the course of this development the original *Theuerdank* has not only generated new artifacts, but it has also in some measure been regenerated, recreated, or redefined by them. This is another manifestation of productive reception.

7 Conclusion

If a man does not within his lifetime provide for memorials to celebrate himself and his estate, he will be forgotten with the last reverberation of his death knell. This image from the *Weißkunig* of the tolling funeral bell epitomizes the purpose and essential content of Maximilian's *gedechtnus*. The individual projects that comprise the program were commissioned to keep memory alive, in effect to keep the funeral bell tolling, and to keep its echo resounding in the ears of ever new audiences. The bell's peal – that message which each of the *gedechtnus* monuments proclaims – is Maximilian, Habsburg, and the estate of all elect rulers. The memorial program, then, remains at heart a programmatic or political gesture regardless of the ingenuity, innovation, and conceptual brilliance of some of its component monuments.

In considering their reception it is important to keep in mind the underlying political character of these monuments. Like satires, parodies, or historical tragedies, the *gedechtnus* monuments have an essential, historically specific content that defines them and undergirds the other semiotic systems they include. (A simple elimination test may be used to establish that without this content the artifacts would not signify in the same way, nor would they in some fundamental sense be the same.) Their programmatic content, then, is the most basic and sometimes also the most characteristic feature of such artifacts. The original purpose of the *gedechtnus* monuments is continued, reproduced, or received successfully when the statement or program of their content is perpetuated intact. Reflexes or iterations that succeed in these terms may or may not also reproduce the aesthetic configuration of the original; when they do, they are examples of preservative reception (e.g., the *Theuerdank* editions of Stainer and Egenolff). Content-based artifacts may also generate responses that make no direct reference to the particular content of the originating artifact (e.g., Egenolff's ‚Pontus und Sidonia' or Vorsterman's chronicle of Flanders). Such responses may nevertheless perpetuate the programmatic statement of the original, if audiences recognize the source of the adapted material they contain, and if that material recalls to them the programmatic features of its source. Since content-based artifacts may give rise to new forms on the basis of their programmatic content or of their aesthetic configurations or both, their reception is often varied and thus best gauged in terms of a model that views the originating artifact as the potential source of diverse responses.

This essay began with my musing about the possible relationship between the popular appreciation of Maximilian in the modern period and the advent of his *gedechtnus* program during the sixteenth century. To narrow that question for this essay, I have – like some of my predecessors in the Maximilian industry – resorted to synechdoche, allowing the *Theuerdank* and its continuing story to raise questions about the reception of the *gedechtnus* as a whole. I have been primarily interested in the effectiveness of the *gedechtnus* monuments as vehicles for propagating the programmatic Habsburg message they contain, and not as fixed forms or prescriptive standards against which other artifacts – particularly responses to the *gedechtnus* itself – might be measured. Hence I have developed the notion of productive reception, applying it in this investigation to specific examples of *Theuerdank* reception from the sixteenth century.[87]

---

[87] This is one in the series of essays from my ongoing project of on Maximilian's *Theuerdank* and its reception. (Cf. notes 7, 37, etc.) I presented an early version of this piece at a working group on Maximilian at Wolfenbüttel in 1997. In the meantime I have received excellent suggestions from many friends and colleagues. These include the some of the other contributors to this volume; the expert staffs of The Bancroft Library, the Herzog August Bibliothek, and the Österreichische Nationalbibliothek; and the generous members of Ex Libris around the world who have helped me to locate *Theuerdank* copies far and near. I am particularly happy to

The preceding sample of responses to the *Theuerdank* demonstrates that this compound, semiotically complex, multimedia artifact was an unqualified hit in its own time. Designed in easily separable visual and verbal components, the *Theuerdank* appealed differently to individual audiences. Some were attracted to the conception of the work as a whole and reproduced both its aesthetic configuration and its political program in later *Theuerdank*'s. Others appropriated single or multiple features of the *Theuerdank* for their own differently conceived projects – by selecting a couple of woodcuts, a series of illustrations, the clavis, the plot minus its angels, the plot minus its allegory, the plot plus some circumstantial detail, etc. Some adapters seem to have chosen *Theuerdank* material – like the original woodcuts that were reused by South German printers – more or less randomly, and without reference to the structure or program of the original artifact. Others recognized that particular design features of the *Theuerdank* – its separable narrative strands and levels, its discrete verbal units, its information systems distinguishable by medium as well as content, its puzzles and keys – were adaptable to the designs and purposes of their own work. Franck's multilayered concept of history-telling, for example, with its schema of husk and kernel, had structural similarities (though very different programmatic objectives) to the *Theuerdank* narrative. For Franck, Pfinzing's clavis represented a preshaped narrative unit ready to be transformed from the gloss on an allegory to the kernel of his own life of Maximilian.

Both the structure and the execution of the Schönsperger *Theuerdank*'s contributed to their success in transmitting the Habsburg message encoded in them. Their design in multiple components, which proclaimed the Habsburg message individually and collectively, encouraged adapters to appropriate discrete parts of the work for their own projects. That chroniclers like Franck and Jäger, for example, stitched into their narratives whole units of Habsburg content taken over more or less intact from the *Theuerdank* and labeled accordingly, suggests that the modular structure of the original was a factor in the rapid and varied assimilation of its material to new contexts. But the Schönsperger *Theuerdank*'s were not just cleverly designed – they were also gorgeous, and they seem to have appealed as much to the senses as to the intellect of the early modern authors and designers who translated their separate features into other works. The wide range of contexts in which the *Theuerdank* illustrations appeared – both the original designs and later ‚afterimages' based on them – indicates

---

express my gratitude to Eva Irblich, Susie Speakman Sutch, Gerhild Scholz Williams, Regula Schmid, and last and most, to Jan-Dirk Müller and Anthony Bliss. The errors in this essay remain my own.

that sixteenth-century audiences found these images to be inherently attractive, with or without their Habsburg implications. In projects with no obvious Habsburg connotations (like Egenolff's 1548 edition of ‚Pontus und Sidonia' and Stainer's 1540 edition of Xenophon's life of Cyrus), the original designs seem to have been adopted on the basis of their visual appeal alone. Whereas for overtly programmatic works (such as van Ghelen's *Wonderlijcke oorloghen* and Jäger's ‚Österreichisches Ehrenwerk'), the attraction of the original *Theuerdank* illustrations seems also to have been their Habsburg content, which was preserved as the images themselves were quoted and transformed into new visual variants that nevertheless recalled their source and its message.

In sum then, the attraction of the component parts of the Schönsperger *Theuerdank*'s was arguably as great as that of the project as a whole during the sixteenth century. The Habsburg message that the parts contained was thus transmitted not only in the predictable pattern of preservative reception (i.e., in later *Theuerdank* editions) but also in a vigorous, unpredictable pattern of productive reception, in which the assimilation of individual *Theuerdank* components to different kinds of projects introduced the Habsburg content of the originating artifact into contexts that could neither have been envisioned by Maximilian's *gedechtnus* team nor broached by the complete *Theuerdank* in its original configuration.

But it is not just the modular design of the *Theuerdank* or the appeal of its physical presentation that accounts for the diverse dissemination of its cultural capital during the early modern period. The key factor is that the *Theuerdank* was above all a printed book, one that first appeared when the mechanisms governing the management of information and the ownership of intellectual property were still very fluid in the Holy Roman Empire. As a print artifact, the *Theuerdank* was unveiled not as a unique single volume but rather as a good-sized group of fraternal siblings that were strikingly like each other yet individual. Appearing as it did in multiple copies of the four print variants of the Schönsperger editions, the *Theuerdank* began its transmission history at a developmental stage that compositions in the age of manuscripts achieved only after decades and even then in more limited numbers. The *Theuerdank* entered the information stream, straight from Schönsperger's press, as a full-blown tradition. And its design as a manuscript-look-alike contributed to the further multiplication of the number of *Theuerdank* variants that circulated, as individual owners had their copies customized with color and gold.

Regrettably little is known about the precise circumstances under which the 1517 and 1519 *Theuerdank* editions were distributed. It is evident, however, from the chronicles published in Antwerp around 1530, which already included second-generation *Theuerdank* illustrations, that these designs were circulating and being reproduced in the Low Countries even before the South German owners of the original *Theuerdank* blocks began to reuse them extensively, either for later editions of the work itself (Stainer's 1537 edition was the first of these) or for other books in which the *Theuerdank* designs formed a significant part of the visual program (e.g., Egenolff's 1548 ‚Pontus und Sidonia'). This suggests that the Schönsperger editions themselves, and not later projects undertaken by the owners of the original blocks, triggered the first phases of *Theuerdank* reception in the sixteenth century. Schönsperger's commercial edition of 1519 was published under an imperial privilege that granted him exclusive and unlimited rights to print the *Theuerdank* and prohibited the unauthorized reprinting or pirating (*nachtruckhen*) of either its text or illustrations. But that privilege appears to have had no effect on the reception patterns, either preservative or productive, of the work. To date I have found no evidence that Schönsperger's 1519 privilege was ever invoked or that it was conveyed to another printer or bookseller during or after his lifetime. Very quickly, then, the attractively packaged information contained in the *Theuerdank*, which had been produced as an exclusive private printing for Maximilian, came to be treated as public shareware.

Well into the sixteenth century printers in the Empire exploited richly illustrated imprints as material for cultural salvage to be emulated or pirated outright. As in the case of the *Theuerdank*, it often made little difference whether or not the originating artifact had been published under privilege. Though certainly some printers were prosecuted and ruined financially for pirating material under privilege, many were also ruined when their privileged intellectual property was stolen and they were unable to make good their original investment in expensive printing ventures. Although many different agencies of overlapping jurisdiction, from the emperor and the pope to local princes and municipalities, issued printing privileges and made some attempt to enforce them during this period, great quantities of information circulated in the print medium virtually free of regulation. The limited control of unauthorized reprinting and the weakness of legal protections for intellectual property in this period made the business climate for printing entrepreneurs risky. But it is difficult to imagine an information environment, prior to the current electronic one, that was better suited to the political agenda of the *gedechtnus* program. Though Maximilian's memorial monuments were certainly not intended by their creators to be pirated, a number of them by their very design invited reproduction, reuse, appropriation, and imitation – all of which happened in the case of the *Theuerdank* during the heady information free-for-all of the first century of printing in the Empire.

This combination of circumstances alone does not, of course, account for the enduring interest in Kaiser Maximilian (both popular and learned, admiring and critical) or for his perennial appearances on the most diverse billings – from wine labels to university curricula. As Glenn Waas demonstrated more than 70 years ago, the „legendary" reputation of Maximilian had many spontaneous sources in his own time that were independent of the *gedechtnus* projects.[88] From the fifteenth century forward Maximilian attracted considerable attention, much of which found its way immediately into print, in the form of ballads and illustrated broadsheets as well as in political and historical imprints intended for learned audiences. His *gedechtnus* monuments, then, were only one of many tributaries to the early modern stream of Maximiliana. And it is impossible to judge what portion of that flow they represented or how much of the present-day attention to Maximilian can be related to the program of self-advertising that he set in motion 500 years ago.

What is striking, however, is that the *gedechtnus* program to this day occasions productive reception and is undoubtedly responsible for some of the programmatic material about Maximilian and the Habsburgs that continues to circulate in the most various forms into the twenty-first century. It is possible, for example, to follow the chains of response to individual *gedechtnus* monuments, like the *Theuerdank*, from the sixteenth century to the present. Several of these – particularly the projects that were originally designed for the print medium (the *Freydal, Theuerdank, Weißkunig*, ‚Triumphal Arch', ‚Triumphal Procession', ‚Prayer Book for the Order of St. George', etc.) – have enjoyed a robust preservative reception over the centuries as they have been reproduced in new editions, some of them many times over. And many of Maximilian's memorial projects – not just those designed for print – have for decades (in some cases centuries) been popular subjects for scholarly research and hence of productive reception. These varieties of reception alone allow us to track a surprising number of responses to the *gedechtnus* program over time.

But as I have tried to suggest above in the case of the *Theuerdank*, these varieties of reception document only part of the cultural impact of an individual artifact. To discover more, one must search out those unpredicted and unpredictable responses that comprise the other part of its productive reception. An assessment of the wider productive reception of Maximilian's *gedechtnus* program might give us a better sense of its contribution to the on-going production of Maximilian's fame. On the basis of the responses to the *Theuerdank* considered above, it appears that the long-term resonance of at least some of these monuments has been greater than that of many early modern Maximilian

---

88 See Waas (note 2) and Jörg Jochen Berns: Maximilian und Luther. Ihre Rolle im Entstehungsprozeß einer deutschen National-Literatur. In: Nation und Literatur im Europa der Frühen Neuzeit. Ed. Klaus Garber. Tübingen 1989 (Frühe Neuzeit 1), p. 640–668.

artifacts. I am not proposing a direct path, however, from the *Theuerdank* (or any other *gedechtnus* monument) to the portraits of Maximilian on contemporary calendars, wine labels, and *Lebkuchen* cans. What I do suggest is that Maximilian's memorial monuments by sheer coincidence or brilliant foresight were literally designed to be reused, a feature that suited them remarkably well to the political purpose for which they were intended. And some of them have been in reuse, almost continuously, since they first appeared. The productive reception of the *gedechtnus*, then, is in part responsible for the continuing cultural presence of Maximilian. Some of the recent reflexes of the *gedechtnus* continue to make the programmatic Habsburg content of the originating artifacts available to ever new audiences, presenting it in attractive preformed configurations that are as readily adaptable now to popular and learned appropriation as were their antecedents in the sixteenth century.[89] While this productive reception of the *gedechtnus* continues, it goes on proclaiming the Habsburg message to those who detect it, and Maximilian's investment in his fame and family honor goes on justifying itself.

---

89 Consider, for example, the Dover Publications edition of the ‚Triumphal Arch' (New York 1972), which was printed on only one side of each leaf so that the ‚Arch' might be assembled and displayed. It was published copyright-free so that purchasers might use this [*gedechtnus*] material as they saw fit.

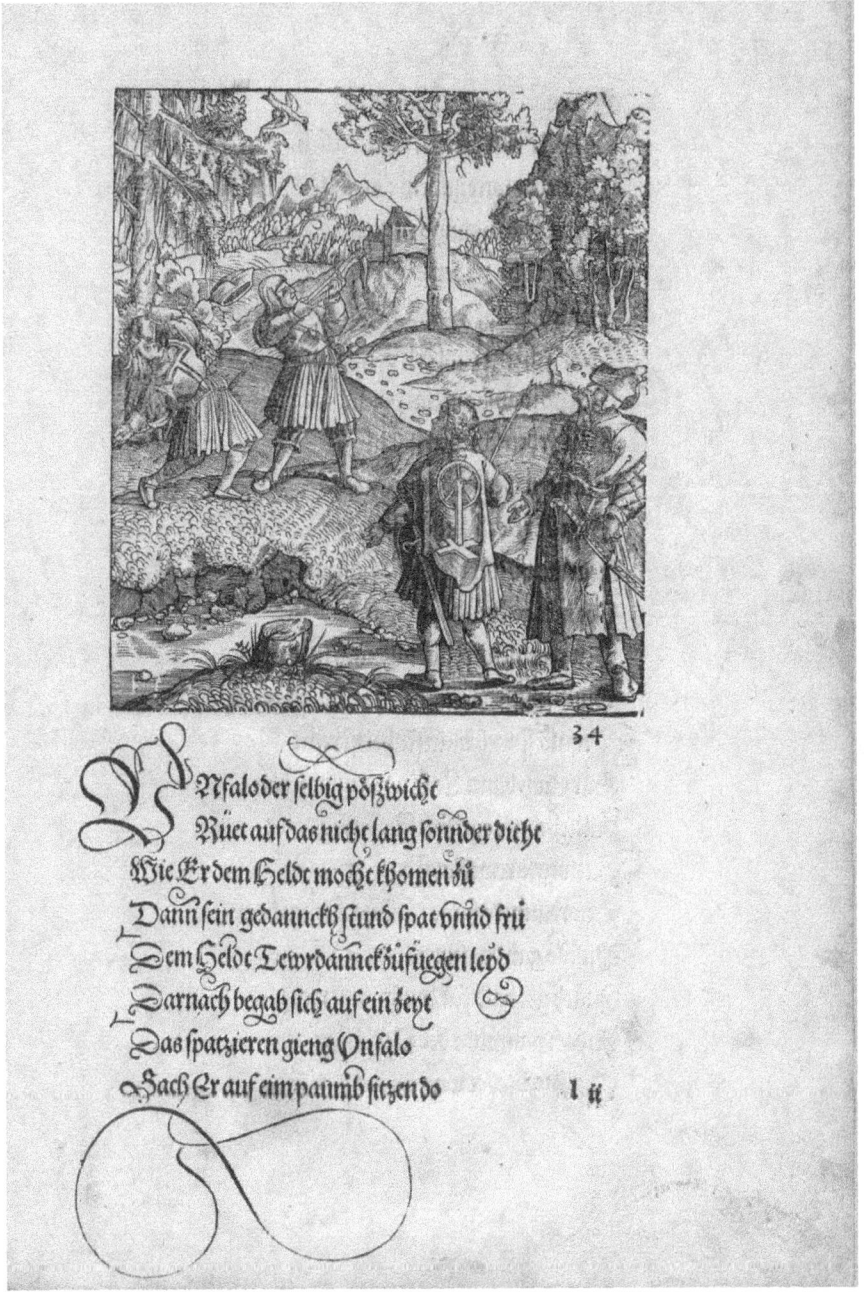

Fig. 1: Illustration for chapter 34. Theuerdank shoots with a faulty crossbow. Unattributed. Courtesy, The Bancroft Library, University of California, Berkeley.

Fig. 2: Illustration for chapter 34. (Detail from Fig. 1). Theuerdank shoots with a faulty crossbow. Unattributed. Courtesy, The Bancroft Library, University of California, Berkeley.

Productive Reception: *Theuerdank* in the Sixteenth Century — 345

Fig. 3: Illustration for chapter 71. Theuerdank hunts chamois with a crossbow. Leonhard Beck. Courtesy, The Bancroft Library, University of California, Berkeley.

Fig. 4: Illustration for chapter 71. Detail (reversed). Theuerdank hunts chamois with a crossbow. Leonhard Beck. Courtesy, The Bancroft Library, University of California, Berkeley.

Productive Reception: *Theuerdank* in the Sixteenth Century — **347**

Fig. 5: Illustration for chapter 3. King Romreich dies in a pleasant garden. Leonhard Beck. Courtesy, The Bancroft Library, University of California, Berkeley.

Fig. 6: Illustration for chapter 115. An angel appears to advise Theuerdank. Hans Burgkmair. Courtesy, The Bancroft Library, University of California, Berkeley.

Elke Anna Werner
Kaiser Maximilians *Weißkunig*

Einige Beobachtungen zur Werkgenese der Illustrationen

1

Der *Weißkunig* Kaiser Maximilians I. zählt – trotz seines unvollendeten Zustandes – zu den größten illustrierten Buchprojekten der Renaissance.[1] Als 1516 die Arbeiten eingestellt wurden, waren bereits 251 ganzseitige Holzschnitte nach Zeichnungen von Hans Burgkmair, Leonhard Beck und Hans Schäuffelein fertiggestellt, die – und das unterscheidet den *Weißkunig* wesentlich von anderen illustrierten Büchern der Zeit – innerhalb des Werkes jeweils nur einmal verwendet werden sollten.[2] Die Bilder waren für die Illustration eines Textes bestimmt, der in drei Teilen zunächst von der Brautwerbung, Romfahrt und Kaiserkrönung Kaiser Friedrichs III., dann von der Jugend, Erziehung und Heirat Maximilians und schließlich von dessen Feldzügen und den politischen Ereignissen zwischen 1477 und 1513 erzählt. Die große Zahl von Holzschnitten – und es hätten noch mehr werden sollen[3] – führte aber auch an die Grenzen des Möglichen und schließlich zur Einstellung der Arbeiten.

---

[1] Der Weiß Kunig. Eine Erzehlung von den Thaten Kaiser Maximilian des Ersten. Von Marx Treitzsaurwein auf dessen Angaben zusammengetragen, nebst den von Hannsen Burgmair dazu verfertigten Holzschnitten. Herausgegeben aus dem Manuscripte der kaiserl. Hofbibliothek, Wien 1775. Neudruck mit einem Kommentar u. einem Bildkatalog von Christa-Maria Dreissiger, Weinheim 1985. – Der Weisskunig. Nach den Dictaten und eigenhändigen Aufzeichnungen Kaiser Maximilians I. zusammengestellt von Marx Treitzsaurwein von Ehrentreitz. Hg. v. Alwin Schultz. In: Jahrbuch der Kunsthistorischen Sammlungen des Allerhöchsten Kaiserhauses. Bd. 6. Wien 1888. – Kaiser Maximilians I. Weisskunig. Hg. v. H. Th. Musper in Verbindung mit Rudolf Buchner, Heinz-Otto Burger und Erwin Petermann. Bd. 1 Textband, Bd. 2 Tafelband. Stuttgart 1956. Zur Editionsgeschichte siehe auch Hans-Martin Kaulbach: Neues vom Weisskunig. Geschichte und Selbstdarstellung Kaiser Maximilians I. in Holzschnitten. Ausstellung Graphische Sammlung Staatsgalerie. Stuttgart 1994 (o. S.).
[2] Noch bis zur Mitte des 16. Jahrhunderts war es üblich, für die Illustration von Chroniken und anderen Bücher mit einer begrenzten Zahl von Druckstöcken zu arbeiten, die mehrfach verwendet wurden; vgl. Elisabeth Rücker: Die Schedelsche Weltchronik. Das größte Buchunternehmen der Dürer-Zeit. München 1973, S. 72.
[3] Die Entstehungsgeschichte des *Weißkunig* ist langwierig und durch zahlreiche Veränderungen geprägt, von denen immer wieder auch die Bilder betroffen waren: eine erste handschriftliche Fassung sollte mit einer vergleichsweise geringen Zahl von Illuminationen ausgestattet werden; die Zahl der Bilder wurde dann beim Wechsel zum Druck erhöht; als Treitz 1514

Der *Weißkunig* gehört zu einem umfangreichen, mehrere Großprojekte umfassenden Programm, das der Memoria (*gedechtnus*) und der politischen Legitimation Kaiser Maximilians I. diente.[4] Dazu gehörten weitere Bücher wie die Genealogie des Hauses Habsburg, der *Freydal* und der *Theuerdank* sowie als monumentale druckgraphische Werke die *Ehrenpforte* und der *Triumphzug*, von denen zu Lebzeiten des Auftraggebers jedoch nur der *Theuerdank* (1517) und die *Ehrenpforte* (1517/18) fertiggestellt wurden. Bei jedem Werk waren es spezifische Ursachen, die eine rechtzeitige Vollendung verhinderten. Das besondere Problem des *Weißkunig* bestand darin, dass es den Beteiligten, allen voran Marx Treitzsaurwein, dem Geheimsekretär des Kaisers, aber auch Maximilian selbst, bei der Endredaktion nicht mehr gelang, die Darstellungen auf den Holzschnitten zu identifizieren und den im Text genannten Ereignissen oder Begebenheiten richtig zuzuordnen.[5] Damit sind die Gründe für das Scheitern dieses Projektes in dem Bereich zu suchen, der besonders innovativ war – bei den Illustrationen.

Die Identifizierung der Bilder und ihre Zuordnung zum Text wurden auch dadurch erschwert, dass die Geschichte in verhüllter Form erzählt wird. Wie im höfischen Roman, so glaubte man jedenfalls, wurden die Personen verschlüsselt und verloren dadurch ihren unmittelbaren Bezug zur Realität.[6] Maximilian selbst etwa verbirgt sich als Protagonist hinter der Figur des Weißkunig. Dieser Name leitet sich zum einen von der Farbe Weiß ab, die Maximilian im Wettkampf trug, impliziert andererseits aber auch die Tugenden der Reinheit und Weisheit.[7] Die übrigen historischen Personen sind nach ihren Wappen, Farben oder besonderen Abzeichen benannt (französischer König – blauer König, Papst – König von den drei Kronen, Lodovico il Moro – König vom Wurm). Zu den Orten der Handlung enthält der Text nur sehr allgemeine Angaben wie *ein sloss* oder *ain statt*.[8] Wenn Stabius den *Weißkunig* trotzdem als die *veram historiam*

---

mit der Endredaktion beschäftigt war, erhielt er vom Kaiser für den dritten Teil nochmals eine lange Liste zusätzlicher Bildwünsche, an denen 1516 noch gearbeitet wurde; siehe Karl Rudolf: Illustration und Historiographie bei Maximilian I.: Der „Weisse Kunig". Römische Historische Mitteilungen 25 (1983), S. 35–108, S. 38f., 48–57.

4 Zur Memoria-Konzeption Maximilians I. siehe Jan-Dirk Müller: Gedechtnus. Literatur und Hofgesellschaft um Maximilian I. München 1982.

5 Zu den redaktionellen Arbeiten und Problemen Treitzsaurweins siehe Rudolf 1983 (Anm. 3), S. 55ff.

6 Zur Art der Verhüllung und der Frage der Gattungszugehörigkeit Müller (Anm. 4), S. 130–137.

7 Zur Bedeutung der Farbe Weiß im Kontext Maximilians und des *Weißkunig* siehe Hans Burgkmair. Das graphische Werk. Ausstellung in den Städtischen Kunstsammlungen Augsburg. 1973; Müller (Anm. 4), S. 132; Kaulbach (Anm. 1).

8 Müller (Anm. 4), S. 137ff.

Maximiliani cesaris bezeichnete,[9] so deshalb, weil der Text – im Unterschied zum *Theuerdank*[10] – wahre Begebenheiten mit realen politischen und militärischen Protagonisten erzählt und diese erst nachträglich durch verdeckte Namen verschlüsselt wurden.[11]

Das Problem der Zuordnung von Text und Bild hat die Forschung lange Zeit beschäftigt und ist bis heute nicht gelöst.[12] Es wurde in der 1956 erschienenen *Weißkunig*-Ausgabe von Musper und Petermann dadurch umgangen, dass die Bilder von den Texten getrennt wurden und jedes Medium für sich behandelt wurde.[13] Dennoch haben die Holzschnitte seitens der Kunsthistoriker bisher nicht die Aufmerksamkeit erhalten, die ihnen aufgrund des anspruchsvollen Projektes und der Qualität der Werke zukommen müsste. Sie sind inzwischen immerhin in das Œuvre der einzelnen Künstler eingegliedert und im Falle der kunsthistorisch bedeutenderen auch eingehender untersucht worden; hier ist vor allem Burgkmair zu nennen, der mit 118 Holzschnitten den größten Anteil am *Weißkunig* hat.[14] Die Bearbeitung konzentrierte sich aber im wesentlichen auf Zuschreibungsfragen, Formanalyse sowie auf die Dokumentation verschiedener

---

9 Der Bericht des Stabius bei S. Steinherz: Ein Bericht über die Werke Maximilians I. Mitteilungen des Instituts für Österreichische Geschichtsforschung 27 (1906), S. 152–155, hier S. 154 (Hinweis bei Rudolf [Anm. 3], S. 37f.).
10 Zum Verhältnis von Realität, Fiktion und Verhüllung im *Theuerdank* siehe Elaine C. Tennant: Understanding with the Eyes. The Visual Gloss to Maximilians I. Theuerdank. In: Entzauberung der Welt. Deutsche Literatur 1200–1500. Hg. v. James F. Poag, Thomas C. Fox. Tübingen 1989, S. 211–258.
11 Die um 1500 entstandene lat. Fassung (Cod. J) war noch nicht verschlüsselt, die vor 1514 erarbeitete deutsche Fassung (Cod. C) weist dann die Verschlüsselung auf; zur Entstehungsgeschichte siehe Karl Rudolf: „Das gemäl ist also recht". Die Zeichnungen zum „Weisskunig" Maximilians I. des Vaticanus Latinus 8570. Römische Historische Mitteilungen 22 (1980), S. 167–201, S. 173ff.; bei der ebenfalls in Cod. C enthaltenen Chronologie und dem Bildprogramm für den dritten Teil ist die Verschlüsselung wieder aufgehoben, siehe Rudolf 1983 (Anm. 3), S. 58.
12 Die Versuche, den *Weißkunig* zu vollenden, beginnen 1526 mit einer Initiative Erzherzog Ferdinands von Österreich, aber erst 1775 erscheint die erste Ausgabe mit Text und Bild; zur Editionsgeschichte siehe Schultz (Anm. 1), S. XXVII u. Kaulbach (Anm. 1).
13 Kaiser Maximilians I. Weisskunig 1956 (Anm. 1); in dieser Ausgabe wurde die Identifizierung der Illustrationen von Schultz nicht übernommen und stattdessen im Textband eine Kurzbeschreibung der Holzschnitte vorgenommen.
14 Zum Forschungsstand der Holzschnitte von Burgkmair siehe H. Th. Musper: Hans Burgkmair und der Weisskunig. In: Weisskunig 1956 (Anm. 1), Bd. 1, S. 35–56; Tilmann Falk: Hans Burgkmair. Studien zu Leben und Werk des Augsburger Malers, München 1968, S. 73ff. und Ausst. kat. Augsburg 1973 (Anm. 7), Kat. Nr. 178–203; allgemein zu den Künstlern, die für Maximilian arbeiteten, siehe Ludwig Baldaß: Der Künstlerkreis Kaiser Maximilians. Wien 1923; zu den Holzschnitten von Beck siehe F. W. H. Hollstein: German Engravings, Etchings and Woodcuts., ca. 1400–1700. Vol. II. Amsterdam o. J., S. 163–172.

Abzüge von den Druckstöcken, der eigentliche Status der Bilder und ihr Verhältnis zum Text wurden dagegen wenig beachtet. Mit seiner gattungshistorischen Analyse der maximilianischen *gedechtnus*-Werke gab Jan-Dirk Müller auch neue Anstöße für die kunsthistorische Beschäftigung mit den Illustrationen des *Weißkunig*. Müller prägte für die im Text gebräuchliche Charakterisierung von Begebenheiten, wie etwa der Erziehung, der zahlreichen Kriegszüge und der diplomatischen Ereignisse den Begriff der ‚Situationstypen'; die Erzählung ist demnach nicht in einen konkreten historischen Kontext eingebunden, sondern setzt sich aus verschiedenen Szenen zusammen, die in stereotyper Form bestimmte Situationen wiedergeben.[15] Hans-Martin Kaulbach, der auch bei den Illustrationen die Verwendung vorgeprägter Situationstypen feststellte, die jedoch zur besseren Verständlichkeit der Bilder – im Unterschied zu älteren Chroniken – stärker differenziert worden seien, forderte eine Untersuchung der verschiedenen Arbeitsstufen der Holzschnitte, vor allem im Hinblick darauf, wie die spezifischen Merkmale eines Ereignisses entwickelt wurden.[16]

Die folgende Untersuchung ist dieser Werkgenese der Holzschnitte gewidmet. Sie wird zeigen, dass tatsächlich während des Arbeitsprozesses Änderungen an den Darstellungen vorgenommen wurden, welcher Art diese waren und warum sie weitreichende Folgen hatten. Das Ergebnis ist nicht nur aufschlussreich für die Frage, wie typisch oder wie individuell, wie schematisch oder wie wirklichkeitsgetreu die Holzschnitte des *Weißkunig* sind, sondern gibt auch Einblicke in die ursprüngliche Konzeption der Illustrationen. Wenn dabei andere, für die Bilder ebenso interessante Aspekte der Entstehung des *Weißkunig* – wie etwa die verschiedenen Schritte von der Handschrift zum gedruckten Buch[17] – unberücksichtigt bleiben müssen und auch nur eine begrenzte Auswahl von Bildern exemplarisch behandelt werden kann, so deshalb, weil mit diesen Ausführungen aus kunsthistorischer Sicht lediglich erste Ansatzpunkte für eine neue und umfassende Aufarbeitung des *Weißkunig* skizziert werden sollen, die als Gemeinschaftsprojekt in enger Zusammenarbeit mit Literaturwissenschaftlern und Historikern umzusetzen wäre.

---

[15] Müller (Anm. 4), S. 137.
[16] Kaulbach (Anm. 1).
[17] Mit diesen Fragen habe ich mich eingehender in meiner Dissertation auseinandergesetzt: „.... warhafftige Abcontreferung". Untersuchung zu den Darstellungen zeitgenössischer Schlachten unter Maximilian I. und Karl V. Dissertation am Fachbereich Geschichtswissenschaften der Freien Universität Berlin. 1997 (unveröff. Manuskript).

2

Lange Zeit ging man davon aus, dass keine originalen Zeichnungen oder Vorstudien zum *Weißkunig* erhalten seien. Die im sog. ‚Fragbuch' (Wien, ÖNB Cod. 3034; „H"), im Wiener Codex 3033 („F") und im sog. Liechtensteinband[18] überlieferten Zeichnungen galten als Kopien nach Zeichnungen, die den Künstlern als Vorlage zur Übertragung auf die Holzstöcke gedient hatten, aber nicht als Zeichnungen „im Sinne eines künstlerischen Entwurfs", weshalb man ihnen keine weitere Beachtung schenkte.[19] Erst mit der Entdeckung eines Sammelbandes in der Biblioteca Vaticana (Vat. Lat. 8570) durch Karl Rudolf, der überzeugend darlegte, dass sich unter den Blättern auch Skizzen und Vorzeichnungen für den *Weißkunig* befinden, auf die ich mich im Folgenden hauptsächlich beziehen werde, änderte sich die Situation grundlegend, da diese Zeichnungen wesentliche Aufschlüsse über den Werkprozess geben.[20] Bei einem ersten Überblick über das Material sind zunächst drei Arbeitsschritte zu unterscheiden: Zu Beginn wurden Skizzen im Querformat angefertigt, die in einem zweiten Arbeitsschritt ins Hochformat gebracht und dann schließlich auf die Druckstöcke übertragen wurden.[21] Bei einer genaueren Betrachtung dieser Phasen erweist es sich, dass die Zeichnungen immer wieder korrigiert und überarbeitet wurden.

3

Der Vergleich von Skizze, Reinzeichnung und Holzschnitt am Beispiel der Schlacht im Cadore (1509) verdeutlicht erste Grundzüge dieser Korrekturen (Abb. 1–3, S. 367f.). Das Ereignis steht im Zusammenhang mit dem Feldzug Maximilians gegen Venedig, den er wenige Tage nach der Proklamation zum

---

18 „Fürstlich Liechtensteinsche Sammlung Vaduz (Sammelband mit Holzschnitten und Zeichnungen mit Erklärungen des Richard Strein von Schwarzenau und des Georg Christoph von Schallenberg und einem Brief Maximilians an Sigmund von Dietrichstein (Schultz [Anm. 1] „G")", so Weisskunig 1956 (Anm. 1), Bd. 2, S. 479, dabei handelt es sich nicht um den Band, der, nachdem er von 1952 bis 1955 in der Max Kade Foundation war, 1955 in die Graphische Sammlung der Staatsgalerie Stuttgart gekommen ist (so u. a. Rudolf 1980 [Anm. 11], S. 172; Rudolf 1983 [Anm. 3], S.35); vielmehr befindet sich „G" heute nach Kaulbach (Anm. 1), [s. v. „Zur Provenienz", ungezählte] S. 19f. im Museum of Fine Arts, Boston, Ma.
19 Petermann (Anm. 1), S. 72ff.; Ausst. kat. Burgkmair (Anm. 7), „Der weißkunig".
20 Rudolf 1980 (Anm. 11), S. 167–206; Rudolf 1983 (Anm. 3), S. 35–108.
21 Rudolf 1983 (Anm. 3), S. 63, 66.

‚Römischen Kaiser' am 4. Februar 1508 in Trient eröffnete.[22] Ein erster Vorstoß des kaiserlichen Heeres bis nach Vicenza blieb wegen des winterlichen Wetters und des mangelnden Gehorsams der Soldaten, die den noch ausstehenden Sold einforderten, erfolglos. Während Maximilian ins Reich zurückkehrte, um neue Truppen anzuwerben, befahl er seinem Hauptmann Sixt Trautson, vom Pustertal aus ins Cadore einzufallen, um die Venezianer von einem Vorrücken gegen das erst seit wenigen Jahren zu Österreich gehörende Görz abzuhalten. Trautson konnte mit seiner Truppe bis zur Festung Pieve di Cadore vorstoßen, wo er sich verschanzte und nach diesem ersten Erfolg weitere Angriffe in Richtung Süden plante. Die Venezianer holten jedoch bald zum Gegenschlag aus, umringten die Kaiserlichen von drei Seiten und versperrten ihnen den Rückzug. Dennoch verließ Trautson mit 1500 Soldaten die Festung. In einer engen Klause wurden sie von den Venezianern umstellt und nahezu alle erschlagen, viele sogar geköpft, da die auf venezianischer Seite kämpfenden Stradioten, eine schnelle und besonders gefürchtete Truppe leichter Reiter aus Albanien, ein Kopfgeld erhielten.

Die querformatige Skizze aus dem Sammelband der Biblioteca Vaticana gibt in groben Zügen die Gebirgslandschaft des Cadore mit der auf einem Berg liegenden Festung Pieve im Hintergrund wieder (Abb. 1, S. 367). Im Vorder- und Mittelgrund ist das Aufeinandertreffen der beiden Heere dargestellt. Die Venezianer, verstärkt durch Schweizer und Stradioten, rücken von links auf zwei verschiedenen Wegen gegen die Kaiserlichen vor. Der Erfolg dieses Angriffes wird bereits durch die zahlreichen Gefallenen auf kaiserlicher Seite dokumentiert, die den Boden zwischen den Gegnern bedecken. Die übrigen Soldaten Trautsons versuchen, im Verbund oder allein nach rechts zu entfliehen. Die Skizze ist nur soweit ausgeführt, dass die Venezianer und ihre Mitkämpfer an den Fahnen bzw. der Kleidung zu erkennen sind, während die Fahnen der Fliehenden noch kein Feldzeichen tragen. Die Landschaft mit ihren hohen und manchmal felsigen, manchmal mit Bäumen bestandenen Bergen ist nur in Umrissen wiedergegeben. Die Inschrift *Cadobe*[r] oben in der Mitte des Blattes gewährleistet die Identifizierung des dargestellten Ereignisses.

Die detaillierte Reinzeichnung zu diesem Ereignis weist einige interessante Veränderungen im Vergleich zur Skizze auf (Abb. 2, S. 367). Durch das Hochformat ist die Komposition nun dichter zusammengedrängt: Die Berge stehen enger, die Festung scheint näher in den Vordergrund gerückt, und auch die kämpfenden Parteien sind dichter zusammengezogen. Durch diese Komprimierung erfährt das Kampfgeschehen eine Dramatisierung und wirkt zugleich unübersichtlicher.

---

[22] Zum Verlauf des Ereignisses siehe Hermann Wiesflecker: Kaiser Maximilian I. Bd. 4. Wien 1981, S. 15–19.

Dem Durcheinander bewegter Körper steht andererseits die weitergehende Ausführung der Figuren, der Waffen und vor allem der Feldabzeichen entgegen, so dass die verschiedenen Abteilungen nun gut zu unterscheiden sind. Im Bemühen um größere Detailgenauigkeit sind auch Landschaft und Bauten weiter ausgeführt worden. Die Zeichnung ist ebenfalls beschriftet, jedoch von anderer Hand. Am unteren Rand sind nun der Ortsbezeichnung *Gadober* der Name des kaiserlichen Befehlshabers *Trautsun* sowie der Name *Hanns* hinzugefügt. Während die beiden erstgenannten Namen dazu dienen, das dargestellte Ereignis zu identifizieren, steht der letzte Name wohl in Zusammenhang mit dem ausführenden Künstler.[23]

Über diese zeichnerische Differenzierung hinaus sind auch Veränderungen zu beobachten, die hinsichtlich des Informationsgehaltes der Darstellung von Bedeutung sind. Zum einen wurde die Zahl der Gefallenen reduziert, zum anderen der Abstand zwischen den angreifenden Venezianern und den fliehenden kaiserlichen Truppen verringert. Demgegenüber ist die Zahl der Stradioten, der Reiter mit den hohen Hüten, vermehrt worden. In der Skizze hatte nur einer, losgelöst aus dem festen Kampfverband, einen Flüchtigen verfolgt, in der Zeichnung sind nun drei dieser Reiter zu erkennen. Und die letzte Veränderung schließlich betrifft die Architektur: Auf der Festung Pieve weht nun die Schweizer Fahne. Im Unterschied zur Skizze also ist die Zeichnung z. B. durch die zahlreicheren Feldabzeichen aussagekräftiger, jedoch nicht unbedingt historisch korrekter, was die Anzahl der kaiserlichen Gefallenen betrifft. Das Blatt zeigt zwar die Niederlage der Truppen Trautsons, greift sogar der zeitlichen Abfolge voraus, indem bereits die Schweizer Fahne auf der Festung weht, das Ausmaß der Niederlage kann der Betrachter jedoch nur noch erahnen, da die Gefallenen auf kaiserlicher Seite deutlich reduziert sind. Stattdessen wird die Kampfkraft der Gegner durch die Zahl der Stradioten, die allgemein wegen ihrer Grausamkeit gefürchtet wurden, dramatisiert, wodurch die Niederlage und Flucht der Kaiserlichen weniger beschämend erscheint.

---

23 Vgl. Rudolf 1980 (Anm. 11), S. 203 zu Nr. 134. In diesem Fall ist der fertige Holzschnitt mit dem Monogramm Hans Burgkmairs signiert, und man geht bisher davon aus, dass er die Zeichnung nach der Vorlage auf den Holzstock übertrug. In anderen Fällen wurden Zeichnungen aber auch, obwohl sie mit der Bezeichnung *hanns* versehen waren, von Leonard Beck weiterbearbeitet. In diesem Zusammenhang sei darauf hingewiesen, dass bisher weder die Skizzen und Zeichnungen zugeschrieben sind noch der Anteil der namentlich bekannten Künstler an der Entstehung der Holzschnitte klar umrissen ist; so ist fraglich, ob Burgkmair oder Beck tatsächlich ‚nur' für die Übertragung der Vorlagen auf die Holzstöcke zuständig waren, was aufschlussreich für das Künstlerverständnis im Umkreis Maximilians I. wäre.

Diese Tendenz wurde auch bei der Umsetzung in den Holzschnitt beibehalten (Abb. 3, S. 368). Hans Burgkmair, mit dessen Monogramm der Holzschnitt signiert ist, beschnitt die Komposition an den seitlichen Rändern nochmals, so dass die Situation der Kaiserlichen, die im gebirgigen Gelände eingekesselt sind, näher an den Betrachter herangeführt und damit noch anschaulicher wird.[24] Die Zahl der Stradioten ist beibehalten worden, jedoch sind sie dichter zusammen- und stärker in den Vordergrund gerückt, so dass sie bedrohlicher wirken. Verändert wurde auch ihre Kleidung. Sie tragen nun historisch korrekt die charakteristischen türkischen Umhänge, deren Ärmel an der Seite lang herunterfallen. Außerdem ist die Anzahl der Gefallenen nochmals reduziert. Diese füllen auch nicht mehr den Raum in der Bildmitte, der durch den Abstand zwischen Angreifern und Fliehenden entsteht. Die Venezianer nämlich sind nun so dicht an die Kaiserlichen herangerückt, dass ihre vordersten Reiter bereits die letzten Reihen der Verfolgten erreicht haben, von denen Einzelne getroffen zu Boden fallen, während andere sich noch zu verteidigen versuchen. Damit wird zwar der zeitliche Ablauf des Geschehens überzeugender umgesetzt, die hohen Verluste auf kaiserlicher Seite jedoch kaschiert.

Der Vergleich zwischen Skizze, Zeichnung und Holzschnitt hat gezeigt, dass die Darstellung der Schlacht bei Pieve di Cadore nicht nur in jeder Phase wieder überarbeitet wurde. Es wurde auch deutlich, dass diese Veränderungen einerseits auf eine größere Genauigkeit bei der Topographie und der Kennzeichnung der verschiedenen Kampfverbände zielten, andererseits aber auch dazu dienten, die Niederlage des kaiserlichen Heeres weniger schmachvoll erscheinen zu lassen. Während also ersteres für das Interesse an einer wahrheitsgetreuen Darstellung spricht, ist die Verharmlosung der Niederlage damit zu erklären, dass es auch die politischen und repräsentativen Interessen des kaiserlichen Auftraggebers zu wahren galt. Aufschlussreich für das dem *Weißkunig* zugrundeliegende Geschichtsverständnis ist dennoch die Tatsache, dass es immerhin möglich war, einen Misserfolg des kaiserlichen Heeres darzustellen, auch wenn man die drastische Wahrheit, die hohe Zahl der Gefallenen, dem Betrachter doch lieber vorenthielt.

Die Darstellung der Belagerung von Verona ist von diesem Interessenskonflikt nicht betroffen, da es sich in diesem Fall um ein für die Kaiserlichen erfolgreiches Ereignis handelt. Gegen Ende des Jahres 1509 unternahmen die Venezianer einen Vorstoß gegen Verona, das seit erfolgreichen Eroberungen von den

---

24 Zur stilistischen Charakterisierung der Holzschnitte Burgkmairs in dieser Phase vgl. Ausst. kat. Burgkmair (Anm. 7).

verbündeten kaiserlichen und französischen Truppen besetzt gehalten wurde.[25]
Die Skizze (Abb. 4, S. 369) mit der Überschrift *ab^r bernij als die knecht herauß-
gefallen in das leger* und, davon abgesetzt, *pern*[26] zeigt den Ausfall kaiserlicher
Soldaten aus der Stadt, die von Venezianern – in den späteren Arbeitsphasen an
den Fahnen mit dem Markuslöwen zu erkennen – belagert wird. Die Abwehrmaß-
nahme gelingt, und die Belagerer müssen fliehen. Das Lager der Venezianer ist
rechts im Vordergrund zu sehen, ihre vor der Stadt aufgestellte Artillerie in der
Bildmitte. Auf diese bewegt sich ein Zug von Landsknechten zu, die aus der im
Hintergrund liegenden Stadt herangerückt sind und nun zwei Venezianer, die
offensichtlich zuvor die Kanonen bedient haben, in die Flucht schlagen. Rechts
auf einem Hügel wird der Beschuss des Kastells gezeigt. Im Vordergrund wenden
sich die Venezianer nach rechts zur Flucht, zwei Stradioten fliehen nach links.
Dazwischen zeugen vereinzelte Gefallene von vorhergehenden Kampfhandlun-
gen. Die nur im Umriss gezeichneten Figuren sind als militärische Formationen
zu Blöcken geordnet, die landschaftlichen Gegebenheiten mit unterschiedlich
hohen Hügeln angedeutet. Am weitesten ausgeführt ist die Stadtansicht von
Verona: rechts das jenseits der Etsch gelegene Castelvecchio mit hohem Zinnenkranz, links die Stadt mit dichtgedrängten Häusern und markanten Kirchen.

Nach der im Querformat angelegten Skizze wurde wieder eine Reinzeichnung
im Hochformat ausgeführt (Abb. 5, S. 370).[27] Auch in diesem Fall sind im Vergleich
zur Skizze Veränderungen zu beobachten, die ein besonderes Interesse an der
korrekten Darstellung militärtechnischer Details erkennen lassen. Die Artillerie
ist strategisch sinnvoller positioniert: Die ausfallenden kaiserlichen Truppen, die
auf der Skizze die Geschütze erobern, stehen nun einer gegnerischen Streitmacht
gegenüber und werden auch an der linken Flanke angegriffen. Das Kastell weist
jetzt erhebliche Spuren der Belagerung auf und ist einem Sturmangriff ausgesetzt, der aber von den Verteidigern erfolgreich abgewehrt wird. Auch die Ansicht
Veronas ist an entscheidenden Punkten verändert worden. Es fehlen zwei vor der
Stadt liegende Gebäude, dagegen ist rechts neben dem Stadttor ein mächtiger,
vom Artilleriebeschuss stark zerstörter Turm ergänzt worden. Ein in der Skizze
unscheinbarer kleiner Turm ist in der Reinzeichnung mit den für die Veroneser
Architektur typischen fialenartigen Ecktürmchen ausgestattet worden. Da aber
das dazugehörende Kirchengebäude nicht weiter ausgeführt ist, bleibt unklar, ob
es sich um den Campanile von San Fermo oder San Zeno handelt. Der die Vedute

---

25 Zur Schlacht bei Verona siehe Wiesflecker Bd. 4 (Anm. 22), S. 74f.
26 Vgl. Rudolf 1980 (Anm. 11), S. 205 zu Nr. 148.
27 Die Zeichnung trägt am oberen Rand die seitenverkehrte Inschrift *Hanns* und ist am unteren Rand mit *sturmb vo^r bernij* bezeichnet; vgl. Rudolf 1980 (Anm. 11), S. 205, zu Nr. 149.

dominierende Turm, der zuvor mit einer zwiebelförmigen Kuppel bekrönt war, erfährt eine zweifache Veränderung: Kuppel und Unterbau werden stark verbreitert und als Zeichen für die Besetzung der Stadt durch die Truppen Maximilians mit der kaiserlichen Fahne versehen. Für dieses zentrale und markante Gebäude lässt sich jedoch keine Entsprechung in der Architektur Veronas finden. Der hohe Glockenturm für den Dom wurde zwar von Michele Sanmicheli zu Beginn des 16. Jahrhunderts entworfen, jedoch erst 1913 fertiggestellt.

Bei der Übertragung auf den Druckstock sind nur noch bei einzelnen Figuren kleine Änderungen, z. B. beim Standmotiv, vorgenommen worden, die Disposition der Heeresabteilungen und der Gebäude in der Stadt wurde beibehalten (Abb. 6, S. 371). Damit übernahm Leonard Beck, der wahrscheinlich die Zeichnung auf dem Holzstock ausführte, von der Weisungszeichnung auch die Mixtur aus Phantasiearchitektur und einzelnen authentischen Gebäuden. Festzuhalten ist jedoch zunächst, dass der Zeichner der ersten Skizze entweder über Ortskenntnisse oder aber über eine gute Vorlage für die Stadtansicht verfügt haben muss, die den späteren Bearbeitern offensichtlich fehlte.

Umgekehrt verhält es sich bei der Belagerung Paduas durch kaiserliche Truppen. In diesem Fall war es der Reißer für den Druckstock, nämlich Burgkmair, der die besseren Ortskenntnisse hatte und die in der Weisungszeichnung unproportionierte Ansicht des prominenten Palazzo della Ragione korrigierte, die wiederum in der ersten Skizze noch ganz fehlte (Abb. 7/8, S. 372f.).[28] Worauf seine Kenntnis der Gestalt dieses Gebäudes beruhte, während andere für die Architektur Paduas charakteristische Gebäude wie die vielkuppelige Kirche San Antonio bei ihm fehlen, ist bisher unklar. Zumindest verfügte er wohl nicht über den zeitgenössischen, vermutlich von einem italienischen Künstler im Zusammenhang mit der Belagerung geschaffenen Holzschnitt, der zwar ebenfalls keine nach unserem heutigen Verständnis authentische Ansicht der Stadt zeigt, aber doch die wichtigsten Gebäude in ihrer charakteristischen Gestalt wiedergibt (Abb. 9, S. 374).[29]

Dieser Korrekturprozess zwischen den verschiedenen Arbeitsstufen war keine rein künstlerische Angelegenheit, zumindest nicht aus der Sicht des Auftraggebers und seines Redakteurs. Notizen verschiedener Hände am Rand oder selbst auf den Zeichnungen, darunter möglicherweise auch eigenhändige Maximilians, sind ein Hinweis dafür, dass die Blätter zur Korrektur auch an Nichtkünstler, möglicherweise an Augenzeugen, weitergereicht wurden.[30] Auch

---

28 Abb. 7: *legerung von* davon abgesetzt *Padwa*, daneben *Hanns*; dazu Rudolf 1980 (Anm. 11), S. 204 zu Nr. 139; Abb. 8: Weisskunig 1956 (Anm. 1), Bd. 2, Nr. 187.
29 Andrea Moschetti: Padova. Bergamo 1912, Abb. S. 125.
30 Bisher fehlt eine eingehendere Untersuchung dieser Korrekturanmerkungen; es wäre

unterlagen offensichtlich alle Zeichnungen einer letzten Kontrolle und Druckfreigabe durch Maxmilian oder einen seiner Beauftragten. So stand Burgkmair für seinen Holzschnitt – es handelt sich wahrscheinlich um die Schlacht bei Dixmuiden (Juni 1489)[31] – eine sehr detaillierte Weisungszeichnung zur Verfügung, die durch die kurze Notiz am unteren Bildrand *Das gemäl ist also recht* für den Druck freigegeben worden war (Abb. 10, S. 375). Trotzdem veränderte er nicht nur das Aufeinandertreffen der kaiserlichen Landsknechte und ihrer englischen Bundesgenossen mit den flandrischen Aufständischen, indem er auf gewohnte Weise das Durcheinander von Figuren und Waffen bündelte und die Kämpfenden zu einem Keil formierte, ohne Rücksicht auf die Perspektive, aber mit dem Resultat einer dynamischeren Kampfdarstellung;[32] auch die im Hintergrund an einem Fluss gelegene Stadt wurde von ihm erneut überarbeitet. Während die Vedute in der Zeichnung noch ein recht genaues Bild der Stadt mit einer Kathedrale mit Doppelturmfassade im Zentrum, weiteren Kirchen von unterschiedlicher Größe und Form, einem hohen, treppenförmig abgestuften Gebäude und einer charakteristischen Befestigungsanlage wiederzugeben scheint, so fehlt nach Burgkmairs Bearbeitung im Holzschnitt nicht nur der Fluss mit der Brücke, die in eines der Stadttore mündet, sondern es sind auch die meisten Gebäude so weit abgewandelt, dass sie kaum noch Übereinstimmungen mit der Zeichnung aufweisen. Statt einer detailgenauen Stadtansicht ist nun eine für Burgund oder die Niederlande typische Vedute entstanden, die jedoch keine bestimmte Stadt mehr zeigt. Hinzugefügt hat Burgkmair eine dichte Reihe von Büschen und Bäumen, hinter der die Häuser zu verschwinden scheinen. Bemerkenswert ist, dass der Künstler sich bei der Übertragung der Zeichnung nicht oder nur wenig an die geprüfte Weisungszeichnung hielt. Die beschriebenen Veränderungen sind in diesem Fall wohl nicht auf besondere Ortskenntnisse des Künstlers zurückzuführen, sondern seinem auf Einheitlichkeit und Übersichtlichkeit zielenden ästhetischen Anspruch geschuldet.

Ähnlich verfuhr Burgkmair auch bei einem Holzschnitt, der die Niederwerfung niederländischer und friesischer Bauern durch kaiserliche Landsknechte und deren anschließenden Einzug in eine Stadt zeigt (1492).[33] Auf der ersten Skizze ist die Stadtansicht zwar nur grob, aber doch mit einem charakteristischen

---

wichtig zu klären, wie viele und welche Personen beteiligt waren, auch, ob Maximilian tatsächlich eigenhändig Anmerkungen ausführte; zu den Beschriftungen durch Maximilian siehe Weisskunig 1956 (Anm. 1), Bd. 1, S. 74.

31 Siehe Hermann Wiesflecker: Kaiser Maximilian I. Bd. 1. Wien 1971, S. 223.
32 Hans Burgkmair: Schlacht bei Dixmuiden, Holzschnitt. Abbildung in: Weisskunig 1956 (Anm. 1), Bd. 2, Abb. Nr. 134.
33 Wiesflecker Bd. 1 (Anm. 31), S. 226f.

Turmbau in der Mitte und zwei Gebäuden mit Stufengiebeln festgehalten.[34] Im Holzschnitt sind die einzelnen Gebäude dichter aneinandergerückt, und die charakteristischen Gebäude, mit deren Hilfe man die Stadt möglicherweise hätte identifizieren können, fehlen.[35] Sie wurden ersetzt durch ein Konglomerat von Häusern, die verschiedene Elemente des niederländischen Baustils in beliebiger Mischung aufweisen, jedoch nicht mehr den Anspruch erheben, eine bestimmte Stadt wiederzugeben. Auch die Kampfszene im Vordergrund ist im Vergleich zur Skizze verändert. Zum einen wurde der am linken Rand der Skizze vermerkte Korrekturwunsch *das sy das geschüsz nemen* berücksichtigt. Die dort noch vor den Mauern der Stadt aufgestellten Kanonen, die rechts bereits gegen einen Angriff verteidigt werden müssen, sollten offensichtlich – was aus Sicherheitsgründen taktisch sinnvoll war – mit in die Stadt genommen werden, wie es dann im Holzschnitt zu sehen ist. Im Unterschied zur Skizze ist im Holzschnitt auch die Ausrüstung der Aufständischen genauer wiedergegeben. Die verschiedenen Formen von Eisenhüten entsprechen den zeitgenössischen Kopfbedeckungen von Fußsoldaten.

4

Neben den Schlachtendarstellungen, von denen besonders viele für den dritten Teil vorgesehen waren,[36] bilden die Zeremonialdarstellungen, die diplomatischen Ereignisse und politische Entscheidungen zum Gegenstand haben, die zweite Hauptgruppe der Illustrationen des *Weißkunig*. Auch hier ist ein den Kriegsbildern ähnlicher Überarbeitungsprozess zu beobachten.

So hat sich zum Holzschnitt von Leonard Beck, der den Waffenstillstand Maximilians mit dem ungarischen König in Pressburg (7. November 1491) zeigt, im Codex Wien, ÖNB, Cod. 3033 („F") eine Skizze erhalten (Abb. 11, S. 376).[37] Diese zeigt einen nahezu quadratischen Innenraum mit umlaufender Bank, auf der sechs Männer Platz genommen haben: an der Rückwand unterhalb der beiden Fenster sitzt zwischen zwei älteren Männern ein jüngerer mit der langhaarigen Frisur Maximilians, an den beiden seitlichen Wänden und im

---

34 Weisskunig 1956 (Anm. 1), Bd. 1, S. 74, Abb. 2.
35 Weisskunig 1956 (Anm. 1), Bd. 2, Nr. 82.
36 Von den 251 Holzschnitten, die bis 1516 geschaffen worden waren, zeigen ca. 70 Blätter Schlachten oder Belagerungen; die Bildanweisungen in Cod. F (= Wien, ÖNB, Cod. 3033) zeigen, dass noch mehr vorgesehen waren; siehe Rudolf 1983 (Anm. 3), Anhang 1, 2.
37 Zum Frieden von Pressburg siehe Wiesflecker Bd. 1 (Anm. 31), S. 303.

Vordergrund sitzt je eine Person, die sich in Kleidung und Frisur von den drei erstgenannten unterscheidet. Zwei schriftliche Vermerke auf der Skizze geben Korrekturanweisungen für diese symmetrische und wenig differenzierte Komposition. Zum einen soll der jüngere Mann als König und damit als Maximilian I. kenntlich sein (*soll ein kunig syn*). Dieser Wunsch ist bereits ausgeführt und eine zuvor fehlende Königskrone auf dem Kopf Maximilians ergänzt worden. Am vorderen Bildrand ist mit Bezug auf die sechs an der Verhandlung teilnehmenden Personen vermerkt worden: *halb teutsch und halb hungarsch*, und zu der Zeichnung findet sich als weitere Anmerkung: *Ein tading zwischen dem grüenen kunig sollen geplädt hauben aufhaben und auf hungrisch gklaidt, tractat prespurg.*[38] Der Zeichner soll also von den sechs Personen drei als Deutsche und drei als Ungarn in ihrer Landestracht mit flachen Hauben wiedergeben.

Bei dieser Friedensverhandlung konzentrierte sich das Interesse also auf die richtige Darstellung der Personen und wiederum auf die topographische Situation. Es wird jedoch keine Porträtgenauigkeit verlangt, sondern lediglich eine Charakterisierung, mit deren Hilfe der Betrachter die Beteiligten nach ihrer Herkunft und ihrem Stand unterscheiden kann. Die zentrale Figur wird nicht direkt als Maximilian benannt, soll aber als König zu erkennen sein. Die Anweisung zur ungarischen Tracht ist dann wiederum recht detailliert, indem sie auf die platten Hüte verweist. Die Ortsangabe verpflichtete den Künstler zu einer Stadtansicht.

Interessant ist nun, dass im Holzschnitt die Anweisungen nur zum Teil umgesetzt wurden (Abb. 12, S. 377). Bei der mittleren Figur der drei Deutschen ist die Krone wieder weggelassen und die Darstellung damit historisch richtiger. Der Friede wurde nämlich nicht von Maximilian persönlich, sondern von Unterhändlern in Pressburg ausgehandelt. Von den drei ungarischen Unterhändlern trägt, wie auch schon in der Zeichnung, nur der rechte die typische ungarische Tracht. Am stärksten verändert ist die Rückwand: Die beiden Fenster sind zu einem breiten, von Säulen getragenen Fenster erweitert, das den Blick auf eine hohe Stadtmauer freigibt. Dieser Architekturausschnitt geht jedoch über eine typisierte Darstellung einer Stadtbefestigung nicht hinaus und ist daher nur als eine Formel für Pressburg zu verstehen.

Die Kleidung der Figuren spielt auch bei einer Illustration, die mit dem Titel *Der pes techant* [= Dechant] *von gentt* einen Verrat zeigt, eine besondere Rolle (Abb. 13, S. 378). Obwohl sich diese Begebenheit historisch noch nicht genau einordnen lässt, muss es sich um ein Ereignis aus dem Krieg in Flandern (1483–85) handeln, als Maximilian mehrfach mit Verleumdung und Verrat konfrontiert

---

38 Leicht korrigierte Lesung nach Rudolf 1983 (Anm. 3), S. 98, so bereits bei Weisskunig (1956), Bd. 2, zu Nr. 148.

war.³⁹ In diesem Fall haben sich sogar zwei vorbereitende Skizzen erhalten. Die erste zeigt links zwei einzelne Figuren, von denen diejenige mit Kapuze und flachem Hut als Dechant identifiziert werden kann, während die zweite militärisch gerüstet mit Kettenhemd, Metallhaube und Schwert erscheint (Abb. 14, S. 379). Vor ihnen steht eine Gruppe von Männern, die kurze Röcke mit einem Fellbesatz am Saum und Federhüte tragen und ebenfalls mit Schwertern bewaffnet sind. Unterhalb dieser Gruppe ist nun vermerkt: *sollen fluegend röck anhaben auf flemisch*.⁴⁰ In der zweiten Skizze ist dem Wunsch nach anderer Kleidung für die Gruppe entsprochen (Abb. 15, S. 380). Die Männer tragen nun schlichte Untergewänder und darüber offene weite Mäntel. Einige führen wieder die Schwerter mit sich, es sind aber nun auch zwei Helmbarten als Stangenwaffen hinzugekommen. Bei der Übertragung auf den Druckstock übernahm Burgkmair die flämische Bürgerkleidung für die Männer, veränderte jedoch nochmals ihre Position im Raum.

Abschließend sei noch auf eine Skizze und einen Holzschnitt hingewiesen, bei denen ebenfalls die Kleidung, aber auch die Position der Figuren von Bedeutung ist. Sie schildern, wie der *w.[eiß] k.[unig] ain treffenlichen fursten und haubtmann hinder ime ließ die praun weysen zu bekriegen*, also eine Begebenheit aus dem flämischen Krieg. Die Zeichnung zeigt zwei sich gegenüberstehende Gruppen von Kriegern: links Maximilian mit einigen Rittern, rechts ein Fürst mit seinem Gefolge.⁴¹ Bei diesem ist angemerkt, dass *der im part solle vorsteen vnd deren im harnsch dar hinder*. Im Holzschnitt ist nicht nur diese Umgruppierung ausgeführt, sondern der bärtige Fürst auch anders gekleidet: Er trägt wie Maximilian über der Rüstung einen Waffenrock und statt des Helmes ein Federbarett.⁴² Im Unterschied zur Skizze ist er also nicht mehr nur als tapferer Krieger charakterisiert, sondern auch sein fürstlicher Stand betont.

Im Vergleich zu den Kriegsdarstellungen sind bei den Zeremonialbildern die Kleidung und die Anordnung der Figuren, seltener die Topographie, diejenigen Kriterien, denen die besondere Aufmerksamkeit der Beteiligten galt.⁴³ Gefordert

---

39 Siehe Wiesflecker Bd. 1 (Anm. 31), S. 167–177.
40 Unter dem Bild ist in zwei Zeilen der Inhalt des Dargestellten kurz referiert: *Ain vallscher Rat. wie ain klains manndl den andern predigt wellich für bla kleid sollen anhalltten die ain seitt praun die annder gelb vnd gruen strich*; Abb. 5 in Weisskunig 1956 (Anm. 1), Bd. 1, S. 77. Vgl. die, z.T. fehlerhafte, Lesung bei Rudolf 1983 (Anm. 3), S. 86.
41 Weisskunig 1956 (Anm. 1), Bd. 1, Abb. 11, S. 83; dazu Bd. 2, Nr. 154; vgl. noch Rudolf 1983 (Anm. 3), S. 97.
42 Weisskunig 1956 (Anm. 1), Bd. 2, Abb. 154.
43 Zu den Charakteristika der Zeremonialbilder im *Weißkunig* siehe auch Kaulbach 1994 (Anm. 1).

war jedoch nicht Porträtähnlichkeit, sondern man bemühte sich um Darstellungen, in denen die Personen vor allem nach gesellschaftlicher Stellung oder Herkunft charakterisiert wurden. Die Sensibilität für die Position der Figuren zueinander entspricht den Grundzügen des Zeremonialwesens, in dem die Position der Personen im Raum Aufschluss über ihren politischen oder gesellschaftlichen Rang gibt.

5

Die Vergleiche zwischen Skizze, Reinzeichnung und Holzschnitt bei den *Weißkunig*-Illustrationen haben gezeigt, dass bei jedem Arbeitsschritt wichtige Veränderungen vorgenommen wurden. Bei den Schlachtenbildern konzentrierten sich die Korrekturen auf die Wiedergabe der Handlung, hier insbesondere auf die Position und Stärke der Heeresabteilungen sowie die Zahl der Gefallenen, und die Topographie, hier besonders auf die Stadtansichten. Bei den Zeremonialdarstellungen waren dagegen die Anzahl und Anordnung der Figuren sowie deren Kleidung und Attribute von Bedeutung. Die von den Künstlern selbständig durchgeführten oder von den anderen Bearbeitern angeordneten Veränderungen zielten auf die eindeutige Identifizierbarkeit der dargestellten Ereignisse. Jedes Bild sollte unverwechselbar ein bestimmtes Geschehen wiedergeben. Diesem Bestreben um Individualität und Eindeutigkeit unterlagen jedoch nur die Bereiche, die für das Erkennen signifikant sind, andere blieben unbestimmt. So waren für die Zeremonialbilder topographische Details von nachgeordneter Bedeutung, während bei den Schlachtenbildern der einzelnen Figur kein größeres Interesse zukam. Obwohl – wie Kaulbach richtig feststellte – für die Wiedergabe der meisten Geschehnisse oder Handlungen, wie z. B. einer Feldschlacht oder Beratung, tradierte und insofern auch typisierte Bildformen verwendet wurden, gleicht doch kein Bild dem anderen. Es war vor allem der Überarbeitungsprozess, der die Anpassung der Darstellungen an das reale Ereignis und die korrekte Wiedergabe aussagekräftiger Details sicherte.

Dadurch sollten die Darstellungen nicht nur eindeutig identifiziert werden können, sondern dem Rezipienten auch Informationen zu den Geschehnissen vermittelt werden, die der Text nicht enthält. So finden sich im Text etwa zu den Kriegsgeschehnissen nur allgemeine Informationen, die vor allem die politischen Hintergründe erläutern. Zum Handlungsverlauf wird selten mehr als der Beginn und das Ende des Kampfes mitgeteilt. Als ein typisches Beispiel sei der Text zur Schlacht gegen die aufständischen Bauern während des flandrischen Krieges angeführt: [...] *und liefen zusammen und versamelten sich und uberfielen darnach dem jungen weißen kunig ain grosmechtige stat und teten ime darynnen grossen schaden, biß solang des sy übereilt waren durch die weiss geselschaft; die erschluegen derselben paurn zu derselben zeit den drittail.*[44] Dass diese Schlacht zwischen Fußsoldaten ausgetragen wurde und dass auch die kaiserliche Artillerie im Einsatz war, um die von den Aufständischen besetzte Stadt zurückzuerobern, sowie einiges an militärisch-taktischen Details mehr, erfährt der Leser nur, wenn er den Holzschnitt betrachtet. Das Verhältnis von Text und Bild ist also – zumindest für den größten Teil des *Weißkunig* – auf gegenseitige Ergänzung hin angelegt. Eine Verschiebung zugunsten des Bildes ist nochmals in der letzten Arbeitsphase zu beobachten. Für die Ereignisse nach 1513 – das betrifft vor allem den Krieg in Italien – liegen keine Texte mehr vor, sondern nur noch kurze Bildanweisungen für die Künstler. Zu diesem Zeitpunkt also war die Abfolge der verschiedenen Arbeitsschritte umgekehrt worden: Nun sollten zuerst die Bilder angefertigt und nach diesen dann der Text verfasst werden. Hier wird das Bild zum Leitmedium.[45]

Hinsichtlich des Verhältnisses von Text und Bild unterscheidet sich der *Weißkunig* damit grundlegend vom *Theuerdank*, der als Versepos erzählten Geschichte der Brautwerbung Maximilians um Maria von Burgund. Elaine Tennant hat gezeigt, dass die Holzschnitte des *Theuerdank* meist genau den Text illustrieren.[46] Da der *Theuerdank* noch stärker als der *Weißkunig* mit den Mitteln der Verhüllung arbeitet und die Erzählung einen großen fiktionalen Anteil aufweist, übernehmen die bildlichen Darstellungen vom Text auch die Fiktionalität. Das wird besonders deutlich bei den Handlungsorten. Im Text sind keine realen Orte angesprochen und dementsprechend zeigen auch die Holzschnitte lediglich typisierte Orts- und Landschaftsansichten.

Insofern steht der *Weißkunig* hinsichtlich seines Anspruchs auf wahrheitsgetreue Illustrationen in der Tradition illustrierter Chroniken. Diese Verbindung ist in der Einleitung auch explizit angesprochen, wenn es dort heißt: *[...] den grund dises gemelds meines puechs, welchen grund ich gestellt hab, gleichermassen die croniken geschriben und figurirt werden, wie ich dann solhes aus andern meinen*

---

44 Schultz (Anm. 1), S. 169, fol 281r/v.
45 Vgl. Rudolf 1983 (Anm. 3), S. 57; auf Maximilians hohe Wertschätzung der Bilder ist im Zusammenhang mit der berühmten Stelle in der Einleitung des Weißkunig immer wieder hingewiesen worden: *Und damit ich anfang meines [Cron] puechs ain erklerung zu machen, so hab ich zu der geschrift gestellt figuren, gemalt, damit das der leser [so] mit [augen] mund und augen mag versten den grund dieses gemelds meines puechs* (ÖNB Codex 2834, fol. 127v; Schultz 1888, S. XVI).
46 Tennant (Anm. 10).

vordern cronikisten gesehen hab.[47] Für die Gattung der illustrierten Chroniken bestand spätestens seit der Schedelschen Weltchronik ein Anspruch auf authentische Illustrationen – authentisch in dem Sinne, dass bei den Stadtansichten eine gewisse Anzahl charakteristischer Gebäude ›richtig‹ angeordnet die Identifizierung der Stadt ermöglichte.[48] In der 1493 erstmals in Nürnberg erschienenen Chronik befanden sich unter den über 1800 Bildern immerhin 32 solcher authentischen Stadtansichten, aber auch noch ein großer Teil von Phantasieansichten.[49] Dass man zwischen diesen beiden Gruppen deutlich unterschied, belegt die Tatsache, dass die Holzstöcke der authentischen Ansichten innerhalb des Werkes jeweils nur einmal, die anderen aber, entsprechend der älteren Praxis, noch mehrfach verwendet wurden. Im Falle der Schedelschen Weltchronik sind einige der Stadtansichten, z. B. Nürnberg und die Orte der näheren Umgebung, von Wolgemut und seinen Mitarbeitern selbst angefertigt worden, bei anderen, z. B. Florenz, Konstantinopel und Rom, griffen sie vermutlich auf bereits im Druck erschienene Ansichten zurück, die über die weitgespannten Kontakte Anton Kobergers und Hartmann Schedels besorgt werden konnten.

Der *Weißkunig* geht jedoch weit über die Nürnberger Chronik hinaus. Erstmals sollte für eine Chronik kein Druckstock mehrfach verwendet werden, woraus man schließen kann, dass alle Bilder nach zeitgenössischem Verständnis als authentische Darstellungen der Ereignisse galten. Zudem erforderten die Ereignisse des *Weißkunig* die Darstellung vor allem auch kleinerer Orte und Gebiete, von denen – im Unterschied zu den großen Städten der Weltchronik – in vielen Fällen noch keine gedruckten Vorlagen existiert haben dürften. So waren in der Schedelschen Weltchronik z. B. noch keine Stadtansichten von Verona, Parma oder Dixmuiden enthalten. Verona wurde 1550 erstmals in Münsters Kosmographie aufgenommen, Parma in der Edition von 1572 und Dixmuiden ebenfalls erst 1572 in Braun und Hogenbergs „civitates orbis terrarum".[50] Es ist natürlich nicht auszuschließen, dass ältere Einblattdrucke mit Ansichten dieser Städte existierten (wie der oben erwähnte Holzschnitt eines unbekannten italienischen Künstlers mit einer Ansicht von Padua) oder dass die am *Weißkunig* beteiligten Künstler einige der Städte kannten und selbst Skizzen nach der Natur angefertigt hatten.

---

47 ÖNB Codex 2834, fol. 127v; Schultz (Anm. 1), S. XVI.
48 Zum zeitgenössischen Verständnis bildlicher Authentizität vgl. Rücker (Anm. 2), S. 72 und Peter W. Parshall: Imago Contrafacta. Images and Facts in the Northern Renaissance. Art History 16 (1993), S. 57–82.
49 Rücker (Anm. 2), S. 72–77, 85–134.
50 Vgl. die tabellarische Aufstellung bei Friedrich Bachmann: Die alten Städtebilder. Leipzig 1939.

Die Untersuchung der Werkgenese der Holzschnitte hat wichtige Einblicke in die Konzeption der Illustrationen zum *Weißkunig* gegeben. Nachdem die Künstler die vom Kaiser vermutlich selbst formulierten Bildanweisungen erhalten und diese umgesetzt hatten, wurden die Darstellungen, bevor sie dann gedruckt werden sollten, noch mindestens zweimal überarbeitet. Ziel dieser für die Zeit ungewöhnlich gut belegten Änderungswünsche und -ausführungen war es, authentische Darstellungen der Ereignisse und Situationen zu schaffen. Die Bilder sollten dem Betrachter ergänzend zum Text wichtige Informationen zu den Geschehnissen vermitteln. Wenn es aber bereits den zeitgenössischen Bearbeitern nicht mehr gelang, die Ereignisse zu identifizieren, so nicht deshalb, weil von vornherein nur typisierte Darstellungen geplant waren. Mehrere Ursachen kamen hier wohl zusammen: Zum einen die große Zahl von Illustrationen, die z. B. im Falle des italienischen Krieges auch das jahrelange Hin und Her an den gleichen Schauplätzen wiederzugeben versuchten und daher schwer einem bestimmten Ereignis zuzuordnen sind, zum anderen die immer wieder neuen Bildwünsche des Kaisers, auch für bereits fertige Teile des Buches, wodurch der Redakteur Treitz offensichtlich den Überblick verlor. Die Untersuchung hat auch gezeigt, dass die Künstler eigenmächtig an bereits zum Druck freigegebenen Vorlagen noch Veränderungen vornahmen, die oft zu Lasten der Genauigkeit gingen. Und schließlich erforderte die Entscheidung für die gedruckte Version ein sorgfältiges Zusammenstellen aller Materialien, was angesichts der zahlreichen Beteiligten (an verschiedenen Orten), der unterschiedlichen Produktionsdauer für die Erstellung der Holzschnitte und das Verfassen des Textes und der immer neuen Eingriffe Maximilians nicht möglich war. Dennoch liegt dem *Weißkunig* eines der innovativsten Illustrationskonzepte zu Beginn des 16. Jahrhunderts zugrunde, das erst in einer umfassenderen und interdisziplinären Untersuchung angemessen gewürdigt werden könnte. Die Beantwortung der Fragen nach den beteiligten Personen und deren Anteil an der Entstehung des Buches, nach der Verwendung und Herkunft von Vorlagen, nach dem Stellenwert bestimmter Bildthemen für den Auftraggeber würde auch Aufschluss geben über einen wichtigen Bereich künstlerischer Praxis in der Frühen Neuzeit und die Erwartungen, die im höfischen Kontext an das Medium ›Bild‹ gestellt wurden.

Abb. 1: Schlacht bei Pieve di Cadore, Skizze, Vat. Lat. 8570, fol. 101v.

Abb. 2: Schlacht bei Pieve di Cadore, Zeichnung, Vat. Lat. 8570, fol. 90r.

Abb. 3: Hans Burgkmair: Schlacht bei Pieve di Cadore, Holzschnitt (M 180).

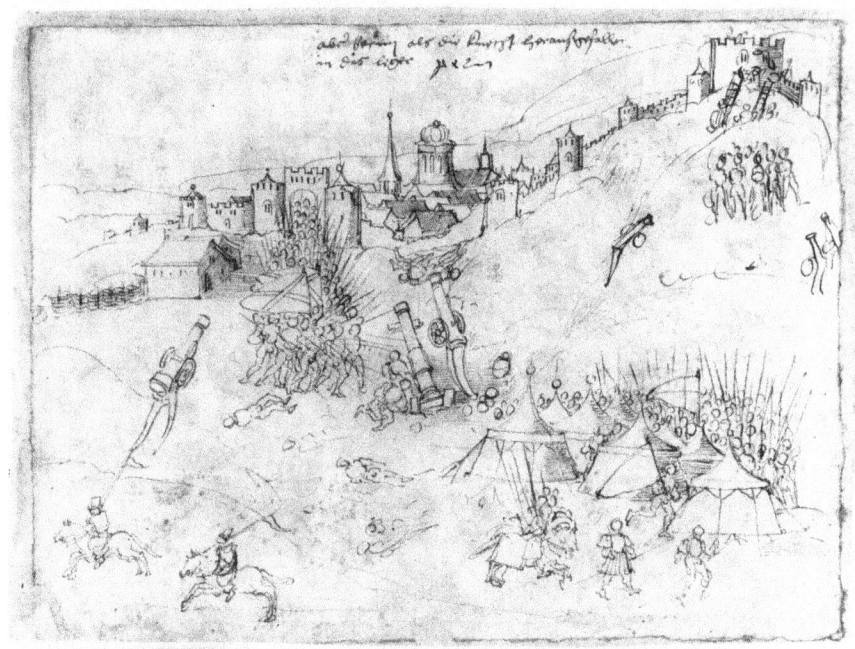

Abb. 4: Sturm auf Verona durch die Venezianer, Skizze, Vat. Lat. 8570, fol. 86v.

Abb. 5: Sturm auf Verona durch die Venezianer, Zeichnung, Vat. Lat. 8570, fol. 88v.

Kaiser Maximilians *Weißkunig* — 371

Abb. 6: Leonard Beck: Sturm auf Verona durch die Venezianer, Holzschnitt (M 200)

Abb. 8: Hans Burgkmair: Belagerung von Padua, Holzschnitt (M 187).

Abb. 9: Anon. (ital.): Belagerung von Padua, Holzschnitt.

Abb. 10: Schlacht bei Dixmuiden, Wien, ÖNB, Cod. 3033, fol. 91v.

Abb. 11. Waffenstillstand von Pressburg, Skizze, Wien, ÖNB, Cod. 3034, fol. 182v.

Abb. 12: Leonard Beck: Waffenstillstand von Pressburg, Holzschnitt (M 148).

Abb. 13: Hans Burgkmair: Der böse Dechant von Gent, Holzschnitt (M 137).

Abb. 14: Der böse Dechant von Gent, Skizze, Wien, ÖNB, Cod. 3033, fol. 166v.

Abb. 15: Der böse Dechant von Gent, Zeichnung, Wien, ÖNB, Cod. 3033, fol. 160v.

Eva Michel
zu ainer gedächtnüß hie auf Erden
Albrecht Altdorfers *Triumphzug* für Kaiser Maximilian

Neben Kaiser Maximilians Grabmal in der Innsbrucker Hofkirche und der *Ehrenpforte* zählt der *Triumphzug* zu seinen bedeutendsten und umfangreichsten Auftragswerken. Der ursprünglich über 100 Meter lange, mit Aquarell- und Deckfarben auf Pergament gemalte Festzug ist nur als Fragment auf uns gekommen: Lediglich der zweite Teil des einst 109-teiligen Zyklus mit 53,8 Metern Länge hat sich erhalten. Ausgeführt zwischen 1512 und 1515 von Albrecht Altdorfer – neben Albrecht Dürer der berühmteste deutsche Künstler seiner Zeit – mithilfe mehrerer Mitarbeiter, zählt der *Triumphzug* heute zu den größten Schätzen der Albertina in Wien.[1]

Über das Schicksal des verlorenen ersten Teils (Blätter 1–48) ist nichts bekannt, doch lässt sich dessen Inhalt durch ein schriftliches Programm[2] aus dem Jahr 1512 sowie durch zwei spätere Kopien[3] erschließen. Angeführt hat den *Triumphzug* demnach der auf einem Greifen reitende ‚Verkünder des Triumphes' Preco (Farbtafel 6). Das Fabelwesen signalisiert sogleich die Fiktionalität der nachfolgenden Darstellungen: Der *Triumphzug* vereint zwar reale Figuren und Ereignisse aus Maximilians Leben, fand jedoch in Wirklichkeit niemals statt. Denn bezweckt wurde nicht das Abbild eines realen Festzuges, sondern ein Idealbild, das die antike Grundform des Triumphes zu einer Lebenschronik des Kaisers erweiterte. Nach einer Widmungstafel an Maximilian I. *zu lob vnnd Ewiger gedächtnüs*[4] [sic!] ritten Pfeiffer und Trommler. Ihnen folgten

---

[1] Wien, Albertina, Inv. 25205–25263 (= Blätter 49–109 sowie Autorenblatt). Der gesamte Bestand konnte nach einer aufwändigen konservatorischen Bearbeitung 2012 in der Ausstellung „Kaiser Maximilian I. und die Kunst der Dürerzeit" in der Albertina erstmals als kontinuierlicher, 53,8 Meter langer Bilderfries gezeigt werden (Farbtafel 24). Siehe Ausst.-Kat. Wien 2012: Kaiser Maximilian I. und die Kunst der Dürerzeit. Hg. v. Eva Michel und Maria Luise Sternath. Ausst.-Kat. Albertina (14.9.2012–6.1.2013). München [u.a.] 2012, insbes. Nr. 52–53 (Eva Michel) und Eva Michel: Zu Lob und ewiger gedechtnus. Albrecht Altdorfers Triumphzug für Kaiser Maximilian I., ebda., S.48–65 (= 2012a, zugleich Grundlage dieses Beitrags).
[2] Wien, Österreichische Nationalbibliothek, Cod. 2835. Digitalisat: http://data.onb.ac.at/rec/AL00168134 (Abruf 29.1.2013). Ausst.-Kat. Wien 2012 (Anm. 1), Nr. 52 (Eva Michel).
[3] Wien, Österreichische Nationalbibliothek, Cod. 77 min. (2. Hälfte 16. Jh.). Digitalisat: http://data.onb.ac.at/rec/AL00225387 (Abruf 29.1.2013); Madrid, Biblioteca nacional, Cod. res. 254 (datiert 1606), Digitalisat: http://bdh.bne.es/bnesearch/Search.do?tipomaterial1=Manuscrito&home=true (Abruf 29.1.2013). Ausst.-Kat. Wien 2012 (Anm. 1), Nr. 54 (Eva Michel).
[4] Wien, Österreichische Nationalbibliothek, Cod. 2835, fol. 3v; Cod. min. 77, fol. 2.

Jäger (Farbtafel 7), Hofämter, Musikanten (Farbtafel 8) und Hofnarren auf reich geschmückten Wägen sowie Mummereien, Fechter und Turnierreiter. Als Figuren höfischen Lebens hatten sie mit klassischen Triumphzügen nichts mehr gemein, sondern spiegelten vielmehr den Hofstaat und die persönliche Vorliebe des Kaisers für Jagd, Musik, Feste und Turniere.[5] Reiter präsentierten Fahnen der habsburgischen und burgundischen Länder, die durch die Heirat Maximilians mit Maria von Burgund 1477 vereint wurden; deren bildliche Darstellung steht am Beginn des heute in der Albertina erhaltenen Teils. Nach einem Wagen mit der symbolischen goldgrundigen Darstellung von Städten und Schlössern in Maximilians Besitz (Farbtafel 9) schreiten in der Mode des frühen 16. Jahrhunderts gekleidete Landsknechte einher, die Schautafeln mit Maximilians Kriegen tragen (Farbtafel 10). Als „Bilder im Bild" mit roten Rahmen und Titelfeldern versehen, suggerieren die plakativ präsentierten Schlachten innerhalb der visuellen Konvention der Bilderrahmen illusionistische Tiefenräume – ein aus illuminierten Chroniken geläufiger Darstellungsmodus.[6] Die Chronologie beginnt mit den burgundischen Erbfolgekriegen ab 1478/79 und endet mit dem Krieg gegen Venedig (1508–1516); unabhängig von ihrem tatsächlichen Ausgang werden alle Schlachten in Maximilians Triumph wie Siege präsentiert. Teil der martialischen Leistungsschau sind Trophäenwagen mit der Kriegsbeute und die kaiserliche Artillerie; Wagen voller liturgischer und weltlicher Kostbarkeiten stellen den sagenhaften Reichtum des Herrschers zur Schau. Historische Ereignisse aus Maximilians Regierungszeit wie beispielsweise die Heirat seines Sohnes Philipp mit Juana von Kastilien 1496 sind – ebenso in Form von Schautafeln – in die kaiserliche Lebenschronik integriert (Farbtafel 11). Auf Pferden transportierte Standbilder von fiktiven und realen Vorfahren sowie Familienmitgliedern – das gleiche Figurenrepertoire wie die Bronzefiguren von Maximilians Grabmal – betonen seine edle Abkunft (Farbtafel 12). Schon in antiken Begräbniszügen waren Ahnenfiguren mitgeführt worden,[7] doch stehen sie beim *Triumphzug*

---

[5] Vgl. Larry Silver: Marketing Maximilian. The Visual Ideology of a Holy Roman Emperor. Princeton 2008, S. 109, 169.
[6] Bereits in antiken Triumphzügen wurden Fahnen mit Veduten eroberter Städte mitgetragen (W. Ehlers: Triumphus. In: Realencyclopädie der classischen Altertumswissenschaft. Bd. VII A 1. Stuttgart 1939, S. 493–511; Jürgen Strothmann: Adventus und Triumphzug im nachantiken Europa. Zur Funktion mitgeführter Bilder, Fahnen und Wappen. In: Heraldik – bildende Kunst – Literatur. Actes du XIe Colloque International d'Héraldique St. Pölten, 20.–24.9.1999. Hg. v. Georg Scheibelreiter u. Michael Göbel. Wien 2002, S. 283–297), doch neu ist hier der Vorrang der ‚Bilder' gegenüber den Figuren und deren narrativem Detailreichtum (s. u.). Zu Parallelen zur Buchmalerei siehe Michel 2012a (Anm. 1), S. 58f.
[7] Hubertus Günther: Das Projekt Kaiser Maximilians für sein Grabmal. In: Les Funérailles à la Renaissance. Hg. v. Jean Balsamo. Genf 2005, S. 77–111, hier S. 85–86.

Abb. 7: Belagerung von Padua, Zeichnung, Vat. Lat. 8570, fol. 87v.

eher in der Tradition burgundischer Grabskulptur: als (fiktiver) Stammbaum des Herrschers; dementsprechend sind allen Figuren zwecks Identifizierung Namensschilder und Wappen beigestellt. Das letzte Standbild, eine Dame mit leerem Namensschild, ist etwas abgerückt von den übrigen: Es ist in dieser raffinierten Genealogie vermutlich lediglich Platzhalter, denn wenn nach dem Tod von Maximilians zweiter Ehefrau Bianca Maria Sforza (1472–1510) eine weitere Heirat zustande gekommen wäre,[8] hätte man hier noch den Namen der neuen Kaiserin ergänzen können.

Die darauffolgenden Kriegsgefangenen und Viktorienträger (Farbtafel 13) stellen neben Lorbeerkränzen und Trophäenwagen[9] die einzigen tatsächlich klassischen Motive dar, werden jedoch durch das Auftreten modisch gekleideter Landsknechte und durch Elemente der Hofkultur zeitgemäß adaptiert. So schreiten Reichstrompeter und Herolde dem Wagen der Kaiserinmutter Eleonore von Portugal voran, und der Kaiser selbst thront im Krönungsornat unter einem Baldachin auf einem reich geschmückten Triumphwagen (Farbtafel 14), begleitet von seiner Familie: Vor ihm sitzen seine erste Gemahlin Maria von Burgund und die gemeinsame Tochter Margarete, davor Philipp mit Juana und deren gemeinsame sechs Kinder. Diese Hervorhebung der Nachkommenschaft anstelle der klassischen Vorstellung eines die Quadriga lenkenden Triumphators geschah kaum aus Unkenntnis klassischer Vorbilder, sondern erinnert an die berühmte Heiratspolitik[10] Maximilians – Familie als politisches Potential, kraft dessen

---

[8] Einem Bericht des venezianischen Gesandten Giovanni Badoer aus Paris vom 16. Oktober 1516 zufolge (vgl. Alfred Nagl: Der Innsbrucker Generallandtag vom Jahre 1518, Jahrbuch für Landeskunde von Niederösterreich. NF 17/18 [1919], S. 12–36, S. 26) machte König Franz I. von Frankreich vor den versammelten Gesandten folgende zynische Bemerkung: Maximilian habe um die Hand der Königin-Mutter Luise von Savoyen (1476–1531) angehalten, um nach dem Tod Bianca Marias (wieder) eine Frau zum Verpfänden zu haben. Die Erörterung einer möglichen Heirat noch 1515/1516 passt mit der vermutlichen Fertigstellung des *Triumphzugs* bis 1515 gut zusammen. Für den Hinweis auf diesen kaum bekannten Bericht sei Dr. Manfred Hollegger (Graz, Österreichische Akademie der Wissenschaften) ganz herzlich gedankt.
[9] Karl Giehlow: Dürers Entwürfe für das Triumphrelief Maximilians I. im Louvre. Eine Studie zur Entwicklungsgeschichte des Triumphzuges, Jahrbuch der kunsthistorischen Sammlungen des Allerhöchsten Kaiserhauses 29 (1910/11), S. 14–84, S. 30–31, wies auf motivische Übereinstimmungen zwischen dem *welschen Trophäenwagen* (Inv. 25225) und einem Kupferstich mit Trophäenträgern nach Andrea Mantegna (Abb. in Andrea Mantegna. Ausst.-Kat. Royal Academy of Arts, London und The Metropolitan Museum of Art, New York. Hg. v. Jane Martineau, Mailand 1992, Nr. 120) hin. Franz Winzinger: Die Miniaturen zum Triumphzug Kaiser Maximilians I. Graz, Wien 1972/73 (Faksimileausgabe. Veröffentlichungen der Graphischen Sammlung Albertina 5), S. 16–17, vermutete daher Kupferstiche nach Mantegna in Albrecht Altdorfers Besitz.
[10] Der damit verknüpfte Ausspruch *Bella gerant alii, tu felix Austria nube. Nam quae Mars aliis, dat tibi diva Venus* wurde Matthias Corvinus zugeschrieben, stammt aber wahrscheinlich erst

die Habsburger damals zur führenden Dynastie Europas aufstiegen. Dabei wird zwischen lebenden und verstorbenen Verwandten visuell nicht unterschieden,[11] denn Philipp der Schöne (1478–1506) war damals bereits verstorben.

Dem kaiserlichen Wagen folgen ihrer sozialen Rangordnung entsprechend[12] die Fürsten (Farbtafel 15), Grafen, Herren, Ritter und schließlich Maximilians Heer, die Landsknechte sowie die Wagenburg. Bemerkenswert sind die als Indianer dargestellten *kalikutischen Leut* (Farbtafel 16) – nach der Wiederentdeckung Amerikas 1492 eine der frühesten Schilderungen exotischer Menschen in der europäischen Kunst überhaupt:[13] Sie sind nicht in Ketten gelegt, sondern folgen dem Kaiser offenkundig freiwillig und verdeutlichen damit Maximilians Machtanspruch weit über die Grenzen des Heiligen Römischen Reichs hinaus. Das Ende des *Triumphzugs* bildet der Tross mit dem einfachen Volk, das sich der festlichen Parade angeschlossen hat (Farbtafel 17).

Das Thema eines Triumphzugs hatte gegen Ende des 15. Jahrhunderts auch nördlich der Alpen weite Verbreitung und Popularität erlangt: Ausgehend von literarischen Beschreibungen wie Flavio Biondos *Roma Triumphans* (1457–1459) oder Roberto Valturios *De re militari* (1460), die seit 1472 gedruckt vorlagen, verbreiteten sich bildliche Darstellungen wie etwa Stiche und Holzschnitte nach Andrea Mantegnas *Triumph Caesars*[14] (1484–1495). Triumphzüge

---

aus der Barockzeit. Dazu Elisabeth Klecker: *Bella gerant alii. Tu, felix Austria, nube!* Eine Spurensuche, Österreich in Geschichte und Literatur 41 (1997), S. 30–44.

11 Vgl. Elke Anna Werner: Medien der Entgrenzung. Die Ehrenpforte und der Triumphzug Kaiser Maximilians I. In: Theater und Fest in Europa. Perspektiven von Identität und Gemeinschaft. Hg. v. Erika Fischer-Lichte [u. a.]. Tübingen 2012, S. 240–250, S. 247, in Bezug auf den Holzschnitttriumphzug.

12 Auch die Abfolge realer Herrschereinzüge folgte bestimmten Mustern: Gerrit J. Schenk: Zeremoniell und Politik. Herrschereinzüge im spätmittelalterlichen Reich. Köln, Weimar, Wien 2003; Peter Johanek, Angelika Lampen: Adventus. Studien zum herrscherlichen Einzug in die Stadt. Köln, Weimar, Wien 2009; Hans Rudolf Velten: Triumphzug und Ehrenpforte im Werk Kaiser Maximilians I. Intermediale Konstellationen zwischen Aufführung und *gedechtnus*. In: Medialität der Prozession. Performanz ritueller Bewegungen in Texten und Bildern der Vormoderne. Hg. v. Katja Gvozdeva. u. Hans Rudolf Velten. Heidelberg 2011 (GRM Beiheft 39), S. 247–269.

13 Vorbild für die Indianer könnte deren Darstellung in einem Holzschnitt gewesen sein, der Amerigo Vespuccis *Das sind die new gefunde[n] mensche[n]*, gedruckt bei Georg Stuchs, Nürnberg 1505, beigebunden war. Digitalisat: Herzog August Bibliothek Wolfenbüttel, http://diglib.hab.de/drucke/quh-26-5s/start.htm?image=00002 (Abruf 29.1.2013).

14 Zyklus aus neun Leinwandgemälden für den Palazzo Ducale der Gonzaga in Mantua, heute Hampton Court Palace. Verbreitet durch Kupferstiche der Mantegna-Werkstatt (um 1500) sowie durch Holzschnitte des Jacobus von Straßburg (1504). Siehe Ausst.-Kat. London/New York 1992 (Anm. 9), S. 350–372; Ausst.-Kat. Wien 2012 (Anm. 1), Nr. 49–50 (Eva Michel).

waren geläufige Elemente humanistischen Theaters,[15] und schon in der *Schedelschen Weltchronik* von 1493 war die Rede von einem Triumph, der Maximilian nach einem erfolgreichen Kreuzzug bereitet werden sollte: [...] *vnd er alßdenn triumph[i]rende nicht in das capitolium vnd des falschen Jupiters tempel. Sunder in sannt Peters des fuersten der appostel kirchen eyngelaytet* [...].[16] Weder der Kreuzzug, noch der Einzug in St. Peter in Rom zur Kaiserkrönung konnten am Ende realisiert werden. Umso mehr gehörte nach Maximilians Proklamation zum „erwählten" Kaiser des Heiligen Römischen Reiches in Trient 1508 die Fortsetzung der (vermeintlich ungebrochenen) Reichstradition zu den Grundprinzipien seines Herrschaftsanspruchs und begründete vermutlich auch den Auftrag eines Triumphzugs im Bild: Dieser zelebrierte als geläufige Formel der Machtdemonstration keinen einzelnen Sieg, sondern Maximilians gesamte Regierungszeit und ersetzte damit die Realisierung des (sonst ephemeren) Ereignisses „ohne Rücksicht auf die Durchführbarkeit"[17]. Abgesehen von dem Hintergrundprospekt in einem Teil des Trosses (Farbtafel 17) bewegen sich die Protagonisten auf einem schmalen Bodenstreifen vor dem neutralen hellen Hintergrund des unbemalten Pergaments. Dieser wohl bewusste Verzicht auf eine räumliche oder zeitliche Konkretisierung der Bildfolge lenkt die Aufmerksamkeit auf die Figuren und passt vorzüglich zum angestrebten ‚ewigen' *gedechtnus* Maximilians. Den zahlreichen Inschriften mit Namen und kurzen Reimen kommt dabei besondere Bedeutung zu, ermöglichen sie doch die Identifizierung der Teilnehmer auch über deren Tod hinaus. Der antike Triumphzug besteht somit nur mehr „als Grundidee und im Titel"[18] und ist eine „Leerform", die mit dem Hofstaat und der Chronik des spätmittelalterlichen Fürsten aufgefüllt werden konnte.[19]

Kaiser Maximilian hatte sich mit der Triumphthematik bereits längere Zeit befasst, denn erstmals erwähnt wird ein „Triumphwagen" in seinem 1505–1508 geführten *Gedenkbuch*.[20] Das Programm des *Triumphzugs*, das vom Hofhistorio-

---

[15] So stand am Ende von Jacob Lochers Drama *Tragedia de Thurcis et Suldano* (1497) ein „Triumphzug", wobei sich die Forschung nicht darüber einig ist, ob dieser als Parade aufgeführt oder als Chorlied besungen wurde. Vgl. Cora Dietl: Die Dramen Jacob Lochers und die frühe Humanistenbühne im süddeutschen Raum. Berlin 2005, S. 118–121.
[16] Schedelsche Weltchronik, fol. CCLVIIIr.
[17] Jan-Dirk Müller: *Gedechtnus*. Literatur und Hofgesellschaft um Maximilian I. München 1982, S. 292.
[18] Thomas Schauerte in: Die großen Meister der Albertina. Hg. v. Klaus Albrecht Schröder. Petersberg 2007, S. 80–85, Nr. 19–20.
[19] Müller (Anm. 17), S. 181. Zur Deutung außerdem grundlegend: ders., S. 148–153, 208, 271–272.
[20] Wien, ÖNB, Cod. s. n. 2645 (2. Gedenkbuch, 1505–1508), fol. 92r; Jahrbuch der Kunsthistorischen Sammlungen des Allerhöchsten Kaiserhauses 5 (1887), S. XVII, Reg. 4021. Dazu Thomas Schauerte: Die Ehrenpforte für Maximilian I. Dürer und Altdorfer im Dienst des Herrschers.

grafen Johannes Stabius (um 1468–1522) erstellt wurde,[21] bestimmte Maximilian maßgeblich mit: *Was in diesem puech geschriben ist, das hat kaiser Maximilian im XVe und XII Iar mir Marxen Treytzsaurwein seiner kayn. Mt. Secretary müntlich angeben,* begann sein Sekretär Marx Treitzsaurwein – später Mitverfasser und Redakteur des 1517 gedruckten *Theuerdank* sowie Mitarbeiter am *Weißkunig* – seine Zusammenstellung von Texten, die ihm Maximilian 1512 diktiert hätte.[22] Dem Codex – freilich keine flüchtige Niederschrift des kaiserlichen Diktats, sondern eine sorgfältige Reinschrift in Kanzleikursive mit kalligraphischen Zwischenüberschriften – ist eine kolorierte Federzeichnung gleichsam als Bilddokument jenes Diktats (Farbtafel 18) vorangestellt, in der Maximilian seinen Schreiber anweist, *Die in meinem dienst haben gestritten Ritterlichen vnnd nach Eeren, die schreib in meinen Tryumpf Inen zu ainer gedächtnüß* [sic!] *hie auf Erden*. Wenngleich Maximilians literarische Tätigkeit und souveräne Konzeption des Programms Topoi sind, bleibt seine Mitgestaltung des Auftragswerks dennoch bemerkenswert. Das schriftliche Programm umfasst detaillierte Vorgaben zu Inhalt und Abfolge der Blätter: *Hernach volgt wie kaiser maximilians tryumpfwagen* [sic!] *gemacht gestelt* [d. h. gereiht, Anm. d. Verf.] *und gemalt solle werden* (fol. 3r).[23] Nachträglich kam es auch zu Abänderungen, denn der Kaiser schrieb beispielsweise am 1. August 1513 an den Kammerschreiber Hans Frundt in der Innsbrucker Raitkammer, es werde ihm durch Treitzsaurwein von Wien *ain puech unsers triumphwagens* nach Innsbruck zugeschickt; dieses Buch sollte ihm schnellstens zugesendet werden.[24] An anderer Stelle verfügte Maximilian die Ergänzung des Wagens der Ahnfrauen.[25]

München, Berlin 2001 (Kunstwissenschaftliche Studien 95), S. 50, bes. Anm. 91–94, mit Hinweis auf ein Fresko im Rathaus von Hall und den vermutlichen Zusammenhang mit den Exequien von Maximilians Sohn Philipp, sowie S. 58–64 zur Verbindung zwischen Triumph und Exequien.
21 Schreiben Maximilians I. an den Silberkämmerer Sigmund von Dietrichstein, Niederwesel, 14.10.1512, wonach Stabius den Triumphwagen *ganz und gar zum weg gericht*; Wien, Österreichische Nationalbibliothek, Cod. 7425, fol. 3r–4r.
22 Siehe Anm. 2.
23 Konkordanzen von Programm, Miniaturen und Holzschnitten bei Franz Schestag: Kaiser Maximilian I. Triumph, Jahrbuch der Kunsthistorischen Sammlungen des Allerhöchsten Kaiserhauses 1 (1883), S. 154–181, der auch eine Transkription des Originaltextes bietet.
24 Schreiben im ehem. k.k. Stadthaltereiarchiv Innsbruck, Tiroler Landesarchiv, Maximiliana XI, 6; zit. nach JbKSAK, 2, 1884, Reg. 1115.
25 *M. Getreuer lieber. Wir empfelen dir ernstlichen, das du noch einen kleinen triumphwagen* [Bl. 87, Anm. d. Verf.], *der vor unsern curro triumphali* [d.h. Maximilians Wagen, Anm. d. Verf.] *gesetzet werden muge und zu hinderst in denselben wagen allein ein keiserin und zu vorderst drei kunigin neben einander sitzend machen und doch nichts darzu schreiben sondern zu der schrift sparen lassest; dann wir die namen mit der federn darein schreiben lassen wellen; uns*

Wesentlich mitbestimmt wurde Maximilians Konzeption des *Triumphzugs* meines Erachtens von der Hofkunst und Festkultur Burgunds, der Maximilian auch nach dem Tod seiner ersten Gemahlin Frau Maria von Burgund eng verbunden blieb.[26] Dazu zählen die bereits erwähnte große Bedeutung von höfischer Jagd, Musik, Festen und Turnieren im ersten Teil des Triumphzugs sowie die Integration der Ahnen als fiktiver Herrscherstammbaum. Vor allem aber vereint der *Triumphzug* in sich die Tradition illustrierter Chroniken, deren Vorläufer in den Meisterwerken burgundischer Buchmalerei zu finden sind – nun freilich ins gigantische Format gesteigert – mit den vor allem für Frankreich und in Burgund besonders bedeutenden feierlichen Herrschereinzügen. Letztere waren seit dem Mittelalter ein komplexes Ritual, beginnend mit der Begrüßung und Übergabe der Stadtschlüssel vor der Stadt als Zeichen der Unterwerfung – wie sie auch in den Schlachtentableaus des *Triumphzugs* mehrfach dargestellt ist (Farbtafel 19) – der Prozession zur Hauptkirche mit Messe und abschließendem Fest.[27] Die einzelnen Gruppen der Teilnehmer waren durch ihre Kleidung und Bewaffnung sowie mitgeführte Fahnen zu unterscheiden,[28] und bei Maximilians Einzug in Wien 1515 wurden Musikdarbietungen, Theater, Tänze und Jagden organisiert,[29] wie sie auch im ersten Teil des *Triumphzugs* dargestellt sind. Fixer Bestandteil der Feierlichkeiten waren ab dem späten 14. Jahrhundert die auch von Fronleichnamsprozessionen bekannten *Tableaux vivants* (lebende Bilder)[30] – szenische Präsentationen historischen, biblischen oder klassischen Inhalts,

---

auch wann der gemacht ist darvon ein Verzeichnuss zuschickhest. Daran tuest du unser ernstliche meinung [...]. Schreiben Maximilians an Stabius vom 26. Januar 1513; Kanzleikonzept im HHStA, RK, Maximiliana 28, fasz. Jänner/Februar 1513, fol. 69.
26 Vgl. den Beitrag Thomas Schauertes zu den burgundischen Wurzeln der *Ehrenpforte*, in diesem Band, S. 107–130. Zum selben Ergebnis kam Elke Anna Werner in Bezug auf *Ehrenpforte* und Holzschnitttriumphzug, wonach diese „zu den frühesten Beispielen der Rezeption burgundischer und italienischer Festformen zählen", Werner (Anm. 11), S. 243.
27 Zu Herrschereinzügen siehe John Landwehr: Splendid ceremonies: State entries and royal funerals in the Low Countries, 1515–1791. A bibliography. Nieuwkoop 1971; Schenk (Anm. 12); Johanek/Lampen (Anm. 12); Angelika Lampen: Der Einzug des Herrschers in seine Stadt – der adventus domini als Bühne bürgerlicher und städtischer Repräsentation. In: Europäische Städte im Mittelalter. Hg. v. Ferdinand Opll und Christoph Sonnlechner. Innsbruck, Wien, Bozen 2010 (Forschungen und Beiträge zur Wiener Stadtgeschichte 52), S. 267–280.
28 Ähnliches gilt für herrscherliche Trauerzüge: Schauerte (Anm. 20), S. 58–64, Schauerte (Anm. 18), hier S. 83.
29 Lampen (Anm. 27), S. 267.
30 Der Begriff „tableaux vivants" wird in den Quellen nicht verwendet. Damals sprach man von (*stomme*) *personagien*, *histoires* (*par personnaiges*) oder (*stomme*) *figueren*, vgl. Birgit Franke: *huisvrouw*, Ratgeberin und Regentin. Zur niederländischen Herrscherinnenikonographie des 15. und beginnenden 16. Jahrhunderts, Jahrbuch der Berliner Museen 39 (1997), S. 23–38, S. 25.

die als schmale Bühnenbauten entlang der Wegstrecke positioniert waren, wie dies Illustrationen in einer Handschrift zum Einzug von Philipps Braut Johanna in Brüssel 1496 belegen (Farbtafeln 20–21).[31] Die Komposition historischer Szenen in Maximilians *Triumphzug* wie der Schautafeln „Römische Krönung" und „Reich Germania" (zum Anlass der Königskrönung Maximilians am 9. April 1486 in Aachen) zeigt deutliche Parallelen zu den Darstellungen in Juanas Einzug (Farbtafeln 22–23). Die performativen Darbietungen scheinen demnach in der theatralischen Bildsprache des *Triumphzugs* Niederschlag gefunden zu haben und könnten der Idee, nicht nur Schlachten, sondern auch historische Ereignisse als „Bild" mitzutragen, zu Grunde liegen.

Die kunsthistorische Erforschung des *Triumphzugs* konzentrierte sich nach der ersten Publikation des Werkes durch Franz Schestag (1883)[32] vor allem auf Zuschreibungsfragen, denn in überraschendem Gegensatz zur gut belegten inhaltlichen Planung sind die ausführenden Künstler historisch nicht dokumentiert. Nach ersten, längst widerlegten Zuordnungsversuchen an Maximilians Innsbrucker Hofmaler Jörg Kölderer[33] erhielt die Diskussion durch Otto Benesch entscheidende neue Impulse, als dieser den *Triumphzug* an Albrecht Altdorfer orientierten Mitgliedern der Kölderer-Werkstatt zuwies[34] und 1959 zwischen sieben beteiligten Künstlern differenzierte; doch setzten sich weder die von Benesch zusammengestellten Werkgruppen noch die von ihm vergebenen Notnamen in der nachfolgenden Forschung durch.[35] Franz Winzinger erkannte schließlich in Albrecht Altdorfer (um 1480–1538) den Hauptmeister

---

31 Vgl. Dagmar Eichberger: The Tableau vivant – an ephemeral art form in Burgundian civic festivities, Parergon 6a (1988), S. 37–64; Wim Blockmans: Le dialogue imaginaire entre princes et sujets: les Joyeuses Entrées en Brabant en 1494 et en 1496, Publications du Centre Européen d'Etudes Bourguignonnes 34 (1994), S. 37–53.
32 Schestag (Anm. 23), S. 154–181.
33 Giehlow (Anm. 9), S. 23–36. Dagegen Peter Halm: Die Landschaftszeichnungen des Wolfgang Huber, Münchner Jahrbuch der bildenden Kunst NF 7 (1930), S. 1–104, S. 64; Erich Egg: Jörg Kölderer und die Donauschule. In: Werden und Wandlung. Studien zur Kunst der Donauschule. Hg. v. der Kulturabteilung der oö. Landesregierung. Linz 1967, S. 57–62; Winzinger 1972/73 (Anm. 9), S. 19f.; Schauerte (Anm. 20), S. 105, Anm. 149. Zu Kölderer jüngst Matthias F. Müller: Die künstlerische Arbeitsteilung am Hofe Kaiser Maximilians I. Anmerkungen und Ergänzungen zum Problem Jörg Kölderers als Hofmaler, Mitteilungen der Gesellschaft für Vergleichende Kunstforschung in Wien 63 (2011), 3, S. 15–22; Andrea Scheichl: Wer war(en) Kölderer? Innsbrucker Hofmaler und Tiroler Baumeister. In: Ausst.-Kat. Wien 2012 (Anm. 1), S. 80–89.
34 Otto Benesch: Österreichische Handzeichnungen des 15. und 16. Jahrhunderts. Freiburg 1936, S. 53.
35 Maximilian I. 1459–1519. Ausst.-Kat. Österreichische Nationalbibliothek, Albertina und Kunsthistorisches Museum Wien. Wien 1959, S. 69–91.

des *Triumphzugs*,[36] dessen eigenhändiger Anteil an dem umfangreichen Werk in weiterer Folge unterschiedlich bewertet wurde. Ausschlaggebend für die Beauftragung des Regensburgers gelten seine Ausbildung als Buchmaler und seine Erfahrung im Bereich der Buchillumination,[37] wenngleich Altdorfer heute vor allem als Hauptvertreter der Landschaftsmalerei der sogenannten „Donauschule" bekannt ist. Bereits die von ihm ausgeführten Schlachtenbilder (Farbtafel 10) des *Triumphzugs* zählen durch ihren Detailreichtum, die neuartige Tiefenräumlichkeit sowie die atmosphärischen Licht- und Luftstimmungen zu den Meisterleistungen der frühen Landschaftsmalerei, wenngleich es sich um keine topografisch präzisen Aufnahmen, sondern um der Imagination des Künstlers entstammende Kompositlandschaften handelt. Detailgetreu werden Heeresformationen und Waffen, aber auch die Grausamkeit des Gemetzels mit in ihrem Blut liegenden Gefallenen gezeigt. In den folgenden Jahren war Altdorfer mit seinen Randzeichnungen in Maximilians Gebetbuch[38] sowie Holzschnitten für die *Ehrenpforte* erneut für den prominentesten aller Kunden tätig und stieg in seiner Heimatstadt wohl auch dank dieser exklusiven Aufträge zu einem angesehenen Bürger auf. Ab 1517 bekleidete er sogar politische Ämter, lehnte jedoch 1528 die Position des Bürgermeisters ab, vermutlich zugunsten der Ausführung seines Hauptwerks, der *Alexanderschlacht*[39] (1528/29), in welcher er die in den Schlachtenbildern des *Triumphzugs* erarbeiteten Lösungen in großem Format weiterentwickeln konnte.

Der umfangreiche Zyklus wurde von Altdorfer freilich nicht allein ausgeführt, sondern ist das Ergebnis einer komplexen Kooperation diverser Künstler unter der Leitung des Regensburger Meisters. Winzinger vermutete, Altdorfer habe den Großteil der Schlachtenbilder sowie Maximilians Ahnen, die Fürsten, die Indianer und den Tross eigenhändig ausgeführt.[40] Weitere Teile wies er auf Basis der Stilkritik Georg Lemberger[41] sowie dem Meister der *Historia*

---

36 Franz Winzinger: Albrecht Altdorfer und die Miniaturen des Triumphzuges Kaiser Maximilians I., Jahrbuch der Kunsthistorischen Sammlungen in Wien 62 (1966), S. 157–172 und Winzinger 1972/73 (Anm. 9).
37 Winzinger 1972/73 (Anm. 9), S. 26–27, Anm. 45; Ulrich Merkl: Buchmalerei in Bayern in der ersten Hälfte des 16. Jahrhunderts: Spätblüte und Endzeit einer Gattung. Regensburg 1999, S. 517–522, Nr. 141–143.
38 Besançon, Bibliothèque municipale, Réservé Illustrés, BM Etude 67633.
39 Malerei auf Holz, 158 x 120 cm. München, Bayerische Staatsgemäldesammlungen, Inv. 688.
40 Blätter 52–53, 63–68, 80–84, 91, 94–95, 107–109 sowie Autorenblatt (o. Nr.), Winzinger 1972/73 (Anm. 9), insbes. S. 25–27, sowie Winzinger 1966 (Anm. 36), S. 156–172.
41 Zu Lemberger siehe Isabel Christina Reindl: Georg Lemberger. Ein Künstler der Reformationszeit. Leben und Werk. Diss. Bamberg 2006, zu seinem Anteil am *Triumphzug* ebd., bes. Bd. 1, S. 47–48; Bd. 2, S. 130–137. Gegen eine Zuschreibung an Lemberger: Mathias F. Müller:

Friderici et Maximiliani,[42] dem sog. Meister der Artillerie,[43] und einem Zeichner von Maximilians Gebetbuch (ein Mitarbeiter Altdorfers?) zu.[44] Auf welche Weise die Künstlerauswahl zustande kam, und wie die Zusammenarbeit in Altdorfers Werkstatt funktionierte, ist nicht dokumentiert, doch bestätigen die neuesten Forschungen Winzingers Differenzierung in vieler Hinsicht.[45] Die Kooperation ging vermutlich sogar noch über die von Winzinger vorgenommene Unterscheidung – Trägerfiguren von Werkstattmitarbeitern, Schlachtenbilder von Altdorfer selbst – hinaus und umfasste (wohl auch auf das Können der Werkstattmitarbeiter abgestimmte) separat auszuführende Teilbereiche wie Federzeichnung, Inkarnate, Kleidung, Wegstreifen oder die feinen Höhungen mit Silber oder Gold auf Gewändern und Rüstungen. Dass Federzeichnung und Kolorierung vielfach von unterschiedlichen Künstlern ausgeführt wurden, belegen vereinzelte Farbangaben, und bisweilen kam es zu Fehlinterpretationen, wie etwa die irrtümliche Aussparung der vorgezeichneten Fransen der Wandbehänge hinter den Ahnenfiguren (Farbtafel 12). Dieses Spektrum unterschiedlicher Mitarbeiter deckt sich mit den Ergebnissen der im Zuge der Konservierung der Pergamente durchgeführten naturwissenschaftlichen Analysen, wonach ein Teil der Blätter mit Rußtinten, ein anderer mit Eisengallus- oder Pflanzentinten

---

Albrecht Altdorfers Miniaturtriumphzug für Kaiser Maximilian I. Überlegungen zur Entwicklung seines figürlichen Stils von 1514 bis 1516 und der Anteil seiner Mitarbeiter an der Gesamtausführung, Verhandlungen des historischen Vereins für Oberpfalz und Regensburg 150 (2010), S. 397–426, S. 398.

42 Siehe dazu Ausst.-Kat. Wien 2012 (Anm. 1), Nr. 15 (Eva Michel).
43 Benannt nach seiner Darstellung der Artillerie (Blätter 74–77); Winzinger 1972/73 (Anm. 9), S. 31, 49–51.
44 Winzingers Händescheidung wurde von Mathias F. Müller in mehreren Publikationen in Frage gestellt, so Mathias F. Müller: Albrecht Altdorfer. Die rapide Entwicklung seines figürlichen Stils von 1514 bis 1516, in den Jahren der Ausführung des Miniaturentriumphzuges für Kaiser Maximilian I. In: Festschrift für Konrad Oberhuber. Hg. v. Achim Gnann u. Heinz Widauer. Mailand 2000, S. 239–254; ders.: Albrecht Altdorfers Alexandertriumph für Kaiser Maximilian I., Frühneuzeit-Info 17 (2006), S. 94–116; ders.: 2010 (Anm. 41). Die evidenten Stilunterschiede wollte er mit der rasanten stilistischen Entwicklung Altdorfers zwischen 1514 bis 1516 erklären, was bereits Fritz Koreny als Vereinfachung von Winzingers stilkritischer Analyse zurückwies (Spätmittelalter und Renaissance. Bd. 3 der Geschichte der bildenden Kunst in Österreich. Hg. v. Artur Rosenauer. München [u. a.] 2003, S. 566–567, Nr. 305).
45 Michel 2012a, S. 52–56; Michel 2012b, S. 113–115; Michel 2012a (Anm. 1), S. 52–56; Eva Michel: Der Triumphzug Kaiser Maximilians I. In: Albrecht Altdorfer. Kunst als zweite Natur. Hg. v. Christoph Wagner u. Oliver Jehle. Regensburg 2012, S. 109–123, S. 113–115 (= 2012b); Catherine Bouvier: „ ... und Werkstatt". Beobachtungen und Recherchen zu Kunsttechnologie und Objektbiographie. Der Triumphzug Kaiser Maximilians I. (Malerei auf Pergament, ca. 0,45m x 54m, Anf. 16. Jh.). Unpubl. Dipl.-Arbeit. Akademie der Bildenden Künste. Institut für Konservierung und Restaurierung. Wien 2011.

gezeichnet wurde.⁴⁶ Trotz stilistischer und qualitativer Schwankungen wirkt der *Triumphzug* jedoch hinsichtlich Motivik, Farbwahl und Komposition relativ homogen und ermöglicht damit wertvolle neue Erkenntnisse über Altdorfers Arbeitsmethoden und Werkstattpraxis. Mehrmals wurden Figuren oder Figurengruppen wiederholt und lediglich in der Farbigkeit der Kostüme variiert, was auf die mehrfache Verwendung von Vorlagenmaterial in der Werkstatt hindeutet (s. Farbtafel 24).⁴⁷ Eine derartige ökonomische Vorgangsweise bei den repetitiven Figurenreihen war auch notwendig, da für die Herstellung des umfangreichen Werkes nur wenige Jahre zur Verfügung standen: Als terminus post quem gilt das Programm aus dem Jahr 1512, und im Dezember desselben Jahres wies Maximilian Stabius in Regensburg einen Wohnsitz zu,⁴⁸ so dass dieser die Umsetzung des komplexen Auftrags in unmittelbarer Nähe Altdorfers inhaltlich lenken konnte. Stabius' Aufenthalt in Regensburg ist bis April 1514 belegt;⁴⁹ auf dem Wiener Fürstentag (17.–28. Juli 1515), wurde der Hofhistoriograf, der auch bei der *Ehrenpforte* maßgeblich beteiligt war, in den Ritterstand erhoben⁵⁰ – wohl nicht zuletzt für seine Verdienste um das kaiserliche *gedechtnus*-Werk. Im Unterschied zur *Ehrenpforte* ist die Doppelhochzeit von Maximilians Enkelkindern – Höhepunkt des Wiener Fürstentags – im *Triumphzug* nicht mehr dargestellt, vermutlich weil die Arbeiten wohl damals bereits abgeschlossen waren.⁵¹ Ob der *Triumphzug* vielleicht sogar in Wien festlich präsentiert werden sollte, muss mangels historischer Belege jedoch offen bleiben. Zeitdruck in der Endphase des Projekts wäre jedenfalls eine mögliche Erklärung dafür, dass in zehn Blättern⁵² gegen Ende des Zyklus die Beschriftungen und Tingierungen der Fahnen fehlen.

Die Malereien auf großformatigen Pergamentbögen waren zweifellos als kostbare Prunkausgabe für den persönlichen Gebrauch Maximilians bestimmt. Doch ist über sein Schicksal nach der mutmaßlichen Fertigstellung 1515 nichts Weiteres mehr bekannt, wie auch seine Provenienz im Dunkeln liegt: Zu

---

46 Elisabeth Thobois: Die konservatorische Bearbeitung der Triumphzugminiaturen von Albrecht Altdorfer und seiner Werkstatt. In: Ausst.-Kat. Wien 2012 (Anm. 1), S. 66–79.
47 Michel 2012a (Anm. 1), S. 64, Anm. 55 mit weiteren Beispielen.
48 Reichsstadt Regensburgische Chronik. Bearb. v. Carl Theodor Gemeiner. Unv. Nachdruck d. Ausg.1821/1824. Bd. 3 u. 4. Mit einer Einl. [...] neu hg. v. Heinz Angermeier. München 1971, Bd. 4, S. 191.
49 Freundlicher Hinweis von Dr. Tobias Beck, s. Tobias Beck: Kaiser und Reichsstadt am Beginn der Frühen Neuzeit. Regensburg 2011 (Regensburger Studien 16).
50 Helmuth Grössing: Johannes Stabius. Ein Oberösterreicher im Kreis der Humanisten um Kaiser Maximilian I., Mitteilungen des Oberösterreichischen Landesarchivs 9 (1968), S. 239–264, S. 248f.
51 Winzinger 1972/73 (Anm. 9), S. 21.
52 Blätter 95–104 und Autorenblatt (wie ein Kolophon ans Ende gereiht).

unbekanntem Zeitpunkt nach Stift St. Florian (Oberösterreich) gelangt,[53] wurde der *Triumphzug* 1874 an die Hofbibliothek in Wien verkauft und kam 1920 durch die Zusammenlegung der ehemals kaiserlichen Kupferstichsammlung mit der ebenfalls verstaatlichten erzherzoglichen Sammlung in die Albertina. Die beiden Kopien des *Triumphzugs* auf Pergament belegen, dass das Werk zumindest bis ins frühe 17. Jahrhundert vollständig erhalten und zugänglich gewesen sein muss, doch weiß man nichts über die Funktion und die Aufbewahrung des Originals. Sicher ist der kontinuierliche Bilderfries die ursprünglich intendierte Präsentationsform, wovon Reste der originalen Verklebung, gemalte Übergänge zwischen den einzelnen Blättern und über mehrere Pergamente reichende Sequenzen wie die Ahnen, der kaiserliche Wagen, der Tross oder die Artillerie als über 2,5 Meter langes Teilstück zeugen.

Die Möglichkeit der Verwendung als Wandschmuck – vergleichbar der *Ehrenpforte* oder den nicht erhaltenen Fresken von Dürers *Triumphwagen* im Nürnberger Rathaus (1521) – erscheint angesichts der Preziosität des Materials und der Kleinteiligkeit der Darstellungen und Inschriften problematisch. Auch der gute Erhaltungszustand spricht gegen eine Präsentation als eine Art Wandbehang. Ganz ausgeschlossen werden kann diese Möglichkeit allerdings nicht, da Inhalte des *Triumphzugs* knapp nach seiner Entstehung als monumentale Wandmalerei umgesetzt wurden: Im sogenannten Damenhof des Fuggerhauses in Augsburg (Maximilianstraße 36–38) war als Brüstungsschmuck der Galerie des Arkadengangs ein (heute nicht mehr erhaltener) angeblich 1515 datierter Bilderfries mit Schlachtendarstellungen und historischen Szenen aus dem *Triumphzug* angebracht.[54]

Diagonale Quetsch- und Zugfalten sowie beriebene Stellen an den Oberflächen der Blätter scheinen durch das Aufrollen der Pergamente entstanden zu sein, was entweder mit der (späteren?) Aufbewahrungsform – die Transportierbarkeit war für den ständig reisenden Kaiser ein wichtiges Kriterium! – aber auch mit der ursprünglichen Präsentation in Zusammenhang stehen könnte. Die Rollenform, die als Textträger damals schon längst dem Kodex bzw. dem gedruckten Buch gewichen war, war in Form von Gebets- und Thorarollen, Exultet-Rollen und Totenrollen noch immer in Verwendung. Ein prominentes Beispiel einer ursprünglich fast sieben Meter langen Pergamentrolle befand sich mit

---

53 Näheres zur Provenienz: Michel 2012a (Anm. 1), S. 50.
54 Michel 2012a (Anm. 1), S. 61–62. Zum Damenhof: Doris Hascher: Fassadenmalerei in Augsburg vom 16. bis zum 18. Jahrhundert. Augsburg 1996, S. 375–388, Nr. 74. Rekonstruktion bei Julius Groeschel: Die ersten Renaissancebauten in Deutschland, Repertorium für Kunstwissenschaften 11 (1888), S. 240–255, Abb. 1, 2.

der *Tabula peutingeriana*⁵⁵ im Besitz des Humanisten Konrad Peutinger, einem Berater Kaiser Maximilians. Für den Bilderfries und die sukzessive Abfolge der Szenen wäre die Rollenform nicht nur das optimale Medium, sondern wirkte als Wiederaufnahme des klassischen Rotulus antikisierend,⁵⁶ könnte also für den *Triumphzug* als „antike" Form durchaus bewusst gewählt worden sein.

Der performative Charakter des Werkes erschließt sich erst durch das Abschreiten des *Triumphzugs*⁵⁷ oder durch die Bewegung des Werkes selbst, das nie als Ganzes zu überblicken ist und damit im Schauen die zeitliche Abfolge des Geschehens simuliert.⁵⁸ Winzinger zog daher in Erwägung, dass das Pergamentband wie eine japanische Querrolle (Makimono) bedient wurde, die mit der einen Hand abgerollt und mit der anderen zugleich wieder aufgerollt wurde.⁵⁹ Nach einem ähnlichen Prinzip funktionierten Roteln (mittelalterliche Schriftrollen), die über einen hölzernen Stab gewickelt als Rolle aufbewahrt wurden. Möglicherweise mit Erläuterungen eines Herolds präsentiert, könnte beim festlichen Abspulen des Bilderfrieses die Parade gleichsam in Bewegung gesetzt worden sein.⁶⁰ Es bleibt jedoch Spekulation, ob es sich bei den Querfalten im Pergament um Spuren einer einstigen Aufbewahrung in Rollenform handelt, oder um das Zeugnis einer derartigen „filmischen" Präsentation und damit um das weltweit *einzigartige* Exemplar eines „frühneuzeitlichen Films".

---

55 Es handelt sich um eine mittelalterliche Kopie einer spätantiken Straßenkarte, die Peutinger 1507 von Conrad Celtis erhalten hatte (Ekkehard Weber: *Tabula Peutingeriana*. Codex Vindobonensis 324, Österreichische Nationalbibliothek, Wien. Graz 2004). Beide Männer standen mit Maximilian I. in Kontakt: Celtis wurde von ihm an die Wiener Universität berufen, Peutinger war für die Publikationsprojekte in Augsburg zuständig, dazu Larry Silver: Der Papier-Kaiser. Burgkmair, Augsburg und das Bild des Kaisers. In: Ausst.-Kat. Wien 2012 (Anm. 1), S. 90–99.
56 Thomas DaCosta Kaufmann: Hand-Colored Prints and „Pseudo-manuscripts": the curious case of Codex 7906 of the Österreichische Nationalbibliothek Wien, Codices manuscripti 2 (1976), S. 26–31, S. 30: „What could be more appropriate than to match the antiquizing content with the antiquizing format of a roll?" In Bezug auf „gerollte" Festzüge des 16. Jahrhunderts vgl. Veronika Sandbichler in: Wir sind Helden. Habsburgische Feste der Renaissance. Hg. v. Wilfried Seipel. Ausst.-Kat. Kunsthistorisches Museum, Schloss Ambras. Wien 2005, S. 46; dies.: Der Hochzeitskodex Erzherzog Ferdinands II.: eine Bildreportage. In: Ausst.-Kat. Kunsthistorisches Museum, Schloss Ambras. Wien 2010, S. 31–89, S. 32f.
57 Vgl. Velten (Anm. 12) in Bezug auf den Holzschnitttriumphzug.
58 Müller 1982 (Anm. 17), S. 272.
59 Winzinger 1972/73 (Anm. 9), S. 39.
60 Belegt ist eine Abwicklung über zwei Bolzen und damit bewegte Präsentation von der sog. *Lant's Roll*, einer zehn Meter langen Reihe von Kupferstichen, die anlässlich des Begräbnisses von Sir Philip Sidney in London 1587 erschienen: ‚Brief Lives', chiefly of Contemporaries, set down by John Aubrey, between the Years 1669 & 1696. Ed. by Andrew Clark. Oxford 1898, S. 249–250. Für diesen Hinweis sei Roger Kuin herzlich gedankt.

Die enorme Länge des Werkes von über 100 Metern, das in der Handhabung wohl keinesfalls einfach war, entspricht jener Überwältungsästhetik und Übersteigerung, die auch bei den überlebensgroßen Bronzen von Maximilians Grabmal oder bei der *Ehrenpforte* zu tragen kamen (Farbtafel 25). Die Kleinteiligkeit der Darstellungen und die Inschriften setzten allerdings eine nahsichtige Betrachtung voraus, was einen werkimmanenten Widerspruch des *Triumphzugs* zutage treten lässt: Auf Repräsentation und Propaganda ausgerichtet, blieb der kostbare Bilderfries aufgrund der Empfindlichkeit des Materials und aufgrund seines Formats wohl als wertvolles „Schatzkammerstück" dem Kaiser oder einer kleinen Gruppe ausgewählter Betrachter vorbehalten. Erst die hauptsächlich von Hans Burgkmair d.Ä. und Albrecht Altdorfer zwischen 1516 und 1518 ausgeführte Holzschnittedition[61] des *Triumphzugs*, deren erste Ausgabe postum 1526 auf Betreiben von Maximilians Enkelsohn Ferdinand I. erschien, sollte für dessen weitere Verbreitung sorgen und als Propagandawerk Maßstäbe für die Zukunft setzen.[62] Wenn noch heutige Betrachter zu staunenden Zuschauern von Maximilians *Triumphzug* werden, so ist dies der späte Triumph des Kaisers, der durch die Kunst unsterblich wurde.

---

61 Ausst.-Kat. Wien 2012 (Anm. 1), Nr. 68a–b (Eva Michel).
62 Der Einzug von Maximilians Enkel und Nachfolger Karl V. zu seiner Kaiserkrönung in Bologna 1530 wurde im Auftrag von Maximilians Tochter Margarete sowohl als Handschrift von Remy Du Puys, als auch in Holzschnitten verbreitet. Zu Publikationsprojekten von Einzügen in den Niederlanden siehe Landwehr (Anm. 27).

Heike Sahm
Der Körper des Kaisers und der Tod
Zur Frage der Kontinuität von Maximilians Selbstentwürfen

1 Fragestellung

Kaiser Maximilian I. gilt als Meister der Selbstinszenierung: Literatur und Kunst werden in verschiedenen Medien und durch die angesehensten Künstler der Zeit eingesetzt, um Bilder von seiner Person und Lebensgeschichte zu entwerfen.[1] Vor diesem Hintergrund erscheint es nicht erstaunlich, dass auch Maximilians Tod als ‚Medienereignis' bezeichnet werden kann.[2] In Flugschriften und Einblattdrucken werden humanistische Epicedien und Lieder publiziert, die Tod und Begräbnis des Kaisers zum Gegenstand haben. In Augsburg und Wels entstehen Epitaphien, und es wird ein von Maximilian selbst in Auftrag gegebenes Totenbildnis geschaffen.[3]

---

1 Jan-Dirk Müller: Literatur und Kunst unter Maximilian I. In: Kaiser Maximilian I. Bewahrer und Reformer. Hg. v. G. Schmidt-Von Rhein. Ramstein 2002, S. 141–150; vgl. auch ders.: *Gedechtnus*. Literatur und Hofgesellschaft um Maximilian I. München 1982 (Forschungen zur Geschichte der älteren deutschen Literatur 2); Manfred Hollegger: *Erwachen vnd aufsten als ein starker stryter*. Zu Formen und Inhalt der Propaganda Maximilians I. In: Propaganda, Kommunikation, Öffentlichkeit (11.–16. Jahrhundert). Hg. v. Karel Hruza. Wien 2002 (WSB Denkschriften 307. Forschungen zur Geschichte des Mittelalters 6), S. 223–234, hier S. 224. Vgl. auch die Beiträge des Sammelbandes: Kaiser Maximilian I. (1459–1519) und die Hofkultur seiner Zeit. Hg. v. Sieglinde Hartmann u. Freimut Löser. Wiesbaden 2009 (Jahrbuch der Oswald von Wolkenstein-Gesellschaft 17 [2008/2009]), insbes. Martin Schubert: Funktionen der Vergangenheit in Maximilians Selbstdarstellung, ebd., S. 275–289.
2 Zur Kaiser-Proklamation als ‚Medienereignis' vgl. Freimut Löser: ‚Letzter Ritter' und ‚Bürger zu Augsburg': Zur Selbstdarstellung Kaiser Maximilians I.. In: Augsburg im Mittelalter. Hg. v. Martin Kaufhold. Augsburg 2009, S. 72–96, hier S. 93. Vgl. auch Philippe Ariès: Geschichte des Todes. München 1980, hier S. 84.
3 Eine Zusammenstellung der Quellen bei Robert Ritter von Srbik: Maximilian I. und Gregor Reisch. Hg. v. Alphons Lhotsky. Archiv für österreichische Geschichte 122 (1961), S. 1–103; Hermann Wiesflecker: Kaiser Maximilian I. Das Reich, Österreich und Europa an der Wende zur Neuzeit. Bd. 4. München 1981, S. 627f. Anm. 1; Peter Schmid: Sterben – Tod – Leichenbegängnis König Maximilians I., in: Der Tod des Mächtigen. Kult und Kultur des Todes spätmittelalterlicher Herrscher. Hg. v. Lothar Kolmer. Paderborn [u. a.] 1997, S. 185–215, hier S. 187–191. Vgl auch Stephan Füssel: Riccardus Bartholinus Perusinus. Humanistische Panegyrik am Hofe Kaiser Maximilians I. Baden-Baden 1987 (Saecvla Spiritalia 16), S. 247f. mit Anm. 21–27; ders.: Kaiser Maximilian und die Medien seiner Zeit. Der Theuerdank von 1517. Eine kulturhistorische Einführung. Köln [u. a.] 2003.

So konsequent die auf verschiedene Medien ausgerichtete Bekanntgabe seines Todes an die zeitlebens ausgeübte Publikationstätigkeit Maximilians anzuschließen scheint, bleibt sie doch bei Beschreibungen von Maximilians Selbstentwürfen oft unberücksichtigt, wenn nicht sogar im Zusammenhang mit seinem Tod ein Bruch in der Selbstauffassung festgestellt wird. Maximilian hatte unter anderem bestimmt, dass man ihm nach seinem Tod die Zähne herausbrechen und die Haare abschneiden solle. In diesen letzten Bestimmungen zum Umgang mit seinem Leichnam und seinem Begräbnis wird mitunter Maximilians späte Wendung zur Demut erkannt.[4] Unter dem Eindruck des nahen Todes habe er sein zeitlebens öffentlich produziertes Bild des ‚modernen' Kaisers ersetzt durch ein Bekenntnis, „wie er sich zuletzt sah," und damit ein „Zeichen spätmittelalterlicher Frömmigkeit" gesetzt.[5]

Demgegenüber wird in der folgenden Skizze danach gefragt, unter welchen Voraussetzungen sich die letzten Bestimmungen Maximilians nicht doch als konsequente Fortsetzung der zeitlebens erprobten Selbstinszenierung verstehen lassen. Die Überlegungen sind angeregt durch die Studien von Ernst H. Kantorowicz und Hans Belting zum Körper als Medium einerseits und durch Anja Eisenbeiß' Studie zu den Bildformulierungen im Umkreis von Maximilian andererseits.[6] Auf der Grundlage dieser Arbeiten möchte ich die Frage nach der Deutung von Maximilians letzten Bestimmungen diskutieren. Im Kontext der genannten medienhistorischen Arbeiten fügt sich, dies meine These, das Körperbild des toten Maximilian in jene letztlich von ihm verantwortete „Folge einander ablösender, durchaus divergenter Bilder"[7] ein.

---

4 Vgl. Wiesflecker (Anm. 3), S. 430; Schmid (Anm. 3), S. 204f., 215. Dabei wird die Problematik dieser Deutung mitunter eingeräumt. Vgl. z. B. Schmid, S. 204, der darauf hinweist, dass Maximilian im gleichen Zuge angeordnet hatte, dass „aus der St. Georgskirche in Wiener Neustadt alle Bilder entfernt und durch die 28 fertigen Statuen seines Grabmals ersetzt werden [sollten]. Ganz vorne beim Altar des hl. Georg [...] sollte dabei sein Bild zusammen mit dem seines Vaters und Karls des Großen zu stehen kommen." Zur generellen Problematik vgl. Renate Kohn: Zwischen standesgemäßem Repräsentationsbedürfnis und Sorge um das Seelenheil. Die Entwicklung des frühneuzeitlichen Grabmals. In: Macht und Memoria. Begräbniskultur europäischer Oberschichten in der Frühen Neuzeit. Hg. v. Mark Hengerer. Köln [u. a.] 2005, S. 19–46.
5 Löser (Anm. 2), hier S. 93. Vgl. zum Hintergrund Ariès (Anm. 2).
6 Ernst H. Kantorowicz: The King's Two Bodies. A Study in Medieval Political Theology. Princeton N.J. 1957, dt. Die zwei Körper des Königs. Eine Studie zur politischen Theologie des Mittelalters. München 1990; Hans Belting: Das Körperbild als Menschenbild. Eine Repräsentation in der Krise In: ders.: Bild-Anthropologie. Entwürfe für eine Bildwissenschaft. München 32006 (Bild und Text), S. 87–114; ders.: Wappen und Porträt. Zwei Medien des Körpers, ebd., S. 115–142; Anja Eisenbeiß: Ein Fürbittebild von 1519 in der Staatlichen Kunsthalle Karlsruhe. Überlegungen zur Synthese von Intercessio und herrscherlicher Selbstdarstellung bei Kaiser Maximilian I., Jahrbuch der Staatlichen Kunstsammlungen in Baden-Württemberg 35 (1998), S. 78–104.
7 Eisenbeiß (Anm. 6), S. 99; vgl. zu den mit Maximilians Herrscherbild in der Forschung

2 Steuerung der Medien?

Dass Maximilian vorab Publikationen zu seinem Tod in Auftrag gegeben hätte, lässt sich nicht beweisen. Die mit seinem Hof verbundenen Humanisten sind womöglich nicht aus Verpflichtung dem verstorbenen Kaiser gegenüber tätig geworden, sondern weil sie sich mit ihren *laudationes* dem Nachfolger empfehlen wollten.[8]

Diese generelle Unsicherheit in Bezug auf eine denkbare Beauftragung besteht auch bei den volkssprachigen Liedern.[9] Drei auf das Jahr 1519 datierte Lieder sind überliefert, die Sterben und Begräbnis Maximilians thematisieren. Alle drei Lieder sind bei Rochus von Lilienchron zugänglich (307a und b, 308).[10]

---

verknüpften Gegensatzpaaren Regina Töpfer: Mäzenatentum in Zeiten des Medienwechsels. Kaiser Maximilian I. als Widmungsadressat humanistischer Werke. In: Maximilian I. und die Hofkultur seiner Zeit (Anm. 1), S. 79–92; Lucas Burkart: Paradoxe Innovation. Funktionen des ‚Alten' und des ‚Neuen' am Hof Kaiser Maximilians I. In: Erziehung und Bildung bei Hofe. Hg. v. Werner Paravicini, Jörg Wettlaufer. Stuttgart 2003 (Residenzenforschung 13), S. 215–234; Müller 1982 (Anm. 1), S. 262ff.; Schmid (Anm. 3), S. 187 mit Anm. 7.

8 Johannes Faber und Georg Sauermann wenden sich in ihren Flugschriften zum Tod Maximilians an dessen Enkel und Nachfolger, Ferdinand I. und Karl V.: Oratio Funebris In Despositione Gloriosis. Imp. Caes. Maximiliani Aug. Pij foelicis in oppido Welss Austriae Praesentibus…per Ioannem Fabrum Augustanum Theologum … habita. Anno Christi M.D.XVIIII. Die. XVI Ianuarij, Augsburg 1519 (VD 16 F 92). Bereitstellung auf der homepage der BSB München: urn:nbn:de:bvb:12-bsb0024391-8, Signatur Res/ 4 A lat. a 73. Hier angebunden: Georgius Sauromannus, Ad Augustos principes imperatores Regni Romani imp. ro. ele. Carolum, et Ferdinandum ger. post Maximiliani Caes. Obitum oratio, Bonn 1519. Deutsche Übersetzung der Oratio bei Rudolf Zinnhobler: Johannes Fabers Leichenrede auf Maximilian I. (Gehalten in Wels am 16. Jänner 1519), Jahrb. des Musealvereines Wels 1968/69, S. 35–87, hier S. 44–79 (auf diesen Text beziehen sich die im Folgenden gegebenen Verweise auf Faber). Vgl. neben den Beiträgen von Füssel (Anm. 3) auch Christian Gastgeber: Trauer um den Kaiser. Epicediendichtung zum Ableben Kaiser Maximilians II. (1576), Biblos 57 (2008), S. 37–60.

9 Jan-Dirk Müller: Publizistik unter Maximilian I. Zwischen Buchdruck und mündlicher Verkündigung. In: Sprachen des Politischen. Medien und Medialität in der Geschichte. Hg. v. Ute Frevert und Wolfgang Braungart. Göttingen 2004, S. 95–122, hier S. 107: „Lieder sind Medien mündlicher Geschichtsüberlieferung; so sind auch die vermutlich in Maximilians Auftrag entstandenen Lieder zweifellos am stärksten traditionell geprägt. An ihrer Parteilichkeit besteht zwar kein Zweifel, allerdings lässt sich kaum je beweisen, dass sie von oben gesteuert waren." Vgl. zur Publikationstätigkeit unter Maximilian auch: Stephan Füssel: Dichtung und Politik um 1500. Das ‚Haus Österreich' in Selbstdarstellung, Volkslied und panegyrischen Carmina. In: Die österreichische Literatur. Ihr Profil von den Anfängen im Mittelalter bis ins 18. Jahrhundert (1050–1750), bearb. von Fritz-Peter Knapp. Hg. v. Herbert Zeman. Graz 1986 (Jahrbuch für österreichische Kulturgeschichte 14–15), S. 803–831.

10 Erste Ausgabe: Die historischen Volkslieder der Deutschen vom 13.–16. Jahrhundert. Bd. 1–4. Hg. v. Rochus von Liliencron. Leipzig 1865–1869, Nachdruck Hildesheim 1966, hier Bd.

In zweien werden Autoren genannt, Christoph Weyler (307a) und Georg Pleyer (307b). Diese beiden Lieder sind in Einblattdrucken publiziert worden, die als Unica der BSB München bzw. der Universitätsbibliothek Salzburg erhalten sind (Abb. 1 und Abb. 2, S. 409, 410).[11] Das dritte Lied (308), dessen Autorschaft durch von Liliencron gleichfalls Pleyer zugeschrieben wird, ist lediglich in einer Handschrift überliefert. Insbesondere die beiden im Einblattdruck überlieferten Texte gehen insofern über ihre vermeintliche Quelle, die von Johannes Faber im Januar 1519 in Wels gehaltene und im Juli womöglich in überarbeiteter Form gedruckte Leichenpredigt, hinaus, als sie Maximilians Interesse an einer Bekanntgabe seines Todes wiederholt postulieren.[12] Zu den letzten Bitten Maximilians gehörte nach Weyler (307a) die Aufforderung an die ‚Herren', seinen *so kleglichen tod* (13, 4) unverzüglich zu *verkinden* (13, 4f.), um die Fürbitte durch Priester zu ermöglichen. Nach dem Tod habe man sich danach gerichtet: *Die botten thet man sende/ in alle seine land,/ vil klag hub sich behende,/ groß trauren do zu hand;/ die glocken hort man leuten all/ in mancher reichstat gute/ klagt man in uberall* (307a 22).

Auch Pleyer weist darauf hin, dass der Tod öffentlich bekannt gemacht wurde, gerade so, wie es der Kaiser zuvor erbeten habe: *der Kaiser hat gebeten vor/ man sollte ja mit nichten/ sein Tod verhaltn fürwahr* (307b 11, 5–7). Beide Lieder weisen übereinstimmend auf Maximilians Wunsch nach einer Publizität seines Todes hin und ergänzen in diesem Punkt die humanistischen Publikationen zu

---

3, Nr. 307a, 307b, 308. Abbildungen des Blattes mit dem Text von Pleyer bei: Ernst von Frisch: Jörg Pleyers Flugblatt von Kaiser Maximilians Abschied und Tod, Gutenberg-Jahrbuch 1935, S. 150–153, und bei Rolf-Wilhelm Brednich: Die Liedpublizistik im Flugblatt des 15. bis 17. Jahrhunderts. Bd. 1: Abhandlung, Bd. 2: Katalog der Liedflugblätter des 15. und 16. Jahrhunderts. Mit 146 Abbildungen. Baden-Baden 1974/75 (Bibliotheca bibliographica Aureliana 55.60), Nr. 233; das Blatt von Weyler in: Gisela Ecker: Einblattdrucke von den Anfängen bis 1555. Untersuchungen zu einer Publikationsform literarischer Texte. Bd. 1 und 2. Göppingen 1981 (GAG 314), nennt in Bd. 1, S. 301 den Nachweis für den Einblattdruck von Weyler und bringt in Bd. 2 eine Abbildung (Abb. 49). Die Edition Liliencrons ist im WWW unter google.books zugänglich.
11 Weyler: BSB München, Einbl. I, 31. Dieser Einblattdruck ist auf der homepage der BSB München unter den ‚Digitalen Sammlungen' einsehbar: http://10.bib-bvb.de/~einblattdrucke/images/134040260. Pleyer: Universitätsbibliothek Salzburg, G 549 III. Dieser Einblattdruck ist auf der homepage der UB Salzburg zugänglich: www.ubs.sbg.at/sosa/graphiken/G549III.jpg.
12 Die Frage der Abhängigkeit der Lieder von Fabers Leichenpredigt (Srbik, Anm. 3, S. 12; Zinnhobler, Anm. 8, S. 36) wäre neu zu prüfen: Als Fabers Rede Ende Juli 1519 in Druck ging, war die Nachfolgefrage, die in den Einblattdrucken noch offen ist, bereits entschieden; auch enthält die in Wels am 16. Januar gehaltene Leichenpredigt keine Hinweise auf die Überführung von Maximilians Sarg nach Wien und weiter nach Wiener Neustadt, also auf Stationen, die bei Weyler einen erheblichen Textanteil ausmachen. Zweifel, dass die Rede Fabers in der gedruckten Form in Wels tatsächlich gehalten wurde, äußert Füssel (Anm. 3), S. 247f. mit Anm. 21–27.

Maximilians Tod. Zwar ist diese Berufung auf den Kaiserwillen für beide Autoren auch eine Legitimierungsstrategie, es ist aber nicht auszuschließen, dass hinter dem Topos die explizite Erwartungshaltung des Kaisers gestanden hat.

Zudem gibt es ein weiteres Indiz, das eine gewisse Nähe der historischen Lieder zum Hof nahelegt. Jan-Dirk Müller hat die Frage nach der Bedeutung von Liedern im Rahmen der Publizistik Maximilians angesprochen und darauf hingewiesen, dass jene für das Haus Habsburg parteilichen Lieder oft mit der Wiederverwendung von bekannten Melodien arbeiteten: „Der Wiedererkennungseffekt ist politisch instrumentalisierbar."[13] Denn ein neues Lied in einem bekannten, mit dem Herrscherhaus bereits verknüpften Ton stelle den neuen Sachverhalt in eine Kontinuität politischen Handelns. „Die Wahl derselben Melodie garantierte nicht nur große Verbreitung, weil sie nachsingbar war, sondern sollte vor jeder propagandistischen Äußerung zugunsten des Kaisers einnehmen. Indem die Melodie im Lieddruck angegeben wird, ordnet sie den neuen Text in den größeren Zusammenhang einer allgemeinen Verständigung über Maximilians Herrschaft."[14] Müller stellt als Beleg eine Folge von Liedern zusammen, die zur gleichen Melodie gesungen wurden und die die Politik der Habsburger thematisieren.[15] Eine vergleichbare Reihe lässt sich auch für das Lied Pleyers (307b) bilden,[16] denn die auf dem Einblattdruck angegebene Melodie ‚Ich stund an einem morgen' ist mehrfach für Lieder zur Politik der Habsburger nachgewiesen.[17] Von daher mag man sich Pleyer und vielleicht auch Weyler im weiteren Rahmen des Hofes tätig denken. Diese Indizien: dass Maximilians Interesse an der Publizität seines Todes in den Liedern herausgestellt wird und dass zumindest eines der Sterbelieder in einer Tradition der für die Habsburger Publizistik typischen Tonverwendung steht, reichen für den Nachweis von Maximilians Urheberschaft nicht aus. Sie liefern aber einen Anhaltspunkt für Maximilians Willen, dass er seinen Tod über das reine Faktum hinaus auch in seinen medienspezifischen Inszenierungen publiziert wissen wollte.

---

13 Müller (Anm. 9), S. 109.
14 Müller (Anm. 9), S. 110.
15 Müller (Anm. 9) nennt ‚Ein Fräulein von Britannien', ‚Die Böhmerschlacht' und den ‚Pinzauer' als zur gleichen Melodie gesungene, im Druck publizierte Lieder.
16 Vgl. die Angaben bei Brednich, Liedpublizistik im Flugblatt (Anm. 10), Bd. 2, S. 207, mit der Angabe vierzehn verschiedener, auf diese Melodie gesungener Texte. Vgl. auch Dietrich Schmidtke: ‚Ich stund an einem morgen'. In: ²VL Bd. 4, Sp. 353–357.
17 Neben von Liliencron (Anm. 10), Nr. 307b ist hier ebd., Nr. 273 ‚Ain hüpsch lied vom römischen kaiser und den Franzosen'; Nr. 296 ‚Von der Belagerung Veronas'; Nr. 305 ‚Von dem kunige Karl' mit Anm. S. 210 zu nennen, sowie Brednich (Anm. 10), Bd. 1, Nr. 238: Loblied auf Kaiser Karl durch Pamphilus Gengenbach aus dem Jahr 1519.

3 Körper und Tod

Maximilians Körper wurde nach seinem Tod für zwei oder drei Tage in der Welser Burg öffentlich aufgebahrt.[18] Danach wurde sein Sarg zunächst in die dortige Pfarrkirche gebracht, wo Johannes Faber die Leichenpredigt hielt, die er in vermutlich überarbeiteter Form dann im Sommer in den Druck gab.[19] Anschließend wurde der Sarg in einer feierlichen Prozession nach Wien überführt, wo er im Stephansdom drei Tage lang für die Öffentlichkeit aufgebahrt wurde. Dann erfolgte die Überführung von Maximilians Körper in die Wiener Neustadt, wo er unter dem Hochaltar der Georgskirche bestattet wurde.

Für die Leichenschau in Wels nun hatte Maximilian ungewöhnliche Verfügungen getroffen. Wie in den Publikationen berichtet wird, hatte er angeordnet, dass auf eine Entnahme von Organen (307a 11,5 *daß man in nit entweiden ſolt*) und auf eine Einbalsamierung seines Körpers zu verzichten sei, ebenso auf jede repräsentative Ausstattung (307a 11, 6f. *an im ſolt man nit laßen/ kein edel gſtain noch gold*).[20] Weyler nennt als weitere vorab getroffene Verfügungen Maximilians zum Umgang mit seinem toten Körper:

> Der kaiſer ſo vil werde
> ſchuf auf den ſelben tag,
> daß man aſch, kalk und erde
> ſolt legen in ein ſack
> und darein thun sein leichnam ploß;
> ſchaut an, ir edlen herren,
> ſeine demut ſo groß! (307a 12)

Dass der Körper mit Asche, Kalk und Erde bestreut werden sollte,[21] war offensichtlich als Maßnahme zur Beschleunigung der Zersetzung gedacht. Doch Maximilian hatte weitere, weitaus drastischere Maßnahmen verfügt: Sein Körper sollte nach seinem Tod gegeißelt, die Zähne herausgebrochen, die Haare abgeschnitten werden. Zähne und Haare sollte man zusammen mit glühenden Kohlen auf dem Friedhof von Wels beisetzen.

---

18 Angaben zur Dauer differieren; vgl. drei Tage in Wels, drei Tage in Wien bei Manfred Hollegger: Maximilian I. (1459–1519). Herrscher und Mensch einer Zeitenwende. Stuttgart 2005, S. 240; Wiesflecker (Anm. 3), S. 430: zwei Tage in Wels.
19 Füssel (Anm. 3), S. 247f.
20 Wiesflecker (Anm. 3), S. 382, gibt an, man habe Maximilian seinen Lieblingsring, dem er Wunderkraft zugeschrieben habe, mit in den Sarg gelegt.
21 In den Aufzeichnungen der Zeitzeugen finden sich divergierende Angaben, vgl. Srbik (Anm. 3), S. 71.

In dieser Weise zugerichtet, sollte der Leichnam öffentlich auf einem Bett ausgestellt werden.[22] Maximilians nach Ausweis der späteren Sargöffnungen von den Testamentsvollstreckern ausgeführte Absicht erscheint besonders dann unerhört,[23] wenn man jenen Dualismus berücksichtigt, der in der mittelalterlichen Theologie den Körper des Königs auszeichnet. Belting hat diese Körperkonzeption im Anschluss an Kantorowicz in seiner Studie folgendermaßen beschrieben: „Der natürliche Körper war ein Trägermedium, das ebenso eine sterbliche Person wie ein unsterbliches Amt tragen konnte. Es lud auch zur Unterscheidung seiner sozialen Rolle ein: der repräsentierende Körper ist Kultur und nicht Natur."[24] Von solchen Vorgaben weicht Maximilian keineswegs so programmatisch ab, wie es zunächst den Anschein haben könnte. Zwar zeigt sich in dem zu seiner Zeit üblichen Verzicht auf Insignien – Porträts etwa von Bernhard Strigel oder Albrecht Dürer zeigen Maximilian nicht als Würdenträger, sondern geradezu als „Privatmann"[25] – durchaus ein bewusstes Absehen von der ikonographisch tradierten Repräsentation seines Amtes in der Präsentation seines Leichnams. Doch ist es bemerkenswert, dass auch er das Bild seines natürlichen Körpers bearbeiten lässt und dass insofern auch sein Leichnam ein repräsentierender Körper, im Sinne von Kantorowicz „Kultur" ist. Denn Maximilian geht im Blick auf die Leichenschau über den Verzicht auf die Repräsentation seines Amtes hinaus. Er stellt nicht den natürlichen Körper aus, sondern lässt an seinem Körper Handlungen vornehmen, die den Verfall beschleunigen und von denen zumindest die Eingriffe am Kopf öffentlich wahrnehmbar waren (308 16 *man ließ fein antlitz fchawen/ wie er het vor begert*). Maximilian hatte also beabsichtigt, dass sein Leichnam für die Dauer der Leichenschau als Bild (*effigies*) eines beschädigten Körpers wahrnehmbar war.

In der zeitgenössischen Publizistik werden nur einige der am Leichnam vorgenommenen Handlungen erwähnt und begründet (kein Einbalsamieren, kein Schmuck, keine Organentnahme, Bestreuung mit Kalk u.a.). Die Erklärungsversuche, denen sich die Forschung weitgehend anschließt, zielen im wesentlichen

---

22 So Schmid (Anm. 3), S. 205.
23 Zu den drei erfolgten Sargöffnungen vgl. Srbik (Anm. 3), S. 94–102, hier S. 100 zur Sargöffnung im Jahr 1770: „Der Leichnam zeigte sich unversehrt, die Zähne waren ausgerissen, nur im Unterkiefer war ein ganz kleiner Zahn zurückgeblieben. [...] Neben dem Leichnam lagen mehrere Ruten." Vgl. zum erwartbaren Rahmen einer kaiserlichen Bestattung Hans Martin Schaller: Der Kaiser stirbt. In: Tod im Mittelalter. Hg. v. Arno Borst, Gerhart von Graevenitz, Alexander Patschovsky und Karlheinz Stierle. Konstanz ²1995 (Konstanzer Bibliothek 20), S. 59–75, hier S. 71.
24 Belting, Körperbild (Anm. 6), S.98.
25 Vgl. Löser (Anm. 2), S. 72 und 91 zu Maximilians Konzept des Bürger-Kaisers.

in zwei Richtungen:²⁶ Die Entscheidung gegen konservierende Maßnahmen zeigt nach Pleyer an, *wie ſein Majeſtät ſein Leib/ ſo ring geſchätzet hat* (307b 4, 6f.), und dies wird noch einmal untermauert durch die fingierte Wiedergabe der wörtlichen Rede Maximilians: *er ſprach: mein Leib nichts beſſers iſt,/ denn aller Menſchen gar* (307b 5, 6f.). Ähnlich begründet Weyler Maximilians Wunsch, in der Erde bestattet zu werden: *erſchazt in auch nit beßer,/ dann andrer menſchen gar* (307a 14, 6f.). Dieser in beiden Liedern genannte Aspekt: die Gleichheit aller Menschen im Tod, wird auch bei Faber als Begründung für den Verzicht auf die repräsentative Ausstellung der Leiche angeboten.²⁷ Eine solche Erklärung wird gestützt durch die Bitte des Kaisers an die bei seinem Tod Versammelten, ihn in seinen letzten Tagen nicht mehr mit Titel, sondern nur noch mit seinem Namen anzureden.²⁸ Mit dem erklärten Verzicht des Kaisers auf eine im Amt begründete Vorrangstellung im Tod hätte er den Gläubigen ein spektakuläres Exempel für die Sterblichkeit und Gleichheit aller Menschen bieten wollen.²⁹ Eine solche Mahnung würde die Erzählung von Maximilians Tod in die Nähe jener in Bild und Text verbreiteten *vanitas*-Exempel des späten Mittelalters rücken, die den Menschen zur Umkehr ermahnen sollten.³⁰ Allerdings wäre diese Thematisierung irdischer Vergänglichkeit von der „fast unübersehbaren Vielfalt von Gleichnissen, Sinnbildern, Zeichen und Hinweisen"³¹ im späten Mittelalter dadurch unterschieden, dass sie den eigenen Körper zum Medium eines *memento mori* macht.³²

Einen anderen Schwerpunkt setzt Lied 308. Es berichtet davon, dass Maximilian einen Kartäuser, gemeint ist der Freiburger Prior Gregor Reisch, als Sterbebeistand zu sich gebeten habe. Dieser habe Maximilian vor seinem

---

[26] Vgl. Schmid (Anm. 3), S. 204f.; Löser (Anm. 2), S. 92f.; Wiesflecker (Anm. 3), S. 430.
[27] Faber (Anm. 8), S. 77.
[28] Wiesflecker (Anm. 3), S. 428.
[29] Eine didaktische Komponente wird angedeutet bei Weyler, der aus den von ihm berichteten Maßnahmen Maximilians einen Appell an die Fürsten ableitet: *ſchaut an, ir edlen herren,/ ſeine demut ſo groß!* (307a 12, 6f.).
[30] Vgl. Nigel F. Palmer: Ars moriendi und Totentanz. Zur Verbildlichung des Todes im Spätmittelalter. Mit einer Bibliographie zur ‚Ars moriendi'. In: Tod im Mittelalter (Anm. 23), S. 313–334.
[31] Vgl. Norbert Stefenelli: Einstellung zum Tod – Erfahrungen mit dem Leichnam. In: *du guoter tôt*. Sterben im Mittelalter – Ideal und Realität. Akten der Akademie Friesach „Stadt und Kultur im Mittelalter". Friesach 19.–23.9.1994. Hg. v. Markus J. Wenninger. Klagenfurt 1998 (Schriftenreihe der Akademie Friesach 3), S. 291–310, hier S. 299.
[32] Vgl. Stefanie Gerber: Die Darstellung des personifizierten Todes und ihre Rolle in der religiösen Mentalität des Spätmittelalters und der Reformationszeit (bis etwa 1550). In: Tod und Trauer. Todeswahrnehmung und Trauerriten in Nordeuropa. Hg. v. Torsten Fischer und Thomas Riis. Kiel 2006, S. 1–55, hier S. 24f.

Ende auf Gottes Hilfe verwiesen.³³ Diese Aufforderung, an sein Seelenheil zu denken, wird im Lied 308 durch die fingierte Rede des Kartäusers geschildert:

> „Wol dir du kaiſer werde,"
> ſprach er, „nun gib dir troſt,
> daß du alhie auf erden
> ſo vil geſtritten haſt
> wol umb weltliche ere;
> nun denk iez ſelb an dich,
> ſtreit dir iez und ſelber
> und laß dich nit beſchwären
> den teufel grauſamlich." (308 15)

Peter Schmid hat betont, dass die Berichte zum Tod Maximilians darin übereinstimmen, dass sie die Absicht verfolgen, „das Hinscheiden Maximilians im Rahmen der Normen [...] zu stilisieren".³⁴ Vor der Folie der *artes moriendi* werde erkennbar, dass Maximilian sich an deren Anforderungen orientiert habe und dass die Zeitgenossen sein Sterben als christliches Exempel schilderten. In diesem Rahmen, dass nämlich die Forderungen der *artes moriendi* einzulösen seien, verstehe ich die Ermahnung des Kartäusers in der zitierten Strophe. Denn zur Vorbereitung auf den Tod gehört demnach auch, dass ein Angehöriger oder Freund gebeten wird, die ganze Aufmerksamkeit des Sterbenden auf die Frage des Seelenheils zu lenken.³⁵ Diese Rolle des Ermahners in der letzten Stunde schreibt der Liedtext Gregor Reisch zu. Wenn man in diesem Sinne vom Liedtext her argumentiert, erscheint der Einfluss, den die Forschung Gregor Reisch für Maximilians letzte Verfügungen mitunter zuspricht, deutlich überschätzt.³⁶

---

33 *Nun wil ich euch hie ſingen/ von ſeinem tod kläglich;/ er hieß wol ʒu im pringen/ ain kartuſer löblich;/ da er kam ʒu dem ende,/ daß er muſt ſchaiden ſich,/ der kartuſer behende/ tet im seinen muet wenden/ ʒu got, glaubt ſicherleich* (308 14).
34 Schmid (Anm. 3), S. 202.
35 Vgl. zum Beispiel den letzten Abschnitt der Bilder-*ars moriendi*: The Ars moriendi (editio princeps, circa 1450): a reproduction of the copy in the British museum, ed. by W.H. Rylands; with an introduction by George Bullen. *Quamvis secundum philosophum*, London 1881; Die deutsche Übersetzung der Ars moriendi des Meisters Ludwig zu Ulm um 1470. Hg. v. Ernst Weil, München 1922, fol 12ʳ: *Ob aber der siech nit reden mocht/ ſo ſol er dise ding in dem hertʒen betrach=ten/ vnd och von andern lüten mitt heler stimm/ gesprochen werden/ die dem ſiechen der ſele wartend Wann kain ſter=bender menſch/ ſol allain beliben/ ſunder verſehen ſin mitt andächtigen lüten/ die im mit gütter manung vnd lere künden ʒu ſprechen/ vff ſtåtikait des geloben vſſ gedult: vſſ andacht/ vnd gütte mainung oder hoffnung zü got*.
36 Schmid (Anm. 3), S. 204: „Dieser Widerspruch zwischen den Motiven der Vergänglichkeit aller Pracht und dem Verlangen nach bleibender ruhmvoller Erinnerung scheint ein Hinweis darauf zu sein, daß in den letzten Stunden von außen auf den König Einfluß genommen

Die weitergehenden Bestimmungen aber zum Umgang mit Maximilians Körper sind in keiner *ars moriendi* zu finden.[37] Wenn man die im Lied angedeutete Sorge um sein Seelenheil als Begründung akzeptiert, dann hätte Maximilian versucht, die Erwartungen an eine letzte Buße sozusagen ‚überzuerfüllen'.[38]

Dass die Anordnungen zum Umgang mit dem eigenen Leichnam nicht mehr in jenem Rahmen des ‚gezähmten Todes' stehen, den die spätmittelalterliche Sterbeliteratur bietet, darauf deutet unter anderem hin, dass die drastischen Maßnahmen in den hier besprochenen Veröffentlichungen zu Maximilians Tod nicht genannt werden.[39] Das Körperbild des toten Kaisers wird auch in keinem zeitgenössischen Druck in Worten beschrieben oder im Holzschnitt dargestellt. Dem Titelblatt der Klageschrift von Richard Sbrulius ist ein Holzschnitt beigegeben, der den unter einem repräsentativen Tuch verborgenen Sarg zeigt, auf dem die Insignien zu sehen sind (Abb. 3, S. 411).[40] Auch die Einblattdrucke der Lieder wählen einen anderen Moment der Trauerzeremonie als die Aufbahrung in Wels für die Darstellung aus, bleiben aber insofern dichter an Maximilians Verfügungen, als sie einen Holzschnitt mit dem Leichenzug zeigen, bei dem der Sarg in ein schlichtes schwarzes Tuch eingehüllt ist. Auch hier liegen die Insignien auf dem Sarg (Abb. 1 u. Abb. 2, S. 409f.). Das Blatt von Georg Pleyer bietet neben diesem, wohl von einem anderen Holzstock stammenden Bildmotiv noch einen weiteren

---

worden ist. So gewinnt der Hinweis Scheurls, der Kartäuser Gregor Reisch habe dem Sterbenden Vorhaltungen wegen des geplanten prunkvollen Begräbnisses gemacht, an Glaubwürdigkeit. Damit dürfte aller Wahrscheinlichkeit nach feststehen, dass die außergewöhnlichen Anweisungen für den Umgang mit seinem Leichnam nicht der Gedankenwelt Maximilians entsprungen sind, sondern auf Gregor Reisch zurückgehen, dem konsequenterweise auch die Überwachung ihrer Befolgung anvertraut wurde." Vgl. auch ebd., S. 215.
37 So auch Schmid (Anm. 3), S. 202f.
38 Dass Maximilian für sein Seelenheil sorgte, bezeugt das Testament, das ein „mildtätiges, frommes und kein politisches Testament" war (Wiesflecker, Anm. 3, S. 427). Vgl. zum Kontext spätmittelalterlicher Frömmigkeit: Thomas Lentes: „Andacht" und „Gebärde". Das religiöse Ausdrucksverhalten zwischen 1300 und 1600. In: Kulturelle Reformation. Sinnformationen im Umbruch 1400 – 1600. Hg. v. Bernhard Jussen und Craig Koslofsky. Göttingen 1999 (Veröffentlichungen des Max-Planck-Instituts für Geschichte 145), S. 29–67.
39 Weder bei Faber (Anm. 8) noch in den Liedern werden diese Bestimmungen thematisiert.
40 Richardi Sbrvlii Foroivliani Poetae Caesarei in diui Maximiliani Caesaris P.F. Aug. obitum Nenia, Augsburg, Grimm und Wirsung 1519. 4 Bll., Titelholzschnitt von Hans Springinklee. VD 16 S 2069. Digitalisat einsehbar auf der homepage der BSB München: urn:nbn:de:bvb:12-bsb10314319-5, Exemplar mit der Signatur 4 Plat. 1174 d Beibd. 1. Vgl. auch das Gedenkblatt des Manlius: Gedenkblatt auf den Tod Maximilians: De divi Maximiliani Romanorum Cesaris Christiana vita et felicissimo eius obitu, von Hans Weiditz, mit kaiserlichem Privileg gedruckt 1519, in: Max Geisberg: The German Single-Leaf Woodcut. Rev. And ed. By Walter L. Strauss. 4 Bde. New York 1974, Nr. 1525.

Holzschnitt, der Maximilian im Halbprofil mit Krone und Orden vom Goldenen Vlies zeigt. Der Verzicht auf die Darstellung der Leichenschau in Wels mag darauf hindeuten, dass Maximilians geplante Inszenierung des eigenen Leichnams von den Zeitgenossen als nicht darstellungsfähig angesehen wurde.[41]

4 Das Totenbildnis

Doch auch für diesen Fall, dass keiner das geplante Körperbild abbilden werde, hatte Maximilian vorgesorgt und ein Totenbildnis in Auftrag gegeben, das nach jenen an seinem Körper entstellenden Eingriffen angefertigt werden sollte.

Das kleinformatige Bildnis (43 x 28,5 cm) zeigt Maximilians Kopf unter einer eng anliegenden Haube und mit eingefallenen Wangen. Auf der Brust liegt eine Decke, die das Kreuzzeichen trägt (Farbtafel 26). Das Bild ist mit den Initialen A.A. signiert, und am oberen Bildrand ist folgende Inschrift erkennbar: ...IAN REM. SCHER KAISER +/ GEPOREN + 1459 + AM + 22 + TAG + MARCI / VERSCHIDEN + 1519 + AM + 12 + TAG + IANVARI + VND + / DARNACH + CONTERFET + WORDEN.[42] Es sind verschiedene Kopien des Bildnisses, darunter auch zeitgenössische, bekannt, freilich weiß man nichts über den intendierten Verwendungszweck.

Wenn man nun dieses Bild nicht als „Dokument von erschütterndem Naturalismus"[43] versteht, sondern als ein naturalistisches Abbild eines zuvor gezielt hergestellten Körperbildes, dann ergeben sich andere Deutungsmöglichkeiten als die einer Umkehr.

Gerade vor dem Hintergrund der massenhaft angefertigten Porträts von Maximilian als lebendem Kaiser wäre zu erwägen, ob Maximilian mit dem Totenbildnis eine Ergänzung seiner Selbstdarstellung bieten wollte.[44] Das

---

41 Der Ausdruck „darstellungsunfähig" bei Belting (Anm. 6), S. 97, mit Bezug auf die Grabplastik des späten Mittelalters.
42 Zitiert nach: Totenbildnis Kaiser Maximilians I. In: Ausstellung Maximilian I. Innsbruck. Katalog der Ausstellung vom 1. Juni bis 5. Oktober 1969. Hg. v. Land Tirol. Kulturreferat, für den Inhalt verantw. Erich Egg. Innsbruck 1969, Objekt-Nr. 259 [dazu Abb. 42], hier S. 66: „Tempera auf Pergament". Danach gibt es von dem Totenbildnis mehrere, darunter auch zeitgenössische Kopien, unter anderem in Zwittau, Wien, Budapest und Innsbruck. Um 1555 wurde es für den Fuggerschen ‚Ehrenspiegel des Hauses Habsburg' kopiert und von Sigmund von Birken in dessen Druckausgabe als Kupferstich aufgenommen (vgl. Srbik, Anm. 3, S. 80 mit Anm. 169).
43 Wiesflecker (Anm. 3), S. 430.
44 Vgl. Ludwig von Baldaß: Die Bildnisse Kaiser Maximilians I., Jahrbuch der kunsthistorischen Sammlungen des allerhöchsten Kaiserhauses 31 (1913/14), S. 247–334; Willy Scheffler: Die Porträts der deutschen Kaiser und Könige im späteren Mittelalter von Adolf von Nassau bis

Totenbildnis wäre dann im Rahmen der Geschichte des Individualporträts als eines jener Anti-Bilder zu deuten, die die Geschichte der Personendarstellung im späten Mittelalter flankieren. Die Grabplastik nämlich hatte im späten Mittelalter einen „hybriden Doppelgrab-Typus"[45] geschaffen, der in einem repräsentativen Bildkörper den Verstorbenen mit allen Zeichen seines sozialen Status versehen zeigte. Daneben wurde als zweite Bildfigur eine anonyme Leiche im Verwesungszustand (*transi*) gezeigt. Die hier erkennbare Konfrontation von Repräsentativität und Vergänglichkeit wird im Porträt des späten Mittelalters noch einmal verschärft, wenn der Totenschädel zum regelmäßig dargestellten Begleiter des Individuums wird: „Gerade vor dem anonymen Gesicht des Todes ist das lebende Gesicht, welches eine unverwechselbare Persönlichkeit repräsentiert, der Ausdruck einer individuellen Lebenskonzeption."[46] Wenn das Totenbild in diesem Sinne als Zeugnis einer Reflexion über Individuum und Tod zu verstehen wäre, dann wäre es im Horizont jener *vanitas*-Überlegungen anzusiedeln, die die Zeitgenossen im Lied für Maximilians letzte Verfügungen ja auch tatsächlich reklamieren.[47]

Freilich ist der entscheidende Unterschied zu den von Belting beschriebenen Porträts nicht zu übersehen: Das Totenbildnis als Anti-Bild würde eben gerade nicht auf jenen Antagonismus von Individualität im Leben und Anonymität im Tod verweisen. Denn der Tod hat in diesem Fall und damit anders als in der Bildtradition ein individuelles Gesicht.

Das Totenbildnis Maximilians ist in der Geschichte des mittelalterlichen Porträts das erste bekannte Bild eines realen Toten.[48] Doch scheint die Perspektive verkürzt, wenn man es umstandslos als Zeugnis eines neuen Realismus in der Kunst reklamiert. Denn es steht mit der drastischen Darstellung eines Toten zugleich in der ikonographischen Tradition von Heiligenbildern: Christus und

---

Maximilian I. (1292–1519), Repertorium für Kunstwissenschaft 33 (1910), S. 222–232, 318–338, 424–442, 509–524. Vgl. Eisenbeiß (Anm. 6), S. 92: „Maximilian soll die ungeheuerliche Bilderflut gar mit dem Satz kommentiert haben: *Ein jeder, der eine große Nase nach machen kann, der kommt und will uns damit dienen.*"
45 Belting, Körperbild (Anm. 6), S. 99.
46 Belting, Wappen und Porträt (Anm. 6), S. 135; vgl. auch Christian Kiening: Das andere Selbst. Figuren des Todes an der Schwelle zur Neuzeit. München, Paderborn 2003, S. 98f.
47 S. o. S. 402.
48 Andor Pigler: Portraying the Dead, Acta historiae artium academicae scientiarium hungaricae 4 (1957), S. 1–75. Erst später wird es bei den Habsburgern üblich, auf Einblattdrucken Totenporträts von verstorbenen Familienmitgliedern zu publizieren: Vgl. Deutsche illustrierte Flugblätter. Bd. 3: Theologica, Quodlibetica. Bibliographie, Personen- und Sachregister. Hg. v. Wolfgang Harms, Tübingen 1998, Nr. 219, S. 428: Der Text betont in diesem Fall (Aufbahrung der Kaiserin Anna 1618) das *vanitas*-Motiv.

die Märtyrer werden im Andachtsbild des späten Mittelalters auch als Tote dargestellt, gerade weil sie durch die Art ihres Todes Verdienste erworben haben.[49] Und stellt Maximilian sein Bildnis nicht ganz gezielt in diese Tradition des Heiligenbildes, wenn er die naturalistische Darstellung seines freilich postum gepeinigten Körpers vor seinem Tod in Auftrag gab? Steckt hinter dem Auftrag nicht wiederum die durch den Glauben an die persönliche Erwähltheit ermöglichte Annahme einer sakralen Rolle? Immerhin hat man bei der späteren Sargöffnung Ruten neben der Leiche gefunden, sind die ‚Marterwerkzeuge' mit Maximilian bestattet worden.[50]

Wenn auch die sakrale Deutung des Totenbildnisses als Darstellung quasi einer suggerierten *imitatio Christi* zunächst abwegig erscheinen mag, so gibt es doch eine ganze Reihe von Hinweisen auf ein sakral überhöhtes Selbstverständnis Maximilians. Jan-Dirk Müller hat auf typologische Ansätze im *Weißkunig* hingewiesen,[51] und Anja Eisenbeiß hat weitere Belege zusammengetragen: Aus dem Jahr 1511 ist jener vielleicht doch nicht ‚scherzhaft' gemeinte Brief an seine Tochter Margarethe überliefert, in dem Maximilian die Hoffnung äußert, für den Fall einer Papstnachfolge nach seinem Tod als Heiliger verehrt zu werden.[52] Gleichfalls im Testament hatte er angeordnet, dass er unter dem Hochaltar, also an einem eigentlich den Heiligen vorbehaltenen Ort bestattet werden solle.[53] Weiterhin ist im Rahmen der Versuche einer Sakralisierung des eigenen Hauses auf die ‚Fürstliche Chronik' des Hofhistoriographen Jakob Mennel hinzuweisen, der ein Buch seiner ‚Fürstlichen Chronik' der Darstellung der Heiligen aus der „Sipp-, Mag- und Schwägerschaft" der Habsburger widmete.[54]

---

49 Pigler (Anm. 48), S. 2. Vgl. etwa das Bildmotiv der Beweinung Christi.
50 Vgl. Srbik (Anm. 3), S. 200.
51 Vgl. Müller (Anm. 1), S. 264f.
52 Vgl. Eisenbeiß (Anm.6), S. 98 mit Anm. 88 mit Kritik an Wiesfleckers Deutung des Briefes als „scherzhaft".
53 Karl Schmid: „Andacht und Stift". Zur Grabmalplanung Kaiser Maximilians I. (Mit einem Anhang von Dieter Mertens). In: Memoria. Der geschichtliche Zeugniswert des liturgischen Gedenkens im Mittelalter. Hg. v. Karl Schmid und Joachim Wollasch. München 1984 (MMS 48), S. 750–786. Wiesflecker (Anm. 3), S. 426, weist darauf hin, dass Maximilian obendrein im Testament niedergelegt hatte, dass in jedem der neun zu seinem Gedächtnis zu stiftenden Spitäler Standbilder zu errichten wären, vor denen die Insassen für ihn zu beten hätten. Karl Schmid: „Andacht und Stift". Zur Grabmalplanung Kaiser Maximilians I. (Mit einem Anhang von Dieter Mertens). In: Memoria. Der geschichtliche Zeugniswert des liturgischen Gedenkens im Mittelalter. Hg. v. Karl Schmid und Joachim Wollasch. München 1984 (MMS 48), S. 750–786.
54 Dieter Mertens: Geschichte und Dynastie – zu Methode und Ziel der ‚Fürstlichen Chronik' Jakob Mennels. In: Historiographie am Oberrhein im späten Mittelalter und in der frühen Neuzeit. Hg. v. Kurt Andermann. Sigmaringen 1988 (Oberrheinische Studien 7), S. 121–153.

Und gerade in den Porträt-Darstellungen Maximilians scheint der Gedanke einer gewissen sakralen Überhöhung nicht abwegig gewesen zu sein. Jedenfalls lässt sich bei Strigels Marienaltar aus dem Kloster Salem nicht entscheiden, „ob einer der heiligen Könige die Porträtzüge Maximilians trägt oder sich nicht vielmehr Maximilian selbst unter den Königen einreiht".[55] In Richtung einer Proklamation von Sakralität deutet auch die nach Maximilians Tod erfolgte Umarbeitung des Strigelschen Habsburger Familienporträts zu einer Darstellung der Heiligen Sippe (Farbtafel 27).[56] Eisenbeiß führt ferner die Straßburger Tafel mit dem Marientod von Bernhard Strigel an, deren Entstehung in die Jahre 1518 bis 1520 datiert wird und auf der Maximilian an die Stelle des zu erwartenden Heiligen rückt.[57] Aus all diesen Anhaltspunkten in Brief, Grabmalplanung, Testament und Bildprogrammen für ein von Maximilian auch als ‚heiligmäßig' verstandenes Selbstbild schließt Eisenbeiß, dass Maximilian auf einem weiteren Gemälde, dem Karlsruher Fürbittbild von 1519, als Interzessor verstanden werden soll. Maximilian scheint auf der Karlsruher Tafel zwischen die weltlichen Bittsteller und Christus zu treten, „so als gewännen sie in ihm einen zusätzlichen Mittler."[58] Allerdings fehle für die angeführten Bildbeispiele der Nachweis der gedanklichen Urheberschaft Maximilians. Was sich allenfalls sagen lässt, ist nach Eisenbeiß Folgendes: „Diese wenigen Beispiele verdeutlichen, daß im Umfeld des Kaisers Bildformulierungen entstehen, für die er zwar nicht direkt verantwortlich zeichnet, deren Gehalt sich aber nur über seine Person, das heißt, über das Bild, das sich die jeweiligen Auftraggeber von ihm machten, erschließt."[59]

Wenn man das Totenbildnis im Kontext dieser Beispiele versteht, dann wird Maximilian als *spiritus rector* dieser Bildformulierungen denkbar: Mit dem Auftrag, nach seinem Tod eine Art Märtyrerbild von seinem Körper zu malen, wäre ein Verbindungsglied zwischen den Darstellungen Maximilians als Heiliger in seinem Todesjahr und seinen zeitlebens erprobten Selbstentwürfen gefunden.

---

55 Eisenbeiß (Anm. 6), S. 94 mit Anm. 65.
56 Eisenbeiß (Anm. 6), S. 98 Anm. 86 mit weiteren Beispielen.
57 Eisenbeiß (Anm. 6), S. 97.
58 Eisenbeiß (Anm. 6), S. 91.
59 Eisenbeiß (Anm. 6), S. 97f.

Ein newes lied von Kayserlicher maiestat abscheyden, der got genedig sey. In dem thon des liedes, von eines Künigs tochter, das sich also an hebt. O das ich kundt von hertzen ꝛc. Oder in dem thon, Es wonet lieb bey liebe ꝛc.

Abb. 1: Christoph Weyler: Bayerische Staatsbibliothek München, Einbl. I, 31.

Ein new geticht liedt von vnsers allerdurchleichtigisten Kayser Maximilian
abschiedt vnd todt. Im thon: Ich stunt an ainem morgen. M. D. xix.

Abb. 2: Georg Pleyer: Universitätsbibliothek Salzburg, G 549 III.

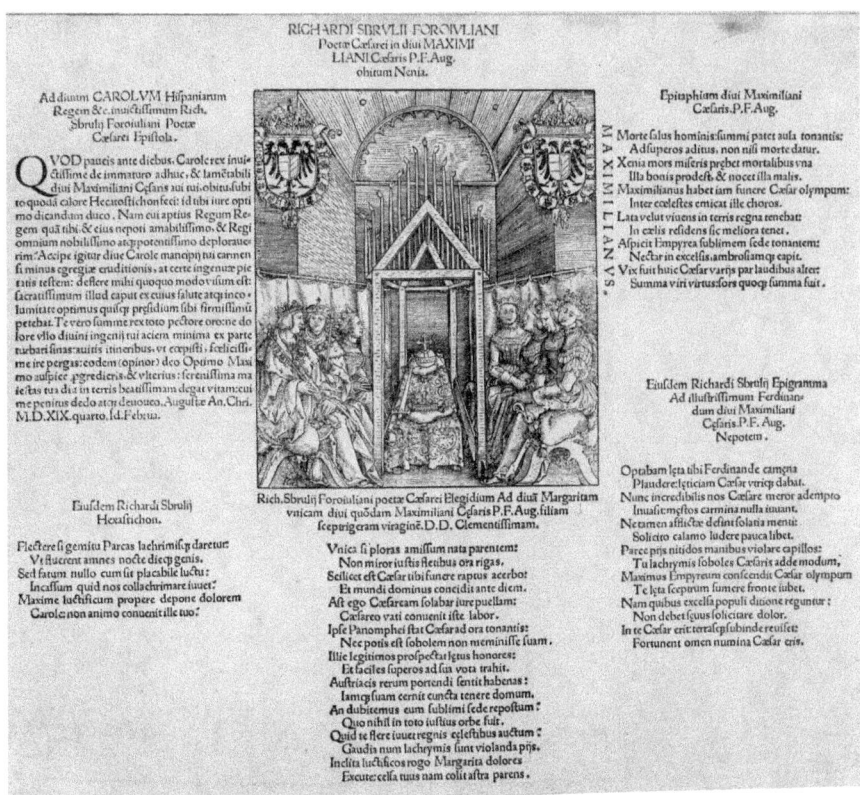

Abb. 3: Richard Sbrvlius: Richardi Sbrvlii Foroivliani Poetae Caesarei in diui Maximiliani Caesaris P.F. Aug. obitum Nenia, Augsburg, Grimm und Wirsung 1519. 4 Bll., Titelholzschnitt von Hans Springinklee. BSB München, Exemplar mit der Signatur 4 Plat. 1174 d Beibd. 1.

Abbildungsverzeichnis

Jörg Jochen Berns: Gedächtnis und Arbeitsteiligkeit. Zum *gedechtnus*-Konzept Maximilians im Kontext mnemonischer Programme und enzyklopädischer Modelle seiner Zeit

Abb. 1 S. 94 Der Weißkunig diktiert Schreibern und einem Maler historisch-(auto)biographische Dinge (nichtauthentischer Titel: „Kaiser Maximilian ehrt das Andenken der Vorväter". – Holzschnitt von Hans Springinklee. (Foto nach der Faksimileausgabe von Musper, Tafel XXVI)

Abb. 2 S. 95 Die Arbeitsteiligkeit der officia rhetoris. Konzenterschema. (Grafik J.J.B.)

Abb. 3 S. 96 Schematische Darstellung des enzyklopädischen Zusammenhangs des *gedechtnus*-Projekts Maximilians. (Grafik J.J.B.)

Abb. 4 S. 97 Enzyklopädisches Programmbild für das Collegium poetarum et mathematicorum zu Wien. – Holzschnitt von Hans Burgkmair d. Ä. nach Vorstellungen von Conrad Celtis, 1506/07. (Foto nach Max Geisberg: The German Single-Leaf Woodcut: 1500 – 1550. Revised and edited by Walter L. Strauss. New York 1974. Vol. II, S. 485.)

Abb. 5 S. 98 Der Memminger Adler. Beschrifteter Doppeladler über Kreisschema mit Bildern von Standesrepräsentanten. – Holzschnitt der Offizin Albert Kunne, Memmingen, 1487. (Foto: Schloßmuseum Gotha, Graphische Sammlung.)

Abb. 6 S. 99 „Das hailig Römisch reich mit seinen gelidern." Quaternionenadler mit 56 reichsständischen Wappenschilden. – Holzschnitt von Hans Burgkmair d. Ä., 1510. (Foto nach Max Geisberg: The German Single-Leaf Woodcut: 1500 – 1550. Revised and edited by Walter L. Strauss. New York 1974. Vol. II, S. 488.)

Abb. 7 S. 100 Titelblatt von Gregor Reischs Enzyklopädie Margarita Philosophica. – Freiburg i. Br. und Straßburg: Joh. Schott, 1503. – Holzschnitt der Offizin Joh. Schott. (Foto nach dem Exemplar der UB Marburg, Sign. XVI B 49.)

Abb. 8 S. 101 Grammatica. Zwischentitelblatt zu Buch I der Margarita Philosophica. – Holzschnitt der Offizin Joh. Schott, 1503. (Foto nach dem Exemplar der UB Marburg.)

Abb. 9 S. 102 Logica. Zwischentitelblatt zu Buch II der Margarita Philosophica. – Holzschnitt der Offizin Joh. Schott, 1503. (Foto nach dem Exemplar der UB Marburg.)

Abb. 10	S. 103	Rhetorica. Zwischentitelblatt zu Buch III der Margarita Philosophica. – Holzschnitt der Offizin Joh. Schott, 1503. (Foto nach dem Exemplar der UB Marburg.)
Abb. 11	S. 104	Arithmetica. Zwischentitelblatt zu Buch IV der Margarita Philosophica. – Holzschnitt der Offizin Joh. Schott, 1503. (Foto nach dem Exemplar der UB Marburg.)
Abb. 12	S. 105	Astronomia. Zwischentitelblatt zu Buch VII der Margarita Philosophica. Holzschnitt der Offizin Joh. Schott, 1503. (Foto nach dem Exemplar der UB Marburg.)
Abb. 13	S. 106	Schematische Darstellung des Verhältnisses des Haupttitelblatts zu den Nebentitelblättern der Bücher I bis VII der Margarita Philosophica. (Grafikmontage J.J.B.)

Thomas Schauerte: *Pour éternelle mémoire ...* Burgundische Wurzeln der *Ehrenpforte*

Abb. 1	S. 124	Gesamtansicht der Ehrenpforte mit fünfspaltiger Clavis. Datiert 1515 (ca. 350 x 300 cm).
Abb. 2	S. 125	Illustration aus der Holzschnittfolge zu Du Puys *Joyeuse entrée* 1515: Tableau vivant mit der Huldigung der Stadt Jerusalem an einen jungen Fürsten.
Abb. 3	S. 126	Illustration aus der Holzschnittfolge zu Du Puys *Joyeuse entrée* 1515: Tableau vivant mit christlichem Sieg über ein türkisches Kriegsschiff.
Abb. 4	S. 127	Illustration aus der Holzschnittfolge zu Du Puys *Joyeuse entrée* 1515: Tableaux vivants mit Ludwig von Flandern, der der Stadt Brügge Rechte verbrieft (rechts); Moses, der den Israeliten die Zehn Gebote bringt.
Abb. 5	S. 128	Illustration aus der Holzschnittfolge zu Du Puys *Joyeuse entrée* 1515: Échafaud mit dem Thron Salomonis.
Abb. 6	S. 129	Illustration aus der Holzschnittfolge zu Du Puys *Joyeuse entrée* 1515: Eines der Brügger Stadttore, die geschmückte Port St.-Croix.
Abb. 7	S. 129	Ausschnitt aus der *Ehrenpforte*: Draconifer und Musikanten, von einer zinnenbekrönten Mauer hinterfangen (links neben dem rechten Seitengiebel).
Abb. 8	S. 130	Illustration aus der Holzschnittfolge zu Du Puys *Joyeuse entrée* 1515: Ehrenpforte der spanischen Kaufmannschaft für Herzog Karl.

Christopher Wood: Maximilian als Archäologe

Abb. 1 S. 175 Votivtafel mit Neptunrelief, 2. Jh. Karlsruhe, Badisches Landesmuseum, inv No. 20; neu C47.

Abb. 2 S. 176 „Mercurius Germanicus", Kupferstich, Lorenz Beger. *Thesaurus ex Thesauro Palatino Selectus, Sive Gemmarum Et Numismatum [...] Dispositio*. Heidelberg 1685, Tafel II, nach S. 22.

Abb. 3 S. 177 Votivtafel mit Inschrift, Datum unbekannt. Unten: von Maximilian I. aufgestellte Inschrift, 1497. Sterzing, Pfarrkirche, Nordwand des Hauptschiffs.

Transkription: V[iva] F[ecit] | POSTVMIA | VICTORINA | SIBI • ET | TI[berio] • CLAVDIO • RAE | TICIANO • GENE | RO • PIISSIMO

Der ober stain ist funden an dem ent | zu unterist im grunt als der ist gegraben | an vnnser frawen zw liechtmes abent | anno domini m cccc lxxxxviii jar

Abb. 4 S. 178 Jüngling vom Magdalensberg, Holzschnitt, aus Petrus Apianus und Bartholomeus Amantius, Inscriptiones sacrosanctae vetustatis (Ingolstadt, 1534), S. CCCCXIIII (recte CCCCXII).

Abb. 5 S. 179 Hans Burgkmair, Ausstellung des Heiligen Rocks von Trier, Holzschnitt, aus dem *Weißkunig*, circa 1515. München, Graphische Sammlung.

Abb. 6 S. 179 Die drei besten Schwertkämpfer, Wandmalerei, circa 1400, Schloss Runkelstein. Zeichnung und Lithographie von Ignaz Seelos, aus Ignaz Vinzenz Zingerle, Fresken-Cyklus des Schlosses Runkelstein bei Bozen (Innsbruck, 1857), Tafel 1.

Abb. 7 S. 180 Hans Burgkmair, Glanthonas, Holzschnitt, aus der *Genealogie* Kaiser Maximilians I., circa 1512. Augsburg, Städtische Kunstsammlungen.

Abb. 8 S. 181 Jörg Muskat, Probus, Bronze, circa 1510. München, Bayerisches Nationalmuseum.

Abb. 9 S. 182 Leonhard Wagner, Proba centum scripturarum, 1507–17. „Poetica vera", fol. 4. Augsburg, Bischöfliche Ordinariats-Bibliothek.

Abb. 10 S. 183 Stele von Cn. Musius, Römisch, 1. Jh. Mainz, Landesmuseum.

Abb. 11 S. 184 Handschrift aus dem Besitz Konrad Peutingers. Augsburg, Stadt- und Staatsbibliothek, Cim. 31, fol. 39r.

Zu Farbtafel 1, s.u.

Jochen Brüning: Mathematik und Mathematiker im Umkreis Maximilians I.

Abb. 1 S. 208 Gründungsurkunde des Collegium poetarum et mathematicorum aus Konrad Celtis' Quatuor libri amorum (Nürnberg 1502). Exemplar der Bayerischen Staatsbibliothek, München. (COD Rar.446 fol./S.: 114v.)

Abb. 2 S. 209 Gründungsurkunde des Collegium poetarum et mathematicorum aus Konrad Celtis' Quatuor libri amorum (Nürnberg 1502). Exemplar der Bayerischen Staatsbibliothek, München. (COD Rar.446 fol./S.: 115r.)

Abb. 3 S. 210 Gründungsurkunde des Collegium poetarum et mathematicorum aus Konrad Celtis' Quatuor libri amorum (Nürnberg 1502). Exemplar der Bayerischen Staatsbibliothek, München. (COD Rar.446 fol./S.: 115v.)

Hans-Joachim Ziegeler: Beobachtungen zur Entstehungsgeschichte von Kaiser Maximilians *Theuerdank*

Abb. 1 S. 253 Probedruck zum *Theuerdank* aus der Bibliothek Konrad Peutingers (UB Tübingen, Ke XVIII 4 a.2, Nr.22).

Abb. 2 S. 254 *Theuerdank*-Druck von 1517, Bild Nr.54.

Elaine Tennant: Productive Reception: *Theuerdank* in the Sixteenth Century

Fig. 1 S. 343 Illustration for chapter 34. Theuerdank shoots with a faulty crossbow. Unattributed. Courtesy, The Bancroft Library, University of California, Berkeley.

Abbildungsverzeichnis — **417**

Fig. 2	S. 344	Illustration for chapter 34. (Detail from Fig 1). Theuerdank shoots with a faulty crossbow. Unattributed. Courtesy, The Bancroft Library, University of California, Berkeley.
Fig. 3	S. 345	Illustration for chapter 71. Theuerdank hunts chamois with a crossbow. Leonhard Beck. Courtesy, The Bancroft Library, University of California, Berkeley.
Fig. 4	S. 346	Illustration for chapter 71.Detail (reversed). Theuerdank hunts chamois with a crossbow. Leonhard Beck. Courtesy, The Bancroft Library, University of California, Berkeley.
Fig. 5	S. 347	Illustration for chapter 3. King Romreich dies in a pleasant garden. Leonhard Beck. Courtesy, The Bancroft Library, University of California, Berkeley.
Fig. 6	S. 348	Illustration for chapter 115. An angel appears to advise Theuerdank. Hans Burgkmair. Courtesy, The Bancroft Library, University of California, Berkeley.

Zu Farbtafel 2 – 6, s. u.

Elke Anna Werner: Kaiser Maximilians *Weißkunig*. Einige Beobachtungen zur Werkgenese der Illustrationen

Abb. 1	S. 367	Schlacht bei Pieve di Cadore, Skizze, Vat. Lat. 8570, fol. 101v.
Abb. 2	S. 367	Schlacht bei Pieve di Cadore, Zeichnung, Vat. Lat. 8570, fol. 90r.
Abb. 3	S. 368	Hans Burgkmair: Schlacht bei Pieve di Cadore, Holzschnitt (M 180).
Abb. 4	S. 369	Sturm auf Verona durch die Venezianer, Skizze, Vat. Lat. 8570, fol. 86v.
Abb. 5	S. 370	Sturm auf Verona durch die Venezianer, Zeichnung, Vat. Lat. 8570, fol. 88v.
Abb. 6	S. 371	Leonard Beck: Sturm auf Verona durch die Venezianer, Holzschnitt (M 200)

Abb. 7   S. 372   Belagerung von Padua, Zeichnung, Vat. Lat. 8570, fol. 87v.

Abb. 8   S. 373   Hans Burgkmair: Belagerung von Padua, Holzschnitt (M 187).

Abb. 9   S. 374   Anon. (ital.): Belagerung von Padua, Holzschnitt.

Abb. 10 S. 375   Schlacht bei Dixmuiden, Wien, ÖNB, Cod. 3033, fol. 91v.

Abb. 11 S. 376   Waffenstillstand von Pressburg, Skizze, Wien, ÖNB, Cod. 3034, fol. 182v.

Abb. 12 S. 377   Leonard Beck: Waffenstillstand von Pressburg, Holzschnitt (M 148).

Abb. 13 S. 378   Hans Burgkmair: Der böse Dechant von Gent, Holzschnitt (M 137).

Abb. 14 S. 379   Der böse Dechant von Gent, Skizze, Wien, ÖNB, Cod. 3033, fol. 166v.

Abb. 15 S. 380   Der böse Dechant von Gent, Zeichnung, Wien, ÖNB, Cod. 3033, fol. 160v.

Eva Michel: *zu ainer gedächtnüß hie auff Erden* … Albrecht Altdorfers *Triumphzug* für Kaiser Maximilian

Farbtafel 6 – 25, s. u.

Heike Sahm: Der Körper des Kaisers und der Tod. Zur Frage der Kontinuität von Maximilians Selbstentwürfen

Abb. 1   S. 409   Christoph Weyler: Bayerische Staatsbibliothek München, Einbl. I, 31.

Abb. 2   S. 410   Georg Pleyer: Universitätsbibliothek Salzburg, G 549 III.

Abb. 3   S. 411   Richard Sbrvlius: Richardi Sbrvlii Foroivliani Poetae Caesarei in diui Maximiliani Caesaris P.F. Aug. obitum Nenia, Augsburg, Grimm und Wirsung 1519. 4 Bll., Titelholzschnitt von Hans Springinklee. BSB München, Exemplar mit der Signatur 4 Plat. 1174 d Beibd. 1.

Zu Farbtafel 26 u. 27 s.u.

Abbildungsverzeichnis — **419**

Farbtafeln

Farbtafel 1   S. 1*   Albrecht Dürer, „Ottoprecht fürscht," Handzeichung, 1515. – Berlin, Staatliche Museen Preussischer Kulturbesitz, Kupferstichkabinett.

Farbtafel 2   S. 2*   Illustration for chapter 117. Theuerdank as St. George. Leonhard Beck. – Courtesy, The Bancroft Library, University of California, Berkeley.

Farbtafel 3   S. 3*   Equestrian portrait of Kaiser Maximilian in armor. Cod. 8614, fol. 317v. Hans Maisfelder (or Georg Fellengibel?). – Courtesy, the Handschriften-, Autographen- und Nachlaß-Sammlung of the Österreichische Nationalbibliothek.

Farbtafel 4   S. 4*   Illustration for chapter 34. (Detail from Fig 1, S. 343). Theuerdank shoots with a faulty crossbow. Unattributed. – Courtesy, The Bancroft Library, University of California, Berkeley.

Farbtafel 5   S. 5*   Kaiser Maximilian in hunting dress. Cod. 8614, fol. 318r. Hans Maisfelder (or Georg Fellengibel?). – Courtesy, the Handschriften-, Autographen- und Nachlaß-Sammlung of the Österreichische Nationalbibliothek.

Farbtafel 6   S. 6*   Kopie nach Albrecht Altdorfer und Werkstatt: Triumphzug Kaiser Maximilians I. – Preco, der Verkünder des Triumphes, 2. H. 16. Jh. – Wien, Österreichische Nationalbibliothek, Cod. min. 77, fol. 2 © Wien, Österreichische Nationalbibliothek.

Farbtafel 7   S. 6*   Kopie nach Albrecht Altdorfer und Werkstatt: Triumphzug Kaiser Maximilians I. – Die Gämsen- und Steinbockjäger sowie Hirschjägermeister Conrat von Rot, 2. H. 16. Jh. – Wien, Österreichische Nationalbibliothek, Cod. min. 77, fol. 5 © Wien, Österreichische Nationalbibliothek.

Farbtafel 8   S. 7*   Kopie nach Albrecht Altdorfer und Werkstatt: Triumphzug Kaiser Maximilians I. – Musikerwägen, 2. H. 16. Jh. – Wien, Österreichische Nationalbibliothek, Cod. min. 77, fol. 10 © Wien, Österreichische Nationalbibliothek.

Farbtafel 9   S. 7*   Albrecht Altdorfer und Werkstatt: Triumphzug Kaiser Maximilians I. – Wagen der Schlösser und Länder in Maximilians Besitz, um 1512–1515. – Wien, Albertina, Inv. 25206 (Blatt 50) © Wien, Albertina.

Farbtafel 10	S. 8*	Albrecht Altdorfer und Werkstatt: Triumphzug Kaiser Maximilians I. – Der Sieg über Lüttich und die erste flämische Eroberung, um 1512–1515. – Wien, Albertina, Inv. 25209 (Blatt 53) © Wien, Albertina.
Farbtafel 11	S. 8*	Albrecht Altdorfer und Werkstatt: Triumphzug Kaiser Maximilians I. – Die Heirat von Maximilians Sohn Philipp mit Juana von Kastilien sowie die Bannerträger „1500 Inseln" und „Biscaya", um 1512–1515. – Wien, Albertina, Inv. 25219 (Blatt 63) © Wien, Albertina.
Farbtafel 12	S. 9*	Albrecht Altdorfer und Werkstatt: Triumphzug Kaiser Maximilians I. – Die Ahnen Kaiser Maximilians I., um 1512–1515. – Wien, Albertina, Inv. 25237 (Blatt 84) © Wien, Albertina.
Farbtafel 13	S. 9*	Albrecht Altdorfer und Werkstatt: Triumphzug Kaiser Maximilians I. – Die Viktorienträger, um 1512–1515. – Wien, Albertina, Inv. 25239 (Blatt 86) © Wien, Albertina.
Farbtafel 14	S. 10*	Albrecht Altdorfer und Werkstatt: Triumphzug Kaiser Maximilians I. – Der Wagen des Kaisers und seiner Familie, um 1512–1515. – Wien, Albertina, Inv. 25246 (Blatt 93) © Wien, Albertina.
Farbtafel 15	S. 10*	Albrecht Altdorfer und Werkstatt: Triumphzug Kaiser Maximilians I. – Die erkorenen Fürsten, um 1512–1515. – Wien, Albertina, Inv. 25247 (Blatt 94) © Wien, Albertina.
Farbtafel 16	S. 11*	Albrecht Altdorfer und Werkstatt: Triumphzug Kaiser Maximilians I. – Die Indianer (Die „Kalikutischen Leut"), um 1512–1515. – Wien, Albertina, Inv. 25259 (Blatt 107) © Wien, Albertina.
Farbtafel 17	S. 11*	Albrecht Altdorfer und Werkstatt: Triumphzug Kaiser Maximilians I. – Der Tross, um 1512–1515. – Wien, Albertina, Inv.25261 (Blatt 109) © Wien, Albertina.
Farbtafel 18	S. 12*	Unbekannter Künstler: Kaiser Maximilian I. diktiert Marx Treitzsaurwein, 1512 (aus: Marx Treitzsaurwein, Verzeichnis der von Maximilian I. verfassten und geplanten Werke). Kolorierte Federzeichnung auf Papier, 31,5 x 21,3 cm. – Wien, Österreichische Nationalbibliothek, Cod. 2835, fol. 2v © Wien, Österreichische Nationalbibliothek.

Abbildungsverzeichnis — **421**

Farbtafel 19	S. 12*	Albrecht Altdorfer und Werkstatt: Triumphzug Kaiser Maximilians I. – Die andere Eroberung Flanderns (Detail aus Abb. 5), um 1512–1515. – Wien, Albertina, Inv. 25212 (Blatt 56) © Wien, Albertina.
Farbtafel 20	S. 13*	Brüsseler Künstler: Einzug Juanas in Brüssel – Tres Virgines, 1496. Feder in Schwarz, aquarelliert, 35,6 x 25 cm (Blatt). – Berlin, SMB, Kupferstichkabinett, Inv. 78D5, fol. 56r © bpk / Kupferstichkabinett, SMB / Jörg P. Anders.
Farbtafel 21	S. 13*	Brüsseler Künstler: Einzug Juanas in Brüssel – Die Königin von Saba vor König Salomon, 1496. Feder in Schwarz, aquarelliert, 35,6 x 25 cm (Blatt). – Berlin, SMB, Kupferstichkabinett, Inv. 78D5, fol. 52r © bpk / Kupferstichkabinett, SMB / Volker- H. Schneider.
Farbtafel 22	S. 14*	Albrecht Altdorfer und Werkstatt: Triumphzug Kaiser Maximilians I. – Kleinodienträger sowie Schautafeln „Römische Krönung" und „Reich Germaniae", um 1512–1515. – Wien, Albertina, Inv. 25211 (Blatt 55) © Wien, Albertina.
Farbtafel 23	S. 14*	Detail aus Farbtafel 22.
Farbtafel 24	S. 15*	Albrecht Altdorfer und Werkstatt: Triumphzug Kaiser Maximilians I. – Die Knechte, um 1512–1515. – Wien, Albertina, Inv. 25254 und 25255 (Blatt 102–103) (Details) © Wien, Albertina.
Farbtafel 25	S. 15*	Einblick in die Ausstellung „Kaiser Maximilian I. und die Kunst der Dürerzeit", Wien, Albertina (14.9.2012–6.1.2013) mit der Präsentation des Triumphzugs foto © 2012 christian wachter.
Farbtafel 26	S. 16*	Meister A. A.: Totenbildnis Kaiser Maximilian I.: Universalmuseum Joanneum Graz, Alte Galerie, Inv.-Nr. 392.
Farbtafel 27	S. 16*	Bernhard Strigel: Familie des Kaisers Maximilian I., Kunsthistorisches Museum Wien, GG 832.

Register

1. Maximilian I., Entwürfe, Werke, Auftragsarbeiten

'Ambraser Heldenbuch' 145
'Austrias' 5
'Autobiographie, lateinische' 4, 28
'Autobiographie' 272, 274f., 277, 279
'Ehrenpforte' ('Triumphbogen') 2, 29, 74, 96 (Abb.), 107–123, 124 (Abb.), 129 (Abb.), 144, 161, 172, 318, 341, 350, 381, 387, 389, 391f., 394
– Clavis 107, 124 (Abb.)
'Freydal' 28, 74, 96 (Abb.), 214f., 219, 255, 274, 276–278, 341, 350
'Gebetbuch' 4, 165f., 213, 341, 389
'Gebrauchsbücher' 75, 96 (Abb.)
'Gedenkbücher' 74f., 78, 96 (Abb.), 143, 213
– 'Gedenkbuch', „drittes" (von 1509–1513, Wien, ÖNB, Cod. 2900) 219
– 'Gedenkbuch', „erstes" (Wien, Haus-, Hof– und Staatsarch., HS Böhm, Supplement 13, Signatur blau 376) 212, 218
– 'Gedenkbuch', „viertes" (von 1508–1515, Wien, ÖNB, Cod. s.n. 2626) 216, 218, 219
– 'Gedenkbuch', „zweites" (von 1505–1508, Wien, ÖNB, Cod. s.n. 2645) 211–214, 218, 385
'Genealogie' 156, 161, 165, 168–171, 318, 350, 387
– 'Genealogie' (Heilige der Sipp-, Mag- u. Schwägerschaft) 162, 218
'Grabmal' Maximilians 29, 156, 162–165, 168–171, 318, 381f., 394, 408
'Heldenbuch an der Etsch' 145, 158
'kuchen puch' 218
'Magnanimus' 5, 268, 308
'Privilegium erectionis collegii poetarum et mathematicorum in Vienna' 185f., 187, 208–210
Schreiben, Briefe
– Maximilian an Stabius vom Jan. / Febr. 1513 387
– Schreiben an Peutinger (?) vom Oktober 1504 142
– Schreiben 'Triumphzug' betreffend 386f.
'Theuerdank' 4, 28, 62, 71, 74, 96 (Abb.), 146, 150, 173f., 211–254, 255–280, 281–283, 288, 292–294, 295–342, 350f., 363, 386
– Bearbeitung, niederländische 273
– Bilder 219–235, 310–317, 320, 330f., 339f.
– Clavis 265, 270, 276f., 289f., 293f., 297–299, 310, 320–324, 329–338
– Datierung 211
– Entstehung 264
– erwalter 214f., 217, 219f., 230, 234, 236
– Fassungen 220
– Figuren:
  – der englisch geist 272f.
  – der poß geist 222, 230f., 273
  – Erenhold 214, 217, 219f., 222, 235, 257, 261, 268–271, 289f., 332
  – Erenreich 211, 219f., 230f., 256, 262, 266–271, 281, 293
  – Fürwittig 214f., 220–222, 229–236, 257f., 261, 270, 288, 290, 291, 294, 331f.
  – furst wunderer 218f.
  – hauptleute 220, 231–233, 256, 258, 261, 267, 269–271, 281, 289, 291–294
  – Künig Romreich 220, 230f., 281, 322
– Figuren: Neidelhart 214f., 220, 229–236, 257, 267, 270, 288, 290f., 331 333
– Theuerdank 217–222, 230f., 235f., 256–273, 277–279, 289–293, 332f.
– Unfallo 214f., 220f., 229–236, 245, 257f., 267, 270, 288, 290f., 294, 331–334
  geferlicheiten 256, 258f., 261f., 264, 266–269, 272, 274, 276, 281f., 289, 291f., 294
– Holzschnitt Nr. 3 322, 330, 347 (Abb.)

– Holzschnitt Nr. 8 316, 318
– Holzschnitt Nr. 34 320, 343 (Abb.), 344 (Abb., Detail), Farbtafel 4
– Holzschnitt Nr. 71 320, 345 (Abb.), 346 (Abb., Detail)
– Holzschnitt Nr. 115 311, 322, 330–333, 348 (Abb.)
– Holzschnitt Nr. 117 319, 330, Farbtafel 2
– Kapitelüberschriften 221
– Nachwort 310, 320f.
– Text und Bild 310
– Widmung 297f., 311, 320f., 330
– Druck 223, 225, 230, 232–235, 245–250, 250–252, 254, 264, 267–270, 273, 277
– Druck von 1517 296–300, 308f., 340
– Druck von 1519 296f., 299, 309, 319, 340
– Druck von 1537 309
– Druck von 1553 309
– Druck von 1563 309
– Druck von 1589 309
– Druck von 1596 309
– Drucke von 1679 u. 1693 216f., 312
‚Tragedi vom Fursten wundrer' 216, 218
‚Triumphzug' 2, 29, 71, 74, 96 (Abb.), 123, 161, 164, 173, 341, 350, 381–394, Farbtafel 9–17, 19, 22–25
– Arbeitszeit 391f.
– Figuren 382, 383, 385, 391
  – Greif 381
  – *kalikutische leut* 384
  – Preco 381
– Holzschnitte 386
– Holzschnittedition 393f.
– Inschriften 385, 394
– Konservierung 391
– Kopien 381, 392
– Korrekturen 386
– Länge 394
– Miniaturen 386
– Programm 381, 386
– Rollenform 393
– Widmungstafel 381
‚Weisskunig' 1f., 4, 14, 15, 29, 32, 42, 45, 69, 72, 74, 76–81, 90, 94 (Abb.), 96 (Abb.), 107, 136, 144, 165, 173, 215–219, 255, 272, 274, 277f., 301, 330, 337, 341, 349–366, 367–380 (Abb.), 386, 407
– Figuren
  – der blaue König 219, 250
  – König vom Wurm 350
  – König von den drei Kronen 350
  – Attribute 363
  – Kleidung 363
  – Weißkunig 217–219, 350, 362
– Holzschnitt M 137 368 (Abb.)
– Holzschnitt M 148 377 (Abb.)
– Holzschnitt M 180 368 (Abb.)
– Holzschnitt M 187 373 (Abb.)
– Holzschnitt M 200 371 (Abb.)

2. Personen, Orte, Sachen

Aachen 388
Abenteuer, Konzeption 281, 283, 286–294
abentewr 261, 264
Ablass, Ablasslehre 74, 76, 79, 81, 143
Abschneiden der Haare 396, 400
Acta Wormatiensia 146
Agostino di Duccio 157
Agrikultur 85
Ahnen s. auch Genealogie 382, 387, 390–392
Alberti, Leon Battista 203
Albertus Magnus 205
Albrecht IV., Graf von Habsburg 168
Albrecht IV., Herzog von (Ober-) Bayern 12–16, 19
Albrecht, Graf von Sachsen 44
Alexander von Roes 52
al-Farghani (Alfraganus) 202
Algorithmus 206
Allegorie, Allegorese, Allegorik, allegorisch 5, 26, 62, 68, 84, 88–93, 107, 111–119, 123, 146, 159, 219f., 232, 270, 274, 276, 281, 283, 285f., 290f., 294, 310, 317, 321f., 329–332, 335f., 338
Allianzwappen 121
Alliteration 305
Alma bei Konstanz 138
Alman Ärgle 138
Almanache 190
Altdorfer, Albrecht 2, 72, 144, 381, 388–391, 394, Farbtafel 6–25
– ‚Alexanderschlacht' 389
Alter der Erde / Welt 70
Altes Testament 118
Althoff, Gerd 43
Amantius, Bartholomeus u. Apianus, Petrus, ‚Inscriptiones sacrosanctae vetustatis' 132f., 137, 140f., 172
Amboise 122
Ambrosius 89
Ampezzo 24
Anagramm 276f.
Andachtsbild 407
Andreae, Johann Valentin 71

Andreas, Willy 9
Andrews, Marian 8
Angermeier, Heinz 36, 38, 45, 51f.
Anna von Böhmen und Ungarn 61
Anne de Bretagne 19, 117
Annius von Viterbo 161
Anonymität 406
Anonymus (Zeichner am Gebetbuch Maximilians) 390
Anrede des Kaisers 402
Anti-Bilder 406
Antike 63, 131, 135, 140, 145, 156, 168, 195, 201
Antikenadaptation 122
Antikensehnsucht 78
Antiqua 165f.
Antiquus Austriacus 136, 171
Anton Ulrich, Herzog zu Braunschweig-Lüneburg 71
– ‚Aramena' 72
– ‚Octavia' 72
Antwerpen 110, 113f., 155, 314–317, 340
Anweisung / Auftrag Maximilians 386, 397–399
Anweisungen Maximilians für die Bekanntgabe seines Todes 398–400
Apianus, Petrus s. Amantius, Bartholomeus
Apokalypse 119
Approbationsrecht 22
Arbeitsteiligkeit künstlerischer Produktion 73ff.
Archäologie 131, 133, 143, 145, 148, 154, 164–167, 172
Architektur 85, 203
Archiv 236
Arianismus 151
Aristoteles 89f., 198, 203
Arithmetica 88, 104
Arithmetik 188, 190, 194, 196f., 199f., 204,
Armbrust 216f.
Armee 38
Arnpeck, Veit 138
ars und *scientia* 200
Artefakt 131–174, 302–307

artes liberales 75, 84f., 87, 89, 91f., 195, 200
artes mechanicae 75, 84f., 92
artes moriendi 403f.
Artillerie s. a. Kanonen 74, 382, 390, 392
Artistenfakultät 186–188
Artus 156f., 162, 172
Artusroman 260, 263, 281, 283, 285–287, 289, 291f.
Assmann, Jan 29
Astrolab 194, 197
Astrologe 191f.
Astrologie 185, 190–192, 200, 204f.
Astronom 205
Astronomia 87f., 105, 188, 190–192, 194, 197, 204
astronomische Tafeln 190
Attila 151
Auctor ad Herennium 81, 84
Auersperg, Alexander Graf 7
Augenzeugen 358
Augsburg 1, 20, 136, 139, 158–160, 163f., 172, 297f., 312, 318, 395
– Fuggerhaus, ‚Damenhof‘ 392
– St. Ulrich und Afra 159, 164
August d. J. von Braunschweig-Wolfenbüttel 71
Augustin 59, 89
– ‚De genesi ad litteram‘ 192
Augustus, Kaiser 154
Authentizität 299, 302–306, 358, 365f.
Autobiographie 274f., 278
Autor 264, 274f.
Autoritäten 133, 154, 163, 200, 202
Aventinus, Johannes 136–139, 142, 154, 161
aventiure 259–261, 281–283, 285, 287f., 291–294

Baccalaureat 188
Bacon, Roger 196, 198f.
Badoer, Giovanni 383
Balmung 158
Balthasar, Graf von Brandenburg 44
Bamberger Reiter 158
Banissius, Jakob de 58
Bankwesen 203

barbaries modus loquendi 67
Bartolini, Ricardo 7, 75
– ‚Hodoeporicon‘ 57f., 61–65, 68
Bartsch, Johann Adam Ritter von 107
Bayern 48
Bebel, Heinrich 134, 137
– ‚Commentaria epistolarum conficiendarum‘ 153
Beck, Leonhard 217, 235f., 254, 316, 319, 345–347, 349, 355, 358, 360, 371, 377
Beger, Lorenz 138
Begräbnis Maximilians 395
Behaim, Martin 192f.
Beham, Hans Sebald 152, 330
Belehnungen 44
Bella gerant alii, tu felix Austria nube! 19, 383f.
Belting, Hans 396
Belvoir 304, 335
Benesch, Otto 388
Beowulf 305
Berosus 161
Berthold von Henneberg, Erzbischof von Mainz, Kurfürst, Reichskanzler 34f., 37f., 40, 43f., 46, 52–54
Beschuss durch Kanonen 132, 174, 190
Bessarion, Kardinal 191
Bestimmungen Maximilians seinen Körper betreffend 396
Bewaffnung 387
Beweis, mathematischer 200
Bianca Maria Sforza 12, 19, 383
Bianchini, Giovanni 190, 202, 204
Biblische Schriften: Proverbia Salomonis 2, 1–5 82
Bild des beschädigten Körpers 402
Bild im Bild 382, 388
Bild, Bilder, s. auch *gemäl, imago, pictura* 219, 222, 257, 272
Bildabzüge 222, 229, 235f.
Bildanweisung 360f., 364, 366
Bildbeschreibung 220–222, 224, 230, 232
Bilder-*ars moriendi* 403
Bilderfries 381, 392–394
bildgebende Verfahren 200
Bildkörper, repräsentativer 406
Bildkorrekturen 232f., 353–363, 366
Bildlichkeit 284

Bildpositionierung 221, 224f.,
    227–229, 234f.
Bildprogramme 84, 408
Bildungsideal, humanistisches 68
Binche (Hennegau) 317
Biographie 255f., 259, 267,
    274–277, 279, 281
Biondo, Flavio
– ‚Italia illustrata' 132
– ‚Roma triumphans' 384
Birken, Sigmund von 7, 71f., 318, 405
Bischof von Fünfkirchen 65
Bischöfe 39
Blaye 155
Blois 20
Boccaccio, Giovanni
– ‚De claris mulieribus', übers. v.
    Heinrich Steinhöwel 312
– ‚Genealogia Deorum Gentilium libri' 154f.
Boethius 195f., 200
– ‚De institutione musica' 197
– ‚De instructione arithmetica' 196
Bogen 216f.
Böhmerschlacht 399
Boissard, Jean-Jaques 171
Boldù, Giovanni 133
Bologna 394
Bonomus, Petrus, Protonotar 140
Bozen 20, 136, 185f.
Brabant 109, 317
Bradwardine, Thomas, ‚Tractatus
    proportionum seu de
    proportionibus in motibus' 198
Braun, Georg u. Hogenberg, Frans,
    ‚Civitates orbis terrarum' 365
Brautwerbung, Erzählschema 258,
    260f., 266f., 281
Brennerpass 139
Brief 408
Brinkhus, Gerd 235
Bronze, Bronzeguss 140, 159, 164f., 168
Bruderschaften 110
Brügge 110f., 114–122, 127, 129, 149, 317
Brüssel 112–114, 388
Brunichild, Brünhild 151
Brunner, Horst 256

Bruschius, Caspar, ‚Monasteriorum
    Germaniae praecipuorum'
    146, 149f., 152
Buch (Medium) 79, 290, 393
Buchbindung 223
Buchdruck 3, 202, 295
Buchführung, doppelte 185, 190, 206
Buchillumination, -illustration 87f., 389
Buchmaler 389
Buchmalerei 387
Buchner, Rudolf 9
Bühnenbauten 388
Bürger von Wien 66
Büsten 159, 163
Burg (Ikonographie) 120f.
Burg Thaur, Kapelle 163
Burgkmair, Hans 21, 71, 84, 86, 97 (Abb.),
    99 (Abb.), 144, 158–160, 168–171,
    217, 299, 319, 322, 348f., 351, 355f.,
    358f., 362, 368, 373, 378, 394
– ‚Glanthonas' aus der ‚Genealogie' 180
– Ausstellung des Hl. Rocks in Trier,
    aus dem ‚Weißkunig' 179
Burgtor 120f.
Burgund 20, 41, 45, 48, 109f.,
    322, 359, 387
Burgunder 149, 151

Cadore (s. auch Pieve di Cadore) 24
Cadore, Schlacht von 353f., 356,
    367 (Abb.), 368 (Abb.)
Caesar, Julius 4, 122, 148f.
Caesar, Julius, ‚Commentaria' 61
camerarius montium 65f.
Camillo, Giulio 79
Campanus (von Novara) 196
Canterbury 198f.
Capitalis 165
Caracalla 174
Carion, Johannes, ‚Chronica' 142
Casa d'Austria 57
Cavalli, Gian Marco 159
Caxton, William 156f.
Celeia (CIII, CIIIa, Cleljé) 139, 169f., 172
Celtis, Conrad 29, 57, 64, 68, 70, 75,
    83f., 87, 91f., 97 (Abb.), 132f., 135,
    138, 185–187, 189, 205f., 265, 393

– ‚Germania illustrata' 84
– ‚Liber odarum' 132
– ‚Ludus Dianae' 3, 278
– ‚Norimberga' 132
– ‚Oratio in gymnasio in Ingelstadio' 186
– ‚Quatuor libri amorum' 132, 186, 205, 208–210
– ‚Rhapsodia' 3
– ‚Theodoriceis' 84
– Testament 187
Chastellain, George 119
Chelidonius, Benedikt 58
Cherubim 119
Chieri 122
Chlodwig (Clovis), I., König von Frankreich 117f., 122
Chmelarz, Eduard 107
Christoph I., Markgraf von Baden 137
Christus-Bilder 407
Chronik 272, 382–387
Chronik des Augustinerkloster Kirschgarten 147f., 151
Chronik von Brabant 272f., 314
Chronik, Chroniken 298, 312–317
Chroniken, illustrierte 364f., 382, 387
Cicero 84, 90
Cicero, ‚Der teutsch Cicero' 312
civic humanism, s.a. Humanismus 60
Claude (Claudia) de France, Königin von Frankreich 19, 117
Clavis 115
Clodoveus s. Chlodwig, König von Frankreich 118
Codex 393
Collegium poetarum et mathematicorum 84f., 92, 97 (Abb.), 185f., 187, 206, 208–210
– Gründungsurkunde 208–210
Collimitius s. Tannstetter, Georg
Comedi 215
Comedi vom Teurdangk 216, 218
Computus 197
Corvinus, Matthias 191, 383f.
Cossisten 193
Cremona 122
curiositas 59
Cuspinian, Johannes 29, 75, 113, 135, 186, 265

– ‚Caesares' 68
– ‚Diarium' 57–68
Cyprian von Northeim 1, 65, 265

Dalberg, Johann von, Bischof von Worms 140, 148
Dante Alighieri 10
Dantiscus, Johannes 62, 68
David 82, 119, 157
dedicatio 73, 83, 90
Denkmal 66, 77, 80, 131, 158
Design 297–300
Deutsch 62f., 165f.
Deutschland 48
Devisen 111, 114
dexteritas 63
Dichter 205
Dichterkrönung 186f.
Dictys Cretensis, ‚von dem Troianischen krieg', übers. v. Marcus Tatius 312
Diederichs, Peter 8
Diegese 285, 290, 294
Dieppe 116
Dietleib von Steier 158
Dietrich von Bern 152–154, 156, 158
Dietrich von Nieheim 52
Dietrichstein, Siegmund von 353, 386
Diokletian 174
Diophant von Alexandria 202
Dioscuri, Rom 157
discordia 84
dispositio 73, 93, 95 (Abb.)
Disputationen 200
Dixmuiden, Schlacht von 359, 365, 375 (Abb.)
Doesborch, Jan van, ‚Chronike van Brabant' 314, 319
Donatello, ‚Der Heilige Georg' 170
Donauschule 389
Dondis, Giovanni de 202
Doppeladler (aquila biceps) 60, 84, 91, 98
Doppelgrab-Bildnis 406
Doppelhochzeit 1515 391
Dover 157
Drachen 149, 154, 157, 162, 168
draconifer 121, 129 (Abb.)
Dreitoriger Triumphbogen 121

Druck 3, 20, 66, 159, 165, 173, 220, 404
Druck, Drucktechnik 298
Druck-Abzüge 223
Drucke:
- Besancon, Bibliothèque municipale, Réservés Illustrés, BM Etude 67633 (‚Gebetbuch' Maximilians) 389
- München, BSB, COD. Rar. 446 (Celtis, Konrad, ‚Quatuor libri amorum') 208–210
- München, BSB, Sign. rar. 325a (‚Theuerdank') 308
Druckfreigabe 359
Druckprivileg 299, 340
Druckstock, Druckstöcke 223, 312, 317, 349, 352, 355, 358, 362, 365, 405
Drucktype 297
Drusus, Nero Claudius (38 – 9 v. Chr.) 139
Dürer, Albrecht 2, 71, 107, 121, 123, 144, 162, 169–172, 381, 392, 401
- *Ottoprecht fürscht* 167f., Farbtafel 1
- ‚Philosophia' (Holzschnitt) 205
- ‚Tagebuch' 110, 155
- ‚Underweysung der messung' 194

Échafaud 111, 113–123
Edition klass. Texte 202f.
Egenolff, Christian 309, 312–317, 337, 339
Egenolffs Erben 309
Ehe Maximilians nach dem Tod der Bianca Maria Sforza 383
Ehrenpforte zu Brügge 129
Eid auf die Rechte der Stadt 110
Eid des Herrschers 118
Eidgenossen 14
eigenhändige Notizen Maximilians 13, 67, 223f., 358f.
Eilende Hilfe 38, 47
Einbalsamierung 400
Einblattdrucke 365, 395, 398, 404
- München, BSB, Einbl. I, 31 (Christoph Weyler, *Kleglich so wil ich singen*) 398, 409 (Abb.)
- Salzburg, UB, G 549 III (Georg Pleyer, *Nun höret hie mit Fleiße*) 398, 410 (Abb.)
Eisenbeiß, Anja 396, 407f.
Eleonore von Portugal 159, 383

Eleonore von Schottland 313f.
Elisabeth, Tochter Georgs von Niederbayern 13
elocutio 73, 93, 95 (Abb.)
Enen, Johannes, ‚Medulla gestorum Treverensium' 131, 144, 174
Engelbert von Admont, ‚De regimine principum' 32
Engländer 116
Ensisheim 53
Entdeckung Amerikas 384
Entnahme von Organen 400f.
entrée (Illustration), Berlin, Kupferstichkabinett Hs 78 D 5 112, Farbtafel 20–21
entrée (Illustration), Wien, ÖNB, Cod. Vind. Pal. 2591 114
entrée, entrée joyeuse, entrée solenelle 107f., 110–118, 121–123
Enzyklopädie 91f., 96 (Abb.), 100, 201
Enzyklopädik 69f., 74–76, 85–87
Ephemeriden 191f.
Epicedien 395
Epigramme 135
Epigraphik 159, 165
Epistolae obscurorum virorum 153
Epitaphien 395
Erbfolgekriege, burgundische 382
Erblande 1, 20, 41f., 45
Erenreich – Maria von Burgund 211
Erfurt, Universität 34, 193
Erhart, Gregor, Bildhauer 159
Erzählebene 284
Erzählen 270
Erzähler 257, 261, 268f., 272, 275, 283, 294
Erzählmuster 258, 260f., 266, 274, 276
Erzhumanist 185, 187
Este (Herzöge von Ferrara u. Modena) 190
Etsch 20, 357
Ettlingen (Baden) 137
Euhemerismus 150
Euklid 192, 197f.
- ‚Elemente' 196, 203, 206
Eulenspiegel 295
Exequien 386

Faber, Johannes 398, 402, 404
– ‚Oratio funebris' 397, 398, 400
– ‚Oratio funebris', Druck 398, 400
fabrica divina 84f.
Fahnen 354, 357, 382, 387, 391
Fakultät, medizinische 192
Fakultät, theologische 200
Fakultäten, medizinische, juristische, theologische 188
Falconetto, Giovanni Maria 23
Fassungen, handschriftliche 264, 267
Faust 295
Federzeichnung 386, 390
Federzeichnungen / Bilderfries: Wien, Albertina, Inv. 25205 – 25263 (‚Triumphzug') 381
Federzeichnungen / Handschriften: Madrid, Biblioteca nacional, cod. res. 254 (‚Triumphzug', Kopie) 381
Federzeichnungen / Handschriften: Wien, ÖNB, Cod. 77 min. (‚Triumphzug', Kopie) 381
Fellengibel, Georg 318, Farbtafel 3 und 5
Ferdinand Albrecht, Herzog zu Braunschweig-Wolfenbüttel 71
Ferdinand I. von Habsburg (Enkel Maximilians), Infant von Spanien, König, Kaiser 4, 18, 41, 57, 61, 141, 163, 192, 394, 397
Ferdinand II., der Katholische, König von Aragon 45
Ferdinand II., Erzherzog von Tirol 318, 351
Ferdinand von Spanien, Kardinalinfant und Feldherr 110
Fermat, Pierre de 202
Fermatsche Vermutung 202
Fernrohr 194
Ferrara 190
Fest, Feste 73, 387
Festmessen 62
Festungsbau 190
Feudalismus 43
Fibonacci s. Leonardo von Pisa
figur 222, 243
Figur, literarische 294
Figurenperspektive 257
Figurenrede 259, 270, 274

Fiktionalität 381
Film, frühneuzeitlicher 393
Fiorentino, Adriano 159
Fischart, Johann 149
Fischnaler, Konrad 108
Flandern 118, 149, 361
fleur de lis 111, 117
Florentiner Hof 78
Florenz 20, 23f., 122, 365
– Academia della Crusca 10
– Dom 157
– Signoria 24
Flugblatt 2, 93, 144, 341
Flugschriften 58, 93, 395, 397
fortitudo 278
Fortuna 5, 219
Fraktur 165–167
Franck, Sebastian 310, 323–339
– ‚Germaniae chronicon' 323–336
– ‚Geschichtbibell' 174
Franco, Jean, ‚Chevalier Chermerciant' 308
Franken 48, 134, 151, 161
Frankfurt a. M. 23, 38, 40, 47, 316
Frankreich 16, 20f., 25, 32, 40, 44f., 109, 117, 387
Franz I., König von Frankreich 117f., 122, 155, 383
Freiburg i.Br. 75, 135
Freistädte 34, 43, 54
Fresken, Fresko 143, 149f., 158, 164, 386
Friedrich (Kurfürst von der Pfalz) 17
Friedrich I. Barbarossa, Kaiser 148
Friedrich III. (Kaiser) 12f., 16f., 36, 40, 84, 120, 135, 140, 146–150, 152, 156, 349
Friedrich III., der Weise, Kurfürst von Sachsen 12, 44, 159
Friedrich, Markgraf von Brandenburg-Ansbach 22, 44
Frimmel, Theodor 216
Froissart, Jean, ‚Chroniques' 115
Fronleichnamsprozessionen 387
Frühe Neuzeit 54f., 189, 295f.
Frundt, Hans 386
Fuchsmagen, Johannes 135, 139f., 143, 154, 157
Fürsten 37, 46, 53, 384
Fürstenchronik 385

Fürstenhof, Hof 185f., 189–193
Fürstenspiegel 75
Fürstentag, Wien 1515 1, 57–68, 113, 159, 391
Fugger, ‚Ehrenspiegel des Hauses Habsburg' 7, 318, 405
Fugger, Johann Jakob 1, 7, 18, 318
fursichtigkait 267, 269

Gaguin, Robert, ‚Compendium de Francorum origine et gestis' 151
Galilei, Galileio 199
Gasser, Ulrich 24
Gattungen, literarische 259, 261, 288, 291, 298
Gawein 157
Gebet 77–79
gedechtnus 3, 28f., 30, 72f., 76f., 81, 91–93, 96 (Abb.), 109, 142, 213, 215, 219, 236, 255, 256, 274–279, 295f., 298, 301, 308f., 312–314, 317, 320, 337–339, 341f., 350, 352, 385, 391
Gefallene 354–356, 363
Geheimdiplomatie 66
Geiler, Johannes, von Kaysersberg 153
Geißelung des Körpers 400
Geistliche Reichsfürsten 54
Geld 31f., 77–83
gemäl 211, 215, 220f., 231f., 236, 245
Gemälde:
– München, Bayr. Staatsgemäldesammlungen, Inv. 688 (Altdorfer, ‚Alexanderschlacht') 389
Gemeiner Pfennig 34, 37, 38, 47
Genealogie 76, 79, 116, 118, 123, 134, 141, 146, 173
Genette, Gérard 285
Gengenbach, Pamphilus 399
Gent 19, 112–114, 117, 378–380
Genua 20
genus deliberativum 65
genus demonstrativum 65
Geograph 191f.
Geometer 192
Geometrie 188, 190, 194f., 197–200, 203
Georg der Reiche, Herzog von (Nieder-)Bayern 12, 13, 14
Georg von Neudegg, Bischof

von Trient 21, 23
Georgslegende 235
Germanen 132, 138, 154, 173
Geschichte der Mathematik 193
Geschichte Deutschlands 324
Geschichtsbild 70
Geschichtsschreibung 68, 75, 134, 326f.
Geschichtsschreibung, nationale 75
Geschichtsverständnis 356
gevaerlicheit 215, 219
Ghelen, Jan van 315, 339
Gideon 114
Giehlow, Karl 108
Giganten 154, 157
Gilles de Gourmont 114
Glastonbury 156
Goes, Hugo van der 110
Goldene Bulle 1356 49
Gollwitzer, Heinz 41
Gonzaga 4, 384
Görz 24, 354
Gottlieb, Theodor 212
Grabplastik 406
Grabskulptur, burgundische 383
Grabstele Cn. Musius, Mainz 170, 183
Grabstele, -relief 169f., 171f.
Grafen 383
Grammatica 88, 101
Graz 139, 169
Greenblatt, Stephen 4
Gregor I., Kirchenvater 89
Greiffenklau, Richard von, Erzbischof 144
Griechen 116
Grün, Anastasius s. Auersperg, Alexander Graf
Grünpeck, Joseph 28f., 75
Guicciardini, Francesco, ‚Storia della Italia' 22f., 24
Gunther 149
Gunzenberg 171
Gurk 141

Habsburg „message" 298, 301, 310, 313, 316, 336–339, 342
Habsburger 193
Habsburg-Memoria 317, 318, 322
Hagenau 137

Hall (Tirol) 135, 143
Hall, Rathaus 386
Haller, Johannes 8f.
Haltaus, Carl 304–306, 336
Hamann, Peter u. Johann Friedrich, Architekten 149
Handel 85, 193
Handlungsebene 284f., 289–291, 293
Handschrift 66, 298, 300
Handschrift – Druck 318, 352, 394
Handschriften
– Augsburg, Stadt- und Staatsbibliothek, 2° Cod. 26 133
– Augsburg, Stadt- und Staatsbibliothek, 2° Cod. H. 3
– Augsburg, Stadt- und Staatsbibliothek, Cod. Cim. 31 (Cod. Halder 26) 171
– Boston Ma., Museum of Fine Arts, ehem. Vaduz, Fürstl. Lichtensteinsche Slg. („Weißkunig' G) 353
– Innsbruck, ULB, Cod. 664 135
– München, BSB, Cgm 895/896 7
– München, BSB, Clm 4018 140
– Paris, BN, ms. Fr. 24288 308
– Rom, Biblioteca Vaticana, Vat. Lat. 8570 353f., 367 (Abb.), 369f. (Abb.), 372 (Abb.),
– Stockholm, Kungl. Bibl., Ms. S 68 171
– Wien, Haus-, Hof- und Staatsarchiv, HS Böhm, Supplement 13, Signatur blau 376 (1. „Gedenkbuch') 212, 218
– Wien, ÖNB, Cod. 2806 214, 219, 221f., 230, 232–235, 245–250, 264
– Wien, ÖNB, Cod. 2833 222–230, 233f., 236, 245–252, 308
– Wien, ÖNB, Cod. 2834 („Weißkunig' C) 219, 222, 230, 245–250, 277, 351, 365
– Wien, ÖNB, Cod. 2835, Bl. 3r–25r („Programm' zum „Triumphzug') 219, 381, 382, Farbtafel 18
– Wien, ÖNB, Cod. 2867 214, 216, 219–222, 230–234, 237–243, 245–250, 264
– Wien, ÖNB, Cod. 2889 233, 250–252, 264
– Wien, ÖNB, Cod. 2900 (3. „Gedenkbuch' 1509–1513) 219
– Wien, ÖNB, Cod. 3032 (Weißkunig A) 217
– Wien, ÖNB, Cod. 3033 („Weißkunig' F) 217, 353, 360, 375 (Abb.), 379f. (Abb.)
– Wien, ÖNB, Cod. 3034 (Treitzsaurwein, „Fragbuch', „Weißkunig' H) 218, 353, 376 (Abb.),
– Wien, ÖNB, Cod. 3344 138
– Wien, ÖNB, Cod. 7425 (Abschrift 3. „Gedenkbuch' 1509–1513) 219, 386
– Wien, ÖNB, Cod. 8048 160
– Wien, ÖNB, Cod. 8237 219
– Wien, ÖNB, Cod. 8419 135
– Wien, ÖNB, Cod. 8614, Bl. 317v 318–320, Farbtafel 3
– Wien, ÖNB, Cod. 8614, Bl. 318r 318–320, Farbtafel 5
– Wien, ÖNB, Cod. 9976 308
– Wien, ÖNB, Cod. min. 77 381f., Farbtafel 6–8
– Wien, ÖNB, Cod. ser. nov. 2626 (4. Gedenkbuch' 1508–1515) 216, 218
– Wien, ÖNB, Cod. ser. nov. 2645 (2. „Gedenkbuch' 1505–1508) 211–214, 218, 385
– Wien, ÖNB, Cod. ser. nov. 2663 145
– Wien, ÖNB, Cod. Vind. Pal. 2591 114
– Wien, Österr. Staatsarch., Abt. Haus-, Hof- u. Staatsarchiv (HHStA), Maximiliana 46 (= J) 351
Handwerker vs. Wissenschaftler 205
Handwerker vs. Künstler 194
Hankel, Hermann (1839–1873) 198
Hare, Christopher s. Andrews, Marian
Hartmann von Aue, ‚Erec' 282
Haug (Hugo) von Werdenberg 39, 49
Haus Habsburg 31, 57, 138, 168, 296, 384, 399, 407
Haus Österreich 17
Haymon / Heyme (Riese) 154, 157f.
Heer 384
Heidelberg, Palatina 138
Heidelberg, Universität 190
Heilige Sippe 408
Heiligenbilder 406
Heiligenverehrung 407
Heiliger in der Gestalt Maximilians 408

Heiliger Rock, Trier 143f., 179 (Abb.)
Heiliges Land 115
Heiliges Römisches Reich 45, 141, 384
Heinrich VI., König von Frankreich 111
Heinrich VII., König von England 45
Heinrich VIII., König von England 157
Heinrich von Hessen 203
Heinrich von Langenstein 188f.
Heiratspolitik Maximilians 19, 383
Held, literarischer 256–259, 261–263, 266–275, 282, 285, 287f., 293f.
Heldenbuch 150, 152, 256, 259, 274, 291, 298, 320, 330
Heldenbuch, Druck, Straßburg 1509 152
Heldenepik 143, 146, 153f., 281, 287f., 292
Heldensage 149, 154
Helden-Triaden 158
Helm 163
Hemmerle, Wolfgang 65
Herausbrechen der Zähne 396, 400f.
Herausgeber 203
Hercules Germanicus 3, 4
Hercules salvatoris 159
Hergotin, Kunigund 152
Herkules, Herkules (idolum) 137–139
Hermann, Erzbischof von Köln 43
Heroen der Vorzeit 153, 157, 161
Heroen, antike 145f.
Heroen, epische 148–150
heroische Tradition 173
Herolde 21, 62, 383, 393
Herren 16, 151, 384, 398
Herrscher-Adventus, – Einzug (s. auch *entrées*) 109ff., 384f., 387f.
Herrschereid 110, 118f.
Herrschertugenden 117
Herschel, (William) Friedrich Wilhelm (1738–1822) 198f.
Herzog von Cleve-Jülich 45
Herzog von Mailand 45
Hieroglyphik 108, 123
Hieronymus 89
Hildebrandslied 305
Hildegard von Hürnheim, ‚Secretum Secretorum' 214
histoires 111, 113
histori 323–332, 335

historia mundi 70f.
historia, Quellenkritik, -heuristik, historisches Denken etc. 72, 74, 131, 133f., 136, 138, 140–148, 151–158, 160–167, 172, 174, 350
historicus 73
Historienbilder 115
Historiographen 75, 112, 275
Historiographie, habsburgische 314
Hochaltar 400, 407
Hof 62, 83, 276, 366, 399f.
Hof Maximilians 265
Hof, Wiener 63
Hofhaymer, Paul 63
Höfischkeit 278
Hofkultur 109, 382, 385, 387
hofmaler 243, 388
Holzschnitt, Holzschnitte 114, 153, 216f., 222–224, 231–233, 235, 262, 289, 297, 309–312, 349, 351–353, 356–362, 366, 384, 389, 404f.
Horaz 19
Horoskop 279
Horoskop für Maximilian 204
Houghton, Walter 11
Hürnen Seyfrid 147, 152f., 156, 161
Hugo von St. Victor 192
Humanismus 199, 201, 205
Humanismus, politischer 60
Humanist, Humanisten 194, 203, 205f., 397
humanistische Studien 169
humanitas 63
Hunibald (angebl. Chronist) 134
Hutten, Ulrich von 153
Hybridität 281, 287, 293
Hypnerotomachia Poliphili 162

Iatromathematik 192, 198, 200
Ikonographie 86, 89–92, 117, 120, 138, 160f., 167, 172, 234, 401, 406f.
imago 224, 243f.
imitatio Christi 407
Imperium romanum 141
Indianer 384, 389, Farbtafel 16
Individualität 406f.
Individualporträt 406

Indulgenz 80
Ingolstadt, Universität 265
Inkarnate 390
Inkonsistenzen des Textes 256, 279
Innsbruck 1, 41, 61, 136, 140, 158, 192, 386, 388
Innsbruck, Hofkapelle 162f.
Inschriften 133, 135f., 142, 148, 159, 166
– CIL 479 135
– CIL 4815 141
– CIL 5215 139
– CIL 5255 171
– CIL 5370 135
– CIL 5443 139
– CIL 5698–5701 139
– CIL 6324 137
– CIL 13410 171
Inschriftensammlung 135f., 139f., 172
Insignien des Kaisers 401, 404f.
Instrumente, astronomische 194
Instrumentenbau 202
Inszenierung des Todes 396
Inszenierung, medienspezifische 399
Inszenierungen 395
Integumentum 326
Intertextualität 258f., 262, 264, 269, 274, 287
inventio 73f., 83, 90, 93, 95 (Abb.)
Inventor 71, 75, 81f.
Inversion 260, 261, 266, 267
Isabeau de Bavière, Königin von Frankreich 115f., 119
Isis 138
Italien 18–27, 34f., 38f., 122, 202, 364
Italienzüge 46
Iwein 158, 260
Jacobus Argentoratensis (Jacob von Straßburg) 123, 384
Jacquot, Jean 123
Jagd 12, 37, 85, 90f., 216f., 262f., 269, 276, 284, 288f., 292f., 382, 387
Jäger, Clemens 318, 336, 339
– ‚Österreichisches Ehrenwerk'
7, 318–320, 336, 339
Jagiellonen 17, 57
Jakob I., König von Aragon 275
Jean de Roy 116
Jerusalem 19, 114f., 125

Jerusalem, Königreich 115
Johann Cicero, Markgraf von Brandenburg 44
Johann II., Erzbischof von Trier 44
Johann von Gmunden 203f.
Johann von Soest 278
Johann von Würzburg, ‚Wilhelm von Österreich' 281, 283, 285, 287–294
Johann, Graf von Sachsen 44
Johanna I. (die Wahnsinnige), Königin von Kastilien und Leon, Gemahlin → Philipps des Schönen 112, 382f., 388
Johannes de Muris, ‚Musica speculativa' 197
Johannes de Sacrobosco 197
– ‚Algorismus vulgaris' 196
– ‚Tractatus de Sphaera' 197
Jordan 304
Jordanus de Nemore (Nemorarius) 196
Juden 47
Jüngling vom Magdalensberg 140f., 164
Jüngling vom Magdalensberg aus Apianus / Amantius ‚Inscriptiones sacrosanctae' 178
Jungfrauen, kluge und törichte 122
Jupiter (Planet) 122, 146, 169, 204
Jura 203
Juristen 51, 65, 200
Justinian 90

Kaiser (Titel) 212
Kaiser, byzantinische 135
Kaiser, römische 135
Kaiserbüsten 163
Kaiser-Darstellung 117
Kaiserdenkmal 161f.
Kaiserkrone 21
Kaiserkrönung 20, 21f., 385
Kaiserkrönung Karls V. 394
Kaiserproklamation Maximilians 21–24, 353, 384f., 395
Kaisertitel 12, 21, 24f., 112
Kaiserwappen 84
Kalenderberechnung 190f., 200
Kalenderreform 86
Kammerschreiber 386
Kanon, mathematischer 195, 197, 201

Kanone, Kanonen (s. auch Artillerie) 132, 144, 174, 190, 234, 357, 360, 364
Kantorowicz, Ernst H. 396, 401
Kanzlei 190
Kanzlei Maximilians 13, 15, 75, 140, 213
Kardinal von Esztergom 67
Karl der Große 44f., 155
Karl der Kühne, Herzog von Burgund 19, 110, 117, 211, 266, 322
Karl IV., Kaiser 49, 109, 146, 151, 275
Karl V., Kaiser 9, 18, 19, 61, 110f., 114, 119–121, 264, 277, 321, 322, 394, 397, 399
Karl VI., König von Frankreich 115
Karl VIII., König von Frankreich 19, 20, 21, 39, 45, 111, 117, 119, 122
Karlsruher Fürbittebild 408
Kärnten 17, 132, 140f., 164, 171
Kartäuser 86, 402–404
Kasualpoesie 66
Katholizismus 151
Kaufbeuren 12, 13
Kaulbach, Hans-Martin 352, 363
Kausalitäten 275
Kern und Schale-Metapher 326–331, 333, 335, 338
Kleidung 234, 354, 356, 361–363, 387, 390
Kleist, Heinrich von, Brief an Ernst von Pfuel 205
Kloster Neuhausen bei Worms 148
Knittelvers 116
Knobloch, Johann, Drucker 152
Koberger, Anton 82, 365
Koenigsberger, Helmut 10
Kölderer, Jörg 72, 123, 143, 168, 170, 388
Köln 46
Kolorierung 300f., 390f.
Kombinatorik 92
Kommentator 203
König (Titel) 212
König von Frankreich 350
König von Ungarn 360
König Wunderer 266
König Wunderer s. auch *furst wunderer, kunig w.* u. ,Theuerdank', Figuren 219, 222, 230f., 245
Königreich England 44
Königreich Frankreich 44

Königsberg (Franken) 191, 201, 205
Königskrone 115, 361
Königskrönung 22, 149
Königskrönung Maximilians 388
Konstantinopel 365
Kontingenz 282
Kontinuität, chronologische 275
Konzil von Konstanz 1414–1418 52
Konzil von Pisa 1511 18
Koreny, Fritz 169, 390
Körper als Medium 396, 402
Körper des Königs 401
Körper Maximilians 145, 158, 400f., 404–408
Körper, repräsentierender 401
Körperbild 396, 404f.
Kosmographie 185, 190, 197
Krain 17
Krakau 190
Krakau, Universität 189
Kraus, Viktor von 8
Kreuzzug 115f., 271–273, 385
Kreuzzugsplan 18f.
Kriege Maximilians 382
Kriemhild 149f.
Krone 23
Kufstein 142
Kulturgeschichte 206
Kulturtechniken 206
kunig wundrer 219
Kunigunde von Österreich 19
Kunst- und Wunderkammern 78f.
Kunstkammer 70
Kurfürsten 22, 37, 46, 50, 117
Kurfürsten von der Pfalz 190
Kurpfalz 13, 16f.
Kurwürde 17

Ladislaus II., König von Böhmen und Ungarn 63
Laktanz, ,De opificio dei' 262–264, 266, 269
Lampertheim 13
Lamprecht, Karl 8
Landfriede, Ewiger 36, 37
Landschaftsmalerei 389
Landshuter Erbfolgestreit 12–15

Landsknechte 46, 357, 359, 382–384
Landvermessung 190, 193
Lang, Matthäus, Bischof von Gurk,
    Kardinal 1, 18, 22f., 58, 62, 66f., 140f.
Lant's Roll 393
Laschitzer, Simon 211, 215–218, 220,
    222, 224, 231–233, 277, 308, 312
Latein 62f., 67, 165
Latitudines 197
laudationes 397
Laurin 158
lectio 73, 76, 95 (Abb.)
Leerstelle 273
Lehen 14
Lehnseid 44
Lehnsrecht 36
Lehrbücher, mathematische 194–197
Leichenbild 406
Leichenschau 400f., 405
Leichenzug 404
Leipzig 190
Leipzig, Universität 191
Lejeune, Philipp 274
Lektionen, mathematische 188
Lekturen, mathematische 185–187, 189
Lemberger, Georg 389f.
Leonardo da Vinci 122
Leonardo von Pisa (Fibonacci),
    ‚Liber abaci' 196f., 198
Liburner 140
Lichtmetaphysik 198
Lieblingsring Maximilians 400
Liechtenstein, Paul von 18
Lieder 58
Lieder, volkssprachige 395, 397, 399
Lied-Ton 399
Lilien 117f.
Liliencron, Historische Volkslieder
– 307a (Christoph Weyler, *Kleglich
    so wil ich singen*) 398, 402
– 307b (Georg Pleyer, *Nun höret
    hie mit Fleiße*) 398, 402
– 308 (*Ir Kristen allgeleiche*) 398, 402, 403
Liliencron, Rochus von 398
Lisieux 199
Livorno 20, 40
livrets 112

Locher, Jacob, ‚Tragedia de
    Thurcis et Suldano' 385
locus amoenus 322
Lodovico il Moro 350
Logica 88, 90f., 102
Logik 87, 90, 204
Longinus, Vincentius 186
Lorbeerkranz, Krönung 268–271
Lorbeerkränze 383
Löwen 113f.
Ludwig II. (III.), Graf von Flandern,
    Graf von Nevers 118, 127
Ludwig II., König von Ungarn 57f., 60f.
Ludwig IX., der Heilige, König
    von Frankreich 117
Ludwig VII., der Bärtige, Herzog
    von Bayern 142f.
Ludwig XI., König von Frankreich 116f., 119
Ludwig XII., König von Frankreich 18,
    21, 62, 117, 122
Ludwig XIV., König von
    Frankreich 44, 110, 275
Luise von Savoyen 383
Lukian 265
Luther, Martin 143, 154, 295
Lutz, Heinrich 9
Lyon 117f.

Machiavelli, Nicolò 23, 24f., 26f., 29, 32
– ‚Discorsi' 27
– ‚Discorso sopra le cose della Magna
    e sopra l'Imperatore' 25
– ‚Il Principe' 25f.
– ‚Rapporto delle cose della Magna' 25
Magdalensberg s. Jüngling vom M.
Magdeburg 49, 158
magia naturalis 92
Magister 188
Magnus, Graf von Brandenburg 44
Mailand 14, 20f., 122
Mainz, St. Alban 265
Maisfelder, Hans 318, 450f.
Majuskel 136, 160, 165–167
Maler 194, 206
Malory, Thomas, ‚Le Morte d'Arthur' 156f.
Manlius s. Mennel, Jakob
Mantegna, Andrea 123, 383

– ‚Triumph Caesars' 162, 172, 384
Mantua, Palazzo Ducale 123, 384
Manufakturwesen 76
Margarete von Habsburg (Tochter Maximilians, Statthalterin der Niederlande) 18f., 117, 383, 394, 407
Maria de Medici, Königin von Frankreich 110
Maria Saal s. auch Virunum 140
Maria von Burgund 19, 28, 113, 120, 211, 219, 266, 276, 317, 364, 382f., 387
Maria von Habsburg (Enkelin Maximilians) 57, 61
Maria, Königin von Ungarn 317
Mars 138, 171
Mars (Planet) 204, 383
Märtyrerbild 407f.
Marx von Eckersheim 43
Mathematik 185–206
Mathematiker 185–193, 199, 202, 205–207
Matthias Corvinus 191, 383
Maximilian als Interzessor 408
Maximinus Thrax, röm. Kaiser 136
Mecheln 114
Medaille 132f., 159
Medialität 290, 294
Medici 4, 22, 24
Medien 2f., 93, 159, 310, 395–397
Medium ‚Bild' 366
Medizin 188, 192, 200, 203
Mehring, Ulrich 135
Meilenstein, römischer 136
Meister der ‚Historia Friderici et Maximiliani' 389f.
Meister der Artillerie 390
Melodien 399
Memminger Adler 85, 92, 98 (Abb.)
memoria 2, 70, 73f., 76, 81, 93, 95 (Abb.), 278, 298, 337, 350
Mennel, Jakob 75, 134, 156, 168
– ‚De divi Maximiliani Romanorum Cesaris Christiana vita et felicissimo eius obitu' 1519 404
– ‚Die Heiligen aus der Sipp-, Mag- und Schwägerschaft' 407
– ‚Fürstliche Chronik' 407
Menschenbild 63

Mensuralnotation 197
Mercur 84, 138
Mercurius Germanicus 176 (Abb.)
Merowinger 151
Messe 387
Metallverarbeitung 85
Metaphorik 284, 290
Michelangelo Buonarotti, ‚David' 157
Militär 85
Milo 90
Minne- und Aventiureroman 281, 287f.
Minuskel 139, 165
Mittelalter 131, 141, 195, 200f.
Mittenwald 136
Mnemonik 69, 79, 84–86, 91
Moeller, Bernd 9f.
Mohacs 57
Molinet, Jean 113, 120
Mönchsorden 66
Monsee 2
monumentum aere perennius 66
Mörsperg, Johann Jakob von 137
Moses 118, 127
Motta, Dr. Petrus 65
Müller, Jan-Dirk 31, 69, 73, 81, 118, 146, 256, 262, 274, 291, 295, 352, 399, 407
Müller, Johannes s. Regiomontanus
Mündlichkeit 197, 294
Münster, Sebastian 142
Münster, Sebastian, ‚Kosmographie' 365
Münzen 77–79, 133, 135f., 138, 143, 145, 163
Münzsammlung 135
Murner, Thomas, ‚Logica memorativa' 90f.
Musen 71, 84f., 91f.
Museum 79
Musik 63–65, 73, 75, 87, 188, 197, 382, 387
Musikanten 129 (Abb.)
Musikinstrumente 63f.
Muskat, Jörg 159, 163
Muskat, Jörg, ‚Kaiser Probus' 181 (Abb.)
Musper, Heinrich Theodor 351
mystères 112f., 122
Mysterium 117, 122
Mythen 172
das Mythische 285
Mythographie 78, 161
Nachfolge Maximilians 398

Nachschnitt 316
Nancy 321f.
narrative Strategie 258, 266
Nationes 110
Naturkunde 87
Naturwissenschaft 91f., 197, 200, 205
Nauclerus, Johannes 142
Navigation 190–192, 201, 203, 206
Neapel 20f., 45
Neptun (Relief) 137, 175
Neuber, Johann 312
Nibelungenlied und *Klage* 145, 148, 151–153, 336
Nibelungensage 148, 150, 160f.
Niederbayern (Herzogtum) 13–15
Niederlande 359
Niederösterreich 135
Nikolaus von Kues 51f.
– ‚De concordantia catholica‘ 48f., 52
Nikomachos von Gerasa 196
Nivergalt, Nicolaus, Maler 149
Noah 77, 80, 159
Noltz, Reinhard 146
– ‚Tagebuch‘ 150
Noricum, röm. Provinz 139
Norix 138
Normen, literarische 262
Northeim, Cyprian von (‚Sernteiner‘) 1, 65, 265
Nürnberg 1, 23, 75, 138, 152, 165, 191–194, 213, 265f., 365
– Rathaus 392
– St. Sebald 213, 266
Numerik 204
Numismatik 78

Oberrheinischer Revolutionär 53f.
occasione 26
Ofen 191
Öffentliche Präsentation des Leichnams 401
Öffentlichkeit 66
officia rhetoris 73–75, 95 (Abb.)
Optik 87, 197f.
Orden St. Georg 115f., 272, 341
Orden vom Goldenen Vlies 110, 405

Oresme, Nicole, ‚Tractatus de latitudinibus formarum‘ 199
Original 137, 164, 299, 302–306, 335
Orleans 151
Osmanen s. auch Türken 34, 38f., 115
Ostgoten 151, 153
Otto I., der Große, Kaiser 45, 158
Oxford 198, 200

Pacher, Friedrich 143
Padua 203, 365, 372–374 (Abb.)
– Belagerung von 358
– Palazzo della Ragione 358
– San Antonio 358
– Universität 202
Pairs von Frankreich 115, 117
Panegyrik 64f., 67, 116, 255, 273, 278f.
Panofsky, Erwin 108
Papier 297–300
Papst, Päpste 23f., 154, 218, 350
– Julius II. 18, 23, 212
– Leo X. 18
– Paul II. 149
– Sixtus IV. 191
– Urban IV. 196
Papstnachfolge Maximilians 18, 407
Paris 115, 117, 119, 196–198, 200
Paris-Urteil 84
Parma 365
Parmenides 90
Paul von Liechtenstein 18
Pavia 195
Pavia, astronomische Uhr des Giovanni de Dondis 202
Pecham, Johannes, ‚Perspectiva communis‘ 198
Performativität 388, 393
Pergament 297–300, 385
Personendarstellung 406
Personifikation 111, 117, 214, 270, 291, 332
Perspektive, s. auch Zentralperspektive 203, 205
Perusinus, Riccardus Bartholinus s. Bartolini, Ricardo
Peter von Abano, ‚Conciliator differentiarum philosophorum et praecipue medicorum‘ 200

Petrarca 4
Peuerbach, Georg 190f., 202
Peutinger, Conrad 1, 17, 29, 75, 133–135, 140, 142, 153, 161, 163, 171f., 393
– ‚Inscriptiones vetustae Romanae et earum fragmenta in Augusta vindelicorum' 140
– ‚Keiserbuch' 133
– ‚Romanae vetustatis fragmenta' 136, 140, 165
– ‚Sermones convivales de mirandis Germanie antiquitatibus' 138
– Bibliothek 235
– Handschrift im Besitz C. P.s (Augsburg, Stadt- und Staatsbibliothek, Cim. 31) 184 (Abb.)
Pfäffinger, Degenhart 159
Pfalz-Neuburg (Fürstentum) 15f.
Pfennigmeister 299
Pfinzing, Melchior 29, 71, 173, 212f., 264–267, 270, 272f., 277, 297–299, 309f., 320–323, 329–334, 336, 338
Pfinzing, Ulrich 299
Pharamond (Faramund), König der Franken (?) 117
Philipp I. von Habsburg, gen. der Schöne, Herzog von Burgund, König von Spanien 17, 112f., 118–120, 382–384, 386, 388
Philipp II. von Spanien 317
Philipp III., der Gute, Herzog von Burgund 117, 159
Philipp, Kurfürst, Pfalzgraf bei Rhein 13, 15, 17, 43f.
philosophia 84
philosophia divina 89
philosophia moralis 89
philosophia naturalis 89
Philosophie 200f., 203
Philosophie, scholastische 203
Physik 199
Piccolomini, Aeneas Silvius, ‚Historia Friderici III. Imperatoris' 140
pictura 224, 244
Pieve di Cadore 354–356, 367f. (Abb.)
Pinel, Rouen 111
Pinzauer 399

Pirckheimer, Willibald 123, 265
– ‚Epistola apologetica' 265
Piso 63
Planetenbahnen 204
Pleyer, Georg 398–400, 402, 404
Pleyer, Georg (?) 398
Pleyer, Georg, *Ein new geticht liedt von vnsers allerdurchleichtigisten Kayser Maximilian abschiedt und todt*, Einblattdruck 410 (Abb.)
poeta 73
poeta laureatus 84, 132
Poetovio (Petta, Ptuj) 139, 171
Pokorny, Erwin 108
politicus 73
Polyklet 140
Pontus und Sidonia 313, 337, 339f.
Porträt 159f., 162f., 361, 363, 406
Porträt Maximilians 23, 401, 405f., 408
Portugal 192
Postumia Victorina 139, 177 (Abb.)
praefectus senatus Vienensis 61
Prag 151
Pressburg 58, 61, 63, 68
Pressburg, Frieden von, 1491 360f., 376f. (Abb.)
Primisser, Alois 212
Princeps artis 185
Privilegien, kaiserliche 148f.
Probedruck 235f., 253 (Abb.)
probst van Nuernberg s. Pfinzing, Melchior
Probus, röm. Kaiser 163, 181 (Abb.)
Prognostik 190f.
Promedo 159
Propaganda 23, 28f., 42, 74, 109, 158, 394, 399
Proportiones 197f.
Prosa 218
Prozession 21, 23, 148f., 172, 387, 400
prudentia 63
Prugl, Prugel s. Tyfernus
Prygl s. Tyfernus
Psychologie 87, 92
Ptolemaeus, Claudius 197, 326
Ptolemäus, ‚Tetrabiblos' 192
Ptuj s. Poetovio
Publizistik 396, 401

Publizistik Maximilians 399
Pustertal 354
Puys, Remy du 111, 114–116,
 118, 120–122, 394
– ‚Joyeuse entrée' 125–130 (Abbb.)
Pythagoräer 204, 206
Pythagoras 201

Quadriga 383
Quadrivium 87, 188f., 195, 197, 203
Quaternionenadler (Augsburg) 85f.,
 99 (Abb.)
Quiccheberg, Samuel 79
Quintilian 81, 84
Quirini, Vincenzo 25

radius astronomicus, „Jakobsstab" 191
Rahmenerzählung 276
Rain am Lech 192
Raitkammer, Innsbruck 386
Ranke, Leopold von 7, 34, 35, 39
– ‚Deutsche Geschichte im Zeitalter
 der Reformation' 33
– ‚Geschichte der Päpste' 33
Rat der Stadt 110, 148
Ratdolt, Erhard 136, 160,
 165, 168, 196, 206
Räte, kaiserliche 16, 18, 65f.
Raum-/ Zeit-Kontinuum 277
Realismus 406
Rechenmeister 193
Rederijker 110
Redundanz 258, 261
Referentialität 298
Regensburg 389, 391
Regiomontanus (Johannes Müller) 185,
 190–194, 202–205, 207
– ‚De triangulis omnismodi libri V' 191
Reichlich, Marx 143
Reichsabschied von Worms 1495 50
Reichsacht 15, 17
Reichsadler 86, 162
Reichsfürsten 4, 12, 43f.
Reichshofmeister 17
Reichskammergericht 37
Reichskanzler 1
Reichskreise 48f.

Reichskreisordnung 1512 49
Reichskrone 141
Reichsrat 34, 37f.
Reichsreform 33–36, 39, 43, 47, 52f., 55
Reichsregiment 14, 39, 45f., 48
Reichsschwert 21
Reichsstädte 20, 48
Reichsstände 15, 21, 23, 34–41,
 45–47, 86, 99 (Abb.)
Reichssteuer 36–38, 40f., 46f., 55
Reichstag 35, 52
Reichstage
– von Augsburg 1500 39, 46
– von Augsburg 1518 1, 19
– von Frankfurt 1486 22, 40
– von Freiburg 1497 1, 40f.
– von Köln 1505 1, 15, 46, 265
– von Konstanz 1507 1, 20, 24, 45–47, 52
– von Lindau 1496 12, 40f.
– von Nürnberg 1491 1
– von Trier 1512 132
– von Worms 1495 1, 20, 34–40,
 42f., 45–55, 146, 150, 153
– von Worms 1521 34
Reichstagsakten 33, 36, 39–42, 44, 47, 53, 55
Reichswappen 60, 84
Reimpaarvers 218
Reims 117
Reinzeichnung 353–360
Reisch, Gregor 75, 83, 91, 403, 404
– ‚Margarita philosophica' 86–89,
 91, 100–106, 201
– ‚Margarita philosophica', Titelblatt
 zur Arithmetik 201
Reiterstandbild 2, 158
Reliquien 21, 143f., 151, 154, 163
Rem, Lucas 31
Renaissance 108, 121–123, 131,
 141, 143, 164, 171, 193–195
Repräsentation 62, 66, 111, 236,
 356, 394, 400, 404, 406
Retabeln 172
Reuchlin, Johannes 135, 265
Revolution, wissenschaftlich-
 technologische 195
Rezeption 295–337
Rezeption, literarische 263

Rezeptionsanweisung 273
Rezipient 273f.
Rhein 150
Rhenanus, Beatus 137, 141
rhetor 73
Rhetorica 88–90, 103 (Abb.)
Rhetorik, humanistische 62
Richard Löwenherz, König von England 115
Ried, Hans 145
Ries, Adam 193
Riesen 147–149, 153–157
Riesenstatuen 157
Rinaldi, Luca 25
Ritter 384
Ritual 387
Robert von Grosseteste 198
Roder, Christian 193
Roland 154f.
Rolandstatuen 157f.
Rollenform (Schriftrolle) 392f.
Rom 20–22, 24, 123, 139f., 149, 158, 172, 174, 191, 196, 212, 365
– Dioscuri 157
– St. Peter 385
Roman 298
Romming, Johannes 265f.
Romreich – Karl der Kühne 211
Romzug 20f., 23f.
Rosengarten 152
Rosinus, Stephanus 186f.
Rotulus 392f.
Rotunda 166
Rouen 111, 119, 122
Rovereto 24
Rubens, Peter Paul 110
Rudolf IV. von Habsburg, Herzog von Österreich 17
Rudolf, Fürst von Anhalt 44
Rudolf, Karl 353
Rüstung, antike 169
Runkelstein s. Schloss Runkelstein

Sagen 150, 172
Sakralisierung 407
Sakralität 408
Säkularisierung 70, 74, 78, 82, 92, 131
Saladin, Sultan 115

Salbung 22
Salomo 119, 128 (Abb.), Farbtafel 21
Salzburg 49, 141
Sanmicheli, Michele 358
sapientia 278
Sarg Maximilians 145, 398, 400, 404
Sargöffnung 401
Saturn 146
Sauermann, Georg, ‚Maximiliani Caes. Obitum oratio' 397
Saurer, Lorenz, Viztum von Österreich 61
Sbrulius, Richard 268, 404
– ‚Foroivliani Poetae Caesarei in diui Maximiliani Caesaris P. F. Aug. obitum Nenia. Augsburg 1515 404, 411 (Abb.)
– ‚Magnanimus' 5, 268, 308
Scaliger, Joseph Justus 161
Schäuffelein, Hans 234–236, 253 (Abb.), 349
Schaumünzen 23
Schedel, Hartmann 142, 365
Schedelsche Weltchronik 365, 385
Schestag, Franz 388
Schlachtdarstellungen (Sciomachien) 116, 356, 360, 387–392
Schloss Lichtenberg 158
Schloss Rettenberg 143
Schloss Runkelstein 143, 145, 158
Schloss Runkelstein, Die drei besten Schwertkämpfer [Die drei kühnsten Recken] 179
Schmalkalden, Hessenhof 158
Schmeidler, Bernhard 9
Schmid, Peter 403
Schneidpeck, Johannes 65
Schoepflinus, Johann Daniel, ‚Alsatia illustrata' 137
Scholastik 199, 203f.
Schönsperger, Johann d. Ä. 3f., 165, 167, 243, 296f., 299–301, 303f., 306–310, 312–314, 316, 318–320, 329–333, 335f., 339f.
Schottelius, Justus Georg 71
Schreiber-Bemerkungen 223f.
Schreinretabel 110
schrifft und gemäl 211, 215, 231, 236
Schrift, gotische 165
Schriftarten 165

Schriftlichkeit 230, 294
Schubert, Ernst 47f., 54
Schultes, Matthäus 4, 216f., 312, 336
Schwaben 48
Schwäbischer Bund 14, 16
Schwarzenberg, Johann von 312
Schwechenheim, Adam von 146, 151f.
Schweizer 62, 354f.
Schwertkranz 272
scientia und *ars* 200
Sechstagewerk 84f.
Selbstdarstellung Maximilians 274, 405
Selbstentwürfe Maximilians 396, 408f.
Selbstinszenierung 395
Sempronius 63
Seneca 89f.
Septimius Severus 123
Septimius Severus, röm. Kaiser 123, 162
Seraphim 119
Serialität 277
Serntein, Cyprian von s.a. Northeim, Cyprian von 1, 65, 265
Sforza 4
Sforza, Ludovico 158
Si(e)gmund (der Münzreiche) s. Sigismund
Sibylle Ursula von Braunschweig-Wolfenbüttel 72
Sidney, Sir Philip 394
Siegfried 145f., 149–152, 155f., 158
Siena 122
Sigismund (der Münzreiche), Herzog von Tirol, Erzherzog von Österreich 37f., 135, 157, 313
Sigismund I., König von Polen 58, 60, 63f., 66
Sigismund, Kaiser 117, 151, 212
Silvius Brabo 155
Sinus (Winkelfunktion) 204
Situationstypen 352
Skizze 353–362, 367 (Abb.), 369 (Abb.), 376 (Abb.), 379 (Abb.)
Skulpturen 133, 145, 164, 167
Skulpturensammlung 139f.
Slowenien 139
Sodalitas Collimitiana 192
Soldatengrabsteine 170
Sopron 63

Spangenberg, Cyriacus 156f., 173
– ‚Adelsspiegel' 156
Speyer 161
Spiegel, astronomische 202
Spitalstiftungen 407
Springinklee, Hans 72, 94 (Abb.), 404 (Abb.), 411 (Abb.)
St. Christophorus 143, 154
St. Cyriacus 148
St. Florian, Stift 392
St. Georg 3, 162, 319, 396, Farbtafel 2
St. Helena, Kaiserin 144
St. Leopold 144
St. Lukas – Bruderschaft der Maler 110
St. Maurice d'Agaune, Abtei 151
St. Maximilian 163
St. Maximilian von Lorch 277
St. Remigius 117
St. Sigismund, König der Burgunder 151
St. Simpertus (Sintpert) 163
Stabius, Johannes 107, 123, 134, 137f., 142, 162, 186, 350, 386f., 391
Stabreim 305
Stadt, Städte 16, 39, 111, 191, 193f.
Stadtansicht 357–359, 361, 363, 365
Stadtfreiheiten 148
Stadtschlüssel 111, 115, 387
Stadttor 111, 114, 120, 129 (Abb.), 357, 359
Staffelstein (Franken) 193
Stainer, Heinrich 309, 312, 314f., 317, 337, 340
Stammbaum 29, 117f., 134, 383
Stammbaum (Luxemburger) 146
Stammbaum, s. auch Genealogie 387
Stand, fürstlicher 362
Standbilder Maximilians 407
Ständebild 98 (Abb.)
Ständegesellschaft 62f.
Standesbewusstsein 193
Steiermark (Stiria) 17, 139, 171
Steiner, Heinrich s. Stainer, Heinrich
Steinhöwel, Heinrich, ‚Vita Esopi' 87f.
Sterben als Exempel 403
Sterzing, Pfarrkirche 139, 177 (Abb.)
Steuern 190
Steyner, Heinrich s. Stainer, Heinrich
Stiborius, Andreas 186f.

Stiche 384
Stiftung, fürstliche 77, 79
Stobner, Johannes 189
Strabo 326f.
Stradioten 354–357
Straßburg 43, 75
Strigel, Bernhard 23, 401, 408
– ‚Familie des Kaisers
   Maximilian' 408, Farbtafel 27
– ‚Marienaltar' (Kloster Salem) 408
– ‚Marientod' 408
Strohschneider, Peter 256, 260, 266, 285
Stuchs, Georg 384
studia humanitatis 65
Sueton, ‚Vitae Caesarum' 154f.
Suntheim, Ladislaus 134
Sylloge s. Inschriftensammlung,
   Münzsammlung
Symmetrie 205

tabernacles 116
Tableaux vivants 111f., 114, 116,
   118, 122, 127 (Abb.), 387
Tabula peutingeriana 393
Tacitus, Cornelius, ‚Germania' 75, 138, 154
Tafelrunde von König Artus 157
Tannstetter, Georg, ‚Viri mathematici' 185
Tannstetter, Georg, gen. Collimitius 192
Tanz, Tänze 62, 265, 268f., 271, 276, 278, 387
Tapisserien 111
Tartaren 64
testament 230
Testament 408
Testament Maximilians 404, 407
Text und Bild, s. auch Bild 215, 217f., 221,
   231f., 234, 255f., 272f., 350–352, 363f.
Textilproduktion 85
Theater 73, 385, 387
Theoderich der Große 153, 156, 162
Theologie 199–201
Theuerdank – Maximilian 211
Thomas von Aquin 200
Thuille, Ludwig 304
Thurzo, Georg 1, 65f.
Tiberius [geb. Claudius Nero]
   Julius Caesar Augustus, röm.
   Kaiser (14–37 n. Chr.) 139

Tiberius Claudius Nero, röm. Kaiser
   (41–54 n. Chr.) 139
Tiberius Claudius Raeticanus 139,
   177 (Abb.)
Tinten 390f.
Tirol (Grafschaft) 13, 17
Titulaturen 114
Tituli 112
Tod Maximilians 192, 272, 395–409
Tod Maximilians, Bekanntgabe 396, 398
Topographie 356, 362f., 389
Topos 116f., 120, 399
Totenbildnis 395, 405f.
Totenbildnis Maximilians 395,
   405–408, Farbtafel 26
Tragedi 214–216, 218
Trajanische Schrift 165–167
Tränen des Königs 63
translatio imperii 141, 158
Trapani 154
Trautson, Sixt 354f.
Treitzsaurwein, Marx 29, 71, 218, 221f.,
   349f., 366, 386, Farbtafel 18
– ‚Fragbuch' 218
Trient 20–24, 112, 212, 354, 385
Trier 131f., 143f., 174
Trigonometrie 191, 194, 202
Trithemius, Johannes 134
Triumph (Antike) 381f., 385f.
Triumphator 5, 108, 383
Triumphbogen (s. auch Dreitoriger T.)
   108, 113f., 121–123, 162, 172
Triumphwagen 122, 162, 383, 385f.
Triumphwagen-Fresko 392
Trivium 195
Trojaner 116, 134, 161
Trophäenwagen 382f.
Tross 384f., 389, 392, Farbtafel 17
Truppen, französische 357
Truppen, kaiserliche 354–359
Tschechisch 63
Tudors 156
Türken 34, 37–39, 57f., 61, 115, 126, 279
Türkenfeldzug 20, 39
Tuisco 138
Turin 122
Turmair, Johannes s. Aventinus

Turnier, Turniere 28, 62, 173, 235, 276–278, 317, 382, 387
Turnierbuch für König Philipp II. von Spanien 317
Tyfernus, Augustinus 135f., 140
Typisierung 361, 363f., 366
Typologie 118, 407

Übersetzer 203
Ulmann, Heinrich 8, 35, 40
Ulrich, Herzog von Württemberg 22
Ungarisch 63
Ungarn 17, 19, 45, 58, 60f., 138, 361
Universität Wien 66, 84, 135, 186, 188, 393
Universität, Universitäten 188–194, 199f., 202, 207, 265
Universitäten, italienische 192
Urkunden
– BayHStA Kurbayern Äußeres Archiv 1173 17
– BayHStA Kurbayern Urkunden 22540/41 (9.12.1503) 15
– BayHStA Kurbayern Urkunden 4298 16
– BayHStA, GHA Hausurkunden 2130 13
– BayHStA, Kurbayern Äußeres Archiv 3136 15
– BayHStA], GHA Hausurkunden 831 (23.5.1497) 12–14
– Fürstensachen 199 1/2 17
– HHStA Niederländische Urkunden 1504 VIII 19 17
– HHStA Reichsakten in genere 1, Fasz. 2 15
– HHStA, Wien, Allgemeine Urkundenreihe, 1503 XII 9 15
– Statthaltereiarchiv Innsbruck (Pestarchiv XXXV, Kufstein) 142
Ursprungserzählungen 203

Valois 19, 61
Valturio, Roberto, ‚De re militari' 384
Vangionen 148
vanitas 406f.
vanitas-Exempel 402
Vedute 358f., 382
Velius, Caspar Ursinus 62
Venedig 20f., 24, 31, 61, 353

Venedig, Krieg gegen 61, 353, 382
Venezianer 24, 31, 354–357, 369–371 (Abb.)
Vergänglichkeit 402, 406
Vergil 90
Verhüllung in der Poesie 68
Verhüllung, Integumentum 350
Verkehr 85
Verlagskapitalismus 74
Verlagswesen 74, 76, 82
vernewen 143
Verona 357, 365, 369–371 (Abb.), 399
– Castelvecchio 357
– Dom 358
– San Fermo 357
– San Zeno 357
– Schlacht von V. 356f.
Verpflegung 85
Verrat 361f.
Verrätselung 277
Verschriftlichung 290, 294
Verwissenschaftlichung 205
Verzicht auf königliche Insignien 401
Vespucci, Amerigo, ‚Das sind die new gefunden menschen' 384
Vettori, Francesco 23f.
Vicenza 354
Vienne 117
Villinger, Jakob 58f., 60, 65
Virdung, Johannes 190
virtù 10f., 26f.
Virunum 140, 171
Vision 115f.
vita activa 59f.
vita contemplativa 10, 60
Vladislav II. von Böhmen und Ungarn s. Ladislaus II.
Vogt, Gabriel 65
Volkaersbeke, Philippe Baron Kervyn de 112
Völkerwanderung 151
Volkslieder, historische, s. auch Liliencron, Rochus von
– *Ain hüpsch lied vom römischen kaiser* 399
– *Fräulein von Britannien* 399
– *Ich stund an einem morgen* 399

– *Loblied auf Kaiser Karl* 399
– *Von dem kunige Karl* 399
– *Von der Belagerung Veronas* 399
Vorlande 13
Vorsterman, Willem, ‚Excellente cronike van Vlaenderen' 314f., 319, 337
Vorsterman, Willem, ‚Wonderlijcke oorloghen van Keyser Maximiliaen' 314–316, 319, 339
Votivtafel 137, 139, 175 (Abb.), 177 (Abb.)
Votivtafel aus Sterzing 177 (Abb.)
Wachter, Georg 152
Wagenburg 384
Wagner, Leonhard, ‚Proba centum scripturarum' 165–167, 182 (Abb.)
Waldauf von Waldenstein, Florian 143, 154, 157
Waldis, Burkhard 4, 272, 276, 308
Wallfahrt zum Heiligen Rock 144
Walther von der Vogelweide 3
Wappen 60, 86, 99 (Abb.), 111, 114–116, 118f., 123, 161f., 172, 319, 350, 383
Wappen, gespaltenes 118
Wappen, kaiserliches 84, 118
Wappenturm 108, 121
Wappenturm der Innsbrucker Hofburg 108
Weispriach, Ulrich von 140
Weißenburg (Elsass) 137
Wels 1, 192, 395, 397f., 404f.
– Burg 400
– Friedhof 400
Weltwissen 204
Wenzel, Herzog von Luxemburg u. Brabant 109
Weyden, Rogier van der 110
Weyler, Christoph 398–400, 402
Weyler, Christoph, *Ein newes lied von kayserlicher maiestat abscheyden*, Einblattdruck 409 (Abb.)
Wiedererkennungseffekt 399
Wiederverwendung von ‚Theuerdank'-Holzschnitten 304f., 312–316, 324
Wien 1, 58, 66, 68, 75, 186, 191, 265, 387, 391, 398, 400
– Albertina 381f., 392
– Hofbibliothek 140, 392
– St. Anna 187

– St. Stephan 400
– Universität 66, 84, 135, 186, 188, 393
– Universität, ‚Collegium ducale' 187
Wiener Fürstentag 1515 1, 57–68, 113, 159, 391
Wiener Hof 63
Wiener Neustadt 1, 398, 400
– St. Georg 396, 400
Wiesflecker, Hermann 9, 23, 35f., 39, 41, 45, 69
Wilhelm „der Jüngere", Landgraf von Hessen 44
Wilhelm „der Mittlere", Landgraf von Hessen 44
Wilten, Kloster 157
Wimpheling, Jakob 75
Winchester 157
Winker, Will 8
Winzinger, Franz 388–390, 393
Wissensakkumulation 195
Wissenskanon 200
Wittelsbacher 16f.
Wladislaw II, König von Polen (?) 45
Wolfgang von Oberbayern, Bruder Albrechts IV. 15f.
Wolfram von Eschenbach 173
– ‚Parzival' 145, 282
– ‚Titurel' 145, 282
Wolgemut, Michael 365
Worms 1, 12, 34–55, 146, 148f., 151f., 155
– ‚Neue Münze' 148–150
– Dom 148f., 151f.
– Kloster Maria Münster 146, 152f.
– St. Cecilia 146f., 150, 156
– St. Meinrad 150, 156
Würzburg 132
Wunderer s. König Wunderer
Wurzel Jesse 117

Xenophon, ‚Commentarien von dem leben Cyri', übers. v. Hieronymus Boner 312, 339

Ybbs 135

Zahlenmystik 187, 205f.
Zehn Gebote 118, 127 (Abb.)

Zeichnungen
– Berlin, Staatl. Mus. Preuß. Kulturbes., Kupferstichkab., Inv.-Nr. 26812 (Dürer, *Ottoprecht fürscht*) 167f.
– Wien, Graph. Slg. Albertina, inv. No. 22.447 (Hans Burgkmair) 159
Zensur 93
Zentralperspektive 194, 197f., 206 s. auch Perspektive
Zeremonialdarstellungen 360, 362f.
Zeremonialität 230
Zeremoniell 73, 149, 271
Ziehen, Eduard 8
Zölle 190
Zorn, Friedrich 149, 152, 155, 173f.
– ‚Wormser Chronik' 147
Zünfte 66, 110, 116, 118
Zufall 288, 291
Zwei-Schwerter-Lehre 51
Zwölfzahl 120

Farbtafeln — 1*

Farbtafel 1: Albrecht Dürer, „Ottoprecht fürscht," Handzeichung, 1515. Berlin, Staatliche Museen Preussischer Kulturbesitz, Kupferstichkabinett.

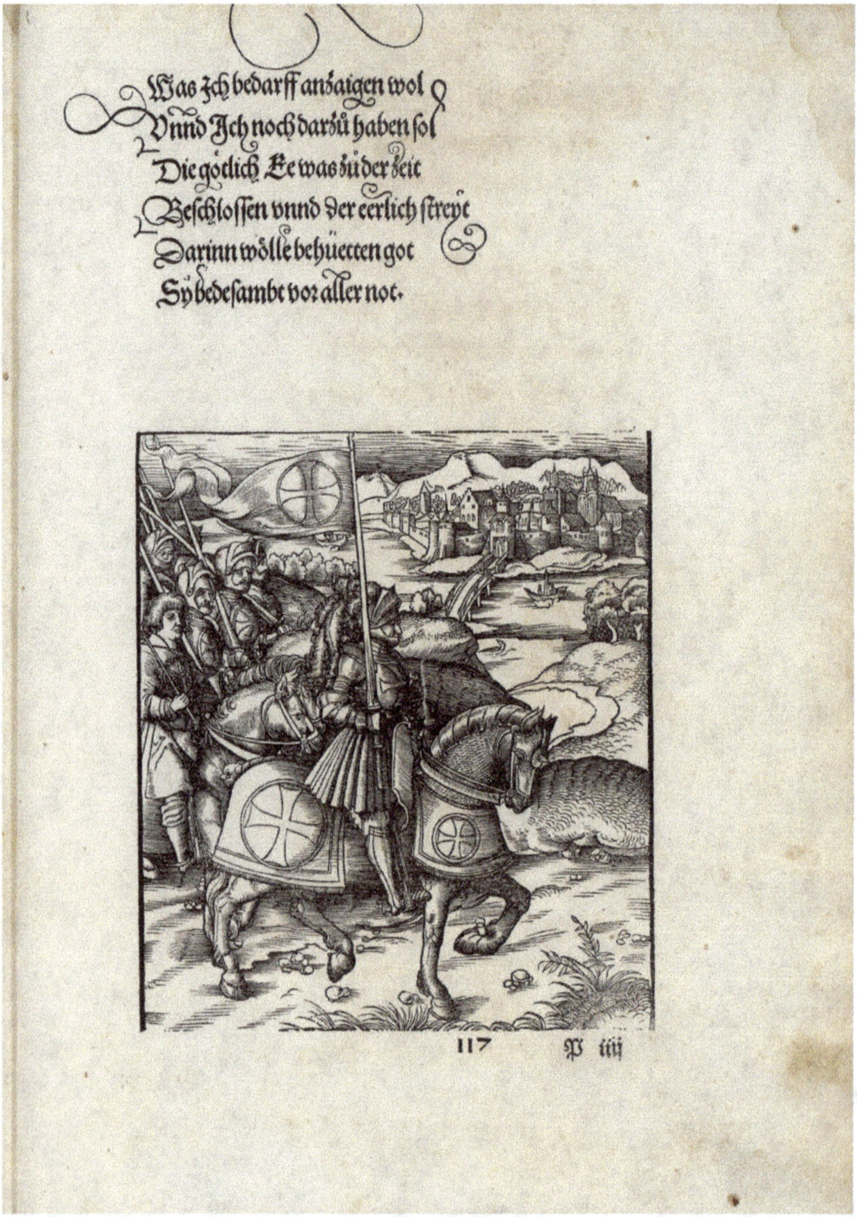
Was Jch bedarff anzaigen wol
Vnnd Jch noch darzů haben sol
Die götlich Ee was zů der zeit
Beschlossen vnnd der eerlich streyt
Darinn wölle behüetten got
Sy bedesambt vor aller not.

117 P iiij

Farbtafel 2: Illustration for chapter 117. Theuerdank as St. George. Leonhard Beck. Courtesy, The Bancroft Library, University of California, Berkeley.

Farbtafel 3: Equestrian portrait of Kaiser Maximilian in armor. Cod. 8614, fol. 317v. Hans Maisfelder (or Georg Fellengibel?). Courtesy, the Handschriften-, Autographen- und Nachlaß-Sammlung of the Österreichische Nationalbibliothek.

Farbtafel 4: Illustration for chapter 34. (Detail from Fig 1, S. 343). Theuerdank shoots with a faulty crossbow. Unattributed. Courtesy, The Bancroft Library, University of California, Berkeley.

Farbtafel 5: Kaiser Maximilian in hunting dress. Cod. 8614, fol. 318r. Hans Maisfelder (or Georg Fellengibel?). Courtesy, the Handschriften-, Autographen- und Nachlaß-Sammlung of the Österreichische Nationalbibliothek.

Farbtafel 6: Kopie nach Albrecht Altdorfer und Werkstatt: Triumphzug Kaiser Maximilians I. – Preco, der Verkünder des Triumphes, 2. H. 16. Jh. – Wien, Österreichische Nationalbibliothek, Cod. min. 77, fol. 2 © Wien, Österreichische Nationalbibliothek.

Farbtafel 7: Kopie nach Albrecht Altdorfer und Werkstatt: Triumphzug Kaiser Maximilians I. – Die Gämsen- und Steinbockjäger sowie Hirschjägermeister Conrat von Rot, 2. H. 16. Jh. – Wien, Österreichische Nationalbibliothek, Cod. min. 77, fol. 5 © Wien, Österreichische Nationalbibliothek.

Farbtafeln —— 7*

Farbtafel 8: Kopie nach Albrecht Altdorfer und Werkstatt: Triumphzug Kaiser Maximilians I. – Musikerwägen, 2. H. 16. Jh. – Wien, Österreichische Nationalbibliothek, Cod. min. 77, fol. 10 © Wien, Österreichische Nationalbibliothek.

Farbtafel 9: Albrecht Altdorfer und Werkstatt: Triumphzug Kaiser Maximilians I. – Wagen der Schlösser und Länder in Maximilians Besitz, um 1512–1515. – Wien, Albertina, Inv. 25206 (Blatt 50) © Wien, Albertina.

8* — Farbtafeln

Farbtafel 10: Albrecht Altdorfer und Werkstatt: Triumphzug Kaiser Maximilians I. – Der Sieg über Lüttich und die erste flämische Eroberung, um 1512–1515. – Wien, Albertina, Inv. 25209 (Blatt 53) © Wien, Albertina.

Farbtafel 11: Albrecht Altdorfer und Werkstatt: Triumphzug Kaiser Maximilians I. – Die Heirat von Maximilians Sohn Philipp mit Juana von Kastilien sowie die Bannerträger „1500 Inseln" und „Biscaya", um 1512–1515. – Wien, Albertina, Inv. 25219 (Blatt 63) © Wien, Albertina.

Farbtafeln —— 9*

Farbtafel 12: Albrecht Altdorfer und Werkstatt: Triumphzug Kaiser Maximilians I. – Die Ahnen Kaiser Maximilians I., um 1512–1515. – Wien, Albertina, Inv. 25237 (Blatt 84) © Wien, Albertina.

Farbtafel 13: Albrecht Altdorfer und Werkstatt: Triumphzug Kaiser Maximilians I. – Die Viktorienträger, um 1512–1515. – Wien, Albertina, Inv. 25239 (Blatt 86) © Wien, Albertina.

Farbtafel 14: Albrecht Altdorfer und Werkstatt: Triumphzug Kaiser Maximilians I. – Der Wagen des Kaisers und seiner Familie, um 1512–1515. – Wien, Albertina, Inv. 25246 (Blatt 93) © Wien, Albertina.

Farbtafel 15: Albrecht Altdorfer und Werkstatt: Triumphzug Kaiser Maximilians I. – Die erkorenen Fürsten, um 1512–1515. – Wien, Albertina, Inv. 25247 (Blatt 94) © Wien, Albertina.

Farbtafel 16: Albrecht Altdorfer und Werkstatt: Triumphzug Kaiser Maximilians I. – Die Indianer (Die „Kalikutischen Leut"), um 1512–1515. – Wien, Albertina, Inv. 25259 (Blatt 107) © Wien, Albertina.

Farbtafel 17: Albrecht Altdorfer und Werkstatt: Triumphzug Kaiser Maximilians I. – Der Tross, um 1512–1515. – Wien, Albertina, Inv. 25261 (Blatt 109) © Wien, Albertina.

Farbtafel 18: Unbekannter Künstler: Kaiser Maximilian I. diktiert Marx Treitzsaurwein, 1512 (aus: Marx Treitzsaurwein, Verzeichnis der von Maximilian I. verfassten und geplanten Werke). Kolorierte Federzeichnung auf Papier, 31,5 x 21,3 cm. – Wien, Österreichische Nationalbibliothek, Cod. 2835, fol. 2v
© Wien, Österreichische Nationalbibliothek.

Farbtafel 19: Albrecht Altdorfer und Werkstatt: Triumphzug Kaiser Maximilians I. – Die andere Eroberung Flanderns (Detail aus Abb. 5), um 1512–1515. – Wien, Albertina, Inv. 25212 (Blatt 56) © Wien, Albertina.

Farbtafel 20: Brüsseler Künstler: Einzug Juanas in Brüssel – Tres Virgines, 1496. Feder in Schwarz, aquarelliert, 35,6 x 25 cm (Blatt). – Berlin, SMB, Kupferstichkabinett, Inv. 78D5, fol. 56r
© bpk / Kupferstichkabinett, SMB / Jörg P. Anders.

Farbtafel 21: Brüsseler Künstler: Einzug Juanas in Brüssel – Die Königin von Saba vor König Salomon, 1496. Feder in Schwarz, aquarelliert, 35,6 x 25 cm (Blatt). – Berlin, SMB, Kupferstichkabinett, Inv. 78D5, fol. 52r
© bpk / Kupferstichkabinett, SMB / Volker- H. Schneider.

14* — Farbtafeln

Farbtafel 22: Albrecht Altdorfer und Werkstatt: Triumphzug Kaiser Maximilians I. – Kleinodienträger sowie Schautafeln „Römische Krönung" und „Reich Germaniae", um 1512–1515. – Wien, Albertina, Inv. 25211 (Blatt 55) © Wien, Albertina.

Farbtafel 23: Detail aus Farbtafel 22.

Farbtafel 24: Albrecht Altdorfer und Werkstatt: Triumphzug Kaiser Maximilians I. – Die Knechte, um 1512–1515. – Wien, Albertina, Inv. 25254 und 25255 (Blatt 102–103) (Details) © Wien, Albertina.

Farbtafel 25: Einblick in die Ausstellung „Kaiser Maximilian I. und die Kunst der Dürerzeit", Wien, Albertina (14.9.2012–6.1.2013) mit der Präsentation des Triumphzugs
foto © 2012 christian wachter.

16* — Farbtafeln

Farbtafel 26: Meister A. A.: Totenbildnis Kaiser Maximilian I.: Universalmuseum Joanneum Graz, Alte Galerie, Inv.-Nr. 392.

Farbtafel 27: Bernhard Strigel: Familie des Kaisers Maximilian I., Kunsthistorisches Museum Wien, GG 832.

www.ingramcontent.com/pod-product-compliance
Lightning Source LLC
Chambersburg PA
CBHW071808230426
43670CB00013B/2393